# Das große Buch der Früchte

Brigitte Kranz

# Das große Buch der Früchte

## Exotische und einheimische Arten

Südwest Verlag München

Für Dagmar, Astrid
und Brigitte

Alle Rezepte sind, wenn nicht anders angegeben,
für vier Personen berechnet.

Abkürzungen: EL = Eßlöffel
TL = Teelöffel

Zeichnungen: Gerlind Bruhn

2. durchgesehene und ergänzte Auflage 1988
© 1981 Südwest Verlag GmbH & Co. KG, München
Alle Rechte vorbehalten
Schutzumschlag: Kaselow Design, München
Gesamtherstellung: Welsermühl, Wels
ISBN 3 517 0073 2 3

# Inhaltsverzeichnis

# Verzeichnis der Früchte

# Vorwort

Dieses Buch stellt die wichtigsten Früchte der Erde vor. Es behandelt Herkunft, Verbreitung, Klimaansprüche, Heilwirkung und Verwendungsmöglichkeiten von 150 Obstarten und enthält über 800 Rezepte.

Es soll sowohl ein Nachschlagewerk für Reisende als auch ein Kochbuch für das In- und Ausland sein. Es ist aus unendlich vielen, oft bruchstückhaften Informationen zusammengefügt worden und ist in dieser Vollständigkeit gewiß einmalig. Allen, die mir bei der Beschaffung von Informationen, Büchern, Früchten, Abbildungen und Rezepten aus aller Welt geholfen haben, vor allem meinem Mann, seinen Kollegen und Gästen aus dem In- und Ausland, den im Fruchthandel Tätigen, Verwandten und Bekannten, insbesondere Herrn Prof. Gruppe, Gießen, und Herrn Prof. Rehm, Göttingen, möchte ich von Herzen danken.

Noch nie zuvor gab es ein so vielseitiges Obstangebot wie heute. Um Deutschen, die an Ort und Stelle fremde Gewächse kennenlernen, die Verständigung zu erleichtern, wurden auch fremdsprachige Namen in das Buch aufgenommen.

Das Obst mit seinen Vitaminen und Mineralstoffen ist unerläßlich für unsere Gesundheit. Es regt die Verdauung an, liefert Pektine, die den Darm entgiften, Ballaststoffe zur Darmreinigung, Obstsäuren gegen Harnrückstände, Bitterstoffe, die das Gewebe festigen.

Manche der importierten Früchte sind für uns zwar ein Luxus. Der weltweite Fruchthandel sichert aber auch kleinen Farmern eine Existenzgrundlage. Der moderne Transport in Containern fördert den Zusammenschluß in Genossenschaften, zwingt zur Einhaltung peinlicher Sauberkeit, fördert die Entwicklung von vorausschauenden Planungen, von Transportwegen und Verkehr in Übersee. Ich habe mich bemüht, sehr sorgfältig zu arbeiten. Trotzdem werden Korrekturen nötig sein. Ich bitte deshalb sowohl Fachleute als auch Köchinnen und Köche um ihre Kritik.

Die Beschreibung der Fruchtaromen sowie die Rezepte entsprechen meinem Geschmack. Das Buch möchte Sie zu eigenen Entdeckungen anregen. Es war für mich aufreibend, daran zu arbeiten, zugleich aber auch ein faszinierendes Abenteuer.

Brigitte Kranz

# ACTINIDIACEAE

Die Actinidien sind eine Familie von Kletterpflanzen mit sehr schönem Laub aus Ostasien, Java und dem Himalaja. Sie blühen weiß oder rötlich. Die Früchte sind Beeren mit ca. 800 Samen, die wie Perlenschnüre strahlenkranzartig zwischen feinen Fruchtlamellen eingebettet sind. Es gibt mehr als 20 Arten, davon werden sieben kultiviert.

## Actinidia arguta *(Jap.: Kokuwa, Saru-nas)*

770 n. Chr. ist diese Pflanze zum ersten Mal beschrieben worden, und sie wurde schon einmal über ein Jahrhundert lang in Europa kultiviert. Sie stammt aus Japan, Korea und der Mandschurei. In den USA verträgt sie das Klima bis Massachusetts; in der Sowjetunion wird sie seit 1924 gezüchtet. Ein großfruchtiger Typ dieser Art ist in Rußland frostempfindlich.

SORTEN
Drei Sorten dieser Pflanze sind dagegen völlig frostfest und bringen im Gegensatz zur erstgenannten Art gute Ernten. Sie stammen von Sträuchern ab, die in der ostsibirischen Taiga gefunden wurden und dort Fröste von 40–50° C viele Jahrzehnte ertragen hatten. Diese Sorten nannte man fruchtbare, frühe und späte *A. arguta.* Die fruchtbare *A. arguta* hat widerlich süße Beeren, die aber schon Mitte August reifen. Die Früchte der frühen und späten *A. arguta* schmecken angenehm, sie reifen – dem Namen entsprechend – entweder Mitte August oder Ende September. Diese Pflanzen könnten in feuchtem, gutem Boden, in Sonne oder Halbschatten auch bei uns gedeihen. In Japan lieben sie besonders die Kinder ihrer honigsüßen Früchte wegen. Eine Frucht wiegt 3 g.

## Actinidia kolomikta

ist am winterhärtesten. Sie wächst sowohl in Kanada als auch in der UdSSR.

ERSCHEINUNGS-BILD
Selbst –40° C kann dieser Strauch überstehen. Seit 1926 wird *A. kolomikta* in der Sowjetunion gezüchtet und auf Großfruchtigkeit ausgelesen. Im Verhältnis zur Kiwi sind ihre Beeren aber sehr klein: sie wiegen 3,1–3,8 g (Wildform: 2 g). Sie kann Anfang August geerntet werden. Leider fallen ihre Früchte leicht ab und reifen nacheinander, nicht zum gleichen Zeitpunkt. *A. kolomikta* ist eine außerordentlich schöne zweihäusige Pflanze. Ihr Blattwerk ist erst silberweiß, später rosa. Nach Mitschurin ist sie völlig immun gegen Parasiten. Nach Bailey zieht sie Katzen an, die die Ranken zerstören. In der Sowjetunion gibt es Sowchosen (Staatsgüter), die 18 ha Früchte dieser Art anbauen. Man hat zwei Sorten herausgezüchtet: Klara Zetkin und die Ananasactinidia Mitschurin.

GESCHMACK
Klara Zetkin: saftig, sehr süß mit kräftigem, spezifischem Aroma. Ananasactinidia: süß, leicht erfrischende pikante Säure, die an Ananas erinnert. Beide sind transportfähig, *A. arguta* nicht, sie hat dafür zu weiches Fleisch.

FORTPFLANZUNG
Die Vermehrung erfolgt durch Ableger im Herbst. Man kann auch im Juli grüne Ableger in ein Mistbeet pflanzen. Im Frühjahr ließe ein Schnitt die Kletterpflanzen zu stark bluten und ist deshalb nicht zu empfehlen.

ERTRAG
*A. arguta* und *A. kolomikta* erbringen etwa 3–4 kg Früchte pro Strauch.

Kiwi: Blüte, Früchte, Zweig

Sorten von links oben nach rechts unten:
Hayward, Monty, Abbot, Bruno

## Kiwi *(Actinidia chinensis)*

Chines.: Yang-tao, Mao-er-tao, Engl.: Chinese gooseberry, Franz.: Souris, Kiwi, Portugies.: Actinidia, Groselha da China.
Die Kiwifrucht benannte man nach dem neuseeländischen Urvogel.

HERKUNFT
Sie wurde in der altchinesischen Literatur im 15. Jahrhundert erwähnt. Danach scheint man sie vergessen zu haben, denn sie wurde erst 1847 von dem Engländer Robert Fortune in China wiederentdeckt.

VERBREITUNG
1906 erhielt ein Mr. Allison aus Wanganui (Neuseeland) Actinidia-Samen von einem Freund aus China, und von den daraus gezüchteten Pflanzen stammen alle Plantagensorten in Neuseeland heute ab. Man hat bis 1940 die Früchte durch Zuchtwahl laufend veredelt und zu diesem Zeitpunkt mit der Anlage von Plantagen begonnen. Seit 1968, als ein französischer Autor schrieb, Frankreich habe ein ideales Klima für Kiwis, ist die Zeit nicht ungenutzt vergangen. Zu den damals 200 ha in Neuseeland muß sehr viel neue Anbaufläche in USA (Kalifornien), Holland (in Gewächshäusern) und Frankreich dazugekommen sein, denn das Angebot an Kiwis vom September 1979 bis April 1980 war stärker als je zuvor. Seit 1971 wird auch in der Bundesrepublik die *A. chinensis* geerntet, und zwar im milden Klima des Rheingaus.

ERSCHEINUNGS-
BILD
Die Pflanzen wachsen an Gittern im Freien, sind aber leider im harten Winter 1978/79 zurückgefroren. Kiwis sind zweihäusig, auf 7−8 weibliche muß eine männliche gepflanzt werden. Sie blühen nur am zweijährigen Holz.

SORTEN
Die Kiwi hat sich in 4 Sorten aufgespalten, die verschiedene Formen und verschiedenen Geschmack haben. Die äußere Haut ist allen gemeinsam.

**Monty** ist klein, etwas bitter und sauer.

**Bruno** ist etwas süßer als *Monty* und weniger bitter.

**Abbot** hat fast keine Bitterstoffe, ist noch süßer als *Bruno* und weist im Gegensatz zu den beiden vorigen Sorten ausgesprochenes Stachelbeeraroma auf.

**Hayward** ist noch süßer als *Abbot*, vor allen Dingen viel länger und dicker. Sie ist die beste, was Größe, Ertrag und Geschmack angeht. Ihre Früchte wiegen zwischen 52 und 88 g. Je weniger Kiwis am Strauch wachsen, um so größer sind sie. Ist im einen Jahr die Schlingpflanze übervoll mit ihren traubenartig angeordneten Früchten, so trägt sie im nächsten Jahr deutlich weniger. Eine Pflanze kann 10 kg und mehr bringen.

VERWENDUNG Inzwischen sind viele Bäckereien in der Bundesrepublik dazu übergegangen, Kiwitorte anzubieten; auch aus Wien waren auf der Welternährungsausstellung Dekorationen mit Kiwis zu sehen.

Die Kiwis haben Stachelbeeraroma, nur ist es weniger herb. Das Kiwikompott in Dosen, das im Handel zu haben ist, ist teuer, aber vorzüglich. Rohe Kiwis mit Sahne, Milch oder Quark zu vermischen, ist nach meinem Geschmack nicht empfehlenswert, da diese Kombination bitter wird. Sind die Kiwis oder die Molkereiprodukte gekocht, geschieht das nicht. Man kann Kiwimarmelade oder -gelee herstellen, doch Stachelbeermarmelade ist würziger (und billiger).

Kiwischeiben eignen sich zur Verzierung und geschmacklichen Bereicherung kalter Platten (auf Braten, Käse usw.). Es empfiehlt sich, sie erst im letzten Moment aufzulegen, eventuell mit einem Spießchen festzuheften.

Diese Frucht hält sich monatelang im Kühlschrank. Setzt man sie Zimmertemperatur aus, so reift sie. Sie ist eßfertig, wenn sie auf leichten Druck nachgibt.

VITAMINGEHALT Die Kiwi hat den ungewöhnlich hohen Vitamin-C-Gehalt von 300 mg (Orange 40), dazu 0,95 g Tannin (Gerbsäure) und außerdem eiweißlösende Enzyme (Actinidin) auf 100 g. Bestreicht man mit einer halbierten Kiwi Fleisch, so gart es besser (besonders für Bratstücke wichtig) und hat ein intensiveres Aroma.

---

## REZEPTE

**Kiwisteaks**                                   *Zubereitung 20 Minuten*

| | |
|---|---|
| *2 Kiwis* | *1 TL Salz* |
| *4 Steaks* | *1 TL Rosenpaprika* |
| *2 Zwiebeln* | *evtl. 1 TL geriebener Ingwer* |
| *2 EL Butter* | *2 EL Sojasoße* |
| *6 EL Orangensaft* | *etwas Pfeffer aus der Pfeffermühle* |
| *2 EL Sahne* | |

Die Kiwis quer halbieren. Steaks von beiden Seiten mit je einer Kiwihälfte einreiben. Die Früchte schälen und in Scheiben schneiden.

Die Zwiebeln häuten und würfeln. 1 EL Butter in einer Pfanne erhitzen und die Zwiebeln darin goldgelb werden lassen. Entweder herausnehmen oder an den äußersten Rand schieben, damit sie nicht weiter bräunen.

Butter zugeben, die 4 Steaks von beiden Seiten in der sehr heißen Pfanne (die Flamme reduzieren, wenn das Fleisch hineinkommt) braten, salzen, pfeffern, herausnehmen und auf einer gewärmten Platte beiseitestellen.

Paprika mit den Zwiebeln verrühren und im Bratfett leicht anrösten lassen, falls Ingwer gewünscht, hinzufügen. Orangensaft, Sojasoße, Salz, Pfeffer und Sahne zugeben, die Kiwis in der Soße erhitzen, einmal wenden. Die Kiwis und die Soße über die Steaks verteilen und mit gekochtem Reis und grünem Salat sofort zu Tisch bringen.

Kasseler in Teig gebacken ist ein besonderes, nicht alltägliches, festliches Gericht. Ich schlage dazu noch eine ungewöhnliche Soße vor, die Kiwis enthält:

## Kasseler in Blätterteig

*Arbeitszeit insgesamt 60 Minuten*

*1 l Wasser*
*1 Lorbeerblatt*
*3 Pfefferkörner*
*1 Suppengrün*
*1 kg Kasseler ohne Knochen*
*1 Packung tiefgekühlter*
*Blätterteig*
*1 Ei*
*einige Tropfen Milch*

*Für die Soße:*
*3 Zwiebeln*
*3 EL Butter*
*¼ l Orangensaft*
*1 EL Mehl, 1 TL Salz*
*1 TL Rosenpaprika*
*1 Prise Ingwer*
*2 EL Sojasoße*
*Pfeffer aus der Pfeffermühle*
*4 EL Sahne*
*3 Kiwis*

Am Vortag das Wasser mit Lorbeerblatt und Pfefferkörnern zum Kochen bringen. Inzwischen das Suppengrün putzen und in kleine Stücke schneiden. Wenn das Wasser kocht, das Suppengrün zugeben. Das Fleisch waschen und in dieser Brühe 15 Minuten kochen lassen. Herausheben und gut abtropfen lassen. Wird das Kasseler nicht vorgekocht, so weicht das ablaufende Fett das untere Drittel des Teiges auf.

Vor dem Backen den Blätterteig etwas antauen lassen. Vier Platten davon nebeneinanderlegen. Jeweils eine Längsseite einer Platte 1 cm breit mit Eiweiß bestreichen, die andere Platte mit der unbestrichenen Seite darüberlegen. Mit der Kuchenrolle zu einem Rechteck von doppelter Größe ausrollen.

Die Teigränder mit Eiweiß bestreichen, das Kasselerstück darauflegen und wie ein Paket einschlagen. Die restliche Teigplatte zu einem langen Streifen ausradeln und kreuzweise um das Paket wickeln. Eigelb mit Milch verrühren und den Teig damit bestreichen. Bei Stufe 4 (210 ° C) 40 Minuten im Ofen backen lassen.

Die Zwiebeln in Ringe schneiden, in der zerlassenen Butter goldgelb braten. Aus der Pfanne nehmen und warm stellen. Das Mehl leicht anrösten, mit dem Orangensaft verrühren, so daß eine glatte Flüssigkeit entsteht. Die restlichen Zutaten bis auf die Kiwis zugeben und die Soße leise kochen lassen. Die Kiwis schälen und quer in Scheiben zerteilen, kurz vor dem Auftragen in der Soße ziehen lassen, dabei einmal umwenden.

Das Kasseler aus dem Ofen nehmen und vorsichtig in Scheiben schneiden. Die Scheiben auf eine Platte legen, den sich lösenden Blätterteig dabei fest andrükken. Die Zwiebelringe und Kiwis dekorativ auf der Platte verteilen, die Soße extra reichen. Dazu passen Kartoffelpüree und grüner Salat.

## Hühnersalat

*Zubereitung 25 Minuten*

*4 Tassen gewürfeltes, gares*
*Hähnchen- oder Hühnerfleisch*
*1 Tasse Stangensellerie in Scheiben*
*1 gewürfelte Zwiebel*
*2 Tassen gewürfeltes Honigmelonen-*
*fleisch (keine Ogen-, Galia-*
*oder Kantalupmelone)*

*2 Kiwis, geschält, in Scheiben*
*Salatblätter, um die Schüssel*
*auszulegen*
*evtl. 2 EL Mandelblättchen*
*Chinagewürz, Salz, Pfeffer*
*1 gehäufter EL Mayonnaise mit*
*1 gehäuften EL saurer Sahne verrührt*

Hühnerfleisch mit Sellerie, Zwiebeln und Honigmelone mischen. Eine Schüssel mit grünen Salatblättern auslegen, den Hühnersalat darauf verteilen. Mayonnaise und Sahne darübergießen, nicht umrühren. Mit Salz, Pfeffer und Chinagewürz bestreuen, mit Kiwischeiben verzieren. Wenn man mag, mit Mandelblättchen bestreuen. Gut gekühlt auftragen.

## Kiwikompott

Um Kiwikompott herzustellen, benötigt man wenigstens 4 Kiwis, die geschält, in Scheiben geschnitten, in wenig Wasser mit 1 EL Zitronensaft und 1 gehäuften EL Zucker kurz gedämpft werden.

Da es aber von verschiedenen Firmen hervorragende Konservenware gibt (Fruchteinwaage 250 oder 280 g), kann man, wenn man will, auch diese verwenden. Da sie von unreifen Früchten stammt, nachzuckern.

### Vanilleeis mit Kiwikompott

| | |
|---|---|
| *4 Portionen Vanilleeis* | *1 Dose Kiwis von 450 g* |

Vanilleeis und Kiwikompott sind eine vorzügliche Kombination. Es ist nicht nötig, nachzuwürzen. Eis im Ganzen oder auf Tellern auftragen. Das Kiwikompott in einer Schüssel dazustellen.

### Vanilleeis mit Erdbeerpüree                    *Zubereitung 20 Minuten*

| | |
|---|---|
| *4 Portionen Vanilleeis in Kugeln* | *1 EL Zucker* |
| *200 g Erdbeeren* | *4 Kiwis* |

Die Erdbeeren waschen, putzen und im Mixer pürieren. Mit 1 gehäuften EL Zucker würzen. 4 Kiwis schälen und in Scheiben schneiden. Die Vanilleeiskugeln in der Mitte von 4 Tellerchen aufhäufen, mit den Scheiben je einer Kiwi umlegen, mit je 2 gehäuften EL Erdbeerpüree bedecken. Sofort auftragen.

### Vanilleeis mit Kiwis und Orangensoße          *Zubereitung 15 Minuten*

| | |
|---|---|
| *4 Schalen, mit Vanilleeis gefüllt* | *6 EL Orangensaft* |
| *4 Kiwis, geschält* | *1 TL geriebene Orangenschale* |
| *und in Scheiben geschnitten* | *2 EL Kirschwasser* |
| *4 EL Zucker, 6 EL Wasser* | *evtl. 2 EL Sahne* |

Wasser mit Zucker einige Minuten kochen. Orangensaft und -schale zugeben. Kirschwasser hinzufügen und eventuell Sahne, aufkochen lassen, vom Feuer nehmen. Das kann man schon vorbereiten und kurz vor der Verwendung noch einmal erwärmen.

Vor dem Auftragen die Schalen mit Eis füllen, die Kiwischeiben auf das Eis legen, die heiße Soße extra servieren.

*Variation:*                         *Für je 2 Früchte Zubereitung 5 Minuten*

1–2 Kiwis pro Person vierteln, in 1 EL Butter dünsten, 1 Schuß Cognac oder Rum zugeben sowie 1 EL Zucker und 1 EL Sahne. Die Flüssigkeit immer wieder über die Früchte schöpfen. Ist eine gut gemischte Soße entstanden, noch einen Schuß des verwendeten Alkohols zugeben und anzünden. In Crêpes oder zu Eis servieren. Die Früchte entwickeln bei diesem Rezept einen leicht sauren und bitteren Geschmack, aber ich finde es trotzdem ganz apart.

## Kiwis mit Weinschaumsoße

*Zubereitung 10 Minuten*

Pro Person 2 Kiwis schälen und in Scheiben schneiden. Ein flaches Kompott-schälchen damit belegen. Zutaten zur Soße pro Person:

> *1 Eigelb*
> *2 EL Weißwein*
> *1 EL Zucker*

Einen Topf in ein Wasserbad stellen, das Wasser zum Kochen bringen. Während-dessen die Zutaten mit einem Schneebesen schlagen. Wenn die Masse steigt, ist sie fertig. Gleich über die Fruchtscheiben gießen und auftragen.

## Grütze mit Kiwis

*Zubereitung 7 Minuten*

Da diese Früchte das ganze Jahr über erhältlich sind, ergeben sie einen blitz-schnellen Nachtisch auch im Winter. Falls man Dosenfrüchte verwendet, den Saft mit Apfelsaft auf ⅜ l ergänzen.

> *3 Kiwis (250 g)*      *40 g Mondamin*
> *⅛ l Apfelsaft*      *100 g geschlagene Sahne*
> *50 g Zucker*      *evtl. Kokosnußmakronen*

Kiwis schälen, in Scheiben schneiden und pürieren. ¼ l Apfelsaft und 50 g Zucker zum Kochen bringen, 40 g Mondamin mit ⅛ l Apfelsaft anrühren, hinzugeben und aufkochen lassen. Vom Herd nehmen, das Kiwipüree unterrüh-ren und mit einem Schneebesen schlagen. Auf vier Schälchen verteilen. Gut gekühlt mit Sahne und nach Belieben mit Kokosnußmakronen auftragen.
Verwenden Sie lieber Sago, dann braucht man ½ l Apfelsaft und läßt ihn mit 50 g Sago 20 Minuten ausquellen.
Stachelbeergrütze ist viel herber, pikanter und aromatischer. Kiwigrütze ist weicher im Geschmack, aber wohlschmeckend.
Die schmackhafte Kombination Kiwi mit Apfel kann man sehr gut auch zu einer Kaltschale nutzen oder zur Herstellung von Marmelade. Zur Kaltschale nur 20 g Mondamin verwenden, sonst ist die Zubereitung wie bei der Grütze.

## Kiwikrapfen

*Zubereitung des Teiges 5 Minuten*
*Backzeit 30 Minuten*

> *Pro Person 2 halbierte Früchte*      *2 Eier*
> *80 g Mehl*      *1 EL Zucker*
> *1 EL Milch*      *Öl zum Ausbacken*
> *Salz*      *Puderzucker*

Das Mehl mit der Milch, Salz, Zucker und den geschlagenen Eiern vermischen. Es soll ein ziemlich dickflüssiger Teig entstehen. Ist er zu fest, ganz wenig Milch zugeben, 3 EL insgesamt sind schon zuviel.
8 geviertelte Kiwis mit einer Gabel durch den Teig ziehen und in tiefes, heißes Öl geben. Sind sie von allen Seiten goldgelb, auf Küchenkrepp abtropfen lassen. Mit Puderzucker dick übersieben, zum Tee oder Kaffee servieren.
Die Kiwis werden durch dieses Rezept recht sauer, aber es ist trotzdem gut.

Die einzigen Kuchen mit Kiwis, die ich wirklich empfehlenswert finde, sind der arbeitsaufwendige Baumkuchen und der Mürbteigkuchen mit Buttercreme.

## Baumkuchen

*Arbeitszeit mindestens 2 Stunden*

| | |
|---|---|
| *200 g Butter* | *200 g Kartoffelmehl* |
| *5 Eier* | *1 Päckchen Vanillezucker* |
| *200 g Zucker* | *geriebene Schale einer halben Zitrone* |

Die Butter schaumig rühren, abwechselnd Eigelb und Zucker zugeben und so lange schlagen, bis die Masse dickcremig geworden ist; dann nach und nach die anderen Zutaten zugeben, zum Schluß das steif geschlagene Eiweiß.

Eine gut gefettete Springform von 28 cm Durchmesser mit 2–3 EL des Teiges bedecken, bei milder Hitze (200° C) hellbraun backen, danach wieder Teig darüberstreichen und backen, bis alles verbraucht ist. Damit der Kuchen nicht zu dunkel wird, ein Blech unter die Form schieben. Den Boden auskühlen lassen.

| | |
|---|---|
| *¼ l Milch und 3 EL Milch* | *1½ EL Zucker* |
| *½ Puddingpulver* | *3–6 Kiwis, je nachdem, wie* |
| *mit Vanillegeschmack* | *dicht der Kuchen belegt werden soll* |

Nach Vorschrift eine halbe Menge Vanillepudding herstellen, gut schlagen, damit keine Klumpen entstehen, und auf dem Kuchen verteilen. Die 3–6 Kiwis schälen, in Scheiben schneiden und die Cremeschicht damit belegen.

| | |
|---|---|
| *Bei 3 Kiwis:* | *Bei 6 Kiwis:* |
| *⅛ l Apfelsaft* | *¼ l Apfelsaft* |
| *1 EL Zucker* | *2 EL Zucker* |
| *½ Päckchen Tortenguß* | *1 Päckchen Tortenguß* |

Den Tortenguß nach Vorschrift herstellen, mit einem Pinsel die Kiwischeiben bestreichen. (Kann man sich sparen, wenn der Kuchen bald gegessen wird. Er sieht nur kurze Zeit ansehnlich aus, am nächsten Tag biegen sich die Kiwischeiben, und die Pracht ist hin.) Der Boden kann schon tagelang vorher gebacken und erst kurz vor dem Auftragen mit Pudding und Kiwis bedeckt werden.

## Mürbteigkuchen mit Buttercreme

Einen Mürbteig herstellen (Rezept im Anhang) und backen.

| | |
|---|---|
| *Buttercreme:* | *Zubereitung 15 Minuten* |
| *¼ l und 3 EL Milch* | *40 g Zucker* |
| *½ Puddingpulver* | *60 g Butter* |
| *mit Vanillegeschmack* | |

| | |
|---|---|
| *Belag:* | *Zubereitung 15 Minuten* |
| *3–6 Kiwis* | *¼ l Apfelsaft* |
| *1 Päckchen Tortenguß* | *3 EL Zucker* |

¼ l Milch zum Kochen bringen. Das halbe Puddingpulver mit 40 g Zucker in 3 EL Milch anrühren. Pudding nach Vorschrift herstellen. Ist er nur noch lauwarm, 60 g Butter schaumig rühren. Den Pudding löffelweise unterschlagen. Den Mürbteig mit der Creme bestreichen. Die Kiwis schälen und in Scheiben schneiden. Den Boden damit dicht belegen. Den Tortenguß mit Apfelsaft und Zucker nach Vorschrift herstellen. Mit einem Pinsel zuerst die Früchte gründlich bestreichen. Danach den Rest nochmals erwärmen und über den Kuchen gießen. Die Kuchen sind nur einen Tag ansehnlich, dann werfen sich die Kiwischeiben.

*So schneidet man einen Mango-Igel*

# ANACARDIACEAE *(Balsampflanzen)*

Diese Familie ist zum Teil im Mittelmeergebiet heimisch (Pistazie, Mastix-strauch, Terebinthe, die Cypern-Terpentin liefert), zum Teil in den Tropen (Sumach, aus dem Lacksumachsaft stellen die Japaner ihre schönen Lackarbeiten her).

## Mango *(Mangifera indica)*

Sanskrit: Měmpělam, abgewandelte Umformungen davon sind in Malaysia und Indonesien gebräuchlich, Mangga, auch in Tamil und malaiisch, Thai: Ma-muang, Engl.: Mango, Franz.: Mangue, Venezuela: Mancho. Der Name Mango wird auf der ganzen Welt verstanden.

HERKUNFT

Die Gattung *Mangifera* enthält ungefähr 30 Arten, die dem tropischen Asien von Ceylon/Sri Lanka über Malaysia bis zu den Philippinen entstammen. Wo die Heimat der Mango genau liegt, darüber ist man sich noch nicht einig. Brücher meint, sie käme aus dem Gebiet von den Mittelgebirgen Burmas bis zu den östlichen Vorbergen des Himalaja in Indien, wo man gegenwärtig noch wilde Bäume antreffen könne, besonders die dem Mangobaum nahe verwandte *Mangifera sylvatica*.

Betty Molesworth-Allen glaubt, die Mango käme aus Südostasien, da viele nahe Verwandte in den malaiischen Wäldern zu finden seien, die Mango allerdings nicht. Da sie selbst schreibt, daß die Früchte in einem Klima mit jahreszeitlichem Wechsel delikater sind als die Mangos Malaysias, deutet das darauf hin, daß sie nördlicheren Gefilden entstammt. Für die Inder ist die Mango jedenfalls das beste Obst der Welt.

Brücher schreibt, daß anstatt der Banane eigentlich die Mango die wichtigste Welthandelsfrucht sein sollte, denn sie besitzt wesentliche Vorteile: weniger

Stärke, mehr Vitamine und Mineralien, ein besseres Aroma, vielseitigere Verwendungsmöglichkeiten. Ich finde das richtig, mag Bananen aber auch gern.

AROMA

In unserer Familie muß ich noch nicht ganz reife Mangos verstecken, weil die ewigen Fragen: »Wann gibt es denn die Mangos?« nicht immer angenehm sind. Ist die Frucht schließlich reif, dann bleibt an Kern und Schale nicht das winzigste Partikelchen Fruchtfleisch. Für unsere Kinder ist die Mango die beste Frucht der Welt, trotzdem würde ich Äpfel jederzeit zum Kuchenbacken vorziehen und Mangos nur zu ganz ausgewählten Rezepten verwenden. Man muß dabei bedenken, daß nach Europa nur die erlesensten Sorten exportiert werden. Die faserigen Tropenfrüchte mit starkem Terpentingeschmack, die an den Straßenbäumen hängen und von den einheimischen Kindern trotzdem vor Hunger mit Appetit gegessen werden, haben mit unseren Mangos fast nichts mehr gemein.

VEREHRUNG DER MANGO IN INDIEN

Obwohl dieser Baum also möglicherweise nicht aus Indien stammt, wird er dort schon seit 4000 Jahren kultiviert und in Sanskrittexten sowie Hindulegenden erwähnt. Heute wächst er im Himalaja auf Höhen von 300–900 m sowie im übrigen Indien, wo die Bedingungen gut sind. Mangoblüten werden in religiösen Zeremonien verwendet.

VERBREITUNG

Im 7. Jahrhundert n. Chr. wurde die Mango in China als wohlbekannt beschrieben. Der berühmte Mogulherrscher Akbar (1556–1605) besaß eine Pflanzung mit 100 000 Bäumen, von denen heute noch einige übrig sind.

Zu Beginn des 16. Jahrhunderts, nachdem die Portugiesen die Schiffahrt in den Fernen Osten aufgenommen hatten, führten sie die Mango nach Südafrika und um 1700 nach Brasilien ein.

Die ersten Mangos in den USA erreichten Florida 1861. 1889 besorgte das Landwirtschaftsdepartment der Vereinigten Staaten fünf verschiedene Mangosorten in Bombay, die an Obstzüchter in Florida übergeben wurden. 1895 erfroren alle, bis auf eine Sorte (Mulgoba), die 1898 zum ersten Mal Früchte trug. Ihre hervorragende Qualität sorgte dafür, daß von diesem Zeitpunkt an die Mangokultur in Florida aufblühte.

SORTENGRUPPEN

Man unterscheidet drei Hauptgruppen bei den Mangos: die indischen, die indochinesischen und philippinischen. Die wichtigsten indischen Sorten waren schon in der Pflanzung Akbars enthalten: Mulgoba, Alphonso, Langra, Pathiri (auch Perie oder Pairi genannt). Diese Namen bezeichnen nicht eine exakte Sorte, sondern Sortengruppen, da die Mangos sich innerhalb einer Sorte noch in verschiedene Typen aufspalten können. Das deutet darauf hin, daß die Mangos eine komplizierte genetische Struktur haben. Die indische Sortenvielfalt ist am größten. Die indischen Mangokerne enthalten nur ein Embryo, die ostasiatischen viele.

INDISCHE SORTEN

## Mulgoba

Die Mangos mußten in Florida ans Klima angepaßt werden. Man las Bäume aus, die sich als besonders geeignet erwiesen. So entstanden aus *Mulgoba Haden, Kent* und *Zill*. (*Zill* aus Südafrika, im Februar 1981 in Gießen gekauft, war ebenso vorzüglich wie die Mangos aus Manila und Jaffna). *Haden* ist wichtig geworden in Hawaii und Südafrika, wo sie, im Gegensatz zu Florida, sehr gut trägt. Im Frühjahr 1980 kamen aus Südafrika fast über 500 g schwere, köstliche, wunderschöne, rotgrüne, riesige Früchte. *Haden, Kent* und *Mulgoba* tendieren dazu, sehr groß zu werden. Auch Importe aus Israel, Spanien, Brasilien (Sorte *Bourbon)*, Belize, Venezuela, Florida und Hawaii sowie die in Kolumbien hochgeschätzten *Tommy Atkins* sind alle Abkömmlinge der Sorte *Mulgoba* und entstammen amerikanischen Züchtungen. Ägypten scheint seine Mangos aus Indien direkt bezogen zu haben, es hat ebenfalls *Mulgoba*. Neu auf dem Markt war im Frühjahr 1981 die Sorte *Sensation*, eine dunkelrote Züchtung von Len Hobson mit faserfreiem, schmelzendem Fruchtfleisch.

## Alphonso

Da *Mulgoba*-Sorten in Florida sehr unregelmäßig tragen, hat man sich seit über 50 Jahren bemüht, *Alphonso*-Abkömmlinge an ihre Stelle treten zu lassen. Es entstanden *Benett, Irwin* u. a. Importe aus Kenia, Tansania und Hawaii waren zu diesem Formkreis gehörig, wie auch die sudanesischen Mangos. Der Sudan versorgt übrigens Saudi-Arabien mit seinen ausgezeichneten Früchten.

Wir haben *Alphonso*-Abkömmlinge sehr gerne, denn diese Sorten besitzen ein leicht an Terpentin erinnerndes, harziges, sehr charakteristisches Aroma, während *Mulgoba* manchmal so schmeckt wie Dosenpfirsich. Konsequenterweise heißt ein *Mulgoba*-Abkömmling in Natal/Südafrika und Queensland/Australien angebaut, auch gleich *Peach*.

Die Inder bevorzugen gelbe Früchte, denn sie assoziieren mit roter Farbe Säure. (Im zentralindischen Bergland gibt es kleine rote Mangos, die schrecklich sauer sind.) Westliche Farmer züchten besonders gerne rötliche Mangos wie auch Pfirsiche, weil diese Farbe die Käufer anzieht. Deshalb sind besonders die Exportfrüchte, die wir in der Bundesrepublik vorfinden, schön bunt.

*Mulgoba*-Abkömmlinge sind herzförmig, *Alphonso*-Abkömmlinge nierenförmig. *Langra* ist *Alphonso* und den ostasiatischen Früchten in der Form ähnlich. Im Sudan baut man eine sehr lange Sorte an, Vater des Fisches genannt, die ebenfalls aus Indien kam und die es dort heute noch gibt (*Pathiri*). Sie ist die Exportsorte Thailands. Südostasiaten essen sie grün, wie wir Äpfel.

Nach Ostafrika kam dieses Obst schon im 10. Jahrhundert durch die Perser. Westafrika und Brasilien wurden durch die Portugiesen zu Beginn des 18. Jahrhunderts damit bekannt gemacht.

Für den Farmer sind die ehemals indischen Sorten problematisch, denn sie tragen ganz unregelmäßig (*Mulgoba* mehr als *Alphonso*), zumindest außerhalb Indiens. In Indien, so wurde mir berichtet, hat man in einem Jahr eine reiche Ernte, im nächsten Jahr dagegen wenige Früchte. Obstbauern kennen das als alternierenden Ertrag. Man kann zwar mit chemischen Mitteln dieses Phänomen ausschalten, aber dann sind die Bäume nach wenigen Jahren erschöpft.

Ich möchte auf etwas Merkwürdiges hinweisen: *Kent* und *Zill* aus Südafrika sind herzförmig und sehen ganz anders aus als Sorten gleichen Namens aus Kenia, die nierenförmig und gelb sind.

Da die Spanier von den Philippinen Mangos nach Mexiko und Südamerika brachten, gibt es dort sowohl Früchte, die indischer Abkunft sind, als auch südostasiatische, die man Manila-Mangos, Filipinos oder Cambodiana (bzw. Carabao) nennt. Wichtige Sorten in der Karibik sind *Julie* (Kreuzung aus Divine und Or) und die gelbe *Peter* (auch Bombay oder Apple genannt). Beide sind

Abkömmlinge indischer Bäume, die gut tragen. Besonders *Julie* ist von attraktivem Aussehen. Beide haben ein ausgezeichnetes Aroma.

Die indochinesischen und philippinischen Mangos sind sich sehr ähnlich, weshalb mancher Autor nur zwischen indischem und philippinischem Formkreis unterscheidet. Die ostasiatischen Mangobäume tragen regelmäßiger, oft sind die Früchte kleiner, meist gelb, länglich und flach, dabei nierenförmig wie *Alphonso* und *Langra*. Die beiden Mangosorten, die mir bisher am besten geschmeckt haben, waren die gelbe *Princess of Manila* und eine grüngelbe ceylonesische Jaffna-Mango (eine eigene Sorte von der Jaffna-Halbinsel). Beide waren nicht nur aromatisch und süß, sie hatten auch eine leichte Säure, was ihrem Aroma – für unseren Geschmack – erst die höchste Delikatesse verlieh. (Von diesen Früchten kann man auch vorzüglichen Kuchen backen.) Die Philippinen exportieren ihre Mangos nach Japan. Die wichtigsten Mangosorten sind Abkömmlinge von Zufallssämlingen, nicht Ergebnisse planmäßiger Züchtungen. Wie viele unserer bedeutendsten Obstsorten sind auch die Mangos aufgefunden worden. Züchtungsversuche in Florida verliefen deprimierend. Roy befruchtete einmal in Indien 9000 Blüten, aus denen er schließlich 19 Pflanzen gewann. Das Ergebnis waren neue, gute Sorten.

Der Mangobaum ist 10–30 m hoch und immergrün. Er neigt dazu, einen großen Kronenumfang zu bekommen und blüht reichlich. Ein Baum kann 500–10 000 Blüten haben. Trotzdem kann die Ausbeute gering sein: 12 000 handbestäubte Blüten eines Baumes der Sorte *Haden* brachten 40 Früchte. Kleinfrüchtige Bäume können aber Tausende von Früchten haben, *Mulgoba* und andere große Sorten ein paar hundert. Es ist unmöglich, einen Durchschnittsertrag pro Sorte festzulegen, weil das so unterschiedlich ist. Ist die Blüte- und Reifezeit trocken, so kommt das dem Ertrag sehr zugute. Wenn man alle diese Schwierigkeiten bedenkt, ist es verständlich, daß Mangos teuer sind.
Der gesamte Baum enthält ein Öl, das Hautreizungen auslösen kann.
Junge Blätter sind bronzefarben oder violett. Die grüngelben Blüten hängen in weitverzweigten Trauben von 6–40 cm Länge am Baum. Es dauert 4–6 Monate, bis die Mangos reif sind. Die Steinfrüchte sind lustig anzusehen, denn sie baumeln an ihren Stielen wie an langen Leinen und berühren fast den Boden.

Die Mangos sollten geerntet werden, wenn sie gelb werden, aber noch hart sind. Die hart gekauften Früchte lasse man bei Zimmertemperatur liegen, bis sie rundherum auf Druck nachgeben. In Florida reifen sie von Ende Juli bis Ende September. Sie werden auch nach Deutschland importiert und sind dann – unserer eigenen Obsternte wegen – billig. Aus Kenia kommen sie von November bis Juni, aus Südafrika von Dezember/Mai, aus Thailand von Februar/Juni.

Sie steht mit 11,5 Millionen Tonnen an sechster Stelle in der Weltproduktion. Indien besitzt 800 000 ha Mangopflanzungen, dann folgen die Philippinen, Indonesien, Thailand, Malaysia und Sri Lanka. Indien produziert mehr Mangos als alle anderen Länder der Welt zusammen.

Diese Frucht enthält sehr viel Vitamin A (150–2000 I. E.) und ebensoviel Vitamin C wie Apfel und Zitrone. Die Mango ist ein äußerst wertvolles Nahrungsmittel für die Bewohner heißer Länder.

Außer Mangochutney, das das erlesene Aroma der Mango vorzüglich bewahrt, stellt man in Amerika vor allem Mangomarmelade her. Marmelade, Dosenfrüchte und Mangonektar lassen den edlen Geschmack der rohen Mango aber nur ahnen. Der Saft ist wegen seines hohen Vitamin-A-Gehaltes sehr wertvoll, besonders für Babys und Kranke.

In der Karibik und in Indonesien ißt man die Früchte grün mit Salz oder Worcestersoße als Delikatesse.

Sie schmecken süß-säuerlich und gut.

Echte Mangoliebhaber essen dieses Obst ohne Beigaben.

In Indien bereitet man Suppe aus Mangos, die in der Sonne getrocknet und mit Gelbwurz vermischt zu Pulver vermahlen wurden. Gesalzene, getrocknete Mangoscheiben (*amchur*) dienen der Vorratswirtschaft. In Notzeiten ernährt man sich von gemahlenen Mangokernen.

## REZEPTE MIT UNREIFEN FRÜCHTEN

Unreife Mangos verwendet man in den Tropen wie Äpfel. Man bäckt damit Kuchen nach seinem Lieblingsrezept für Apfelkuchen oder bereitet Mangopüree, das man wie Apfelmus zu Eierkuchen essen kann.

### Mangomus von grünen Mangos

*3 Tassen grüne oder halbreife*     *1 EL Zucker*
*Mangostreifen*     *1 Schuß Essig*
*½ Tasse Wasser*

3 Tassen grüne oder halbreife Mangostreifen in Wasser mit Zucker und einem Schuß Essig weichkochen. Je nach Fasergehalt der Früchte entweder nur pürieren oder noch durch ein Sieb drücken.

### Mangokompott

Noch harte Früchte schälen und in Streifen schneiden, auf 500 g Früchte 100 g Zucker abmessen und die Fruchtstücke in einer Tasse Wasser mit dem Zucker und dem Saft einer Zitrone oder einer halben Tasse Weißwein auf kleiner Flamme weichdämpfen lassen.

## REZEPTE MIT REIFEN FRÜCHTEN

### Mango mit Walnußeis gefüllt       *Zubereitung 7 Minuten*

*2 Mangos*     *100 g Sahne*
*Walnußeis*

Pro Person eine halbe Mango, längs halbiert, Kern entfernt, mit einem Bällchen Walnußeis gefüllt (ja nicht zuviel, dann schmeckt man nichts mehr von der Mango) und einem Häubchen Sahne darüber auftragen. Kein anderes Eis paßt so ausgezeichnet zum Mangogeschmack wie Walnußeis.

Im Herbst, wenn es frische Walnüsse gibt, kann man dieses *Nußeis* zubereiten, das sich in der Tiefkühltruhe mindestens ein Jahr hält:
500 g Walnüsse entkernen (das dauert ca. 30 Minuten)

| | |
|---|---|
| *¼ l Milch* | *100 g Zucker* |
| *3 Eigelb* | *¼ l Sahne* |

Die Nußkerne mahlen, in der Milch aufkochen und abkühlen lassen. Eigelb und Zucker schaumig rühren, den Nußbrei zufügen und die geschlagene Sahne unterheben, gefrieren lassen. Die Zubereitung des Eises dauert 15 Minuten.

Das Märchen, daß Mangos sich nicht mit Milch und Alkohol vertragen, hält sich bei uns hartnäckig. Einer schreibt es vom anderen ab. In der Mangozeit besteht das Abendessen vieler Inder aus einer Mango und einem Glas Milch oder einem Milchmixgetränk:

### Mangomilchshake *(2 Personen)*

| | |
|---|---|
| *½–1 Mango* | *2 TL Zucker* |
| *1 Glas Milch* | *oder Himbeermarmelade* |
| | *Eiswürfel* |

Je nach Größe der Frucht eine halbe oder eine ganze Mango schälen, den Kern entfernen, das Fleisch in Scheiben schneiden und im Mixer pürieren. Die Milch zugeben sowie nach Wahl Zucker oder Himbeermarmelade hinzufügen. In zwei hohe Cocktailgläser gießen und mit je einem Eiswürfel auftragen.
Nach indischer Auffassung erwärmt Mango den Körper. Man trinkt deshalb noch ein Glas Milch hinterher.

### Mangosahnecreme *(2 Personen)*      *Zubereitung 15 Minuten*

| | |
|---|---|
| *200 g Mangofleisch* | *50 oder 100 g* |
| *1 EL Zucker* | *Schlagsahne* |
| *1 EL Zitronensaft* | |

Eine mittelgroße Mango schälen und pürieren (das ergibt ungefähr 200 g). Mit Zucker, Zitronensaft und Schlagsahne vermischen. Meine Tochter Astrid bevorzugt es, nur 50 g Sahne zu verwenden. Die meisten Leute schätzen aber dieses Rezept mit 100 g Sahne. Eine schnelle, einfache Nachspeise.

### Mangosorbet

Dieses Rezept wurde mir aus Südafrika geschickt, man kennt es aber auch in Brasilien und Mexiko. In Südafrika nennt man es Eis, in Brasilien Mousse und in Mexiko Sorbet. Da es Eiweiß enthält, heißt es bei mir Sorbet. Bitte finden Sie heraus, welches von beiden Rezepten Sie lieber mögen. Das mexikanische ist fruchtiger und herber, das brasilianische sehr süß und voll im Geschmack.

### Sorbet aus Brasilien *(8 Portionen)*      *Zubereitung 15 Minuten*

| | |
|---|---|
| *2 Tassen geschälte, pürierte Mangos* | *2 EL Zitronensaft* |
| *(ungefähr zwei Früchte)* | *1 Eischnee mit einer Prise Salz* |
| *1 Tasse Zucker* | *400 g geschlagene Sahne, falls* |
| *(¾ Tasse genügt auch)* | *nicht vorhanden, Kondensmilch* |

Mango mit Zucker und Zitronensaft vermischen, Eischnee und Sahne unterheben. Entweder gefrieren lassen und als Eis auftragen oder, gut gekühlt, als Cremespeise. Am besten ist es halbgefroren.

### Sorbet aus Mexiko *(8 Portionen)*          *Zubereitung 25 Minuten*

| | |
|---|---|
| *2 Mangos, püriert* | *2 Eiweiß, mit ¼* |
| *1 Tasse Wasser* | *Tasse Zucker geschlagen* |
| *½ Tasse Zucker* | *½ Tasse Schlagsahne* |
| *1 Prise Salz* | *(100 g) oder Kondensmilch* |
| *¼ Tasse Zitronensaft* | |

Wasser, Zucker und Salz fünf Minuten kochen und abkühlen lassen. In der Zwischenzeit die Mangos vorbereiten; Mango, Sirup und Zitronensaft vermischen, Eischnee und Sahne unterheben. Gefroren auftragen.

In Indien ist dieses vorzügliche Sorbet merkwürdigerweise unbekannt. Unsere indischen Gäste waren davon begeistert.

Ich finde am besten einen Kompromiß aus beiden Rezepten:

### Sorbet III          *Zubereitung 15 Minuten*

| | |
|---|---|
| *2 mittelgroße Mangos* | *100 g Zucker* |
| *1½ EL Zitronensaft* | *1–2 Eiweiß, 200 g Sahne* |

Die Mangos halbieren, den Kern entfernen, das Fruchtfleisch aus den Schalen schaben und pürieren. Mit Zitronensaft und Zucker verrühren. Das Eiweiß schlagen und mit den gleichen Schlägern auch die Sahne. Beides unter das Mangopüree heben und gefrieren lassen.

### Crêpes mit flambierten Mangos

Den Teig für die Crêpes schon morgens herstellen und stehenlassen.

| | |
|---|---|
| *85 g Mehl* | *30 g Puderzucker* |
| *⅕ l Milch (eine Tasse)* | *1 EL Zitronensaft* |
| *Prise Salz, 2 Eier* | *später ein Schuß Cognac* |

Mehl, Milch und Salz mit einem Schneebesen gut verrühren, Eier, Puderzucker und Zitronensaft zugeben. Nachdem die Mangos vorbereitet wurden, wie unten beschrieben, vier hauchdünne Crêpes backen. Zubereitungszeit 15 Minuten.

| | |
|---|---|
| *2 Mangos* | *3 EL Zucker* |
| *1 EL Butter* | *3 EL Cointreau oder Orangensaft* |
| *2 EL Zitronensaft* | |

Die Mangos schälen, entkernen, in Längsstreifen schneiden. Die Streifen in eine heiße Pfanne geben, in der die Butter zerlassen wurde, Zitronensaft, Zucker und Cointreau hinzufügen und einige Minuten unter Umwenden dünsten lassen. Vom Feuer nehmen und beiseite stellen (7 Minuten).

Die Crêpes backen und, in Viertel gefaltet, in die Pfanne legen. In die oberste Tasche die Mangos geben. Crêpes mit der Mangoflüssigkeit begießen, einen Schuß Cognac hinzufügen, Pfanne über der Flamme schräg halten und anzünden. Entweder mit einem Deckel zudecken oder brennend auftragen.

## Mangomarmelade

*500 g Mangofruchtfleisch,*
*ohne Kern und Schale*

*500 g Gelierzucker*
*Saft einer Zitrone*

Das Mangofleisch pürieren, mit der Hälfte des Gelierzuckers zum Kochen bringen, die zweite Hälfte des Gelierzuckers hinzufügen sowie den Zitronensaft. 10 Sekunden kochen lassen und in saubere Gläser füllen.

Um Quark und Müsli zu würzen, eignen sich sehr gut Mangos mit weniger Zucker.

## Mangomus von reifen Früchten

*500 g Mangos*
*250 g Gelierzucker*
*Saft einer halben Zitrone*

Die geschälten, in Streifen geschnittenen Fruchtstücke mit Zucker und Zitronensaft einige Sekunden kochen lassen. Nach dem Abkühlen im Eisschrank aufbewahren.

Der Geschmack dieses Pürees verändert sich kaum, wenn auf 500 g Mangos 250 g Papaya hinzugefügt werden, wie man es in der Karibik tut, dazu Zitronensaft und insgesamt 375 g Zucker.

Weltberühmt ist die süß-saure, scharfe Würzsoße, die Hühner- und Putenfleisch, kalten Braten, Schinken und Käse, eventuell sogar Fisch, auf ausdrucksvolle Weise im Geschmack hebt: Chutney.

## Mangochutney

*500 g Mangofleisch*
*125 g Rosinen (kann man*
*auch weglassen)*
*500 g Gelier- oder Ein-*
*machzucker*
*½ l Essig (oder weniger)*
*30 g Senfsamen*
*15 g Knoblauch*

*1 TL Salz*
*75 g Zwiebeln, kleingeschnitten*
*15 g frischer Ingwer*
*10 g, oder weniger, scharfer Chillipuder*
*(die Inder nehmen 45 g! Aber*
*auch mit 10 g ist die Soße*
*teuflisch scharf)*

Das gleiche Rezept kann auch für grüne Mangoschnitze verwendet werden, nur müßte man prüfen, sobald alles erhitzt ist, ob die Zuckermenge auf 625 g erhöht werden sollte. Eigenes Chutney zu kochen, hat zwei Vorteile: es ist viel billiger als gekauftes und enthält kein Konservierungsmittel.

Ohne Gelierzucker muß Mangochutney mindestens eine Stunde kochen, die Ausbeute ist dann geringer: drei Marmeladengläser voll, sonst vier.

*Zubereitung:* Mango schälen (in Indien verwendet man sie ungeschält!), entkernen, in kleine Schnitze zerteilen. Rosinen waschen und verlesen, mit Senfsamen, geschältem Ingwer und Knoblauch zermahlen. Dann alle Zutaten in einem großen Topf zum Kochen bringen, dabei ständig rühren. Nach der Gelierprobe (siehe Anhang) in gereinigte Gläser oder hübsche Keramikgefäße füllen und noch heiß zubinden oder mit einem Deckel verschließen.

Da ich dieses Chutney so gerne mag, daß ich es mit einem Löffel essen könnte, habe ich andere Chutneys nicht ausprobiert (etwa mit Äpfeln, Datteln usw.), wie sie die Inder zubereiten.

Ein Eßlöffel dieser Würzsoße gibt einem Reissalat, der aus Reis, Hühnerfleisch und Ananas besteht, erst den letzten Pfiff.

## Mangokuchen

Zu diesem Kuchen habe ich einen französischen Teig verwendet (Pâte brisée), der englische Pie-Teig ist der gleiche. Es handelt sich um ungezuckerten Mürbteig, dem Wasserzugabe Geschmeidigkeit verleiht. Rezept im Anhang.

*Teig:*                                                    *Zubereitung 10 Minuten*
*Pâte brisée von 125 g Mehl*

                                                           *Zubereitung 15 Minuten*

*Belag:  3, 4 oder mehr Mangos*
*1 EL Mondamin*                        *2 EL Zucker*
*1 Tasse Milch*                        *1 Ei*

Während der Teig bäckt, Mangos schälen, entkernen, in Streifen schneiden. Dann in einem Topf Mondamin mit 1 Tasse Milch schlagen, Zucker und Ei zugeben und unter Rühren zum Kochen bringen. Die Mangostreifen auf den Tortenboden legen, mit der Creme bedecken und noch 45 Minuten weiterbacken.

Genausogut ist es, einen Hefe- oder Mürbteig zu verwenden, die Mangoschnitze daraufzulegen und einen Eier-Sahne-Guß (Rezepte Seite 216 und 431) darüberzugeben. Vorzüglich sind auf den Mangos auch gehackte Walnüsse (mindestens 2 EL).

## Mangotorte                                      *Arbeitszeit 30 Minuten*

*Teig:*                                *125 g geriebene Haselnüsse*
*2 Eier*                               *40 g geriebene Schokolade*
*90 g Zucker*                          *1 TL Backpulver*

Die Eier schaumig rühren, Zucker, Nüsse, Schokolade und Backpulver nach und nach zugeben. Den Teig in eine Springform gießen, die mit Pergamentpapier sorgfältig ausgelegt wurde. Bei 190° C 30 Minuten backen. Danach den Boden stürzen und das Papier abziehen.

*Belag:*                               *3 EL Zucker*
*3–4 Mangos*                           *¼ l Orangensaft (keine Navelorangen)*
*1 Tortenguß (klar)*                   *200 g Schlagsahne*

Die Mangos schälen, entkernen, in Schnitze teilen und den erkalteten Boden damit belegen. Den mit 2 EL Zucker und Orangensaft zubereiteten Tortenguß darüber verteilen.

200 g Sahne schlagen, mit 1 EL Zucker süßen, eventuell Sahnesteif zugeben, wenn die Torte sich länger halten soll. Die Torte mit der Sahne garnieren. Zu diesem Rezept kann man auch Dosenmangos verwenden. Diese sind aber weit weniger schmackhaft als frische. Man braucht dazu drei Dosen. Der Tortenguß ist dann mit dem Saft daraus herzustellen und nicht mit Orangensaft. Zuckerzugabe erübrigt sich in diesem Fall.

**Mangonektar**

*¾ Glas Mangonektar*          *4 EL weißer Rum oder Wodka*
*8 EL Cream of Coconut*

Für den Mangonektar, den es jetzt auch bei uns gibt, schwärme ich nicht so sehr, außer er wird auf philippinische Art serviert: Ein ¾ Glas Mangonektar mit 8 EL Cream of Coconut (Kokosnußmilch – gibt es neuerdings unter verschiedenen Bezeichnungen auch in der Bundesrepublik; Zubereitung im Anhang) sowie mit 4 EL weißem Rum oder Wodka gut schütteln und mit einem Eiswürfel auftragen. Ein vorzügliches Getränk!

## Bauno *(Mangifera verticillata)*

Diese nahe Verwandte der Mango von den Philippinen könnte für den Züchter noch ungeahnte Qualitäten enthalten, da sie ein zwar faserreiches, aber sehr aromatisches, säuerliches, saftiges Fruchtfleisch besitzt, das an Aprikose und Guanabana erinnern soll. Die Früchte reifen im August und September.

## Gandaria *(Bouea macrophylla)*

Thai: Ma-prang, Malaysia: Kundangan, Sĕtar. Die Gandaria ist eine malaiische Verwandte der Mango, die noch heute in den Wäldern Sumatras und Malayas, besonders in nördlicher Richtung zu finden ist. Ich erwähne sie, weil sie unter der Bezeichnung *Sweet yellow* in einem thailändischen Exportkatalog der Firma Pisitichai angeboten wird.
Die Früchte sind etwa pflaumengroß (3,75–6,5 cm lang), sie ähneln kleinen Mangos. Ihre Haut ist dünn und weich. Sie ist zuerst grün, wird später gelb und muß bei Reife auf Druck nachgeben.
Die Obstqualität der Bäume variiert sehr stark. Alle Früchte riechen nach Terpentin, haben ein klebriges, saftiges gelbes oder orangefarbenes Fleisch, das süß oder sauer sein kann. Wie der englische Name verrät, sind die im Katalog angebotenen Früchte süß.
Im Innern der Gandarias befindet sich ein 2,5 cm langer, 2 cm dicker Kern, der fest durch Fasern mit dem Fruchtfleisch verbunden ist.
Die Sĕtarbäume sind immergrün und ähneln Mangobäumen. Sie werden 10–20 m hoch und besitzen eine dichte, breite Krone.
Die mittel- oder dunkelgrünen, glänzenden Blätter sind länglich-lanzettförmig und treten paarweise in Erscheinung.
Die kleinen grünlichen Blüten sitzen an kurzen Stengeln, die mit ihnen übersät sind.
Die Früchte reifen zur gleichen Zeit wie die Mango, in Thailand von Februar bis April.

VERWENDUNG    Die süßen Früchte eignen sich zum Rohverzehr. Aus den sauren bereitet man mit sehr viel Zucker Marmelade und Getränke. Sie eignen sich zur Herstellung von Chutney, man legt sie in Salz ein und macht scharf gewürzte Sambals daraus. Der saure Fruchtsaft dient als Tamarindenersatz für Fischgerichte. Bei der Verwendung stört immer der faserige Kern.

REZEPT

**Gandariachutney** *(Neuseeland)*

Dieses Chutney kann man nur zubereiten, wenn gleichzeitig Lovi-Lovi (siehe Seite 123) zur Verfügung steht. Es ist etwas für Deutsche in Südostasien.

| | |
|---|---|
| *250 g Lovi-Lovi* | *15 g gehackter Ingwer* |
| *250 g Gandaria, geschält und in Streifen geschnitten* | *3 rote Chillischoten (besser weniger)* |
| *¾ Tasse Rosinen* | *1 Zwiebel* |
| *1 Tasse Zucker* | *15 g zerdrückter Knoblauch* |
| *1 TL Salz* | *½ TL Nelken* |
| *1 Tasse Essig* | |

Lovi-Lovi mit Wasser bedecken, einen EL Zucker zufügen und weichkochen. Durch ein Sieb rühren. Die Chillischoten aufschneiden, die Kerne entfernen. Chillies und Zwiebel feinschneiden. Alle Zutaten 20 Minuten kochen. Das Chutney soll dick werden. Droht es anzubrennen, etwas mehr Essig zugeben. Es schmeckt, wie Mangochutney auch, köstlich zu Schinken, Hühnerfleisch und kaltem Braten.

In die fruchtreiche Pflanzenfamilie der Anacardiaceen gehören auch die Mombinpflaumen und die Ambarella.

## Ambarella *(Spondias cytherea oder dulcis)*

Tahiti: Evi, Fidji-Inseln: Ivi, Hawaii: Wi, Philippinen: Hevi, Malaysia: Kedongdong, Thailand: Ma-kok-farang, Hindi: Amra, Engl.: Ambarella, Otaheiteapple, Franz.: Pomme cythère, Prunier d'Amérique, Span.: Manzana de oro, Ciruela dulce (Kuba), Venezuela: Jobo de la India, Brasilien: Caja manga.

Die Ambarella kommt von den Gesellschaftsinseln (Tahiti). Sie heißt deshalb auch *Tahitien quince*. Ich erwähne sie, weil sie ebenfalls von Thailand angeboten wird.

Die Ambarella wird auch als Otaheite-Apfel bezeichnet, was zu Verwechslungen mit dem malaiischen Rosenapfel Anlaß gibt, den man auch so nennt. Die Ambarella ist inzwischen weltweit im tropischen Flachland verbreitet.

Der Baum der tahitischen Quitte wird 10–25 m hoch. Sein Holz bricht leicht, so daß der Wind oft Äste und Zweige knickt. Die Blätter stehen in 4–12 Paaren um einen Stengel, der fast aussieht wie ein Wedel. Sie sind dunkelgrün und sehr lang (15–55 cm). Sie werden in Java gekocht gegessen. Zusammen mit zähem Fleisch aufgesetzt, wird es durch sie weich. Die Blüten erscheinen in gelb-weißen Büscheln und sind zweigeschlechtlich.

Die 5–10 cm langen und 4–8 cm dicken Steinfrüchte können oval oder rund sein. Sie werden gewöhnlich auf dem Markt verkauft, wenn sie noch hellgrün sind. Bei Reife nehmen sie eine gelbe Farbe mit braunen Flecken an.

Die Haut ist weich und 3 mm dick. Vom Stiel bis zu ¾ der Länge der Frucht ziehen sich Rillen, denen im Inneren des großen lederartigen Kernes fünf Höhlungen entsprechen.

Mango aus Belize

Haden

Ostasiatische Mango

Pathiri

Zill aus Südafrika

Kent aus Kenia

Tafel 1

Schuppen-annone

Cherimoya mamillata

Fingerduck Cherimoya

Guanabana

Ochsenherz-apfel

Tafel 2

Das Fruchtfleisch ist weiß oder fahlgelb und hat einen unangenehm an Terpentin erinnernden Geruch. Gute Formen duften süß. Es schmeckt harzig, ist saftig und fleischig.

Die grünen Früchte werden gewöhnlich mit Salz eingelegt oder zu Curry verwendet.

Die reifen Früchte ißt man roh, preßt den Saft aus, um Getränke daraus herzustellen, kocht Marmelade oder Chutney davon. Gekochte Früchte haben Ananasaroma.

Der Baum ist in Südostasien sehr beliebt. Er trägt schon vier Jahre, nachdem er durch einen Kern ausgesät wurde, ziemlich regelmäßig seine Früchte.

Die Erntezeit in Thailand reicht von Juni bis Oktober.

## REZEPTE

### Gewürztes Gemüsegericht mit Ambarellas *(Ceylon/Sri Lanka)*

| | |
|---|---|
| 4 reife Ambarellas | 1 Stück Zimt (5 cm lang) |
| 1 EL Fett | 6 trockene Chillischoten |
| 1 EL gehackte rote Zwiebeln | 1 Prise Safran |
| ¼ Halm Zitronengras | 1 Tasse Kokosmilch |
| einige Curryblätter (s. Anhang) | Salz |
| 1 EL zerkleinerter Maldive-Fisch | |

Die Früchte längs vierteln und schälen. Das Fett erhitzen und die Zwiebeln anbräunen; Zitronengras und Curryblätter zugeben. Den Rest der Zutaten vermischen. Wenn die Zwiebeln eine schöne Farbe haben, alles hinzufügen und so lange kochen, bis alles weich ist.

### Sauer eingelegte Ambarellas *(Ceylon/Sri Lanka)*

| | |
|---|---|
| Mehrere Ambarellas | 20 g trockene |
| ½ Flasche Essig | Chillischoten |
| 45 g Senfkörner | frischer Ingwer |
| 15 g Knoblauch | Salz |

Schöne, reife Ambarellas aussuchen. Die Früchte längs in vier Teile schneiden und schälen. In Essig weichkochen (das stelle ich mir sehr sauer vor!). Zu einer halben Flasche Essig 45 g Senfkörner, 20 g trockene Chillischoten, 15 g Knoblauch und frischen Ingwer, Salz nach Geschmack abmessen. Alle Zutaten mahlen, mit dem Essig mischen und die Früchte darin einlegen.

Diese beiden Rezepte sollen Deutsche im Ausland dazu anregen, die Früchte auf eine dem deutschen Geschmack entsprechende Weise zu nutzen.

### Ambarellagelee *(Brasilien)*

Die Früchte mit einem rostfreien Messer vorsichtig schälen und in Stücke schneiden. In einer großen Schüssel mit Wasser bedecken und 5 Stunden stehenlassen. Nach einem französischen Rezept 24 Stunden mit der Hälfte des Kochzuckers ziehen lassen. Danach alles in einen Topf schütten; steht das Wasser über den Fruchtstücken, etwas davon abgießen. Zum Kochen bringen und auf kleiner Flamme weichkochen. Die Fruchtstücke pürieren und durch ein

Sieb gießen. Pro Tasse Saft eine Tasse Zucker abmessen. Zurück aufs Feuer stellen und bis zur Gelierprobe (siehe Anhang) einkochen lassen.

### Eingelegte Ambarellas *(Ceylon/Sri Lanka)*

*500 g schöne, reife Früchte*          *½ Weinglas Rosenwasser (s. Anhang)*
*500 g Zucker*          *1 Stange Zimt*
*½ l Wasser*

Die Ambarellas schälen und mit einer Gabel rundum einstechen. Sofort ins Wasser legen. Ist man mit allen Früchten fertig, die Ambarellas aus dem Wasser nehmen, ausdrücken und wiegen. Wasser und Zucker zum Kochen bringen, Früchte und Zimt zufügen und unter Rühren kochen lassen, bis der Sirup dick wird. Die Früchte sollen durchsichtig aussehen. Das Rosenwasser einige Minuten vor Beendigung der Kochzeit in den Sirup gießen.

Die Mombinpflaumen gibt es in Gelb und Rot. Beide Pflanzen stammen aus Amerika.

## Gelbe Mombinpflaume *(Spondias mombin)*

Karibik und Zentralamerika: Jobo (Chovo gesprochen), Ciruela de jobo, Engl.: Hogplum, mompe, Franz.: mopé, Brasilien: cajá mirim, caja seira, tarebá.
Da die Bäume mit Früchten überladen sind, fallen viele ab, die dann auf der Erde liegen. Deshalb der Name Hogplum (Schweinepflaume). Die Bezeichnung verrät auch etwas darüber, wie diese Früchte beurteilt werden.
Sie wachsen an einem mittelgroßen Baum, der heute überall in den Tropen gedeiht, besonders in Klimaten mit jahreszeitlichem Wechsel.
Die gelben 2,5–4 cm langen Früchte sind oval und weisen ein saftiges, säuerlich-scharfes Fruchtfleisch auf. Nach Fouqué ist das Fleisch nicht scharf, sondern je

*Links: Gelbe Mombinpflaume*
*Rechts: Rote Mombinpflaume*

nach Baum mehr oder weniger aromatisch und sauer. Es wird roh gegessen, vor allem aber zu Getränken, Sirup und Gelee verarbeitet. In Santo Domingo, so wurde mir berichtet, betrachtet man den Saft allerdings lediglich als Medizin: Er regt den Harnstoffwechsel an. Die Mangopflaume *(Spondias pinnata)* wird von der Firma Pisitichai als *Hogplum* angeboten, und zwar von Juni bis Dezember.

## Rote Mombinpflaume *(Spondias purpurea)*

Südamerika: Ciruelo, Ciruela roja, jocote, cajá vermelha, Brasilien: Imbŭzeiro, Engl.: Jamaica plum, Franz.: Prune rouge, Philippinen: Spanish plum.
Ein kleiner Baum, der in den Tropen verbreitet ist, besonders auf den Philippinen, wo ihn die Spanier hingebracht haben.
Die tiefroten Früchte sind 2,5–5 cm lang, bei manchen Sorten sind sie auch gelblich. Sie haben eine zähe Haut und saftiges, säuerliches, aromatisches Fleisch, das besser schmeckt als das der gelben Mombinpflaume.

# ANNONACEAE *(Annonengewächse)*

Diese tropische Pflanzenfamilie umfaßt ungefähr 50 Bäume und Sträucher, meist aus dem tropischen Amerika, aber auch einige aus Afrika. Annonafrüchte heißen in Brasilien: Pinha.
Nur 8 bis 10 der vielen Annonaarten tragen Früchte, die Sammelbeeren sind. Von diesen wiederum sind nur die Cherimoya und die Stachelannone (Guanabana), deren Saft von Venezuela auf dem Weltmarkt angeboten wird, international wichtig. Die anderen spielen aber auf den lokalen Märkten der einzelnen Regionen eine bedeutende Rolle.

## Asimina triloba und grandiflora

erwähne ich nur, weil sie, wie die Papaya in den englischsprechenden Ländern, ebenfalls *papaw* genannt wird. Die erste Art ist ein kleiner Baum, die zweite ein Strauch mit schönen, langen Blättern, attraktiven Blüten und großen, kartoffelähnlichen, hocharomatischen Früchten (Kanada und Nordamerika).

## Biriba *(Rollinia deliciosa)*

gehört zu einer anderen Gattung, ist aber nahe mit der Cherimoya verwandt und ihr in Größe, Form und Qualität sehr ähnlich. Sie ist die beste Annonaart der Tropen und wird in Nordbrasilien hoch geschätzt. Ihre Früchte haben 7–12 cm Durchmesser und weißes oder cremefarbenes, saftiges Fruchtfleisch von feinem Aroma.

## Ilama *(Annona diversifolia)*

heißt auch Cherimoya des Flachlandes. Sie ist besonders beliebt und köstlich in Colima und Acapulco (Mexiko). Ihr Fruchtfleisch ist rosafarben, cremeartig und von vorzüglichem Geschmack. Ebenfalls rötliches Fruchtfleisch hat die außen glatte *Annona glabra*, deren Kerne innen sehr unregelmäßig angeordnet sind (siehe untenstehende Zeichnung). Sie ist eine Wildform.

Die *Annona senegalensis* soll einen Stoff enthalten, der vergessen läßt. Es wird berichtet, daß die Tongas eine Droge daraus gewinnen.

*Annona longiflora*, die wilde Cherimoya von Jalisco, ähnelt der Cherimoya in Aussehen und Aroma. Sie wird im Staat Jalisco in Mexiko gehandelt, besonders auf Märkten um Guadalajara und Tequila.

*Links: Annona glabra, rechts: Ilama*

## Netzannone *(Annona reticulata)*

Südamerika: Annona colorado, Kolumbien: Corazón, Venezuela fälschlich: Chirimoya, Engl.: Bullock's heart, Franz.: Cachiman, Ochsenherzapfel, Rahmapfel, Indien: Ramphal und Ramsita, Thailand: Noi-nong, Malaysia: Nona kapri.

HERKUNFT UND ERSCHEINUNGS-BILD

Die Netzannone ist ein kleiner Baum von 3–7 m Höhe. Wie die anderen Annonen stammt er aus dem tropischen Hügelland Amerikas (unter 1000 m), das durch seine Höhenlage ein subtropisches Klima aufweist. In Malaysias Tropenklima ist es ihm zu warm. Er ist in den Wäldern der Philippinen und Guams verwildert, ebenso auf den Karibischen Inseln, gedeiht aber auch in Südflorida, Indien und Thailand.

Er blüht am Ende des Sommers und bringt seine Früchte nach 2 bis 3 Monaten in der Mitte des Winters hervor. Er wirft periodisch sein Laub ab.

Die Blüten bestehen aus drei dicken grüngelben Blütenblättern und ähneln sehr denen der Schuppenannone. Sie duften süß und tragen an der Basis einen rotbraunen Fleck. Die langen spitzen Blätter sind in Büscheln zu je fünf angeordnet.

Die rundlichen Früchte erreichen den beachtlichen Umfang von 7–12 cm. Die stumpfgrüne, weiche, doch zähe Oberfläche wechselt ihre Farbe bei Reife zu einem stumpfen Dunkelrot, das wie von einem rhombenartigen Netz überzogen wirkt.

Das Fruchtfleisch ist im Verhältnis zu dem der anderen Annonen minderwertig. Es ist cremeweiß, saftig, süß, aber fade. Es ist leicht gekörnt und von vielen schwarzen Samen durchsetzt, die aber nur lose um den faserigen Mittelteil angeordnet sind. Jedes Netzsegment auf der Hautoberfläche deutet eine eigene Frucht an; der Rahmapfel ist, wie die anderen Annonen und z. B. auch Ananas und Erdbeere, eine Sammelfrucht. Die Teile lassen sich aber nicht voneinander lösen wie bei der Schuppenannone.

VERBREITUNG

Die Netzannone wurde durch afrikanische Händler aus Mombasa oder Zanzibar nach Malaysia gebracht. Der malaiische und bengalische Name deutet auf karibischen Ursprung hin.

MEDIZINISCHER
WERT

Die Samen töten Insekten. Ein Extrakt aus den Kernen wirkt stark zusammenziehend, außerdem gegen Durchfall und Dysenterie (Ruhr). Die Schale enthält die gleichen Wirkstoffe, Chinesen und Malaien benutzen sie als Stärkungsmittel. Eingenommen hilft die Wurzel gegen Fieber. Sie wird auch gegen Epilepsie und Krämpfe angewendet. Stückchen der Rindenhaut bekämpfen Zahnschmerzen. Die stark riechenden Blätter beschleunigen, als Brei aufgelegt, das Öffnen eitriger Wunden. Ein Tee aus den Blättern dient als Wurmmittel, und ihr Saft tötet Läuse.

VERWENDUNG
DER FRÜCHTE

Dem zerkleinerten oder durchpassierten Fruchtfleisch fügt man Milch (zu einem Milchshake), Sahne oder Pudding hinzu. Nach Geschmack Zucker und Zitronensaft zugeben. Die Cherimoya-Rezepte können auch mit der Schuppenannone und mit der Netzannone zubereitet werden.

## Schuppenannone (*Annona squamosa*)

Im 16. Jahrhundert hieß sie in Mexiko: Ate. Unter diesem Namen erreichte die Frucht die Philippinen, Indien und Brasilien. In Mexiko heißt sie heute *Annona blanca*, was zu Verwechslungen mit der Ilama führen kann, die in Guatemala und El Salvador so genannt wird.

Im 16. Jahrhundert wurde von Oviedo aus der Karibik die Bezeichnung Anon berichtet, woraus in Malaysia Nona Seri Kaya wurde (gute, wirksame Frucht). Venezuela: Anón, Rinón, Span.: Anón, Portug.: Pinha, Fruta do Conde, Atta, Engl.: Sweetsop, Sugar Apple, Franz.: Pomme Canelle, Zucker- oder Zimtapfel, Thai: Noi-na.

HERKUNFT,
ERSCHEINUNGS-
FORM UND
VERBREITUNG

Die Pflanze stammt wie die anderen Annonen aus dem tropischen Bergland des südlichen Amerika. Nach Burkill soll sie aus dem karibischen Raum kommen. Die Schuppenannone ist ein kleiner Baum von 2–7 m Höhe. Er gedeiht gut in niedrigen Höhenlagen und wächst in vielen Ländern wild, da er in seiner Anspruchslosigkeit trockene und steinige Böden verträgt. Er ist heute besonders in Südostasien beliebt, wo seine Früchte in Indien, Thailand, auf den Philippinen und in China mitten im Sommer für drei Monate angeboten werden. Die Juniannonen sollen die besten sein.

Auch in den anderen tropischen Ländern wird er geschätzt, er gedeiht sogar in Südflorida. Man zieht den Baum aus Samen, er kann aber auch durch Pfropfen vermehrt werden.

Die Spanier brachten ihn vor Jahrhunderten auf die Philippinen, die Portugiesen nach Indien. Als die Holländer in Java ankamen, wurde er dort schon angebaut. Die Schuppenannone ähnelt in Blättern und Blüten der Netzannone. Auch sie wirft das Laub ab, braucht also jahreszeitlichen Wechsel und liebt nicht das immer gleiche Tropenklima.

BESCHREIBUNG
DER FRÜCHTE

Die Früchte des Zuckerapfels bestehen ebenfalls aus Einzelteilen, die dazu tendieren, in ihre durch die Schuppen zusammengehaltenen Fruchtkegel zu zerfallen, die man leicht herausziehen kann.

Der Zimtapfel ist ziemlich rund und enthält längliche schwarze Kerne. Die Früchte haben, wenn sie reif sind, eine graugrüne Haut, die aber schnell schwarze Flecken bekommt, wenn sie angefaßt wird. Aus diesem Grund wird die Schuppenannone im Export nie eine große Rolle spielen, denn sie verdirbt zu schnell. Bei Überreife platzt sie am Baum. Sie ist trotzdem ab und zu in der Bundesrepublik zu finden, denn sie wird von Thailand exportiert.

Das Fruchtfleisch ist von gelbweißer, cremiger, süßer Beschaffenheit und besitzt ein ansprechendes Aroma. Der Baum produziert seine Früchte einige Male während des Jahres.

VERWENDUNG

Man ißt die Zimtäpfel roh, wobei die vielen Kerne stören. In Malaysia verwendet man die Schuppenannone, durch ein Sieb gedrückt, als hervorragende Würze für Milch und Eis. Man bereitet aus ihr auf den Karibischen Inseln und in Südamerika erfrischende Sorbets, indem man der Fruchtpulpe einen säuerlichen Saft (Limone, Zitrone u. a.) hinzufügt. Der Zuckerapfel eignet sich auch zur Herstellung von Fruchtnektar. In Indonesien kocht man eine Nachspeise, indem man die Schuppenannone mit ausgepreßter Kokosmilch (s. Anhang) und etwas Zucker so lange leise brodeln läßt, bis sich eine feste Masse gebildet hat.

Auch das schmackhafte und beliebte Hongkong- und Schanghai-Eis in Jakarta wird u. a. mit Zimtapfelfleisch hergestellt. In der Karibik wird *Annona squamosa* zu leichtem Wein vergoren. Die Cherimoya-Rezepte für Milchshake und Sorbet können auch mit der Schuppenannone zubereitet werden.

MEDIZINISCHER
WERT

Grüne Schuppenannonen wie auch deren Blätter und Kerne sollen Ungeziefer töten. Zermahlene Blätter heilen in Form von Breiumschlägen Magengeschwüre und bösartige Entzündungen (Karibische Inseln). Wir haben es in Guinea (Westafrika) selbst erlebt, daß einem großen Geschwür am Bein eines Kindes mit westlichen Mitteln nicht beizukommen war, während ein Pflanzenbrei, den ein heimischer Koch fabriziert hatte, nach drei Tagen die tiefe Wunde abheilen ließ. Die Wurzel der Schuppenannone ist ein drastisches Abführmittel.

Blätter, Wurzeln, Schale, Holz und Samen enthalten Zyansäure. In den Kernen ist zu 45% ein gelbes, nicht trocknendes Öl, außerdem ein starkes Gift, das zu Pulver verarbeitet werden kann. Wenn man den Kopf damit einreibt, vernichtet es Läuse, bewirkt aber Schmerzen und Rötung, wenn es in die Augen kommt. Wird der Muttermund damit eingerieben, verursacht es Fehlgeburten.

Auf den Philippinen kocht man unreife Früchte und verwendet die abgegossene Flüssigkeit als Klistier gegen Diarrhö. Blätter und Schale enthalten ein Alkaloid. Die Schuppenannone wird in Thailand von Mai bis August geerntet.

# Stachelannone *(Annona muricata)*

Südamerika: Guanábana (das Wort soll von den Antillen stammen), Jaca de Pará, Engl.: Soursop, Franz.: Corossol, Cachiman-epineux, Sauerapfel, Sauersack, Tamil: Seetha, Thai: Thu-rian-khaek, Malaysia: Durian Bĕlanda.

ERSCHEINUNGS-
FORM UND
VERBREITUNG

Die Stachelannone ist ein immergrüner, ausgesprochener Tropenbaum des Flachlandes, er wird 3–8 m hoch. Man findet ihn heute in den meisten Ländern rund um den Äquator.

Er produziert mehr oder weniger gleichmäßig seine sauren Äpfel das ganze Jahr über. Blüten und Früchte können am selben Ast hängen. Auf der nördlichen Halbkugel trägt er aber im Mai/Juni und November/Dezember mehr Stachelannonen als gewöhnlich, weshalb in dieser Zeit auf den tropischen Märkten die Früchte billig zu haben sind. In Berggegenden ist die Ernte klein.

AUSSEHEN UND
GESCHMACK
DER FRÜCHTE

Er bringt große, stark riechende Blüten und entweder kleinere oder riesige, 7–35 cm lange, mit weichen Stacheln besetzte dunkelgrüne, unregelmäßig länglich geformte Früchte von angenehmem Geruch hervor. Das weiße, saftig-faserige Fleisch ist von erfrischender Säure mit zartem, köstlichem Aroma, das uns etwas fremd erscheinen wird. Man preßt es am besten aus.

Die anderen Annonabäume brauchen 3–4 Jahre, bevor sie tragen, der Sauerapfel nur drei Jahre. Die Früchte können bis zu 4 kg wiegen. Wenn sie reif sind, werden sie weich und bekommen schnell schwarze Flecken.

BESTÄUBUNG

Wie die Cherimoya trägt dieser Baum viel reichlicher, wenn er künstlich befruchtet wird. Männliche Blüten werden dazu nachmittags, wenn sie weit geöffnet sind, in Plastikbeutel gesteckt. Nachts fällt dann der Pollen in den Beutel. Hat sich eine weibliche Blüte entfaltet, muß sie am zweiten Tag danach mit dem Pollen bepinselt werden. Noch bessere Ernten gibt es, wenn außerdem Bienen in der Gegend fliegen.

ERNTE

Wenn die dunkelgrünen Früchte ihren Glanz verlieren und eine matte Farbe bekommen, müssen sie geerntet werden. Das Fruchtfleisch ist dann noch hart und übersteht Transporte gut. Läßt man die Stachelannone länger am Baum hängen, so wird sie weich und fällt ab. Sie ist dann nicht mehr genießbar. Ein solcher Baum muß daher täglich beobachtet werden, damit seine Früchte zum richtigen Zeitpunkt geerntet werden können.

Besonders aromatisch sollen die puertoricanischen Guanabanas sein. Für die Bewohner heißer Länder ist dieses Obst wertvoll und wichtig, es ist reich an Vitamin B und C. Der Saft wird als Konserve auf dem Weltmarkt von Venezuela und den Philippinen angeboten. Ich liebe besonders das venezolanische Produkt. Dosen mit Fruchtfleisch werden von den Philippinen nach Holland exportiert, man kann sie auch in Frankfurt-Sachsenhausen im Restaurant Ramayana kaufen.

VERWENDUNG

Man bereitet Gelee, Eis, Nachtisch und Torte aus der Frucht zu. Vor allem dient der Sauersack als Lieferant von Fruchtsaft für Getränke. Das Fruchtfleisch wird eingekocht. Roh gärt es sehr schnell. Auf den Westindischen Inseln vergärt man die Guanabana zu einer Art Cider (Obstwein).

Sowohl Netz- als auch Schuppen- und Stachelannone gedeihen in Florida.

MEDIZINISCHER
WERT

Die Samen enthalten einen adstringierenden Stoff und ein Alkaloid, das Brechreiz verursacht. Die Blätter sind 1911 chemisch untersucht worden, sie sind ungiftig. Man verwendet sie in Malaysia zu Breiumschlägen und Einreibungen gegen Hautentzündungen und Husten bei Kindern. Sie sollen auch gegen Rheuma helfen.

In Celebes trägt man den Saft junger Blätter auf eitrige Geschwüre auf, um sie zum Aufbrechen zu bringen. Die Schale weist ein Alkaloid auf, das bei einer Kröte Starrkrampf verursachte.

---

## REZEPTE

---

Die Frucht muß vor der Verarbeitung geschält, entkernt, entweder im Mixer zerkleinert oder, nachdem man dem Fruchtfleisch wenig Wasser hinzugefügt und es so weicher gemacht hat, 15 Minuten stehengelassen und dann durch ein Sieb gerührt werden. Da die Frucht sehr sauer, aber auch recht süß sein kann, bitte jeweils nach Geschmack süßen. Die Zuckerangaben sind nur Vorschläge.

### Eisgetränk *(Philippinen)* *(ergibt mindestens 3 l)*

| | |
|---|---|
| *1 ganz reife Guanabana* | *1 Tasse Zucker* |
| *½ Tasse Saft der Calamansi* | *Eiswürfel* |
| *(Limonen- oder Zitronensaft)* | *Zitronenscheiben* |
| *3 l Wasser* | |

Die Frucht schälen und mit dem Mixer in einem Liter Wasser zerkleinern. Durch ein Sieb gießen, restliches Wasser zugeben. Zitronensaft hinzufügen und nach Geschmack zuckern. Mit Eiswürfeln und Zitronenscheiben, auf den Rand des Glases gesteckt, auftragen.

In einem französischen Kochbuch wird empfohlen, auf den Saft einer Guanabana ¼ l eisgekühltes Wasser, den Saft einer halben Zitrone und Zucker nach Geschmack zu geben.

### Soursop-Drink *(Venezuela)*

Hier wird der gewonnene Saft nach Geschmack mit Wasser, Zucker und Vanilleschote gewürzt (auf 1 l Wasser eine Vanilleschote). Sehr kalt auftragen.

### Milchshake

Der Saft aus Venezuela, mit Milch geschlagen, ergibt ein gutes Milchmischgetränk. Man mischt Milch nach Geschmack mit Guanabanasaft und süßt das Ganze leicht. Gekühlt ist das Getränk noch erfrischender.

### Champola *(Santo Domingo)*

Während beim Milchmischgetränk die Milch überwiegt, ist hier der Fruchtsaft vorherrschend.

| | |
|---|---|
| *¾ l Guanabanafruchtfleisch* | *1 Glas Milch* |
| *3–4 Eiswürfel* | *1 EL Zucker* |

Alle Zutaten im Mixer zerkleinern und durch ein Sieb gießen. Das erfrischende Getränk sofort auftragen.

Ein interessantes Rezept aus Peru bitte ich, wenn Interesse besteht, bei mir zu erfragen, weil es nur in Peru von Nutzen ist, da dazu ein besonderer Sirup und Maisbrei, die es nur in Peru gibt, erforderlich sind. Es scheint ein kwaßähnliches Getränk zu sein und heißt *Champus agrio* (Bitteres Durcheinander).

Die Nachspeisen mit dem Saft aus Venezuela haben uns sehr gemundet. Zur Kontrolle noch einmal ausprobierte Gerichte mit philippinischen Produkten schmeckten uns gar nicht. Es scheint große Geschmacksunterschiede bei diesen Früchten zu geben.

### Guanabanaeis aus Saft                    *Zubereitungszeit 12 Minuten*

> *½ l Saft*                          *Zucker nach Geschmack*
> *Saft einer Zitrone*               *500 g Sahne*
> *3 Blatt Gelatine*

Die Gelatine in kaltem Wasser einweichen, ⅛ l Saft erwärmen, Gelatine ausdrücken und zugeben, unter Rühren auflösen (nicht kochen lassen). Vom Herd nehmen, den restlichen Saft sowie den Zucker hinzufügen. 1½ Stunden im Eisschrank fest werden lassen. Sahne schlagen, unter die Mischung ziehen und gefrieren lassen.

### Guanabanagelee

Dieses Gelee ist besonders gut. Auf 500 g Saft 500 g Zucker abmessen und erhitzen.
Saft mit Zucker bis zur Gelierprobe eindicken (ein Tropfen des Gelees soll auf einer kalten Untertasse seine Form behalten, anstatt auseinanderzulaufen). Der Saft geliert sehr schnell.

### Eisrezept für die Tropen *(Venezuela)*

> *3 Tassen Guanabana-Fruchtfleisch*
> *½ Tasse Zucker*
> *1¾ Tassen Kondensmilch*

Die Kondensmilch stark kühlen, am besten über Nacht. (Wenn es schnell gehen soll, Kondensmilch für eine Stunde ins Gefrierfach stellen.) Später mit kaltem Schläger und in einem kalten Gefäß schlagen. Das Fruchtfleisch behandeln, wie auf S. 40 angegeben. Wenn die Milch geschlagen ist, mit dem durch ein Sieb gerührten Fleisch und Zucker unter Rühren langsam mischen. Sofort ins Gefrierfach stellen und gefrieren lassen.

### Durian Bëlanda Fool *(Pudding aus Malaysia, für die Tropen)*

> *1 kleine reife Frucht*              *2 EL kalte Kondensmilch*
> *Pudding von einem halben*         *Saft einer halben Zitrone*
> *Vanille-Puddingpulver*

Den Vanillepudding nach Vorschrift kochen. Ist kein Puddingpulver vorhanden (in den Tropen) 1 Ei, 1 Tasse Milch und einen EL Zucker unter Schlagen im Wasserbad erhitzen, bis die Masse dickflüssig wird. Dann abkühlen lassen.
Das Fruchtfleisch durch ein Sieb rühren, mit dem Pudding vermischen. Die kalte

Milch schlagen und unter die Masse ziehen. Den Zitronensaft kurz vor dem Auftragen über den Pudding geben.

In Kamerun stellt man Corossolcreme her, indem das pürierte passierte Fruchtfleisch einer Guanabana mit 3 EL konzentrierter, gezuckerter Milch vermischt und eiskalt aufgetragen wird.

## Sorbet                                               *Zubereitung 15 Minuten*

> *2 Tassen Fruchtfleisch*          *400 g Sahne oder 2 Tassen*
> *100 g Zucker*                    *Kondensmilch (schlagen wie*
> *2 Eiweiß*                        *unter Eisrezept für die Tropen S. 41*
> *Saft einer halben Zitrone*       *beschrieben)*

Das Fruchtfleisch durch ein Sieb rühren oder im Mixer pürieren, wie auf S. 40 beschrieben. Mit dem Zucker, der geschlagenen Sahne, dem Eischnee sowie Zitronensaft vermischen und gefrieren lassen.

## Kuchen oder Torte

habe ich in Form einer Biskuitrolle ausprobiert, außerdem mit einem Kokosnußboden. Beides schmeckte uns nicht. Da ich hier nur Dosen zur Verfügung habe, war das zusätzlich gesüßte Fruchtfleisch zusammen mit dem Biskuit übersüß. Der Geschmack von Kokosnuß und Soursop stört sich gegenseitig. Gut war ein französischer Mürbteig, der an Blätterteig erinnert.

## Guanabanakuchen                                       *Zubereitung 10 Minuten*
                                                         *Backzeit 35 Minuten*
> *Teig:*
> *Pâte brisée von 200 g Mehl,*
> *Rezept im Anhang*

> *Füllung:*
> *500 g Guanabanafleisch aus der Dose*     *Saft einer Zitrone*
> *(lieber frisches, wenn möglich)*         *Zucker nach Geschmack*
> *6 Blatt Gelatine*                        *200 g Schlagsahne*
> *4 EL Wasser*                             *evtl. 1 Päckchen Vanillezucker*

Das Fruchtfleisch im Mixer pürieren oder durch ein Sieb passieren. Die Gelatine in Wasser einweichen und unter Rühren erhitzen, bis sie gelöst ist (nicht kochen lassen). Durch ein Sieb zur Sauersackpulpe gießen. Mit Zitronensaft und Zucker abschmecken. Im Kühlschrank mindestens eine Stunde fest werden lassen. Die Sahne schlagen und unter das Fruchtfleisch ziehen. Die Masse auf den abgekühlten Mürbteigboden streichen.

# Cherimoya *(Annona cherimola)*
Venezuela: Chirimorriñón, Engl.: Custard Apple.

Die Cherimoya gehört zu den schmackhaftesten Tropenfrüchten, die es gibt. Sie stammt aus den Andenausläufern Südkolumbiens, Ekuadors und Nordperus in 1500–1900 m Höhe. Man fand Nachbildungen der Cherimoya in Terrakotta (als Vasen) in prähistorischen peruanischen Gräbern. Ihr Name ist indianischen Ursprungs und bedeutet: kalter Samen. Sie wurde schon früh nach Zentrame-

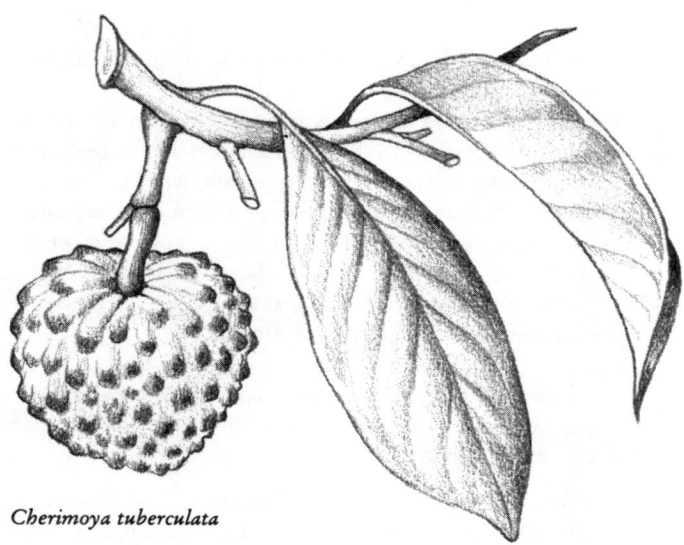

*Cherimoya tuberculata*

rika, Mexiko und 1786 nach Jamaika gebracht und gedeiht heute in allen dafür geeigneten Ländern der Welt. Auf Madeira hat sie im südlichen Teil die Rolle der Weintrauben übernommen. Sie wächst an den sonnigen Mauern als Spalierobst; zu starke Sonneneinstrahlung tötet ihre jungen Blätter und fleischigen Sproßspitzen ab. Im hügeligen Südkalifornien sind mit ihr vorzügliche Zuchtresultate zu verzeichnen. Florida ist aber zu heiß für sie.

Spanische Seefahrer nahmen sie schon vor Jahrhunderten mit nach Afrika und wahrscheinlich auch in den Fernen Osten. Spanien selbst baut ebenfalls Cherimoyas an. Unsere Importe kommen aus Spanien und Israel (im Winter und Frühjahr).

KLIMAANSPRÜCHE  Der Cherimoyabaum, der 7,5 m hoch werden kann, ist eine Pflanze der Subtropen oder des tropischen Berglandes. In den Gegenden mit gleichmäßig heißem Klima gedeiht er nur in Höhen über 1200 m.

Er braucht eine kurze Kälteperiode (aber nicht unter 0 Grad C) und ist die Annonaart, die am besten kühle Temperaturen verträgt.

Er wirft das Laub ab, und das gerade zu einer Zeit, wenn die anderen Bäume im stärksten Wachstum sind.

VERMEHRUNG
UND
FRUCHTBARKEIT
Die Cherimoya sät sich auch selbst aus, doch sind von solchen Pflanzen selten gute Früchte zu erwarten, oft gar keine. Sogar die Cherimoyabäume in Israel, die in einem Jahr hochwertige Äpfel liefern, können im nächsten Jahr enttäuschen (nach Auskunft eines Fachmannes). Die Vermehrung lohnt sich nur bei strengster Auslese durch Stecklinge. Dann kann man aber auch gute Resultate erwarten: Früchte mit wenigen Samen, gutem Aroma und einem Gewicht von 250 bis 1000 g. Bailey erwähnt sogar Cherimoyas von 1,5 bis 3 kg. Je mehr Behang der Baum hat, um so geringer ist das Fruchtgewicht. Der Durchschnitt sind 25 Äpfel, aber auch 80 sind möglich.

BESTÄUBUNG  Der Cherimoyaapfel besteht aus lauter kleinen Früchten, die separat bestäubt werden müssen. Er kann 35 bis 70 Samen haben. Die Blätter sind länglich und 8 bis 25 cm lang, die Unterseite ist samtig. Die Blüten entspringen den

Blattachseln am Stamm. Sie bestehen aus drei dicken, kleinen, weiß-grünlichen Blütenblättern.

Bei der Cherimoya können Schwierigkeiten bei der Befruchtung auftreten, da bei manchen Sorten der Pollen erst einen Tag später reif wird, als die Narben empfängnisbereit sind. Sie muß dann mit der Hand bestäubt werden. Bei einem Versuch in Kolumbien waren von 40 Blüten neun auf natürliche Weise befruchtet, davon reiften vier und hatten eine unvollkommene Form. Bei künstlicher Befruchtung entstanden aus 40 Blüten 26 Früchte, aus denen sich fünfzehn vollkommen geformte Cherimoyas entwickelten. Die Reifezeit nach der Bestäubung dauert noch lange: 5 bis 8 Monate.

Wird die Cherimoya mit dem Pollen von *Annona squamosa* (der Schuppenannone) bestäubt, so entsteht eine Hybride: *Atemoya* genannt, die sehr saftiges Fruchtfleisch mit dem guten Aroma der Cherimoya kombiniert aufweist.

AUSSEHEN UND AROMA DER FRÜCHTE

Das Fruchtfleisch ist meist weiß oder cremefarben, die Fruchtform rund bis herzförmig oder konisch-rund. Die Haut ist bei Reife grau-dunkelgrün.

Das Aroma der Cherimoya erinnert in Konsistenz und Süße an Birne, im leichten, edlen Harzgeschmack an Mango mit bei manchen Sorten angenehmer Säure.

SORTEN

*Forma impressa,* bekannt in Costa Rica: Sie zeigt wie mit Fingerspitzen in Wachs eingedrückte Markierungen auf ihrer Haut. Sie hat eine konische Form und weiche Oberfläche. Sie ist eine der besten Sorten mit wenigen Samen und süß-saftigem Fruchtfleisch. Unsere Importfrüchte im Dezember aus Spanien gehören hierher. Sie haben allerdings 20–60 Kerne. Eine in Kolumbien sehr verbreitete Sorte sieht etwas anders aus als die spanische.

*Forma laevis* – Cherimoya Lisa mit weicher, fast glatter Haut. In Mexiko City nennt man sie Anon (das ist der Name für Volk auf Haiti, der im 16. Jahrhundert auf das Obst übertragen wurde. Diese Cherimoya wird oft mit der *Annona glabra* verwechselt, die auch Alligatorapfel heißt und nicht gut schmeckt; sie wird von Eidechsen u. a. Tieren verzehrt). Sie ist eine der feinsten Cherimoyasorten. Diese Cherimoya scheint es auch zu sein, die man in Kolumbien so sehr rühmt. Dort sollen die besten Cherimoyas a) in Pedregal, Kreis Tangua, b) in Funes (Jośe A. Cordoba), c) im Valle de Tenza (Boyacá) gedeihen.

*Forma tuberculata,* eine herzförmige Cherimoya, die ich in der Bundesrepublik schon oft gesehen habe. Sie sieht aus, als bestünde sie aus lauter übereinanderliegenden Röhrchen, die sich am Ende zu warzenartigen Tropfen verdichten. Sie ist auch meist auf den Märkten Perus zu finden, und sie war es, die als Grabbeigabe in Ton nachgebildet wurde. Dazu gehört auch die *Golden Russet*, die der berühmte G. P. Taft in Orange, Kalifornien, in seinem Garten züchtete. Diese Sorte kommt aus Israel zu uns.

*Forma mamillata,* sie wächst auf Madeira, auf den Nilgiri-Höhen in Indien und bei O'Brien in den Bergen von Santa Monica in Südkalifornien. Sie sieht aus, als bestände sie aus übereinanderliegenden Blättchen, die jeweils einen Punkt tragen. England importiert diese Sorte aus Madeira.

*Forma umbonata (Cherimoya de puas* oder *anona picuda* aus Südamerika). Sie hat eine dicke Haut, viele Samen und säuerliches Fruchtfleisch mit ananasähnlichem Aroma; man kann sehr gut kühle Getränke und Sorbets aus ihr zubereiten.

Sie ist oval-konisch und ziemlich höckrig. Dazu gehört die in der Nähe von Pasadena (Kalifornien) gedeihende *Horten*.

<table>
<tr><td>ERNTE UND<br>TRANSPORT</td><td>Am besten schmecken die reif unter dem Baum gegessenen Cherimoyas. Für den Transport müssen sie kurz vor der Vollreife geerntet und dürfen nicht unter 14° C gelagert werden. Sie halten sich dann noch 2 bis 3 Wochen, sind aber empfindlich gegen Berührung, sie bekommen davon schwarze Flecken.<br>Die Cherimoya ist eßreif, wenn ihre Haut auf leichten Druck nachgibt.</td></tr>
</table>

ERNTE UND
TRANSPORT

Am besten schmecken die reif unter dem Baum gegessenen Cherimoyas. Für den Transport müssen sie kurz vor der Vollreife geerntet und dürfen nicht unter 14° C gelagert werden. Sie halten sich dann noch 2 bis 3 Wochen, sind aber empfindlich gegen Berührung, sie bekommen davon schwarze Flecken.
Die Cherimoya ist eßreif, wenn ihre Haut auf leichten Druck nachgibt.

WERT FÜR DIE
ERNÄHRUNG

Diese Frucht ist leicht verdaulich. Sie enthält viel Vitamin $B_1$, $B_2$, Kalzium (25–32 mg), Phosphor (37 mg) und Eisen (0,5 mg).

IMPORTE

Wir erhalten ab Oktober Cherimoyas aus Spanien. Ab Januar kommen sie zusätzlich aus Israel. Thailand, das einen umfangreichen Fruchtkatalog für den Export zusammengestellt hat, bietet Schuppenannone als Cherimoya an, was nicht korrekt ist. Mein Mann hat die Schuppenannonen in großen Mengen Ende Oktober in Thailand auf dem Markt gesehen, es ist daher anzunehmen, daß hie und da auch in der Bundesrepublik im Herbst Schuppenannonen unter anderem Namen erscheinen.
Sehr schmackhafter Cherimoyasaft wird von Indonesien auf den Weltmarkt geliefert. Er ist besonders gut, wenn er mit einem Schuß Wodka oder Gin vermischt wird.

---

## REZEPTE

---

Die Cherimoya ist süß, aber mühsam zu verarbeiten, der vielen Kerne wegen, die entfernt werden müssen, daß sie vor allem als Nachtisch oder Getränk zu empfehlen ist. Das Entkernen einer Frucht dauert ungefähr 10 Minuten.

**Cherimoya-Milchshake** *Zubereitung 10 Minuten*

Sehr gut auch mit der Schuppen- und Netzannone.

*1 Cherimoya* *evtl. 1 Ei*
*½ l Milch* *Zitronensaft*
*1 EL Zucker*

Die Frucht längs halbieren, den Fruchtkegel (den verlängerten Stiel) entfernen. Mit einem Messerchen die Fruchtfleischhülle um die schwarzen Kerne öffnen, das Fleisch in einen Mixbecher geben, wobei die Reste mit einem Löffel aus der Schale gehoben werden. Schale und Kerne wirft man weg.
Das Cherimoyafleisch mit etwas Milch und dem Zucker zerkleinern, später die restliche Milch, eventuell Ei, Zitronensaft und zwei Eiswürfel zugeben. Die Flüssigkeit gut gemischt auftragen.

**Cherimoya–Kokosnußgetränk**

Dem Milchshake kann man sehr gut 2 EL Kokosmilch hinzufügen. Das Milchgetränk muß dann besonders gut geschlagen werden, da sehr dicke Kokosmilch die Tendenz hat, sich oben als Fettschicht abzusetzen; das sieht nicht gut aus.

Ich habe die Cherimoya mit sehr vielen Früchten zusammen probiert. Die Kombinationen Cherimoya-Kokosnuß und Cherimoya-Orange waren am besten.

### Cherimoya mit Orangencremesoße

Am einfachsten ist es, die Früchte gekühlt und im ganzen auf den Tisch zu stellen. Sie sind ein originelles Dessert.

Die Hausfrau bittet jeweils zwei Personen, sich eine längs halbierte Frucht zu teilen. Dazu gibt es:

*Orangencremesoße*                                       *Zubereitung 8 Minuten*

> *⅛ l Orangensaft*                        *2 Eigelb*
> *(entweder fertig gekauft oder*        *1 ganzes Ei*
> *von einer Sorte,*                        *1 gehäufter EL Zucker*
> *die nicht bitter wird)*

In einem hohen Topf Eigelb, Ei und Zucker schaumig schlagen, den Topf aufs Feuer stellen, weiterschlagen und dabei den Orangensaft zugeben. Wenn die Soße steigt, vom Feuer nehmen. Gleich auftragen. Um nicht lange in der Küche zu sein, während Familie und Gäste um den Tisch sitzen, kann die Soße schon soweit vorbereitet werden, daß sie, bis auf den Saft, vorher kalt geschlagen wurde. Im letzten Moment die Masse mit dem Saft unter Schlagen erwärmen.

Da man von dieser Soße pro Fruchthälfte höchstens einen Eßlöffel nehmen sollte, da sonst das zarte Cherimoyaaroma erschlagen wird, ist nur eine geringe Menge Orangensaft angegeben. Von der Kombination Cherimoya-Weinschaumsoße oder Cherimoya-Zitronencreme bin ich abgekommen, weil sie die Frucht im Geschmack nicht hebt, sondern verdeckt, und dazu ist die Cherimoya zu kostbar. Da die Cherimoya der Mango ähnelt, habe ich probiert, sie ebenfalls mit Walnußeis zu füllen. Das Resultat war sehr gut.

### Cherimoya mit Walnußeis

> *2 Cherimoyas*                      *eventuell 100 g Sahne*
> *4 EL Walnußeis*                    *zum Verzieren*
> *(Rezept auf Seite 27)*

Die Cherimoyas entweder in der Küche entkernen und mit je 1 EL Eis gefüllt und einem Sahnetupfer verziert auftragen. Oder die Früchte unzerschnitten, aber gekühlt servieren, dazu ein Schüsselchen Walnußeis auf den Tisch setzen. Jeder sammelt mit einem Obstmesser und einem Löffelchen die Kerne selbst aus dem Fruchtfleisch und nimmt sich anschließend etwas Eis.

### Cherimoya mit Mandelcreme

> *2 Cherimoyas*                      *(Die Zubereitung ist*
> *½ Rezept Mandelcreme*          *auf Seite 93 beschrieben)*

Die Cherimoyas entweder in der Küche entkernen oder unzerteilt, aber gekühlt, auf den Tisch stellen, dann erledigt jeder das Kernheraussammeln selbst.

Entweder die entkernten Früchte mit Mandelcreme gefüllt auftragen oder ein Schüsselchen mit der Creme extra servieren.

## Cherimoyacreme

*(ergibt 4 größere oder*
*6 kleine Portionen)*
*2 Cherimoyas*
*2 EL Zitronensaft*
*60 g Zucker*

*2 Eiweiß*
*100 g Sahne*
*eventuell zum Verzieren:*
*einige Sauerkirschen, Himbeeren,*
*Erdbeeren oder Schokoladenstreusel*

Die Cherimoyas halbieren und entkernen, wie unter Milchshake (s. S. 45) beschrieben. Das Fruchtfleisch mit Zitronensaft und Zucker im Mixer pürieren. 2 Eiweiß steif schlagen und danach mit den unabgewaschenen Schlägern 100 g Sahne. Eiweiß und Sahne unter die Fruchtmischung ziehen. Auf Wunsch ein paar Sauerkirschen, Himbeeren oder Erdbeeren darüberstreuen, die aber geschmacklich nichts verbessern. Am besten passen dazu Schokoladeraspeln von bitterer Schokolade.

## Cherimoyasorbet

Diese Creme ist – gefroren – ein ganz vorzügliches Sorbet. (Cherimoyasorbet schmeckt besser als Cherimoyaeis.)

## Sorbet mit Orangensoße

*Zubereitung 7 Minuten*

*¼ l Orangensaft*
*1 gehäufter EL Zucker*

*1 gestrichener EL Mondamin*

Mondamin und Zucker gut mischen, den Orangensaft zugießen und verrühren; unter ständigem Schlagen erhitzen und aufkochen lassen. Heiß auftragen. Ist die Soße abgekühlt, so wird sie nämlich fest.

## Cherimoyatorte

*Zubereitung des Bodens 25 Minuten*

*Teig: Kokosboden, Rezept im Anhang*

*Belag:*

4 Cherimoyas entkernen (Arbeitszeit 30 Minuten). Die Früchte halbieren, den Fruchtkegel entfernen, mit einem Messerchen das Fruchtfleisch um die Kerne zurückschieben, die Kerne herausnehmen und wegwerfen. Das Cherimoya-fruchtfleisch aus den Schalen löffeln und auf dem Kokosboden verteilen.

*Orangencreme*

*Zubereitung 20 Minuten*

*¼ l Orangensaft*
*40 g Mondamin oder 3 Blatt Gelatine*

*60 g Zucker*
*250 g Sahne*

Das Stärkemehl oder die Gelatine in ganz wenig von dem ¼ l Orangensaft einweichen bzw. damit verrühren.
Den Rest des Saftes mit dem Zucker erwärmen. Entweder die Gelatine in der heißen Flüssigkeit auflösen oder das Stärkemehl in den kochenden Saft gießen und unter Schlagen aufkochen lassen. Anschließend ab und zu durchrühren. Ist die Creme etwas abgekühlt, aber noch geschmeidig, die steif geschlagene Sahne unterziehen und über die Cherimoyas auf dem Boden streichen.
Die Gelatinelösung muß eine Stunde abkühlen, am besten im Eisschrank, ehe sie mit der Sahne vermischt werden kann.

Nach dem Vorbild der Mango habe ich *Cherimoyachutney* ausprobiert: Die Frucht verliert in der Würzsoße jedes Aroma, im Gegensatz zur Mango.

### Cherimoyamarmelade

Mit Zucker gekocht, entwickelt die Cherimoya eine unangenehme klebrige Beschaffenheit. Auch mit Orangensaft gewürzt, würde ich keine Cherimoya-konfitüre zubereiten.

# BOMBACACEAE *(Wollbaumgewächse)*

In diese Familie gehören Pflanzen warmer Länder, u. a. Affenbrotbaum (Baobab) und der Kapokbaum.

## Durian *(Durio zibethinus)*

auch Zibetkatzenbaum, Stinkfrucht.

BEDEUTUNG UND HERKUNFT

Der Durian ist eine der berühmtesten Tropenfrüchte. Besonders in Südostasien (Malaysia, Thailand, Indonesien und den Philippinen) wird er mit großer Begeisterung gegessen. Er gilt als Aphrodisiakum.
Es gibt noch ein Dutzend andere Durianarten in Borneo sowie Wildformen im malaiischen Dschungel. Er stammt also entweder aus Borneo oder Malaysia; er ist im tropischen Asien seit Jahrhunderten kultiviert worden. Der Baum wächst jetzt auch in Jamaika, wird aber dort nicht sehr geschätzt.

GESCHMACK DER FRÜCHTE

Durian wird wahrscheinlich nie nach Europa importiert werden, denn er hat einen Geruch nach altem Käse, faulen Zwiebeln und das Ganze noch übergossen mit Terpentin. Andere sagen, er rieche wie eine Mischung aus faulen Eiern und Terpentin. Überall wo die Frucht hingelangt, verbreitet sie ihren bestialischen Gestank, und deshalb haben die Fluggesellschaften ihren Transport strengstens verboten. Der Geruch kommt wahrscheinlich von einer Schwefelverbindung.
Die, die den Durian lieben, finden seinen Geschmack so wunderbar, daß sie den Geruch gerne in Kauf nehmen. Alfred Russel Wallace, der 1855 in Borneo war, beschreibt, daß er sich in einem Haus nicht überwinden konnte, die Frucht zu probieren. Einmal fand er einen frischen Durian unter einem Baum, er aß ihn im Freien und wurde sofort ein Durian-Liebhaber.
Der Reisende Linschott notierte 1599: »Die Frucht ist von solch vorzüglichem Geschmack, daß sie alle anderen Früchte in der Welt übertrifft. Das sagen die, die sie probiert haben.«
Wallace fährt fort: »Die Beschaffenheit und das Aroma des Fruchtfleisches sind nicht zu beschreiben. Ein gehaltvoller, butterähnlicher Vanillepudding, stark mit Mandeln gewürzt, wäre noch am ähnlichsten, gleichzeitig mit einem Hauch Philadelphia-Käse, Zwiebelsoße oder braunem Sherry.« Ich habe kürzlich gefrorenen Durian ergattern können: Der Geruch war fast nicht mehr spürbar, der Geschmack ganz vorzüglich, wie glasig gebratene, süße Zwiebeln, mit einem vollen, weichen vanilleartigen Nachgeschmack.

48

Durian
(¼)

Karambole

Tafel 3

*Ananas*　　*Tafel* 4

Es ist nicht ratsam, am Anfang viel davon zu essen – wahrscheinlich weil die Frucht so gehaltvoll und kalorienreich ist. Sie enthält zwar nichts Unbekömmliches, verleiht aber für mehrere Stunden einen unangenehmen Mundgeruch und kann, im Übermaß genossen, Verdauungsbeschwerden und Leibschmerzen verursachen. Wallace schreibt ferner, daß es nicht gerecht wäre zu sagen, Durian sei die beste Frucht der Welt, denn sie kann nicht die erfrischenden, durstlöschenden, säuerlichen Früchte wie Orange, Weintraube oder Mango ersetzen. Sie sei aber unerreicht als ein Nahrungsmittel von höchster Vollkommenheit. Er würde Durian zum König, die Orange jedoch zur Königin der Früchte wählen.

AUSSEHEN UND KLIMAANSPRÜCHE DER PFLANZE

Der Durianbaum ist mittelgroß bis groß, 20–40 m hoch. Er gedeiht in der Nähe des Äquators. Seine schönen Blätter sind auf der Unterseite von leichtem Goldgelb oder silbern. Die Oberseite der Blätter ist dunkelgrün und glänzend. Die großen Blüten sind ebenfalls übelriechend. Sie öffnen sich am Nachmittag und fallen am nächsten Morgen ab. Sie werden bestäubt, solange sie knospen. Ihre Blütenblätter sind hellgelb. Die Frucht ist 15–30 cm lang und hat 13–15 cm Durchmesser. Sie ist länglich bis oval, über und über mit dornigen Höckern besetzt. Außen gelb oder olivgrün, hat das Fruchtfleisch eine weißlichgelbe, beige oder gelbe Farbe. Es enthält einen bis sieben längliche Kerne.

VERMEHRUNG

Die Vermehrung des Durian erfolgt durch Samen, aber die daraus hervorgehenden Pflanzen unterscheiden sich von den Eltern etwas in der Größe der Früchte, der Farbe des Fruchtfleisches und besonders in dessen Geschmack.
Burkill erwähnt drei Sorten:
In Malaysia gibt es *Durian champa*, die aufgeschnitten werden muß, da sie nicht platzen würde.
*Durian bĕtul* ist oval und *Durian sankar* rund.

ERNTE UND LAGERUNG

Die Früchte fallen vom Baum, wenn sie reif sind. Sie werden dadurch nicht beschädigt, wohl aber der, der darunter spazierengeht, denn eine Frucht wiegt ungefähr 3 kg. Nach dem Fallen beginnt ein Zersetzungsprozeß. Der Durian sollte daher möglichst am zweiten Tag nach dem Abfallen gegessen werden. Er darf auch vor dem Verkauf nicht angeschnitten werden, weil das Fruchtfleisch sehr schnell sauer wird. Nach Burkill halten sich die Früchte 5 bis 6 Tage. Sie sollten gegessen werden, bevor ihr Knoblauchgeschmack hervortritt.

BELIEBTHEIT BEI TIEREN

Viele Europäer probieren diese Frucht nie wegen ihres Geruches. Aber die meisten wilden Tiere, Tiger eingeschlossen, und viele Katzen – besonders die siamesischen – fressen die Früchte mit großem Genuß.
Der Name *Durio zibethinus* kommt daher, weil man verwesende Früchte als Köder für Zibetkatzen benutzt.

WICHTIGSTE ANBAUGEBIETE

Nach Betty Molesworth-Allen, die in Malaysia lebte, kommen die besten Durians von einigen Landstrichen in Perak auf der Malaysischen Halbinsel und aus Thailand. In Sarawak (Nord-Borneo) gibt es ebenfalls vorzügliche Früchte mit orangefarbenem Fleisch. Die großen Qualitätsunterschiede im Geschmack soll es auch auf den Philippinen geben. Singapur ist das Zentrum des Durianhandels und -verbrauchs, dort werden ca. 12 Millionen Früchte im Jahr verkauft.

VERWENDUNG

Die besten Durians ißt man ohne jede Zutat roh. Man bereitet aber auch Eis, Kuchen und Marmelade daraus, verzehrt das Fruchtfleisch mit Zucker bestreut, kocht oder brät es. Man hackt es klein und mischt es mit Salz, Essig oder Zwiebeln. Man bereitet Soße daraus oder läßt es gären, was dann Tempoyak ergibt (eine Art Gemüsebeilage). Halbreife Früchte werden gekocht und zu Suppe oder Gemüse verarbeitet.

Die langen, im Querschnitt runden Samen röstet man in Asche, zerschneidet sie und brät sie in gewürztem Kokosfett. Man ißt sie mit Reis oder gezuckert als Süßigkeit.

MEDIZINISCHER WERT Die Blätter und Wurzeln sollen fiebersenkend wirken. Man bereitet mit Auszügen aus Blatt und Wurzel ein medizinisches Bad für Fieber- und Gelbsuchtkranke. Alle Versuche, Durian zu konservieren, sind bisher gescheitert. Die Dosen explodieren durch ihre schnelle Fermentierung, obwohl das Fruchtfleisch in ihnen luftdicht verschlossen wird.

Man versucht jetzt, Durian in Pulverform zu konservieren. Dazu sind moderne Labormethoden nötig (wahrscheinlich Gefriertrocknung), da beim langsamen Trocknen die Frucht verfaulen würde.

Das Aufsammeln von Durians unter wild wachsenden Bäumen ist in Malaysia durch Gesetz geregelt, da es sonst Schlägereien unter den Einheimischen geben würde.

Da diese Früchte für die Südostasiaten die größte Delikatesse sind, schwanken die Preise wie an der Börse. Gibt es viele Durians, wird der Markt überschwemmt und die Erzeuger verdienen wenig; ist die Ernte schlecht, kann sich kaum einer diese köstliche »Stinkbombe« leisten, um die er in jedem Fall lange feilscht. Deshalb ist es für alle Baumbesitzer wie Verbraucher in jedem Jahr ein Lotteriespiel, wie die Ernte ausfallen wird.

Man kann doch Durians in der Bundesrepublik kaufen, und zwar in Frankfurt, im Restaurant Ramayana. Sie sind dort frisch von April bis Juli oder gefroren erhältlich, aber sehr teuer. Manchmal tauchen sie sogar im Fruchthandel auf.


# BROMELIACEAE *(Ananasgewächse)*

Einige Mitglieder dieser Familie sind Erdpflanzen wie die Ananas. Die meisten wachsen jedoch auf Baumstämmen oder Felsen. Sie sind aber keine Schmarotzer, da sie dort nur Halt suchen und sich im übrigen selbst ernähren. Ihre Rosettenblätter sind so angeordnet, daß sie das Regenwasser sammeln oder durch strahlige Haare aufsaugen. Im Wasser ertrinkende Insekten versorgen die Pflanze mit Eiweiß. Die Blätter sind so konstruiert, daß sie fast kein Wasser verdunsten. Sie ähneln insofern den Kakteen. Wie diese halten sie tagsüber ihre Spaltöffnungen geschlossen.

Zu dieser Familie gehören 850 bis 1000 Arten, die fast alle in den Tropen heimisch sind. Wir verdanken ihr attraktive Zierpflanzen, die jedoch meist nur einmal in ihrem Leben blühen.

## Ananas *(Ananas comosus)*

Die Tupi-Guarani-Indianer nannten diese Frucht Nana, woraus ein französischer Hugenottenpfarrer, Jean de Lery, 1557 als erster Ananas machte. Die Portugiesen übernahmen diese Bezeichnung. Sie hat sich im Malaiischen einge-

*Ananas als Tafeldekoration*

*Ananasboot*

*Ananas in Scheiben oder Stücken*

bürgert, wo die Ananas Nanas heißt. Thai: Sappa-rot, Ma-kha-nat. Die Spanier nannten sie wegen ihrer Ähnlichkeit mit einem Pinienzapfen Piña, woraus die Engländer Pineapple ableiteten. In Brasilien ist heute noch der Indianername Abacaxi (Stachelfrucht) für anders geformte und gefärbte Sorten üblich, daneben aber auch die Bezeichnung Ananas. Die Azteken gebrauchten den Ausdruck Matzatli.

Man nimmt an, daß die Ananas aus dem Mato-Grosso-Gebiet stammt, das Südbrasilien, einen Teil Paraguays und Nordargentiniens umfaßt. Dort kommen jedenfalls nahe Verwandte der Frucht wild vor. Wahrscheinlich haben die Indianer schon seit prähistorischer Zeit immer bessere Früchte ausgelesen, denn die wilden Ananas sind klein, voller Samen (von der Größe eines Reiskorns und steinhart) und von minderwertiger Eßqualität.

Kolumbus lernte die Ananas 1493 auf seiner zweiten Reise in Guadeloupe kennen. Es sind auch eine Reihe anderer Mitteilungen von Reisenden erhalten, die an der Ostküste von Brasilien bis nach Mexiko von kultiviertem Land mit Obstbäumen, Palmen, Mais, Gemüse und Ananas berichten. Es ist die Frage, wie es möglich war, daß sich diese Frucht von ihrem angeblichen Ursprungsgebiet über viele tausend Kilometer bis nach Mexiko, vor der Ankunft der Spanier, verbreitet haben soll. Brücher glaubt deshalb, die Ananas stamme aus Venezuela, zumal er dort, am Rande des Mawakagebirges und in anderen schwer zugänglichen Gegenden Primitivformen gefunden habe. Collins nimmt statt dessen an, daß die Guarani-Indianer, die schon in der Vorzeit vom Mato Grosso aus nach Westen und Norden gezogen sind, die gut transportierbaren Pflanzen mit sich geführt und an andere Indianerstämme weitergegeben haben.

1513 sandte König Ferdinand von Spanien Oviedo, einen spanischen Edelmann, nach Hispaniola, um dort die Goldminen zu überwachen. Er war ein penibler Chronist und beschrieb genau, was er vorfand. Er schilderte enthusiastisch die Ananas und zeichnete sie. Es war die erste Abbildung, die nach Europa gelangte. Sie sei die herrlichste Frucht. Er habe schon ganz Europa bereist, auch den

Garten König Ferdinands in Neapel besucht, der das Paradies genannt wurde, aber eine so liebliche Frucht habe er noch nie gesehen, obwohl er die exzellentesten Früchte kenne, die Christen besäßen. Keine auf der Welt sei mit ihr zu vergleichen an Schönheit, delikatem Duft und vorzüglichem Aroma. Oviedo hatte schon vor 1535 versucht, Ananasfrüchte und Schößlinge nach Spanien zu schicken, die aber alle verdarben. Später muß man dann dazu übergegangen sein, Pflanzen mit Erdballen zu transportieren, jedenfalls erhielt Cromwell 1657 vier *Pineapples* aus China. 1661 bekam Karl II. von England vier berühmte *Queen Pines*. Karl V. von Spanien präsentierten Seeleute eine Ananas, die er jedoch nicht probieren wollte.

Aus Angst vor Skorbut führten die Seeleute jener Zeit möglichst viel Obst mit sich. Die Verbreitung der Früchte muß deshalb nicht immer absichtlich erfolgt sein. Sie konnte auch durch Wegwerfen unansehnlicher Reste in Hafenstädten geschehen. Wie dem auch sei, die Ananas fand entlang der alten Schiffsrouten der Portugiesen und Spanier in den warmen Ländern der Welt eine neue Heimat.

DIE ANANAS IN EUROPA  Um 1700 begann ein reicher holländischer Handelsherr, Le Cour, in Leiden und Amsterdam Ananas zu züchten. 1719 besorgte sich Decker aus Richmond von ihm Pflanzmaterial, woraus 1722 die erste in England gereifte Frucht hervorging. Sie ist noch heute auf einem Gemälde von Netscher im Fitzwilliam Museum in Cambridge zu bewundern.

Von da an ergriff das Ananasfieber Europa. Für hundert Jahre begannen die Europäer darin zu wetteifern, diese Früchte in geheizten Gewächshäusern zu züchten. 1835 nennt Munro eine Liste von 52 Sorten in England. Die Ananas war eine beliebte Tafeldekoration, ein Sinnbild für Vornehmheit und Gastfreundschaft. Man lieh die kostbaren Früchte untereinander aus, so daß eine Ananas oft mehrere Tische nacheinander schmückte. Es wurden Keramikgefäße und Schnitzereien von *Pineapples* angefertigt. 1865, mit den ersten Importen von den Azoren, hörte der Ananasrummel langsam wieder auf. Die Azoren sind der nördlichste Punkt der Welt im Ananasanbau. Sie arbeiten, mit moderneren Methoden, auf die gleiche Weise wie früher die reichen Europäer, denn sie benutzen Gewächshäuser. Dort verbrannte 1874 ein Gärtner Abfall in einem Treibhaus und stellte hinterher erstaunt fest, daß die Früchte viel eher reiften. Äthylen ist dafür verantwortlich. Heute beschleunigt man überall chemisch die Fruchtproduktion. Die Ananas sind dadurch kleiner.

KLIMATISCHE ANSPRÜCHE  Da die Ananas anspruchslos ist, verwildert sie leicht. Sie kann auch gut transportiert werden. Schößlinge, die drei Monate wurzellos im Schatten lagern, ergeben danach trotzdem vollwertige Pflanzen. Sie kommen in trockene Erde, brauchen aber eine Mindestniederschlagsmenge. Zuviel Nässe ist sehr schädlich. Die Ananas benötigt außerdem gleichmäßige Temperaturen, weshalb Höhenlagen in den Tropen von 100–800 m mit 21–27° C am besten sind.

ERSCHEINUNGSBILD  Die Ananas ist eine niedrige Rosettenpflanze von 80 – 100 cm Höhe. Sie blüht 15 bis 18 Monate nach dem Auspflanzen. Ihre Frucht, die aus lauter kleinen Sammelfrüchten besteht, reift vier Monate nach der Blüte. Die jungen *Piñas* sind empfindlich gegen Sonnenbrand, weshalb sie abgedeckt werden müssen.

ERNTE  Während die Konservenfrüchte reif geerntet werden (95% der Weltproduktion), schneidet man die Exportfrüchte noch grün ab, was ihrem Aroma nicht gut

bekommt. Sie reifen zwar nach, erreichen aber nie die Süße und den Wohlgeschmack der später geernteten Ananas.

Seit dem Zweiten Weltkrieg gibt es in den USA eine dritte Art des Ananasver-
kaufs: tiefgefrorene Würfel in Päckchen zu 454 g. Hierbei handelt es sich um die
süßesten und aromatischsten Teile (aus dem unteren Drittel nahe der Schale)
reifer Früchte. Sie sind so, als habe man gerade selbst eine Frucht im eigenen
Garten geerntet.

SORTEN  Die Sorten sind meist nach dem Ort benannt, an denen Personen, die an
Ananasfrüchten interessiert waren, diese zuerst sahen. Das galt natürlich nicht
für die in Europa entstandenen Sorten, die inzwischen alle wieder erloschen
sind.

Johnson nennt 1935 eine Liste von 135 Sorten. Die größte Sammlung befindet
sich im Ananas-Forschungsinstitut in Honolulu (Hawaii), an dem Collins früher
Direktor war. Zwei weitere sind in Brasilien in der Nähe von Sao Paulo und Rio
de Janeiro.

Wie ich schon erwähnte, war die »Urananas« voller Samen. Durch Mutation
entstanden samenlose Früchte. Als die Spanier nach Amerika kamen, hatten die
Indianer bereits überall Früchte ohne Kerne, die deshalb vegetativ, also durch
Stecklinge, vermehrt werden müssen. Dazu dient entweder die abgeschnittene
Krone auf der Frucht oder Seitentriebe, die an jedem Ananasstamm unterhalb
der Frucht zahlreich entspringen. Auf den Ananasfeldern finden sich immer
wieder kernhaltige »Rückfälle«, auch bilden bestäubte *Pineapples* Samen, was für
Neuzüchtungen wichtig ist.

## Smooth Cayenne (Cayenne lisse)

Für die englischen Hobbygärtner, die ständig an neuen Informationen interessiert waren, brachte im März 1841 »Gardeners' Chronicle« einen Aufsatz, der
über 40 Sorten, die in Versailles gezüchtet wurden, berichtete. Darunter sei auch
Cayenne, sowohl stachelig als auch mit glatten Blättern (weich = smooth oder
lisse).

1819 hatte die französische Regierung eine Expedition in die französischen
Besitzungen ausgerüstet, um Pflanzen und Samen für die botanischen Gärten in
Paris und Versailles zu sammeln. Der Botaniker Perrottet fand in Cayenne eine
neue, stachellose Ananassorte von besonders gutem Aroma. Er sandte fünf
Pflanzen nach Paris. Die Indianer sagten ihm, sie hieße Mai-puri. Es scheint, als
hätten die Maipur-Indianer, die früher im Innern Venezuelas, Kolumbiens und
in Ekuador lebten, diese Sorte seit undenklichen Zeiten kultiviert. *Cayenne*
gelangte von Frankreich aus nach Holland, 1863 auf die Azoren, 1835 nach
England.

Von England aus eroberte *Cayenne* die Welt. Diese Tendenz hält immer noch
an. Während für den Frischverzehr an Ort und Stelle oft andere Sorten bevorzugt werden, bestehen die Konserven fast ausschließlich aus *Cayenne*, mit
Ausnahme von Malaysia *(Singapur Spanish)*.

Sollten sich eines Tages statt Dosen gefrorene Ananas durchsetzen, so würde
sich diese Tendenz möglicherweise umkehren. Da *Cayenne* sich gut hält,
bestehen auch die Frischimporte aus dieser Sorte.

1886 wurden anläßlich der Kolonialausstellung die ersten Ananasdosen von dem

Engländer Nicholson aus Singapur nach London geschickt. Die Nachfrage war so groß, daß überall der Anbau begann, besonders in Hawaii (1903) und Südafrika. Hawaii ist heute Zentrum der Ananaszucht.

Fruchtfarbe: dunkelorange-gelb, die einzelnen kleinen Früchte haben eine ziemlich glatte Oberfläche von 2,5 cm Durchmesser.

Fruchtfleisch: blaßgelb-gelb. Sommergereifte Früchte sind gelber und durchsichtiger als wintergereifte.

Zucker- und Säuregehalt der *Cayenne* sind höher als die der anderen Sorten.

Eine wenig angebaute Untersorte ist *Hilo* (auch stachellos.)

## Queen

Sie ist eine alte von Indianern gezüchtete Sorte, die 1661 zum ersten Mal erwähnt wurde. Sie wird in Australien für den Frischverzehr bevorzugt und machte 1954 in Südafrika noch 60% des Anbaus aus. (Pflanzmaterial für *Cayenne* ist dort dreimal so teuer wie von *Queen*, *Cayenne* ist demnach im Zunehmen.) *Queen*früchte sind kleiner als *Cayenne*.

Fruchtfarbe: goldgelb. Die einzelnen Früchtchen ragen nach außen mehr vor, sie sind kugeliger und geben der Ananas eine charakteristische Linie.

Fruchtfleisch: tiefgelb. Obgleich weniger saftig und knackig, hat es ein gutes Aroma und ist bei den Konsumenten beliebt. *Queen* hält sich noch besser als *Cayenne*.

In Südafrika existiert als neue Untersorte 'Z'*Queen*. Sie ist u. a. größer.

## Singapur Spanish (stachellos)

Hauptsorte Malaysias seit Ende des 16. Jahrhunderts. Wird vor allem für Dosen verwendet. Roh ist sie nach Molesworth-Allen nicht besonders schmackhaft.

Fruchtfarbe: rot-orange mit kugeligen Früchtchen.

Fruchtfleisch: goldgelb, faserig, gutes Aroma.

Der Zentralstrang in der Frucht ist dünn.

*Mauritius* ist eine süßere Untersorte mit kleineren Früchten.

## Red Spanish

liegt in der Fruchtgröße zwischen *Cayenne* und *Queen*. Nach Burkill sind sich *Singapur Spanish*, *Mauritius* und *Red Spanish* sehr ähnlich. Die Frucht ist beinah rechteckig, so dick wie lang.

Fruchtfleisch: fahlgelb, sehr faserig, angenehm starkes, saures Aroma. Hält sich besonders gut. Sie wird zu 75% in Puerto Rico angebaut, wo man überall frisch ausgepreßten Fruchtsaft aus dieser Sorte verkauft.

## Pernambuco

ist aus brasilianischen Landsorten hervorgegangen. Kleiner als *Cayenne*, größer als *Queen*. Früchte sind nach oben spitz zulaufend. Die Rosetten sind kleiner als bei *Cayenne* und in der Mitte leicht erhoben.

Fruchtfleisch: blaßgelb-weiß, weich mit kleinen Fasern, ungeheuer saftig. Weniger sauer als *Cayenne*, mild und gut. Dünner Zentralstrang. Hält sich schlecht. Collins und seinen Mitarbeitern war die Zucht einer neuen Sorte gelungen (eine

Kreuzung aus *Cayenne* und *Monte Lirio*). Sie war weit besser als *Cayenne* in Aroma, Geschmack und Fleischkonsistenz. Man präsentierte sie hundert Angestellten des Department of Agriculture in Washington und erhoffte deren Interesse. Die meisten wollten sie nicht probieren, da sie »nicht gut aussehe«, das Fruchtfleisch war nämlich strahlend weiß! Ich hätte sie gerne gekostet.

## Ananas vermelho und amarelo

Diese Sorten gedeihen in Brasilien besser als *Cayenne*. Man baut sie in Mittel- und Südbrasilien an. Ihre Fruchtform ist zylindrisch, das Fruchtfleisch enthält weder viel Zucker noch Säure.

### Monte Lirio (stachellos)

Ist weniger gut. Sie wird nur als Frischfrucht von Mexiko bis zum nördlichen Südamerika verwendet. Die Früchte erreichen die Größe von *Queen*, sind dick und rund. Das Fleisch ist weiß, wenig faserig und hat ein feines Aroma.

Brücher schreibt, daß die faserigen venezolanischen Landsorten geschmacklich besser seien als die heutigen Handelssorten und daß man in der Karibik *Cedros* aus Trinidad und *Guayana* von der Insel Montserrat bevorzugt.

DIE ANANAS IM WELTHANDEL
Die Ananas steht an achter Stelle in der Weltobstproduktion (4,3 Millionen Tonnen). Die wichtigsten Erzeuger sind: Hawaii (1955 70% der Konserven), Brasilien, China, Mexiko, Malaysia, Philippinen, Thailand, Elfenbeinküste. Früher waren die meisten Ananasproduzenten außerhalb Amerikas ehemalige englische Kolonien. Die Franzosen führten in Westafrika den Anbau erst nach 1945 ein. Unsere Importananas kommt im Winter und Frühjahr aus Guinea und von der Elfenbeinküste (Westafrika).

BEHANDLUNG DER FRÜCHTE
Da eine reife Ananas nur noch 4 bis 5 Tage haltbar ist, werden die bei uns im Handel erscheinenden halb oder dreiviertel reif geerntet. Ich erinnere mich an die unreifen, für den Export bestimmten Früchte in Guinea noch mit Grausen. Man brachte sie uns in Kisten. Die erste, die ich ahnungslos anschnitt, war essigsauer. Unsere Marktfrüchte hier sind wesentlich schmackhafter. Sie müssen allerdings auf einer weichen Unterlage in einem mäßig warmen Raum noch so lange lagern, wie nur irgend möglich. Sie sollten rundum auf Druck nachgeben, dann sind sie reif. Sind sie irgendwo besonders weich, so ist diese Stelle bereits verfault. Damit das nicht passiert, sollte man sie öfter vorsichtig drehen. Sie dürfen auch nicht gedrückt werden, denn Druckstellen verderben. Die Probe, Kronenblätter herauszuzupfen, die sich bei Reife leicht lösen lassen, funktioniert in Deutschland selten.

WERT FÜR DIE ERNÄHRUNG
Die Ananas ist reich an Fruchtsäuren. Sie enthält die Vitamine A (100 I. E.), $B_1$ (0,08 mg), $B_2$ (0,03 mg) und ungefähr soviel Vitamin C wie die Zitrone (40 mg pro 100 g). Die Sorten *Monte Lirio* (68 mg), *Guatemala* (71 mg) und *Tobago* (89 mg) sind besonders gehaltvoll.
Die Ananas besitzt im rohen Zustand ein Eiweiß zersetzendes Ferment, das Bromelain. Es ist weniger stark als das Papain. Gelatine wird deshalb nicht fest. Wird die Frucht gekocht oder handelt es sich um Dosenware, so ist das Enzym zerstört. Personen mit zu wenig Magensäure bekommt rohe Ananas, als verdau-

ungsfördernd, besonders gut. Zähes Fleisch, mit frischem Saft beträufelt, wird sehr zart. Die Arbeiter in den Konservenfabriken müssen Handschuhe tragen, weil der Saft die Haut zersetzt.

DOSENWARE Am teuersten sind ganze Scheiben. Dann kommen *Chunks* (Klötze), doppelt dicke Scheiben in 8 bis 10 Segmenten. *Tidbits* (Leckerbissen) sind etwas dünner. *Diced* bedeutet gewürfelt. Am billigsten, aber keinesfalls am schlechtesten, ist der Bruch *(crushed)*, denn es handelt sich um die Schichten, die an der Schale zurückgeblieben sind, nachdem die Scheiben herausgeschnitten wurden, und die sind am süßesten.

Saft begann man zu pressen, als während der Weltwirtschaftskrise 1929 der Dosenabsatz in den USA zu stocken begann. Er wird nicht aus Abfall gewonnen, sondern aus ganzen Früchten. Bei uns gibt es Flaschen mit Saft zu 0,7 l und Dosen einer amerikanischen Firma zu 0,5 l.

MEDIZINISCHER WERT DER ANANAS Nach Burkill enthalten junge, grüne, halbgroße Früchte eine giftige Substanz, die stark abführend und abortiv wirkt. Mit Bier auf nüchternen Magen gegessen, ruft sie choleraartige Symptome hervor.

Bei Diphtheriekranken soll das Gurgeln mit Saft einer reifen Ananas verhindern, daß sie Luftnot bekommen. Saft reifer Ananas wirkt harntreibend, in großen Mengen getrunken, bewirkt er starke Uteruskontraktionen. Bei wenig Magensäure unterstützt er die Verdauung. Die sauren Früchte verwilderter Pflanzen wirken ebenfalls harntreibend, abortiv und als Wurmmittel.

ANANAS ALS TEXTILLIEFERANT Die Fasern in den Blättern sind seidenähnlich und stark. Sie müssen aber mit der Hand zu Stoff, Faden und die Reste zu hervorragendem Papier verarbeitet werden, was früher ein wichtiger Handelsartikel war. Die Fasern sind in allen Ananasblättern enthalten, besonders geeignet sind langblättrige Sorten. Die Philippinen sind heute noch für ihre »Grasstoffe« und Hemden berühmt, die sehr teuer sind. Diese Produkte wurden erstmals 1517 erwähnt.

---

## REZEPTE

---

VORSPEISEN Ananas enthält einen Wirkstoff, der den Appetit anregt. In Südostasien macht man sich das für Vorspeisen zunutze.

**Gebratene Ananas** *Zubereitung 35 Minuten*

| | |
|---|---|
| *1 Ananas* | *3 EL Butter* |
| *Mehl, Puderzucker* | *Tabascosoße* |

Die Ananas in Ringe schneiden und sauber schälen. In der Mitte mit einem Apfelausstecher den Kern herausholen. Die Scheiben vierteln. In Mehl wenden, danach in Puderzucker. In heißer Butter knusprig braten. Etwas Tabascosoße auf einen Teller spritzen, die Ananas mit der Gabel aufspießen und von einer Seite hineintauchen. Umdrehen und danach auf Küchenkrepp trocknen lassen. Ohne Tabascosoße ist das auch eine vorzügliche Nachspeise – besser als in Teig getaucht und ausgebacken. Am Schluß mit Zucker bestreuen.

**Gefüllte Pasteten**     *Zubereitung 20 Minuten*

| | |
|---|---|
| *4 Pastetenformen vom Bäcker* | *60 g Ananas, gewürfelt (Dose)* |
| *½ Hähnchen, enthäutet und* | *1 EL Mehl* |
| *in kleine Würfel geschnitten* | *½ Tasse Wasser* |
| *1 EL Butter* | *1 TL Hühnerbrühe* |
| *½ gehackte Zwiebel* | *1 EL Worcestersoße* |
| *1 Stengel Bleichsellerie* | *2 EL flüssige Sahne* |
| *1 Lorbeerblatt, fein zerbröckelt* | *evtl. einige EL Ananassirup (Dose)* |

Die Butter in einem Topf erhitzen, die feingehackte Zwiebel zugeben und goldgelb werden lassen. Den feingeschnittenen Sellerie hinzufügen sowie das Lorbeerblatt, einige Minuten dämpfen lassen, dann die Ananaswürfel und das Mehl mit der Masse verrühren. Nach 2 Minuten unter Umrühren das Wasser zugeben, Sahne, Hühnerbrühe und Worcestersoße. Die Mischung soll cremig sein, ist sie zu fest, etwas Ananassirup zugießen. Das Hähnchenfleisch in der Soße heiß werden lassen und 4 Pastetenformen damit füllen. Gleich auftragen oder im Backofen warm halten.

HAUPTGERICHTE **Roastbeef in Ananassaft** *(Philippinen)*     *Zubereitung 22 Minuten*

| | |
|---|---|
| *1 kg Roastbeef in 3–5 cm langen und* | *½ TL Ve-tsin (Monosodiumglutamat)* |
| *1 cm dicken Streifen* | *1 Tasse Ananassaft von roher Ananas* |
| *2 EL Zucker* | *4–5 EL Öl* |
| *1 EL Salz* | *2 TL Maismehl* |

Das zerschnittene Fleisch mit den angegebenen Zutaten bestreuen und den Saft darübergießen. Zwei Tage im Eisschrank ziehen lassen. Das Fleisch wird von dem Ananassaft ganz zart.
Vor dem Braten das Fleisch auf ein Sieb geben und gut abtropfen lassen.
4–5 EL Öl erhitzen, die aufgefangene Flüssigkeit mit 2 TL Maismehl anrühren. Das Fleisch unter ständigem Umwenden 5 Minuten braten. Vorsicht, es brennt ganz schnell an (durch den Zucker), wird aber dafür auch rasch braun. Die Flüssigkeit darübergießen und noch einmal aufkochen lassen.
Dazu passen:
entweder 250 g streichholzdick geschnittene Möhren, die man 5 Minuten in 2 EL Butter dünstet und denen man anschließend 250 g Porree in dünnen Ringen hinzufügt, dann noch 3 Minuten weitergart und am Ende 2 EL Wasser, Salz und Pfeffer zugibt oder:
in Butter gedünstete, dünne grüne Bohnen.

**Reis mit Ananas** *(2 Personen)*     *Zubereitung 15 Minuten*

| | |
|---|---|
| *Reis:* | *1 Tasse Wasser* |
| *1 Tasse Naturreis* | *½ TL Salz* |

Eine Tasse Naturreis in einer Tasse Wasser am Abend zuvor einweichen.
Am nächsten Tag auf großer Flamme mit ½ TL Salz zum Kochen bringen, einige Minuten kochen lassen, danach soll der Reis auf einer Asbestplatte 10 Minuten ausquellen.

## Ananasfleischragout

| | |
|---|---|
| 3 EL Öl | 1 EL Fisch- oder Namplasoße |
| 75 g Krabben | (aus Thailand, siehe Anhang) |
| 1 EL Mehl | 1 EL Sojasoße |
| 1 Eigelb | ¼ TL Ve-tsin (Monosodiumglutamat) |
| 1 große Zwiebel, gehackt | etwas scharfer Pfeffer oder Tabasco |
| 250 g Schweinefleisch, gewürfelt | 1 Prise Korianderpulver |
| 50 g Ananas in Würfeln | |

Das Öl erhitzen. Die Krabben mit Mehl bestäuben, Eigelb zugeben, die Krabben gut darin wenden. Sofort in Öl goldgelb braten, mit einem Schaumlöffel herausheben.

Die Zwiebel in derselben Pfanne goldgelb werden lassen, das Schweinefleisch hinzufügen und fünf Minuten garen. Danach Fisch- und Sojasoße, Ve-tsin, Pfeffer oder Tabasco und Koriander hinzufügen. Gut umrühren. Den Reis und die Ananas mit dem Fleisch vermischen. Alles noch drei Minuten braten lassen. In eine Schüssel geben und mit den Krabben obenauf servieren. Dazu gehört grüner Salat.

Sehr schön sieht es aus, wenn eine Ananas mitsamt dem Schopf längs halbiert und ausgehöhlt wird. In den beiden Hälften kann man dann je eine Portion auftragen. Wenn man das Grün der Ananas naß macht, läßt sich das Gericht im Backofen für kurze Zeit warm halten.

## Ananassoße zu Fleisch und Wild *(USA)*

| | |
|---|---|
| 1 Tasse Wasser | ½ TL gehackter Ingwer |
| ½ Tasse Zucker | eine Prise Nelken |
| eine frische Ananas in Stücken | eine Prise Salz |

Eine Tasse Wasser mit dem Zucker aufkochen, Ananas zugeben, eventuell nacheinander in zwei Portionen. Die Stücke in 10 bis 20 Minuten weichkochen. Salz, Ingwer und Nelken hinzufügen und noch weitere fünf Minuten köcheln lassen. Diese Fruchtsoße wie Preiselbeeren zu Wild auf den Tisch stellen. Sie hält sich gut im Kühlschrank.

SALATE  Am besten eignet sich Ananas zu Salaten. Ihr wunderbares Aroma kommt nirgendwo so gut zur Geltung wie hier.

## Mexikanischer Weihnachtssalat

*Zubereitung 20 Minuten*

Als ich das erstemal auf einer amerikanischen Party war, rümpfte ich die Nase, als ich die Kombination rote Rüben mit Ananas sah. Dabei ist diese Mischung ausgezeichnet. Sie scheint aus Mexiko zu kommen.

| | |
|---|---|
| 1 große Dose Ananas (850 g) | 1 Glas rote Rüben |
| in Stücken | 4 EL Mayonnaise |
| 2 große Orangen | 1 Kopfsalat |
| 2 Bananen | 2 EL gesalzene Erdnüsse |
| 1 großer Apfel | |

Ananas aus der Dose (man kann auch eine frische Ananas verwenden) abtropfen lassen, ebenso die roten Rüben.

Orangen, Bananen, Apfel, rote Rüben, geputzt und in kleine Stücke geschnitten, mit der Ananas und der Mayonnaise mischen. Einige Stunden im Kühlschrank ziehen lassen. Vor dem Anrichten den Kopfsalat waschen, eine Schüssel mit den Blättern auslegen. Die Salatmischung daraufhäufen, mit Erdnüssen bestreuen.

Ganz vorzüglich ist der folgende Salat, der gut auch als Vorspeise dienen kann.

### Ananas-Krabbensalat                    *Zubereitung 30 Minuten*

| | |
|---|---|
| *1 frische Ananas* | *½ Gurke mit Schale, gewürfelt* |
| *3 Stiele Bleichsellerie* | *250 g Krabben* |
| *1 Tasse Mayonnaise* | *Salz, Pfeffer, Mangochutney* |

Die Ananas in Scheiben schneiden. Jede Scheibe schälen, die Augen und den harten Strang entfernen. Das Ananasfleisch würfeln. Sellerie in Scheiben schneiden. Gurke und Ananas auf einem Sieb eine halbe Stunde abtropfen lassen, damit der Salat nicht zu flüssig wird. Alle Zutaten mischen und im Eisschrank ziehen lassen. Mit Salz, Pfeffer und Mangochutney abschmecken.

### Waldorfsalat                    *Zubereitung 35 Minuten*

| | |
|---|---|
| *1 dicke Knolle Sellerie* | *½ Tasse flüssige Sahne* |
| *2 süße Äpfel* | *2 Handvoll kleinge-* |
| *Saft einer Zitrone* | *hackte Walnüsse* |
| *½ Tasse Mayonnaise* | *1 Dose Ananas (850 g), gewürfelt* |

Den Sellerie schälen und roh ganz fein raspeln. Die Äpfel reiben, Mayonnaise mit Sahne, Zitronensaft, Nüssen, Äpfeln und Sellerie mischen. Den Boden einer Schüssel mit Ananaswürfeln bedecken.
Darauf die Hälfte des Salats verteilen, dann wieder Ananaswürfel und den restlichen Salat. Obenauf mit Ananaswürfeln verzieren. Den Waldorfsalat erst am nächsten Tag auftragen.

### Hühnersalat (3–4 Portionen)                    *Zubereitung 25 Minuten*

| | |
|---|---|
| *½ gebratenes Hähnchen* | *1 Tasse Orangenstückchen* |
| *1 Tasse gekochte Karottenwürfel* | *3 EL Mayonnaise* |
| *1 Tasse gekochte Erbsen* | *1 Kopfsalat* |
| *1 Tasse Ananaswürfel aus der Dose* | *einige Petersilienstiele zum Verzieren* |

Das Hähnchen häuten, das Fleisch in kleine Stücke schneiden. Fleisch, Karotten, Erbsen, Ananas und Orangenstückchen mit der Mayonnaise mischen und einige Zeit ziehen lassen. Eine Schüssel oder runde Platte mit gewaschenen und abgetrockneten Salatblättern auslegen, den Hühnersalat darauf verteilen und mit Petersilienblättchen hübsch garnieren.

### Reissalat                    *Zubereitung 25 Minuten*

1 Tasse Reis mit 2 Tassen Brühe und 1 TL Curry kochen. Es geht schneller, wenn der Reis vorher eingeweicht wird, dann kann man das Weichwasser zum Kochen verwenden.

| | |
|---|---|
| *½ gebratenes oder geräuchertes* | *3 EL Mayonnaise* |
| *Hähnchen* | *1 EL Mangochutney* |
| *1 Tasse Ananaswürfel* | *Salz* |
| *1 Tasse rohe Champignons* | |

Das Hähnchen häuten, das Fleisch von den Knochen lösen und würfeln. Die Champignons waschen und zerteilen. Alle Zutaten gut mischen und mit Salz abschmecken.

GETRÄNKE Ananassaft ist pikant, duftend und erfrischend. Besonders gut schmeckt er gemischt mit anderen Säften. Man gewinnt ihn, indem man eine geschälte Frucht reibt und auspreßt. In Südamerika kombiniert man Fruchtsaft nicht nur gern mit Milch, sondern auch mit Kokosmilch (Herstellung im Anhang). Ananas mit Kokosmilch ist ganz hervorragend.

### Piña Colada

bedeutet: durchgesiebte Ananas. Im spanisch sprechenden Raum meint man damit: Ananassaft, etwas Zitronen- oder Limettensaft und Kokosmilch. Man kann mit Zucker, Zimt, Vanille oder Mandelöl würzen, wenn man mag. Weißer Rum wird oft hinzugefügt. Die meisten Ananas-Süßspeisen in den Tropen werden auch mit Rum aromatisiert. Wenn das Getränk frisch aus dem Mixer kommt und sofort getrunken wird, kann die Mischung auch Eis enthalten. Ich habe eine Piña Colada in der Dose gekauft (in der Bundesrepublik erhältlich) und vor dem Trinken in den Kühlschrank gestellt. Sie wurde dadurch ganz klumpig.
In Indonesien heißt beinahe das gleiche Getränk:

### Kolak Ananas

*3 Teile Ananassaft*      *Zucker nach Geschmak*
*1 Teil Kokosmilch*      *1 Prise Zimt*

Das Getränk gut gemischt servieren.
In Brasilien verwendet man an Stelle der Kokosmilch auch Kondensmilch.

### Sopro-Divino

*1 mittelgroße Ananas*      *2 Schnapsgläser Cognac*
*250 g gesüßte Kondensmilch*      *Eiswürfel*

Die Ananas schälen, den harten Mittelteil herausschneiden. Das Fruchtfleisch zerkleinern. Im Mixer alle Zutaten mischen, durch ein Tuch oder Sieb pressen, mit Eiswürfeln auftragen.

### Ananascocktail aus Peru

Dieses Getränk ähnelt einem alkoholhaltigen Sorbet.

*1 große Dose Ananassaft oder*      *250 g gesüßte Kondensmilch*
*2 kleine zu 0,5 l*      *2 Eier*
*2 Gläser Grappa oder Pisco*      *Zimt*
*(ein milder Weintraubenschnaps)*      *Eiswürfel*

Eiweiß vom Eigelb trennen und zu Schnee schlagen. Eigelb mit Weinbrand, Ananassaft und Milch mischen. Eiswürfel zugeben. Die Flüssigkeit leicht mit dem Eischnee mischen, ein wenig Zimt darüberpudern und servieren.

## Weinpunsch *(englisch)*

| | |
|---|---|
| 1 Flasche Weißwein | 2 Tassen Orangensaft |
| 2 Tassen Ananassaft | 1½ EL Zucker mit |
| 1 Tasse Grapefruitsaft | 1 Tasse Wasser |
| ½ Tasse Zitronensaft | 3 Dosen Ginger Ale (Ingwerbier) |

Zucker und Wasser kochen und abkühlen lassen. Alle Zutaten mischen, gut gekühlt auftragen. Ginger Ale erst ganz zum Schluß hinzufügen.

## Ananaswein *(Guarapo, Venezuela)*

Als die Spanier Amerika entdeckten, berichteten sie schon damals über ein leichtes, alkoholhaltiges Ananasgetränk – vielleicht handelte es sich um folgendes: Schalen einer Ananas, Wasser, um sie zu bedecken, in Venezuela fügt man Papelón hinzu (brauner Zucker, weißer geht auch), ein kleines Stück Ingwer, kleine Stücke Zuckerrohr.
Einen Steinguttopf mit den Schalen mindestens einer Ananas füllen. Mit Wasser bedecken. Ingwer und so viel Zucker hinzufügen, bis das Wasser kräftig süß schmeckt. Da es bei uns in den seltensten Fällen Zuckerrohr geben wird, müssen wir das weglassen.
In den Tropen den Ananaswein 3 bis 4 Tage stehenlassen, bei uns eine Woche. Durch ein Sieb gießen und gekühlt auftragen. Er schmeckt angenehm säuerlich. Die Ananasschalen dürfen keinen Schimmel enthalten, deshalb vor der Verwendung die Frucht sorgfältig abbürsten.

## Ananasbowle

| | |
|---|---|
| 1 reife Ananas | 4 Flaschen Rhein- oder |
| 1 Glas Wasser | Moselwein |
| 200 g Zucker | 1 Flasche Sekt oder Mineralwasser |

Die Ananas schälen und fein würfeln. Wasser und Zucker aufkochen. Ananas zugeben und einmal aufwallen lassen. Nach dem Abkühlen eine Flasche Wein zugeben, mehrere Stunden ziehen lassen. Dann den restlichen Wein zugeben und kalt stellen. Kurz vor dem Auftragen Sekt oder Mineralwasser in die Bowle gießen.

## Fruchtpunsch *(Peru)*                         *für die Kinderparty*

| | |
|---|---|
| 2 l Orangensaft | Saft von zwei Zitronen |
| 1 l Ananassaft | 1 l Mineralwasser |
| Zucker nach Geschmack | |

Bei den Säften, die bei uns im Handel sind, ist die Zugabe von Zucker überflüssig, sie sind süß genug. Die oben angegebenen Zutaten mischen und kühl servieren. Getränke mit Ananassaft sind pikant, erfrischend und wunderbar aromatisch.

## Ananaslimonade *(USA)*

| | |
|---|---|
| 2 naturreine Zitronen | 0,5 l Ananassaft |
| 2–3 EL Zucker | Eiswürfel |
| 2 Tassen Wasser | |

Zitronen in dünne Scheiben schneiden, Kerne entfernen. Wasser und Zucker zum Kochen bringen, die Zitronenscheiben zugeben und 10 Minuten kochen lassen. Kühlen. Ananassaft hinzufügen. In hohen Gläsern, die zu einem Drittel mit Eiswürfeln gefüllt sind, auftragen. Zur Verzierung kann man ein Minzeblatt ins Glas geben oder einen Zitronenring auf den Rand stecken.

Benötigt man für eine sommerliche Cocktailparty eine größere Menge Saft und es soll mal kein Orangensaft sein, so empfiehlt sich das

### Ananasgetränk *(ergibt 6,5 Liter)*

| | |
|---|---|
| *1 große Ananas* | *1 l Wasser* |
| *1 Grapefruit* | *700 g Zucker* |
| *6 Orangen* | *3,5 l Mineralwasser* |
| *4 Zitronen* | *Eiswürfel* |

Dieser Saft läßt sich anstelle des Mineralwassers auch mit Wein mischen, mit Wasser ist er aber besonders erfrischend und gut.
Ananas schälen und reiben. Den Saft von Grapefruit, Orangen und Zitronen zufügen. Stehenlassen. Zucker und Wasser aufkochen und erkaltet über den Saft gießen. Kurz vor dem Auftragen durch ein Sieb schütten und mit Eiswürfeln kühlen. Man mischt die gleiche Menge Saft und Mineralwasser.

### Ananassirup

Ananassaft läßt sich mit Zucker haltbar machen, und deshalb bereitet man Sirup auf Vorrat. Nach einem arabischen Rezept rechnet man auf 1 l Saft 250 g Zucker, nach einem französischen auf ½ l 750 g. Saft und Zucker aufkochen, heiß in saubere Flaschen füllen und sofort verschließen. Den dicken französischen Sirup in Flaschen liegend aufbewahren. Den Ananassirup kann man zu den gleichen Gerichten verwenden wie den Passionsfruchtsirup (s. Seite 211). Weitaus delikater ist es aber, Kompott mit Grießpudding, Reisschmarren usw. zu kombinieren.

NACHSPEISEN    ### Ananaskompott              *Zubereitung 20 Minuten*

Eine Ananas in Scheiben schneiden. Die Scheiben schälen und den harten Kern ausstechen.
Nun bereitet man einen Sirup entweder aus:

| | | |
|---|---|---|
| *100 g Zucker* | *1 Glas Wasser* | *1 Vanilleschote* |
| *oder:* | | |
| *100 g Zucker* | *Saft von 2 Orangen* | |
| *oder:* | | |
| *100 g Zucker* | *1 Glas Wasser* | *Saft einer Zitrone* |
| *oder:* | | |
| *100 g Zucker* | *¾ Glas Wasser* | *3–4 EL Kirschwasser oder Rum* |

Vom Zucker und der jeweilig gewählten Flüssigkeit einen Sirup herstellen, indem man beides zusammen einige Minuten kochen läßt. Die Ananasscheiben zugeben und je nachdem, wie weich sie sein sollen, 10 bis 20 Minuten leise kochen lassen. Noch besser ist es, die Kochtemperatur so zu regulieren, daß das Obst kurz vor dem Siedepunkt ist. Nach der Hälfte der Zeit die Ananasscheiben umwenden. Passen nicht alle Scheiben auf einmal in den Topf, zwei Portionen nacheinander zubereiten. Die Scheiben auf einem Sieb abtropfen lassen. Den Sirup noch etwas einkochen lassen und dann erkaltet über die Ananasscheiben gießen.

## Ananasomelett

*Pro Person:*  
*2 Eier*  
*1 EL Milch*  
*1 Prise Salz*

*etwas Butter*  
*Ananasscheiben*  
*etwas Sirup*

Aus Eiern, Milch und Salz ein Omelett backen, indem die Zutaten zunächst schaumig geschlagen und dann in heißer Butter in einer Pfanne gebacken werden. Dabei mit dem Pfannenmesser unter das Omelett fahren, um es vom Boden zu lösen.

Ist es nicht mehr flüssig (es soll nicht zäh werden), auf den Teller gleiten lassen. Mit je einer Scheibe Ananas und einigen Tropfen Sirup zu Tisch geben.

## Ananas mit Rumcremehäubchen                          *Zubereitung 15 Minuten*

*4 Blatt Gelatine*  
*4 frische Scheiben Ananas*  
*auf 4 Desserttellern*  
*⅛ l Sahne*  
*40 g Zucker*

*3 Eidotter*  
*1 TL abgeriebene Zitronenschale*  
*3 EL Rum*  
*1 TL Öl*

Gelatine in kaltem Wasser einweichen. Zucker und Sahne unter Schlagen aufkochen, vom Feuer nehmen, die ausgedrückte Gelatine unter Rühren in der Creme auflösen. 3 Eidotter hineinschlagen, Zitronenschale und Rum zugeben. 4 Schälchen, die kleiner sind als die Ananasscheiben, mit Öl auspinseln. Die Flüssigkeit darauf verteilen und in den Kühlschrank stellen. Nach zwei Stunden ist sie fest. Mit einem Messer unter die Creme fahren und vor dem Auftragen auf die Ananasscheiben stürzen. Nicht lange zusammen stehenlassen, denn rohe Ananas löst Gelatine auf.

## Ananassalat *(Frankreich)*                          *Zubereitung 20 Minuten*

*1 Ananas in dünnen Scheiben*  
*3–4 EL Rum oder Cognac*

*3–4 EL Puderzucker*  
*pro Scheibe 1 Prise Muskat*

Die Ananasscheiben mit dem Alkohol beträufeln und mindestens 20 Minuten stehenlassen. Später den Puderzucker darübersieben und mit Muskat würzen.

## Ananas-Kaki-Salat                          *Zubereitung 25 Minuten*

*½ Ananas*  
*2 Kakis*  
*1 Tasse Erdbeeren*

*3 TL Zucker*  
*⅛ l Schlagsahne*

Die frische Ananas schälen und in Stücke schneiden, Kakis gleichfalls. Die Kelche der Erdbeeren entfernen. Sind sie sehr groß, die Beeren halbieren oder vierteln. Das Obst mischen, mit 2 TL Zucker bestreuen. Die Sahne schlagen, mit 1 TL Zucker süßen. Alle Zutaten vermischen und in Schälchen auftragen. Möchte man die Nachspeise im voraus zubereiten, ein halbes Päckchen Sahnesteif zugeben.

## Ananaseis

*1 Ananas (geschält muß es wenigstens*     *⅛ l Wasser*
*600 g Fruchtfleisch sein)*     *4 Eigelb*
*300 g Zucker*     *500 g Schlagsahne*

Die Ananas schälen und in Stücke schneiden. (Ich bevorzuge es, sie zu pürieren.) Zucker und Wasser einige Minuten kochen lassen, über die Ananaswürfel gießen und einige Stunden stehenlassen. Das Fruchtfleisch auf ein Sieb schütten. Den ablaufenden Sirup mit 4 Eigelb im Wasserbad schaumig schlagen; das Eigelb soll cremig werden, aber keinesfalls fest. Sofort vom Feuer nehmen und die Ananas hinzufügen. (Das pürierte Fruchtfleisch durch ein Sieb treiben.) Ist die Masse abgekühlt, die Sahne steif schlagen und unter das übrige ziehen. Die Masse in einem Plastikbehälter in der Tiefkühltruhe gefrieren lassen. Das Eis ist ganz leicht bitter. Es wird aber trotzdem in der internationalen Gastronomie geführt. Während man anderes Eis jahrelang aufheben kann, wenn man will, ist dieses Eis frisch am besten, da es nach längerer Zeit immer bitterer wird. Sahne und Ananas scheinen sich nur bedingt zu vertragen. Vielleicht mischt man deshalb Ananas und Sahne in der Karibik erst ganz kurz vor dem Auftragen zu einer Creme.

## Gefüllte Ananas

Von allen Ananasnachspeisen sind die folgenden im Geschmack am intensivsten, da sich ihnen das Aroma am besten mitteilt. Der Inhalt einer Frucht reicht allerdings nur für 2 bis 3 Personen. Die größte Schwierigkeit hierbei ist, eine Ananas zu finden, die schon reif, deren Blattkrone aber noch ansehnlich ist.
Die Frucht auf den Tisch legen und mit einem kräftigen, scharfen Messer unten glattschneiden, so daß sie gerade stehen kann. Mit einem weiteren Schnitt den Schopf mit einem kleinen Teil der Frucht abtrennen, so daß man ihn wieder aufsetzen kann. Die Ananas mit einem gebogenen Grapefruitmesser und einem scharfkantigen, großen Löffel aushöhlen. Den harten Kern des Fruchtfleisches abschneiden, den Rest in Stücke teilen. Für die folgenden Rezepte wird nur ein Teil der Stücke benötigt, mit dem Rest können andere Gerichte zubereitet werden.

## Ananas mit Kirschen und Vanilleeis

Die Ananas behandeln, wie unter »Gefüllte Ananas« beschrieben.

*1 Tasse eingekochte Sauerkirschen*     *1 Tasse Ananaswürfel*
*2 EL Kirschwasser*     *200 g Vanilleeis*

Die Sauerkirschen gut abtropfen lassen. Mit Kirschwasser beträufeln. Ananas, Kirschen und Vanilleeis mischen und in die Frucht füllen. Im Kühlschrank einige Stunden durchziehen lassen. Schön sieht es aus, wenn die Ananas in einer dekorativen Schale, umlegt von Eiswürfeln, aufgetragen wird.

## Ananas mit Erdbeeren

Die Ananas vorbereiten, wie bereits beschrieben.

*1 Tasse frische Erdbeeren*     *1 Tasse Ananaswürfel*
*2 EL Kirschwasser, Maraschino oder*     *⅛ l Schlagsahne*
*Curaçao*     *1 EL Zucker*

Erdbeeren entstielen, sind sie groß, halbieren oder vierteln. Mit dem Alkohol ziehen lassen. Die Sahne schlagen. Alle Zutaten mischen, in die Frucht füllen.

## Ananas mit Ananaseis  *Zubereitung ohne Eisherstellung 20 Minuten*

| | |
|---|---|
| *1½ Tassen Ananaswürfel* | *3 EL Cognac* |
| *100 g Zucker* | *1½ Tassen Ananaseis* |
| *¾ Glas Wasser* | |

Die Ananas vorbereiten, wie bereits beschrieben. Aus Zucker, Wasser und Cognac einen Sirup zubereiten. Die Ananaswürfel in dem Sirup ziehen lassen, wie unter »Ananaskompott« (s. Seite 62) beschrieben. Die abgekühlten Würfel auf ein Sieb geben, abtropfen lassen, mit Eis vermischen, in die Frucht füllen.

AUFLÄUFE, KUCHEN UND TORTEN

Obwohl ich für Aufläufe und Kuchen in Deutschland unbedingt unsere heimischen Früchte vorziehe, kann man auch mit Ananas gute Ergebnisse erzielen, wenn dieses Obst mit einer Teigschicht bedeckt wird. In USA heißt das *upside down*. Ananas direkt der Backhitze ausgesetzt, wird strohig. Zum Backen nur frische, keine Dosenfrüchte verwenden.

## Ananaspie

| | |
|---|---|
| *1 Ananas* | *Teig von 250 g Mehl* |

Zubereitung wie Rhabarberpie (s. Seite 216)

## Reisauflauf mit Ananas  *Zubereitung 30 Minuten, Backzeit 30–40 Minuten*

In der internationalen Küche wird Ananas gern mit Reis kombiniert. Uns hat von all diesen Gerichten der folgende Auflauf am besten gemundet. Ich habe den Reis hierbei nach ostasiatischer Manier verwendet, die für uns ungewöhnlich ist.
Am Abend zuvor: 4 gehäufte EL Reis in 6 EL Wasser einweichen. Hat man es eilig, genügen auch zwei Stunden Einweichzeit.

| | |
|---|---|
| *8 EL Milch* | *2 EL Rum* |
| *100 g Zucker* | *1 Ananas* |
| *50 g zerlassene Butter* | *4 Eiweiß* |
| *4 Eigelb* | |

Den eingeweichten Reis in einer Mixette zu Mehl mahlen. Mit der Milch in einen Topf geben und unter ständigem Schlagen mit einem Schneebesen erhitzen, bis sich auf dem Boden eine feste Masse zu bilden beginnt. Sofort vom Feuer nehmen, denn sie brennt sonst unweigerlich an. Mit einem Handrührgerät das Reismehl bearbeiten, während Zucker, Butter, Eigelb und Rum hinzugefügt werden. Die Ananas schälen und würfeln, in eine Keramikform geben. Den Backofen auf Stufe 3 (ca. 190° C) vorheizen. Das Eiweiß zu Schnee schlagen. Mit einem Gummispatel die Reiscreme aus dem Topf schaben und über den Eischnee geben. Beides vorsichtig mischen und über den Ananaswürfeln verteilen. In 30–40 Minuten goldgelb backen. Kalt auftragen. Der Reis bildet eine knusperige Kruste. – Inzwischen habe ich in einem türkischen Laden Reismehl gefunden. Damit entfallen einige Arbeitsgänge. Das Reismehl in 14 EL Milch aufkochen und so zubereiten, wie vorher angegeben. Mit Reismehl wird der Auflauf nicht knusperig, sondern sehr hoch und cremig.

**Tortenboden mit Ananas belegt**
*Tortenboden: Zubereitung 25 Minuten*
*Belag: Zubereitung 30 Minuten*

*1 Tortenboden aus Kokosraspeln*
*(Rezept im Anhang)*
*1 frische Ananas in*
*Scheiben*

*100 g verlesene Himbeeren*
*1 Päckchen Tortenguß*
*2 EL Zucker für den Guß*
*250 g Schlagsahne*

Den Boden mit den gut abgetropften Ananasscheiben belegen. Den beim Abtropfen aufgefangenen Saft zum Kochen des Tortengusses aufheben. Restliche Ananasstücke pürieren und mit Wasser auf ¼ l für den Guß ergänzen. Die Zwischenräume zwischen den Ananasscheiben mit Himbeeren ausfüllen, die mit der Öffnung nach unten dazwischengesetzt werden. Den Tortenguß nach Vorschrift herstellen und über dem Obst verteilen. Mit Schlagsahne servieren.

**Ananaskuchen**
*Zubereitung 45 Minuten*
*Backzeit 45 Minuten*

*1 Ananas*
*Teig:*
*125 g weiche Butter*
*abgeriebene Schale einer*
*halben Zitrone*
*125 g Zucker*
*2 Eier*
*50 g Mondamin*
*125 g Mehl*
*1 gestrichener TL Backpulver*

*Biskuitguß:*
*2 große Eier*
*75 g Zucker*
*75 g Haselnüsse*
*½ TL Zimt*
*Puderzucker zum Darübersieben*

Die Ananas schälen und würfeln. Auf ein Sieb zum Abtropfen geben. Den Teig mit dem Handrührgerät auf höchster Stufe schlagen, wobei die angegebenen Zutaten der Reihe nach hinzugefügt werden.
Eine große Springform ausfetten und den Teig darin glattstreichen. Die Ananaswürfel darauf verteilen. Den Backofen auf Stufe 4 (210° C) vorheizen.
Für den Guß Eigelb und Eiweiß trennen. Das Eiweiß steif schlagen. Alle Zutaten darüber verteilen, auch den aufgefangenen Ananassaft, und vorsichtig, aber gründlich mit dem Eischnee mischen. Den Guß auf den Kuchen streichen und 45 Minuten backen lassen. Den fertig gebackenen Kuchen mit Puderzucker bestäuben.

**Ananasteekuchen** *(England)*
*Zubereitung 30 Minuten*
*Backzeit 1 Stunde*

*230 g Butter*
*230 g Zucker*
*5 Eier*
*Saft und Schale einer*
*halben Zitrone*

*230 g Mehl*
*1 Prise Salz*
*300 g Ananas in*
*Würfeln*

Für dieses Rezept benötigt man zum Backen eine kleine Kastenform.
Die Butter schaumig rühren, nach und nach alle Zutaten hinzufügen, am Ende die Ananaswürfel unterheben. In eine mit Papier ausgelegte Form geben und bei Stufe 4 (210° C) eine Stunde backen.
Alles Backwerk mit Ananas gut gekühlt auftragen. Der Teekuchen schmeckt am besten, wenn er einige Tage gut durchgezogen hat.

**Ananas-Eistorte**     *Zubereitung ohne Boden- und Eisherstellung: 15 Minuten*

> *1 Biskuitboden (s. Anhang)*          *250 g Dosenananas, gewürfelt*
> *0,5 l Vanilleeis*                    *1 Banane in Scheiben*
> *250 g Himbeeren*                     *3 Eischnee mit 40 g Zucker*

Den Backofen bei Stufe 4 (210° C) vorheizen.
Den Biskuitboden mit der Hälfte des Vanilleeises bestreichen, Himbeeren, Dosenananas und Bananenscheiben darauf verteilen, das restliche Vanilleeis darübergeben, den Eischnee obenauf glattstreichen oder spritzen. Sofort in den Ofen schieben und goldgelb werden lassen. Gleich auftragen.

**Ananasmarmelade**

Obwohl schon die Spanier im 16. Jahrhundert von Ananasmarmelade aus Südamerika berichteten, würde ich sie nur in den Tropen kochen.
Nach einem französischen Rezept rechnet man auf 500 g feingeschnittenes Ananasfleisch den Saft einer halben Zitrone und 375 g Zucker. Nach Belieben kann man auch einen EL Mandelblättchen dazugeben.
Alle Zutaten zusammen 24 Stunden stehenlassen, danach 20–25 Minuten kochen und anschließend in Gläser füllen.

# CACTACEAE *(Kakteengewächse)*

Diese Familie gehört in die Trockengebiete Amerikas, besonders Mexikos. Sie ist außerordentlich umfangreich. Nach Backeberg enthält sie 220 Gattungen, nach Hammer 55 Arten.
Die Kakteen sind ausgezeichnet an Wüstengegenden angepaßt, in denen es nur eine Regenzeit gibt. Sie haben ihre Stämme in fleischige Wasserbehälter umgewandelt und die Blätter zu Dornen zurückgebildet. Es gibt Kakteen, die 18 m hoch werden und andere, die zeitlebens 1 cm klein bleiben. In der Regenzeit haben sie einen Wassergehalt von 85–95%, ausgetrocknet 70%, was sie gerade noch am Leben hält.
Da die Wurzeln sehr lang werden, schützen sie den Boden gut vor Erosion. Ist es heiß und die Tage sind gleich lang, stagniert das Wachstum. Im Frühling und Herbst hingegen nimmt die Pflanze in der kühlen Nacht viel Kohlendioxid ($CO_2$) auf, was ihr tagsüber eine höhere Assimilation gestattet. Diese beiden Tätigkeiten sind zeitlich getrennt. Die Wachstumshöhepunkte liegen in Mexiko daher im Frühjahr und Herbst.

## Kaktusfrüchte *(Opuntia ficus indica)*

Mexiko (aztekisch): Nopal, Venezuela: Tuna, Span.: Chumbo, Engl.: Cactus fruit, Indian fig, Prickly pear, Franz.: Figue d'Inde, Israel: Sabre.

VERBREITUNG  Die wichtigsten Kaktusfrüchte sind die Opuntien. Sie sind auch die einzigen, die hin und wieder in die Bundesrepublik importiert werden. Die anderen Kaktusfrüchte sind nicht so schmackhaft.

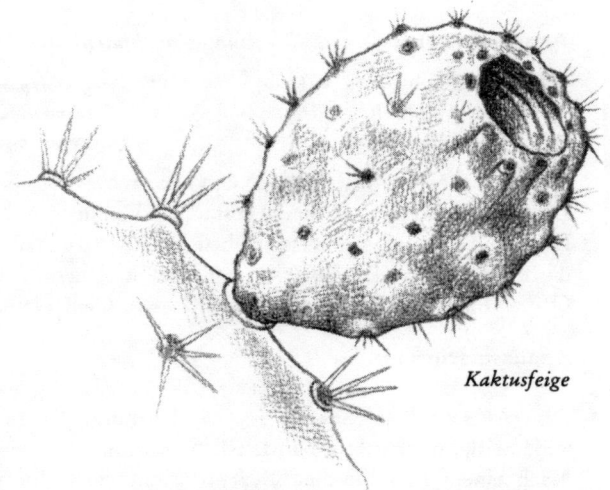

*Kaktusfeige*

Heute sind die Opuntie u. a. Kakteenarten über alle trockenen (ariden) Gebiete der Welt verbreitet. Die Spanier brachten sie ins Mittelmeergebiet und in ihre Kolonien. Sie breiteten sich dann von Ägypten bis nach Indien und Südasien aus, später gelangten sie auch nach Südafrika und Australien. In Europa und Nordafrika wurde die Opuntie ein neuer Bestandteil der Flora.

LÄSTIGES UNKRAUT UND ... In Australien, Südafrika, Indien und Hawaii dagegen bezeichnet man die *prickly pears* als *pest pears*, da sie ein übles Unkraut geworden sind. 1882 befaßte sich erstmals das australische Parlament mit der Kakteenplage. Heute versucht man die biologische Bekämpfung, die neue Probleme aufwirft, da die natürlichen Feinde des neuen Unkrauts auch die erwünschten Pflanzen anfallen.

... LEBENSWICHTIGES NAHRUNGSMITTEL Die Kakteen waren die Ernährungsbasis zahlreicher Völker des alten Amerika, als die Spanier kamen. Noch heute essen manche Indianer drei Monate im Jahr nur diese Feigen, solange sie eben reichen. Einen Teil öffnen sie und breiten sie zum Trocknen aus. Wenn die Wildkakteen reif sind, ist das die schönste Zeit für die Indianer. Dann haben sie keinen Hunger zu leiden und verbringen die Tage mit Tanzen.

Es gibt Hinweise, daß schon in prähistorischer Zeit Wildformen der Opuntien verzehrt wurden. Wichtige Kakteen wurden bei den Azteken als Gottheit verehrt, und Mexiko führt Fels, Opuntie und Adler im Wappen.

PRODUKTE AUS OPUNTIEN Obwohl die Kakteen heute in vielen Teilen der Welt wachsen, hat nur Mexiko dafür eine jahrhundertealte Verarbeitungsindustrie. Die anderen Länder wissen außer dem Frischverzehr nichts mit ihnen anzufangen.

In Mexiko stellt man Trockenfrüchte daraus her und Sirup; wir haben aus Neugier auch versucht, Opuntienhonig zuzubereiten, aber es kam nichts Wohlschmeckendes dabei heraus. Geschälte und zerkleinerte Früchte werden in Maisblättern auf dem Markt verkauft. Außerdem macht man eine Paste daraus: Opuntienkäse.

Kaktusfrüchte ergeben ein Getränk mit schwachem Alkoholgehalt; man bereitet kandierten Kaktus aus Erdbeerkakteen und Marmelade. Opuntiensprossen, also nicht die Früchte, sondern die »Blätter«, werden zu Gemüse verarbeitet, neuerdings auch in Kalifornien. Indianer mahlen den Kakteensamen und essen ihn.

Man gewinnt roten Farbstoff sowohl aus den Früchten als auch durch die Dactilopius-Laus, die auf den Kakteen schmarotzt.

Dem berühmten amerikanischen Züchter Luther Burbank ist es in den zwanziger Jahren gelungen, Opuntien ohne Stacheln zu züchten. Er hat damit den Wüstengebieten ein vorzügliches Viehfutter beschert. Kamele und Ziegen sollen im Jemen sogar Kakteenblätter mit Stacheln fressen.

Die Kakteen sind wichtige Heckenpflanzen, die ein Anwesen in eine Festung verwandeln können. Sie liefern zähes, leichtes Holz, Rauschmittel und Pharmaka. (Auch die deutsche pharmazeutische Industrie braucht sie.) Die Indianer fertigen aus ihren Dornen u. a. Nadeln an.

Die Kaktusfrüchte, die es bei uns – vor allem in den Läden für Ausländer – zu kaufen gibt, haben alle noch Stacheln, oft ganz feine, unsichtbare. Jedesmal, wenn ich sie ganz vorsichtig ohne Serviette berühre, sitze ich doch hinterher mit einer Pinzette da. Also, am besten Küchenhandschuhe anziehen, bevor man sie anfaßt!

VERWENDUNG
Wir haben zahlreiche Gerichte mit ihnen ausprobiert, aber festgestellt, daß ihr zarter Geschmack darin untergeht. Man ißt sie am besten roh, ohne sie mit anderen Zutaten zu kombinieren, außer man bereitet Fruchtsalat mit anderen wenig dominierenden Früchten wie Banane, Papaya, Kiwi oder Melone zu.

BEHANDLUNG
Sie sind reif, wenn sich die grüne Farbe gelb oder rot verfärbt. Das Fruchtfleisch ist ähnlich beschaffen wie das der Wassermelone: schmelzend locker, von angenehmer, leichter Süße und durch seinen Wassergehalt sehr erfrischend. Es enthält harte, pfefferkorngroße Kerne, die man nicht entfernen muß.

In Mexiko öffnet man die Früchte, indem an den beiden Enden je eine Scheibe abgeschnitten wird und man den Mittelteil der Länge nach aufschlitzt:

Das Fruchtfleisch kann dann wie von einem Teller – sogar mit Messer und Gabel – gegessen werden.

Es ist praktisch, die Feigen schon in der Küche aufzuschlitzen oder zu schälen und sie so in einer Schüssel auf den Tisch zu stellen. Man kann sie auch, geschält und in Scheiben geschnitten, Obstsalaten hinzufügen.

*So schneidet man eine Kaktusfeige auf*

# CAPRIFOLIACEAE *(Geißblattgewächse)*

Diese Familie enthält ornamentale, dekorative Gartensträucher, die wegen ihrer oft duftenden Blüten und attraktiven Beeren gezüchtet werden. Hierher gehört u. a. der Schneeball.

## Holunder *(Sambucus nigra)*

Flieder, Holder, Engl.: Elder, Franz.: Sureau.

An den Holler- oder Holderbusch knüpfen sich in Deutschland viele Sagen, Märchen, Lieder und Volksbräuche. Er ist ein Wildobst und findet sich in Wäldern, an Ufern und in Hecken. Er stammt aus Europa und Westasien. Es gibt auch eine amerikanische Form: *Sambucus canadensis.* Beide Fliederarten haben medizinischen Wert. Unsere Vorfahren glaubten daher, in ihm wohne ein guter Hausgeist.
Die Blüten liefern einen schweißtreibenden Tee (durch die ätherischen Öle Rutin und Sambunigrin), den Fliedertee. Die Blüten, in Eierkuchenteig getaucht und in schwimmendem Fett ausgebacken, ergeben Hollerküchle. Holunderblütensuppe bereitet man zu, indem man zwei Blütendolden in 1 l Milch kocht, sie herausnimmt, die Suppe mit Eigelb, Kartoffelmehl, Salz, Zucker und Zimt bindet und Eiweißschaumklößchen darin garziehen läßt (nach Henriette Davidis). Holunderblüten, die man in Zuckersirup ziehen läßt, ergeben Limonade (siehe »Handbuch für die Früchtezeit«).
Aus den Beeren kann man Saft gewinnen, der sich gut aufbewahren läßt:

## REZEPTE

### Holundersaft

Bei der Verwendung eines Entsafters kommt fast kein Saft heraus. Es ist deshalb besser, einen Topf zu verwenden. Man messe auf je 1000 g Beeren $1/2$ l Wasser ab und rühre den Holunder nach dem Aufkochen durch ein Sieb. Auf 1 l Saft dann 150 g Zucker abmessen, 5 Minuten kochen lassen, heiß in Flaschen füllen und verschließen.

Der Saft ist seit alten Zeiten als schweißtreibend und wirksam gegen Fieber bekannt. Unreife Beeren, Blätter und Stiele enthalten das Brechreiz auslösende Sambunigrin und müssen entfernt werden.
Waldholunder reift sehr ungleichmäßig, das Verlesen ist sehr zeitaufwendig. Holunderbüsche in sonniger, geschützter Lage dagegen liefern ein rasch mit einer Gabel abgestreiftes Obst. Es ist übrigens interessant, daß sich oft viele Holunderbüsche in der Nähe alter Klöster oder Gehöfte befinden. Er scheint dort vor Jahrhunderten wegen seiner schon damals bekannten heilsamen Wirkung gepflanzt worden zu sein.
Bei Erkältungen ist Holundersaft ein altes Hausmittel. Er muß heiß getrunken werden.

*Holunder: Fruchtstand, Blüte,*
*einzelne Beere*

## Punsch gegen Grippe und Husten

*1 l ungesüßter Holundersaft*  
*100 g Zucker (ist der Saft gesüßt, den*  
*Zucker weglassen)*  

*½ TL Zimt*  
*1 naturreine Zitrone*  
*2 Nelken*

Den Holundersaft mit Zucker, Zimt und Nelken stark erhitzen, aber nicht kochen. Eine in Scheiben geschnittene Zitrone hinzufügen und sofort auftragen.

Aus dem Saft läßt sich ein köstliches Gericht zubereiten:

## Holundersuppe

*1 l ungesüßter Holundersaft*  
*150 g Zucker (ist der Saft gesüßt,*  
*Zucker weglassen)*  
*Schale einer halben Zitrone*  

*½ TL Zimt, 2 Nelken*  
*2 gekochte Äpfel in Würfeln*  
*20 g Kartoffelmehl oder Mondamin*  
*Saft von 2 Zitronen*

Saft, Zucker, Gewürze und Äpfel aufkochen, Mondamin oder Kartoffelmehl mit etwas Wasser dünnflüssig anrühren, in die kochende Suppe gießen und nochmals aufkochen lassen. Mit Zucker und Zitronensaft abschmecken. Die Suppe beiseite stellen. Die Einlage zubereiten:

*Eiweißgrießklößchen*                              *Zubereitung 20 Minuten*

*15 g Grieß*  
*0,15 l Milch (etwas über ⅛ l)*  
*15 g Butter*  

*15 g Zucker*  
*1 Tl Vanillezucker*  
*1 Eiweiß*

Die Milch mit Butter und Zucker zum Kochen bringen, Grieß hinzugeben und 10 Minuten auf kleiner Flamme quellen lassen. Das ergibt einen dickflüssigen Brei. Unter Umrühren abkühlen lassen, am besten in kaltem Wasser.
Inzwischen Eiweiß steif schlagen, Vanillezucker zugeben. Den Grießbrei zufügen und vorsichtig unterheben. Mit einem kleinen Löffel Klößchen abstechen und nicht mehr kochen lassen.

Gut soll die Kombination von Holunder- und Zwetschgenmus sein (»Kiehnle-Kochbuch«). Holundermarmeladen- und Saftrezepte befinden sich im »Handbuch für die Früchtezeit«.

Der Saft läßt sich außerdem zu Wein vergären, wozu man außer der europäischen und kanadischen Art auch *Sambucus caerulea* (stammt aus den Vereinigten Staaten) verwenden kann. Aus dem scharlachroten Traubenholunder *(Sambucus racemosa)*, dessen Früchte kegelförmig angeordnet sind, kann man ebenfalls Saft, Gelee und Mus zubereiten. Roh rufen seine Früchte allerdings Vergiftungen hervor.

Mitte der fünfziger Jahre begann man in Dänemark mit der Sammlung und Prüfung von Wildtypen des Holunders. Mitte der sechziger Jahre setzte man diese Arbeit in Klosterneuburg (Österreich) fort. Während früher der Holunder seiner Heilkraft wegen wichtig war, wird er in Zukunft seines natürlichen Farbstoffes wegen regelrecht angebaut werden, da chemische Farbstoffe in der neuen Lebensmittelgesetzgebung mehr und mehr verboten werden. Es ist auch möglich, daß Holundersäfte in Zukunft mehr zur Saftgewinnung industriell genutzt werden. Holunder verlangt Böden von hohem Nährwert, gute Wasserversorgung und ausreichende Düngung.

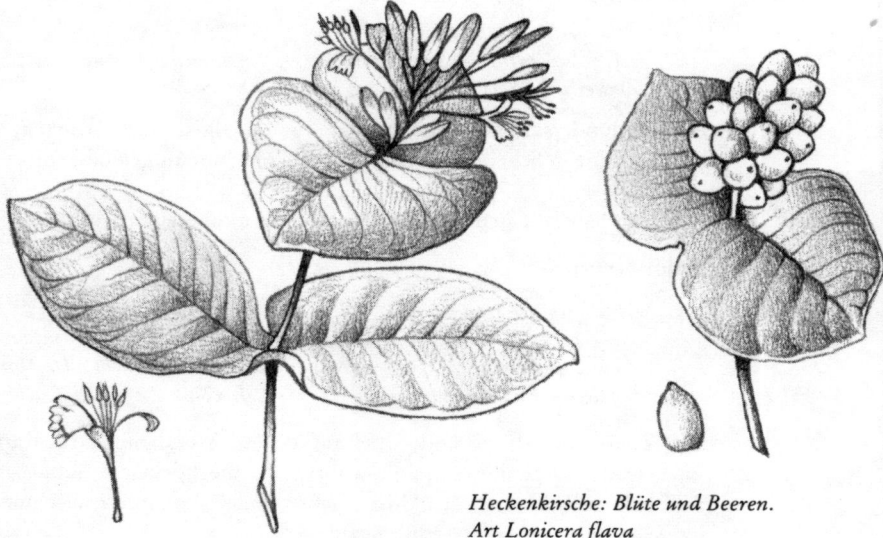

*Heckenkirsche: Blüte und Beeren.*
*Art Lonicera flava*

## Heckenkirsche oder Geißblatt *(Lonicera edulis)*

Die etwa 2000 Arten dieser Gruppe erhielten ihren lateinischen Namen von dem Frankfurter Arzt Adam Lonicer, der im 16. Jahrhundert ein sehr bekanntes Kräuterbuch geschrieben hatte. Diese Pflanzen sind beliebte europäische Gartensträucher. Nur eine Art – *Lonicera edulis* – wird ihrer Beeren wegen gezüchtet. Die Sowjetunion liegt zum größten Teil auf der Höhe von Kanada, Alaska und Grönland, man ist dort deshalb ständig an Pflanzen interessiert, die trotz der harten Witterung Eßbares produzieren. *Lonicera edulis* entstammt dem Fernen Osten, der UdSSR und China. Sie wächst dort wild an Flußufern und feuchten Waldrändern, meist in Gruppen. Die Sträucher ähneln der Johannisbeere und weisen kleine Blätter sowie gelbe zierliche Blüten auf. Sie blühen Mitte Mai und reifen schon um den 20. Juni, also noch vor den Erdbeeren. Die Früchte kann man roh essen, aber auch gut zu Marmelade, Saft, Gelee und Likör verarbeiten. Leider lieben die Vögel diese Früchte, genau wie die des Holunders. Die Beeren fallen auch leicht ab. Sie sind klein (bis zu 2 cm lang), dunkelblau, nahezu schwarz und stark bereift. Ihr Geschmack ist angenehm säuerlich. Sie weisen Pektin und Vitamin C auf. Die durchschnittlichen Erträge pro Strauch sind 500 g. Sämlinge haben oft einen bitteren Geschmack, die Vermehrung durch Grünstecklinge ist daher besser. Auch die *Lonicera* muß noch züchterisch intensiv bearbeitet werden. Sie könnte sicherlich auch bei uns gedeihen.

# CARICACEAE *(Melonenbaumgewächse)*

Diese Familie entstammt den Tropen Südamerikas. Alle Mitglieder sind verholzte Kräuter mit astlosen Stämmen. Außer der Papaya, die weltweit die wichtigste Vertreterin dieser Familie ist, gibt es in Südamerika noch eine Reihe anderer Pflanzen, z. B. die Berg-Papaya *(Carica candamarcensis)* aus den Anden Kolumbiens und Perus (gedeiht in 1200 bis 1500 m Höhe), die Chamburo *(Carica chrysopetala)* mit kleineren und süßeren Früchten als die Papaya und Babaco *(Carica pentagona)* aus Ekuador.
Brücher erwähnt viele Caricaarten Südamerikas. Sie sind anfällig gegen Virosen, die wahrscheinlich durch Kürbis- und Melonenpflanzen begünstigt werden.
Auf dem Umschlagfoto dieses Buches ist die Papayuela Kolumbiens *(Carica goudotiana)* oder *Papaya silvestre* abgebildet. Zu nennen wäre auch *Carica querifolia*, die noch mehr wertvolles Papain enthält als die Papaya. Insgesamt hat die Familie der *Caricaceae* 71 Arten, die sich auf vier Gattungen verteilen. Die Bäume und Früchte haben alle große Ähnlichkeit mit der Hauptvertreterin der Melonenbaumgewächse, der

## Papaya *(Carica papaya)*

Puerto Rico: Lechosa, Brasilien: Mamao, Engl.: Papaw, Franz.: Papaye, Tamil: Pappali, Thai: Ma-la-ko.

HERKUNFT UND VERBREITUNG
Der Name Papaya kommt wahrscheinlich von der falsch wiedergegebenen karibischen Bezeichnung *apapai*. Als die Spanier im 16. Jahrhundert in Südamerika eindrangen, war sie dort noch unbekannt. Oviedo lernte sie in Nikaragua als *olocoton* kennen. Zusammen mit den Pflanzen haben die Spanier die Bezeichnung *Papaya* in der ganzen Welt – außer in den portugiesisch sprechenden Ländern, wo sie *Mamao* heißt – verbreitet. Das gibt leider im Zentral- und Südostteil der USA zu Verwechslungen Anlaß, denn dort wird mit *Papaw* eine Annonasfrucht *(Asimina triloba)* bezeichnet. Die Papaya stammt aus dem Gebiet zwischen Südamerika und Nikaragua, einem Gebiet mit niedrigen und mittleren Höhenlagen.

ERSCHEINUNGS-BILD
Der Papayabaum ähnelt einer Palme. Seine langgestielten, tief eingekerbten, einem Ahorn nicht unähnlichen, riesigen Blätter entspringen dem Stamm. Wer-

den sie nach 6 bis 7 Monaten welk und fallen ab, so hinterlassen sie tiefe dreieckige Narben. Die neuen Blätter erscheinen dann höher, wodurch der schlanke Baum bis auf den oberen Blattschopf kahl wirkt. In den Blattachseln sitzen die Blüten und Früchte dicht am Stamm, das gilt allerdings nur für die weiblichen Bäume, denn die Papaya kann weiblich, männlich und zwittrig sein. Die zwittrigen Blüten und Früchte haben längere Stiele, die männlichen Blüten und Früchte ganz lange, verzweigte. Zieht man Bäume aus Samen, so muß man die Blüte (nach 5 Monaten) abwarten, um zu sehen, welches Geschlecht die Bäume haben. Da auf 10 bis 25 weibliche Bäume nur ein männlicher Baum zur Befruchtung nötig ist, setzt man pro Pflanzstelle 3 bis 5 Pflanzen. Alle bis auf eine weibliche Papaya werden später entfernt. In den USA hat man allerdings eine andere, genialere Vermehrungsmethode entwickelt. Die Sämlinge sind nämlich sehr variabel, man weiß nie genau, welche Eigenschaften sie haben werden, was sich in Form, Größe und Qualität der Früchte auswirkt.

Da die Früchte in den Blattachseln sitzen und im Lauf der Zeit mit den Blättern immer höher wandern, bemüht man sich, Zwerglinien herauszuzüchten, da das Abernten älterer Pflanzen immer mühsamer wird. Ein Baum kann nämlich 8–9 m hoch werden. Meistens werden die Pflanzungen allerdings ständig erneuert. Da der Papayastamm hohl ist, können junge Bäume mit einem einzigen Hieb eines scharfen Haumessers gefällt werden.

Außer den weiblichen Früchten, die gewöhnlich in den Verbreitungsgebieten der Papaya auf Märkten angeboten werden und bis zu 10 kg wiegen können, sind auch die zwittrigen Sorten eßbar. Nur sie sind im internationalen Fruchthandel von Bedeutung, da sie ein handliches Gewicht von 220–600 g haben.

Männliche Früchte sollen nach einem Autor ungenießbar, nach einem anderen in Südostasien zur Marmeladenherstellung genutzt werden.

KLIMATISCHE UND PFLEGEANSPRÜCHE

Junge Pflänzchen dürfen nicht zu feucht gehalten werden, um Pilzbefall zu vermeiden. Später benötigt der Baum viel Wasser und einen fruchtbaren, gut drainierten Lehmboden. Er verträgt keinen Frost und sollte durch Hecken vor Wind geschützt werden. Sind die Nächte zu kühl, haben die Früchte einen Geschmack wie Kürbis. (Das ist in Kalifornien der Fall.)

Schon einjährige Bäume bringen eine Ernte hervor. Zwei- bis vierjährige Bäume tragen am besten. Da die Pflanze dann zu hoch wird, ersetzt man sie durch eine junge. In Äquatornähe kann man ganzjährig Früchte ernten, in Klimaten mit jahreszeitlichem Wechsel ist die Ernte auf eine bestimmte Zeit beschränkt.

AUSSEHEN UND ERNTE DER FRÜCHTE

Die Blüten sind grün oder gelb und mit Flaum besetzt. Die Früchte brauchen zur Reife 5–6 Monate und können kegel-, birnenförmig oder melonenähnlich sein. Um den Stiel sind sie nicht glatt wie eine Birne, sondern das Fruchtfleisch springt in fünf Winkeln vor und formt anschließend eine Rundung. (Äpfel, z. B. Hasenköpfe oder Horneburger, weisen diese Falten am unteren Teil um die Blüte herum auf.) Die Haut der Früchte ist grün, später gelb. Man sollte nur Papayas kaufen, die anfangen, sich gelb zu färben, und sie liegenlassen, bis sie wenigstens teilweise gelborange geworden sind. Leider werden die Exportfrüchte oft so früh geerntet, daß sie grün bleiben bzw. vor der Reife faul werden.

LAGERUNG

Voll ausgereifte Früchte sind sehr druckempfindlich. Läßt man sie am Baum hängen, bis sie genießbar sind, so ist ihre Haltbarkeit sehr kurz. Man kann sie dann nur noch wenige Tage aufheben. Die zum richtigen Zeitpunkt, nämlich grüngelb, geernteten Früchte halten sich bei 10–13° C noch drei Wochen.

SORTEN **Solo**

Die wichtigste Sorte im Welthandel ist *Solo* geworden. Len Hobson, ein großer Mango- und Papayaexporteur Südafrikas, war so freundlich, mir aus seinem reichen Erfahrungsschatz als Züchter einige Angaben zu machen, wofür ich ihm herzlich danke.

Ein Mitarbeiter des Obstbauinstituts der Universität Honolulu ging 1919 in Barbados in der Karibik auf den Markt und kaufte eine längliche Papaya, dort und in Indonesien Bananenpapaya, in Santo Domingo *cartagena* genannt. Sie schmeckte ihm so gut, daß er die Samen aufhob und in Hawaii aussäte. Erstaunlicherweise waren keine männlichen Pflanzen unter den Nachkommen. Er arbeitete weiter an der Auslese und gewann Linie 8, von der man kommerzielle Pflanzungen anlegte.

Ob dieser Obstbauer Dr. Storey war, weiß ich nicht. Nach mehreren Jahren kehrte Dr. Storey, der früher in Honolulu lebte, aus Kalifornien dorthin zurück. Er stellte fest, daß *Solo* praktisch ausgestorben war. Er suchte das ganze Land nach Nachkommen ab und fand schließlich auf einem Vulkan, im gemischten Obstgarten eines japanischen Bauern, einige Bäume. Aus den Samen ging Linie 10 hervor, aus der der Soloabkömmling *Puna* stammt. *Puna* ist die wichtigste Linie in Hawaii. Prof. Hamilton, der später nach Honolulu kam, übernahm die Zuchtarbeit und machte *Solo* zur Weltsorte.

Len Hobson suchte aus vielerlei Samen aus Hawaii *Sunrise* mit lachsfarbenem Fleisch und vorzüglichem Aroma aus. (Sie wird in die Bundesrepublik importiert.) *Sunrise* trägt bei Hamilton die Zuchtnummer 63/22. Hobson nennt sie *Papino*, was ein Markenzeichen ist, wie z. B. *Chiquita*.

Importfrüchte aus Brasilien (sie tragen einen Aufkleber: *Castanhal para*) sehen den südafrikanischen zum Verwechseln ähnlich. Sie sind ebenfalls Abkömmlinge von *Solo*.

Die weiblichen Früchte dieser Sorte sehen wie andere weibliche Früchte aus, haben aber das gleiche vorzügliche Aroma wie die Zwitter. Die hermaphroditen Papayas erkennt man an ihrer typischen Form (*Puna* ist birnenförmig und sehr rundlich, *Sunrise* ist länglicher.) Da die Käufer gern wohlschmeckende *Solo* haben wollten, erwarben sie nur die typischen kleinen. Deshalb werden keine weiblichen Bäume mehr gepflanzt.

*Solo* ist zwar auf dem Weg, genauso wichtig zu werden wie die Ananassorte *Smooth Cayenne*. Sie ist aber für den Farmer keine ungetrübte Freude, da sie hohe Ansprüche an Klima und Behandlung stellt. In windigen Gegenden, in denen Sand oder Blätter gegen die Früchte schlagen, bekommen die Papayas Flecken von austretendem Latex (Milchsaft). Es ist schwierig, tadellos aussehende Exportfrüchte zu produzieren.

**Hortus Gold**

Als weitere ausgezeichnete südafrikanische Sorte wurde *Hortus Gold* genannt, ebenfalls ein Abkömmling von *Puna*. *Hortus Gold* ist sehr variabel, da die Blüten bestäubt werden müssen. Man kennt nie den Partner. Deshalb wird

### Dr. Peter Allen's Honeygold

bevorzugt. *Honeygold* wird vegetativ vermehrt und ist gut für das kühlere südafrikanische Klima geeignet. (Sie scheint ebenfalls von *Solo* abzustammen.)

### Betty

ist eine Zwergbaumform aus Florida. *Betty* zählt zwar auch zu den wohlschmeckenden Sorten, hat in Florida aber unter Virusinfektionen zu leiden, wodurch der Papayaanbau sehr beschränkt wird.

### Graham

ist die beste Sorte im Rio Grande Tal in Texas. *Graham* bringt kleine bis mittelgroße Früchte von vorzüglichem Geschmack hervor.

### Bluestem

trägt 4–8 Pfund schwere Papayas mit ausgezeichnetem Aroma. Sie soll in Florida beliebt sein, vor allem aber in Brasilien.

### Red Panama

ist eine andere berühmte Sorte. Diese Papayas können entweder gelbes oder lachsfarbenes Fleisch haben.

WELT-
PRODUKTION
Da der Transport reifer Früchte problematisch ist, werden sie an Ort und Stelle auf den Märkten gehandelt. Die Anzahl erscheint daher nur geschätzt in den Weltranglisten für Obst. Danach stehen sie an elfter Stelle in der Obstproduktion (mit 2 Millionen Tonnen). Zentral- und Südamerika erzeugen mehr als doppelt soviel Papayas wie Asien (643' zu 295' t). Afrika weist eine zehnmal kleinere Ziffer auf als Amerika (58' t).

VERWENDUNG
Die Papayas sind in den englisch sprechenden Ländern eine beliebte Frühstücksfrucht. Auch für uns wären sie bestens zu diesem Zweck geeignet, wenn wir sie reif und billig bekommen könnten. Sie enthalten nämlich 82 % Wasser, sind aber sehr sättigend und bekömmlich. Sie wirken leicht abführend wie Leinsamen und wären aus diesem Grund ideale Schlankheitsdiätfrüchte. Zudem sind sie wie Möhren, Mango, Kapstachelbeeren und Kaki reich an Provitamin A, außerdem enthalten sie Vitamin C, Riboflavin und Kalzium. Da sie mild sind, wären sie auch für Babys geeignet. Es gibt neuerdings Papaya-Fruchtnektar in der Bundesrepublik, außerdem sprechen praktische Gesichtspunkte (Verderblichkeit) für den Import der Papaya in Form von Konserven (in Stücken und als Püree). In Asien legt man sie in Essig ein, kandiert und trocknet sie in der Sonne.

PAPAIN
Der Latexsaft, den sowohl Stamm als auch Blätter und unreife Früchte enthalten, ist reich an Papain, das in Kristallform gehandelt wird. Man ritzt noch grasgrüne, aber schon ausgewachsene Früchte an und fängt den Milchsaft in peinlich sauberen Glas- oder Porzellangefäßen auf. 180 g Milchsaft ergeben 1 g kristallisiertes Papain. Man kann die Papayas in Abständen von wenigen Tagen immer wieder anzapfen, bis sie Zeichen von Reife zeigen. Die Früchte schmecken danach genausogut wie die anderen, nur haben sie Narben und sehen dadurch nicht mehr so schön aus. Reife Papayas enthalten fast kein Papain mehr. Latex darf nicht mit Metall in Berührung kommen, er wird sonst schwarz.

Papain ist ein Enzym, das dem Verdauungsferment Pepsin sehr ähnelt. Es ist weit wirksamer als Ficin (von der Feige) oder Bromelain (auch Bromelin) von der Ananas. Allein die USA importierten 1951 180.000 kg Latex-Kristall (meist aus Tansania und Sri Lanka/Ceylon). Der Verbrauch an Papain steigt ständig, denn es wirkt bei sehr vielen Vorgängen fördernd: Die Bekleidungs- und Lederindustrie verhütet damit Schrumpfung von Wolle und Seide und macht deren Fasern weicher, sie gerbt Felle und Häute und bearbeitet Leder. Die Gummiindustrie benötigt Papain zur Alterung von Kautschuk. Bierbrauereien klären Bier und behandeln damit Gerste. Man braucht es für Kaugummi. In den Labors bereitet man damit Nährböden. In der Pharmazie: Herstellung von verdauungsfördernden Medikamenten, Pulver zur Reinigung und wunderbaren Heilung faulender Wunden, Zusatz zur Zahnpasta, für systolische Studien bei Magenkrebs. (Oviedo und Vasco da Gama lernten die Heilkraft des Papains von den Indianern kennen, die den Baum »Baum der Gesundheit« genannt haben sollen. Nach einer anderen Quelle soll die *Acerola*, die Vitamin-C-reichste Frucht der Welt, so heißen. Sie wächst allerdings an einem Strauch!) Leider injiziert man seit einigen Jahren auch dem Vieh zehn Minuten vorm Schlachten Papain intravenös, um das Fleisch weicher zu machen.

»Meattenderizer« (Pulver zum Weichmachen von Fleisch) enthalten Papain. Es ist in den Tropen bekannt, daß man zähes Fleisch nur eine Nacht in ein Papayablatt wickeln muß, um es weich zu machen.

MEDIZINISCHE WIRKUNG DER PAPAYA

Schneidet man die dünnhäutige Frucht auf, so befindet sich in ihrem Innern eine große Höhle mit mehr als tausend schwarzen Samen, die in eine Art Gelee eingebettet sind. Die Kerne schmecken scharf nach Kresse, sehen aus wie Kaviar und sind ein gutes Wurmmittel. 30 g Latex bewirken das gleiche. Die Samen und unreife Früchte rufen Fehlgeburten hervor. Ein Extrakt aus Papayablüten wirkt gegen Fieber und Bronchitis. Getrocknete Blüten helfen ebenfalls gegen Würmer. Papayasaft wird benutzt, um Warzen und Hautflecken zu beseitigen.

Außer dem Papain, das sich in Form von Latex in allen Teilen des Baumes befindet, enthalten die Blätter das Alkaloid Carpain. In einer Konzentration von 0,4 % hilft es gegen Dysenterie (Ruhr) und Tuberkulose. Es entspannt die Muskeln, senkt den Blutdruck und regt das Herz an. Papain ist Hauptbestandteil des Karayapuders der Firma Medimex, der die erstaunlichsten Heilerfolge bei wundgelegenen Patienten, Geschwüren und nichtheilenden Wunden aufzuweisen hat. Ein amerikanischer Chirurg injiziert bei Vollnarkose und unter Kontrolle auf dem Röntgenschirm Papain bei Bandscheibenvorfällen mit erstaunlichem Erfolg. Die Patienten müssen nicht operiert werden, es entfallen wochenlange Klinik- und Sanatoriumsaufenthalte, sie können nach zwei Tagen nach Hause gehen – eine Behandlungsweise, die den Krankenkassen Millionen ersparen würde. (Papain darf nie ins Auge kommen, da es dort unheilbare Defekte verursacht.)

VITAMIN-GEHALT

100 I. E. Vitamin A, 0,08 mg Vitamin $B_1$, 0,03 mg Vitamin $B_2$, 20 mg Kalzium.

IMPORTE

Die Importe an Papayas sind 1979/80 stark angestiegen. Wir erhalten diese Früchte von Oktober bis März aus Südafrika, Hawaii und aus Brasilien, im Frühjahr von der Elfenbeinküste, aus Thailand angeblich ganzjährig.

### Unreife Papayas

Unreife, große weibliche Früchte, deren Haut noch grün und deren Fruchtfleisch noch weiß ist oder sich gerade gelb zu färben beginnt, können wie helle Gemüse (Zucchini, Blumenkohl, Kohlrabi usw.) zubereitet werden. Die Papayas werden für die Gemüserezepte geschält, entkernt und in Stücke geschnitten.

### Papaya-Suppe

Papayawürfel in Butter oder Öl anbraten, später mit Fleischbrühe oder Wein ablöschen.

Das Gemüse durch Mitkochen von Tomaten, Paprika, Karotten, Petersilienwurzeln oder ähnlichen würzenden Beigaben aromatisieren, pürieren, mit Mehl oder Sahne sämig machen, mit gerösteten Zwiebelringen, Weißbrotwürfeln oder Fleischklößchen als Einlagen bereichern. Natürlich gehören Salz und Pfeffer an die Suppe, nach Geschmack auch Zitronensaft, Knoblauch, geriebener Käse, Sherry oder Chillies. Je nach den Zutaten, die in den Tropen zur Verfügung stehen, wird diese Suppe ein anderes Gesicht erhalten.

Für uns in Deutschland lohnt es sich nicht, mit kleinen Papayas zu kochen, dazu sind sie viel zu teuer; wir können statt dessen wunderbare Kürbis- oder Zucchinisuppen herstellen.

GEMÜSEBEILAGEN
### Papaya mit Tomaten und Zwiebeln

Papayawürfel und Zwiebeln anbraten, Tomatenstückchen zufügen sowie etwas Pfeffer, Salz, Fleischbrühe und das Gemüse weich dämpfen.

### Papaya mit weißer Soße

Die gewürfelten Fruchtstücke anbraten, mit etwas Salzwasser ablöschen und so lange kochen lassen, bis sie fast weich sind. In einem Topf aus Butter, Mehl, etwas Fleischbrühe und dem Wasser, das vom Kochen noch übrig ist, erst eine Soße zubereiten (siehe Anhang), mit Salz, Pfeffer, einer Prise Zucker, eventuell Sahne oder etwas Wein abschmecken. Anstatt mit Soße kann das Gemüse auch nur mit heißer Butter übergossen aufgetragen werden.

Die weiße Soße kann mit 3 gehäuften EL geriebenem Käse in eine Käsesoße verwandelt werden.

### Papayapüree

Eine Papaya, die fast reif ist (mit grüner Außenhaut und hellorangefarbenem Fleisch) in Würfel schneiden und in wenig leicht gesalzenem und mit Essig gesäuertem Wasser garkochen. Eventuell etwas Wasser wegschütten, es sollte nur 1 cm über dem Topfboden stehen. Das Gemüse mit einem Kartoffelstampfer zerdrücken. Etwas Milch angießen und mit dem Schläger alles schlagen, auf dem Feuer leicht dämpfen lassen. Nach Geschmack mit Salz, Pfeffer, Muskat, einem EL Butter sowie einem verquirlten Ei würzen. Entweder so als Püree auftragen oder mit je 2 gehäuften EL geriebenem Käse und Semmelmehl bestreuen und im Ofen überbacken.

### Papaya gebraten

Eine fast reife Papaya in nicht zu große Würfel schneiden, die Würfel in verquirltes Ei tauchen, in Semmelmehl wenden und in heißem Öl braten. Wie pommes frites mit Salat und Bratenscheiben auftragen.

### Sauerkraut aus Papaya *(Frankreich)*

Die unreifen Früchte grob raspeln, mit Salzwasser bedecken und zwei Stunden stehenlassen. Das Wasser in einen anderen Topf gießen und zum Kochen bringen. Die Papayaraspeln hineinschütten und blanchieren (5 Minuten sprudelnd kochen lassen). Auf ein großes Sieb geben und abtropfen lassen.
4 EL Speckwürfel in 2 EL Schweinefett oder Öl auslassen, die Papaya hinzugeben und unter Rühren ein wenig anbraten. Zudecken und leise kochen lassen. In der Zwischenzeit zwei Zwiebeln, Zwiebelgrün und eine Knoblauchzehe kleinschneiden. Mit Salz, Pfeffer, Weißwein und etwas Essig zu dem Fruchtfleisch geben. 30 Minuten kochen lassen, danach entweder geräucherte Wurst noch einige Minuten im Topf ziehen lassen oder schon zu Beginn der Kochzeit geräuchertes Schweinefleisch mitgaren.
Auf den Philippinen legt man grüne, geraspelte Papaya mit Zwiebeln, Ingwer und Pfefferschoten in Essig ein. Das Rezept sende ich, auf Wunsch, gerne zu.

Die Papayablätter werden mancherorts auch als Gemüse verwendet.

AUFLÄUFE Mit den Fruchtwürfeln, die in wenig gesalzenem Wasser gegart wurden, kann auch ein Auflauf zubereitet werden. Sie kommen zuerst in eine Auflaufform. Dann übergießt man sie entweder mit Käse-, Tomaten- oder Hackfleischsoße und überbäckt sie im Ofen.

### Gefüllte Papaya

| | |
|---|---|
| *1 große, 2–3 kg schwere, unreife* | *200 g Schinkenwürfel oder* |
| *Papaya* | *350 g Hackfleisch oder* |
| *2 EL Butter* | *200 g durchwachsener Speck oder* |
| *2 Zwiebeln* | *200 g Käse* |
| *2–5 Tomaten* | *evtl. Pilze, Paprika, Erbsen* |
| *150 g Semmelmehl* | *Salz und Pfeffer* |

Hierzu die längs halbierte, entkernte Papaya entweder 15 Minuten in Salzwasser kochen oder später (gefüllt) im Backofen in einem Brattopf in reichlich Wasser garen lassen.
Für die Füllung die Zwiebeln in Butter anbraten, dazu feingehacktes Papayafleisch aus der Mitte der Frucht geben, die Tomaten, frisch oder aus der Dose, Semmelmehl, Schinken in Würfeln oder Hackfleisch. Statt des Schinkens oder Hackfleisches eignen sich auch durchwachsener Speck oder Käse. Die Füllung kann zusätzlich 100–200 g Pilze, 2 kleingeschnittene Paprika, grüne Erbsen, Knoblauch, Petersilie oder Zwiebellauch enthalten. Die Mischung mit Salz und Pfeffer würzen. Diese Füllung ohne Käse (der wird erst vor dem Backen hinzugefügt) in einem Topf auf niedriger Flamme und bei wiederholtem Umrühren so lange leise kochen lassen, bis eine ziemlich feste Masse entstanden ist. Nach Geschmack würzen, in die Papayahälften füllen, entweder mit Käse oder

Butterflöckchen bestreuen und je nach Reifegrad der Frucht 45–90 Minuten bei Stufe 3 (190° C) backen. War die Frucht in Salzwasser vorgekocht, so genügt eine kürzere Zeit, um die Füllung zu gratinieren (20 Minuten).

Die Rezepte für unreife Papayas kann ich in Deutschland leider nicht ausprobieren. Eine Köchin in den Tropen wird aus den vorgeschlagenen Zutaten bald ihre Lieblingszubereitungsarten herausgefunden haben.

### Kompott

Unreife Früchte schälen, entkernen und würfeln. In wenig Zuckerwasser mit Limonen- oder Zitronenschale, Ingwer, Nelken, Zimt oder Wein weichkochen. In Südostasien (Malaysia) soll man hierzu oder zur Marmelade männliche Früchte verwenden. Sie werden nach Burkill halbreif geschnitten, erst in Wasser und dann in Sirup gekocht und ergeben Papayajam.

### Marmelade

Auf 1 kg grüne Papaya, die aber schon gelbes Fruchtfleisch aufweist, nimmt man 750 g Zucker und 1 Zitrone, in kleine Stücke geteilt. Die Papaya in Würfel schneiden, entweder auf französische Art in Salzwasser blanchieren oder gleich mit dem Zucker und den Zitronenstückchen zum Kochen bringen und unter Rühren bis zur nötigen Festigkeit einkochen lassen.
Papaya, mit der eineinhalbfachen Menge Mangofleisch vermischt und zu Marmelade gekocht, schmeckt fast nur nach Mango, doch nicht so intensiv wie Mango allein.

### Reife Papayas

Die großen weiblichen Tropenfrüchte sind nicht besonders delikat. Sie schmecken süß und wässerig, ohne viel Aroma. Die kleineren Importfrüchte hingegen können zu wunderbaren Gerichten verarbeitet werden. Alle folgenden Rezepte sind für die delikaten kleinen Papayas gedacht. Ich mag am liebsten die Rezepte mit Krabben und pikanter Fruchtsoße.

### Frühstück

Die Engländer in den Kolonien aßen morgens große Papayas in Vierteln oder Achteln mit Zitronensaft und Zucker, wie wir ein Wassermelonenstück essen. Bei schmackhaften halben kleinen Früchten zum Frühstück kann man alle Zutaten weglassen.

### Vorspeisen Papaya mit Schinken

Ebenso wie Honigmelonen kann man auch Papaya, in Spalten geschnitten, mit Schinken auftragen. Ich finde Schinken mit Melone aber besser.

### Papaya mit Krabben

*Pro Person:*                *1 gehäufter EL Krabben (30 g)*
*½ Papaya*                  *1 gehäufter EL Mayonnaise*

*Duraznil*

*Solo (Hawaii)*

*Papaya (Südafrika, Brasilien)*

*Tafel 5*

*Honigmelone (Israel)*

*Wassermelone*

*Galia-melone*

*Ogenmelone*

*Tafel 6*

*Charentais-melone*

Die Kombination Papaya, Krabben, Mayonnaise finde ich hervorragend. Mit welchen Zutaten die Angelegenheit noch interessanter gemacht wird, ist nicht so entscheidend. Die folgenden Würzmittel habe ich ausprobiert, sie passen alle sehr gut: Frisch gemahlener Pfeffer, Dill, Petersilie, Schnittlauch, Ketchup, Chutney, Kapern, kleingeschnittene Zwiebeln, Worcestersoße, Bleichsellerie, Apfel, Limonen- oder Zitronensaft.

Die Krabben mit einigen Selleriescheibchen, eventuell etwas feingeschnittener Zwiebel und Apfelwürfeln mischen. Die Mayonnaise mit einem Teelöffel der angegebenen Soßen oder Säfte, Salz und Pfeffer abschmecken. Krabben und Mayonnaise mischen, in die entkernte, halbierte Frucht füllen, mit Dill oder Petersilie oder Schnittlauch bestreuen. Gut gekühlt auftragen.

Die polynesische Tradition, Früchte mit Fleisch oder Fisch zu kombinieren, beschert uns pikante Gerichte, die vorzüglich mit den mildsüßen Papayas harmonieren.

HAUPT-
GERICHTE

## Nußreis mit süß-saurem Schweinefleisch oder Krabben
*Zubereitung 40 Minuten, Kochzeit 40 Minuten*

| Soße: | 1 Messerspitze gehackter Ingwer |
|---|---|
| 1 Papaya | 4 EL Aprikosennektar |
| 1 Zwiebel | oder besser Aprikosensaft |
| 3 EL Öl | Saft einer Limone oder Zitrone |
| 500 g Schweinegulasch | 1 gehäufter TL gekörnte |
| oder 500 g Krabben | Hühnerbrühe |
| 2 gestrichene TL Curry | 1–2 säuerliche Äpfel |
| 1 TL Salz, Pfeffer | 1–2 Bananen |
| 1 Zehe Knoblauch, gehackt | 100 g süße Sahne |

Wenn man Fleisch verwendet, zuerst die Soße zubereiten. Verwendet man Krabben, so ist es besser, zuerst den Reis zu kochen und anschließend die Soße. Mit Krabben dauert dieses Gericht nur 20 Minuten.

Die Zwiebel in Würfel schneiden, 3 EL Öl in einem großen Topf erhitzen, die Zwiebeln darin glasig werden lassen. Anschließend das Schweinefleisch von allen Seiten auf großer Flamme anbräunen lassen. Salzen, pfeffern, Curry, Knoblauch und Ingwer zugeben, gut umrühren. Den Aprikosensaft darübergießen sowie den Limonen- oder Zitronensaft. Auf kleiner Flamme kochen lassen, während der Apfel in Würfel und die Banane in Scheiben zerteilt wird.

Nach 35 Minuten Kochzeit die Hühnerbrühe, das Obst und die Sahne hinzufügen und noch 5 Minuten weiterkochen lassen. Entweder die Papaya ebenfalls in Würfel schneiden und zugeben, nachdem die Flamme ausgemacht wurde (die Würfel sollten nur heiß werden) oder die Frucht schälen, entkernen, in Scheiben schneiden und die Soße auf einer Platte anrichten, dabei mit den Fruchtscheiben umlegen. In diesem Fall wird eine Papaya nicht ausreichen.

Verwendet man Krabben, so werden diese, ohne sie zu kochen (sie verlören nur ihre Knackigkeit und ihr Aroma) am Ende der heißen Soße beigefügt.

### Nußreis

| 1 Tasse Reis | 40 g Mandelsplitter oder |
|---|---|
| Salz, 1 EL Butter | Cashewnüsse |

Den Reis in Salzwasser weichkochen und trocken dämpfen lassen, am Ende der Kochzeit Mandelsplitter oder Nüsse und Butter unterrühren. Dieses Gericht mit grünem Salat auftragen.

### Überbackenes Hackfleisch mit pikanter Fruchtsoße  Zubereitung 35 Minuten
Backzeit 40 Minuten

| | |
|---|---|
| *1 Zwiebel* | *Salz und Pfeffer* |
| *2 EL Öl* | *2 EL Nüsse (Erdnüsse oder* |
| *2 Tomaten (oder zusammen mit* | *Mandelsplitter oder Cashewnüsse)* |
| *der Soße 1 kleine Dose Tomaten)* | *einige EL Wasser* |
| *50 g Sellerie in kleinen Würfeln* | *Butterflöckchen* |
| *500 g Hackfleisch, halb und halb* | *2 Papayas* |

Die Zwiebel klein schneiden und in Öl anbraten. Die Tomaten in kochendes Wasser legen, einige Minuten ziehen lassen, herausnehmen und abhäuten, in Stücke schneiden und zu der Zwiebel geben. Sellerie und Hackfleisch mitbraten lassen. Nüsse, Salz und Pfeffer zugeben. Alles umrühren, wenn es anbrät, ab und zu 1 EL Wasser hinzugeben. Das Fleisch insgesamt 15 Minuten leise kochen lassen. Eine Keramikform ausfetten, die Fleischmischung hineingeben und mit Butterflöckchen belegen. Im Ofen bei Mittelhitze 40 Minuten backen.

*Fruchtsoße*                                          *Zubereitung 15 Minuten*

| | |
|---|---|
| *1 Zwiebel* | *Pfeffer* |
| *1 EL Butter* | *1 gestrichenen EL Mangochutney* |
| *1 Zehe Knoblauch, zerdrückt* | *evtl. etwas Wasser* |
| *½ TL Salz, 1 TL Zucker* | *2 saure Äpfel* |
| *Prise Zimt* | *3 Tomaten (oder der Rest* |
| *Prise gemahlene Nelken* | *Dosentomaten)* |

Die Zwiebel klein schneiden und in Butter anbraten, bis sie hellgelb ist. Knoblauch, Gewürze, kleingeschnittene Äpfel, gehäutete Tomaten und Chutney zugeben.
Alles gut umrühren, wenn nötig, wenig Wasser angießen. 20 Minuten kochen lassen, dann pürieren, abschmecken und eventuell nachwürzen.
Die zwei Papayas schälen und entweder in Würfel oder Scheiben schneiden. Um den Rand der Keramikform die Papaya anordnen. Die Soße extra servieren, dazu Toast reichen.

### Papaya–Krabbensalat                            *Zubereitung 20 Minuten*

| | |
|---|---|
| *1 Papaya* | *1 EL Limonen- oder Zitronensaft* |
| *1 Kopfsalat* | *Pfeffer* |
| *2 Stiele Bleichsellerie (die kleinge-* | *einige Tropfen Worcestersoße* |
| *schnittenen Blätter zum Bestreuen* | *1 EL feingeschnittene Zwiebel* |
| *aufheben)* | *12 mit Paprika gefüllte Oliven* |
| *1 säuerlicher Apfel* | *6 schwarze Oliven* |
| *200 g Krabben* | *evtl. Petersilie* |
| *100 g Mayonnaise* | |

Den Kopfsalat waschen, abtropfen lassen und eine Salatschüssel damit auslegen. Selleriestiele in Scheiben und den Apfel in Würfel schneiden, mit Krabben,

Mayonnaise, Limonen- oder Zitronensaft, Pfeffer, Worcestersoße, Zwiebel und den mit Paprika gefüllten, geviertelten Oliven mischen. Die Papaya schälen, entkernen und in kleine Stücke teilen. Die Salatblätter damit bedecken. Darauf die Krabben verteilen. Alles mit 6 schwarzen Oliven verzieren, mit den Sellerie- und eventuell Petersilienblättchen bestreuen. Gut gekühlt auftragen.

## Salatsoße mit Papayakernen

Papayakerne haben Kressearoma. Sie können einem Salat ein sehr pikantes Aroma verleihen, außerdem sind sie ein vorzügliches Wurmmittel. Gemessen an den handelsüblichen Wurmmitteln, bei denen sich Kindern der Magen umdreht, ist diese. Salatsoße wirklich ein Vergnügen:

| | |
|---|---|
| *1½ EL Rotweinessig* | *½ TL Senf* |
| *2 EL Öl* | *2 EL Papayasamen* |
| *1 TL Salz* | *1 EL Zucker* |
| *½ gehackte Zwiebel* | *Pfeffer aus der Pfeffermühle* |

Alle Zutaten in ein hohes Gefäß geben und mit einem Mixstab zerkleinern. Es ist ein scharfes Dressing für alle Blattsalate, besonders gut für langweiligen China-kohl. Nur Rapunzelsalat würde ich nicht damit anrichten, es wäre schade um das zarte, köstliche Nußaroma.

## Papaya con leche *(Papayagetränk mit Milch, Santo Domingo)*

½ l Papayapüree mit Milch verdünnen, so daß es trinkbar wird, Zitronensaft, Zucker und Eiswürfel nach Geschmack hinzufügen.
Ich schwärme nicht für dieses Getränk, das aber in der Karibik sehr beliebt ist.

NACHSPEISEN Es wird oft empfohlen, Papayastücke Fruchtsalaten zuzufügen. Sie steuern ein bißchen Süße und Weichheit bei. In Deutschland kann man sie sehr gut weglassen, wir haben genug Auswahl an Obst. Birnen tun bei uns den gleichen Dienst.

In der Umgebung von nicht sehr aromatischem Obst hingegen kommt das Papayaaroma gut zur Geltung. Will man also einen Obstsalat mit Kiwis, Kaktus-feigen, Litchis, verschiedenfarbigen Melonensorten (Wasser- oder Honigmelonen), Pepino und Papaya herstellen, so ist das zu empfehlen.

### Früchtebecher                                     *Zubereitung 15 Minuten*

| | |
|---|---|
| *2 Kiwis* | *3 EL Grand Marnier oder Jambosala* |
| *1 Papaya* | *evtl. 100 g Schlagsahne mit* |
| *1 Stück Wassermelone* | *2 TL Zucker gesüßt* |
| *1½ EL Zucker* | |

Um das vorhergehende allgemeine Rezept etwas genauer zu erklären, haben wir eine der angegebenen Fruchtkombinationen ausprobiert. Die Früchte schälen, Papaya und Melone entkernen. Das Fruchtfleisch würfeln oder Kugeln aussteechen.
Vier Gläser abwechselnd mit den Würfeln füllen, immer wieder mit ein wenig Zucker bestreuen und mit dem Likör beträufeln. Die Gläser gut gekühlt auftragen. Nach Belieben jedes Glas mit einem Tupfer Sahne verzieren.

**Papaya-Cocktail**

Zu dem nicht sehr aufregenden Papayaaroma passen ausgezeichnet Limone und Sherry. Besonders Limonensaft gibt der Papaya mehr Pfiff.

| | |
|---|---|
| *¼ Tasse Papayawürfel* | *Saft einer halben Limone* |
| *1½ Tassen Ananaswürfel* | *etwas abgeriebene Limonenschale* |
| *15 Weintrauben* | *4 rote Cocktailkirschen* |
| *2 EL süßer Sherry* | *evtl. 100 g Schlagsahne* |

Die Weintrauben halbieren. Papaya, Ananas und Trauben mischen, mit Sherry, Limonensaft und -schale würzen. Kühl stellen. Kurz vor dem Auftragen in Schälchen füllen und eventuell mit einem Sahnetupfer verzieren, auf jeden Fall mit einer Cocktailkirsche.

**Papaya-Orangensorbet**                                    *Zubereitung 20 Minuten*

Man kann auch das Rezept für Melonen-Weincreme (s. Seite 94) mit Papaya herstellen und hinterher stark kühlen oder einfrieren. Dieses Orangensorbet ist aber weit besser:

| | |
|---|---|
| *4 Blatt Gelatine* | *1 TL abgeriebene Orangenschale* |
| *⅜ l Orangensaft* | *Saft einer Limone* |
| *100 g Zucker* | *1 Eiweiß* |
| *1½ Tassen Papayapüree* | |

Die Gelatine in Wasser einweichen, nach einigen Minuten herausnehmen und ausdrücken.
Einen Teil des Orangensaftes erhitzen, die Gelatine zugeben und rühren, bis sie aufgelöst ist, nicht kochen lassen. Den Zucker zugeben. In einer Schüssel Papayapüree, Limonensaft, Orangenschale und den restlichen Orangensaft mischen, den erhitzten Saft durch ein Sieb zugießen, alles mischen. Entweder das steif geschlagene Eiweiß gleich hinzufügen oder zuerst diese Mischung leicht gefrieren lassen und nach zwei Stunden den Eischnee unter das Sorbet ziehen.

**Guanabana-Papayacreme** *(Kamerun)*                *Zubereitung 25 Minuten*
                                                        *(6–8 Portionen)*
Das ist eine echte Tropennachspeise.

| | |
|---|---|
| *1 Guanabana* | *3 EL konzentrierte gezuckerte* |
| *½ große reife Papaya* | *Kondensmilch* |

Die beiden Früchte schälen, die Kerne der Papayahälfte entfernen, beide Früchte pürieren, durch ein Sieb rühren, mit der Milch mischen und gut kühlen.

Wie von Pfirsich, Quitte und Guaven stellt man in Südamerika auch aus Papaya Fruchtpaste her, in Ceylon auch lange haltbares Konfekt und Mus, das durch Gewürze erst ein Aroma erhält. Von diesen Pasten ist für meinen Geschmack der Guavenkäse am aromatischsten, und nur bei ihm lohnt sich die Zubereitung.

**Tropischer Fruchtsalat**                              *Zubereitung 15 Minuten*

In den Tropen werden natürlich die dort vorhandenen Früchte zu Fruchtsalat verwendet: Papaya, Mango, Ananas, Bananen, wenn möglich auch Äpfel,

Kirschen (aus dem Glas), Trauben oder Erdbeeren hinzufügen. Zitronen- oder Limonensaft, Wein, etwas Likör und Zucker runden den Geschmack ab. Einfach und schmackhaft ist das folgende Rezept:

| | |
|---|---|
| *1 Papaya* | *Limonensaft* |
| *2 Bananen* | *1 EL Zucker* |
| *2 Orangen* | |

Die geschälte, entkernte Papaya würfeln, die Bananen schälen und in Scheiben schneiden, ebenso die Orangen. In eine Schüssel die Orangenscheiben legen, die gemischten anderen Früchte obenauf, mit Limonensaft und Zucker würzen. Gut gekühlt servieren.

### Leichtes erfrischendes Fruchtsorbet                        *Zubereitung 25 Minuten*

| | |
|---|---|
| *100 g Zucker* | *1 Passionsfrucht* |
| *1½ Tassen Wasser* | *1 Tasse Papayapüree* |
| *1 TL abgeriebene Limonenschale* | *Saft einer Limone* |
| *100 g geriebene frische Ananas* | *1 Eiweiß* |
| *4 Blatt Gelatine* | |

Wasser und Zucker zum Kochen bringen, Limonenschale und geriebene Ananas zugeben und nur wenige Minuten kochen lassen. Vom Feuer nehmen. Den Limonensaft zugeben. Die Gelatine in kaltes Wasser halten, wenn sie weich ist, ausdrücken und in der heißen Flüssigkeit auflösen. Die Passionsfrucht aufschneiden, das Fruchtfleisch mit ganz wenig Wasser im Mixer pürieren, durch ein Sieb zur Ananas gießen. Papayapüree hinzufügen. Eine Stunde im Eisschrank kühlen. Das Eiweiß schlagen, unter die Fruchtcreme ziehen und gefrieren lassen.

### Papaya mit Zitroneneis gefüllt

| | |
|---|---|
| *2 kleine Papayas* | *Sahne aus Kondensmilch oder* |
| *400 g Zitroneneis (Rezept* | *Sahneersatzcreme,* |
| *auf Seite 371)* | *wenn keine Sahne vorhanden ist* |
| *100 g Schlagsahne,* | |

Die Papayas längs halbieren, die Kerne entfernen. Das Zitroneneis auf die Papayas verteilen, mit Sahnetupfern verzieren und gleich servieren.

## Duraznil *(Carica monoica)*

Durazno heißt auf spanisch Pfirsich. Duraznil wird von der peruanischen Konservenfirma Indalsa als Pfirsichart angeboten, was nicht zutrifft, denn er ist nah mit der Papaya verwandt. Er schmeckt wie ein wässeriger Pfirsich mit leichtem Aprikosenaroma. *Carica monoica* stammt aus der 300–1800 m hohen Bergregion Boliviens, Ekuadors und Perus.

Die Pflanze soll 3 bis 4 Monate nach dem Auspflanzen schon Früchte tragen, tut das einige Monate lang und stirbt dann ab. Die Früchte sind rundlich und von der Größe eines Straußeneies. Sie sind haltbarer als Papayas und haben ein angenehmes Aroma. Sie enthalten bis zu 1 cm lange Samen. Nach einem Autor sind sie nur gekocht eßbar. Auch die Blätter sollen gekocht sehr delikat schmecken.

Nach Brücher ist eine zwischen *C. monoica* und *C. candinamarcensis (= pubescens)* entstandene Hybride die Lieferantin wohlschmeckender Marmeladenfrüchte. Es ist möglich, daß Duraznil nicht mit *Carica monoica* identisch ist, sondern mit diesem Kreuzungsprodukt.

# CUCURBITACEAE *(Kürbispflanzengewächse)*

In diese Familie gehören 90 verschiedene Gattungen, u. a.: Kürbis *(Cucurbita)*, Melone, Gurke *(Cucumis)* und Wassermelone *(Citrullus)*. Sie zeichnet sich durch großen Formenreichtum aus (750 Arten). Die Pflanzen kriechen auf dem Boden, und das ist zweckmäßig, denn ihre Früchte sind teilweise so schwer (ein Kürbis kann sogar zwei Zentner wiegen), daß sie die Stengel gar nicht tragen könnten.

## Zuckermelone *(Cucumis melo)*

Engl. und Franz.: Melon, Span.: Melón, Portug.: Melão. Die Zuckermelone ist nahe mit der Gurke verwandt, weit weniger nahe mit der Wassermelone.

HERKUNFT    Die einen nehmen an, die Zuckermelone stamme aus Zentralasien. Purseglove wirft dagegen ein, daß wilde Melonenarten heute noch in Afrika gefunden werden, daß es deshalb wahrscheinlicher ist, die Herkunft der Zuckermelone in Afrika zu suchen.

GESCHICHTE    Sie kam erst um die Zeit von Christi Geburt zu den Griechen und Römern. Auch in Indien traf sie erst nach der Sanskritperiode ein, was ein Tamilname anzeigt. Um 800 n. Chr. wird sie in Karls des Großen »Capitulare de villis« genannt. Hildegard von Bingen berichtet 1150 von ihr und Albertus Magnus um 1250. Bedeutende Personen haben sich durch übergroßen Melonengenuß geschadet: Kaiser Albrecht II. soll sich 1439 an Zuckermelonen totgegessen haben, desgleichen 1471 Papst Paul II., und Heinrich IV. von Frankreich soll von ihr schlimme Verdauungsstörungen bekommen haben.

EINTEILUNG DER ZUCKER-MELONEN    Da die süßen Melonen sehr verschiedenartig aussehen können, untereinander gekreuzt sind, außerdem viele Zwischenglieder existieren, gibt es keine allgemein verbindliche Klassifikation. Einzelne Autoren kommen zu verschiedenen Einteilungen.

Purseglove unterscheidet folgende Gruppen:

1. Kantalupmelonen (in amerikanischen Büchern wird sie als *die* europäische Melone bezeichnet, dabei gibt es sie bei uns nur zwei Wochen im Jahr)
2. Winter- oder Casabamelonen
3. Die nach Moschus duftenden Melonen (hierher gehören Netz- und Honigmelonen)
4. Längliche Wintermelonen aus Indien, China, Japan, die nicht duften und als Gemüse gegessen werden.

*lienische Honigmelone*                    *Casabamelone*                    *Wassermelone*

## 1. Die Kantalupmelonen

(Sie werden in der Literatur auch Rockmelonen genannt; was ich an anderer Stelle
für Netzmelonen fand.)
Sie erhielten ihren Namen von einem Ort bei Rom, Cantalupa – Wolfsgeheul,
wohin sie aus Armenien gebracht worden sein sollen. Sie sind fast rund und stark
gerippt. Ihre Farbe ist von blaugrünem Grau mit dunkelgrünen Längsstreifen.
Sie halten sich nicht lange, sind aber süß und aromatisch. Ihr Inneres ist gelb-
orangefarben.
Die Neuzüchtungen aus Israel, Ogen- und Galiamelone, übertreffen die Kantalupmelonen allerdings an Süße und Aroma bei weitem.

MELONEN-   Neuseeland bietet ovale, benetzte, geriefte Melonen als Kantalupmelonen an. Im
IMPORTE   allgemeinen ist diese Fruchtsorte sonst rund, auch sind die Früchte oft sehr
IN DIE   klein.
BUNDESREPUBLIK   Sie werden importiert von Januar bis Mitte März aus Südafrika und Neuseeland,
anschließend aus dem Senegal. (Ein Teil der Melonen aus Südafrika und alle aus
dem Senegal sind *Charentais*melonen, eine Hauptsorte der Kantalupen neben
*Bellegarde* und *Prescott*.) Im Juli/August erhalten wir Importe aus Frankreich
(80% des Anbaus dort sind rotfleischige *Charentais*) und Italien. In Norddeutschland soll die rotfleischige *Kaiserin Auguste Viktoria* unter Glas gezogen
werden.
Kantalupmelonen sind schmackhaft, aber sehr schnell verderblich. Aus Übersee
kommen sie deshalb per Flugzeug.

## 2. Die Casabamelonen

Ein besonderes Kapitel der Melonengeschichte haben die USA aufzuweisen.
1878 weilten zwei Herren – Stillmann und Flood – in einem Hotel bei Izmir, in
dem Melonen serviert wurden. Es müssen gute Melonen gewesen sein, denn die
Männer schickten die Samen nach Kalifornien. Schon im Winter 1880/81 wurde

der Melonensamen an 3000 Abonnenten einer Zeitung verteilt. Man nannte die Früchte Casabamelonen nach dem kleinen Ort bei Izmir, woher die Melonenkerne gekommen waren. Trotzdem wurden diese Melonen nicht sehr populär, man aß sie nämlich zu früh. Sie entwickeln ihr vorzügliches Aroma erst nach vollständiger Reife. Diese Sorte hält sich lange und wird zu den Wintermelonen gezählt. Diese Melone wird auch persische, grüne persische oder Odessa-Melone genannt. Sie ist sehr groß, oval und hat cremefarbenes, feines, festes, gehaltvolles Fleisch. Ihre Schale ist gewöhnlich weich, mit flachen Rippen versehen, oft dunkelgrün gestreift oder gefleckt und von gelber Grundfarbe. Diese Melone war erstmals in Gießen Ende August 1980 bei einem türkischen Händler aus Izmir zu sehen.

### 3. Die Honig- und die Netzmelonen,

die aussehen, als befände sich auf ihrer gelb-orangefarbenen Haut ein aus Hanf geknüpfter Überzug, gelangten schon mit Kolumbus 1494 nach Amerika. Jedenfalls haben Begleiter von ihm sie dort gepflanzt. 1535 sah ein Reisender auf dem Lawrencestrom Melonen an Land (liegt auf der Höhe von Südfrankreich). 1540 erwähnt man sie in Neumexiko, 1565 in Haiti, 1584 in Virginia, 1806 wurden dreizehn Sorten in Nordamerika kultiviert. Das geschah in den Gärten der Farmer, man sah sie kaum auf Märkten. 1870 begann man Melonen für New York anzubauen. Die Stadt verbrauchte damals zwei bis drei Wagenladungen täglich. Aber erst 1881 eroberte die Melone die USA. (Nordamerika steht heute vor Spanien, das beinahe ebensoviel anbaut, Italien, Japan und Ägypten an erster Stelle in der Weltproduktion.)

1900 verschickte man allein aus Alma in Michigan, das nördlich von Chicago und Detroit liegt, 253 Wagenladungen täglich. Es entwickelte sich eine regelrechte Melonenindustrie in Rocky Ford in Colorado. 800 Farmer in dieser Gegend bauten Netzmelonen an. 1904 verschickten sie 1182 Wagenladungen. Nun begann man auch in anderen Teilen der USA Melonen zu züchten. 1905 wurde ein Wüstengebiet, das unter dem Meeresspiegel liegt, das Imperial Valley in Südkalifornien, durch einen 100 km langen Kanal vom Colorado mit Wasser versorgt. Pflanzer von Rocky Ford beaufsichtigten die Melonenfelder, und heute ist es das größte Melonenanbaugebiet der ganzen Welt. Da es dort sehr heiß ist, beginnt die Ernte schon im Mai und dauert bis Juli. Kühlwagen transportieren die Früchte in alle Teile der USA. Andere Regionen setzen die Melonenernte bis Ende Oktober fort.

### Netzmelonen

sind innen meist orangefarben, von außen sehr stark oder weniger stark benetzt. Ihre Grundfarbe reicht von Umbra bis Orange. Es gibt sowohl runde als auch ovale Sorten. Hauptsorten sind in Europa: *Hale's Best, Ananasso, Honey Rock* (Rockmelonen) und *Pershaw Golden*. In den USA sind von den 16 beliebtesten Melonensorten elf Netzmelonen. Die Bundesrepublik importiert im Frühjahr Netzmelonen aus Südafrika, im Juli/August kleine Mengen aus Italien. Die Netzmelonen werden überwiegend auf den Lokalmärkten verkauft, nur wenige Sorten eignen sich zum Verschicken. Da sie sehr süß sind, nennt man sie auch Zuckermelonen. In Holland und den Vierlanden bei Hamburg zieht man Melonen unter Glas. In Deutschland baut man an Netzmelonen die Vierländermelone und Berliner Melone an.

Während man in den USA die Netzmelonen sehr zu schätzen scheint, sind bei uns viel mehr die kleinen, ovalen, gelben Melonen zu sehen. Beide gehören in die Gruppe der Honigmelonen (in den USA *Musk-melons* genannt).

### Honigmelonen (Honey Dew)

haben entweder weißes oder grünes Fleisch. Ihre Form ist meist bei Weißflei-schigkeit länglich-oval, bei Grünfleischigkeit runder. Das trifft auf die leuchtend gelben, stark gerippten Honigmelonen zu, die 80 % des Imports ausmachen.

Wir erhalten im Sommer und Herbst längliche, stark gerippte gelbe Honigmelo-nen aus Spanien, vor allem die Sorte *Tendral* oder *de Elche*. (Nach Dassler gibt es auch eine Granatapfelsorte namens Tendral.) Spanien ist unser Hauptlieferant. Im Dezember/Januar erhalten wir ähnliche Honigmelonen, nur rundere, aus Eilat. Von Januar bis März kommen gelbe Honigmelonen aus Südafrika, dazu eine sehr helle, glatte Sorte, ebenfalls aus Südafrika und Israel. Die gleichen hellen, glatten, innen grünen Melonen importiert die Bundesrepublik von Februar bis April aus Ekuador und Mexiko, nach Auskunft von Tropenfruchtimport auch aus Chile und Kolumbien. Eine ganz vorzügliche, glatte Honigmelone kommt aus Italien (Abb. Seite 87).

Grüne Honeydewmelonen, auch Elche-Melonen genannt, erhalten wir außerdem von Dezember bis Februar aus Südafrika. Im Juni exportiert Spanien eine ovale Honigmelone *Marina*, die der unreifen grünen Ogenmelone – bis auf die Form – total gleicht, aber nicht so gut schmeckt.

Honigmelonen halten sich gut, da sie vorzeitig geerntet werden und während des Transports nachreifen. Sie kommen per Kühlcontainer und bleiben bis zu 30 Tagen nach der Ernte genießbar. Sie entwickeln deshalb nach Dr. Karchi weniger Süße und weniger Aroma als Galiamelonen.

Außer dem Erntezeitpunkt entscheidet die Farbe des Fruchtfleisches über das Aroma: grün- und orangefleischige Melonen haben einen intensiveren Geschmack als weiß- und gelbfleischige. In Israel plant man die Zucht neuer rotfleischiger Sorten.

### Ogen- und Galiamelone

sind innen grün. Sie sind Neuzüchtungen aus Israel. Ihre Form ist rund-oval. Die Ogenmelone ist gelblichgrün, ganz leicht benetzt und mit elf länglichen, glatten hellgrünen Streifen versehen. Die Galiamelone hat an Blüte und Stiel – ganz fein sichtbar – auch noch diese Streifen, wirkt im ganzen aber wie eine Netzmelone, deren Untergrund dunkelgelb ist. Ihr Züchter, Dr. Karchi aus Haifa, dem ich für seine Zeilen danke, schrieb mir, eine vollreife Frucht sei mitteldicht benetzt und in der Grundfarbe orange. Sie müsse an der Pflanze reifen und sei danach nur noch bis zu zehn Tagen haltbar.

Die Galia- und die Ogenmelone sind $F_1$-Hybriden, das bedeutet Kreuzungspro-dukte der 1. Generation. Die $F_1$-Hybriden sind die Kinder von geheimgehalte-nen Eltern. Beide sind israelische Züchtungen, die Galiamelone entstand an der Noe-Ya'ar-Zuchtstation. Die Galiamelone sei zuckerreicher, fester im Fleisch und stärker im Aroma. Auch sei die Samenhöhle kleiner. Galia- und Ogenme-lone duften stark (Galia- mehr als Ogenmelone). Der Export von Galiasamen ist für Israel zu einem Verkaufsschlager geworden, da der Samen woanders nicht nachgezüchtet werden kann.

Die Ernte der Galiamelonen beginnt einen Monat vor der der Ogenmelonen. Importe erhalten wir von Dezember bis April aus Südafrika, ab Mitte April Galiamelonen und ab Mitte Mai Ogenmelonen aus Israel. Im Dezember beginnt in Eilat, im heißen Klima des Roten Meeres, in Israel eine zweite Ernte an Galia- und Ogenmelonen.

KLIMAANSPRÜCHE  Die Melone liebt humusreichen, gut kultivierten und drainierten Boden. Am besten gedeiht sie auf Hängen oder kleinen künstlichen Hügeln, da das Wasser von dort allein abläuft.

Die Melonen vertragen keine Kälte. Sie lieben die Wärme und haben eine zweite Urheimat, in der sich besonders leicht neue Sorten bilden, in dem Gebiet zwischen China, Indien, Persien und Südrußland gefunden. Sicher nahm man auch deshalb an, die Melone stamme aus Zentralasien. Heute wird die Melone in allen geeigneten Klimaten der Welt angebaut. Sie steht mit 3,6 Millionen Tonnen an zehnter Stelle der Weltrangliste. Ihr gutes Gedeihen im Imperial Valley zeigt an, daß sie weniger die feuchten Tropen (dort sind die Früchte von schlechter Qualität) als vielmehr trockene Hitze liebt.

ERNTE UND LAGERUNG  Sie sollte gepflückt werden, solange sie noch fest ist, aber nicht zu früh, das schadet ihrem Aroma. Man muß zur Erntezeit ein- bis zweimal am Tag die Melonen ernten, die einen kleinen Riß am Stengel zeigen, am besten früh am Morgen. Nach dem Pflücken sollten die Früchte sofort in den Schatten gebracht werden. Melonen, die länger als 24 Stunden unterwegs sind, müssen in Kühlwagen transportiert werden. Bei + 3° C halten sie sich länger.

Zu Hause lasse man sie bei Zimmertemperatur so lange nachreifen, bis sie an den Enden auf Druck nachgeben, dann lege man sie vor dem Verzehr für einige Zeit in den Kühlschrank. Das bekommt ihrem Aroma sehr gut und macht sie noch erfrischender.

VERWENDUNG  Während Papayas am besten mit Krabben schmecken, sind die ovalen Honigmelonen am köstlichsten in der Kombination mit Schinken. Auch Mayonnaise harmoniert vorzüglich mit dem Melonenfleisch. Ich mag auch besonders gern sowohl Melone mit Cognac mariniert als auch Melonencreme und Fruchtsalat mit Melonenfleisch.

VITAMINGEHALT  Die Melone besteht zu 94 % aus Wasser und stillt deshalb gut den Durst. Ihr Gehalt an Vitamin A und Vitamin C ist bemerkenswert. Man kann sie gut in Dosen konservieren, was weder den Vitamin-C-Gehalt noch den Geschmack wesentlich beeinträchtigt.

Die rot- und grünfleischigen runden Melonen (Kantalup-, Netz-, Ogen- und Galiamelonen) sind zu süß, um sie mit Schinken anzubieten, sie eignen sich nur für Fruchtsalate und Nachspeisen.

Die Einteilung der Melonen ist äußerst schwierig, da fast jeder Autor dem anderen widerspricht. Purseglove bezeichnet z. B. die Honeydewmelone als Casabamelone, Dassler als Honigmelone. Neuerdings steht auf manchen Wassermelonen aus Spanien: Honeydewmelone aus Elche zu lesen. Thailand bietet sogar Rosenäpfel unter der Bezeichnung Honeydew in seinem Katalog zum Versand an.

**Melone mit Schinken** *(4–8 Portionen)*

Melone mit Schinken ist eine klassisch-gute Kombination.

| | |
|---|---|
| *1 Honigmelone* | *125 g Schinken* |
| *Dill, Petersilie oder Schnittlauch* | |

Eine Melone halbieren, die Kerne entfernen. Die Hälften nochmals in drei oder vier Teile schneiden (sehr kleine Melonen nur halbieren) und mit je einer Scheibe Schinken, zu einer Tüte gedreht, und Schnittlauch, Dill oder Petersilie verziert auftragen.

### Geflügelsalat                                      *Zubereitung 15 Minuten*

| | |
|---|---|
| *1 nicht zu süße Honigmelone* | *mit entweder 1 EL Mangochutney* |
| *1 Tasse feste blaue Weintrauben* | *oder ½ TL Ingwerpulver oder* |
| *2 Tassen gehäutetes, in Würfel* | *1 TL frischer Ingwer,* |
| *geschnittenes Hühner-* | *fein gehackt* |
| *oder Gänsefleisch* | *Pfeffer, Salz* |
| *nach Belieben 2 EL Ananaswürfel* | *Zitronensaft* |
| *3 EL Mayonnaise, pikant gewürzt* | *einige Salatblätter* |

Eine Schüssel mit den gewaschenen Salatblättern auslegen. Melone durchschneiden, entkernen und in Würfel schneiden, mit Weintrauben, Hühnerfleisch und Ananas mischen, auf die Salatblätter geben. Die Mayonnaise mit Mangochutney, Pfeffer, Salz, Zitronensaft pikant abschmecken und auf dem Salat mit einer Spritztülle in Form von Sternchen verteilen.
Den Geflügelsalat sollte man am besten erst mischen, nachdem er aufgetragen wurde, denn die Mayonnaise auf den blauen Weintrauben sieht nicht gut aus.

### Krabben- oder Krebssalat                           *Zubereitung 15 Minuten*

| | |
|---|---|
| *1 nicht zu süße Melone* | *2 TL gehackter Kerbel* |
| *300 g Krabben oder in* | *1 TL feingewiegter Estragon* |
| *Scheiben geschnittene Krebsschwänze* | *1 EL Cognac, Salz, Pfeffer* |
| *4 EL Mayonnaise* | *Zitronensaft* |
| *1 EL Tomatenketchup* | *einige Salatblätter* |
| *1 TL Paprika* | |

Die Melone würfeln oder mit einem Kugelausstecher zu Kugeln formen. Mit mindestens 1 EL Cognac übergießen und beiseite stellen.
Die Mayonnaise mit Ketchup und Paprika verrühren und eventuell mit Salz, Pfeffer und Zitronensaft abschmecken.
Krabben oder Krebsfleisch mit der Soße mischen. Eine Salatschüssel mit den gewaschenen Salatblättern auslegen, die Melonenwürfel darauf ausbreiten, das Krebsfleisch darüber verteilen. Den Salat mit Kerbel und Estragon bestreuen und gut gekühlt auftragen. Noch besser als zu Melone passen Krabben zu Papayagerichten.

## Artischockensalat mit Fasanenbrust

*Zubereitung 25 Minuten*

*Brust von gebratenem Fasan*
*1 Dose Artischockenherzen (240 g)*
*oder 3–4 in feine Streifen*
*geschnittene*
*Artischockenböden von gekochten*
*Artischocken*
*½ Zucker- oder Honigmelone*
*3 EL Mayonnaise*
*1 EL Cumberlandsoße (falls man*

*keine hat, kann man auch*
*rotes Johannisbeergelee verwenden*
*sowie 1 Prise Ingwerpulver,*
*½ TL Senf und ein wenig*
*Orangensaft)*
*Salz, Pfeffer*
*1 EL gehackte Schalotten*
*einige Salatblätter*

Eine Schüssel mit den gewaschenen Salatblättern auslegen. Die halbe Melone entkernen und entweder Kugeln ausstechen oder das Fruchtfleisch würfeln. Auf den Blättern verteilen.

Die Artischockenherzen in Streifen schneiden, die Fasanenbrust in feine Würfel. Die Mayonnaise mit der Cumberlandsoße oder dem Johannisbeergelee vermischen, mit Ingwerpulver, Senf, Orangensaft, Salz und Pfeffer abschmecken.

Die Mayonnaise über Fleisch und Artischocken gießen, mehrere Male umwenden und über den Melonenstücken verteilen. Mit Schalotten bestreuen.

Diese Salate können gut gekühlt als Vorspeisen aufgetragen werden oder, in doppelter Menge, Bestandteil eines kalten Buffets sein.

Für die folgenden Rezepte eignen sich auch Galia-, Ogen- und Netzmelone.

## Melonenkaltschale

*1 Melone*
*Weißwein*

*Zucker*
*Zitronensaft*

Das Fleisch einer ¾ Melone im Mixer pürieren, mit Weißwein auf 1 l ergänzen. Mit Zucker und Zitronensaft abschmecken. Das restliche Melonenviertel entweder in Würfel schneiden oder Kugeln ausstechen. Ebenfalls mit etwas Zucker bestreuen und mit 1 EL Zitronensaft beträufeln. Flüssigkeit und Melonenfleisch im Eisschrank gut kühlen, kurz vor dem Servieren die Melonenstücke in die Kaltschale legen.

MELONEN-<br>DESSERTS

## Melone mit Vanilleeis gefüllt

*Zubereitung 25 Minuten*

*(je nach Größe der Melone für*
*2–4 Personen)*
*1 süße Melone*
*2 EL Cognac*

*¼ – ½ l Vanilleeis*
*⅛ l Sahne*
*1 EL Benediktinerlikör*

Von einer Melone einen Deckel abschneiden. Die Kerne herausschaben, mit einem Löffel das Fruchtfleisch herausholen und Würfeln oder Kugeln ausstechen. Mit 2 EL Cognac begießen und in den Kühlschrank stellen. Den Cognac einige Zeit einwirken lassen. Kurz vor dem Auftragen das Eis in Würfel schneiden, das Melonenfleisch auf ein Sieb geben, kurz abtropfen lassen und, mit dem Eis vermischt, in die Melone füllen. Die Melone wieder in den Kühlschrank legen. Die Sahne steif schlagen, 1 EL Likör hinzufügen. Die Melone mit einem Schüsselchen Sahne auftragen.

Ein vorzüglicher Nachtisch ist entweder im Frühjahr mit den ersten Ogenmelonen oder in der Erdbeerzeit mit kleinen Charentais-Melonen oder Ende August mit kleinen gelben Honigmelonen aus Spanien möglich.

**Gefüllte Melone mit Mandelcreme**                    *Zubereitung 30 Minuten*

| | |
|---|---|
| *2 kleine Melonen* | *65 g Mandeln* |
| *etwas Sherry oder Cognac* | *65 g Zucker* |
| *die gleiche Menge Erdbeeren (einer* | *2 TL Rosenwasser* |
| *aromatischen Sorte) wie* | *2 TL Maraschino* |
| *Melonenfleisch (ca. 250–300 g)* | *3 Blatt Gelatine oder ½ Päckchen* |
| *einige EL Zucker (je nach Menge des* | *gemahlene Gelatine* |
| *Fruchtfleisches ca. 3–4 EL)* | *250 g Sahne* |

Ich habe dieses Rezept mit einer halben größeren gelben Honigmelone zubereitet, und das reichte für 4 Portionen (250 g Melonenfleisch und 250 g Erdbeeren). Hübscher sieht es aus, wenn man diesen Nachtisch nicht in Schälchen, sondern in kleinen Melonen serviert.

Die Melonen halbieren, Kerne entfernen, mit einem Löffel das Fleisch herausholen und in Würfel schneiden. Nach Geschmack mit etwas Sherry oder Cognac beträufeln. Nach einer Stunde mit der gleichen Menge Erdbeeren in eine Schüssel geben und einzuckern. (Entweder zusätzlich einige Erdbeeren zum Verzieren bereithalten oder von den Erdbeeren vorher ein paar wegnehmen).

Zu der Mandelcreme (sie kann schon zubereitet werden, bevor die Melone angeschnitten wird) 65 g Mandeln in heißes Wasser werfen, die Haut abziehen, nachdem sie sich gelöst hat. Die Mandeln trocknen lassen, in einer Mühle mahlen. Mit Rosenwasser und Maraschino befeuchten, gut vermischen, 1 EL Zucker zugeben. Die Gelatine in wenig kaltem Wasser einweichen. In einem Topf unter Rühren so lange erwärmen, bis sie gelöst ist. Sofort die Mandelmasse hinzufügen und gründlich vermengen. In den Eisschrank stellen. 250 g Sahne schlagen, den Rest des Zuckers zugeben, die Mandeln vorsichtig unterheben, desgleichen Melonenstücke und Erdbeeren. Entweder diese Nachspeise in einer Schüssel anrichten oder in kleinen halben Melonen, die mit einigen Erdbeeren verziert werden.

**Fruchtsalat**                    *Zubereitung 35 Minuten*

Solange es frische Pfirsiche gibt, kann man mit diesem aromatischen Salat Familie und Gäste erfreuen.

| | |
|---|---|
| *1 Pfirsich, geschält und gewürfelt* | *2 gehäufte EL Ananaswürfel* |
| *½ Orange in Stückchen, zähe Häute* | *2 gehäufte EL blaue Weintrauben* |
| *entfernen* | *2 gehäufte EL Kirschen* |
| *2 geschälte, gewürfelte Äpfel* | *3 EL Sherry* |
| *½ Melone, in Kugeln ausgestochen* | *2 EL brauner Zucker* |
| *½ Banane in Scheiben* | |

Die Melonenkugeln mit dem braunen Zucker bestreuen und beiseitestellen. Alles andere Obst mit Sherry begießen. Nach einer halben Stunde Früchte und Melone mischen, im Eisschrank kühlen lassen. Dieser Salat könnte auch in zwei halbierten Melonenhälften aufgetragen werden. Doch das ist für 2 Personen zuviel, für 4 Personen sieht er in einer Schüssel besser aus.

### Melonen-Weincreme

*Zubereitung 20 Minuten*

| | |
|---|---|
| *500 g Melonenfleisch* | *Zur Dekoration und* |
| *½ Gläschen Cognac* | *Geschmacksverbesserung:* |
| *⅛ l herber Weißwein* | *entweder 2 Feijoas oder* |
| *50 g Zucker* | *100 g Weintrauben, 1 Pfirsich,* |
| *1 Eigelb* | *gehäutet und gewürfelt, sowie* |
| *3 Blatt Gelatine* | *50 g Erdbeeren* |

Melonenfleisch entkernen und mit einem Löffel aus der Frucht herausschaben. Im Mixer pürieren. Cognac zugeben. In einem Topf den Weißwein erhitzen, Zucker darübergeben sowie das mit wenig Wasser verquirlte Eigelb. Den Topf vom Feuer nehmen. 3 Blatt Gelatine in kaltem Wasser kurz einweichen, ausdrücken und in Wein auflösen. Das Melonenpüree hinzufügen und gut durchschlagen. Das Ganze in eine Schüssel oder in 4 Stielgläser geben, entweder Pfirsichwürfel unterheben und mit Erdbeeren und Weintrauben verzieren oder kurz vor dem Auftragen die beiden Feijoas in Scheiben schneiden und die Creme damit dekorativ belegen.

Nach zwei Stunden im Kühlschrank ist dieses Dessert erstarrt und kann aufgetragen werden.

### Melonensorbet

*Zubereitung 15 Minuten*

| | |
|---|---|
| *500 g Melonenfleisch* | *100 g Zucker* |
| *2 EL Zitronensaft* | *100 g süße Sahne* |
| *2 Eischnee* | |

Melone entkernen, Fleisch herausschaben, im Mixer pürieren, Zitronensaft zugeben. Melonenfleisch mit Eischnee, Zucker und steif geschlagener Sahne vermischen, in der Tiefkühltruhe gefrieren lassen. Dieses Sorbet ist sehr leicht und erfrischend. Es ist nicht übermäßig aromatisch. Das Meloneneis (Rezept Seite 95) schmeckt ausdrucksvoller.

### Melonensorbet von den Philippinen *(2 Portionen)*

*Zubereitung 10 Minuten*

| | |
|---|---|
| *½ Tasse Melonenpüree* | *2 EL Zucker* |
| *1 Tasse Wasser* | *Eiswürfel* |

Eine halbe Tasse Melonenpüree mit einer Tasse Wasser, die mit 2 EL Zucker aufgekocht und wieder abgekühlt wurde, mischen. Mit Eiswürfeln darin auftragen (hier bedeutet Sorbet Eisgetränk).

### Gefrorenes Dessert von den Philippinen

*Zubereitung 15 Minuten*

| | |
|---|---|
| *Je 250–300 g von* | *2 EL Zucker* |
| *drei verschiedenen Melonensorten* | *½ Tasse Wasser* |

2 EL Zucker mit einer halben Tasse Wasser einmal aufkochen und abkühlen lassen. Je 250–300 g Melonenbällchen von 3 Melonensorten ausstechen:
1. mit grünem Fruchtfleisch (gelbe Honigmelonen, Galia- oder Ogenmelonen)
2. mit orangefarbenem Fruchtfleisch (Netzmelonen)
3. mit rotem Fruchtfleisch (Wassermelonen)
Mit dem Sirup übergießen und im Tiefkühlfach oder der -truhe gefrieren lassen. An einem heißen Tag eine kalorienarme, köstliche Erfrischung.

## Nachtisch aus Japan

In Japan mischt man Melonenbällchen mit Litchi- und Longanfrüchten und übergießt sie mit Reiswein, der mit Kandiszucker und Likör gekocht wurde. In diesen Fruchtsalat gibt man Eiswürfel.

**Meloneneis** *(8 Portionen)*                       *Zubereitung 15 Minuten*

> *½ l Melonenpüree*            *3 EL Zitronensaft*
> *4 EL Zucker*                 *¼ l Schlagsahne*
> *½ Tasse Wasser*           *1 EL Zucker*
> *8 EL Orangensaft*

Die 4 EL Zucker in Wasser 5 Minuten kochen lassen. Melonenpüree, Zuckerwasser, Orangen- und Zitronensaft mischen. Die Sahne steif schlagen. 1 EL Zucker zugeben und unter die Melonenmasse heben. Im Eisfach oder der Tiefkühltruhe gefrieren lassen.

Dieses Eis ist aromatischer als das Sorbet. Man kann vorzügliche Eisbecher herstellen, indem man das Eis in Gläser füllt, die man mit *Himbeerschaum* bedeckt:

> *250 g Himbeeren*           *1 EL Zitronensaft*
> *75 g Zucker*                *1 großes oder 2 kleine Eiweiß*

Die verlesenen Himbeeren mit Zucker und Zitronensaft im Mixer pürieren, mit dem Eischnee vermischen.

Ebensogut ist das Eis mit *Erdbeersahne:*

> *250 g pürierte Erdbeeren*
> *2 EL Zucker*
> *100 g Schlagsahne*

Die Erdbeeren mit dem Zucker verrühren, die Sahne steif schlagen, unter die Beeren ziehen.

Sowohl Himbeerschaum als auch Erdbeersahne darf man erst kurz vor dem Auftragen zubereiten.


# Wassermelone *(Citrullus lanatus)*

Venezuela: Patilla, Südamerika: Sandia, Sandilla, Portug.: Melancia.
Die Wassermelone ist noch beliebter als Erfrischungsfrucht als die Zuckermelone, sie steht in der Weltobstproduktion an fünfter Stelle mit 16 Millionen Tonnen.
Die Wassermelone gehört in die gleiche Familie wie die Zuckermelone, aber in eine andere Gattung.

HERKUNFT UND GESCHICHTE

Die dunkelgrüne, runde, in den USA auch dunkel- und hellgrün gestreifte, ovale Wassermelone stammt aus Zentralafrika. Sie gelangte schon früh bis zum Mittelmeer und nach Indien, was die alten Namen von Ägyptern, Hebräern und im Sanskrit beweisen. Um Christi Geburt kam sie nach Rom und ins westliche Mittelmeer. Ihr kirschrotes, von vielen schwarzen Samen durchsetztes Fleisch ist ein Labsal für Menschen und Tiere bei Wasserknappheit in allen heißen Ländern und wetteifert mit den Kaktusfrüchten, die erfrischendste und durststillendste Frucht zu sein, was durch hohen Wasser- und geringen Zuckergehalt unterstrichen wird. Ihr Fleisch ist knackig wie bei einer Gurke, aber nicht sehr aromatisch. Wassermelonen können bis zu tausend Samen haben. Eine japanische Züchtung *Miyako* ist fast samenlos und muß daher immer wieder durch künstliche Bestäubung vermehrt werden. Auch hier ist der Samenhandel recht lukrativ.

Wie die Zuckermelone liebt auch die Wassermelone trockene Hitze. Der britische Forscher David Livingstone notierte 1857, daß die Wassermelone in günstigen Jahren in der Kalahari-Wüste in Südafrika reichlich gedieh. Dort fand er sehr verschiedene Früchte, manche waren bitter, andere süß (Bitterstoffe sind nach Rehm charakteristisch für Kürbisgewächse). Alle Tiere der Region, von den Elefanten bis zu den Mäusen, einschließlich der Raubtiere, liebten und benötigten diese Frucht, um nicht zu verdursten.

Die Wassermelone ist seit dem 10. Jahrhundert n. Chr. in China bekannt. Wann sie in die USA kam, weiß man nicht. In den Südstaaten ist sie in Hausgärten und Plantagen sehr verbreitet und hochgeschätzt. In Amerika bevorzugt man längliche Melonen, da sie mehr tragen. Die runden sind aber süßer, besonders eine kleine runde Frucht, genannt »Sugar baby«.

KLIMAANSPRÜCHE  Die Wassermelone benötigt ähnliche Wachstumsbedingungen wie die Zuckermelone, sie ist aber robuster und braucht mehr Platz.

GRÖSSEN-
UNTERSCHIEDE  Die beste Melone für den Hausgebrauch ist eine mit dünner Schale. Eine solche Melone ist aber nur für den Farmgarten geeignet, nicht für den Transport. Im überregionalen Handel sind kleine Melonen günstig, während sie auf Lokalmärkten, wo sie billig sind, sehr groß und schwer sein können (10–15 kg).

VERWENDUNG  Wassermelonen sind keine Delikatesse für Feinschmecker, sondern ausgesprochene Durstlöscher für heiße Tage. Man ißt sie am besten roh oder verwendet sie zu Sorbets, Kaltschalen oder gut gekühltem Fruchtsalat. Zuviel Melonenfleisch kann Durchfall und starke Bauchschmerzen auslösen, verursacht durch Bitterstoffe (man denke an den Bericht Livingstones), auf die aber nicht alle Menschen ansprechen. Es ist aber sicherer, Wassermelonen nur in Maßen zu verzehren.

HAUPT-
PRODUZENTEN  Die meisten Wassermelonen produziert die Türkei, gefolgt von der UdSSR, den USA, Japan und Ägypten. Die Bundesrepublik importiert ihre Wassermelonen im Sommer aus Italien, hat aber auch schon dunkel-hellgrün-gefleckte und längliche Wassermelonen aus Südrußland bezogen. Im Frühjahr kommen kleine Mengen der gleichen Sorte aus Mexiko. Neuerdings gibt es schon ab Mai Wassermelonen aus Spanien.

---

## REZEPTE

Wassermelonen finden Verwendung in »Gefrorenes Dessert von den Philippinen« (s. Seite 94).

Wassermelonen sind an sich schon sehr erfrischend. Diese Eigenschaft wird in den folgenden Rezepten noch gesteigert:

**Sorbet aus Ceylon**

*1 Wassermelone*
*Weißwein und Zucker nach*
*Geschmack*

¾ des entkernten Fruchtfleisches im Mixer zerkleinern, ¼ des Fruchtfleisches würfeln. Die Würfel in eine Schüssel geben, mit der Fruchtmasse bedecken. Mit Zucker und Weißwein abschmecken, gut gekühlt servieren.

**Sorbet aus Algerien**

Vorbereitung wie oben, aber mit Wasser und Curaçao sec abschmecken. Eiskalt anrichten.

**Sorbet aus Indien**

Vorbereitung wie in den obigen Rezepten. Der Pulpe Wasser, Rosenwasser und eine Prise Kardamom hinzufügen.
Die Sorbets werden noch erfrischender durch einige Eiswürfel.


# EBENACEAE *(Ebenholzgewächse)*

Die Pflanzen dieser Familie sind meist in den Tropen heimisch. Einige von ihnen liefern schwarzes, hartes, schweres Holz, z. B. der Ebenholz- oder der Schwarzholzbaum (Lieferanten schwarzen Holzes für Klaviertasten, Schachfiguren und früher auch Messergriffe, wofür heute oft Plastik verwendet wird).
Die Gattung *Diospyros* hat einige Obstarten hervorgebracht, die bis auf zwei aus Ostasien kommen. Sie enthält 190 verschiedene Tropenpflanzen, einige entstammen kühleren Klimazonen. *Diospyros* ist griechisch und bedeutet göttliches Feuer. Zu den Pflanzen, die Kälte tolerieren können, gehört

## Persimmon, Persimone *(Diospyros virginiana)*

Er stammt aus dem Süden der Vereinigten Staaten. Er hat ovale Blätter, grüngelbe Blüten und runde oder ovale Früchte von der Größe einer kleinen bis zu einer sehr großen Pflaume von blassem Orange. Oft haben die Persimmons eine rote Backe. Obgleich dieses Obst aus den Südstaaten stammt und dort wild wächst (es ist bis zum 38. Breitengrad zu finden), verträgt es doch das Klima an den großen Seen und auf Rhode Island, und seine Früchte reifen auch bei kühleren Temperaturen noch voll aus. Steht der Baum allein, wird er 6–9 m hoch, in den Wäldern des Südens dagegen erreicht er 9–25 m oder sogar in seltenen Fällen 40 m. Er ist in Kalifornien im Tal von Sacramento zu sehen.
Zu Möbeln oder im Hause verarbeitet, ist sein Holz hart und elastisch, fault aber schnell in der Erde.
Die Größe der Früchte hängt von der Anzahl der in ihnen enthaltenen Kerne ab. Es gibt auch ganz kleine, samenlose Persimmons. Unreife Persimmons haben einen sehr unangenehm adstringierenden Geschmack, was sich bei Reife aber meistens verliert. Manche Sorten bleiben aber ungenießbar, weder Sonne noch

Frost können daran etwas ändern. Früher glaubte man, sie müßten erst gefroren gewesen sein, bevor sie eßbar würden.

In Mittelamerika reifen die Persimmons zwischen dem 1. August und dem 1. Dezember, je nach Sorte. Es gibt davon wenigstens dreizehn.

## Dattelpflaume *(Diospyros lotus)*

Frutti de loti, Karshuma.

Diese Pflanze ist vom westlichen Asien bis China heimisch. Sie wird 12 m hoch. Der Baum hat eine rund geformte Krone und länglich-spitze Blätter mit rötlich-weißen Blüten. Die runden, kleinen Früchte von 1–2 cm Durchmesser sind meist gelb; wenn sie ganz reif sind, werden sie schwarz. Sie sitzen dicht auf kurzen Stielen am Ast, unterhalb der langen Blätter. Sie sind sehr süß. Diese Frucht von der Größe unserer Kirschen ist in Ostasien sehr beliebt. Sie ist auch in Italien zu finden.

## Kaki *(Diospyros Kaki)*

Japanischer Persimmon, Franz.: Caqui, Span.: Palo, Santo, Portug.: Diospiro.

HERKUNFT UND GESCHICHTE Kaki ist japanisch und bedeutet Frucht. Schon diese Bezeichnung deutet darauf hin, daß die Kaki aus Ostasien stammt, und zwar aus China, Korea und Japan. Die Japaner betrachten sie als ihre beste Frucht. Seit 1840 wird die Kaki in Südfrankreich kultiviert und breitete sich von da aus nach Italien (wo sie heute sehr beliebt ist, fast alle unsere Kakiimporte kommen aus Italien), nach Spanien und in die Südschweiz aus. Seit 1870 ist sie in den Vereinigten Staaten anzutreffen, und zwar zuerst in Kalifornien und Georgia. Anfänglich gingen die Kakis immer wieder ein, erst 1876 kamen ein paar Bäume durch, und zwar pfropfte man Kakis auf Persimmonunterlagen. 1879 brachte ein solcher Baum in Augusta, Georgia, die ersten Früchte. Die Kaki gedeiht in den USA im Baumwollgürtel. Einige Sorten können allerdings bis 0° C Kälte ertragen. Am besten bekommt ihnen das Klima unter dem 32. Breitengrad. Es gibt aber Sorten in Nordchina und Nordjapan, die nicht so empfindlich sind.

ERSCHEINUNGS-BILD Der Kakibaum ist ein schöner Baum von 3–15 m Höhe, da seine breiten, ovalen Blätter sehr hübsch aussehen. Er blüht gelb-weiß. Seine großen orangefarbenen oder rötlichen Früchte mit vier um den Stiel angeordneten Blättern ähneln großen Tomaten im Fruchtfleisch und in der Hautbeschaffenheit. Wie Persimmon ist auch die Kaki adstringierend, ehe sie nicht völlig reif und weich geworden ist. Die Ursache dafür liegt in ihrem hohen Gerbstoffgehalt, der sich später verliert. Im geleeartigen Fruchtfleisch sind bis zu acht Kerne enthalten; es gibt aber auch kernlose Sorten. Eine Frucht kann bis zu 400 g wiegen.

SORTEN Manche Kakis sind hellgelb, andere dunkelorange. Beide können am selben Baum vorkommen. Wo die Farbunterschiede herrühren, weiß man nicht. Nach Ochse haben die *samenhaltigen* Kakis dunkles Fleisch und müssen sowohl befruchtet als auch gut gedüngt werden. (Vorzügliche Sorten sind: *Fuyugaki, Hadriya, Hyakume, Okame, Tsuru.*) Die weiblichen Bäume benötigen die

Gegenwart männlicher Bäume. Die beste der *samenlosen* Sorten ist *Tane Nashi* mit schmalen, länglichen Kakis. Sie produziert normal große, normal geformte Früchte, ohne bestäubt zu sein (was die anderen nicht tun). Deshalb wird sie in den USA mehr angebaut als die obengenannten Sorten. Samenlose Früchte haben goldgelbes oder orangefarbenes, festes Fleisch mit angenehm süßem Aroma, das an Aprikosen erinnert. Israel hat 1980 erstmals dunkle, samenlose Kakis unter der Bezeichnung Scharon-Frucht präsentiert. Erstmalig wurden im Frühjahr 1981 Kakis aus Brasilien und Südafrika in der Bundesrepublik angeboten.

Manche Sorten reifen im August, andere im November oder zwischen diesen beiden Monaten. Solange sie noch hart sind, kann man sie gut verschicken. Von bester Qualität sind allerdings die Kakis, die man reif und weich vom Baum abpflückt. Man kann sie dann aber nur noch einige Tage im Kühlschrank aufbewahren, im Handel würden sie sofort verderben. Nach Bailey sind die dunklen Früchte knackig und fleischig. Man kann sie essen, bevor sie reif werden. Die israelischen Früchte sollen zu dieser Sorte gehören. (Von denen habe ich allerdings noch keine gesehen.) Es gibt Sorten, z. B. *Tsuru,* die schmal und länglich geformt sind (sie ähneln den Glühlampen, die man Kerzen nennt). Diese Kakis sind meistens hell und herb. Sie brauchen lange, bis sie ganz reif sind, sollen dann aber köstlich schmecken.

Die Sorte *Tampan* soll schon genießbar sein, wenn sie noch grün und hart ist. Um adstringierende Kakis eßbar zu machen, kann man sie für 24 Stunden in verdünntes Kalkwasser legen (Kalziumhydroxid, das in Indien und den USA viel benutzt wird).

KULTUR-
MASSNAHMEN

Die Kakibäume neigen dazu, überreich mit Frucht beladen zu sein. Es ist daher wichtig, sie gut zu schneiden bzw. vom Fruchtbehang einen Teil zu entfernen, um den Baum nicht zu früh zu erschöpfen.

KAKIPRODUKTE

Die einfachste Art, Kakis zu essen, ist aus der Hand. Es soll aber auch Mus in Dosen im Handel geben (meines Wissens nicht in der Bundesrepublik).

In Frankreich, Nordafrika, China und Japan sind getrocknete Kakis (*Keg fig* oder *figues caques*) sehr geschätzt. Sie werden dem Dampf ausgesetzt, bis sie weich sind, platt gedrückt und an der Sonne getrocknet.

Kauft man harte Kakis, so müssen sie bei Zimmertemperatur so lange aufbewahrt werden, bis sie butterweich sind. Die Kaki ist eine der Früchte, die am reichsten mit Provitamin A ausgestattet sind. Anstatt Babies mit Karotten zu füttern, kann man ihnen also ebensogut Kakis geben. (2000 I. E. Vitamin A).

Am besten ist es, da sie nicht viel Geschmack haben (sie erinnern im Charakter leicht an Zuckersirup), Mus aus ihnen zu machen und mit dem Mus Creme zuzubereiten, welche köstlich ist, oder das Püree als Soße über Eis aufzutragen. Man kocht aus ihnen auch Marmelade, aber die stelle ich mir reizlos vor, wenn sie nicht mit allen möglichen Zutaten aromatisiert wird.

Kakis kommen im Oktober, November aus Israel, im Dezember/Januar aus Italien zu uns, aus Brasilien von März bis Juni.

Rezepte mit gefüllten Kakis führe ich nicht an, weil ich diese Früchte nur als genießbar erlebt habe, wenn sie musartig waren und dann sind sie nicht mehr zu füllen.

### Kakidessert

*Zubereitung 5 Minuten pro Frucht*

*Pro Person:*
*1 butterweiche Kaki*
*½ EL Kirschwasser*
*½ TL Zucker*

*evtl. ½ EL Zitronensaft*
*1 EL gesüßte Schlagsahne*

Die Früchte waschen und von Häuten, Blättern, Stielen und Kernen befreien. Im Mixer pürieren, mit Kirschwasser, Zucker und eventuell Zitronensaft abschmekken. In Portionsschälchen füllen und mit je 1 EL Sahne bedecken.

### Kaki mit Zitronensirup

*Zubereitung 25 Minuten*

*3 größere Kakis*
*100 g geschlagene, mit 1 EL*
*Zucker gesüßte Sahne*

*⅛ l Wasser*
*125 g Zucker*
*Saft von 6 Zitronen*

Dieses Gericht nicht lang aufheben, da die Sahne dann zusammensackt. Erst einige Stunden vor dem Auftragen zubereiten.
Die Früchte säubern, wie bei »Kakidessert« beschrieben. Pürierte Kakis mit der Schlagsahne zu einer Creme mischen.
Wasser und Zucker einige Minuten kochen lassen, vom Feuer nehmen, den Zitronensaft auspressen und dem Sirup hinzufügen.
Die Creme in einer Schüssel servieren und in einem kleinen Krug daneben die Zitronensoße.

### Eisbecher mit Früchten

*Zubereitung 15 Minuten*

*300 g Vanilleeis*
*12 EL Ananaswürfel*
*12 halbe gekochte Aprikosen*
*2 Kakis*

*1 gehäufter EL Aprikosen-*
*marmelade*
*150 g gesüßte, geschlagene*
*Sahne*

Auf 4 Eisschalen je 3 EL Vanilleeis verteilen, je 3 EL Ananaswürfel und je 3 Aprikosenhälften darübergeben. Die gesäuberten Kakis mit der Aprikosenmarmelade im Mixer pürieren, über das Eis gießen. Mit Schlagsahne garnieren.

### Kakidessert mit Passionsfruchtsoße

*Zubereitung pro Frucht 5 Minuten*

*Pro Person:*
*1 Kaki*
*1 TL Zucker*

*2 EL leicht gesüßte Schlagsahne*
*1 lila oder ½ gelbe Passionsfrucht*

Die Kaki schälen und halbieren, aber so, daß sie unten noch zusammenhält. Die Kerne mit einem Löffelchen herausholen und wegwerfen. Die Frucht auf einen Teller legen. Mit 1 TL Zucker bestreuen, in die Mitte 2 EL Schlagsahne, darüber das geleeartige Fruchtfleisch der Passionsfrucht geben. Kalt auftragen.

### Kakidessert mit Portweinsoße

*Zubereitung 20 Minuten*

| | |
|---|---|
| *4 Kakis* | *2 gehäufte EL Zucker* |
| *je 1 TL Zucker* | *Saft und geriebene Schale einer* |
| *2 Eigelb* | *halben Zitrone* |
| | *⅛ l Rotwein* |

Die Kakis vorbereiten wie im vorherigen Rezept. Im Wasserbad das Eigelb mit 2 EL Zucker, Zitronensaft und -schale mit einem Schneebesen schlagen. Ist das Eigelb schön cremig, langsam den Wein zugießen und kräftig weiterschlagen, damit ein sämiger Schaum entsteht. Die Soße darf nicht zum Kochen kommen, es soll sich auch kein Bodensatz bilden.

Entweder heiß über die kalten Fruchtportionen geben und sofort auftragen oder kalt servieren. Dann besteht die Gefahr, daß sich Flüssigkeit und Schaum voneinander absetzen. Verwendet man statt des Zuckers 2 EL Gelierzucker und schlägt während des Abkühlens ab und zu einmal durch, kann man die Konsistenz der Soße erhalten.

Man kann ebensogut die Kakis würfeln und nicht portionsweise, sondern in einer Schüssel, mit der Soße bedeckt, auftragen.

### Kaki-Ananas-Salat

*Zubereitung 17 Minuten*

| | |
|---|---|
| *2 Kakis* | *300 g Ananaswürfel* |
| *2 EL Anisette oder ein anderer* | *4–6 EL Aprikosenpüree* |
| *Anis enthaltender Likör* | *Schlagsahne* |

Kakis schälen, Kerne entfernen und würfeln. Mit Anisette beträufeln und mindestens 30 Minuten ziehen lassen. Später mit den Ananaswürfeln vermischen und in Portionsschälchen geben oder in eine hübsche – möglichst blaue – Schüssel.

Hat man kein Aprikosenpüree zur Hand, so weiche man am Abend vorher 6 abgewaschene Aprikosenhälften in ⅛ l Wasser ein. Das Wasser soll die Früchte reichlich bedecken, denn Aprikosen gelieren sehr stark. Am nächsten Tag Wasser und Früchte zum Kochen bringen, 1 gehäuften EL Zucker zugeben, aber nur, wenn nötig. 5 Minuten bei kleiner Flamme köcheln lassen, dann mit dem Mixstab pürieren. Das Püree abgekühlt über die Fruchtwürfel geben. Mit einem Schüsselchen Schlagsahne auftragen.

## Schwarze Sapote *(Diospyros ebenaster)*

Mexiko: Zapote negro, Philippinen: Sapote negro.

HERKUNFT UND VERBREITUNG

Diese Frucht stammt aus der Karibik oder Mexiko. Nach Scott nahmen die Spanier diese Pflanze mit nach Mexiko. Von dort aus gelangte sie nach Guatemala, wo sie inzwischen wild wächst, und in die USA. Die Spanier brachten sie auf die Philippinen, wo sie 1776 zuerst erwähnt wurde. Rumpf, ein berühmter Botaniker und Kenner der indonesischen Flora, schrieb zwischen 1653 und 1692, daß sie in Ambonia (auf den Molukken) sehr verbreitet sei, sie muß also schon vorher auf die Philippinen gekommen sein.

*Schwarze Sapote*

**ERSCHEINUNGS-FORM**

Die schwarze Sapote ist ein hoher Baum mit kompakter und schöner Krone. Die länglich-ovalen Blätter sind von glänzendem Grün. Sie werden 8–20 cm lang und 3–5 cm breit. Die Einzelblüten erscheinen in den Blattachseln. Der Blütenkelch besteht aus vier großen grünen Teilen, die an der Basis zusammengewachsen sind und mit der Blüte größer werden. Sie sitzen bei der Frucht um den Stiel herum. Die fünf weißen Blütenblätter umschließen manchmal bis 60 Staubgefäße.

Die schwarze Sapote ist flach und weist vom Stiel ausgehend leichte Einkerbungen auf (man sieht das oft bei Tomaten). Bei Reife ist die Frucht dunkelgrün und 8–10 cm breit. Die glatte dünne Haut umschließt dunkelgelbes bis braunes Fruchtfleisch, von weicher, süßer, etwas pikanter Beschaffenheit. Nach einem anderen Autor schmeckt es mehlig und schal. Vielleicht gibt es große Unterschiede bei diesen Früchten. Sie scheinen züchterisch noch kaum bearbeitet worden zu sein.

Die 3 bis 5, manchmal 10 Samen sind glatt und ungefähr 1 cm lang. In der Karibik heißt es, daß unreife, zerkleinerte Früchte, die man ins Wasser streut, Fische betäuben, so daß man sie fangen kann. Das Kernholz des Baumes kann schwarz oder braun gefärbt sein.

**VERWENDUNG**

Man ißt die Sapoten roh, mischt sie mit Milch oder Zitronensaft, bereitet Milchshakes, Pie oder Kompott aus ihnen zu und kocht sie ein. Die Früchte sind nicht immer, sondern nur zu bestimmten Zeiten auf dem Markt.

Eine nahe Verwandte ist die philippinische *Mabolo (Diospyros discolor)*.

---

## REZEPT

### Mexikanisches Ambrosia

*4 Sapoten*                    *Saft von 2 Zitronen*

Die Früchte müssen sehr reif sein. Alle Kerne entfernen. Mit dem Zitronensaft in den Mixer geben und so lange schlagen, bis die Mischung glatt geworden ist. Zucker nach Geschmack zufügen, in Schälchen auftragen. In dem Rezept heißt es weiter: Genügend Nachtisch bereitstellen, alle werden danach verlangen.

# ELAEAGNACEAE *(Ölweidengewächse)*

Die ungefähr vierzig verschiedenen Pflanzen dieser Familie haben ihren Namen von der Ähnlichkeit mit dem silberblättrigen Olivenbaum. Sie kommen aus Südeuropa, Asien und Nordamerika. Die meisten haben Dornen und sind deswegen Hecken-, aber auch Zierpflanzen, so z. B. die Stechende Ölweide aus Japan *(Elaeagnus pungens)*, ein beliebter Gartenstrauch.

Zu dieser Gruppe gehört die in den USA ehemals wichtige

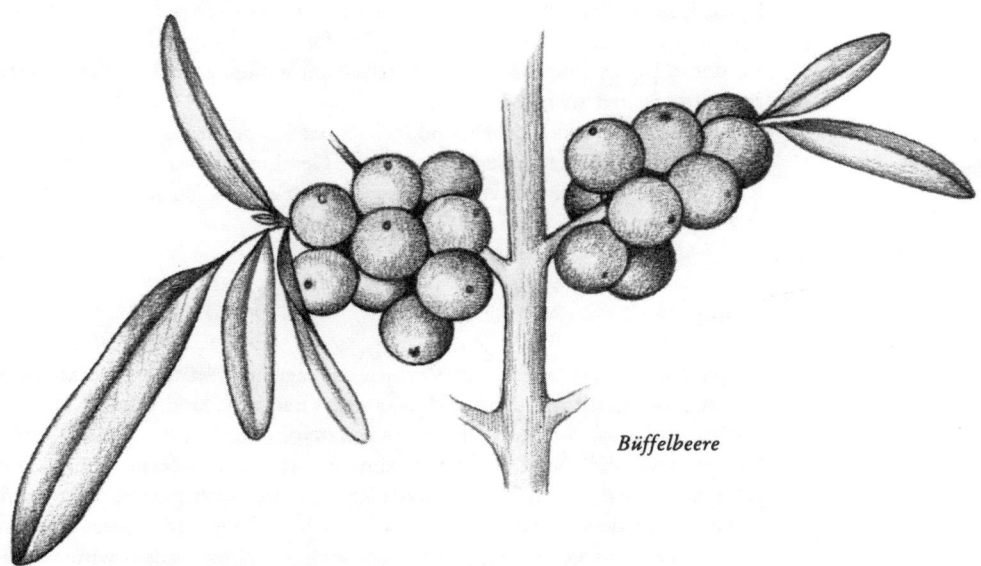

*Büffelbeere*

## Büffelbeere *(Shepherdia argentea, Buffalo berry)*,

die aus der Gegend von Colorado, dem Missouri River, Nevada und New Mexico stammt. Inzwischen wird sie auch im Mississippital angebaut. 1841 erwähnte sie eine Gartenzeitschrift als beliebte Frucht.

Die Büffelbeere ist zweihäusig, weshalb man immer Pflanzen beiderlei Geschlechts zusammensetzen muß (im Verhältnis 4 : 1).

Die roten Beeren unterscheiden sich sehr in Größe, Qualität und Reifezeitpunkt. 1935 wurde sie in den USA noch in großen Mengen verbraucht. Wenn die Früchte Frost bekommen haben, benötigt man weniger Zucker als vorher, um ein delikates Gelee zuzubereiten. Manche Sorten haben ein so mildes Aroma, daß man sie aus der Hand essen kann.

Seinen Namen soll das Obst bekommen haben, weil in der Zeit der ersten Siedler Soße zum Büffelfleisch aus diesen Beeren gekocht wurde. Ich nehme an, daß sie ähnlich wie Preiselbeeren schmecken.

Seit 1904 wird die Büffelbeere in einer Versuchsstation in Süddakota gezüchtet und verbessert. Ein Nachteil ist, daß sie Dornen hat, was die Ernte unangenehm macht, und daß sie nur kleine Früchte hervorbringt.

Trotzdem war sie für die Neusiedler der genannten Staaten ein Segen. Sie ist nahe verwandt mit unserem

## Sanddorn *(Hippophaë rhamnoides)*,

der aus Eurasien kommt. Er liebt bergiges Gelände (Alpenvorland), Stein- und Sandboden (Dünen), aber auch die Ufer von Bächen und Flüssen.

Wie viele der Ölweidengewächse ist auch der Sanddorn eine beliebte Hecken- und Gartenpflanze. Er zeichnet sich durch silberfarbene, schmale Blättchen und kleine, dicht am Stamm sitzende orangefarbene Beeren aus. Der Sanddorn ist, wie die Büffelbeere, zweihäusig. Er wird vom Wind bestäubt.

Aus den Beeren bereitet man Marmelade und Saft. Ihr Vitamin-C-Gehalt ist sehr hoch. Er schwankt zwischen 450 und 1200 mg pro 100 g Frischfrucht. Außerdem ist der hohe Fettanteil von 7,1 g für Obst ungewöhnlich.

Sanddorn ist ein gutes Mittel bei Magenverstimmung. Zwei Löffelchen ungesüßten Saftes helfen schnell dagegen.

Am besten schmeckt frischer Sanddorn. Er ist von aromatischer, würziger Säure. Nach zwei Tagen ändert er leicht seinen Geschmack. Wird bei den folgenden Rezepten ungesüßter Saft verwendet, empfiehlt es sich, Zucker nach Geschmack zuzugeben.

### Sanddornsaft

Dieser Saft ist vor allem zur Vorbeugung gegen Erkältungskrankheiten sehr wichtig. 100 g enthalten nämlich 394 mg Vitamin C und 6 mg Natrium. Die Beeren sind kurz vor der Vollreife am gehaltvollsten.

Die gewaschenen Früchte werden zunächst in wenig Wasser einige Minuten gekocht und dann zerquetscht, gemahlen oder im Mixer püriert. Wiederum mit wenig kochendem Wasser übergießen und 1 bis 2 Tage stehenlassen. Danach die Beeren durch ein Sieb rühren, wenn man Mark für Marmelade gewinnen möchte. Für Gelee und Saft bedeckt man die Beeren knapp mit Wasser, kocht sie einige Minuten bei mäßiger Hitze, püriert sie anschließend oder während der Kochzeit und läßt sie dann durch ein Tuch ablaufen.

Auf 1 l Saft 500 g Zucker zugeben, beides zum Kochen bringen, 5 Minuten kochen lassen und in gut gereinigte Flaschen füllen, die zugekorkt werden. Der Saft wird bei Gebrauch verdünnt. Er eignet sich aber auch sehr gut unverdünnt für das morgendliche Haferflockenmüsli.

Für *Sanddorngelee* auf ¾ l Saft 1 kg Gelierzucker verwenden. Das Mark wird mit Gelierzucker im Verhältnis 1 : 1 gemischt, um *Sanddornmarmelade* zu erhalten. Durch das Kochen wird Vitamin C nicht zerstört, man schaltet vielmehr Vitamin C abbauende Fermente (Oxydasen) aus.

Vor zwei Tagen sagte mir eine befreundete Dame, sie habe von einer alten Frau auf Baltrum gelernt, daß es genüge, die gewaschenen Sanddornbeeren durch eine Presse zu drücken und das Mark anschließend in Gläschen zu füllen. Das halte sich sehr lange und sei eine gute Medizin.

*Quark und Sanddorn:* Quark hat einen charakteristischen Eigengeschmack. Um ihn gut zu würzen, bedarf es eines kräftigen Aromas. Gesüßtes Sanddornmus über Quarkspeisen gegossen – als Soße – ist einfach köstlich.

### Sanddorn-Joghurt

*1 Becher Joghurt*
*1 EL Sanddorn*
*Beides gut vermischen.*

### Sanddorn-Milchshake

*1 Glas Milch*
*1 EL Sanddorn*
*Im Mixer verquirlen.*

### Sanddorn-Buttermilch

*1 Glas Buttermilch*
*2 EL Sanddorn*
*Gut durchrühren.*

### Sanddorn-Quark

*250 g Magerquark*
*3 EL Sanddorn*
*Quark mit Sanddorn gut mischen.*

### Sanddorn-Müsli

*1 Schälchen Haferflocken*
*2 EL Sanddornsaft*

*Auf die Haferflocken den*
*Sanddornsaft geben*
*und mit Milch verrühren.*

### Sanddorn-Eis *(2 Portionen)*

*125 g geschlagene Sahne*
*1 EL Zucker*

*Zubereitung 10 Minuten*

*2 EL Orangensaft*
*125 g gesüßtes Sanddornmark*

Hat man nur ungesüßtes Mark, so muß man etwas mehr Zucker nehmen.
Alle Zutaten über die Sahne geben und vorsichtig mischen. Sofort gefrieren lassen.
Ein vorzügliches Eis.

# ERICACEAE *(Heidekrautgewächse)*

Diese Familie umfaßt Heidekraut, Heidel- und Preiselbeeren, den Erdbeerbaum
*(Arbutus)*, Azaleen und Rhododendren. Hierher gehört auch die Immergrüne
Bärentraube, die ein Heilmittel gegen Schmerzen und Entzündungen von Niere
und Blase ist.
Die Beeren dieser Familie haben schon so manchem verirrten Jäger oder Trapper
das Leben gerettet. Sie wachsen nur auf der nördlichen Halbkugel von der Arktis
bis in die Mittelmeerländer. Vergil nannte sie *Vaccinium.* Sie sind fast alle
Zwergsträucher. Den Einheimischen – gleichgültig, ob sie Bewohner Sibiriens,
Nordskandinaviens oder Nordamerikas sind – lieferten sie früher einen uner-
setzlichen Anteil ihrer Ernährung. Heute wird es auch im hohen Norden
Supermärkte geben, die Äpfel und Orangen führen.

## Heidelbeere *(Vaccinium myrtillus)*

Blaubeere, Engl.: Bilbery, Blueberry, Huckleberry, Franz.: Airelle, Myrtille,
Schwedisch: Blabär, Span.: Arándano, Ital.: Bagola

Von der Heidelbeere gibt es sehr viele wilde Arten. Sie gedeihen auch in Alaska und Kanada, wo die Indianer die Art *V. ovalifolium* mit ziemlich sauren, erbsengroßen blauroten Beeren in großen Mengen sammeln und für den Winter trocknen.

Die Heidelbeeren, wie auch andere Heidekrautgewächse, verleihen der Landschaft einen bestimmten Charakter. Wie anheimelnd ist ein Kiefernwald, dessen Boden mit den zierlichen, kleinblättrigen, 30 cm hohen Blaubeeren bedeckt ist. Wie anmutig verschönern die niedrigen Sträucher Berg- und Alpenregionen! Es gibt in Nordamerika aber auch Heidelbeeren, die bis zu 3,70 m hoch werden (Sumpfblaubeere, *V. corymbosum*). Diese Art wird gern in Plantagen angebaut und gibt gute Erträge. Kleine amerikanische Arten eignen sich für den Steingarten und zur Einfassung von Wegen. Die Heidelbeeren reifen von Juli bis September.

Vielleicht weil es so vielversprechendes Ausgangsmaterial gab, hat sich die Obstzüchtung in Nordamerika intensiv mit der Heidelbeere befaßt. Aus der Sumpfblaubeere sind Sorten entstanden, die großfruchtiger als unsere Waldheidelbeeren sind. Die Waldheidelbeeren sind zwar aromatischer, doch sind die gleichmäßig großen Beeren der Kulturheidelbeere *(V. corymbosum)* für den Handel sehr attraktiv. Außerdem soll ihr Saft nicht färben. Der Plantagenanbau in den USA stößt auf das zunehmende Interesse europäischer Staaten. Dort hat die Produktion industrielle Ausmaße angenommen. Die Pflanzen müssen regelmäßig zurückgeschnitten und außerdem mit der Hand geerntet werden, da nicht alle Beeren gleichzeitig reifen. Das sind arbeitsaufwendige Nachteile. Sowohl in den USA als auch in Deutschland arbeitet man an diesem Obst und bemüht sich, ertragreiche, große, gutgefärbte, frostharte und gleichzeitig reifende Beeren auszulesen.

Amerikanische Sorten, die sich auch in Europa bewährt haben, sind: *Berkeley, Bluecrop, Blueray, Coville* und *Dixi*. Im August und September 1980 gab es diese Beeren erstmals auch in Gießen auf dem Markt. Leider haben sie sehr wenig Aroma.

Deutsche Kreuzungen aus *V. corymbosum* und *V. pennsylvanicum* sind: *Blauweiß-Goldtraube*, hochwachsend (bis zu 2 m), weißfleischig mit dunkelblauer Schale, mittelfrüh, mittelgroße Beeren, bis zu 10 kg je Strauch. *Blauweiß-Zuckertraube*, niedrigwachsend (bis 80 cm hoch), weißfleischig, süß, frühreifend, mittlere bis kleine Beeren.

Die Heidelbeeren sind nicht sehr lange lager- und transportfähig. Dennoch gibt es auf mitteldeutschen Märkten in jedem Jahr Heidelbeeren, die in gutem Zustand das Pflücken und den weiten Weg aus dem Bayerischen Wald überstanden haben.

Die Heidelbeere benötigt, um gut zu gedeihen, sandigen, torfhaltigen (das ist armer, saurer) Boden, der stets feucht, aber gut durchlüftet sein muß.

In manchen Gegenden Deutschlands wird Heidelbeerwein zubereitet. Im Elsaß brennt man Heidelbeerwasser, das in Frankreich sehr beliebt ist. In den USA wird aus den Früchten ebenfalls Alkohol hergestellt.

Die Heidelbeere ist säurereich. Sie hilft gegen Blähungen, reinigt und heilt den Darm, ja den ganzen Körper. Sie soll besondere Wirkstoffe besitzen, die die

Elastizität der Blutgefäße im Auge erhalten, gegen Nachtblindheit, Überanstrengung und Lichtüberempfindlichkeit der Augen helfen. Ihre Kerne und Häute stellen verdauungsfördernde Ballaststoffe dar. Getrocknete Beeren sollen gegen Durchfall helfen. Die Heidelbeere weist Vitamin C (21 mg), Kalzium (10 mg), Phosphor (10 mg) und Eisen (0,7 mg) auf.

VORBEREITUNG  Vor der Verwendung die Heidelbeeren in eine Schüssel legen, die Schüssel mit Wasser füllen und die an der Oberfläche sich sammelnden Verunreinigungen abgießen. Noch ein- bis zweimal den Vorgang wiederholen. Auf einem Sieb abtropfen lassen. Anschließend verlesen und einzuckern, so halten sie sich am besten.

EINFRIEREN + EINKOCHEN  Vorrat besser einfrieren als einkochen. Die eingefrorenen Beeren behalten ihr ausgewogenes, zartes Aroma, ihre feine Säure und ihren appetitlichen Duft viel besser als eingekochte.

VERWENDUNG  Heidelbeeren würzen nicht sehr stark. Ich finde es deshalb nicht ratsam, Eis, Creme und ähnliche Speisen herzustellen, da entweder große Mengen dieses Obstes nötig sind, um ein mit anderen Früchten vergleichbares gutes Resultat zu erzielen, oder mit einer Anzahl anderer Würzmittel nachgeholfen werden muß, die dann das Aroma überdecken. Ich erwähne nicht bei jedem Rezept, daß die Beeren vor der Verwendung zu waschen und zu verlesen sind.

---

# REZEPTE

---

### Heidelbeersaft

Die Beeren mit etwas Wasser zum Kochen bringen, mit dem Mixstab umrühren, durch ein Sieb ablaufen lassen. Auf je ½ l Saft 250 g Zucker abmessen, beides aufwallen lassen, in Flaschen gießen und verschließen.

### Heidelbeerkompott

500 g Heidelbeeren mit 50 g Zucker bestreuen, eine Stunde stehenlassen, damit sie Saft ziehen. Danach unter Schütteln zum Kochen bringen und drei Minuten kochen lassen.
Weit besser als gekocht sind Heidelbeeren roh. Das einfachste, schmackhafteste, beste und beliebteste Rezept ist

### Heidelbeeren mit Milch                              *Zubereitung 10 Minuten*

Da man hier die Menge mit Milch strecken kann, genügen für 4 Personen bereits 300 g Beeren. Das Resultat ist jedoch so köstlich, daß bei 4 Personen allerdings auch von 500 g nichts übrigbleiben würde!

> *300 g Beeren*
> *4 EL Zucker*
> *½ l Milch*

Die Beeren einzuckern, eine Stunde oder länger stehenlassen, mit eiskalter Milch auffüllen, als Kompott auftragen.

## Blaubeer-Milchshake

*Pro Person:*                  *⅛ l Milch*
*50 g Beeren*               *1 EL Zucker*

Die eingezuckerten Beeren mit kalter Milch pürieren und servieren. Ein Hochgenuß!

## Blaubeeren mit Rum

Diese Zubereitungsart heißt Heidelbeeren auf Schweizer Art.

*300 g Heidelbeeren*          *⅛ l Rum*
*4 EL Puderzucker*          *100 g mit 1 EL Zucker*
*mit den Körnchen einer*      *gesüßte Schlagsahne*
*halben Vanillestange vermischt*

Die Heidelbeeren einzuckern und stehenlassen. Nach 30 Minuten den Rum zugeben und im Eisschrank eine Stunde kühlen. Vor dem Auftragen die Sahne schlagen, die Beeren in Gläser füllen, auf jedes Glas ein Sahnehäubchen geben und servieren.
Falls Sie selbst im Sommer Heidelbeeren sammeln, wird Ihnen abends eine erfrischende Kaltschale munden:

## Blaubeersuppe

*500 g Beeren*            *Schale einer halben Zitrone,*
*¼ l Wasser*             *dünn abgeschält*
*60 g Zucker*            *Saft einer Zitrone*
                          *20 g Stärkemehl*

Die Beeren mit dem Wasser und der Zitronenschale zum Kochen bringen. 5 Minuten kochen lassen. Durch ein Sieb rühren.
Den Saft mit Zucker und Zitronensaft zum Kochen bringen. Das mit wenig Wasser angerührte Stärkemehl unter Rühren in die Flüssigkeit gießen und noch einmal aufkochen lassen. Nach dem Umfüllen in eine Terrine die heiße Suppe zudecken und die zuvor bereiteten Grießklößchen (Rezept unter »Holundersuppe«, Seite 71) darin garziehen lassen. Oder die erkaltete Heidelbeersuppe mit je 3 Löffeln Vanilleeis auftragen.

Anstatt die Heidelbeeren in die Speisen zu mischen, finde ich es besser, sie als fruchtige, würzende Beigabe aufzutischen:

## Heidelbeersoße                    *Zubereitung 15 Minuten*

*300 g Heidelbeeren*         *evtl. 1 gehäufter TL Stärkemehl*
*4 EL Zucker*              *2 EL Zitrone oder*
*⅛ l Wasser*              *2 EL Bacardi-Rum oder Wodka*

Die Heidelbeeren säubern, mit 2 EL Zucker bestreuen und stehenlassen. Das Wasser mit 2 EL Zucker aufkochen, zwei Minuten kochen lassen. Wenn die Soße ein wenig sämig sein soll, das Stärkemehl in Wasser gerührt zugeben und einmal aufkochen lassen. Von der Kochstelle nehmen und Zitronensaft oder Alkohol untermischen. Nach dem Abkühlen über die Beeren gießen.

Im Wasserbad geschmolzen:

## Heidelbeeren auf englische Art (Kompott)

(nach Henriette Davidis – ganz ausgezeichnet).
Dieses Rezept bringt das Heidelbeeraroma ganz besonders zur Geltung.

| | |
|---|---|
| *300 g Heidelbeeren* | *½ TL Zimt* |
| *4 EL Zucker* | |

Die Heidelbeeren in ein Keramiktöpfchen geben, mit Zucker und Zimt vermischen. Das Töpfchen muß mit einem Deckel verschlossen werden. Man stellt es in ein Wasserbad und beläßt es, nachdem das Wasser kocht, noch 30 Minuten darin. Das Wasser soll nur leise blubbern. Die Beeren kochen nicht, sie geben auf eine sanfte Art sehr viel Saft ab und werden sehr würzig.

## Heidelbeeren zu Pfannkuchen als süßes Hauptgericht

Anstatt die Beeren mitzubraten, was den Eierkuchen eine schmutziggraue Farbe verleiht und sie leicht anbrennen läßt, sind sie besser als Beigabe.

| | |
|---|---|
| *4 Eier* | *1 Prise Salz* |
| *4 Tassen Mehl* | *Öl zum Ausbacken* |
| *4 Tassen Milch* | *Zucker zum Bestreuen* |

Das Mehl mit der Milch verrühren und darauf achten, daß keine Klumpen entstehen. Eier und Salz zugeben und mit dem Handrührgerät schlagen. Einige Stunden stehenlassen. Vor dem Backen noch ½ bis 1 Tasse Wasser zugeben, so daß eine dünnflüssige, doch sämige Mischung entsteht.
In 2–3 Pfannen jeweils einen Schöpflöffel dieses Teiges in 1 EL Öl bei guter Hitze braten und wenden. Mit Zucker bestreut und Kompott zu Tisch geben. Man kann auch jeden Pfannkuchen mit 1 EL Heidelbeersoße (s. Seite 108) bestreichen und zusammengerollt auftragen.
Ebensogut wie zu Pfannkuchen passen Heidelbeeren zu Dampfnudeln, noch besser aber zu:

## Grießpudding mit Heidelbeersoße

| | |
|---|---|
| *90 g Grieß* | *1 Päckchen Vanillezucker* |
| *1 l Milch* | *75 g Zucker* |
| *70 g Butter* | *5 Eiweiß* |

Milch, Butter, Vanillezucker aufkochen, den Grieß einlaufen lassen und unter Rühren kochen, bis alle Flüssigkeit aufgesogen ist. Abkühlen lassen. Das Eiweiß steif schlagen, den Zucker nach und nach zugeben, unter den lauwarmen Grieß ziehen. Die Masse auf Schälchen verteilen (es ist sehr viel und reicht für 6 Portionen) oder in eine Napfkuchenform füllen (dann zwei Sahnesteif ins Eiweiß geben) und vor dem Anrichten stürzen. In die Mitte die Heidelbeersoße (s. Seite 108) geben.

## Vanilleeis mit Heidelbeersoße

1 Packung fertiges oder ½ l selbst zubereitetes Vanilleeis (siehe Anhang).
Das Eis auf 4 Teller verteilen, mit der kalten Soße (Rezept s. Seite 108) übergossen auftragen.

Vanilleeis mit heißen Sauerkirschen oder Himbeeren schmeckt aromatischer. Ich bevorzuge zu Heidelbeeren Reisschmarren, unsere Kinder Reispudding.

## Reisschmarren                                    *Zubereitung 45 Minuten*

Die Menge ist so gering, daß sie nur als Nachtisch ausreicht.

| | |
|---|---|
| *140 g Reis* | *3 EL Zucker mit etwas Zimt* |
| *½ l Milch* | *1 Prise Salz* |
| *50 g Butter* | *3–4 Eier* |
| *1 gehäufter EL Mehl* | *Fett zum Backen* |

Reis mit Milch und Butter garkochen, abkühlen lassen. Mehl darübersieben, Zucker, Salz und Eigelb unterrühren, das Eiweiß zu Schnee schlagen und unterziehen. 4 Pfannkuchen in Fett backen, sie brechen beim Wenden in Stücke. Auf einem großen Teller auftragen, dazu Kompott reichen.

*Heidelbeerpie* soll sehr gut sein, besteht aus dampfendem Heidelbeerkompott mit einem Teigdeckel darüber. Ich empfehle statt dessen einen

## Heidelbeerauflauf                         *Zubereitung 20 Minuten*
                                                *Backzeit 45 Minuten*

| | |
|---|---|
| *50 g Butter* | *Guß:* |
| *100 g Zucker, 2 Eier* | *1 Ei* |
| *Saft einer Zitrone* | *40 g Zucker* |
| *500 g Quark* | *1 TL Zitronenschale* |
| *100 g Semmelbrösel* | *100 g Sahne* |
| *50 g Haferflocken* | |
| *500 g Heidelbeeren* | |

Butter mit 3 EL Zucker schaumig rühren, 2 Eigelb zugeben sowie nach und nach Zitronensaft, Quark, Semmelbrösel und Haferflocken. Das Eiweiß mit dem restlichen Zucker steif schlagen, unter die Auflaufmasse heben. Einen Teil der Masse auf den Boden einer hohen Keramikform streichen, die Hälfte der Heidelbeeren darüberlegen, den Rest mit der Auflaufmasse vermischen und über die Heidelbeeren geben. Im Ofen bei guter Mittelhitze 30 Minuten backen. Mit einem Hölzchen prüfen, ob der Auflauf fest zu werden beginnt, wenn ja, den Guß aus den genannten Zutaten herstellen, darauf verteilen und noch 10–15 Minuten weiterbacken, bis der Guß schön goldgelb geworden ist (insgesamt 45 Minuten). Dieser Auflauf schmeckt kalt besser als warm.

Ganz ausgezeichnet sind Heidelbeerkuchen und -torten. Hier gibt es zwei Möglichkeiten: entweder die Beeren werden mitgebacken oder roh als Belag mit einem Tortenguß versehen. Das Backen intensiviert das Aroma, roh sind Blaubeeren aber ebenfalls ein Genuß.

## Gebackener Heidelbeerkuchen            *Arbeitszeit mit Teig 30 Minuten*
                                                 *Backzeit 45 Minuten*

| | |
|---|---|
| *1 Hefe- oder Mürbteigboden* | *3 EL Semmelbrösel* |
| *(Rezept im Anhang)* | *500–1000 g Heidelbeeren* |

Entweder einen Hefe- oder Mürbteigboden zubereiten. Den Boden zum Aufsaugen der Flüssigkeit mit 3 EL Semmelbröseln bestreuen. 500-1000 g Heidelbeeren darauf verteilen. (500 g Beeren sind sehr wenig, mindestens 750 g.)
Einen Eier-Sahne-Guß (Rezepte S. 216 oder Seite 431) darüberstreichen und insgesamt 45 Minuten backen.

### Heidelbeerjoghurttorte                    *Arbeitszeit ohne Teig 40 Minuten*

| | |
|---|---|
| *1 Mürbteigboden (Rezept s. Anhang)* | *Belag:* |
| *Joghurtschicht:* | *entweder 500 g frische oder* |
| *10 Blatt Gelatine* | *750 g gefrorene Heidelbeeren* |
| *120 g Zucker* | *3–4 EL Zucker für die Beeren* |
| *4 Becher Joghurt zu 175 g* | *1 Packung Tortenguß* |
| *2 Becher Sahne zu 200 g* | *2 EL Zucker* |
| | *¼ l Wasser oder Saft* |

Den gebackenen Mürbteigboden in eine Springform legen. 10 Blatt Gelatine in reichlich Wasser einweichen. Sind sie nach einigen Minuten fast flüssig geworden, gründlich ausdrücken. Die Gelatine in einem Topf unter Rühren erhitzen, aber nicht kochen lassen. Ist sie gelöst, den Zucker zugeben, gut vermischen. Vom Feuer nehmen, den Joghurt in die Gelatine schlagen und 5 Minuten weiterschlagen. In den Eisschrank stellen. Nach 30 Minuten die steife Schlagsahne unter die Joghurtmasse ziehen und die Creme auf den Mürbteigboden streichen. Die Torte im Kühlschrank aufbewahren. Inzwischen frische Heidelbeeren verlesen oder gefrorene auftauen lassen und einzuckern. (Gefrorene Beeren fallen sehr zusammen, deshalb braucht man mehr. Auf einem Sieb abtropfen und den Saft in eine Schüssel laufen lassen.) Die Beeren vorsichtig auf der Joghurtsahne verteilen.
Die Packung Tortenguß entweder mit Wasser nach Vorschrift oder mit dem aufgefangenen Saft, der mit Wasser auf ¼ l ergänzt wurde, sowie 2 EL Zucker aufkochen. Den Guß über die Beeren verteilen.

*Variation:* Schmackhaft und herber ist es, die Hälfte der Blaubeeren durch Johannisbeeren zu ersetzen. In diesem Fall etwas mehr Zucker (5 EL) verwenden.
*Variation:* Die Beeren auf den Boden legen und mit Joghurtsahne bedecken.

Einfacher zuzubereiten ist die:

### Blaubeerobsttorte                    *Zubereitung 15–20 Minuten*

| | |
|---|---|
| *1 Mürbteigboden (Rezept s. Anhang)* | *1 Tortenguß* |
| *500 g frische oder 750 g* | *3 EL Zucker* |
| *gefrorene Heidelbeeren* | *¼ l Wasser oder Saft* |
| *3–4 EL Zucker* | *200 g Schlagsahne* |

Heidelbeeren einzuckern, Saft durch ein Sieb abtropfen lassen. Den gebackenen Mürbteigboden mit den eingezuckerten Beeren belegen. Den Tortenguß entweder mit Wasser oder mit dem Saft, der durch Wasser auf ¼ l ergänzt wurde, sowie 2 EL Zucker nach Vorschrift aufkochen lassen. Die Beeren mit dem Guß überziehen. Mit Schlagsahne, die mit 1 EL Zucker gesüßt wurde, auftragen.

**Heidelbeermarmelade**

ist ein Genuß. Da die Heidelbeeren gut gelieren, müßte es eigentlich genügen, auf 500 g Beeren weniger als 500 g Zucker zu nehmen. Alle Rezepte (Opekta, »Handbuch für die Früchtezeit«) bleiben trotzdem bei der obigen Menge. Das »Kiehnle-Kochbuch« hat keine Rezepte für Heidelbeermarmelade. Für Gelee gibt es 500 g Zucker auf 1 l Saft an.

## Trunkelbeere *(Vaccinium uliginosum)*

Engl.: Bilberry, Schwedisch: Odon.
Die Trunkelbeere ist eine Blaubeere, die sich in der Zweig- und Blattform geringfügig von der Heidelbeere unterscheidet. Ihr Fruchtfleisch ist weiß, der Saft farblos, der Geschmack fade. Die Beere soll Schwindelgefühle verursachen und berauschend wirken. Es gibt eine Sumpftrunkelbeere von der Arktis bis in die Alpen, ebenso auch in Nordamerika, deren Früchte noch weniger schmackhaft sind als die Trunkelbeeren. Die Indianer Nordwestkanadas sammeln sie trotzdem. In Sibirien gewinnt man Alkohol aus der Trunkelbeere, früher außerdem Farbstoff für Wein. Bei den Römern wurden die Kleider der Sklaven mit dieser Substanz blau oder schwarz gefärbt.
Die nordamerikanische Zwergtrunkelbeere trägt große, süße Beeren.

## Preiselbeere *(Vaccinium vitis idaea)*

auch Kronsbeere, Engl.: Red Whortleberry, Cranberry, Franz.: Airelle rouge, Schwedisch: Lingon, Span.: Arándano encarnado, Ital.: Mirtillo rosso.
Während die Heidelbeere die Blätter abwirft, ist die Preiselbeere immergrün. Sie besitzt lederartige Blättchen. Sie ist nahe mit der Cranberry verwandt, hat nur viel kleinere Früchte als diese. In Schweden nennt man sie das »rote Gold des Waldes«. Sie schmeckt am besten, wenn sie nach dem ersten Frost geerntet wird, da sie dann saftiger und süßer ist. Für geleeartige Marmelade muß sie früher gepflückt werden.

HEIMAT   Die europäische Preiselbeere entstammt den subarktischen und alpinen Regionen der alten Welt. Sie ist besonders verbreitet in Schweden und Finnland. Die Beeren, die es in der Bundesrepublik zu kaufen gibt, kommen per Lastwagen aus Schweden zur Auktion in Hamburg.

WERT DER   Die Preiselbeere verursacht zwar hohe Pflückkosten, da die Früchte mit der
PFLANZE   Hand geerntet werden müssen, sie erzielt aber auch hohe Marktpreise. Deshalb bemüht man sich, besonders in Kärnten und in der Steiermark, rationelle Kultivierungsmethoden zu finden, betreibt Züchtungsarbeit und Anbauversuche.
Die Preiselbeere vermag auch noch minderwertige, feuchte, saure, arme Grenzertragsböden produktiv zu nutzen.
Eine andere Preiselbeerart *(Aretostaphylos uva-ursi)* gedeiht in Nordkanada. Ihre leuchtend hellroten Beeren wachsen an einem schönen Strauch und werden von den Fischerfamilien am St.-Lawrence-Strom für Eigenbedarf und Verkauf gesammelt. Im Norden Kanadas stellen sie manchmal für Indianer und Jäger das einzige Nahrungsmittel dar. Sie schmecken sauer und ungekocht bitter.

Persimmon

Kaki

Dattelpflaume

Tafel 7

Heidelbeere

Trunkelbeere

Preiselbeere

Sanddorn

Moosbeere

Tafel 8

Für uns ist die Preiselbeere vor allem eine herb-würzige Zugabe zu Wild-, Geflügel- oder Fleischgerichten. Man kann aber auch eine delikate Preiselbeertorte herstellen.

Die Preiselbeere ist kaliumreich, wodurch sie entwässernd wirkt. Der Tee aus Preiselbeeren soll gegen Durchfall und Rheuma helfen.

Schon vor fünfzig Jahren war die Preiselbeere in den USA so beliebt, daß man außer den in großen Mengen in Neuschottland geernteten und an die Ostküste verkauften Preiselbeeren noch ein beachtliches Quantum importierte. Die Preiselbeere wird leicht mit der Bärentraube verwechselt, die ein altes Heilmittel gegen Blasenkatarrh und Infektionen der Harnwege ist.

In deutschen Kochbüchern finden sich Rezepte für Preiselbeermarmelade, Preiselbeermarmelade mit Äpfeln (beides paßt sehr harmonisch zueinander) und Preiselbeeren mit Birnen eingekocht.

Sehr gut ist es, zu Wildgerichten Preiselbeermarmelade in Williams-Christ-Birnen (frisch oder aus der Dose) aufzutragen. In jede halbe Birne gibt man einen gehäuften Teelöffel Preiselbeermarmelade.

---

## REZEPTE

---

Ein Herrennachtisch ist

**Gebackener Camembert**

| Pro Person: | 2 EL Preiselbeermarmelade |
| --- | --- |
| 1 kleiner Camembert (125 g) | Toast und Butter |

Den Camembert im heißen Backofen bei Mittelhitze (besser nur bei Oberhitze) 15–20 Minuten überbacken (in meinem langsamen Ofen braucht er so lange). Er ist dann äußerlich noch völlig unverändert, von innen aber fließend. Am besten ist es, ihn gleich auf dem Tellerchen zu überbacken, auf dem er serviert wird. 2 EL Preiselbeermarmelade obenauf oder um den Käse legen und sofort auftragen.

Bei uns unbekannt ist

**Preiselbeerlimonade** *(skandinavisch)*

| 1 kg Preiselbeeren | Saft von 2 Zitronen |
| --- | --- |
| 1 l Wasser | 350 g Zucker |

1 kg Preiselbeeren verlesen. Je nach Zustand der Früchte geht das schnell oder langsam; ich habe dafür schon 45 Minuten gebraucht. Man sollte nur die braunen und verdorbenen Beeren wegwerfen, aber nicht die weichen, dunkelroten. Die Beeren waschen. Mit Wasser und Zitronensaft im Mixer pürieren und 24 Stunden stehenlassen. Durch ein Sieb gießen und mit 350 g Zucker verrühren. An einem kühlen Ort in Flaschen aufbewahren. Ein durststillendes, herrliches Getränk! Unsere Kinder fanden es allerdings zu herb. Es kann zu den Mahlzeiten Bier oder Wein ersetzen. Dieses Getränk ist weit weniger bitter, als das bei gekochten Preiselbeeren der Fall ist.

### Roh gerührte Preiselbeeren *(norwegisch)*

1 kg Preiselbeeren (verlesen und gewaschen) mit 400 g Zucker mischen und rühren, bis der Zucker völlig gelöst ist. In Gläsern aufbewahren oder einfrieren.

Früher bereitete man die Rote Grütze, die aus Hamburg stammen soll, tatsächlich mit grob geschroteten, geschälten Körnern von Weizen, Gerste, Roggen oder Hirse, am ehesten aber wohl mit Hafer. Heute verwendet man Stärke oder Sago, womit diese Nachspeise sich kaum mehr von einem Gelee unterscheidet.
In Finnland verwendet man zur Preiselbeergrütze noch Grieß. Dieses Dessert ist aber eine herbe Angelegenheit.
Weitaus lieblicher und ganz vorzüglich ist folgende

### Rote Grütze mit Preiselbeeren        *Zubereitung 30 Minuten*

| | |
|---|---|
| *250 g Preiselbeeren* | *200 g Zucker* |
| *250 g Johannisbeeren* | *50–100 g Mais-* |
| *250 g Himbeeren* | *oder Hafermehl* |
| *½ l Wasser* | |

Die Johannisbeeren mit dem Wasser aufkochen, durch ein Sieb rühren. Die verlesenen Himbeeren und Preiselbeeren zu der Flüssigkeit geben sowie den Zucker. Zum Kochen bringen. Das mit wenig Wasser angerührte Mondamin zugeben und noch einmal aufkochen lassen. Gekühlt mit Vanillesoße auftragen.

### Preiselbeercreme        *Zubereitung 10 Minuten*

| | |
|---|---|
| *3 gehäufte EL Preiselbeeren* | *6 EL Wasser* |
| *½ l saure Sahne* | *4 Blatt Gelatine* |
| *200 g Zucker* | *1 Päckchen Vanillezucker* |

Zu diesem Rezept benötigt man ungesüßte frische oder eingefrorene Beeren. Das Obst mit 6 EL Wasser zum Kochen bringen und vom Feuer nehmen. Die Beeren auf ein Sieb gießen und den Saft in einem Topf auffangen.
Die Sahne unter Rühren mit Zucker und Vanillezucker vermischen.
Den Preiselbeersaft erhitzen, die abgewaschenen, etwas in kaltem Wasser vorge-quollenen Gelatineblätter hineingeben und auflösen lassen (nicht kochen). Sahne und Gelatine vermischen. Die Preiselbeeren in eine Schüssel geben oder auf 4 Gläser verteilen, die Creme darübergießen und zwei Stunden im Kühlschrank fest werden lassen.

### Trollcreme *(norwegisch)*

| | |
|---|---|
| *3 Eiweiß* | *Saft einer halben Zitrone* |
| *3 EL Zucker* | *1 Tasse Preiselbeermarmelade* |

Eiweiß steif schlagen, Zucker und Zitronensaft zugeben. Je mehr man es schlägt, um so voluminöser wird die Masse, deshalb heißt diese Trollcreme auch Zauber-creme. 1 Tasse Preiselbeermarmelade zugeben. (Man kann statt dessen auch eine Tasse pürierte gekochte Äpfel verwenden.)
Falls Sie herb-süßen Geschmack lieben, ist eine *Preiselbeertorte* genau das Richtige für Sie. Das Rezept finden Sie unter Cranberries (s. Seite 116).

## Moosbeere *(Vaccinium oxycoccus)*

Torfbeere, Schwedisch: Tranbär.

Sie ist in den subarktischen und alpinen Gegenden zu finden. Ihre kleinen blaßrosa Früchte werden von vielen Leuten als aromatischer geschätzt als die Cranberries. Ihr lateinischer Name *oxys* (sauer) und *kokkos* (Beere) deutet ihren Geschmack an. Sie ist in Nordeuropa sehr beliebt und wird wie die anderen Beeren der Heidekrautgewächse zur Alkoholherstellung verwendet. Ein Likör aus Moosbeeren, den man in der Bundesrepublik kaufen kann, hat ein vorzügliches Aroma. Im Kaufhaus des Westens in Berlin gibt es Moosbeermarmelade aus Finnland. Außer der in Südschweden wachsenden Moosbeere gibt es im hohen Norden die Zwergmoosbeere *(Vaccinium microcarpum)*. Früher verwendete man sie als Heilmittel gegen Fieber und Bandwürmer.

*Cranberries: rund, oval, tropfenförmig*

## Cranberry *(Vaccinium macrocarpum)*

Dieses Obst ist in den USA sehr wichtig und wird auf Tausenden von Hektar kultiviert. Da die Preiselbeeren immer knapper und teurer werden, hat die Hamburger Firma Lind erstmals 1977 Cranberries aus den USA importiert. Wir bekommen sie von Ende Oktober bis Dezember in Plastikbeuteln à 450 g zu kaufen. Man kann sie einfrieren, sie sind nach dem Auftauen wie frisch geerntet.

HERKUNFT   Ihre Heimat sind die Sümpfe im kühlen Nordamerika. Ihre elegante stromlinienförmige Blüte erinnert an Kopf und Hals eines Kranichs *(crane)*, und das soll ihr den Namen gegeben haben. Deutsch müßte sie also Kranichbeere heißen. Ihre widerstandsfähigen roten Früchte reifen im September und Oktober, sie können aber, wenn sie nicht gepflückt werden, bis zum Frühjahr und länger an den hohen, schlanken, immergrünen Pflanzen überdauern. Die Cranberry braucht immer feuchten Boden, aber kein stehendes Wasser. Es ist daher ideal, wenn man diese Pflanze auf ebenen Flächen anbaut, die von Zeit zu Zeit überflutet werden können, wo aber das Wasser auch wieder abläuft.

Es gibt inzwischen eine Reihe von Sorten durch Auslese, die sich in Form, Farbe, Größe, Ertrag und Angepaßtheit an verschiedene Böden unterscheiden. Die Formen der Beeren reichen von länglich bis kugelförmig. Die Beere heilt Wunden, wenn man sie zerdrückt auflegt. Sie ist auch ein wirksames Blasenmittel. Die Haltbarkeit der Beeren ist vorzüglich, wenn sie in einem gut belüfteten Lagerhaus verpackt werden. Wie aus anderen, bisher besprochenen Beeren der Heidekrautgewächse gewinnt man auch aus den Cranberries Alkohol (in den USA).

## REZEPTE

Cranberries schmecken fast wie Preiselbeeren, doch sind sie weit weniger würzig, bitter und herb als ihre kleineren Verwandten. Man kann sie für die gleichen Rezepte verwenden wie die Preiselbeeren. Wem Preiselbeeren zu streng schmecken, der wird Cranberries bevorzugen für die

### Marzipantorte                                        *Arbeitszeit 90 Minuten*

*Teig:*

| | |
|---|---|
| *50 g Butter* | *90 g Maismehl* |
| *70 g Zucker* | *30 g geriebene Mandeln* |
| *3 Eier* | *90 g Mehl* |

Die Butter schaumig rühren, den Zucker hinzufügen, dann Eier, Mehl, Stärke und Mandeln.
Eine Springform mit dem Teig bestreichen, den Teig einstechen, bei 190° C in 30 Minuten hellgelb backen.

*Belag:*

| | |
|---|---|
| *150 g Marzipanrohmasse* | *2 EL Kirschwasser* |
| *4 EL Orangensaft* | *2 EL Puderzucker* |
| | *500 g Cranberries* |

Die Marzipanrohmasse zusammen mit Orangensaft, Kirschwasser und Puderzucker mit dem Handrührgerät oder einem Schneebesen schlagen. Auf den Teigboden streichen.
Die Cranberries verlesen und entweder in ein großes Sieb schütten oder in den gelochten Dampftopfeinsatz. In einem dazupassenden Topf einen Fingerbreit Wasser zum Kochen bringen. Die Beeren darüberhängen und 3 Minuten dem Dampf aussetzen. Ideal ist es, wenn sie dann nicht mehr ganz roh sind, aber noch nicht geplatzt. Die Beeren auf der Marzipanmasse verteilen.

*Baiserguß:*

| | |
|---|---|
| *4 Eiweiß* | *120 g Zucker* |
| | *1 Prise Salz* |

Eiweiß steif schlagen, den Zucker hineinrieseln lassen und eine Prise Salz zugeben. Diesen Guß entweder auf die Torte spritzen oder glatt streichen. Bei Mittelhitze so lange backen, bis die Oberfläche hellgelb geworden ist.
Ich habe diesen Kuchen mit Preiselbeeren angeboten. Die Gäste fanden ihn hervorragend, nur einer erkundigte sich, weshalb er so bitter sei. Mit Cranberries schmeckt er nicht bitter.

**Hefe-Streusel-Kuchen**                                  *Arbeitszeit mit Teig 50 Minuten*
*Backzeit 45 Minuten*

Auch den folgenden Kuchen kann man mit Preiselbeeren oder mit Cranberries zubereiten.

*Teig:*
*1 Hefeteig für eine runde Form (s. Anhang), mit 3 EL Haferflocken bestreut*

*Belag:*                                                  *Streusel:*
*500 g Cranberries*                                       *125 g Haferflocken*
*oder Preiselbeeren*                                      *1 Päckchen Vanillinzucker*
*150 g Zucker*                                            *65 g Mehl*
*⅛ l Wasser*                                              *100 g Butter*
*2 EL Stärkemehl*                                         *100 g Zucker*
*etwas Wasser zum Anrühren*

Zuerst einen Teil der Beeren mit Wasser und Zucker aufkochen und pürieren, den Rest der Beeren hinzufügen. Das angerührte Stärkemehl zugeben, einmal unter Rühren aufwallen lassen und vom Feuer nehmen.
Dann den Hefeteig zubereiten, mit Haferflocken bestreuen.
Zu den Streuseln: Alle Zutaten mit einer Gabel vermischen, die Butter in Flöckchen zugeben, mit den Händen verreiben, so daß Streusel entstehen.
Ist die Beerenmasse nur noch lauwarm, das Obst auf dem Hefeteig verteilen, die Haferflockenstreusel darüberstreuen, gehen lassen und das Ganze bei Mittelhitze 45 Minuten backen.
Der gleiche Kuchen kann auch z. B. mit einer hervorragenden, nur leicht gezuckerten Preiselbeerkonfitüre aus Belgien (*Confilux*) zubereitet werden: Anstatt der Cranberries diese Konfitüre auf den Hefeteig streichen, die Streusel darübergeben und backen.

**Cranberry-Erfrischungsgetränk**                         *Zubereitung 10 Minuten*

*½ Tasse Cranberry- oder*                                 *3–4 EL Zucker (je nachdem, ob Saft*
*Preiselbeersaft oder -gelee*                             *oder Gelee benutzt wird)*
*½ Tasse Orangensaft*                                     *2 Tassen Wasser*
*1 Tasse Zitronensaft*                                    *1 l Mineralwasser, Eiswürfel*

Gelee oder Saft, Orangen- und Zitronensaft, Zucker und Wasser im Mixer gut vermischen, mit Mineralwasser auffüllen. Anstelle des Mineralwassers kann man auch Ginger Ale verwenden. In diesem Fall den Zucker erst zum Schluß zugeben, damit das Getränk nicht zu süß wird. Die Zuckermenge kann dann nach Geschmack dosiert werden.
Die Limonade über Eiswürfel in Cocktailgläser gießen. Sie reicht für 6–8 Portionen.

## Erdbeerbaum (*Arbutus unedo*)
Engl.: Strawberry tree, Ital.: Corbezzolo.

Der Erdbeerbaum ist nahe mit der Bärentraube verwandt. Während die Bärentraube in Europa bis in die Alpen wächst, ist der Erdbeerbaum an den oberitalienischen Seen, an den Küsten Italiens und Jugoslawiens zu finden.

*Erdbeerbaum: Früchte, Blätter, Blüten*

*Arbutus* ist ein sehr dekorativer Strauch oder Baum mit immergrünen Blättern, attraktiven weißen, maiglöckchenähnlichen Blüten und gleichzeitig mit Trauben leuchtendroter Früchte.

Außer *Arbutus unedo* gibt es noch 12 Arten von Erdbeerbäumen in Amerika, auf den Kanarischen Inseln, in Südwesteuropa, Kleinasien und Nordafrika.

Die 1–2 cm dicken, süßlichen Früchte sind fast rund mit einer rauhen Oberfläche, sehr ähnlich der Litchi. Auf Korsika stellt man aus ihnen Likör her, Erdbeerbaumwein sowie Schnaps. Es gibt von *Arbutus* auch Konserven. Wurzel und Blätter des Erdbeerbaumes haben eine zusammenziehende Wirkung. Keltisch heißt *ar* sauer und *-butus* Busch.

# EUPHORBIACEAE *(Wolfsmilchgewächse)*

Diese Familie ist sehr groß. Sie umfaßt 290 Gattungen, u. a. Wolfsmilch, Maniok, Rizinus, Parakautschuk- und Talgbaum, und 7500 Arten. Es handelt sich zum Teil um kautschuk- und fetthaltige Tropenpflanzen, von denen viele einen giftigen, manchmal weißen Saft in sich haben.

Zu dieser Familie gehört auch

## Rambai *(Baccaurea motleyana)*

Malaiisch: Paloh, Thai: Ma-fai-farang, Burung.

HERKUNFT  Diese Pflanze stammt aus Malaysia, wo sie im Tiefland ebenso wie in Borneo, Sumatra, Java und Thailand sehr verbreitet ist. Wildformen sind selten.

ERSCHEINUNGS-FORM  Der Rambaibaum ist groß, stattlich, dichtbelaubt, rundkronig und immergrün. Er kann bis zu 20 Meter hoch werden, meist jedoch nur zehn. Seine weiche rötliche Baumrinde löst sich in kleinen Flocken.

Er besitzt große, weiche dunkelgrüne, glänzende Blätter und ist entweder männlich oder weiblich. Während die kleinen männlichen Blüten nur 3 mm groß sind, werden die weiblichen 1,2 cm im Durchmesser. Sie hängen wie an langen Stricken sowohl von den Zweigen als auch von den Ästen und dem Stamm herunter, was besonders auffällig bei den rund-ovalen, blaßgelben, samtenen Früchten ist. Bei Reife geben sie auf Druck nach, schrumpfen dann aber schnell ein. Sie enthalten 2 bis 5 blaßbraune Kerne, die fest mit dem weißen, durchsichtigen Fleisch verwachsen sind, das in 3 bis 5 Segmente zerfällt. Das Fruchtfleisch variiert von süß bis sehr sauer und ist erfrischend. Rambai ähnelt Langsat, mit dem man es leicht verwechseln kann.

VERWENDUNG   Die Früchte reifen nach dem Durian. Sie werden meist roh gegessen, ergeben aber auch gute Marmelade. Von Thailand werden sie auch in der Bundesrepublik, vor allem aber in Holland, von Mai bis Juli angeboten.

*Bignay: Blüten,*
*Beeren, Zweig*

## Bignay *(Antidesma bunius)*

Malaiisch: Buni, Berunai, Englisch: Chinese laurel, Salamander tree, Sudan: Huni, Wuni.

HERKUNFT   Diese Pflanze stammt aus Südostasien und Westaustralien. Heute ist sie im tropischen Flachland der ganzen Welt verbreitet, wenn auch nie in großem Umfang. Sie ist besonders in Indonesien beliebt.

ERSCHEINUNGS-   Der Bignaybaum ist hoch und stattlich (15–30 m). Er verzweigt sich kurz über
FORM   der Erde. Seine dichte Krone ist unregelmäßig geformt. Seine dünnen Äste sind mit kurzen Haaren bedeckt, wenn sie jung sind. In den Achseln der 19–25 cm langen, oval-lanzettförmigen, glänzenden Blätter entspringen die Blüten. Sie sind aber auch am Ende der Zweige zu finden. Die kleinen grünen, zahlreich um einen Stiel sitzenden männlichen Blüten senden einen sehr auffälligen Geruch aus.

Die weiblichen Blüten sind größer, erscheinen in Glöckchenform und sind in Trauben angeordnet.

Die runden oder ovalen Früchte haben bei Reife eine rote bis blauviolette Farbe. Ihr Durchmesser beträgt 0,85–1 cm. Sie sind saftig und sauer. In ihrem Inneren befindet sich ein großer Samen.

VERWENDUNG    Sie sind roh angenehm zu essen. Da sie sehr klein sind, lieben sie die Kinder, deren Münder und Finger vom Fruchtfleisch rot gefärbt werden. Durch ihren Pektinreichtum eignen sie sich besonders für Gelee, das sehr gut sein soll.

Myrobalanenbau
Frucht und Kern

↑
Star-Gooseberry: Blätter
und Früchte  →

## Star-Gooseberry *(Phyllanthus acidus oder Cicca acida)*

Malaiisch: Chĕrmai, Thailand: Ma yom, Engl.: auch Grosella.
Diese Frucht ist ebenfalls im Katalog der thailändischen Exportfirma enthalten. Hin und wieder kann man sie in Holland sehen.

HERKUNFT    Die Chĕrmai stammt aus Asien, woher genau, ist unbekannt. Die Bäume sind manchmal in der Karibik in Hausgärten zu finden.

ERSCHEINUNGS-    Der immergrüne Grosellabaum wird 7–8 m hoch. Sein kurzer, blaßrosa, warzi-
FORM    ger Stamm verzweigt sich bald in weitabstehende Äste. Die kleinen, spitzovalen Blättchen sind dicht um eine Mittelrippe angeordnet. Viele solcher hellgrüner Blattwedel sind an den Astenden zu finden.
Mehr zur Mitte des Baumes hin hängen von den Ästen dichte Blütentrauben von kleinen, schmalen rosa Blütchen.
Die glänzenden, runden, kurzstieligen Früchte sind bei Reife grün-gelbweiß und 2,5 cm dick. Sie haben 6–8 deutliche Längsfurchen, die sich vom abgeplatteten Stielansatz bis zum eingezogenen Blütenende um die weiche Frucht ziehen. Sie ist sehr sauer. In ihrer Mitte befindet sich ein kantiger Kern.

VERWENDUNG    Von den Star-Gooseberries bereitet man in Thailand einen dicken Sirup zu. Sie werden in Zucker oder Salz eingelegt und zu Chutney verarbeitet.
Ihre Reifezeit in Thailand ist Juni bis August.

Die Wurzel der Grosella ist giftig. Ganz wenig davon in Wasser gekocht, gibt man in Java gegen Asthma. In Borneo vermischt man die Blätter mit Pfeffer und reibt damit bei Hexenschuß den Rücken ein.

## Myrobalanenbaum *(Emblica officinalis* oder *Phyllanthus emblica)*

Sanskrit: Mĕlaka (dieser Baum soll der malaiischen Halbinsel Malakka ihren Namen gegeben haben), malaiisch: Asam (d. h. saure) Mĕlaka, Amlaka, Emblic, Thai: Ma-kham-pom, Tamil: Nelli, Engl.: Indian gooseberry.

Dieser Baum hat noch kleinere Blättchen als die Grosella. Seine grünen bis gelbgrünen, weichen Früchte sind nach Brücher zwölfmal Vitamin-C-reicher als die Orange (700 mg/100 g). Er stammt ebenfalls aus Südostasien, wo er noch im Flachlanddschungel zu finden ist. Er ist besonders beliebt in Südmalaysia und in Singapur, aber auch in Indien, Ceylon und Thailand. Seine Früchte sind sehr sauer. Sie werden wie die Grosellafrüchte zubereitet.

SONSTIGER
WERT
DIESER
PFLANZE
Der ganze Baum enthält Tannin. Sogar die Kerne haben 6%, das Fruchtfleisch 26–30%. Früher wurde er deshalb zum Gerben benutzt. Ob das heute noch der Fall ist, weiß ich nicht.
Die Blätter färben Seide wunderschön braun. Dazu gebrauchte man sie in China. Die Rinde färbt tiefblau. Das helle Holz eignet sich gut zur Verarbeitung. Deshalb und wegen seines langsamen Wachstums sieht man es fast nie in Form eines ausgewachsenen Baumes.

MEDIZINISCHER
WERT
Getrocknete Früchte verwendet man auf den Molukken gegen Durchfall, Umschläge davon gegen Kopfschmerzen. Die Rinde gibt man Elefanten, wenn sie Bauchschmerzen haben.

---

## REZEPT

---

### Nelli in Sirup *(Sri Lanka/Ceylon)*

Da diese Frucht sehr sauer ist, könnte ich mir vorstellen, daß das folgende Rezept, trotz des vielen Zuckers, ganz gut schmeckt.

|  |  |
|---|---|
| *500 g Früchte* | *⅛ l Wasser* |
| *750 g Zucker* | *½ Weinglas Rosenwasser (s. Anhang)* |

Die Nellis entstielen und waschen. Mit einer Gabel einstechen und in kaltes Wasser legen. Sind alle Früchte so behandelt, auf ein Sieb gießen. Die Früchte so gut wie möglich ausdrücken, um etwas von dem sauren Saft zu entfernen.
Die Nellis wiegen. Im angegebenen Verhältnis Zucker und Wasser abmessen, zum Kochen bringen und die Früchte zugeben. So lange kochen·lassen, bis der Sirup dick geworden ist und die Nellis transparent sind. Dabei muß ständig gerührt werden. Kurz vor Beendigung der Kochzeit das Rosenwasser zugeben. Das ist ein Rezept für eine Gegend, in der es noch Hausboys gibt!

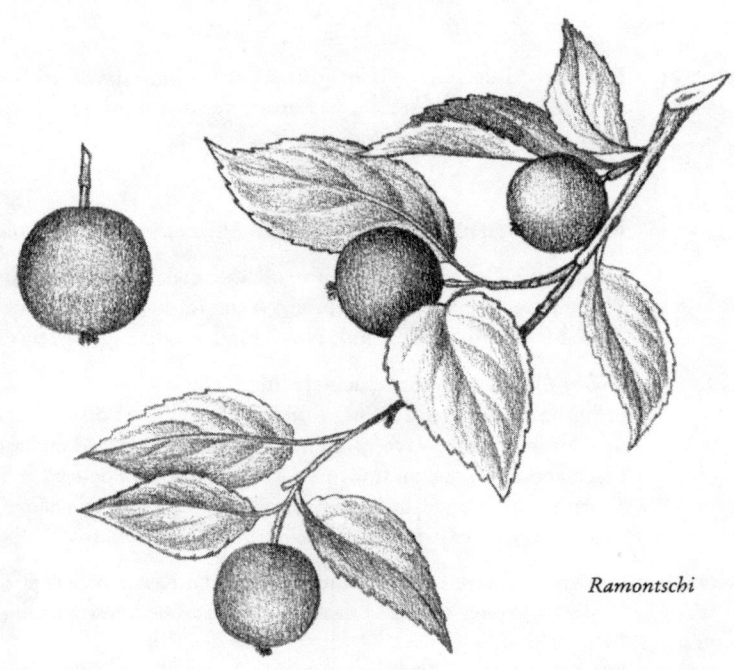

*Ramontschi*

# FLACOURTIACEAE

Diese Familie besteht aus tropischen, meist fruchttragenden Bäumen. Die Gattung *Flacourtia* enthält ungefähr 40 Arten, die alle aus Malaysia stammen. Sie sind nach E. de Flacourt, einem Gouverneur von Madagaskar, benannt.

## Ramontschi *(Flacourtia indica)*

Malaysia: Kĕrkup kĕchil, Engl.: Governor plum, Batako plum, Franz.: Flacourtie à feuilles ovales, Grosse prune café, Prune de Madagascar, Span.: Ciruela governadora.

Die Ramontschi kommt aus Madagaskar und Südasien. Sie ist ab und zu in den Tropen zu finden, oft verwildert, da sie auf Höhen unter 1500 m sehr gut gedeiht.

ERSCHEINUNGS-
FORM

Die Ramontschi ist ein kleiner strauchartiger Baum. Er wird 5–15 m hoch, hat einen kurzen graubraunen Stamm mit niedrig ansetzenden Ästen und eine unregelmäßige Krone. Die Blätter sind ovalspitz, glänzend dunkelgrün, an der Unterseite viel blasser und 6–17 cm lang.

Die kleinen grünen männlichen oder weiblichen Blüten erscheinen in Trauben. Die Beeren sind meist rund, von 2–2,5 cm Durchmesser und tief kastanienbraun bei Reife. Das gelblichweiße Fruchtfleisch ist saftig-säuerlich. Die Frucht enthält viele flache Kerne in zwei Reihen.

Die Früchte sind je nach Sorte entweder süß und aromatisch oder sauer und herb. Unreif sind sie adstringierend, leicht unreif ergeben sie gutes Gelee, Marmelade, Sirup und Kompott. Möchte man sie roh essen, müssen sie voll ausgereift sein.

## Rukam *(Flacourtia rukam)*

Batako, Thai: Khrop-dong, Span.: Ciruela de Madagaskar, Franz.: Prune café, Prune de Chine, Prune malgache.

Rukam stammt wie Ramontschi ebenfalls aus Madagaskar und Südasien. Sie ist der Ramontschi sehr ähnlich, aber noch unbekannter.

Unterschiede zwischen beiden:

Rukam wächst aufrechter und hat schmalere, länglichere Blätter. Die Früchte sind schwarzrot bei Reife. Das Fruchtfleisch ist weißlich, fest, saftig und sauer.

## Lovi-Lovi *(Flacourtia inermis)*

Engl.: Batako-plum, Philippinen: Louvi, Governor plum, Franz.: Prune de Martinique, Span.: Lovi malayo.

Ihre Herkunft ist unbekannt, wahrscheinlich stammt sie aus Indien und dem Gebiet bis Indonesien. Sie ist überall in den Tropen, besonders in Fernost zu finden, da sie ein dekorativer Strauch ist und ihre Früchte zum Kochen beliebt sind. Besonders mit jungem Laub ist diese Pflanze ein schöner Anblick.

Die Früchte sind noch saurer als Ramontschi und Rukam, aber noch besser zur Verarbeitung zu Marmelade, Sirup und Kompott geeignet als jene. (Bitte beachten Sie das Gandaria-Lovi-Lovi-Chutney, Seite 32).

Diese Pflanze wächst zu einem 5–15 m hohen Baum mit runder Krone heran, der den beiden vorhergenannten sehr ähnelt. Seine Blätter sind noch länger als die Rukamblätter.

Die kirschroten, rund-ovalen Früchte erscheinen in Trauben von zwei bis acht. Sie haben bei Reife einen Durchmesser von 2 cm. Die zahlreichen Kerne sind in einem Kernhaus angeordnet. Lovi-Lovi wächst auf Höhen unter 1300 m. Manche Sorten tragen süße Früchte, die aber oft fade schmecken. Die Bäume müssen durch Stecklinge oder Pfopfen vermehrt werden.

*Lovi-Lovi*

### Lovi-Lovi-Gelee *(Ceylon/Sri Lanka)*

*Auf 500 g Lovi-Lovi ½ l Wasser        500 g Zucker*

Nur reife Früchte verwenden. Die Stiele entfernen und das Obst waschen. Pro Pfund Fruchtfleisch einen halben Liter Wasser abmessen, beides in einen Topf geben und so lange leise kochen, bis das Fruchtfleisch weich und das Wasser auf die Hälfte reduziert ist. Durch ein Haarsieb oder ein Tuch gießen. Den Saft abmessen, und mit der angegebenen Zuckermenge bis zur Gelierprobe (siehe Anhang) einkochen lassen. Wenn nötig, abschäumen.

### Lovi-Lovi-Marmelade *(Ceylon/Sri Lanka)*

Auf 500 g Fruchtfleisch 625 g Zucker rechnen. Nachdem für das Gelee der Saft abgegossen wurde, kann mit dem übriggebliebenen Fruchtmark noch Marmelade gekocht werden. Dazu rührt man das Fruchtfleisch durch ein Sieb, so daß die Kerne zurückbleiben. Das Fruchtfleisch abwiegen und mit dem Zucker so lange kochen lassen, bis eine dicke Marmelade entstanden ist.

## Kei-Apfel *( Dovyalis caffra)*

Südafrika: Umkokolo.
Der Kei-Apfel ist südafrikanischer Herkunft, aber heute über die Tropen und Subtropen der Welt verbreitet. Die Früchte ähneln einem gelbfleischigen Holzapfel in Größe und Form, sind in ihrer inneren Struktur aber ganz unterschiedlich. Die Pflanze entwickelt sich zu einem dichten, 6 m hohen Strauch mit langen, harten, scharfen Dornen. Die ovalen dunkelgrünen Blätter sind 5 cm

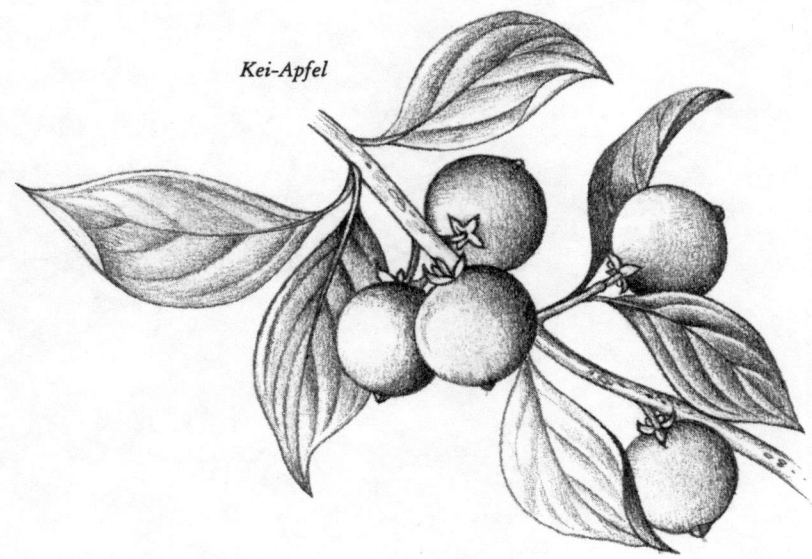

*Kei-Apfel*

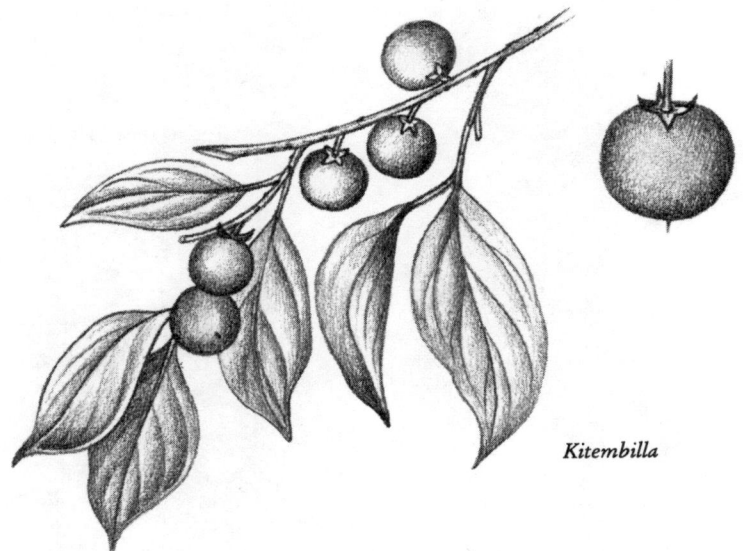

*Kitembilla*

lang und erscheinen oft in Büscheln um die Dornen herum. Die hermaphroditen grüngelben Blüten entspringen in den Blattachseln. Die runden Früchte von 2,5 cm Durchmesser sind leuchtend goldgelb und enthalten gelbes, saftiges, säuerliches Fruchtfleisch, in das 4 bis 6 kleine braune flache Kerne eingebettet sind.

Auf 15 weibliche Pflanzen muß eine männliche stehen. Der Strauch hat in Florida auch −5° C gut überstanden. Er scheint alle Bodentypen zu vertragen. Sind die aromatisch nach Aprikose duftenden Früchte bei der Ernte vollreif, so kann man sie frisch essen. Gewöhnlich kocht man Kompott aus ihnen, da sie immer einen herben, säuerlichen Geschmack behalten.

Nahe verwandt mit dem Kei-Apfel ist die

## Kitembilla *(Dovyalis hebecarpa)*

Engl.: Ceylon-gooseberry

Die Ketembilla oder Kitembilla kommt aus Indien und Ceylon. Sie ist heute überall in den Tropen zu finden. Sie wächst zu einem schlanken, aufrechten, 4–6 m hohen Strauch mit dornigen Ästen heran.

Die lanzettförmig-ovalen, leicht gezähnten Blätter werden 5–10 cm lang und sind samtig-hellgrün, wenn sie jung sind. Die Früchte sind nahezu rund, 2,5 cm oder kleiner im Durchmesser, dunkelkastanienbraun bis dunkelrot und samtig-pflaumig.

Das weiche dunkelrote, saftige Fruchtfleisch ist von säuerlichem bis saurem Geschmack. Es enthält zahlreiche kleine, weiche, flache Kerne.

Der Strauch ist weniger frostfest als der Kei-Apfel, verträgt aber Temperaturen um 0° C und wächst auch in sauren oder kalkhaltigen Böden. Er wird vegetativ oder durch Samen vermehrt. Alle bisher behandelten Pflanzen der *Flacourtiaceae* müssen bei Trockenheit bewässert werden.

Die Früchte werden gewöhnlich gekocht, da sie roh zu sauer und adstringierend sind. Ihre Haut ist bitter und muß vor der Verarbeitung abgezogen werden.

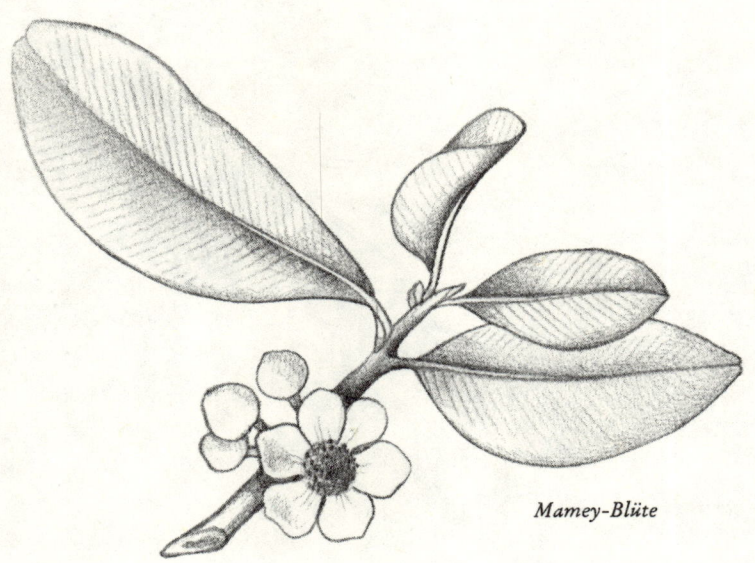

*Mamey-Blüte*

# GUTTIFERAE *(Johanniskrautgewächse)*

Diese Familie ist zum Teil mit verschiedenen Johanniskrautarten auf der nördlichen Halbkugel verbreitet, zum Teil mit Tropenbäumen in Asien, Afrika und Amerika. Einige dieser Bäume in Indien und Ceylon/Sri Lanka liefern ein gummiartiges Harz, das in der Malerei verwendet wird. Auch ihre Rinde enthält gelben Latex.

In diese Familie gehören auch eine Reihe von Obstlieferanten:

## Mameyapfel *(Mammea americana)*
auch Apricot of San Domingo, Mammea, Mammee oder Mammi genannt.

HERKUNFT — Die Mammeas sind eine kleine Gruppe tropischer Bäume, von denen *Mammea americana* der wichtigste ist. Er ist eng mit der Mangostane verwandt, entstammt aber der Karibik und den nördlichen Teilen Südamerikas. Er ist ein prachtvoller Baum von 25 m Höhe.

ERSCHEINUNGS-FORM — Der Mameyapfel gedeiht auch in Florida, aber z. B. nicht in Singapur. Er blüht weiß. Seine dunkelgrünen, glänzenden, länglichen Blätter sehen aus wie lackiert.

AUSSEHEN UND GESCHMACK DER FRÜCHTE — Die Früchte sind viel größer als die der Mangostane, ihr Durchmesser beträgt 7,5–15 cm. Sie sind nahezu rund und haben eine rauhe braune Oberfläche und eine dicke Schale, die leuchtend dunkelgelbes Fruchtfleisch bedeckt. Das Fruchtfleisch umgibt zwar die Kerne wie bei der Mangostane (man muß von den 1 bis 4 großen Samen zuvor ein schmutzigweißes Häutchen abziehen, bevor man sie verwenden kann), zusätzlich enthält die Mammea aber auch unter ihrer Haut Pulpe, in die man wie in einen Apfel hineinbeißen kann. Sie ist säuerlich-aromatisch, saftig und schmeckt bei guten Sorten nach Aprikose. Das Holz dieses Baumes ist hart und dauerhaft, es wird zum Hausbau und in der Tischlerei verwendet.

| VERBREITUNG | Diese Pflanze ist nicht so schwierig anzubauen wie die Mangostane; sie ist in den amerikanischen Tropen sehr verbreitet und hochgeschätzt. Meistens wächst sie in Hausgärten. Sie reift in der Karibik in den Sommermonaten. |
| --- | --- |
| VERWENDUNG | Der aprikosenähnliche Geschmack tritt besonders hervor, wenn die Frucht gekocht wird. Das Fruchtfleisch wird zerschnitten und mit Wein oder Zucker und Sahne aufgetragen. Europäer bevorzugen nach Popenoe die Früchte eingedünstet, zu Marmelade verarbeitet oder als Soße zu Eis oder Pudding. |

Im französisch sprechenden Teil Westindiens destilliert man aus den weißen Blüten einen Likör, der »Eau de Créole« oder »Crème de Créole« heißt. Der Mameyapfel ist ein vielversprechendes Obst, dessen Möglichkeiten noch längst nicht ausgeschöpft sind.

---

## REZEPTE

---

Vor der Verwendung die Frucht aufschneiden, das Fruchtfleisch aus dem Gehäuse heben und alle weißen Fasern vom gelben Fleisch entfernen, denn sie sind sehr bitter.

### Getränke *(Kolumbien)*

Für Getränke das Fruchtfleisch im Mixer zerkleinern, durch ein Tuch drücken oder durch ein Sieb rühren. Den Saft entweder pur oder verdünnt mit Mineralwasser trinken. Mit Milch gemischt, ergibt er einen Milchshake.

### Kompott *(Kolumbien)*

Das von der Schale und Kernen befreite Fruchtfleisch in Stücke schneiden, mit Zimt, Nelken, braunem Zucker und etwas Wasser kurz kochen lassen. In Venezuela empfiehlt man, den sich bildenden Schaum oben abzuschöpfen, denn er ist bitter wie die weiße Haut auch.

### Mamey in Sirup *(Venezuela)*

| | |
| --- | --- |
| *3 mittelgroße Früchte* | *2½ Tassen Zucker* |
| *3 Tassen Wasser* | *(das ist sicher für uns zuviel)* |

Wasser und Zucker in einem Topf aufs Feuer setzen. Verrühren und einige Minuten kochen lassen, bis der Zucker ganz gelöst ist. Die Früchte aufschneiden, das gesäuberte Fruchtfleisch entkernen, in große Stücke schneiden und 10–15 Minuten im Sirup kochen lassen. Den Schaum abheben, er ist sehr bitter.

### Mamey-Pudding *(Venezuela)*

Diesen Pudding kann man zubereiten, wenn ein Rest Kuchen übrig ist.

| | |
| --- | --- |
| *6 Scheiben Sandkuchen* | *4 große oder 5 kleine Eier,* |
| *1 Tasse Zucker (das ist möglicher-* | *5 Minuten lang geschlagen* |
| *weise für uns zu süß)* | *Rum nach Geschmack* |
| *¼ Tasse Wasser* | *Inneres einer halben Vanilleschote* |
| *1½ Mameyfrüchte* | *1 EL geschmolzene Butter* |
| | *200 g Schlagsahne* |

Die Fruchtstücke im vorher zubereiteten Sirup aus Zucker und Wasser so lange kochen, bis der Sirup einen Faden zieht, wenn man ein Fruchtstück heraushebt. (Den bitteren Schaum, der sich während des Kochvorgangs bildet, abheben.) Ist dieses Stadium erreicht, die Masse durch ein Sieb rühren. Danach Fruchtsirup, Eier sowie die zerbröckelten Kuchenstücke verrühren und so lange schlagen, bis eine weiche Paste entstanden ist. Rum, Vanille und die Butter zufügen. In eine kleine gebutterte Keramikform gießen und 15 Minuten bei Stufe 4 (210° C) backen. Dann stürzen und erkalten lassen. Mit 200 g Schlagsahne auftragen.

### Mamey-Fruchtsoße *(Kolumbien)*

Das Fruchtfleisch der Mamey mit Zimt, Nelken und braunem Zucker in wenig Wasser aufkochen lassen, den bitteren Schaum abheben, anschließend pürieren. Diese Soße zu Vanilleeis oder Vanillepudding auftragen. Man könnte auch probieren, diese Fruchtsoße mit Grieß- oder Reispudding zu kombinieren.

## Mangostan *(Garcinia mangostana)*

Mangostane, Malaiisch: Mangis.

ERSCHEINUNGS-BILD
Diese Pflanze entwickelt sich zu einem 10–25 m hohen schönen Baum, dessen Blüten rosa, in der Mitte creme gefärbt sind. Die Mangostanfrüchte zählen zum berühmtesten und köstlichsten Obst der Erde. Der holländische Chirurg de Bondt schrieb 1631 in Batavia (Jakarta), die Mangis sei die beste Frucht Indiens, Burmas, Malaysias, Vietnams und der Philippinen.

HERKUNFT UND VERBREITUNG
Der Baum kommt aus Malaysia, wo er schon seit Hunderten von Jahren kultiviert wird. Er ist jetzt zwar über alle tropischen Länder der Erde verbreitet, aber äußerst schwierig zu züchten. Die Mangostane wächst z. B. nicht auf den Gewürzinseln, im tropischen Australien nur mit Mühe und auf den Philippinen nur bis in die Sorsogon-Provinz. Sämlinge benötigen bis zum Tragen 10–15 Jahre, gepfropfte Bäume 8 oder 9 Jahre. Dann kann man aber auch lange Zeit 500–1000 Früchte pro Jahr ernten. Er ist also recht kompliziert und kostbar. Seine Früchte findet man selten außerhalb seiner Heimat. Er scheint hermaphrodit zu sein.

KLIMA-ANSPRÜCHE
Die Mangostane liebt Wärme und Feuchtigkeit und dazwischen eine kurze Trockenperiode. Temperaturen unter 20° C verlangsamen ihr Wachstum erheblich. Der Regen sollte gleichmäßig über das ganze Jahr verteilt sein, aber regelmäßige Bewässerung reicht auch aus.

PFLANZUNGEN
Außerhalb des Fernen Ostens besitzen nur die United Fruit Company in Honduras und das State Department der Vereinigten Staaten größere Pflanzungen in Mittelamerika, die im August und September abgeerntet werden. Da Brasilien Mangostans exportiert, müssen auch dort Pflanzungen existieren. Auch in Asien gibt es wenig große Mangostangärten wegen all der genannten Schwierigkeiten. Es gibt aber kleinere Plantagen in mehreren Ländern, u. a. eine vor 40 Jahren von Father D'Adran, einem Bischof in Lai Thiou in der Nähe von Saigon, angelegte Pflanzung. Wer weiß, ob davon heute noch ein Baum steht.
Die Mangostane ist aber in Malaysia ein beliebtes Hof- und Gartengewächs für den Hausgebrauch.

*Mangostane*
(½)

*Mamey-*
(⅓)
*Apfel*

*Tafel 9*

*Tamarinde*

*Johannisbrot*

*Manna*

*Tafel 10*

| | |
|---|---|
| **PROBLEME IN DER AUFZUCHT** | Man nimmt an, daß die Gärtner noch nicht das Wurzelsystem der Mangostane ergründet haben. Man versucht, sie auf weniger empfindliche Garcinia-Unterlagen zu pfropfen, was auch gute Resultate bringt. |
| **AUSSEHEN UND GESCHMACK DER FRÜCHTE** | Die Früchte sind beinahe kugelrund, ca. 4 cm hoch und 5 cm breit. Sie haben eine weinrote, ¾ cm dicke Außenhaut mit vier plastischen, lederartigen Kelchblättern. Die Reste der Blüte bestehen weiter in Form von sechs regelmäßigen, schön geformten Kelchblättern am unteren Ende der Frucht. Die dicke Schale muß mit einem Messer aufgeschnitten werden, und dann findet man in dem geöffneten, wohlgeformten rosa Behälter das Fruchtfleisch, das wie eine geschälte Mandarine aussieht, aber von zartestem Weiß ist. Es zerfällt in vier bis sechs Segmente, die insgesamt oft noch zwei Kerne enthalten. Die Segmente zergehen schmelzend auf der Zunge und haben einen süß-sauren, vorzüglichen, erfrischenden Geschmack, der mich leicht an Pfirsich oder Weintrauben erinnert, aber noch besser ist. Fairchild schildert ihn als unbeschreibbar, aber vollkommen, er erinnere an Ananas, Aprikose und Orange. |
| **TRANSPORT UND LAGERUNG** | Betty Molesworth-Allen bemerkt, daß diese delikate Frucht schnell verdirbt, wenn sie nicht sorgfältig aufbewahrt und gekühlt wird. Sie halte sich noch zehn Tage, wenn sie reif sei. Bailey schreibt, daß gekühlt transportierte Früchte noch 21 Tage nach der Ernte ausgezeichnet schmeckten, obwohl in den 21 Tagen am Ende acht Tage ungekühlte Aufbewahrung eingeschlossen waren. Ihre Schale werde nämlich härter mit der Zeit, anstatt weicher. Wenn die Frucht verdirbt, werden ihre weißen Segmente braun und wässerig. Wird die Schale verletzt, sondert sie gelben Saft ab, der ein Hinweis sein kann, daß das Fruchtfleisch verdorben ist. Die Früchte dürfen nur reif geerntet werden, da sie nicht nachreifen. Die Mangostane hat noch viele fruchttragende Verwandte, aber keine erreicht ihre Qualität. |
| **KÖNIGIN DER FRÜCHTE** | Schon seit hundert Jahren nennt man die Mangis die Königin der Früchte. Königin Victoria von England hatte demjenigen 10 Pfund versprochen, der ihr die ersten Mangostans aus Indien brächte. Es ist gelungen, Mangostans im Gewächshaus zu züchten und zum Tragen zu bringen (Bailey). Ein Mangostanbaum kann im Gewächshaus in Witzenhausen/Hessen bewundert werden, Blüten oder Früchte hatte er 1980 aber noch nicht gebracht. |
| **VERWENDUNG** | Man ißt das Fruchtfleisch am besten gut gekühlt roh, es wird leider selten in Hotels serviert. Man kann auch rosa oder gelbe Süßspeisen und Eis mit den weißen Segmenten verzieren. Die Früchte sollen sich nach Molesworth-Allen auch kandieren lassen. |
| **SORTEN** | Außer der bekannten Mangis gibt es noch eine andere auf den Sulu-Inseln, die saurer ist und eine dickere Schale besitzt. Man verwendet sie zum Einkochen. |
| **WERT DER SCHALE** | Die Schale enthält 7–13% Tannin. Sie färbt dunkelbraun. Man schneidet sie klein und trocknet sie, um sie als zusammenziehendes Mittel (z. B. gegen Hämorrhoiden) zu verwenden. Abgekocht ist sie ein Wirkstoff gegen Ruhr. |
| **IMPORTE** | Von Mai bis November erhalten wir Mangostans aus Thailand, im Winter und Frühjahr aus Brasilien. Ich habe bisher noch keine ganz tadellosen Früchte in der Bundesrepublik gefunden, was ich mir nicht erklären kann. Im Morgengrauen |

geerntet, gekühlt transportiert, sind sie eigentlich bei 4–6° C lange lagerfähig; die Fachliteratur spricht von 7 Wochen. Sie vertragen Kälte besser als Avocado, Mango, Papaya und Guave.

## REZEPTE

Da die Früchte bei uns nach Gewicht verkauft werden und eine dicke Schale haben, ist die Ausbeute an Fruchtfleisch sehr gering. Ich würde gerne mit ihnen ein nur leicht gekühltes Sorbet probieren, aber das ist hier unbezahlbar.

**Exquisiter Nachtisch mit Mangostan**                     *Zubereitung 12 Minuten*

| | |
|---|---|
| *Boden:* | *1 EL Zitronensaft* |
| *2 Eier* | *1 Prise Salz* |
| *100 g Zucker* | *2 EL Milch* |
| *Schale einer halben Zitrone* | *75 g Mehl* |

Vier feuerfeste große Schälchen bereitstellen. Eier, Zucker, Zitronenschale und -saft, Salz und Milch mit einem Schneebesen schaumig rühren und einige Minuten weiterschlagen. Das Mehl darübersieben und gut vermischen. Die Keramikschälchen mit dem Teig füllen, in den bei Stufe 3 (190° C) vorgeheizten Ofen stellen und 15 Minuten darin belassen, bis der Teig fest geworden, aber noch ganz hell ist.

*Zubereitung 30 Minuten*

| | |
|---|---|
| *Belag:* | *2 gehäufte EL Zucker* |
| *200 g Sahne* | *200 g Himbeerpüree* |
| *500 g Pfirsiche* | *1–2 Mangostans* |

Die Pfirsiche häuten und klein schneiden, mit wenig Zucker bestreuen. Die Mangostans öffnen. Die Sahne schlagen und leicht zuckern, ebenso wie das Himbeerpüree. Die abgekühlten Keramikschälchen mit Sahne füllen, darauf die Pfirsichstücke legen, mit dem Himbeerpüree bedecken und mit ein oder zwei Mangostansegmenten verzieren.

Noch besser ist dieses Rezept mit Erdbeerpüree, da Mangostane von allen Früchten am besten zu Erdbeeren paßt. Auch 4 bis 6 EL Erdbeereis anstatt des Pürees sind schmackhaft.

**Erdbeercreme mit Mangostan**

Die Erdbeercreme von Seite 236 mit Mangostansegmenten verzieren.

**Mangostanmarmelade** *(Malaysia)*

Die gleiche Menge entkerntes Fruchtfleisch wie Zucker abwiegen, eine Nelke hinzufügen. 15–20 Minuten kochen lassen. In gereinigte Gläser füllen.
Mit Gelierzucker muß die Marmelade nur einige Minuten kochen.
In Deutschland lohnt sich die Herstellung von Mangostanmarmelade natürlich nicht. In den Tropen ergibt die Mangis eine ganz vorzügliche, an Apfel erinnernde Konfitüre.

Ein Mitglied der Familie *Guttiferae* ist die Frucht

**Mundu** *(Garcinia dulcis)*

die auf Borneo und Java beheimatet ist und dort viel angebaut wird. Die attraktiven gelben Früchte haben ein ziemlich saures, angenehm pikantes Aroma, das von einem hohen Vitamin-C-Gehalt herrührt. Sie werden roh gegessen, man bereitet aber auch hervorragende Marmelade und Paste aus ihnen. Man kocht sie wie Guavenpaste.

Mundu bedeutet auf den Philippinen *Calamundin* oder *Calamansi*, das ist eine kleine Limonen- oder Limettenart.

**Madroño** *(Rheedia madruno)*

ist eine Wildfrucht, die auf dem Umschlagfoto zu sehen ist. Sie entstammt dem nördlichen Südamerika. Die Madroño wächst an einem 8 Meter hohen Baum mit elliptischen, glänzenden, 6–15 cm langen Blättern und ovalen gelben Früchten mit harter Schale. Diese enthalten wenig weißes, säuerliches Fruchtfleisch, dazu 3 bis 4 große Kerne. Die Madroño wird regelmäßig auf den Märkten Kolumbiens verkauft.

# ILLICIACEAE *(Sternanisgewächse)*

In diese Familie gehören verschiedene Anisarten wie der Echte Sternanis, ein immergrüner Strauch aus China. Hierzu müssen aber auch die dekorativen Kletterpflanzen der Schisandra gerechnet werden, von denen es 11 bis 13 Arten gibt. Zwölf kommen aus Ostasien, eine aus Amerika. Die Früchte der Schisandra werden in Asien gegessen. Eine von ihnen ist besonders winterhart. Sie wird wie die Lonicera neuerdings in der Sowjetunion gezüchtet. Sowohl *S. coccinea*, die nicht viel Kälte verträgt, als auch *S. chinensis* haben sehr dekorative Früchte, die aber nur erscheinen, wenn männliche und weibliche Pflanzen beieinander stehen.

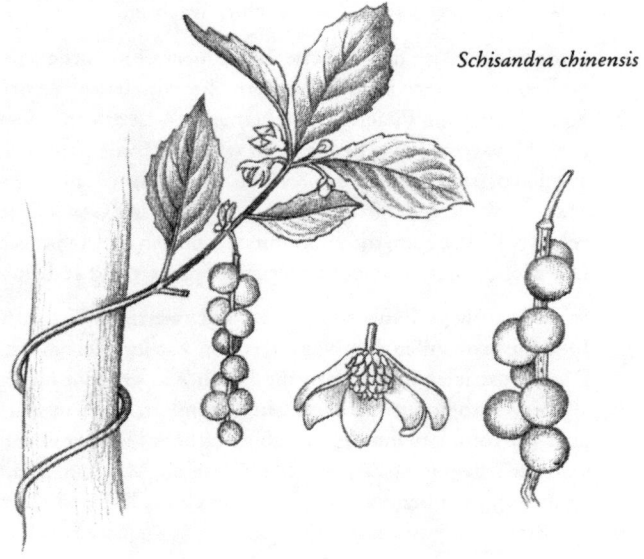

*Schisandra chinensis*

## Schisandra chinensis *(Sternanisgewächs)*

Diese Pflanze klettert bis zu 5 Meter hoch. Sie besitzt breite, ovale dunkelgrüne Blätter und etwas über 1 cm große, zartrosa angehauchte weiße, duftende Blüten. Diese erscheinen im Juni/Juli. Die scharlachroten Früchte der weiblichen Pflanzen, die im September reif sind, hängen in 10 cm langen Trauben zu 10 bis 25 Stück an der Rankenpflanze. Sie sind sehr sauer, denn sie enthalten 13% Apfel- und Zitronensäure. Deshalb sind sie auch nicht für den Frischverzehr geeignet, dafür aber zum Trocknen, für Marmelade und Tee.
Die *S. chinensis* findet sich wild in Japan, Nordchina, am Amur und auf der Insel Sachalin. Sie wächst in Gruppen und erträgt ohne Schaden bis −45° C Kälte. Sie könnte auch in Deutschland gedeihen..

# LAURACEAE *(Lorbeergewächse)*

Die in diese Familie gehörige Avocado möchte ich nicht in diesem Buch über Früchte behandeln, da sie im wesentlichen als Gemüse Verwendung findet.

# LEGUMINOSAE *(Hülsenfrüchtler)*

## Johannisbrot *(Ceratonia siliqua)*

Karube, Arab.: Charrûb, Ital.: Caruba, Franz.: Caroube, Span.: Algarroba, Garrofa, Engl.: Carob, Saint John's bread, Locust tree.
Es gehört in die Familie der *Leguminosae*, wie Erbse, Bohne, Akazie, Mimose, Cassia, Tamarinde und viele andere.

ERSCHEINUNGS-BILD

Der Johannisbrotbaum ist ein schöner, immergrüner, 10 Meter hoher Baum, der in allen warmen Ländern verbreitet und als Schattenspender beliebt ist. Wo Zitrusfrüchte gedeihen, kann auch er wachsen.

URSPRUNG UND VERBREITUNG

Seine Heimat ist das östliche Mittelmeer. Er wurde zuerst von den Griechen verbreitet, später von den Arabern. In Mitteleuropa hörte man von ihm durch Kreuzfahrer und Pilger. Seinen Namen erhielt er von Johannes dem Täufer, der in der Wüste von Heuschrecken und wildem Honig lebte. Der wilde Honig bestand aus den platten Schoten der Karube, die bis zu 20 cm lang und 3 cm breit werden. Man muß die lederartigen harten Hülsen im Ganzen essen, um an das süße, gehaltvolle Fruchtmark zu kommen, schälen kann man sie nicht.
Die wichtigsten Erzeugerländer sind Spanien und Italien.

BEDEUTUNG

Seine wichtigste Bedeutung ist es, hochwertiges Viehfutter zu liefern (147,5 kg Johannisbrot sollen den Nährwert von 100 kg Weizen haben).
Die Industrieländer nehmen die Früchte in großem Umfang ab – nicht nur zur Weiterverarbeitung in Futtermittel, sondern auch wegen der Kerne, aus denen man Garrofin gewinnt, ein unübertreffliches Klebemittel. Aus den Kernen stellt man außerdem feine Geliermittel für Soßen, Mayonnaisen, Speiseeis und Hustensirup her; man benutzt die Karube auch als Kaffee-Ersatz (Karubenkaffee) und zur Bereitung von Kautabakbeizen.

In Hungerzeiten wurde das Johannisbrot oft zum lebensrettenden Nahrungsmittel. Das galt für die Reiterei des britischen Feldherrn Wellington in Spanien ebenso wie für die Kavallerie des Generals Allenby in Palästina während des Ersten Weltkrieges.

Durch seinen hohen Zuckergehalt (30–50% Roh- und Traubenzucker) ist das Johannisbrot eine billige Süßigkeit. Es wird auch zu Karubensirup verarbeitet. Die Spanier bereiten daraus eine Art Schokolade für ihre Sprößlinge zu. Eine englische Firma ist im Herbst 1979 mit Karubenschokolade namens »Kalibu« groß herausgekommen. Die Tafeln schmecken ausgezeichnet, man kann sie auch mit Nüssen und Rosinen kaufen. Unsere Kinder haben allerdings das Johannisbrot sofort herausgeschmeckt. Das deutsche Lebensmittelrecht verbietet übrigens den Verkauf dieser Schokolade in der Bundesrepublik.

Auf meine Frage, weshalb man aus Karuben Schokolade herstelle, erhielt ich zur Antwort: Manche Leute bekämen vom Koffein und Theobromin im Kakao Kopfschmerzen oder Migräne. Im Johannisbrot sei auch keine Oxalsäure, was für den Kalziumhaushalt des Körpers wichtig sei und für die Verminderung von Akne bei Jugendlichen. Die Karube habe weniger Kalorien als Kakao und wirke verdauungsregulierend statt verstopfend. Ißt man drei Tafeln »Kalibu« auf einmal, dann verstärkt sich diese Wirkung zu Durchfall. Dieselbe Firma bietet auch Karubenmehl an, das anstatt Kakao verwendet wird. Man kann es auch selbst herstellen, indem man Johannisbrot entkernt, zerbricht und in der Mühle zu Mehl zerkleinert. Die Schoten des Baumes, ohne Kerne gegessen, versorgen den Darm mit Ballaststoffen.

In Griechenland ist eine Paste aus Sesam und Johannisbrot ein uraltes Nahrungsmittel.

Bemerkenswert ist die vorzügliche Haltbarkeit und Lagerfähigkeit der schwarzbraunen Schoten.

Jede Hülse enthält 12 dunkle, harte, glänzende Kerne, die zuverlässig immer 0,18 g schwer sind. Diese benutzten die Araber zum Wiegen von Edelsteinen. Kirat heißt Kern. Das Karat, die Gewichtseinheit für Diamanten, Juwelen und Gold, ist heute auf 0,2 g festgelegt.

## Manna *(Cassia fistula)*

Die langen braunen, im Durchschnitt runden Schoten, die in Obstabteilungen als Manna angeboten werden, stammen von einem Baum, der englisch *Pudding Pipe Tree* (Puddingröhrenbaum) heißt. Er kommt aus Südasien und ist als »indischer Goldregen« wegen seiner langen gelben, in Trauben erscheinenden Blüten in tropischen Ländern weit verbreitet. In den langen Samenhülsen befinden sich – wie in vielen Stockwerken – kleine Kerne, die von runden Blättchen abgeteilt sind. Die Blättchen sind von einer süßen Schicht umgeben, man muß sie ablutschen. Dieses Fruchtmark wird als angenehmes Abführmittel gebraucht, denn es ist sehr sanft in seiner Wirkung. Ferner wird es auch zur Bereitung von Kautabak verwendet.

Die Gattung *Cassia* umfaßt 400 tropische Pflanzen, von denen verschiedene Arten stark abführende Stoffe in sich haben. Ihre Blätter sind als »Sennesblätter« in den meisten Abführtees enthalten.

In Italien bezeichnet man als Manna den Latexsaft der Mannaesche *(Fraxinus ornus)*, der ebenfalls ein Abführmittel ist. »Das Manna in der Wüste«, womit sich das jüdische Volk ernährte, waren wahrscheinlich Flechten *(Lichen esculentus)*, die auf nackten Felsen leben und vom Wind heute noch in großen Mengen in Südrußland und in der Türkei aufgewirbelt werden.

## Tamarinde *(Tamarindus indica)*

Thai: Má-kam. Der lateinische Name enthält zweimal das gleiche Wort: indisch; *tamar* ist arabisch und bedeutet Dattel. Sie heißt also indische Dattel. Trotzdem stammt sie aus dem tropischen Afrika.

HERKUNFT UND VERBREITUNG

In Indien ist aber ihr Hauptanbaugebiet, auch wird sie in der indischen Küche hochgeschätzt. In den Tropen der ganzen Welt ist sie beliebt, sowohl zur Zierde, sie hat gefiederte Blättchen von zartem Grün, 8–20 cm lang, und blaßgelbe Blüten, als auch der braunen Schoten wegen. Unter deren Oberfläche sitzt ein saures Fruchtmark, aus dem man sowohl Würzsoßen (eine Art saure Maggiwürze, die berühmte Worcestersoße enthält auch Tamarindensaft) als auch erfrischende Getränke herstellt. Auf der nördlichen Halbkugel blüht die Tamarinde im April/ Mai und bringt ihre Früchte im Spätherbst/Winter hervor. Sie wächst auch in Florida, wird aber besonders groß in nährstoffreichen Böden und in Regionen mit ausgiebigem Regen. Die kräftige, oft leicht gebogene Schote enthält einen bis zwölf große, flache, glänzende Samen. Der Tamarindensaft wirkt abführend, gegen Skorbut und verdauungsfördernd. Die karibische Tamarinde hat lange Schoten mit sechs bis zwölf Samen, während die indische kürzere mit einem bis vier Kernen hervorbringt.

In Jamaika entfernt man die äußere Schale und legt die Früchte in Fässer, wobei jede Lage mit grobem Zucker bestreut und der Inhalt, wenn das Faß voll ist, mit kochendem Zuckersirup übergossen und verschlossen wird. Im Orient preßt man das Fruchtfleisch mitsamt den Samen zu großen Ballen, die mit Palmenblättern umhüllt werden. Die Inder lieben dieses Produkt und schicken auch große Mengen davon in arabische Länder, wo es in den dortigen Bazaren zum Kauf angeboten wird.

Wenn nasse Tamarindenblätter auf Zelte fallen, so zerfressen die Blätter angeblich den Stoff.

Ein ausgewachsener Baum liefert ungefähr drei Zentner Schoten pro Jahr.

Durch die Araber erfuhren die Europäer schon im Mittelalter von der Tamarinde. Sie glaubten allerdings, diese Pflanze sei eine Palme.

Thailand bietet frische Tamarinden im Januar, März und Dezember an.

VERWENDUNG

Vor mir liegt eine Sammlung indischer Tamarindenrezepte, die mir eine Freundin diktiert hat. Mittlerweile habe ich aber Zweifel, ob diese für Mitteleuropäer interessant sind.

Tamarinde wird dort zu Chutney, Pickles, Reis- und Gemüsegerichten verarbeitet. Die weiche Schicht unter der Schale wird abgeschabt, zusammengedrückt und als kleine Kugel auf dem Markt verkauft. In den Rezepten wird dann angegeben: Tamarinde von der Größe einer Walnuß usw. In Indien weicht man diesen Ball 10 Minuten in Wasser ein und preßt ihn dann aus. Das saure Wasser wird nicht etwa weggegossen, sondern – wie bei uns Zitronensaft – zum Würzen von Speisen verwendet.

## REZEPTE

GETRÄNKE **Tamarindenwasser** *(Mexico)*

250 g Tamarindenschoten     3–4 EL Zucker
3 Tassen Wasser     Eiswürfel

In Mexiko kocht man die Tamarinde, in Indien nicht. Soviel wie möglich von der äußeren Schale der Schoten entfernen, den Rest waschen und in kleine Stücke brechen. Mit dem Wasser in einen Topf geben und 10 Minuten leise kochen lassen. Für einige Stunden beiseite stellen. Durch ein Sieb gießen, Zucker zugeben und über Eiswürfeln auftragen.

**Tamarinden-Fizz** auf indische Art

7,5 cm geschälter Ingwer     1 Stück Zimt (2,5 cm)
Tamarindenmark von der     etwas Salz, Zucker nach Geschmack
Größe zweier Limetten     3 Tassen kochendes Wasser
    Mineralwasser

In einer Porzellanschüssel Ingwer, die Tamarinde in kleinen Stücken, Zimt, Salz und Zucker mit dem kochenden Wasser übergießen. Zudecken und stehenlassen, bis die Flüssigkeit abgekühlt ist. Durch ein feines Sieb gießen und kalt stellen. In Indien gibt man etwas Kochinillefarbstoff zu (wird von der Laus erzeugt, die auf Opuntien schmarotzt). Das Getränk vor dem Auftragen mit Mineralwasser verdünnen.

**Tamarindenpunsch** *(Sri Lanka/Ceylon)*

Frische Tamarinde     weißer oder brauner Zucker
Wasser     etwas Salz

Etwas Tamarinde in eine Schüssel geben, mit wenig Wasser bedecken und gut mit der Hand ausdrücken. Durch ein Tuch oder Sieb gießen. Zucker nach Geschmack zufügen, ein wenig Salz zugeben (in den Tropen braucht der Körper durch das ständige Transpirieren viel mehr Salz als in Europa). Gut umrühren. Eventuell mit etwas Eiswasser verdünnen.

KONSERVIERTE
TAMARINDE **Tamarindenchutney** *(Sri Lanka/Ceylon)*

500 g Tamarinde ohne Schale     30 g Knoblauch
750 g Zucker     30 g frischer Ingwer
250 g Rosinen     1 Flasche Essig
45 g getrocknete Chillies     Salz
30 g Senfkörner

Die Tamarinde in etwas Essig einweichen und stehenlassen. Nach einiger Zeit gründlich mit einem Löffel bearbeiten, indem sie gerührt und immer wieder ausgedrückt wird. Zum Schluß durch ein Sieb gießen. Die Rosinen waschen und verlesen. Chillies, Senfkörner, Knoblauch und Ingwer unter Zufügen von Essig im Mixer zerkleinern. Den Zucker und den restlichen Essig kochen. Alle Zutaten, ausgenommen die Rosinen, mitkochen, bis eine marmeladenartige Paste entstanden ist. Abkühlen lassen und die Rosinen zugeben.

**Tamarindensirup** *(Sri Lanka/Ceylon)*

| | |
|---|---|
| *250 g frische* | *750 g Zucker* |
| *geschälte Tamarinde* | *2 l Wasser* |

Die Tamarinde 30 Minuten in Wasser einweichen. Mit der Hand gründlich ausdrücken, durch ein Sieb gießen. 20 Minuten kochen lassen, den Zucker zugeben und nochmals 30 Minuten kochen lassen. Wieder durch ein Sieb gießen und in Flaschen füllen. Ein wenig Sirup mit Eiswasser gemischt, ergibt ein köstliches, durstlöschendes Getränk. (Im Nahen Osten würde man sagen: ein Sorbet.) Dieser Sirup soll in Italien sehr verbreitet und beliebt sein und dort in Drogerien verkauft werden.

## Guama rosaria *(Inga nobilis)*

Diese Pflanze erwähne ich nur, weil sie auf dem Titelbild zu sehen ist.
Der große Ausmaße annehmende Baum ist vor allem als Schattenspender beliebt.
Er ist in Zentral- und Südamerika zu Hause.

Die Schoten, die aus den doldenartigen Blüten entstehen, die in den Blattachseln entspringen, bilden nur befruchtete Samen aus. Unbefruchtete Teile bleiben hohl und schrumpfen ein, was den Früchten ihr reizvolles, asymmetrisches Aussehen verleiht. Sie enthalten ein süßes, trockenes Fruchtfleisch.

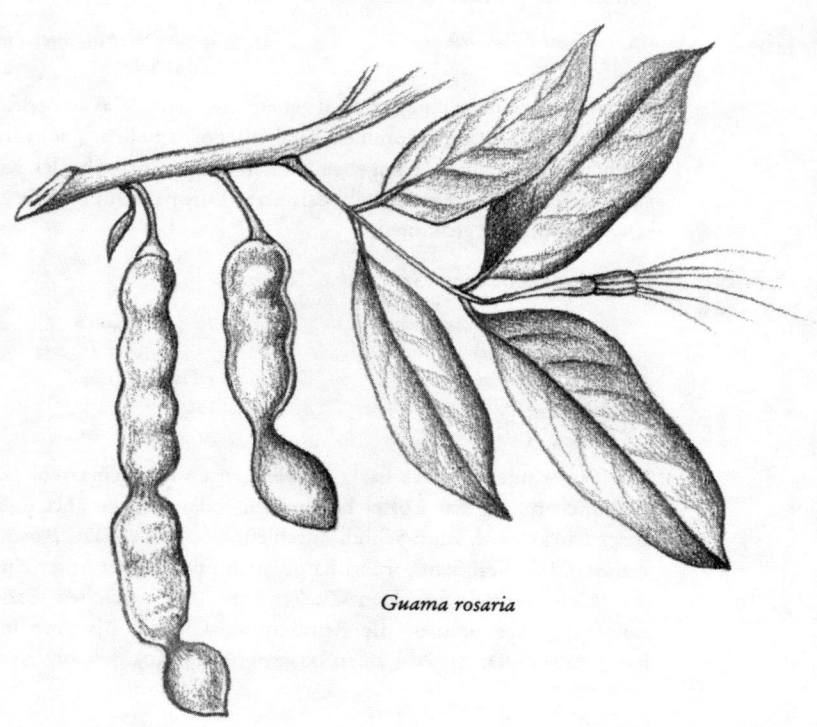

*Guama rosaria*

# MALPHIGIACEAE *(Malphigiengewächse)*

Diese Familie besteht hauptsächlich aus Lianen und Zierpflanzen der Zwischen-
tropenzone, in der auch die Ananas gedeiht. Ihr wichtigster Obstlieferant ist die

## Acerola *(Malphigia punicifolia)*

Span.: Semeruco, Cereza de Jamaica, Kuba: Cereza criollo, Panama: Grosella,
St. Domingo: Manzanita, Engl.: Barbados cherry, West Indian cherry, Franz.:
Acérolier, Moureiller des jardins.
*Acer* bedeutet auf portugiesisch Ahorn, Acerola Ahornkirsche.

ERSCHEINUNGS-
BILD
Die Acerola wächst an einem 2–3 m hohen dunkelgrünen Strauch, der hellrosa
bis rote Blüten trägt. Die scharlachfarbenen, glänzenden, glatten Früchte sehen
aus, als habe man runde Kirschen an Stiel und Blüte etwas zusammengedrückt,
so daß sie oval geworden sind. Es gibt aber auch runde Formen. Außerdem
ziehen sich zarte Rillen von oben nach unten. Die Barbadoskirsche ist 1–3 cm
groß, hat eine dünne Haut und weiches, saftiges, sehr saures Fleisch. Nach
anderen Autoren ist sie süß-sauer.
Ihre Seitenzweige haben kleine, dicht zusammenstehende Blätter, die Endzweige
6–10 cm lange in größeren Abständen.

HERKUNFT
Die Pflanze stammt aus Mittelamerika, wird aber heute auch in anderen tropischen und subtropischen Ländern angebaut.
Ihre Vermehrung erfolgt durch Samen. Temperaturen unter 0° C kann sie nicht
vertragen.

VERWENDUNG
Nach einem Autor ist sie so sauer, daß man sie nicht roh essen kann. Man kocht
aber Marmelade aus den Früchten oder gibt ihren Saft anderen Säften hinzu. Eis
aus Acerolasaft soll köstlich sein.
Keine Frucht der Welt hat einen so hohen Vitamin-C-Gehalt wie die Acerola
(500–4000 mg). Er ist zehn bis hundert Mal höher als der der Orange bei
Vitamin-C-reichen Sorten.
Da das Fruchtfleisch der Acerola sehr weich und saftig ist, wird es gleich nach
der Ernte ausgepreßt.

HEILWIRKUNG
Den Saft läßt man fermentieren und vakuumtrocknen. Dadurch entsteht ein
Pulver, das bis zu 27% Vitamin C enthält. Mit anderen Fruchtextrakten ver-
mischt, preßt man daraus Tabletten, die nicht nur Vitamin C enthalten, sondern
auch dessen natürliche Begleitstoffe (Rutin, Hesperidin, andere Bioflavanoide,
Fruchtsäuren und Mineralien), die die Stabilität des Vitamin C verbessern und
eine bessere Aufnahme im Körper garantieren. Nach Siegel (Oregon) begünstigt
Vitamin C die Interferonbildung im Körper. Es führte bei Versuchspersonen zu
erhöhtem Wohlbefinden, bewirkte schnellere Wundheilung und verbesserte die
Widerstandskraft gegen Infektionen und Erkältungen, es steigerte das Leistungs-
vermögen am Arbeitsplatz, die Herztätigkeit bei Sportlern und deren Erholbar-
keit. Bei körperlichen Belastungen und Streß steigt ja der Vitamin-C-Bedarf,
ebenso bei Rauchern, deren Vitamin-C-Konzentration sowohl im Serum als
auch in den weißen Blutkörperchen um 50% vermindert ist.

# MALVACEAE *(Malvengewächse)*

Die Familie der *Malvaceae* enthält 50 Gattungen und tausend Arten von Kräutern, Sträuchern, seltener auch kleinen Bäumen. Sie ist weltweit verbreitet und besitzt gewöhnlich zwittrige Blüten.

In diese Familie gehören die Baumwolle mit ihren verschiedenen Arten, Hanf, Jute, Okra, der wunderbare Blütenstrauch *Hibiscus rosa-sinensis* und die

## Rosella *(Hibiscus sabdariffa)*

Malve, Engl.: Jamaican Sorrel, Venezuela: Chiriguata, Frambuesa, Trinidad: Karkadesch, Brasilien: Groselha. Die Rosella kennen wir alle als Malven, deren Tee es lose in der Apotheke oder gemischt mit Hagebutte in Teebeuteln zu kaufen gibt.

HERKUNFT UND VERBREITUNG  
*H. sabdariffa* kommt wahrscheinlich aus Westafrika, ist jetzt aber überall in den Tropen zu finden. In Asien gibt es die Pflanze seit 1600. Mit den Sklavenschiffen erreichte sie um 1707 Jamaika, nach Brasilien kam sie einige Jahrzehnte später.

KLIMA-ANSPRÜCHE  
Die Malve ist eine reine Tropenpflanze, die trockenes, heißes Wetter liebt und auch mit ärmeren Böden vorlieb nimmt als Hanf und Jute. Sie ist eine Kurztags-pflanze.

Die Pflanze gibt es in zwei Erscheinungsformen: einmal 3–4,80 cm hoch (var. *altissima*) mit faserigen, dornigen, nicht eßbaren Kelchblättern, die nur der Fasern wegen in Indien, auf Java und den Philippinen angebaut wird. *Hibiscus sabdariffa* var. *sabdariffa* hingegen ist ein buschiger, verzweigter, 0,5–3 m hoher Strauch mit roten oder grünen Stengeln. Die schönen Blütenblätter sind fahlgelb. In der Blütenmitte sind sie braunrot gefärbt. Nach der Bestäubung fallen Blütenblätter, Stempel und Staubgefäße ab. Die roten Kelchblätter werden fleischig und groß, sie bilden später die Früchte. Wenn diese reif sind, platzen sie und die Samen fallen heraus. Die grüne Samenkapsel kann man nicht essen. Man pflückt sie 15 bis 20 Tage nach der Blüte, während sie noch zart und fleischig sind. Ein Strauch trägt ungefähr 1500 g. Malventee gibt es in drei Qualitäten: blau; rot: das sind die äußeren Blätter, und schwarz: das ist schnell- und heißgetrockneter Tee. Die Pflanze bestäubt sich selbst. Sie wird gewöhnlich durch Samen vermehrt, kann aber auch durch Stecklinge fortgepflanzt werden. Die Malvenfrüchte enthalten 4% Zitronensäure.

VERWENDUNG  
Weiche Blätter und Stengel zerschneidet man zu Salat oder gibt sie Gemüsege-richten bei. Die ölhaltigen Samen bereichern in Afrika ebenfalls den Küchenzet-tel. Aus den Früchten bereitet man Gelee, Soßen, Chutneys oder legt sie ein.

HEILWIRKUNG  
Der Malventee gilt als reizmildernd. Er wird deshalb zum Gurgeln bei Entzün-dungen der Mund- und Rachenhöhle empfohlen. Bei Hautentzündungen helfen Breiumschläge.

---

## REZEPTE

---

Die zartesten und teuersten inneren Malvenblätter, die man in Deutschland lose kaufen kann, sind durch das Trocknen blau geworden.

### Tee von blauen Blättern

Den aufgebrühten Blättern muß unbedingt Zitronensaft hinzugefügt werden, damit der Tee seine schmutzigblaue in eine appetitliche dunkelrote Farbe verwandelt.

### Sirup *(für die Tropen)*

Die Früchte mit den Samen wiegen: Pro kg eine Tasse Wasser rechnen. Nun entfernt man die Samen und behält nur die zarten roten Blätter zurück. Man wäscht sie und kocht sie 15 Minuten lang. Blätter und Flüssigkeit abmessen, pro Tasse ¾ Tasse Zucker zugeben. (Mit Gelierzucker geht es schneller.) Nochmals 25 Minuten kochen, dabei den Schaum abschöpfen und rühren, damit nichts anbrennt. Nach einigen Minuten des Abkühlens in Gläser füllen und mit Cellophan zubinden.

### Gelee und Marmelade

Die Zubereitung für Gelee ist genauso wie für Sirup, nur muß auf eine Tasse Blätter und Saft eine Tasse Zucker gerechnet werden, für Marmelade auf 1 kg Frucht 1 kg Zucker.

### Saft

Auf eine Tasse Saft ¼ Tasse Zucker abmessen, kurz aufkochen und in Flaschen füllen. Mit Mineralwasser mischen oder mit anderen Säften kombinieren.
Mit diesem Saft kann das Cranberry-Erfrischungsgetränk von Seite 117 zubereitet werden. Cranberry und Malve ähneln sich sehr im Geschmack.

# MELIACEAE *(Zedrachgewächse)*

## Langsat *(Lansium domesticum)*

Thailand auch: Lasa, Philippinen: Lanzon.
Langsat gehört in die Familie der Zedrachgewächse, die eine Reihe von schönen Tropenbäumen hervorgebracht haben, unter anderem den Mahagoni- und den Regenschirmbaum *(Melia Azedarach)*, der wie ein Riesenschirm Schatten spendet.
Langsat stammt wie anderes wertvolles Tropenobst aus Malaysia. Nach Betty Molesworth-Allen ist er die Wildform und *Duku* die bessere Zuchtform. Die 3–4 cm langen Früchte wachsen an einem 10–20 m hohen Baum, der gelbgrün blüht. Die Beeren hängen in langen Trauben an den Ästen, sind oval-länglich oder oval-rund und von gräulich-gelblicher Farbe. Die Haut ist mit kurzen Härchen bedeckt, was ihnen einen samtigen Anblick verleiht. Die Frucht enthält bis zu drei grüne, bittere Kerne, die fest mit dem weißen, durchsichtigen Fruchtfleisch verwachsen sind und ihm auch einen bitteren Geschmack geben können. Nach der obengenannten englischen Botanikerin gibt es auch samenlose

Formen, die man, geschält, in Sirup einkochen kann und die sehr delikat sind. Die Beeren enthalten einen milchigen Saft, der vorzüglich den Durst löscht.

Die Frucht ist eine der besten Südostasiens, aber sie ist klein. Sie wird am besten roh gegessen, obwohl manche Sorten recht sauer sind. Aus den sauren Beeren bereitet man Getränke, Sirup und Gelee. Die Früchte werden von Kanton bis bis Singapur gehandelt, sind aber außerhalb Südostasiens fast unbekannt.

Der Geschmack der Früchte, die mein Mann von den Philippinen mitgebracht hat, war sehr ähnlich dem von Grapefruits, doch milder und süßer. Eine sehr saftige, erfrischende Obstart, die allen, die sie probierten, sehr gemundet hat.

Im Kühlschrank verfärben sich die hellgelben Früchte zu samtigem Graubraun. Das Fruchtfleisch zerfällt in 4 bis 5 Segmente.

*Duku* ist nahe mit Langsat verwandt und bringt runde, 5 cm große gräuliche oder gelbliche, süße, köstliche Früchte hervor.


# MORACEAE *(Maulbeergewächse)*

Die Maulbeergewächse sind eine ungeheuer große Pflanzenfamilie, die nahezu zweitausend Arten von Bäumen, Sträuchern oder Kletterpflanzen der Tropen oder Subtropen enthält. Das wichtigste Obst dieser Familie ist im Weltmaßstab die Feige. Außerdem gehören in diese Familie verschiedene Gummibaumarten, Brotfrucht, die indische Pagodenfeige *(F. religiosa)* und natürlich der Maulbeerbaum. Wie man schon aus der Zugehörigkeit der Gummibäume sehen kann, enthalten viele Pflanzen dieser Familie einen milchigen Saft, der ätzend sein kann, deshalb werden Feigen mit Handschuhen geerntet.

Die älteste Kulturpflanze der Menschheit ist nach Brücher die aus Äthiopien stammende Sykomore oder Eselsfeige, die in Ägypten schon in Grabkammern der V. Dynastie zu finden war. Sie wurde 5000 v. Chr. durch die aus Assyrien kommende Feige abgelöst.

## Feige *(Ficus carica)*

Engl.: Fig, Franz.: Figue, Ital.: Fico, Portug.: Figo, Span.: Higo.

HERKUNFT UND VERBREITUNG  Der Name der Feige soll aus dem Hebräischen kommen (dort heißt sie *feg*). *Carica* rührt von Carien her, einem Landstrich in der Türkei (nahe Smyrna oder Izmir). Ihre genaue Heimat ist schwer zu ergründen. Man nimmt an, daß sie aus Kleinasien stammt, doch gibt es verwandte Arten von Syrien bis ins südliche Saudi-Arabien. Da die Feigensorten untereinander sehr große Variationen aufweisen, könnte es sein, daß diese Sorten Kreuzungsprodukte verschiedener Arten sind.

Die Feige wird seit Urzeiten gezüchtet. Nach Griechenland kam sie erst 700 v. Chr. Sie wurde dort so wichtig, daß zu den Hauptnahrungsmitteln des Altertums: Weintrauben, Zwiebeln, Käse und Weizenbrot bald die Feige als fester Bestandteil hinzukam. Viele griechische Autoren erwähnen und loben sie. Die phönizischen Seefahrer verbreiteten sie auch in Italien und den anderen Mittelmeerländern, spanische Franziskaner pflanzten im 18. Jahrhundert Feigen an der Pazifikküste in Südkalifornien. Siedler brachten sie mit an die amerikanische

Ostküste, von Virginia an südwärts. Sie wächst heute in allen Ländern zwischen dem 20. und 45. Breitengrad der nördlichen und südlichen Erdhälfte. Trotzdem ist sie in ihrer Heimat nach wie vor am wichtigsten. Im Mittelmeergebiet werden 90% der Weltproduktion erzeugt. In manchen Gegenden verzehrt man durchschnittlich mehr als 80 kg getrocknete Feigen pro Person jährlich. Für den Menschen nicht verwertbare Früchte dienen als Viehfutter.

ERSCHEINUNGS-
BILD
Die Feige gehört zu den Laub abwerfenden Gehölzen, kann in sehr mildem Klima aber auch immergrün sein. Sie wächst meist zu einem 8–10 m hohen Baum heran, es gibt aber auch einzelne Exemplare, die 25 m erreichen. In kühlerem Klima ist es vorteilhaft, sie zu einem Strauch zurückzuschneiden. Erfriert ein Stamm, könnten andere überleben. Der Strauch mit seinen 3 bis 4 Ästen bildet eine dichte, niedrige Krone. Besonders hervorzuheben sind die meist fünflappigen, markanten, glänzenden dunkelgrünen Feigenblätter. Ihre Unterseite ist hellgrün. Die winzigen Blüten befinden sich in becherförmigen Hohlräumen, die in den Blattachseln entspringen. Später wachsen daraus birnenförmige Feigen heran. Die Blütenbehälter und später die Außenhaut sind eigentlich die Fruchtböden.

TYPEN
Es gibt verschiedene Feigentypen:

1. Die Bocks- oder Holzfeige *(Ficus carica sylvestris)*, die sich aus der Wildfeige entwickelt hat oder nach Ochse die Wildfeige darstellt. Man kann sie nicht essen. Sie zeichnet sich dadurch aus, daß sich in ihren Hohlräumen nicht nur weibliche Blütchen befinden, wie das bei den anderen Feigengruppen der Fall ist, sondern auch männliche. In den Blüten der Bocksfeige entwickeln sich winzige Gallwespen, die nötig sind, um mit dem Pollen der männlichen Blüten die eßbaren, nur weiblichen
2. Smyrnafeigen *(Ficus carica smirniaca)* zu befruchten. Ohne Befruchtung entstehen keine reifen Früchte, sondern die Fruchtansätze fallen ab, wenn sie 2,5 cm Durchmesser erreicht haben.
Das Übertragen von Pollen durch die Gallwespen nennt man Caprifikation. Schon seit dem Altertum hängt man einen Ast mit Holzfeigen in die blühenden Bäume, doch hat man die Rolle der Gallwespen erst verstanden, nachdem die schon früh gepflanzten Smyrnafeigenbäume in den USA nicht trugen. Die Pflanzer lachten über eine Bemerkung in einem Buch, daß kleinasiatische Griechen kleine Insekten für die Befruchtung verantwortlich machten. Man glaubte, es läge am Klima.
John Bleasdale, der in Portugal gewesen war, informierte Pflanzer um 1870 herum über die Caprifikation. Daraufhin organisierten energische Plantagenbesitzer 14 000 Stecklinge von Smyrna- und Holzfeigen und verteilten sie über Kalifornien (aber keine Insekten!). Inzwischen versuchten die türkischen Feigenbauern zu verhindern, daß die Gallwespe nach Kalifornien kam. Walter Swingle besorgte aber 1899 algerische Gallwespen. Zufällig wurden diese Insekten schon einmal eingeschleppt, als man die Wintergeneration der Wespe mit den Früchten von Holzfeigenstecklingen 1869 auf die Gates-Farm bei Modesto brachte. Die ganze Sache ist ein faszinierendes Kapitel der Obstgeschichte.
Nach Einführung der Wespe blühte in Kalifornien die Feigenindustrie auf, denn nur die Smyrnafeigen eignen sich zur Verarbeitung in Trockenfeigen. Feigen für

den Frischverzehr sollten möglichst reif, aber vor dem völligen Weichwerden geerntet und per Expreß verschickt werden. Kurze Zeit nach dem Pflücken sind sie dann eßbar, verderben aber schnell. Allerdings können sie, gelagert in Kühlräumen bei 0–4° C, mehrere Wochen aufbewahrt werden. Ihre kurze Haltbarkeit verhindert, daß Frischfeigen jemals in großem Umfang auf unsere Märkte kommen werden, obwohl sie hie und da – im September, aber auch Januar – bei uns zu finden sind. Der Export dieses Obstes findet daher vorwiegend in Form von Trockenfrüchten statt. Für die Erzeugung von Trokkenfeigen ist ein Klima nötig, das im Juni/Juli möglichst regenfrei ist, so daß die Feigen am Baum trocknen und schrumpfen können. Danach legt man sie in kochendes Salzwasser und dörrt sie anschließend in der Sonne oder in Trockenhäusern noch 3 bis 5 Tage weiter. Griechenland verpackt dieses Produkt dann als Naturalfeigen. In der Türkei setzt man die Früchte noch Wasserdampf aus oder wirft sie in kochendes Wasser und preßt sie später zu Tafeln, was sie ungleich zarter und delikater werden läßt. Die kleinen Samen im Inneren verleihen den Smyrnafeigen einen kernigen Nußgeschmack.

3. Gewöhnliche oder adriatische Feigen *(Ficus carica hortensis)*. Dieser Typ ist es gewesen, den die Franziskaner in Mexiko und Kalifornien einführten und der in Spanien seit Jahrhunderten gezüchtet wurde. Er muß nicht bestäubt werden, nur deshalb konnten damals Feigengärten ohne Wespen erfolgreich angelegt werden. Zu diesem Typ zählen die in Kalifornien sehr beliebten *Celeste* und *Brown Turkey* oder die italienischen *Kadota*. Wenn in den Regalen unserer Läden Dosen mit der Aufschrift *Kadota-Feigen* stehen, dann sind das ganz normale Feigen, keine feigenähnlichen Gewächse, sie eignen sich nur, wie auch *Celeste*, besonders zum Einkochen.

4. San-Pedro-Typ *(Ficus carica intermedia)*. Diese Feige vereint die Charakterzüge des Smyrnatyps mit dem adriatischen Typ.

DREI
ERNTEN

Feigen bringen in günstigem Klima drei Ernten hervor. Beim San-Pedro-Typ reift die Frühjahrsernte von April bis Juni unbestäubt heran, während die Sommerernte (Juni bis November) bestäubt werden muß. Die Sommerernte ist gewöhnlich die beste, was Qualität und Menge angeht, nur sie wird bei den Smyrnafeigen getrocknet. Feigenbäume in kühleren Zonen, wie z. B. in Deutschland, tragen nur einmal Sommerfrüchte (im September). Im Herbst/ Winter (Dezember/Januar) ist in warmen Ländern eine dritte Ernte möglich. Feigenbäume gedeihen am besten im Mittelmeerklima: in heißem trockenen Sommer und kühlem feuchten Winter.

KLIMA-
ANSPRÜCHE

Da die Feige in vielen Gegenden der Welt kultiviert wird, haben sich etwa 100 Sorten herauskristallisiert, je nach den klimatischen Bedingungen der einzelnen Landstriche. In jedem Fall braucht die Feige Lehm- oder schweren Boden, der feucht bleibt. In Sandboden, der leicht austrocknet, würden die Wurzeln von Nematoden befallen werden, es sei denn, die Feige wächst an Mauern und kann sich mit den Wurzeln darunter ausbreiten. Das gilt für trockene südliche Länder. Feigen werden in den nördlichen USA auch in Gewächshäusern gehalten und bringen darin zwei Ernten.
Junge, schnell wachsende Pflanzen sind frostempfindlich und müssen eingepackt werden. Es wird sogar empfohlen, sie niederzulegen und mit Erde zu bedecken.

Später können sie bis −10° C Kälte ertragen, doch das kommt auf die Sorte an. Manche Sorte ist für kühlere Zonen geeignet, eine andere nur für warme. Ein Obstzüchter erzählte mir, daß man den Schotten empfehlen würde, Feigenbäume anzubauen. Diese müßten natürlich sehr gut gegen Wind geschützt werden, den sie nicht vertragen, ebensowenig wie Nebel und kalte Sommer. Schottland habe aber, abgesehen vom Wind, ein mildes Klima. Um die Reife der Früchte unter schwierigen Bedingungen zu beschleunigen, hilft es, die fast ausgewachsenen Feigen mit Öl einzureiben.

SORTEN Die unendlich vielen Feigensorten unterscheiden sich in Form, Farbe der Haut und des Fruchtfleisches. Es gibt runde, ovale oder birnenförmige Feigen. Die Haut kann grün, fahlgelb, hellbraun, rotbraun, dunkelrot-schwarz sein. Das Fleisch ist meistens weiß oder hat verschiedene Rotschattierungen. Es kann schmelzend, würzig, saftig oder – bei alten Sorten – trocken sein. Gute Feigenanbaugebiete wie Baja California und Sonora, aber auch Südafrika, Neuseeland, Australien, Tasmanien, Nordindien, Algerien und andere Mittelmeerländer haben über 400 Sorten entwickelt. Das wichtigste Zentrum dieser Aktivitäten sind Versuchsstationen der Universität von Kalifornien. Kalifornien hat mehr für die Entwicklung der Feige getan als alle anderen Länder der Welt.
Feigenbäume sollen nicht viel geschnitten werden. Sie können sehr schnell tragen, oft schon im zweiten oder dritten Jahr. In kaltem Klima wachsen sie aber weitaus langsamer. Die Feigenbäume sind schöne, dekorative Bäume, die eine lange Lebenszeit haben. Sie werden 50, 75, 100 Jahre alt. Sie schicken ihre Wurzeln 8 m tief in den Boden und 15 m in den Umkreis; sie müssen daher in weiten Abständen gepflanzt werden.

VITAMINGEHALT UND WIRKSAMKEIT Unreife Feigen, auch das Holz und die Blätter, enthalten – wie schon erwähnt – Latex. In dem Latex sind das Eiweiß spaltende Ferment Ficin sowie Lipasen und Enzyme, die Hautausschläge und Juckreiz hervorrufen können. Reife Feigen haben das Latex umgewandelt, erhalten geblieben sind aber die verdauungsfördernden Wirkungen der Früchte. Sie helfen auch gegen Störungen im Zellstoffwechsel und bei Gallenleiden. Aus getrockneten Feigen bereitet man Brusttee, geröstete Feigen sind als Karlsbader Kaffeegewürz ein bekannter Kaffeezusatz. Getrocknete Feigen enthalten viel Zucker (51,4%) und Kalzium (200 mg), auch Eiweiß, Vitamin A und B$_1$. Kalifornische Feigen sind übrigens besonders gehaltvoll. Sie haben 1,5% mehr Zucker und 1,75% mehr Eiweiß als die griechischen und türkischen.
Unsere Importe an Trockenfeigen kommen aber alle aus der Türkei und Griechenland, die Frischfrüchte im Herbst aus Italien, aus Brasilien von Dezember bis Mai.
In Griechenland ißt man die Feigen – wie in alten Zeiten – zu Käse, wozu sie sehr delikat sind. Ich finde sie besonders gut zu Appenzeller. In den Feigen anbauenden Ländern bereitet man Marmelade aus ihnen und kocht sie ein. Bolivien bietet vorzügliche dunkle Feigenmarmelade auf dem Weltmarkt an. Besonders delikat und würzig finde ich grüne Feigenmarmelade aus Italien. Die spanische Sitte, harte, schnittfeste Fruchtpaste herzustellen, haben auch die lateinamerikanischen Länder übernommen. Brasilien offeriert Dosen mit vier Fruchtpasten aus: Feigen, Papayas, Guaven und Pfirsichen. Die Guavenpaste ist weitaus am delikatesten. Feigen mit Nüssen werden zu Feigenkäse, Feigenkuchen oder

Feigenmus verarbeitet. Man füllt auch Feigen mit Nüssen, was eine Art Konfekt ergibt. – Aus frischen Feigen lassen sich erlesene Desserts zubereiten, auch Wein stellt man aus ihnen her.

Die Feige stand 1950 mit 1,2 Millionen Tonnen an 13. Stelle in der Weltobstproduktion.

Wir lieben die frischen blauen Feigen, die ab und zu im Herbst aus Italien, später im Winter oder Frühjahr aus Brasilien zu uns kommen. Da sie meist sehr süß und dazu ziemlich teuer sind, schäle ich sie nie; man würde ja von der kleinen Feige nochmals etwas wegwerfen.

In den Feigen anbauenden Ländern werden sie in vornehmen Haushalten geschält und auf Eis als Nachtisch serviert. Frische Feigen lassen sich wunderbar mit anderen Zutaten kombinieren, was ihren Geschmack aufs beste hervorhebt. Zu all diesen Gerichten kann man auch Dosenfeigen verwenden. Ich möchte aber bemerken, daß ich das Rezept: »Feigen auf orientalische Art« als nicht besonders gut empfunden habe – und das bedeutet gerade, Feigen in Zuckerlösung gekocht! Frische Feigen schmecken viel besser als die aus der Dose, was für die meisten Obstsorten gilt. Kocht man sie selbst, so kann man den Kochprozeß schneller und schonender handhaben, während eingekochtes Obst viel länger heiß bleibt und damit an Geschmack verliert.

## REZEPTE

Werden die Feigen gekocht, so finde ich es besser, etwas weniger Flüssigkeit zur Zubereitung zu verwenden und die Früchte in zwei Portionen garen zu lassen, als hinterher die Hälfte des Kochsudes wegzugießen.

### Feigen mit Himbeerpüree                          *Zubereitung 12 Minuten*

*12 Feigen*                          *2 EL Zucker*
*200 g Schlagsahne*                  *2 gehäufte EL Himbeerpüree*

Die Feigen vierteln, Schlagsahne steif schlagen, Zucker und Himbeerpüree zugeben. Die Feigen in eine Schüssel legen und mit der Schlagsahne bedeckt auftragen.

### Feigen mit Passionsfruchtmark                          *Zubereitung 12 Minuten*

*12 Feigen*                          *2 EL Zucker*
*200 g Schlagsahne*                  *2 Passionsfrüchte*

Die Zubereitung ist wie im vorhergehenden Rezept, nur vermischt man die Sahne nicht mit den Himbeeren, sondern schneidet statt dessen die Passionsfrüchte auf und zieht das geleeartige, kernreiche Fruchtmark sowie den Zucker unter die Schlagsahne. Der Geschmack von Feigen und Passionsfrüchten harmoniert ausgezeichnet.

### Feigen mit Kirschwasser                          *Zubereitung 10 Minuten*

*12 Feigen*                          *200 g Sahne*
*4 EL Zucker*                        *4 EL Kirschwasser*

Acerola

Ambarella

Langsat

Rosella

Tafel 11

blaue Feige

grüne Feige

Maulbeere

Jackfrucht
(Nangka)
(1/6)

Tafel 12

Die Feigen halbieren, die aufgeschnittenen Hälften mit je einer Prise Zucker bestreuen, das Kirschwasser darüberträufeln. Zwei Stunden ziehen lassen. Danach die Sahne schlagen, mit 2 EL Zucker süßen und zusammen mit den gekühlten Feigen servieren.

### Feigen auf griechische Art                    *Zubereitung 15 Minuten*

*½ l Weißwein*                                   *100 g Zucker*
*Saft einer Zitrone*                             *12 Feigen*

Den Weißwein mit Zitronensaft und Zucker zum Kochen bringen. Die Feigen in die Flüssigkeit legen, zum Sieden bringen, dann 3 Minuten leise kochen, umwenden und nochmals 3 Minuten ziehen lassen. Die Früchte mit einem Schaumlöffel herausheben, in einer hübschen Schüssel in den Eisschrank stellen. Den abgekühlten Wein darübergießen und kalt auftragen.

### Feigen in Portwein                           *Zubereitung 10 Minuten*

*250 g Zucker*                                   *¼ l Portwein*
*⅓ l Wasser*                                     *12 Feigen*

Zucker und Wasser zum Kochen bringen, einige Minuten kochen lassen. Falls sich Schaum bildet, diesen abheben. Den Portwein zugießen, ebenfalls zum Kochen bringen. Die Feigen wie im vorhergehenden Rezept je 3 Minuten in der Flüssigkeit leise köcheln lassen. Aus dem Kochsud herausheben, abkühlen lassen, mit dem Portwein übergossen kalt auftragen.

### Feigenkompott                                *Zubereitung 10 Minuten*

*½ l Wasser*                                     *150 g Zucker*
*1 Vanilleschote*                                *12 Feigen*
                                                 *8 EL Kirschwasser*

Das Wasser zum Kochen bringen, die Vanilleschote aufschneiden und hinzufügen, ebenso den Zucker. Die Früchte wie im Rezept »Feigen auf griechische Art« darin garziehen lassen. Die Feigen herausheben, dem Kochsud das Kirschwasser hinzufügen. Die abgekühlte Flüssigkeit über die Früchte gießen und den Nachtisch kalt servieren.

### Pfirsich mit Feigen                          *Zubereitung 6 Minuten*

*Pro Person:*
*1 kleiner oder*                                 *1 EL Erdbeermus aus je*
*½ großer Pfirsich*                              *3 großen Erdbeeren*
*1 TL Zucker*                                    *2 gehäufte EL gesüßte Sahne*
*1 TL Kirschwasser*                              *1 frische blaue Feige*
*1 gehäufter TL gehackte*
*Mandeln oder Krokant*

Die Pfirsiche halbieren und mit der Öffnung nach oben in Kompottschälchen legen. Einzuckern und mit Kirschwasser beträufeln. 1 bis 2 Stunden stehenlassen. Danach das Erdbeermus auf die Pfirsichhälften verteilen, die Sahne daraufspritzen, eine Feige in die Sahne drücken und die Sahne mit Mandeln oder Krokant bestreuen. Diese Nachspeise schmeckt ausgezeichnet.

## Feigensalat

| | |
|---|---|
| *12 Feigen* | *2 EL Cognac* |
| *3 EL Puderzucker* | *1 Tasse Portwein* |
| *2 EL Curaçao* | |

Die Feigen vierteln, mit Puderzucker übersieben, mit Curaçao und Cognac beträufeln. 1 bis 2 Stunden ziehen lassen. Vor dem Auftragen den Portwein über die Feigen gießen.

## Obstsalat mit Feigen

| | |
|---|---|
| *1 Apfel* | *2 EL Rosinen* |
| *2 Bananen* | *40 g Zucker* |
| *2 Orangen* | *200 g Schlagsahne* |
| *4–6 Feigen* | *2 EL Zucker* |

Das Obst schälen, klein schneiden, die Rosinen waschen und verlesen, alles mischen. 40 g Zucker darüberstreuen. Im Kühlschrank einige Stunden ziehen lassen.
Die Sahne schlagen und mit 2 EL Zucker süßen. Den Obstsalat entweder mit der Sahne bedeckt oder die Sahne extra dazu servieren.

## Konservierte Feigen

Vor mir liegen viele orientalische Kochbücher. Ich finde es merkwürdig, daß im griechischen und irakischen nicht ein einziges Feigenrezept zu finden ist. Im türkischen ist eines: »Getrocknete Feigen in Sirup«, im jüdischen sind zwei angegeben: »Grüne Feigen in Sirup«, »Marmelade von getrockneten Feigen«. Das ceylonesische Kochbuch enthält die gleichen Rezepte.
Feigen werden demnach, frisch oder getrocknet, meist unverarbeitet gegessen. Das spricht eigentlich für ihre Beliebtheit. Die enormen Orangen-, Äpfel- und Bananenmengen der Weltobsternte werden ja auch zum größten Teil frisch verzehrt.

Ich möchte mich deshalb auf ganz wenige, aber gute Rezepte mit Feigen beschränken. Eingelegte grüne Feigen finden sich in fast jedem Kochbuch, in Kenia, Ägypten, Venezuela, Peru, Brasilien. In Deutschland, das zum Glück den niedrigsten Zuckerverbrauch in Europa hat, ist dieses übersüße Rezept sicher nicht gefragt.

## Marmelade von grünen Feigen

| | |
|---|---|
| *725 g Zucker* | *als Würze entweder:* |
| *½ l Wasser* | *3 Nelken oder* |
| *Saft einer Zitrone* | *2 EL Orangenblütenwasser oder:* |
| *1 kg grüne, noch* | *Schale einer Zitrone oder* |
| *nicht ganz reife* | *die Kernchen einer* |
| *Feigen* | *Vanilleschote* |

Zucker, Wasser, das gewünschte Aroma und den Zitronensaft aufkochen lassen und so lange kochen, bis der Sirup dickflüssiger geworden ist. In der Zwischenzeit die Feigen sorgfältig waschen (nur solche mit intakter Haut verwenden), in kleine Stücke schneiden. In die heiße Flüssigkeit geben und über Nacht stehenlassen. Am nächsten Tage so lange kochen, bis die Marmelade streichfähig geworden ist. In Gläser füllen und zubinden.

## Kompott von unreifen Feigen *(Brasilien)*

| | |
|---|---|
| *⅛ l Wasser* | *¼ Stange Zimt* |
| *150 g Zucker* | *725 g grüne, noch unreife Feigen* |
| *3 Nelken* | *⅛ l Cognac* |

Das Wasser mit Zucker, Nelken, Zimt und Cognac einige Minuten kochen lassen. Von den Feigen die Stiele abschneiden, die Früchte zugeben und auf kleiner Flamme gar werden lassen. Ist alles abgekühlt, kalt auftragen.

Diese Früchte ißt man mit Käse, zu Fleisch, als Nachtisch und zu Vanilleeis. Man kann die Feigen auch in vier Teile schneiden; sie sind dann schneller weich und müssen noch vorsichtiger gekocht werden, damit sie nicht zerfallen.

GETROCKNETE
FEIGEN

Wenn man getrocknete Feigen bäckt oder kocht, riecht es ländlich - nach Heu.

## Feigenmus mit Nüssen *(Libanon)*

| | |
|---|---|
| *1 kg getrocknete Feigen* | *1½ TL gerösteter Sesam* |
| *3 Tassen Zucker* | *¼ TL feingemahlener Mastix (eine* |
| *3 Tassen Wasser* | *gummiartige Substanz, kann man* |
| *Saft einer Zitrone* | *auch weglassen)* |
| *¼ Tasse Pinienkerne* | *½ EL Butter* |
| *1¼ TL gemahlener Anis* | *½ Tasse Walnußkerne* |

Diese köstliche und nahrhafte Marmelade (die Butter darunter kann man sparen) hält sich monatelang unverschlossen an einem kühlen Ort. Man kann sie auch als Nachspeise essen.
Die trockenen Feigen in kleine Stücke schneiden. Zucker und Wasser zum Kochen bringen. Zitronensaft und Feigen zugeben und auf kleiner Flamme kochen lassen. Bei Bedarf ab und zu etwas Wasser zugießen. Langsam die Hitze höher stellen und dauernd rühren, damit das Mus nicht anbrennt. Die restlichen Zutaten außer Mastix, Butter und 1 EL Walnußkerne zugeben, auf kleinem Feuer noch einige Minuten kochen lassen. Vom Feuer nehmen. Mastix einrühren. In saubere Steintöpfe einfüllen. Die Oberfläche mit 1 EL Walnüssen verzieren, die leicht in Butter angeröstet wurden.
Dieses Mus ist interessant gewürzt, aber übersüß für meinen Geschmack. Ich glaube, 1½ Tassen Zucker würden dafür völlig ausreichen.

## Feigenmus *(altjüdisch)*

| | |
|---|---|
| *250 g getrocknete Feigen* | *500 g saure Äpfel* |
| *125 g Rosinen* | *Zucker nach Geschmack (es ist auch* |
| *Saft einer Zitrone* | *ohne Zucker süß genug)* |
| *1 Tasse Walnüsse* | |

Die Feigen waschen, in vier Teile schneiden, den Stielansatz entfernen. Mit wenig Wasser bedecken und mindestens zwei Stunden stehenlassen. Die Rosinen in Wasser einige Zeit quellen lassen, dann ebenfalls mehrere Male waschen. Die

Stiele entfernen und die verlesenen Rosinen zu den Feigen geben. Zum Kochen bringen. Mindestens 15 Minuten garen lassen, aber darauf achten, daß nichts anbrennt. Bei Bedarf ab und zu etwas Wasser zugießen. Inzwischen die Äpfel schälen und vierteln. Mit dem Zitronensaft zu den Feigen geben und weichkochen lassen. Mit dem Mixer pürieren. Am Ende die Nüsse hinzufügen und das Mus nach einigen Minuten vom Feuer nehmen.

Es hält sich einige Zeit im Kühlschrank und ist sehr derb und herzhaft. Es paßt zu Haferflockenmüsli: Rohe Flocken mit Milch, Honig und ein wenig Sahne anrühren, dazu 1–2 EL Feigenmus - eine gelungene Abwechslung des Speisezettels.

### Rustikales Feigenbrot                               *Zubereitung 45 Minuten*

| | |
|---|---|
| *500 g getrocknete Feigen* | *abgeriebene Schale einer Zitrone* |
| *100 g Butter* | *100 g feine Haferflocken* |
| *100 g Zucker* | *100 g Vollkornweizenmehl* |
| *1 TL Anis* | *100 g gehackte Walnüsse* |
| *evtl. ¼ TL feingemahlener Mastix* | *100 g Pinienkerne (nach Belieben)* |
| | *200 g Eiweiß (von ca. 5 Eiern)* |

Eine große Kastenform mit Pergamentpapier auslegen. Die Feigen am Vorabend in Wasser einweichen und über Nacht stehenlassen. Am nächsten Tag abtropfen lassen, die Stielenden entfernen und die Früchte in kleine Stücke schneiden. Butter und Zucker mit der Küchenmaschine schaumig rühren; Anis, Zitronenschale, Haferflocken, Weizenmehl, Walnüsse, eventuell Pinienkerne und Mastix zugeben, alles gut mischen. Das Eiweiß steif schlagen, einen Teil mit dem Teig verrühren, den Rest vorsichtig unterheben.

Den Teig in die Kastenform geben. Wenn man mag, kann man ihn mit 1 EL Sesamkernen (gibt's in türkischen Geschäften) bestreuen. Eine Stunde bei Stufe 4 (210° C) backen.

Dieses Rezept ist keine erlesene Delikatesse, sondern ein herzhaftes Früchtebrot, das – mit Butter bestrichen – zu Tee oder Kaffee angeboten werden kann. Hutzelbrot ist viel delikater, aber auch wesentlich teurer.

Mastix ist das Harz des Mastixstrauchs. Unsere Tochter hat es in Israel vergeblich gesucht. Es ist in Griechenland zu haben, sicher auch in Beirut und Kairo. Es ist sehr teuer. Im Rohzustand schmeckt es bitter, aber es verleiht den Speisen einen ähnlich edlen Harzgeschmack wie Piniennüsse. Ich finde es sehr apart; Mangos haben ebenfalls dieses Aroma.

### Feigenmakronen

| | |
|---|---|
| *4 Eiweiß* | *250 g getrocknete Feigen, gewürfelt,* |
| *200 g Puderzucker* | *verlesen und entstielt* |
| *1 Päckchen Vanillezucker* | *200 g Rosinen* |
| *250 g geschälte, kleingehackte* | *100 g Korinthen* |
| *Mandeln* | *Backoblaten* |

Das Eiweiß steif schlagen, den Zucker nach und nach zugeben. Die übrigen Zutaten daraufschütten und vorsichtig unter den Eischnee ziehen. Kleine Häufchen der Masse mit einem Teelöffel auf Backoblaten setzen und bei Stufe 2 (170° C) backen, bis das Eiweiß gelblich und fest geworden ist.

**Weihnachtskekse** *(Jugoslawien)*

| | |
|---|---|
| *2 Eier* | *100 g getrocknete, gehackte Feigen* |
| *150 g Zucker* | *50 g geriebene Schokolade* |
| *150 g gehackte Nüsse* | *150 g Mehl* |
| *100 g Rosinen* | |

Eier und Zucker 10 Minuten rühren. Alle übrigen Zutaten zufügen und gut vermischen. Aus dem Teig drei Würste formen. Auf ein Backblech legen und bei Stufe 1 (150° C) im Backofen 1 bis 2 Stunden trocknen lassen. Noch warm in Scheiben schneiden.

## Maulbeere *(Morus alba, M. rubra und M. nigra)*

Der bis 10 Meter hohe Maulbeerbaum bringt – je nach Sorte – entweder gelblich-weiße *(M. alba)*, tief dunkelrote *(M. rubra)* oder schwarze Früchte *(M. nigra)* hervor. Die Beeren ähneln Brombeeren, doch sind sie keine Sammel-, sondern echte Steinfrüchte. Die Maulbeere kann auch als Heckenpflanze gehalten werden.

### Die weiße Maulbeere *(Morus alba)*

hat helles Laub, ihre Beeren können sowohl hell als auch dunkel gefärbt sein. Diese Art kommt aus China, wo von alters her die Seidenraupen mit Maulbeer-blättern gefüttert wurden. Zwar könnte man dazu auch *M. rubra* oder *M. nigra* verwenden, aber *M. alba* in verschiedenen Sorten ist dafür ganz besonders geeignet, weil ihre Blätter nicht so rauh und behaart sind wie die der anderen Maulbeersorten.
Im 19. Jahrhundert führte man *M. alba* in die USA ein und dachte an Seidenge-winnung. Inzwischen haben sich daraus merkwürdigerweise beliebte Obst-bäume für den Hausgarten entwickelt, denn als Obst wird sonst *M. nigra* bevorzugt. Die Früchte von *M. alba* sind süß – vielen Leuten zu süß –, saftig und weich. Sie fallen herunter, wenn sie reif sind, was man sich zunutze macht, indem man Planen ausbreitet und die Bäume zur Ernte schüttelt. Sorten, die gute Früchte tragen sollen, sind: *New American, Thorburn* und *Trowbridge*. Vögel und Schweine sind gierig auf diese Beeren.
Eine winterharte Sorte mit kleinen, faden Beeren haben 1875 die Mennoniten aus Rußland mitgebracht *(M. tartarica)*. Diese Maulbeere dient als Unterlage für die anderen, außerdem ist sie in den Plains beliebt als Heckenpflanze. Sie ist anspruchslos, verträgt Trockenheit und dient als guter Windschutz.

### Die rote Maulbeere *(Morus rubra)*

ist in den USA heimisch. Sie wird in den Südstaaten als Heckenpflanze um Schweineweiden verwendet, da die Schweine diese Beeren sehr schätzen. Man bezeichnet sie dort als *Hicks* und *Stubbs*. *M. rubra* kann über 20 Meter hoch werden. Das Holz verwendet man zu Pfählen und Schnitzarbeiten. Der Geschmack dieser Beeren kann sehr gut sein, er ist angenehm säuerlich. Die Früchte sind unterschiedlich in ihrer Größe. Manche Bäume tragen kleine, andere große Maulbeeren. Eine großfruchtige Beere ist die *Lampasas*-Maul-beere.

149

### Die schwarze Maulbeere *(Morus nigra)*

Es gibt gute Sorten von *Morus nigra*, die ihrer Früchte wegen gezüchtet werden. Sie ist in Westasien, u. a. im Kaukasus, zu Hause und kam schon im Altertum nach Italien, wo sie von Horaz und Vergil erwähnt und in Pompeji dargestellt wurde. *Morus nigra* gedeiht in geschützten Lagen auch im Ostteil der USA, ist aber mehr an der Pazifikküste und im Süden verbreitet (Sorte *Black Persian*). Obwohl inzwischen von allen drei Maulbeerbaumarten gute Obstsorten gezüchtet wurden, ist die Maulbeere kein wichtiges Obst. Das Blattwerk ist interessant, da es sehr variabel ist. Der gleiche Baum kann verschieden geformte Blätter haben. Auch gibt es eine dekorative Hängepflanze: »Teas weinende Maulbeere«. Die in den Hausgärten wachsenden Beeren verwendet man in den Subtropen, um Saft, Sirup, Wein, Gelee und Marmelade herzustellen. Den dunkelroten Saft benutzt man auch als Speisefarbe.
Gelegentlich sind frische schwarze Maulbeeren auf dem deutschen Markt im Juni/Juli aus Italien, Spanien oder Ägypten zu finden.
In Griechenland verwendet man diese Frucht, um Schnaps (Raki) daraus zu brennen. Im Libanon und in Ägypten bereitet man Maulbeersirup, der auch zu Vanilleeiscreme als Soße aufgetragen wird.
Die Maulbeere enthält eine bemerkenswerte Menge Vitamin $B_2$.

---

### REZEPTE

#### Maulbeersirup *(Libanon)*

Zur Zubereitung Gummihandschuhe anziehen, denn der Saft greift die Hände an!

Reife schwarze Beeren verwenden, zu denen auch ein paar noch nicht ganz reife rote Beeren hinzugefügt werden können. Die Beeren entweder mit dem Mixer zerkleinern und durch ein Sieb rühren oder in ein Leinentuch geben und auspressen. Den Saft abmessen. Pro Tasse Saft zwei Tassen Zucker und den Saft einer halben Zitrone zugeben. Nur Keramik-, Plastik- oder Emaillegeschirr mit den Beeren und dem Saft in Berührung bringen, der Saft verfärbt sich sonst. Unter Umrühren mit einem Holzlöffel zum Kochen bringen und so lange leise köcheln lassen, bis er etwas eingedickt ist. In saubere Gläser oder Flaschen füllen und aufbewahren.
Im vorderen Orient bewirten die Hausfrauen ihre Gäste an heißen Tagen mit einem kühlen, erfrischenden Getränk, zu dem sie einen Eßlöffel oder etwas mehr Maulbeersirup in ein Glas geben und mit Eiswasser auffüllen.

#### Maulbeermarmelade *(Ceylon/Sri Lanka)*

| | |
|---|---|
| *500 g Maulbeeren* | *375 g Zucker* |
| *⅛ l Wasser* | *1 EL Limettensaft* |

Die Maulbeeren sollen gerade reif und nicht zu weich sein. Die Früchte entstielen und verlesen, waschen und abtropfen lassen. Mit dem Wasser zum Kochen bringen, einige Minuten kochen lassen. Zucker und Limettensaft zugeben und unter Rühren langsam fest werden lassen.

**Maulbeerpie** *(England)*

*Teig:*
*1 Päckchen Blätterteig (300 g),*
*aufgetaut, oder der Pieteig*
*vom Rhabarberpie (s. Seite 216)*
*750 g reife, nicht zu*
*weiche Maulbeeren*

*100 g Zucker*
*abgeriebene Schale und*
*Saft einer Zitrone*
*1 Eigelb,*
*mit 1 EL Milch verrührt*
*(nur bei Verwendung des Pieteigs)*

Die Maulbeeren waschen, verlesen, mit Zucker, Zitronensaft und -schale vermischen und stehenlassen.

Bei der Piebereitung gibt es drei Möglichkeiten: entweder man belegt den Boden einer Auflaufform mit Blätterteig oder man gibt die Beeren in die Form und bedeckt sie nach englischer Art mit einem Deckel aus Blätterteig oder man bereitet den Pieteig von Seite 216 und kleidet den Boden aus, der gefüllt und mit einem Teigdeckel geschlossen wird. Den Deckel mit Eigelb bestreichen, Löcher einstechen, damit der Dampf entweichen kann, und 40 Minuten backen. Dazu serviert man Vanillesoße, die entweder mit einem fertigen, im Handel erhältlichen Soßenpulver zubereitet wird oder nach folgendem Rezept:

*Vanillesoße:*
*½ l Milch*
*½ Vanilleschote, aufgeschnitten,*
*das Innere herausgeschabt*

*1 EL Zucker*
*1 schwach gehäufter TL Maismehl*
*2 Eigelb*

⅜ l Milch, Zucker und Vanilleschote aufkochen, mit einem Teil der restlichen Milch die Speisestärke, mit dem anderen Teil das Eigelb verrühren. Das angerührte Maismehl zugeben, einmal aufkochen lassen. Vom Feuer nehmen, die Eiermilch zugießen, mit dem Schneebesen unterschlagen und beim Erkalten ab und zu umrühren.

### Maulbeerkuchen

Entweder rollt man ein aufgetautes Päckchen Blätterteig aus und kleidet damit den Boden und den Rand einer Springform aus oder man verwendet:

*150 g Mehl*
*75 g Butter*

*1 Ei*
*1 Prise Salz*

Daraus bereitet man einen Mürbeteig, mit dem die Form belegt wird. Darauf gibt man die eingezuckerten Maulbeeren, wie unter »Maulbeerpie« beschrieben. Sie werden mit einer *Creme* bedeckt (Rezept unter »Mangokuchen«, S. 30).

In die Familie der Maulbeergewächse gehört neben Feige und Maulbeere auch der berühmte *Upasbaum*, der von Indien bis zu den Philippinen verbreitet ist. Sein Milchsaft wirkt in der Blutbahn tödlich, er ist deshalb ein Pfeilgift. Außerdem zählen die Brotfruchtbäume dazu, von denen es 20 verschiedene, meist fruchttragende Arten gibt, die alle im tropischen Asien beheimatet sind.

## Die **Brotfrucht** *(Artocarpus communis)* ist mehr ein Gemüse und soll deshalb hier nicht behandelt werden.

Außer Brotfrucht spielen nur noch Nangka und Chempedak als Fruchtbäume eine wichtige Rolle.

# Nangka *(Artocarpus integrifolia* oder *A. heterophylla)*

Jackfrucht, Indien: Jaka, Nordsumatra: Panas (soll von einem Sanskritwort kommen), Tamil: Pilla-kai, Thai: Kho-nun, Brasilien: Jaca de Pará.

HERKUNFT

Die Jackfrucht stammt aus Indien, hat sich aber bis zu den Philippinen schon um die Zeit von Christi Geburt verbreitet. Plinius d. Ä. berichtete zum ersten Mal in Europa von der Nangka. Heute ist diese Frucht sehr beliebt in Südindien, Indonesien und Malaysia, besonders als »pflegeleichte« Hausgartenpflanze; sie ist zwar sporadisch in allen tropischen Ländern zu finden, spielt aber außerhalb Asiens kaum eine Rolle. In Asien gehört sie zur Küchentradition und ist Bestandteil vieler Gerichte, von denen Europäer nur selten Notiz nehmen. Der Jackfruchtbaum wird auch gern als Schattenspender für Kaffee, Mandarinen und als Stütze für Pfeffer gepflanzt. Er findet sich in den südostasiatischen Wäldern, in Malaysia gibt es wenige Sorten, in Südindien viele.

WERT DER FRÜCHTE

Bailey schreibt, die Jackfrucht sei weniger gut als die Brotfrucht und würde nur von Kulis und Einheimischen gegessen. Ein Deutscher, der in Indonesien lebte, sagte mir, von allen Früchten dort seien ihm die Jackfrüchte am liebsten gewesen.

Nach Angaben des Fruchthandels ist der Geschmack feigenähnlich (Schwabfrucht). Ich kenne diese Frucht sowohl aus der Dose als auch frisch. Sie war 1980 in Gießen zu finden und hat mir gut geschmeckt; ich finde, sie erinnert im Aroma an Honig. Da die Bäume aus Kernen gezogen werden, unterscheiden sie sich stark, was Form, Größe und Qualität der Früchte anbelangt. Stecklinge würden zuverlässiger gute Bäume vermehren, aber sie bewurzeln sich nur manchmal.

Wilde Sorten haben trockenes, saures Fleisch. Gute Sorten zeichnen sich durch mehr Süße, durch weiches oder besonders feinfaseriges Fruchtfleisch aus, mit angenehmem Aroma. Es kommt sehr auf die Qualität des Baumes an.

VERWENDUNG

In Jamaika sind nur die Lagen um den Kern süß und ungekocht eßbar, der Rest muß, um das Latex zu beseitigen, gekocht werden. In Asien ißt man das Nangkafleisch als Nachtisch roh; es kommt in Fruchtsalate, man füllt es mit Eis, nachdem die Kerne entfernt und es gut gekühlt worden ist. Es wird mit anderem Gemüse zu Beilagen verarbeitet, man trocknet es oder kocht es in Sirup ein. Kandierte Nangkas, mit Kokosmilch und Zucker gekocht, sollen nach Betty Molesworth-Allen ganz köstlich schmecken. Nangka in Sirup ist in der Bundesrepublik erhältlich, und zwar im Restaurant Ramayana in Frankfurt.

Dort gibt es auch junge Nangkas in Dosen (neuerdings auch in manchen Supermärkten), die man halbreif erntet und als Gemüse, zu Suppen oder eingelegt verwendet. Aus den Blüten bereitet man Getränke oder Sirup zu.

KERNE

Die Kerne der Jackfrucht müssen gekocht werden (das Kochwasser weggießen, es soll giftig sein!). Anschließend können sie in Suppe serviert oder geröstet verzehrt werden. Sie schmecken wie Eßkastanien.

IMPORTE

Frische Nangkas importiert die Bundesrepublik gelegentlich von September bis Dezember aus Kenia und von Januar bis Juni aus Brasilien. Die Früchte haben einen unangenehmen Geruch, der aber nicht so widerwärtig ist wie der des Durian. Konserven werden in Thailand und auf den Philippinen hergestellt.

Der Jackfruchtbaum wird 10-25 Meter hoch, er hat eine rauhe graue Rinde und eine dichte, unregelmäßige oder runde Krone. Wenn er verletzt wird, sondert er einen klebrigen, milchigen Saft ab, der sich nur schwer wieder von den Händen entfernen läßt. Diesen Saft benutzt man zum Ausbessern von Töpferware und als Vogelleim. Die Blätter sind länglich-oval, zur Spitze hin breiter werdend, dunkelgrün und glänzend auf der Oberseite, hell und matt von unten. Sie sind 10–20 cm lang. Der Baum ist einhäusig, hat aber zweigeschlechtliche Blüten. Die männlichen Sammelblüten befinden sich im oberen Teil des Baumes, die weiblichen Einzelblüten im unteren. Beide sind grün. Die männlichen Blüten erscheinen sehr zahlreich, sehen ähnlich aus wie Kätzchen, sind 5-10 cm lang, in der Mitte am dicksten und übersät mit gelbem Pollen, wenn sie reif sind. Sie sitzen auf festen, kurzen Stielen, die in den Blattachseln entspringen. Die weiblichen Blüten kommen direkt aus dem Stamm oder aus sehr dicken, kräftigen Ästen.

SONSTIGER
NUTZEN

Rinde und Blätter sind ein beliebtes Viehfutter. Das gelbe, feste Holz enthält einen sehr widerstandsfähigen, dauerhaften Farbstoff; es wird zu Tischler- und Zimmerarbeiten und für buddhistische Tempel verwendet. Auf den Philippinen macht man Musikinstrumente daraus. Es dunkelt später mahagonifarben nach.

KLIMA-
ANSPRÜCHE

Der Baum entstammt dem tropischen Flachland, toleriert aber auch Höhenlagen und kühlere Temperaturen. Er ist widerstandsfähiger als der Brotfruchtbaum.

ERNTE

Die Singapur-Nangka trägt drei Jahre nach dem Auspflanzen Früchte. Andere Sorten können dazu acht Jahre benötigen. Der Baum produziert sein Obst das ganze Jahr über, mit deutlichen Höhepunkten in der Mitte und am Ende des Jahres. Nach einer anderen Quelle beträgt die Erntezeit vier Monate.
Die Früchte benötigen 3 bis 4 Monate zur Reife. Ein Baum kann 250 Nangkas (45–78 Tonnen) hervorbringen, die neben den Kürbissen die größten Früchte der Erde sind. Sie wiegen 10–35, ja sogar 50 kg und sind 30–80 cm lang und 25–50 cm dick.

AUSSEHEN
DER FRÜCHTE

Die oval bis länglich unregelmäßig geformte Jackfrucht ist mit vielen kleinen, 1/2 cm langen Pickeln besetzt und hell- bis dunkelgelb. Die kräftige Schale muß aufgeschnitten oder aufgehauen werden. Darin befindet sich ein heller, fester Zentralstrang, um den herum taubeneigroße Gebilde in goldgelbes oder zartlila Fruchtfleisch eingebettet sind. Sie enthalten je einen ziemlich (3 × 2 cm) großen braunen Kern, der einen gelatineartigen Überzug aufweist. Eßbar sind nur die dünnen gelben, paprikaförmigen Fasern und die Kerne, der Rest ist Abfall. Diese Früchte in der Frucht sind von einer dünnen Haut umgeben, die man abziehen muß. Die in der Form an Birnen oder Paprika erinnernden Gebilde sind bei guten Sorten weich, saftig und süß-sauer aromatisch. Von den Riesennangkas bleibt auf diese Weise nur ein Drittel Eßbares übrig, das aber sehr nährstoffreich ist, viele Kohlehydrate und einen bemerkenswerten Anteil an Kalzium und Phosphor enthält.

MEDIZINISCHER
WERT

Nach Burkill werden die Wurzeln der Sorte *Nangka bubor* (eine Sorte mit weichem Fleisch) ausgepreßt. Der Saft ist ein Mittel gegen Fieber. Asche aus einem Gemisch von Jackfruchtblättern, Mais und Kokosnußschalen soll gegen Magengeschwüre helfen.
Erhitzte Blätter legt man auf den Philippinen auf Wunden. Die Kerne sollen Fehlgeburten hervorrufen (auf welche Weise, ist nicht erwähnt).

Gekochte Blätter gibt man stillenden Müttern. Andererseits soll das Essen der Früchte durch Stillende der Milch eine schädliche Substanz zufügen.

Das Fleisch soll abführend wirken. Ich kenne jemanden, der nach dem Genuß der Frucht Hitzewallungen bekommt und nicht schlafen kann, was auf eine allergische Reaktion hinzudeuten scheint.

## REZEPTE

**Jackfruchtgemüse** *(Indien, Provinz Maharashtra)*     *Zubereitung 60 Minuten*

Das folgende Rezept soll nur ein Beispiel sein, wie Jackfrucht zubereitet werden könnte. Eine deutsche Hausfrau, die mit ihrer Familie im Ausland lebt, wird sicher andere Gewürze vorziehen.

| | |
|---|---|
| *1 Kokosnuß* | *1 TL Chillipulver* |
| *2 Tassen kochendes Wasser* | *½ TL Cumin (indischer Kümmel)* |
| *1 mittelgroße Jackfrucht* | *einige Korianderblätter* |
| *1 Zwiebel* | *2 TL Zucker* |
| *1 EL Butter, Öl oder Margarine* | *Salz nach Geschmack* |
| *¼ TL Gelbwurz* | |

Das Kokosnußfleisch in Stücke schneiden, in einer Mixette oder Küchenmaschine mahlen. Mit zwei Tassen kochendem Wasser übergießen. Einige Minuten stehenlassen, dann auf ein Sieb geben, das Fleisch mit der Hand portionsweise über dem Sieb auspressen, bis es trocken ist. Die so entstandene Milch aufheben. Die Jackfrucht längs in vier Stücke schneiden. Die Finger anfetten, das Fruchtfleisch herausholen und klein schneiden. Die Zwiebel hacken und in Fett anbräunen. Die Gewürze sowie den Zucker zugeben, ebenso das Jackfruchtfleisch und ein wenig Wasser. Das Gemüse anbraten, aber nicht anbrennen lassen. Die Kokosmilch und Salz hinzufügen, und das Fruchtfleisch so lange leise kochen lassen, bis es weich ist. Das ist ein sogenannter Curry.

Besonders geschätzt und viel zum Kochen verwendet wird die Jackfrucht in Ceylon. Dort ißt man auch die Samen mit, die für die Ernährung wertvoller sind als das Fruchtfleisch.

## Jack-Curry *(singhalesisch)*

| | |
|---|---|
| *36 Früchte mit Samen* | *Curryblätter (s. Anhang)* |
| *aus dem Inneren der* | *2 Zimtstangen* |
| *Jackfrucht* | *3 oder 4 scharfe Chillischoten* |
| *Milch einer Kokosnuß* | *2 EL Kokosnußöl* |
| *(Herstellung siehe oben)* | *etwas Senf, Salz* |
| *6 rote Zwiebeln* | *und Limonensaft* |
| *1 Prise Safran* | *1 EL Öl, ½ TL Senf und* |
| *Chilli nach Geschmack* | *1 rote gehackte Zwiebel* |
| *3 Knoblauchzehen* | *für das Gemüse* |
| *1 EL zerkleinerter Maldivefisch* | |
| *(eine dort viel benutzte Würze, die* | |
| *auch in der Worcestersoße* | |
| *enthalten ist)* | |

Die Haut der Früchte aufschneiden und die Samen herausholen. Ihre Haut abziehen. Die Samen waschen und in einer Mischung aus Wasser, Salz und Safran weichkochen. Die Samen in das sie vorher umgebende Gewebe zurücklegen und alle Zutaten kochen, bis die Masse dick wird. Kurz vor Beendigung der Kochzeit noch Öl, Senf und die gehackte Zwiebel hinzufügen, nach 5 Minuten vom Feuer nehmen.

### Junge Jackfrucht im ganzen *(singhalesisch)*

| | |
|---|---|
| *1 Frucht, die 4–6 Wochen* | *1 kleines Stückchen Zimt* |
| *nach der Blüte geerntet wurde* | *einige Curryblätter* |
| *Saft einer Limone* | *20 kleine Stückchen Kokosnuß* |
| *15 g Gelbwurz und Koriander* | *Salz, Kokosnußmilch* |
| *30 g getrocknete Chillies* | *Kokosnußöl, Senfsamen* |
| *10 kleine rote Zwiebeln* | *1 gehackte rote Zwiebel* |
| *125 g zerkleinerter Maldivefisch* | |

Die grüne Frucht schälen, längs in acht Teile schneiden, die Teile in Scheiben. Das Herz nicht herausholen, sondern etwas begradigen. In Wasser waschen, dem der Limonensaft hinzugefügt wurde. Auf ein Sieb zum Abtropfen geben. Gelbwurz, Koriander und Chillies mahlen. Das Jackfruchtfleisch mit den Gewürzen in einem Topf gut mischen. Die Zwiebeln im ganzen sowie alle Zutaten der Reihe nach, einschließlich der Kokosmilch, hinzufügen und auf lebhaftem Feuer halbweich kochen. Anschließend bei milder Hitze weiterkochen lassen, bis das Fruchtfleisch ganz weich ist. Etwas Kokosnußöl, Senfsamen und 1 gehackte Zwiebel zugeben und noch 5 Minuten weiterkochen lassen. Dieses Gericht kann auch mit einer reifen Jackfrucht von weichen Sorten zubereitet werden.

### Gericht aus Jackfruchtsamen *(Sri Lanka/Ceylon)*

| | |
|---|---|
| *40 Samen* | *1 TL Reis* |
| *10 rote Zwiebeln* | *8 getrocknete Chillies* |
| *1 kleiner EL geraspelte* | *1 TL Cumin* |
| *Kokosnuß* | *1½ TL Koriander* |
| *2 Tassen saure Milch* | *Salz nach Geschmack* |
| *1 EL Maldivefisch* | |

Die Samen waschen und so lange kochen, bis sie platzen. Nochmals waschen und in einem anderen Topf mit der Hälfte der Zwiebeln und allen anderen Zutaten auf lebhaftem Feuer kochen, bis die Samen weich sind. Die restlichen Zwiebeln hinzufügen und noch einige Minuten über kleinem Feuer garen lassen.

### Nangkasalat *(Philippinen)*                     *Zubereitung 25 Minuten*

| | |
|---|---|
| *4 Tassen unreifes, ent-* | *¼ Tasse feingeschnittene* |
| *kerntes Fruchtfleisch* | *Tomaten* |
| *½ Tasse feingehackte* | *2–3 EL Öl (im Originalrezept* |
| *rote Zwiebeln* | *Kokosmilch)* |
| *500 g Krabben* | *1 EL Essig* |
| | *Salz und Pfeffer nach Geschmack* |

Das Jackfruchtfleisch in Salzwasser kochen, bis es weich ist. Danach auf ein Sieb schütten, das Wasser ausdrücken. Alle Zutaten vermischen, gekühlt auftragen.

**Nangkakompott** *(Sri Lanka/Ceylon)*

| | |
|---|---|
| *250 g reife Jackfrucht der* | *1 Tasse Wasser* |
| *harten Sorte* | *125 g Zucker* |

Das Fruchtfleisch wird ohne Schale und Samen gewogen. Nur die taubeneigro-
ßen Früchte verwenden. Man gibt sie in einen Topf und kocht sie mit dem
Wasser, bis sie weich sind. Den Zucker zugeben (Deutschen ist die angegebene
Menge sicher zu süß!) und unter Rühren auflösen. Entweder mit oder ohne
Vanillepudding auftragen.
In Brasilien bereitet man Jackfruchtkompott ähnlich zu. Man fügt aber als
Gewürze Zimt und Nelken bei.
In Thailand stellt man aus Maismehl, Kokosmilch und irgendeinem Fruchtsirup
einen Pudding her, in den Birnenstückchen eingelegt werden. Das Ganze wird
dann mit Nangkastücken verziert.

Die Jackfruchtrezepte werden sich nicht unbedingt in der deutschen Küche im
Ausland einbürgern. Sie sollen lediglich Verwendungsmöglichkeiten zeigen. So
gibt es z. B. Opuntienpflanzen in allen warmen Ländern der Erde, aber keiner
weiß mit den Früchten etwas Vernünftiges anzufangen, außer den Mexikanern.
Ich will damit sagen, daß das Verpflanzen von Gewächsen nicht schon bedeutet,
daß sie in ihrer neuen Heimat auch fachkundig verwendet werden.
Wie aus den Rezepten hervorgeht, gibt es eine harte Jackfruchtsorte mit festem
Fleisch, in Malaysia *Nangka belubang* genannt, die bevorzugt wird, und eine
weiche, *Nangka bubor*, in Penang *Chempedak mambong*.


## Chempedak *(Artocarpus champeden)*

Lemasa auf den Philippinen, ist häufig in Indonesien und Malaysia zu finden,
aber fast nirgendwo sonst. Sie ist der Jackfrucht sehr ähnlich und verdiente weite
Verbreitung, da sie der Nangka im Geschmack überlegen ist. Nach anderen
Autoren ist die Jackfrucht weit besser. Ich nehme an, daß es eine Geschmacks-
frage ist, welche der beiden Früchte einem mehr zusagt.
Das Fruchtfleisch der Chempedak ist goldgelb, süß und sehr aromatisch. Die
Früchte sind kleiner, saftiger und dunkler im Fleisch als die Jackfrüchte. Beide
Bäume unterscheiden sich darin, daß die Blätter und jungen Äste der Chempe-
dak von langen, harten Haaren bedeckt sind und der Chempedakbaum kleiner
ist.
Die Wildbäume in den Wäldern Südostasiens tragen minderwertiges Obst.
Nangka und Chempedak sind seit undenklichen Zeiten auf gute Früchte ausgele-
sen worden, deshalb sind die angebauten Sorten sehr wohlschmeckend.


# MUSACEAE *(Bananengewächse)*

Diese Familie wurde nach Antonio Musa, dem Arzt von Octavius Augustus,
dem ersten Kaiser von Rom (63–14 v. Chr.), benannt.
Bananen sind Stauden, die aus einem knolligen Wurzelstock Schößlinge bilden,
deren Blätter sich so umfassen, daß ein hohler Stamm entsteht, der aber nur ein
Scheinstamm ist. Er kann, wie der Stamm der Papaya, mit einem Schlag

abgehauen werden. Bananen sind deshalb auch sehr windanfällig. Innerhalb von
Sekunden kann eine ganze Pflanzung verwüstet sein.

Außer den Obst- und Mehlbananen gibt es noch die Textilbananen: *Abacá* oder
*Manilahanf* genannt. Ihre Fasern faulen nicht, auch wenn sie dauernd im Wasser
liegen (das haben sie mit den Ananasfasern gemein). Sie sind deshalb wichtig für
die Herstellung von Schiffstauen. Diese Banane hat kleine Früchte mit hohem
Gerbsäuregehalt und vielen Samen. Die Manilahanfpflanze wird nicht so leicht
vom Wind geknickt wie die Obstbanane.

Bananen sind sowohl in Italien beliebte Zierpflanzen als auch ein Schmuck
tropischer Gewächshäuser.

Von dieser Familie sind 67 Arten bekannt und über 200 Kultursorten, die aus
den Tropen Asiens, Australiens, Afrikas und den dazwischenliegenden Inseln
stammen. Lustig anzusehen ist der »Baum der Reisenden«, eine Banane aus
Madagaskar, deren längliche, zwiebelförmige Früchte eine durststillende, was-
serähnliche Flüssigkeit enthalten.

## Bananen

(Banane bedeutet auf arabisch Finger.)

Außer der in Eurasien beheimateten Banane, deren Gattung man mit *Eumusa*
bezeichnet, gibt es noch eine zweite Gattung:

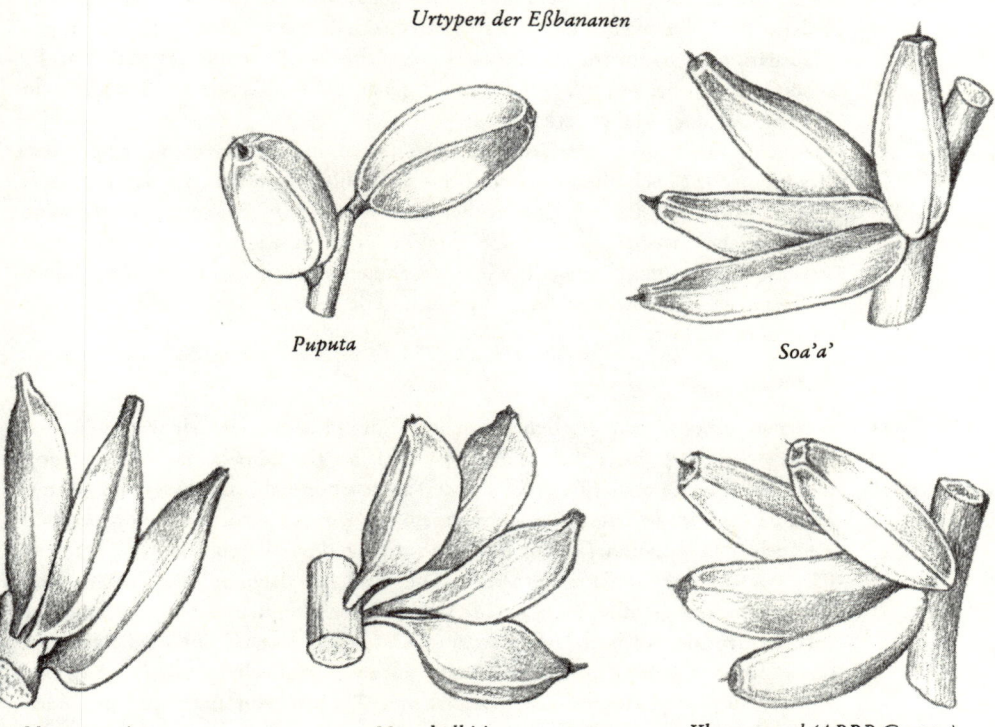

*Urtypen der Eßbananen*

*Puputa*

*Soa'a'*

*Musa acuminata*

*Musa balbisiana*

*Klue teparod (ABBB Gruppe)*

## Australimusa

Sie ist noch wenig untersucht worden. Sie bringt die *Fehibananen* hervor, die an 4,50–6 m hohen Stauden wachsen. Sie haben größere und festere Blätter als unsere Obstbananen. Die Fruchtbündel enthalten auch eine größere Anzahl Bananen, die 12,5–15 cm lang werden und 2,5 cm Durchmesser haben. Ihre Farbe ist ebenfalls gelb oder orange, sie sind fast gerade geformt. Ihre Haut ist dick, das Fruchtfleisch ziemlich fest und hellgelb. Die Früchte schmecken roh nicht gut, sind aber ausgezeichnet, wenn man sie kocht. Sie sind sehr stärkereich. Die Frucht wurde früher in Gruben geröstet, heute kocht man sie meistens. Auch gart man sie, indem sie, mit Fleisch- oder Fischstückchen umwickelt, geschmort wird. Sind die Bananen sehr reif, so schmecken sie etwas süß. Die Kohlehydrate der *Fehibananen* enthalten 55% Zucker, unsere Obstbananen 73–95%. Die *Eumusa*-Kochbananen sind ebenfalls süßer als die *Fehibananen*. In Samoa kocht man sie, bis ihre Schalen platzen, dann trägt man sie kalt mit Kokoscreme auf.

HERKUNFT Ihr Ursprungsgebiet sind die Molukken, ein Zipfel Nordaustraliens, Neuguinea und die Salomoninseln. Ihre Verbreitung nach Osten muß durch Reisende erfolgt sein.

In Tahiti waren sie früher ein Hauptnahrungsmittel. Ihre Bedeutung ist in den letzten 50 Jahren mehr und mehr zurückgegangen, obwohl sie immer noch wichtig sind. Haustiere haben die Pflanzen abgefressen, und neueingeführte Früchte verdrängen sie.

In Tahiti sammeln Fehijäger die Fruchtbündel von Januar bis August in vier Tälern der Hügelwälder des Vairao Distriktes ein. Sie scheinen aus ehemaligen Hausgärten zu stammen, aus einer Zeit, als Tahiti noch dichter besiedelt war. Es scheint dort noch 13 000 Pflanzen zu geben. Die Früchte werden dann in Papeete auf dem Markt verkauft.

Das gelbe Fruchtfleisch verfärbt den Urin dessen, der die Bananen gegessen hat. Besonders junge Schößlinge sondern einen rotvioletten Saft ab, der den Farbstoff Anthocyanin enthält, mit dem früher einmal in Tahiti eine Bibelübersetzung abgeschrieben worden war. Auch die *Fehibananen* zeigen Anzeichen langer Auslese durch Menschenhand, wie z. B. Samenlosigkeit. Im pazifischen Raum hat man elf verschiedene Sorten gezählt. Die Textilbananen gehören in die *Australimusa*-Gattung.

## Eumusa

HERKUNFT
UND
VERBREITUNG
Bananen dieser Gattung finden sich schon früh in Indien, denn sie werden in den Hinduepen des 7. bis 4. Jahrhunderts v. Chr. als Kathalipala erwähnt und sind den Indern heute noch heilig. Sie müssen auch schon bald nach Assyrien gelangt sein, da sie dort an Baudenkmälern abgebildet worden sind. An buddhistischen Tempeln des indochinesischen Raumes sind sie ebenfalls zu sehen, und 200 v. Chr. werden sie in China erwähnt. Die Griechen lernten sie auf dem Zug Alexanders des Großen (300 v. Chr.) nach Indien kennen. Arabische Händler verbreiteten sie bis nach Ägypten und Ostafrika. Von Guinea gelangten sie schließlich mit portugiesischen Seeleuten auf die Kanarischen Inseln (1482), von wo aus sie der portugiesische Franziskaner Thomas von Berlanger mit nach Santo Domingo in die Karibik nahm (1516).

Die Banane steht nach Weintrauben und Zitrus an dritter Stelle in der Weltproduktion. Wenn man aber bedenkt, daß aus den meisten Trauben Wein hergestellt
wird und Zitrus eine Sammelbezeichnung für viele Früchte ist, so kann man
wohl sagen, daß wir in den Bananen das beliebteste und wichtigste Obst der
Welt vor uns haben.

Ich würde Bananen nicht als außergewöhnlich delikat bezeichnen. Sie haben aber
mehrere große Vorteile: Sie sind hygienisch verpackt. Man öffnet die Schale,
braucht kein Messer, muß sie nicht waschen, sie sind eßfertig. Sie haben eine
appetitliche gelbe Farbe. Sie spritzen nicht und verursachen normalerweise keine
Flecken, obwohl sie indanthren (dunkelbraun) färben können, was besonders
auf den Latexsaft der grünen Bäume zutrifft. Vom Säugling bis zum Kranken,
vom Unterernährten, der aufgepäppelt werden soll, bis zu Leuten, die abnehmen
wollen – die Banane ist hilfreich in allen Lebenslagen. Sie hinterläßt mehr
Sättigungsgefühl als ein Apfel und ist auch milder, neutraler, vergleichbar einem
Pudding oder Grießbrei mit Fruchtgeschmack.

Die Banane enthält 100 I. E. Vitamin A und 0,5 mg Niacin (Vitamin $B_2$) auf
100 g Fruchtfleisch.

Obwohl es neuerdings modern ist, auch gekochte und gebratene Obstbananen
mit Fleisch zu servieren, glaube ich doch, daß dazu die stärkereichen Fehibananen, die Arten *Bluggoe* oder *Pisang awak* aus Südostasien oder die süße
Kochbanane *Klue teparod* aus Thailand geeigneter sind. Unsere Bananen werden
braun und matschig, wenn sie mit Hitze oder Kälte in Berührung kommen. Es
ist bedenkenswert, daß berühmte Fleisch-Bananen-Gerichte aus Polynesien, der
Heimat der Fehibananen, kommen.

Die Banane ist eine echte Tropenpflanze. Sie benötigt Temperaturen um 20° C,
viel Sonne und reichlich Wasser. Da die Pflanzen hohe Erträge liefern, brauchen
sie auch viele Nährstoffe in Form fruchtbarer Böden.

Die riesigen Blätter sind 6–9 m lang. Sie haben eine feste Mittelrippe, reißen vom
Wind aber ein. Die Blätter werden gerne zum Abdecken von Dächern oder zum
Einwickeln von Nahrungsmitteln benutzt.

Der Wurzelstock der Banane bildet Schößlinge. Diese werden, wenn sie 5 bis 7
Monate alt sind, von der Mutterpflanze abgestochen, auf 30 cm zurückgeschnitten und ausgepflanzt. Nach 9 bis 12 Monaten schiebt sich aus dem Vegetations-
kegel in Bodenhöhe durch den hohlen Stamm ein kräftiger Ast, der sich nach
unten beugt und den Blütenstand trägt. Er enthält weibliche, zwittrige und
männliche Blüten, die zwischen lila oder roten Trageblättern angeordnet sind.
Diese Blätter fallen später ab. Aus den weiblichen Blüten entwickeln sich die
Früchte ohne Bestäubung.

Nachdem die um eine Mittelachse in Reihen angeordneten Bananen, die auch
noch in 6 bis 10 Etagen übereinanderstehen, fast ihre volle Dicke erreicht haben,
aber noch grün sind – das nennt man dreiviertelvoll –, wird die ganze Pflanze
abgeschlagen. Der Mutterwurzelstock bildet neue Schößlinge, von denen so
viele stehenbleiben, daß alle vier Monate wieder geerntet werden kann. Eine
einzige Pflanze kann so 5 bis 20 Jahre Früchte bringen. Bananen gibt es das ganze
Jahr über, sie haben keine Saison, was für die Farmer günstig ist: ständige
Einnahmen, fest angestellte Arbeiter. Auch bringt die Pflanze schon ein Jahr

nach dem Auspflanzen Gewinn – alles Gründe, die zu dem Siegeszug der Banane beigetragen haben, der bald Probleme bringen wird: die Weltproduktion steigt jährlich um 3–4 %, was 1985 einen Überschuß von ca. einer Million Tonnen ergeben wird.

ANBAULÄNDER Fast alle Pflanzen sind in ihrem Stammland nach wie vor am beliebtesten. Nicht so die Banane: aus Südostasien kommend, wo 1967 12 Millionen Tonnen erzeugt wurden (wie in Afrika hauptsächlich für den Eigenbedarf), waren in Asien die Hauptproduzenten: Indien, Thailand und die Philippinen. In Afrika, das 4,3 Millionen Tonnen erntete, war und ist der Hauptproduzent Uganda. Zentral- und Südamerika hat Asien bei weitem überflügelt. Es erzeugte 1967 21 Millionen Tonnen. Sicher wurde die Beliebtheit der Banane in Amerika von der *United Fruit Company* gefördert, die um 1900 in Zentralamerika – in den »Bananenre-publiken«: Jamaika, Costa Rica, Honduras, Panama und Guatemala – riesige Plantagen einrichtete. Heute ist Brasilien der Hauptproduzent, gefolgt von Ekuador, Honduras, Costa Rica und Mexiko. Unsere Importe kommen nur aus Lateinamerika, andere westeuropäische Staaten beziehen sie auch aus ihren ehemaligen Kolonien und von den Kanarischen Inseln.

TRANSPORT UND LAGERUNG

Früher wurden die 30–45 kg schweren Fruchtstände nach dem Waschen in Packhäusern sorgfältig in Säcke verstaut. (Das war mit *Gros Michel* möglich.) Heute zerschneidet man sie in Hände, steckt sie in Polyäthylenbeutel und anschließend in Kartons zu 12–18 kg. In Plastik und Karton befinden sich nur wenige Löcher, was die Atmung der Früchte erschwert, die Reifung aber fördert, denn es bildet sich in dem Vakuum ein Überschuß an Kohlendioxid ($CO_2$). Das Ganze nennt man *Bananavac*. Wissenschaftler der *Standard Fruit Company* haben diese Verpackungsart entwickelt, nachdem die Plantagen von *Gros Michel* auf *Giant Cavendish* umgestellt werden mußten. Die *Cavendish* ist empfindlicher und stoßanfälliger als *Gros Michel*. Auf schnellen Kühlschiffen werden die Früchte bei 12–15° C (je nach Sorte) in die Bestimmungshäfen transportiert, wo sie bei höherer Temperatur und hoher Luftfeuchtigkeit zur Gelbreife gebracht werden.

ENTWICKLUNG DES BANANEN-HANDELS

Ein Nachteil der Banane ist ihre schnelle Verderblichkeit. Sie hält sich nach der Ernte höchstens noch 14 Tage. Der Import dieser Früchte war daher an die Entwicklung der Dampfschiffahrt gekoppelt. 1848 kam die erste Bananensen-dung von Madeira nach England. Seit 1850 brachte man regelmäßig Bananen aus Panama in die USA, wo sie seit 20 Jahren das meistgekaufte Obst ist. Deutsch-land hatte Verspätung: 1892 importierten der Hamburger Fruchthändler Richard Lehmann, 1902 der Bremer Fruchtkaufmann Gustav Scipio zum ersten Mal Bananen. 1909 folgten die Schweden, 1911 die Franzosen.

WILDFORMEN DER BANANE

Die Gattung *Eumusa* besteht aus zwei sehr unterschiedlichen Wildformen: *Musa acuminata* (A) und *Musa balbisiana* (B). Die hier behandelten Sorten sind Kreuzungsprodukte mit 2 bis 4 Genomen (d. h. vollständigen Gensätzen), wobei AA bedeutet: reine Abkunft von *Musa acuminata* und diploider, d. h. zweifacher Gensatz, es gibt auch triploide und tetraploide Genomen, AB: Kreuzung aus *M. acuminata* und *M. balbisiana* usw.

Obst-Banane
Cavendish

Blüte

Koch-Banane
(Franz. Platane)

Apfel-
Banane

Gold-
Banane

rote
Obst-Banane

Tafel 13

Pitanga

Jabuticaba

Wasser-
apfel
(½)

Guave

Feijoa

Tafel 14

| Musa acuminata (A) | Musa balbisiana (B) |
|---|---|
| *Guter Geschmack* | *Fruchtsäure* |
| *Süße* | *größerer Stärkegehalt* |
| *dünne Schale* | *kräftigere Stauden* |

Die Blüte von A ist klein, von B sehr groß.

Das Bananenparadies ist Südostasien, wo jede Region ihre eigene Sorte hat. Da es das Herkunftsgebiet der Bananen ist, entsprechen die malaiischen und thailändischen Sortenbezeichnungen in ihrer Zuverlässigkeit und Eindeutigkeit lateinischen botanischen Namen.

SORTEN

## 1. Die AA Gruppe

*Goldbanane,* Malaysia: Pisang ĕmas, Pisang lilin, Hawaii: Lady's finger, Philippinen: Inarnibel, Thailand: Klue kai, Franz.: Sucrier, Figue sucrée, Kolumbien: Bocadillo, Datil, Brasilien: Banana ouro, Engl.: Honey.

Diese Banane gibt es seit einiger Zeit in der Bundesrepublik in Dosen zu kaufen. Darin sind 6 kleine Goldbananen, die in der Menge etwa 3 großen Obstbananen entsprechen. Die *Goldbanane* ist in den Tropen weit verbreitet und beliebt. Sie besitzt goldgelbe, süße, kleine Früchte mit goldgelbem Fruchtfleisch, trägt jedoch kleine Bündel und bringt schlechte Ernten.

Verwandte Sorten sind in einer Sammlung des *Imperial College* in Trinidad (Karibik) zu sehen. Die *Goldbanane* ist ein reiner Abkömmling von A. Ungekocht schmeckt sie etwas mehlig, sie ist ideal zum Braten und Backen – besser als die nun folgende Gruppe.

## 2. Die AAA Gruppe

*Gros Michel* oder *Big Mike,* Malaysia: Pisang ambon (sie dient in Malaysia vor allem als Babynahrung), Hawaii: Bluefields, Thailand: Klue hom tong, Span. Guinea: Guineo gigante, Mexiko: Platano roatan.

Lange Zeit war diese Sorte die Hauptsorte des Welthandels. Ihre dichte, feste Schale garantiert gute Transportfähigkeit.

*Gros Michel* (großer Michel) hat ihren Namen bekommen, weil sie 5–8 m hoch wird. Auch ihre Früchte sind besonders lang.

Nachdem diese Sorte durch die Panamakrankheit (eine Welkekrankheit, verursacht durch einen Pilz) besonders stark befallen wird, findet man sie nur noch in Ekuador und Kolumbien. *Gros Michel* wird nur noch wenig nach Europa importiert.

Ihr Herkunftsgebiet reicht von Ceylon bis nach Indonesien. Sie scheint zu Beginn des 19. Jahrhunderts von Baudin, einem französischen Marineoffizier, mit anderen Pflanzen nach Martinique in den Botanischen Garten St. Pierre gebracht worden zu sein und hieß dort Baudin-Feige. 1835 nahm Pouyat sie mit nach Jamaika, wo man sie Pouyat, Martiniquebanane und später *Gros Michel* nannte. 40 Jahre später war sie in der Karibik weit verbreitet. *Highgate* ist ein robusterer, kleinerer Abkömmling von *Gros Michel,* der der Sorte *Robusta* ähnelt.

*Cavendish*

Diese Banane ist in zwei Formen bekannt:

a) *Zwergcavendish*, Kanarische Banane, Engl.: Dwarf Cavendish, Dwarf Chinese, Malaysia: Pisang serendah, Indon.: Pisang badak, Thailand: Klue hom kom, Südamerika: Camburi pigmeo, Enano, Franz.: Petit naine, Brasilien: Ananica.

Diese Banane ist in der Welt am weitesten verbreitet. Sie trägt gut unter den verschiedensten Bedingungen und kommt am besten von allen auch mit kühleren Klimaten, sogar mit leichtem Frost, zurecht. Sie ist niedrig, 1,50–1,80 m, daher nicht so windanfällig, sie kann auch enger gepflanzt werden. Da ihre Früchte stark nach außen stehen, müssen sie beim Transport der Bündel entweder gut ausgepolstert oder abgeschnitten und in Kartons verpackt werden. Sie ist die Hauptsorte der Kanarischen Inseln, Nordafrikas, Israels, des Libanon, Südafrikas und vieler anderer Länder.

Charles Telfair hat sie 1829 nach England geschickt, wo im Gewächshaus des Herzogs von Devonshire 1836 eine Pflanze blühte. Von dort nahm der Missionar John Williams Schößlinge mit nach Samoa, von wo aus sie nach Tonga, Fidschi, Tahiti und 1855 nach Hawaii gelangte. Wie sie auf die Kanarischen Inseln kam, ist ungewiß. Von den *Zwergcavendish* gibt es auch Varianten.

b) *Riesencavendish*, Engl.: Giant Cavendish, Giant Chinese, Franz.: Grande naine, Brasilien: Nanicão.

Obwohl ich bei einem Autor gelesen habe, Zwerg- und Riesencavendish seien die gleiche Pflanze, sie würden nur je nach Klima niedrig oder hoch, sprechen alle anderen von zwei verschiedenen, doch nah verwandten Sorten.

Den ersten Rang im Welthandel hat *Gros Michel* inzwischen an *Giant Cavendish* abgetreten. Auch *Valery* ist nicht mehr wichtig, da sie bei Reife schnell mehlig wird und nicht mehr gut schmeckt. Die Früchte dieser Sorte sind etwas größer als die der *Zwergcavendish*.

c) *Robusta*, Guadeloupe: Poyo, Trinidad: Giant Fig, Malaysia: Pisang buai.

*Robusta* wird oft verwechselt mit der Sorte *Pisang masak hijau*. Die *Robusta* ist etwas kleiner und damit nicht so anfällig für Windbruch. Die Früchte sind ebenfalls etwas kleiner, dafür ist das Fruchtbündel größer. *Robusta* oder *Poyo* ist ein wichtiger Exportartikel in der Karibik, in Westafrika und im Pazifik (Samoa, Fidschi).

d) *Pisang masak hijau* (malaiisch, d.h. grüne, reife Bananen),
in Jamaika Lacatan genannt, was ein guter Name für diese Sorte wäre, wenn nicht auf den Philippinen schon eine andere Sorte so hieße. Auf den Philippinen nennt man diese Banane Bungulan, Indonesien: Pisang Ambon lumut, Brasilien: Mestiça. Der größte Vorteil der ganzen Cavendishgruppe ist ihre Resistenz gegen die Panamakrankheit.

Dafür ist sie anfälliger gegen die Blattfleckenkrankheit. Die Früchte von *Pisang masak hijau* halten sich schlechter nach der Ernte, und sie reifen langsamer, unregelmäßig und behalten oft eine grünliche Farbe, obwohl der Geschmack (leicht säuerlich, erinnert an Jackfrucht) ebensogut wie bei *Gros Michel* ist. Sie spielt keine wichtige Rolle im Welthandel. Wahrscheinlich ist diese Banane die Urmutter der ganzen Cavendishgruppe, von der sich die anderen drei durch Mutation abgespalten haben.

Die folgende Sorte wird von Simmonds in seinem 1959 erschienenen Buch über die Bananen nicht erwähnt, wohl aber von Dassler, der schreibt, daß Dr. Otto Reinking 1924 eine wichtige Sorte des Welthandels ausgelesen hat.

*Valery*. Sie hat mit *Cavendish* einen hohen Ertrag gemein, reift aber schneller als *Cavendish* und *Gros Michel*. Sie ist relativ niedrig und windfest, gut transportfähig und hat einen ähnlichen Geschmack wie die *Cavendish*. Die großen Hoffnungen, die man in diese Sorte setzte, scheinen sich nicht erfüllt zu haben, denn sie spielt heute nur eine geringe Rolle.

Es gibt noch eine Reihe von Obstbananenarten, darunter die abessinische Banane (*M. ensete*), die schon auf ägyptischen Skulpturen dargestellt wurde, trocken im Fruchtfleisch ist und große schwarze Samen hat. Eine andere findet man in tiefen Schluchten auf großen Höhen von ehemals Deutsch-Südwestafrika.

*Musa religiosa* hat Früchte, die voller Samen und nicht eßbar sind. Eine andere, dekorative Bananenart (*M. livingstonia*) enthält gute Fasern und trägt braune, kugelförmige, samenreiche Früchte. Die japanische Banane wird ebenfalls der Fasern wegen angebaut.

### Die rote Banane

Malaysia: Pisang rajah udang, Philippinen: Morado, Thailand: Klue nak, Span.: Colorado, Engl.: Red, Franz.: Figue rouge, Figue rose, Brasilien: Banana roxa. Die rote Banane und ihr Mutant, die grünrote Banane, sind weit verbreitet als Kuriosum, aber sie spielen nirgendwo eine große Rolle. Sie stammen aus Malaysia. Gelegentlich werden sie in die Bundesrepublik gebracht. Nur *eine* Bananenreiferei kann sie zur Nachreife bringen. Sie sollen durch Erhitzen süß werden, eignen sich also besonders zum Flambieren. Bei der grünroten Banane ist das auch so.

### Die grünrote Banane

Malaysia: Pisang mundam, Franz.: Morado verde, Figue rose blanche, Span.: Colorado blanco, Westindien: Green red, Brasilien: Caru verde.
Die Pflanzen beider Gruppen sind sehr kräftig, aber sie vertragen kühle Temperaturen und Dürre nicht gut. Die Früchte sind bei der Reife süß. Sie werden in Ostafrika gekocht, was nicht nötig wäre, da sie nicht stärkehaltiger sind als andere Eßbananen.

### 3. Die AB Gruppe

*Lady's finger* (Hawaii, Westindien), Engl.: Apple, Franz.: Farine France, Ostafrika: Sukari, Südindien: Ney poovan.
Diese Banane ist weit verbreitet, aber nirgendwo bedeutend. Die Sorte hat angenehm süß-saure Früchte mit weißem Fleisch. Sie wird oft mit *Silk* verwechselt. Sie stammt aus Indien.

### 4. Die AAB Gruppe

*Pisang raja* aus Malaysia mit süßem, leicht säuerlichem, etwas gallertartigem Fleisch, die aber keine guten Nachtischbananen sind, sowie die Gruppe der

Kochbananen (Französische Platanen mit vielen Untersorten aus Südindien) und die Pferde-Kochbananen (Südindien bis Philippinen).

Hierher gehört auch *Mysore* aus Indien, wo die Bananenernte zu 70 % aus dieser Sorte besteht. Malaysia: Pisang keling, Thailand: Klue kai ferang. In Ägypten heißt sie Lady's finger, auch in Samoa und auf Fidschi.

Diese Banane, die in der Welt wenig bekannt ist, ist fast immun gegen die Panamakrankheit und die Blattfleckenkrankheit, verträgt schlechte Böden, Trockenheit, ist gut transportfähig, hat eine attraktive gelbe Farbe und ein angenehm süß-saures Aroma. Die süße, gelbschalige *Pisang caju* wird auf Bali zu sehr delikater Bananenmilch (Bananenlassie) verarbeitet.

*Silk*, Malaysia: Pisang rastali, Philippinen: Katungal, Ostafrika: Kipu kusa, Sukari, Westindien: Manzana, Franz.: Figue pomme, Engl.: Apple, Silk, Brasilien: Banana maça. Diese Banane ist verbreitet wie die *Dwarf Cavendish*, aber längst nicht so wichtig. Sie wird von der Panamakrankheit befallen, auch trägt sie nicht viel. Sie kann leicht mit *Pome* verwechselt werden, doch ist ihr Merkmal, daß sie sich bei Reife vom Bündel löst, wobei die Haut an der Unterseite aufplatzt. Sie ist die Apfelbanane, die im Winter gelegentlich in Deutschland zum Verkauf angeboten wird: eine kleine, attraktive gelbe Frucht mit fahlweißem Fruchtfleisch von angenehm süß-saurem Geschmack, der bei Unreife unangenehm zusammenziehend ist. *Silk* ist die beliebteste Nachtischbanane der Tropen.

*Pome*, Malaysia: Pisang kelat jambi, Queensland: Lady's finger, Hawaii: Brasilian, Kanarische Inseln: Pome.
Nur wichtig in Hawaii und Ostaustralien, *Silk* ist viel wertvoller.

## 5. Die ABB Gruppe

*Bluggoe*, Malaya: Pisang abu keling, Thailand: Klue hakmuk, Span.: Majoncho, Engl.: Apple plantain.
Diese aus Südindien stammende Banane ist wichtig in Asien, im pazifischen Raum und Afrika als Nahrungsgrundlage. Sie ist eine Kochbanane.

*Pisang awak* (malaiisch), Thailand: Klue namwa.
Diese Kochbanane ist am wichtigsten in Thailand, Nordostasien und Malaysia.

## 6. Die ABBB Gruppe

*Klue teparod*, Malaysia: Pisang batu, Philippinen: Tiparot.
Roh ist diese Frucht unangenehm schwammig und faserig. Gekocht ist sie ein vorzügliches Konfekt, weshalb sie in Thailand und Burma angebaut wird.

WERT FÜR DIE ERNÄHRUNG — Daß Bananen sehr bekömmlich sind, habe ich schon erwähnt. Sie enthalten viel Kalium, sind deshalb natriumarm, d. h. kochsalzarm, und wirken entwässernd. Auch sollen sie gegen Rheuma und Gicht helfen, indem sie im Körper Harnsäure abbauen. Die Vitamine der B-Gruppe sind in diesen Früchten in reichem Maße vorhanden.

In Südostasien ißt man Bananenblüten seit undenklichen Zeiten. Ich finde es interessant, wie die Blüten zubereitet werden. Hier nur eine Möglichkeit:

## Bananenblütengemüse *(Philippinen)*

| | |
|---|---|
| 2 Bananenblüten | ¼ Tasse Tomatenstücke |
| 2 EL Salz | 2 EL Essig |
| 2 EL Öl | Pfeffer |
| 2 zerdrückte Knoblauchzehen | 1 Tasse dicke Kokosnußmilch |
| ¼ Tasse Zwiebelringe | |

Die zähe Hülle der Bananenblüten entfernen, die Blüten in dünne Streifen schneiden. Mit Salz bestreuen und kräftig ausdrücken. In Wasser spülen und nochmals ausdrücken, beiseite stellen.
Das Öl in einem Topf erhitzen, die Knoblauchzehen darin anbraten. Zwiebeln und Tomaten zufügen. 3 Minuten kochen lassen. Die Blüten zugeben, den Essig zugießen. Nochmals 3 Minuten kochen lassen. Salz und Pfeffer an das Gemüse geben und umrühren. So lange kochen lassen, bis die Blüten weich sind. Die Kokosmilch darübergießen und vom Feuer nehmen.
In zwei anderen Rezepten werden die Bananenblüten einmal mit Krabben, ein andermal mit Fleisch zubereitet.
In den Ländern, in denen Bananen wachsen, werden unsere Importbananen grün zum Kochen verwendet. Die reifen Früchte kombiniere ich fast immer mit säuerlichen Zutaten, das ergibt, finde ich, die schmackhaftesten Resultate.
Die beiden folgenden Rezepte sollten mit grünen Bananen zubereitet werden. Ich habe dazu Früchte genommen, die wenigstens noch etwas grün waren.

VERWENDUNG
Wie aus dem Abschnitt über die Sorten hervorgeht, sind eine Reihe von Bananen nur eßbar, wenn sie gekocht oder gebraten werden. Für solche Bananen sind Koch- und Bratrezepte nützlich.
Roh gegessen sind Bananen vorzüglich, bekömmlich und in jedem Fall kalorienärmer als gekocht oder gebraten.

---

## REZEPTE

SUPPE **Muschelsuppe** *(Philippinen)*       *Zubereitung 15 Minuten (für 2 Personen)*

Wenn Sie gerne Muscheln essen, wird Ihnen vielleicht diese Suppe schmecken, bei der die Süße der Bananen mit der Säure der eingelegten Muscheln gut harmoniert. Zu diesem Rezept benötigt man unbedingt thailändische Fischsoße (siehe Anhang).

| | |
|---|---|
| 2 Zehen Knoblauch | 1 Tasse grob geraspelte |
| 1 EL Öl | grüne Bananen |
| 3 EL gehackter Spinat | 2 EL Fischsoße |
| ½ l Hühnerbrühe | 2 EL Sherry |
| 2 TL Maismehl | 1½ TL Zucker |
| 1 Glas Muscheln | |

Das Öl erhitzen und den Knoblauch darin anbraten. Spinat zugeben und mit der Hühnerbrühe ablöschen. Das Maismehl, das in wenig Wasser angerührt wurde, in die kochende Flüssigkeit gießen. Eventuell noch mit dem Mixstab pürieren. Die grob geraspelten Bananen, Fischsoße, Sherry und Zucker zugeben, einige Minuten kochen lassen. Am Ende die Muscheln zufügen und gleich vom Feuer nehmen. Sofort auftragen.

**Kilawin** *(Philippinen)* *Zubereitung 35 Minuten*

| | |
|---|---|
| *300 g Schweinegulasch* | *3 noch ziemlich grüne Bananen,* |
| *(so grob geschnitten wie* | *in kleinen Würfeln* |
| *vom Fleischer)* | *½ weißer Rettich,* |
| *3 EL Öl* | *in streichholzdicken Stücken* |
| *1 feingeschnittene Zwiebel* | *(ungefähr 1½ Tassen)* |
| *2–3 zerdrückte Zehen Knoblauch* | *2 EL Sojasoße* |
| *½ TL feingehackter Ingwer* | *1 EL Zucker* |
| *½ Tasse Essig* | *1 kräftige Prise Pfeffer aus* |
| *2 Tassen Wasser* | *der Pfeffermühle* |
| *1½ TL Salz* | *2 EL gehackte Petersilie* |

Das Öl erhitzen. Das Fleisch von allen Seiten anbräunen, Zwiebel, Knoblauch und Ingwer zugeben und noch einige Minuten mitbraten lassen. Den Topf vom Feuer ziehen. Das Fleisch mit einem Schaumlöffel herausnehmen und in kleine Würfel schneiden. (Wenn es vor dem Braten kleingeschnitten wird, trocknet es zu sehr aus.) In den Topf zurücklegen, Essig, Wasser und Salz zufügen und 10 Minuten kochen lassen. Danach Bananen und Rettich hinzufügen, mit Sojasoße, Zucker und Pfeffer abschmecken, währenddessen leise weiterkochen lassen. Die Petersilie fein hacken, zugeben und das Gericht auftragen. Dazu passen körniger Reis und Mandarinen-Radicchio-Salat.

Ein appetitanregender Salat ist folgende

**Vorspeise** *Zubereitung 15 Minuten*

| | |
|---|---|
| *1 Kopfsalat* | *1 EL Zitronensaft* |
| *2 Tassen Bananenscheiben* | *Salz und Pfeffer* |
| *2 Tassen Ananaswürfel* | *evtl. 1 Prise Zucker* |
| *1 Tasse Grapefruitfilets* | *2 EL Walnußkerne* |
| *3 EL süße Sahne* | |

Den Salat waschen, schöne zarte Blätter auf eine Platte legen, darauf die Bananenscheiben, darüber Ananaswürfel, mit Grapefruitfilets verzieren. Die aus Sahne, Zitronensaft, Salz und Pfeffer gemischte Salatsoße, die eine Prise Zucker enthalten kann, darübergießen und mit den Walnußkernen bestreuen. Kalt auftragen.

**Bananenmilch** *Zubereitung 2 Minuten*

ist bei uns schon so beliebt, daß es dafür fertiges Pulver im Handel gibt. Sehr leicht kann man sie selbst herstellen.

| | |
|---|---|
| *Pro Person:* | *1 Banane* |
| *¼ l Milch* | *1 EL Zucker* |

Milch, Bananen und Zucker im Mixer schlagen. Wenn man mag, einen Eiswürfel in die Mischung geben. Gleich auftragen. Besonders gut mit *Pisang caju*.
Diese Bananenmischung kann man sehr gut über das morgendliche Müsli gießen.

**Brasilianischer Cocktail** *(Peru)* *Zubereitung 7 Minuten*

Bei diesem Getränk hat uns die südamerikanische Methode, Obst, Alkohol und Milch zu kombinieren, sehr gemundet.

|  |  |
|---|---|
| *Pro Person:* | *⅛ l Milch und* |
| *Saft von 3 Zitronen* | *1 EL Zucker* |
| *in Peru: ½ Dose gezuckerte* | *½ Banane* |
| *Kondensmilch (125 g)* | *2 EL Himbeergeist oder* |
| *bei uns statt dessen:* | *Kirschwasser* |

In Peru verwendet man Grappa, dort Pisco genannt, und zwar 10 EL. Alle Zutaten im Mixer schlagen, mit einem Eiswürfel auftragen. Ergibt ein hohes Cocktailglas.

NACHSPEISEN **Bananenkompott**

In den Tropen, in denen die Bananen zum wichtigsten Obst gehören, wird die Hausfrau bei Einladungen häufig Kompott oder andere Nachspeisen daraus zubereiten.

Am besten finde ich es, wenn dazu die Bananen nicht gekocht werden, sondern in einem Sirup wenigstens eine Stunde lang ziehen.

Pro Person rechnet man etwa 1½ Bananen.

*⅓ l Flüssigkeit*
*80–100 g Zucker*

Die Flüssigkeit mit dem Zucker einige Minuten kochen lassen.
Ist die Flüssigkeit abgekühlt, die in Scheiben geschnittenen Bananen hineinlegen. Das Kompott sehr kalt auftragen.
Die Flüssigkeit kann bestehen aus:
Ananas-, Orangen-, Guaven-, Aprikosen-, Sanddorn- oder Maracujasaft, Rot- oder Weißwein, Wasser mit dem Saft einer Zitrone oder Limette, Wasser mit Rum oder Curaçao, Zucker und Zitronensaft. Als Würze, die besonders verwendet werden kann, wenn der Sirup mit Wasser zubereitet wurde, eignen sich: Zimt, Nelken, Piment (Nelkenpfeffer), Pfeffer, Kardamom, Muskat oder Ingwer. Hier ist dem persönlichen Geschmack ein breiter Raum gelassen.
Nur pikant und reizvoll sollte die Mischung sein.
Ich habe die Bananen mitgekocht und war hinterher erstaunt, wie süß das Kompott war. 73–95 % der Kohlehydrate reifer Bananen bestehen nämlich aus Zucker.

**Bananen mit Sahnehäubchen**

|  |  |
|---|---|
| *Bananenscheiben von 6 Bananen, die* | *2 EL Sirup* |
| *in einem der oben angegebenen* | *frische Erdbeeren,* |
| *Sirupe eingelegt waren* | *Cocktailkirschen* |
| *200 g Sahne* | *oder gehobelte Nüsse zur Verzierung* |

Die Bananenscheiben auf vier Schälchen oder Gläser verteilen. Die Sahne schlagen und mit 2 EL des verwendeten Sirups aromatisieren. Die Schlagsahne über die Bananenscheiben geben und mit Cocktailkirschen, Erdbeeren oder Nüssen verzieren.
*Variation:*
Anstatt der Schlagsahne entweder 2 Becher Joghurt oder mit 1–2 EL Milch schaumig geschlagenen Philadelphia- oder Gervaiskäse, die besonders gut zu Bananen passen, oder wie in Venezuela ¼ Tasse geriebenen Schafskäse oder Mozzarella verwenden. Ähnlich ist das folgende Rezept.

### Dattel-Bananen-Nachtisch *(Nordafrika)*

| | |
|---|---|
| *4–5 Bananen in Scheiben* | *200 g frische oder* |
| *250 g Sahne* | *getrocknete, entsteinte Datteln* |

In eine Glasschüssel abwechselnd übereinander Bananenscheiben und halbierte Datteln legen. Mit der Sahne übergießen und einige Stunden im Kühlschrank ziehen lassen.
Ich habe das Rezept mit Joghurt probiert und fand es recht schmackhaft.

In Indonesien und dem angrenzenden Raum mischt man pürierte Bananen mit junger geriebener Kokosnuß (Buko) und etwas Zucker. Diesen Nachtisch kann man so nachahmen:

### Kokosnuß-Bananen-Dessert *(Südostasien)*      *Zubereitung 10 Minuten*

| | |
|---|---|
| *400 g pürierte Bananen* | *½ Tasse kochendes Wasser* |
| *100 g Kokosflocken* | *3 EL Zucker* |

Die Kokosflocken mit Wasser und Zucker mischen. Auf Zimmertemperatur abkühlen lassen und die pürierten Bananen zugeben. Diese Masse kann in Bananenschalen, von denen man oben einen Spalt abgeschnitten hat, wieder hineingefüllt und so aufgetragen werden.
Pürierte Bananen mischt man auch mit Kokosmilch zu einem Getränk.

Zwei vorzügliche Eisrezepte kann ich wirklich empfehlen. Das eine für Deutschland ist eine Erfindung der Kochbuchautorin Kiehnle. Ich habe es abgeändert, weil es in dieser Form viel intensiver ist:

### Sanddorn-Bananeneis      *Zubereitung 15 Minuten*

| | |
|---|---|
| *250 g Sahne* | *¼ l Sanddornvollfrucht* |
| *125 g pürierte Bananen* | *2 gehäufte EL Zucker* |
| *2 EL Zitronensaft* | |

Die Sahne schlagen, alle anderen Zutaten erst mischen und dann vorsichtig unterheben, gefrieren lassen.

Für die Tropen:

### Maracuja-Bananeneis      *Zubereitung 15 Minuten*

| | |
|---|---|
| *100 g Maracujasaft* | *125 g Bananen* |
| *100 g Zucker* | *250 g Sahne oder Kondensmilch* |

Maracujasaft und Zucker einige Minuten kochen und abkühlen lassen. Die Bananen zugeben, in der Flüssigkeit pürieren, die Sahne oder die stark gekühlte Kondensmilch schlagen, alles mischen und gefrieren lassen.

### Bananen auf brasilianische Art

| | |
|---|---|
| *1 Haushaltspackung Vanilleeis* | |
| *Für den Sirup:* | *Für die Schokoladensoße:* |
| *⅛ l Wasser* | *100 g Halbbitterschokolade* |
| *⅛ l Rum* | *⅛ l Wasser* |
| *60 g Zucker* | *50 g flüssige Sahne* |
| *2 kleine Bananen* | |

*Sirup:*  *Zubereitung wenige Minuten*

Wasser, Rum und Zucker einige Minuten kochen lassen. Ist die Flüssigkeit abgekühlt, die Bananen längs halbieren und hineinlegen. Mindestens eine Stunde darin ziehen lassen.

*Schokoladensoße:*  *Zubereitung 5 Minuten*

Schokolade und Wasser in einem Topf zusammen erhitzen und dabei glattrühren. Ist die Schokolade aufgelöst, vom Feuer nehmen. 50 g flüssige Sahne zugeben und gut mischen.

Das Vanilleeis auf 4 Teller verteilen, je eine halbe Banane darauflegen, die heiße Soße extra dazu reichen oder gleich über die Bananen gießen.

### Rotweincreme  *Zubereitung 20 Minuten*

| | |
|---|---|
| *⅓ l herber Rotwein* | *4 Eigelb* |
| *50 g Zucker* | *2 Blatt rote Gelatine,* |
| *¼ Stange Zimt* | *in Wasser eingeweicht* |
| *Saft und Schale einer Zitrone* | *125 g Schlagsahne* |
| *4 Bananen in Scheiben* | *1 EL Zucker* |

Rotwein, 50 g Zucker, Zimt, Zitronensaft und -schale aufkochen und einige Minuten weiterkochen lassen. Ich habe die Bananenscheiben zugegeben und ganz kurz leise mitkochen lassen. Sie wurden zwar unansehnlich, die Flüssigkeit erhielt dadurch aber einen interessanten Geschmack. Kocht man die Bananen nicht mit, 75 g Zucker verwenden.

Die Bananenscheiben mit dem Schaumlöffel herausheben und kalt stellen. Den Rotwein etwas abkühlen lassen. 4 Eigelb in einen Topf geben. Den Rotwein durch ein Sieb dazugießen, dabei gut mischen. Den Topf aufs Feuer stellen und die Masse unter ständigem Schlagen erhitzen, bis sie zu steigen beginnt. Vom Herd nehmen und die ausgedrückte Gelatine hinzufügen. Nach einer Stunde die Sahne steif schlagen und mit 1 EL Zucker süßen, fast alles mit der Creme mischen, 4 TL voll Sahne zum Verzieren übriglassen. Die Bananenscheiben zugeben. Die Creme in 4 Gläser füllen und fest werden lassen. Mit Sahnetupfern verzieren.

Zu diesem Rezept würden sich sehr gut Goldbananen eignen. (Da diese sehr süß sind, noch weniger Zucker verwenden.)

### Englische Creme mit Bananenpüree  *Zubereitung 30 Minuten*

| | |
|---|---|
| *½ l Milch* | *250 g pürierte Bananen,* |
| *Kernchen einer halben Vanilleschote* | *vermischt mit 2 EL Rum* |
| *3 Eigelb* | *100 g Schlagsahne mit* |
| *50 g Zucker* | *1 EL Zucker* |

*Schokoladensoße wie bei »Bananen auf brasilianische Art«*

Die Milch mit Vanille bei kleiner Flamme aufs Feuer setzen. In dieser Zeit Eigelb und Zucker schaumig schlagen. Die Milch aufkochen lassen und vom Herd nehmen. Während man das Eigelb schlägt, nach und nach die Milch zugießen. Diese Creme in den Milchtopf zurückgießen und auf dem Herd unter ständigem Rühren mit dem Schneebesen erhitzen. Sobald sie fast aufgekocht hat, vom Herd nehmen.

In eine Schüssel mit kaltem Wasser stellen und ab und zu durchrühren. Die abgekühlte Masse mit dem Bananenpüree mischen, nach Geschmack noch nachzuckern. In eine Schüssel geben und kalt stellen. Vor dem Auftragen mit Sahnetupfern garnieren, die heiße Schokoladensoße extra dazu servieren.

### Bananensoufflé auf kreolische Art                Zubereitung 20 Minuten

| | |
|---|---|
| ¼ l Milch | 3 Bananen |
| 50 g Zucker | 1 Orange geschält, von |
| 2 Eier | weißen Fasern befreit |
| 1 EL Zucker | und entkernt |

Als Zugabe: ein Fruchtsirup entweder von Aprikose, Lulo, Orange oder Maracuja.
Den Backofen auf Stufe 3 (190° C) vorheizen. Milch und 50 g Zucker aufkochen und abkühlen lassen. Das Eigelb in die Flüssigkeit geben und mit einem Handrührgerät gut mischen. Die Bananen zerdrücken und ebenfalls zugeben. Die Orange mit dem Mixstab pürieren, durch ein Sieb rühren und zufügen. Das Eiweiß steif schlagen, mit 1 EL Zucker süßen und unter die Creme heben. Anschließend im Backofen 35 Minuten goldgelb backen.
Die »Englische Creme« und das »Bananensoufflé« stammen aus einem Tropenkochbuch und sind vor allem für das Ausland gedacht.

### Flambierte Bananen (2 Portionen)                Zubereitung 12 Minuten

Nachdem ich stundenlang Bananen mit allen möglichen Zutaten gebraten, gebacken, gegrillt und flambiert habe, finde ich folgende Rezepte am besten:

| | |
|---|---|
| 1 Dose Goldbananen | 2 TL grüner Pfeffer |
| 2 EL Butter | 1 Schnapsglas Rum, Kirschwasser |
| 1 gehäufter EL Zucker, | oder Himbeergeist |
| möglichst brauner | |

Die Bananen abtropfen lassen. Die Butter in einer Pfanne erhitzen, den Zucker zufügen, die Bananen darin von beiden Seiten 5 Minuten braten lassen. Pfeffer zugeben, den Alkohol über die Bananen gießen, die Pfanne schräg halten, anzünden und gleich auftragen.

### Gegrillte Bananen

| | |
|---|---|
| Pro Person: | 1 EL Butter |
| 1–2 Obstbananen | 1 EL Zucker und Zimt |

Den Grill anheizen, die Butter zerlassen, die Bananen schälen und mit der Butter bepinseln, mit Zucker bestreuen oder die Bananen in Zucker wälzen. 10 Minuten von jeder Seite grillen, vor dem Auftragen nochmals mit Butter bestreichen und mit Zucker und Zimt bestreuen.

Ein köstlicher Genuß sind:
### Eierkuchen mit Goldbananen

| | |
|---|---|
| 1 Dose Goldbananen | 1 EL Mehl |
| Pro Person: 1–2 Eier | 1 Prise Salz |
| 2 EL Selterswasser | Zitronensaft |

Für 4 bis 6 Personen den Inhalt einer Dose Goldbananen in dünne Scheiben schneiden. Aus den angegebenen Zutaten einen Teig bereiten, die Bananenscheiben mit dem Teig mischen. Dünne Eierkuchen backen. Die Bananen sind so süß, daß jeder Eierkuchen mit einem EL Zitronensaft begossen werden muß.

AUFLAUF **Mexikanischer Ananas-Bananen-Auflauf** *Zubereitung 20 Minuten*

| | |
|---|---|
| 2 Eier | einen Biskuitboden (s. Anhang) |
| 2 Eigelb | 1 Dose Goldbananen in Scheiben |
| 2 Tassen Milch | 250 g frische Ananas in Stücken |
| 2 TL Mondamin | 2 Eiweiß |
| 2 EL Zucker | 1 gehäufter EL Zucker |
| 3 EL Rum | ungesüßtes Himbeerpüree |
| 6 Scheiben Kuchen von einem | von 200 g Himbeeren |
| Sandkuchen oder | |

In einem Topf Eier und Eigelb schaumig schlagen. Das Mondamin mit der Milch verrühren und 2 EL Zucker zugeben, zum Kochen bringen. Vom Feuer nehmen, den Rum hinzufügen und abkühlen lassen. Löffelweise zu den Eiern geben und unter Schlagen erhitzen, bis die Masse steigt.
Eine Keramikform mit Kuchen auslegen, Bananenscheiben und Ananasstücke darauf verteilen. Die Creme darübergeben.
Das Eiweiß steif schlagen, mit 1 EL Zucker mischen. Über die Creme streichen. Bei Stufe 4 (210° C) 30 Minuten backen. Mit Himbeerpüree als Soße auftragen.

GEBÄCK **Haferflockenkekse** *(USA)*

| | |
|---|---|
| 100 g Butter oder | Kernchen einer halben Vanilleschote |
| 80 g Butterschmalz | 80 g Rosinen |
| 175 g Haferflocken | 50 g geriebene Haselnüsse |
| 75 g brauner Zucker | 1 Prise Salz |
| 1 Ei | 1 Prise Zimt |
| 1 Tasse Mehl, vermischt mit | 1 Prise Nelken |
| 1 TL Backpulver | 1 Dose Goldbananen |

Die Butter zerlassen und über die Haferflocken gießen. Alle anderen Zutaten zufügen, am Ende die Bananen aus der Dose, die püriert werden müssen. Den Teig gut mischen, mit einem Löffel Häufchen auf ein mit Trennpapier (präpariertes Pergamentpapier) belegtes Blech setzen und 20 Minuten bei Stufe 3–4 (190–210° C) backen.

**Goldbananenkuchen** *Zubereitung 30 Minuten*
*Backzeit 1 Stunde*

| | |
|---|---|
| 200 g Butter | 150 g Haferflocken |
| 150 g Zucker | abgeriebene Schale einer Zitrone |
| 6 Eier | 1 Dose Goldbananen (Inhalt 565 g) |
| 350 g Mehl | 100 g grob geriebene Mandeln |
| 1 Päckchen Backpulver | 2 EL Semmelmehl |

Butter, Zucker und Eier in einer Küchenmaschine 10 Minuten schaumig rühren. Mehl und Backpulver darübersieben, Haferflocken, Zitronenschale und die Flüssigkeit aus der Dose zugeben, jedoch nicht mehr als ⅛ l. Die Bananen zerdrücken oder pürieren, und die Mandeln hinzufügen.

Eine Kastenform mit Trennpapier (präpariertes Pergamentpapier) auslegen und mit 2 EL Semmelmehl ausstreuen. Den Teig daraufgeben und eine Stunde bei Stufe 4 (210° C) backen lassen.

Bei mir war der Kuchen nach der Backzeit noch etwas feucht, sehr saftig und aromatisch; er ließ sich aber nicht gut schneiden. Meiner Nachbarin, deren Ofen viel stärker bäckt, gelang dieser Kuchen so gut wie einem Meisterkoch, er war dafür aber trockener, und von den Bananen merkte man nichts.

**Marmelade**

Bananen-Passionsfrucht-Marmelade ist ausgezeichnet (Rezept Seite 213).

# MYRTACEAE *(Myrtengewächse)*

Diese Familie enthält zwei nahe verwandte Gattungen, *Eugenia* und *Syzygium*, außerdem *Psidium*. *Eugenia* beinhaltet 600 Arten, die meist dem tropischen Amerika entstammen, z. B. Grumichama, die in Brasilien beliebte Surinamkirsche oder Pitanga, Jabuticaba, Pitomba und Murtilla. Zur Gattung *Syzygium* gehören 75 asiatische Arten, darunter die Gruppe der Rosenäpfel. Einige Mitglieder der Myrtaceen enthalten intensive Aromastoffe, wie Eukalyptus, Nelken und Nelkenpfeffer. Sie können mit Blüten und Früchten übersät und daher beliebte Zierpflanzen sein. Tragen die Pflanzen der Gattungen *Eugenia* und *Syzygium* eßbare Früchte, so sind diese meist süß-sauer. Sie eignen sich für Getränke, Marmeladen und Kompotte.

**Gattung Eugenia:**

**Jabuticaba** *(Myrciaria cauliflora)*

Jaboticaba, Ibapuru.

HERKUNFT
Sie stammt aus dem Gebiet von Rio de Janeiro in Brasilien, bis nach Paraguay und Nordostargentinien. Einige Bäume wachsen in Miami (Florida). Kürzlich wurde ihr Anbau für Neusüdwales (Australien) empfohlen. Es gibt verschiedene Myrciaria-Arten in Südamerika (sie haben eine feste Außenhaut), die sich nicht sehr unterscheiden und alle Jabuticaba genannt werden.

ERSCHEINUNGS-
FORM
Dieser Obstbaum oder Strauch wird 10–12 m hoch und verzweigt sich schon dicht über dem Erdboden. Er liebt reichen und tiefgründigen, gut entwässerten Boden, nimmt aber auch mit felsigem, kalkhaltigem Untergrund vorlieb. Er benötigt gleichmäßiges, feuchtes Klima. Da er langsam wächst, trägt er erst nach 6 bis 10 Jahren. Seine bräunlich-violetten oder schwarzen Früchte sind 1 bis 2 Monate nach der Blüte erntereif. Nach je einem Monat kann man zwei- bis dreimal Beeren ernten, aber in geringerer Menge als beim ersten Mal. Da die Jabuticabas nicht in Trauben wachsen, müssen sie alle einzeln mit der Hand geerntet werden. Die Jabuticaba bildet eine symmetrische, ovale oder runde Krone von dichtem Laub. Die 2–10 cm langen und 1–2 cm breiten dunkelgrünen, glänzenden Blätter haben kurze Stiele und eine Lanzett- oder Ovalform. Jung nachwachsende Blätter sind rosa. Wenn der Baum blüht, sieht er lustig aus:

Stamm und Äste sind mit Büscheln kleiner weißer Blüten mit je vier Blütenblättern übersät. Die lanzettförmigen, spitzen Kelchblätter kann man noch an den Früchten sehen: runden oder ovalen, dunklen, glänzenden Beeren von 1–4 cm Durchmesser. Die zähe Außenhaut ist dicker als die einer Weintraube, was eigentlich eine gute Transportfähigkeit garantieren müßte.

HALTBARKEIT
Eine brasilianische Besucherin sagte mir aber, daß das weiche, saftige, weiß schimmernde Fruchtfleisch schon nach ein bis zwei Tagen zu verderben beginne. Diese Früchte sind trotzdem schon in gutem Zustand in der Bundesrepublik eingetroffen. Sind sie frisch, so entdeckt man beim Öffnen der Beeren nur 1 bis 4 kleine rosa Kerne im weißen Fleisch. Sind sie nicht mehr gut, färbt sich das ganze Innere rosa.

VERWENDUNG
Die Brasilianer schätzen die säuerliche Jabuticaba sehr hoch. Sie essen sie am liebsten roh, dann sei sie am köstlichsten und erfrischendsten. Man bereitet aber auch Getränke, Gelee, Sorbet daraus. Die Indianer stellten früher vor allen Dingen Wein aus den Beeren her.

ROLLE IM WELTHANDEL
Die Jabuticaba wird in der Welt nur am Rande gehandelt, dabei schmeckt Jabuticabagelee ganz vorzüglich: wie eine Mischung aus Johannisbeere mit Kirsche.

FORTPFLANZUNG
Die Pflanzen werden durch Aussaat vermehrt. Von besonders guten Sorten bedeckt man einen Zweig, der noch am Baum verbleibt, unterhalb der Blätter mit Erde und trennt ihn nach Bewurzelung ab. Die Bäume müssen auf 7,5–9 m Abstand gepflanzt werden.

---

## R E Z E P T E (alle brasilianisch)

---

### Erfrischungsgetränk mit Jabuticabas

| | |
|---|---|
| *1 Glas Cognac* | *Zucker nach Geschmack* |
| *2 EL Weintraubensaft* | *1 EL Kondensmilch* |
| *200 g Jabuticaba mit Schale und Kern* | *Eiswürfel* |

Alle Zutaten bis auf die Eiswürfel mit einem Mixstab zerkleinern. Durch ein Sieb gießen und sofort mit Eiswürfeln auftragen.

### Milchmixgetränk mit Alkohol

| | |
|---|---|
| *2 Tassen Jabuticaba* | *1½ mal soviel Cognac* |
| *mit den Schalen* | *wie Milch* |
| *2 Tassen Wasser* | *einige Eisstückchen* |
| *1 Dose Kondensmilch (170 g)* | |

Die Jabuticabas mit dem Wasser 20 Minuten kochen lassen. Mit dem Mixer pürieren und durch ein Sieb gießen. Die restlichen Zutaten hinzufügen, gut mixen und gleich auftragen.
Jabuticaba mit einer säuerlichen Frucht gemischt, ergäbe bestimmt ein ebenso vorzügliches Sorbet wie Himbeeren mit Johannisbeeren.

### Jabuticabagelee

Die Beeren waschen und mit so viel Wasser aufsetzen, daß die Früchte bedeckt sind. Leise kochen lassen, bis sie weich sind (ca. 20 Minuten). Mit einem Löffel zerdrücken oder mit dem Mixstab pürieren und durch ein Sieb rühren. Auf je 1 Tasse Saft 1 Tasse Zucker oder Gelierzucker rechnen. Saft und Zucker unter Rühren kochen, bis das Gelee die nötige Festigkeit erreicht hat. In saubere Gläser füllen und zubinden.

## Pitanga oder Surinamkirsche *(Eugenia uniflora)*

Malaiisch: Chermai Belanda, Thai: Ma-yom-farang.

HERKUNFT UND VERBREITUNG

Die Pitanga stammt aus Brasilien, wo sie sehr beliebt ist. Heute ist sie in weiten Teilen der Tropen und Subtropen zu finden. Sie wurde durch die Portugiesen verbreitet, die sie schon früh mit nach Europa nahmen, wo sie bereits 1723 bzw. 1727 von den beiden italienischen Malern Tilli und Micheli in italienischen Gärten gemalt wurde. Nach Indien, Ceylon und Südchina wurde sie ebenfalls durch die Portugiesen gebracht. Erst 1902 gelangte sie in den Botanischen Garten von Singapur, von wo aus sie dann langsam in Malaysia Fuß faßte. Sie ist dort auch heute noch selten, im Gegensatz zu Hawaii und dem südlichen Florida, wo sie ein beliebter Gartenstrauch ist.

ERSCHEINUNGS-FORM

Die Surinamkirsche wird nicht höher als 5–7 m. In Brasilien findet man sie oft als Baum. Meist ist sie aber in Form einer Hecke zu sehen, wozu sie wunderbar geeignet ist, obwohl sie dann nur wenige Früchte trägt. Alleinstehend als Strauch ist diese Pflanze die Zierde eines jeden Gartens. Sie ist immergrün mit dunklen, kleinen, ovalen Blättern. Junges Laub ist weinrot. In Malaysia blüht und fruchtet sie das ganze Jahr über mit hübschen, kleinen, cremeweißen, 1 cm großen Blüten und entweder einzeln oder in kleinen Trauben erscheinenden kirschroten Früchten. In Brasilien sind ihre Blüten nur zweimal im Jahr zu sehen: Anfang September und im Januar. Die Früchte sind zwei Monate später reif.

KLIMA UND VERMEHRUNG

Die Pitanga ist die winterhärteste Pflanze der *Eugenia*- und *Syzygium*gruppe, sie kann sogar einige Kältegrade unbeschadet überstehen.
Die Vermehrung kann durch Aufpfropfen erfolgen, geschieht jedoch meist durch Samen. Die Elternpflanzen sollten kräftig sein und großfrüchtige, wohlschmeckende Surinamkirschen erzeugen. Um eine gute Ernte zu erlangen, sollte die Pflanze sowenig wie möglich zurückgeschnitten werden. Die Sämlinge tragen drei Jahre nach der Aussaat Früchte.

FRUCHTFLEISCH

Verschiedene Sorten variieren in der Farbe von fast schwarzem zu hellem Rot. Die dunklen Früchte sind am sauersten. Die hellroten besitzen ein angenehm säuerliches Aroma. Das Fleisch ist weich und schmelzend. Der Durchmesser kann 2,5–5 cm betragen. Die Haut der Kirschen ist dünn und achtfach gerippt. Die Früchte weisen einen runden oder zwei halbrunde Kerne auf. Da die Pitangas in Südostasien von nur wenigen Pflanzen herrühren, unterscheiden sie sich inzwischen in Form, Farbe und Größe von den Sorten Brasiliens.

SONSTIGER WERT DER PFLANZE

Die Surinamkirsche enthält Tannin (die Rinde 28,5 %). Der Tee der Blätter oder ein Alkoholauszug, in dem Blätter und Früchte gelegen haben, wird in Südamerika bei Magenbeschwerden angewendet. Die Blätter enthalten nämlich ein Öl, in dem Zitronell, Geranyl-Acetat, Geraniol, Cineol, Terpinen, Sesquiterpen und Polyterpen vorhanden ist. Die Samen weisen ebenfalls ein nach Pfeffer riechendes und schmeckendes Öl auf. In Brasilien sammelt man daher Blätter und streut sie auf den Boden, sie sollen Fliegen und Insekten vertreiben. Wenn man sie zerreibt, strömen sie einem stechenden, aber angenehmen Geruch aus. Unreife Früchte enthalten ebenfalls ein stark aromatisches Öl.

VERWENDUNG  Die Früchte werden roh aus der Hand gegessen, aber auch zu hocharomatischem Gelee, zu Sorbet und Getränken verarbeitet. In Südostasien legt man, dortiger Küchentradition gemäß, unreife Pitangas in Essig oder Salz ein oder kocht Chutney daraus. In manchen Ländern dienen reife Früchte zur Herstellung eines leichten Weines. Die Surinamkirsche enthält Eisen und Kalzium.

---

## REZEPT

In diesem Buch sind so viele Gelee- und Sorbetrezepte enthalten, auch Anweisungen, wie in Essig eingelegte Früchte zubereitet werden (sie müssen vor der Verarbeitung entkernt werden), daß ich Deutsche, die in den Tropen leben, darauf verweisen möchte.

### Pitangacocktail *(Brasilien)*

| | |
|---|---|
| *3 EL Pitangafruchtfleisch* | *½ TL Angostura Bitter* |
| *2 EL Mangosaft* | *Zucker nach Geschmack* |
| *½ Tasse Kirschwasser* | *Eisstückchen* |
| *2 EL Kondensmilch* | |

Alle Zutaten mit dem Mixstab schlagen und den Cocktail gleich auftragen.

## Murtilla *(Myrtus ugni)*

Sie wird auch Molina, chilenische Guave, von den Indianern Uni genannt. Aus dem Indianernamen hat man sicher den Zusatz *ugni* gebildet. Myrtus oder Murta heißt sie wegen ihrer großen Ähnlichkeit mit der Myrte. Es gibt zwei Typen: eine mit großen Früchten und weißem Fruchtfleisch (Murta) und eine mit kleinen Früchten und rotem Fruchtfleisch (Murtilla – Murtillja gesprochen). Die Chilenen sind sehr stolz auf diese Frucht, die es nur in Chile gibt.

ERSCHEINUNGS-  Die Pflanze hat die Gestalt eines kleinen, buschartigen Strauches mit rötlichen,
FORM  leicht behaarten Ästen. Man kann ihn sehr gut auf 0,80–1,20 m zurückschneiden. Er hat kleine, dunkelgrüne, glänzende, ledrige, ovale Blättchen, die aromatisch duften und 2–3 cm lang werden. Ihre Unterseite ist blaßgrün gefärbt.
Die gestielten, glockenförmigen weißen Blüten entspringen in den Blattachseln. Sie bestehen aus fünf dünnfleischigen Blütenblättern, die auch zartrosa sein können, und enthalten zahlreiche Reihen von Staubgefäßen.
Die 8–15 mm großen Beeren der Murta sind korallenrot, glänzend und besitzen weißes Fruchtfleisch. Sie sind um den 42. Breitengrad herum zu finden.
Dieses Obst wurde um 1850 nach Europa gebracht und im heißen, trockenen Mittelfrankreich angepflanzt, wo es nicht gut gedieh, weil es feuchtes Klima benötigt. In der Bretagne und am Ärmelkanal bei Cherbourg dagegen wuchs es weit besser.

*Murtilla*

Die Früchte der kleineren Murtilla sind um den 37. Breitengrad zu Hause. Ihre Heimat ist die Provinz Conception. Das Fruchtfleisch dieses Typs ist rot. Die Murtas haben etwa die Größe der Acerola und sind fleischig-breiig, von angenehmem Geschmack, der etwas harzig ist. Der Botaniker von Wildemann, der sie sowohl roh als auch gekocht probiert hat, war von ihr nicht sehr angetan; Indianer und Chilenen schätzen sie sehr. Im Fruchtfleisch befinden sich noch mehrere Kerne.

VERWENDUNG  Ich habe vor Jahren eine Dose mit dunkelrotem Murtillamus ergattern können, das wie eine Mischung aus Apfel und Preiselbeere schmeckt. Es muß gut gesüßt werden, da es sehr herb und sauer ist. Aus den Früchten bereitet man Kompott, Konfitüre und Gelee zu.

## REZEPTE

### Würzsoße                                    *Zubereitung 10 Minuten*

2 EL gehackte Zwiebeln            1 Spritzer Tabasco oder
1 EL Butter                       1 Prise scharfer Pfeffer
1 Zehe Knoblauch                  1 Prise Salz
1 EL Rosinen                      1 gehäufter TL Zucker
1 Tasse Murtillamus

Die Zwiebeln in der erhitzten Butter glasig dämpfen. Knoblauch zugeben und unter Umwenden kurz Farbe annehmen lassen. Die Rosinen und das Mus zufügen, einige Minuten leise kochen lassen. Mit Tabasco bzw. Pfeffer, Salz und Zucker abschmecken. Die Soße paßt gut zu Fleisch.

### Kuchen

Einen Mürbteig zubereiten (siehe Anhang). Mit 500–750 g Murtillamus, gesüßt mit mindestens 125 g Zucker, 45 bis 60 Minuten backen. Schlagsahne dazu auftragen. Auch die Guaventorte von Seite 190 kann mit Murtillamus hergestellt werden, ebenso der Cranberry-Streuselkuchen, Seite 117.

**Eierkuchen**

| | |
|---|---|
| *4 Tassen Mehl* | *4 Eier* |
| *1 Prise Salz* | *Selterswasser* |
| *5 Tassen Milch* | *Fett zum Ausbacken* |

Mehl und Salz mit einem Schneebesen mischen uns langsam die Milch zugießen. Rühren, damit keine Klumpen entstehen. Die Eier hineinschlagen, mit einem elektrischen Rührgerät bearbeiten; der Teig soll ziemlich dünn vom Löffel laufen. Den Teig kann man schon Stunden vorher zubereiten und stehenlassen, damit das Mehl quellen kann. Kurz vor dem Backen mit soviel Selterswasser verdünnen, daß er in der Pfanne auseinanderläuft. Möglichst dünne Eierkuchen backen. Ich ersetze gern eine Tasse Mehl durch eine Tasse Haferflocken. Mit drei Pfannen benötigt man zum Backen der Eierkuchenmenge ca. 15 Minuten.
*Als Zugabe:*
Zucker oder Zucker und Zimt zum Bestreuen und dazu 500–750 g Apfelmus, das sehr gut durch die gleiche Menge Murtillamus, gesüßt mit mindestens 3 EL Zucker, ersetzt werden kann.

## Gattung Syzygium: Die Rosenäpfel

Diese Gruppe füge ich nur zögernd ein, da sie meiner Ansicht nach kein wichtiges und gutes Obst enthält. Da aber Früchte aus dieser Gruppe manchmal nach Europa kommen, möchte ich doch auf sie eingehen.

# Jambolan *(Syzygium cuminii)*

Thai: Wa, Ma-ha, Indien: Jamun, Philippinen: Duhat, Engl.: Black plum, Java plum, Franz.: Jambo longue, Tête negresse, Port.: Jamelão.

HERKUNFT · Der Jambolan stammt aus Indien und Java. In Malaysia wurde er vor Jahrhunderten eingeführt, ist aber nicht sehr verbreitet.

ERSCHEINUNGS-FORM · Der Baum ist 10–20 m hoch, die Blätter sind oval, leicht glänzend und von dunklem Blaugrün. Die Blüten sind zuerst weiß, später blaßrosa, sie erscheinen

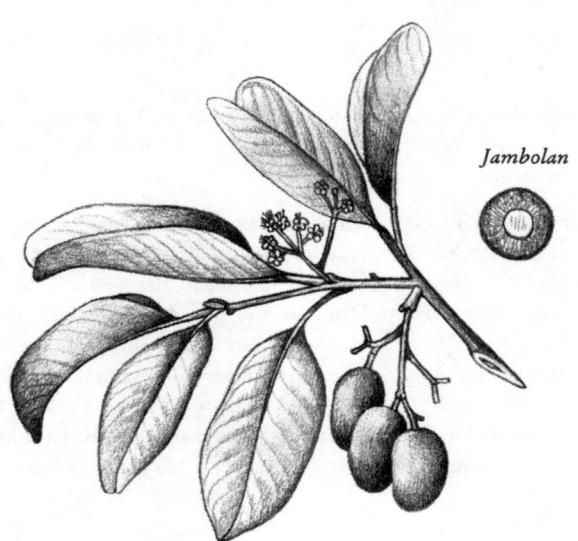

*Jambolan*

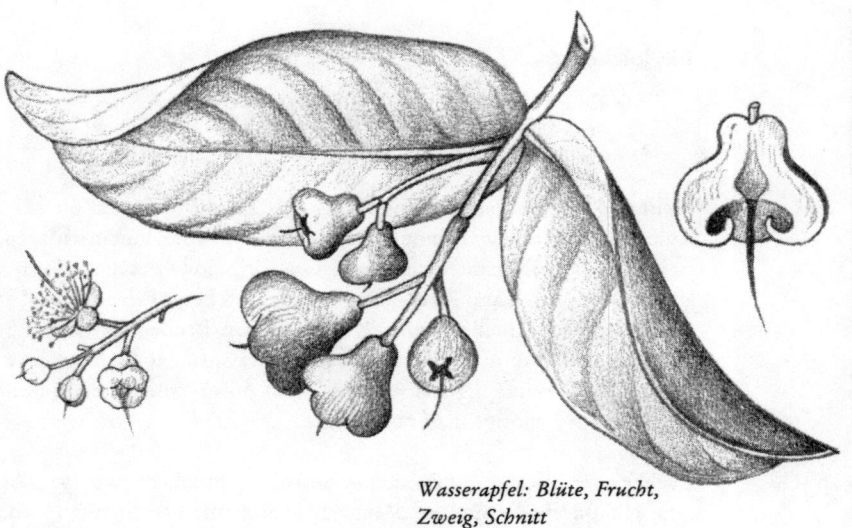

*Wasserapfel: Blüte, Frucht,*
*Zweig, Schnitt*

in kleinen Trauben. Die ovalen Früchte sind bei Reife schwach oder dunkel purpurfarben und gewöhnlich 2,5 cm lang, obwohl es auch größere bei besseren Sorten gibt. Das Fruchtfleisch ist rosaweiß, saftig, adstringierend und säuerlich. Es enthält meist einen Samen.

VERWENDUNG   Die Jambolanpflaumen werden meist roh gegessen. In Indien bereitet man Essig aus unreifen Früchten. Die Samen und die Schale sind wichtige Heilmittel gegen Diabetes, Durchfall und andere Beschwerden.

**Duhatsaft** *(Philippinen)*

Zu einer Tasse entsteinter, pürierter Duhats eine Tasse Wasser geben und durch ein Sieb oder Tuch gießen. Etwas Zucker oder Zuckersirup nach Geschmack zufügen sowie Eiswürfel.

## Wasserapfel *(Syzygium aquea)*

Malaiisch: Jambu ayer, Philippinen: Tambis, Thai: Chom-phu-pa, Port.: Jambu branco.

HERKUNFT   Dieser Baum entstammt dem Gebiet von Malaysia bis zu den Andaman-Inseln. Er ist dort heute noch weit verbreitet, aber auch in der Karibik und in Südamerika.

ERSCHEINUNGS-   Der Baum wird 3–10 m hoch. Seine Äste sind bedeckt mit schwach rotbrauner,
FORM   flockiger Borke. Die langen, ovalen Blätter sind jung purpurfarben, später variieren sie von gelblich zu dunklem Blaugrün. Die cremeweißen Blüten werden 2,5–3,5 cm im Durchmesser und duften leicht. Die kleinen Früchte (sie sind 1,5–2 cm lang und 2,5–3,5 cm breit) ähneln denen des Javaapfels, doch wirken sie wie vom Stiel zum Blütenende zusammengedrückt.
Sie können weiß, blaßrosa oder blutrot gefärbt sein. Das Fruchtfleisch ist sehr saftig, schwammig weiß oder rosa und duftet etwas. Es schmeckt angenehm süß und ist adstringierend. Die Frucht hat 1 bis 6 kleine Samen.

178

Aus reifen Früchten bereitet man Getränke oder Sirup. Manche Sorten sind sauer. Die Wasseräpfel löschen gut den Durst und sind besonders bei Kindern beliebt, obwohl sie fast nur aus Wasser bestehen. Wenn man mag, kann man Fruchtschnitze grünem Salat beifügen. Die Haut enthält Fruchtzucker und hat einen hohen Gehalt an Vitamin A. In Malaysia kann man zweimal ernten: im Mai und zum Jahresende.

## Javaapfel *(Syzygium javanicum)*

Malaysia: Jambu Ayer Rhio, Jambu Merah für rote Früchte, Jambu Hijau für grüne Früchte, Thailand: Chom-phu-khao, Philippinen: Makopa, Engl.: Java apple, Wax jambu. Diese Frucht wird von Thailand unter der Bezeichnung *Honey dew* von Dezember bis April auf dem Weltmarkt angeboten.

HERKUNFT Der Baum stammt nach Ochse aus Malaysia, nach Molesworth-Allen aus Südindien. Er ist auch in Hawaii zu finden, wo seine Früchte sehr groß werden.

ERSCHEINUNGS-
FORM Er erreicht eine Höhe von 5 bis 15 Meter und ist weit verzweigt, mit tiefansetzenden Ästen. Die Blätter sind oval, doch spitz zulaufend, oben von dunklem, bläulichem Grün, unten gelblich. Sie werden 10–25 cm lang, 5–12 cm breit. Die geruchlosen weißen oder cremefarbenen 4 cm breiten Blüten erscheinen, wenn sie ganz entfaltet sind, in losen Bündeln zu je 3 bis 5. Der Griffel ist 2,5 cm lang. Die Früchte haben eine leichte Birnen- oder Glockenform mit einer Höhlung am ehemaligen Blütenende, umgeben von einer sternförmigen Öffnung, aus der noch der Griffel hervorstehen kann. Die Javaäpfel können entweder grünweiß *(forma alba)* oder rot *(forma rubra)* sein. Sie haben ein wachsartiges Aussehen. Das Fruchtfleisch erinnert in seiner Beschaffenheit und Knackigkeit sehr an Paprika, nur ist es viel dicker und hat ein erfrischendes, säuerliches Aroma wie Granny-Smith-Äpfel, ist aber etwas fader und trockener. Die ein bis zwei Samen, die sich lose befestigt in der Frucht befinden, sind mehr oder weniger rund, braun, ziemlich weich und 0,5–0,8 cm dick. Grünfrüchtige Formen werden gewöhnlich roh mit etwas Salz gegessen. Sie ergeben auch eine wohlschmeckende Fruchtsoße. Ein bis zwei Früchten kann man Apfelkompott hinzufügen. Rote Javaäpfel sind saftiger, aber weniger aromatisch. Es gibt auch sehr wohlschmeckende Sorten, die aber selten sind. Ausgewachsene Bäume tragen sehr gut. Wegen der großen Nachfrage in Asien ist ihr Anbau sehr gewinnbringend. Der Baum könnte auch in Neusüdwales (Australien) überwintern. Der Javaapfel sieht in der Form wie der Wasserapfel auf Tafel 14 aus, kommt aber in anderen Farben vor. Beide sind sich sehr ähnlich.

## Malayapfel *(Syzygium malaccensis)*

Malaysia: Jambu Merah, Thai: Chom-pu-sa-raek, Tamil: Peria Jambu, Philippinen: Tersana, Mittel- und Südamerika: Pomagás, Pomerac, Ohia, Otaheite-Apfel, Santo Domingo: Cajulito Soliman, Franz.: Jamalac, Port.: Jambu de Malaca, Jambolào. Diese Frucht wird von Thailand als *Lady Rose* von Dezember bis Februar angeboten.

HERKUNFT Der Baum stammt aus Malaysia, wo er seit Jahrhunderten kultiviert wird. Die Portugiesen brachten schon früh Samen von Malakka nach Goa (Indien), vielleicht auch nach Sansibar und Mombasa (Afrika). Kapitän Bligh, der 1793 die

Brotfruchtbäume nach Jamaika mitnahm, führte auch diese Frucht dort ein, weshalb sie dort heute noch Malakkaapfel heißt. Linda Wolfe (Time-Life-Kochbuch: »Die karibische Küche«) verherrlicht ihn so: »Am liebsten von allen ist mir vielleicht eine Frucht, die ich in den Bergen von Trinidad an einem Stand auf der Straße fand. Die Einwohner Trinidads nennen sie pomerac, und auf einigen anderen Inseln heißt sie Otaheite-Apfel. Sie sieht wie eine Märchenfrucht aus – wächsern und leuchtend rot –, hat die Form einer Birne und schneeweißes Fleisch, das ganz unglaublich nach Rosen duftet.« Molesworth-Allen zitiert Mr. Ridley, der 1902 schreibt: »Der Malayapfel schmeckt etwas besser als eine Rübe, wenn man ihn koche und mit Sahne auftrüge, sei er aber ein annehmbarer Nachtisch.«

VERWENDUNG    In Malaysia kocht man dieses Obst mit Hibiskusblättern *(Hibiscus rosa-sinensis)*, damit es sich rot färbt. Diese Frucht wird meistens roh gegessen, sie ist dann ziemlich geschmacklos. Wenn man sie mit saurem Obst kocht, neutralisiert sie die Säure, dazu muß sie aber reif sein.

ERSCHEINUNGS-    Der Baum erreicht eine Höhe von 5 bis 20 Meter und ist das ganze Jahr über
FORM    prachtvoll anzusehen. Er trägt schon Früchte, wenn er noch ziemlich jung ist. Er wächst ausladend und hat eine rötliche Rinde, die sich in dünnen Streifen abschält. Die zuerst weinroten, später obenauf dunkelgrünen Blätter sind 15–50 cm lang und 7–20 cm breit. Auf der Unterseite sind sie hell- oder gelbgrün. Die tiefroten oder kirschroten Blüten sind wunderschön. Sie werden 5–7,5 cm groß und erscheinen in Trauben. Sie enthalten Hunderte von roten Staubfäden, so daß der Eindruck eines dicht gespickten Nadelkissens entsteht. Wenn sie abgeblüht sind, ist der Boden mit einem dicken purpurfarbenen Teppich bedeckt. Die Malayäpfel reifen drei Monate später. Die Früchte sind entweder dunkelrot oder hellrot bzw. blaßgelb mit dunkelroten Längsstrichen. Ihre Form ist oval und verjüngt sich leicht zum Stiel hin.
An ihrer Spitze sind noch die grünen Kelchblätter zu sehen, oft ragt daraus der Griffel hervor. Sie werden 5–8 cm lang und 5–6 cm breit. Das Fruchtfleisch ist um einen braunen Samen gelagert, der 2,5 cm dick und leicht mit dem Fleisch verwachsen ist. Es riecht wie parfümiertes Haaröl, ist trocken und fest, aber angenehm roh zu essen.

KLIMAANSPRÜCHE    Der Baum verträgt keine langen Trockenperioden, sondern benötigt gleichmäßige Temperaturen und feuchtes Klima.

Wir kommen jetzt zum echten

## Rosenapfel *(Syzygium jambus)*

Malaysia: Jambu Mawar, Thai: Chom-phu-nam-mai, Tamil: Seeni-jambu, Südamerika: pomarosa. Er hat der ganzen Gruppe ihren Namen gegeben, denn man sagt auch: javanischer oder malaiischer Rosenapfel. Hier will ich mich sehr kurz fassen: Er ähnelt den vorher beschriebenen Bäumen. Seine Heimat sind Indien und Teile Malaysias. Er kann auch ein kühleres Klima vertragen.

ERSCHEINUNGS-    Der Baum ist von attraktivem Wuchs und ein guter Schattenspender. Die weißen
FORM    oder cremefarbenen Blüten sind sehr auffällig, sie werden bis zu 7 cm groß und duften süß. Sie fallen sehr bald ab. Die Früchte sind fast rund oder leicht länglich

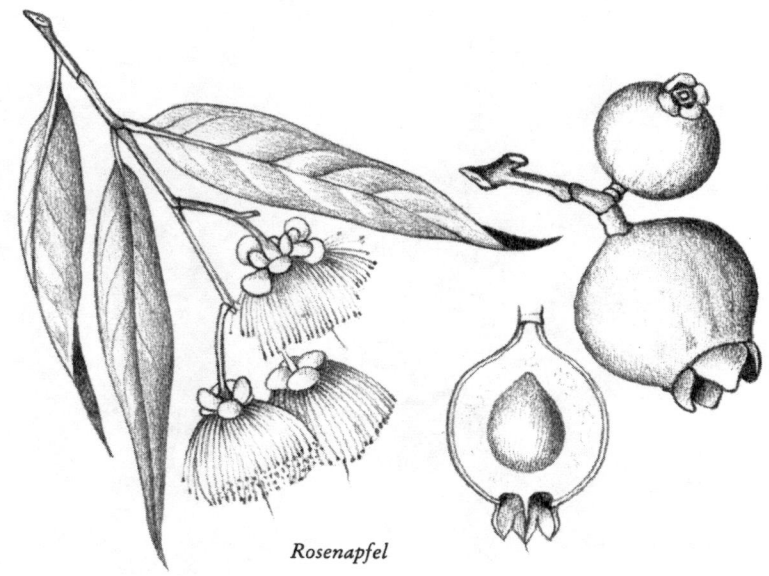

*Rosenapfel*

und werden 4–5 cm dick. Wenn sie reif sind, haben sie eine grünliche oder mattgelbe Farbe mit rosa Streifen. Das Fruchtfleisch ist ziemlich trocken, fest und duftet nach Rosen. Die Kelchblätter werden dick und bleiben wie eine Krone am unteren Ende der Frucht erhalten.

Die Früchte sind in ihrer Qualität sehr unterschiedlich. Gute Sorten werden roh gegessen, aber auch mit Zucker gekocht und besonders mit anderen Früchten gemischt zu Marmelade oder Gelee verarbeitet.

MEDIZINISCHER WERT    Wenn man pulverisierte Blätter in die Haut reibt, wirken sie kühlend. Auch für die Blüten trifft das zu. In Kambodscha gibt man Tee aus den Blättern bei Fieber.

Die **Gattung Psidium** hat 150 Arten, die in den Tropen und Subtropen Amerikas zu Hause sind. Viele Obstsorten dieser Gattung wachsen wild in Brasilien. Sie haben nur lokale Bedeutung, keine weltweite, da sie noch nicht genügend veredelt und durchgezüchtet sind. Sie heißen Araça.

**Feijoa** *(Acca sellowiana)* ist eine Verwandte der Guave.

HERKUNFT    Sie wächst wild in Südbrasilien, Paraguay, Uruguay und Nordargentinien. Man züchtet sie auch in Kalifornien und Florida (die Sorten *Choiceana* und *Superba*). Sie gedeiht im Hügelgelände Indochinas, aber nicht in Singapur. Neuseeland baut Feijoas kommerziell an. Es handelt sich um hochgezüchtete Sorten, und zwar um *Triumph* und *Mammoth*. Sie werden von März bis Mai geerntet und per Luftfracht verschickt. Sie halten sich danach noch etwa eine Woche. In Neuseeland sind sie noch beliebter als die Kiwifrüchte. Eines Tages werden sie vielleicht auch bei uns in größerem Umfang erhältlich sein. Ihr Vitamin-C-Gehalt schwankt zwischen 28 und 100 mg pro 100 g Fruchtfleisch.

ERSCHEINUNGS-BILD    Da die Feijoa nahe mit der Guave verwandt ist, ähnelt sie dieser in Wuchs und Fruchtform. Die Pflanze besteht aus einem kleinen, hängenden Strauch mit silbrig-graugrünen Blättern und strahlendroten, attraktiven Blüten. In den Tro-

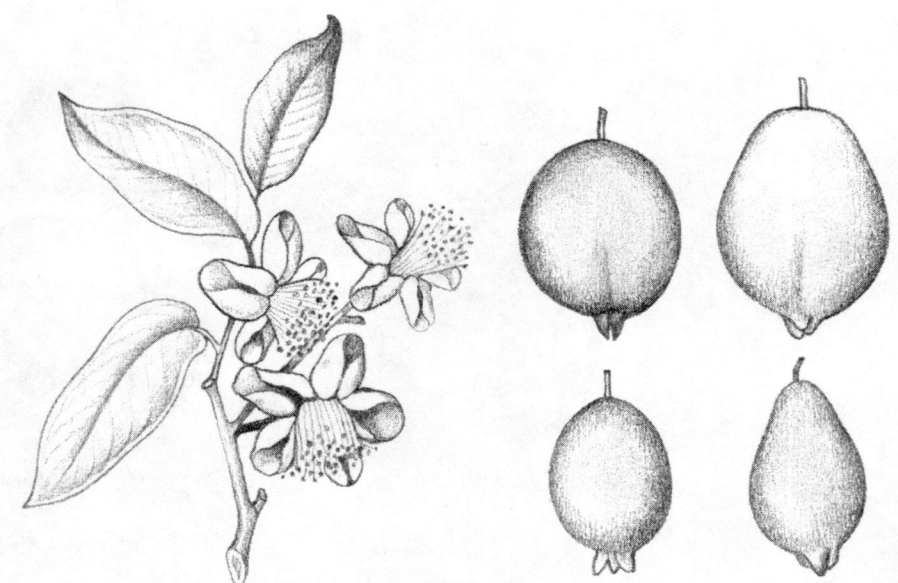

*Feijoa: Blüte und 4 Fruchtformen*

pen trägt er nur im Hügelgelände Früchte, nicht im heißeren Flachland. Die Feijoa verträgt mehr Kälte als die Guave. Sie braucht nach dem Auspflanzen auch viel länger, bis sie Früchte hat, und trägt weniger.

VERWENDUNG   Manche Sorten der kleinen grasgrünen Früchte haben ein sehr gutes Aroma, besonders wenn sie zu Marmelade und Gelee verarbeitet wurden. Die Feijoa erinnert leicht an Ananas und heißt deshalb Ananas-Guave.

Sie ist nach einem Autor kein wertvolles Obst, nach einem anderen von vorzüglichem Geschmack. Ich mag diese sauer-pikante Frucht sehr gern. Sie ist nicht körnig wie die Guave, sondern weicher, aber fest wie etwa Aprikose oder Pfirsich. Im Inneren der Frucht befindet sich geleeartiges Fleisch mit weichen, kleinen dunkelroten Kernchen, die man mitessen kann. Das Aroma des weichen inneren Fruchtfleisches erinnert an Stachelbeere, das äußere an Limette. Die rohen Feijoas schneidet man entweder in zwei Hälften und löffelt sie aus, oder man ißt sie geschält. Sie werden Fruchtsalaten hinzugefügt oder zu Eis serviert. Man kann auch Marmelade oder Kompott von ihnen zubereiten, doch wechseln sie dann wahrscheinlich die Farbe. (Man könnte das durch Zugabe von Zitronensaft verhindern.)

Ich habe mit Feijoas einen Kuchen gebacken. Die Früchte wurden bräunlichgrün, was nicht schön aussah, und besonders gut geschmeckt hat der Kuchen auch nicht. Die Neuseeländer empfehlen Kompott.

---

## REZEPTE

**Kompott** *(Neuseeland)*

*1 Tasse Wasser*                                    *½ Tasse Zucker*
*4 geschälte Feijoas*

Das Wasser mit dem Zucker zum Kochen bringen. Die Feijoas zugeben und 4 Minuten auf der einen Seite leise kochen lassen, dann umwenden und nochmals 4 Minuten garen.

## Exotischer Obstsalat                                Zubereitung 15 Minuten

| | |
|---|---|
| ½ süße Melone | 3 Feijoas |
| (keine Wassermelone) | 2 Bananen |
| 2 EL Cognac | 2 EL Zucker |
| 1 Mango | |

Die halbe Melone schälen, entkernen und würfeln. In eine Schüssel geben und mit Cognac begießen. Die Mango schälen, den Kern ausschneiden, das Fleisch würfeln. Die Feijoas in Scheiben schneiden (ich schäle sie nicht), jede Scheibe vierteln. Die Bananen ebenfalls klein schneiden. Alles mischen und mit Zucker bestreuen. Ohne Feijoas fehlt dem Salat jede Würze.

Besonders gut sind die Früchte geeignet, um süße Speisen damit zu verzieren: Gleich große grüne Scheiben übereinandersetzen, mit einem Hölzchen oder einer Stricknadel durchbohren.
Anschließend um das Hölzchen drehen. Den entstandenen Stern auf eine Süßspeise setzen, das Hölzchen herausziehen.
Feijoas eignen sich besonders gut zur Dekoration von Nachspeisen mit Papaya, Melone und Banane. Bitte beachten Sie das vorzügliche Rezept: Melonen-Weincreme mit Feijoas auf Seite 94. Von Feijoas gibt es in der Bundesrepublik neuerdings Konserven (580 g). Die Qualität dieser Dosen ist genauso gut wie die der Kiwis, nur sind die Feijoas weit würziger. Außer Stachelbeeren kenne ich keine Frucht, die im konservierten Zustand so pikant ist. Die Dosenfrüchte sind eine hervorragende Ergänzung zu Vanilleeis, Grießbrei, Reispudding, Quark. Sie ergeben auf einem Mürbteigboden, der mit Vanillecreme bestrichen wurde, einen vorzüglichen Kuchen. Diese Dosen haben nur einen Nachteil, der mich davon abhalten wird, sie oft zu kaufen: das ist ihr Preis.

## Reisauflauf (Rußland)                                Zubereitung 40 Minuten

| | |
|---|---|
| 1½ l Wasser | 100 g Zucker |
| 1 EL Salz | 1 Päckchen Vanillinzucker |
| 200 g Langkornreis | 100 g zerlassene Butter |
| ½ l Milch | abgeriebene Schale einer Zitrone |
| 4 Eiweiß | 100 g Rosinen |
| 4 Eigelb | 50 g geriebene Mandeln |

Dieser Auflauf ist ganz köstlich, besonders mit dem Inhalt einer Dose Feijoas belegt und mit deren Saft begossen.
Den Reis in das auf großer Flamme kochende Salzwasser schütten und fünf Minuten sprudelnd kochen lassen. Auf einem Sieb abtropfen lassen. Die Milch im gleichen Topf erhitzen und den Reis darin nochmals einige Minuten leise ziehen lassen. In der Zwischenzeit das Eiweiß schlagen, im Kühlschrank aufbewahren. Mit denselben Schlägern das Eigelb mit Zucker und Vanillinzucker schaumig rühren. Den Reis zugeben sowie alle anderen Zutaten. In einer Keramikform 30 Minuten bis eine Stunde bei Stufe 4 (210° C) backen. Ich dachte, der Auflauf sei gut zu Äpfeln, aber zu Feijoa schmeckte er noch besser.

## Die **Cattley Guave** *(Psidium cattleyanum)*

wird auch Erdbeerguave genannt. Der niedrige Baum oder Strauch kommt aus Brasilien. Er wird seiner Früchte wegen angebaut, die ziemlich klein (3 cm im Durchmesser), rund und purpurrot sind. Das weiße Fleisch hat einen süß-sauren Geschmack. Man kann die Früchte roh essen, aber auch zu Marmelade und Gelee kochen. Diese Pflanze verträgt mehr Frost als die Guave. Man kann sie im Süden der USA sehen. Die Cattley Guave ist kein wertvolles Obst.

## **Guave** *(Psidium guajava)*

Brasilien: Goiaba, Span.: Guayaba, Franz.: Goyabe, Engl.: Guava, Malaysia: Jambu Batu, Hindi: amrud.

ERSCHEINUNGS-
FORM
Die Guave ist ein baumartiger Strauch oder kleiner Baum von 3–10 m Höhe. Sein niedriger Stamm verzweigt sich bald. Er ist von einer dicken, flockigen rotbraunen Borke bedeckt.

Die langen, oval geformten Blätter sind dicht von feinen gelben Härchen besetzt, wenn sie jung sind. Sie können bis zu 15 cm lang werden und fühlen sich etwas rauh an. Die Guave blüht im Frühjahr oder Sommer mit 4 cm großen, zwittrigen, apfelähnlichen Blüten, die voller Staubgefäße sind wie die der Rosenäpfel. Die weißen Blütenblätter fallen sehr schnell ab. Die Blüten erscheinen einzeln, zu zweit oder dritt in den Blattachseln.

HERKUNFT
Nach Molesworth-Allen ist diese Frucht schon von den Inkas angebaut worden. Chandler nimmt als ihre Heimat Mexiko und Peru an, andere Autoren vermuten Brasilien, wo es noch eine Reihe anderer wilder Guavenarten gibt. Als die Spanier kamen, war die Guave in Mittel- und Südamerika bekannt. 1526 hat sie Oviedo auf den Westindischen Inseln beschrieben. Nach Brücher war sie schon 1582 in Puerto Rico eine Landplage. In Mexiko wird die Guave *xalxocotl*, d. h. Sandapfel, genannt (*xocotl* heißt sauer, *zapotl* süß und das macht Botanikern Kopfschmerzen, weil so viele verschiedene Früchte *Sapote* heißen, die nichts miteinander zu tun haben). Zum Glück ist die Identität der Guave eindeutig.

Die spanischen Botaniker Rodrigez und Tavarez sind der Meinung, der Name Guayaba stamme von den Tupi-Indianern aus Brasilien. So hieß die Guave auch in der Karibik. Diesen Namen haben die Spanier um die Welt getragen. Die Holländer übernahmen von den Portugiesen die Bezeichnung *peera*, d. h. Birne, wie die Frucht noch in Goa, Bombay, bei den Persern (amrud), Nordindern und Arabern heißt.

VERBREITUNG
Schon im 16. Jahrhundert wurde die Guave von den Spaniern auf die Philippinen gebracht und von den Portugiesen nach Indien. Heute gibt es sie in allen tropischen und subtropischen Ländern; besonders die Vögel sorgen so sehr für ihre Verbreitung, daß sie ein übles Unkraut geworden ist, worunter man vor allem auf den Fidschiinseln leidet. Die meisten Früchte in Kolumbien und Kuba kommen von Wildbäumen, denn eine optimale Technik für Plantagenpflanzungen hat man noch nicht gefunden. Allerdings schreibt Dassler, daß die größten Guavenplantagen sich in Südafrika befänden, und zwar zu dreiviertel in der Kapprovinz mit 350 000 Bäumen. Auch in Indien und den USA scheint man die Guaven mit Erfolg anzubauen.

Die frischen Früchte verderben schnell. Ab und zu finden sich einmal Guaven in unseren exotischen Obstabteilungen, doch sind sie für die Händler heikel. Dosenware, die es bei uns recht preiswert zu kaufen gibt, ist hingegen problemlos. Daraus kann man aber weder Kuchen noch Eis oder Gelee zubereiten. Auch Säfte gab es in unseren Läden, jetzt leider nur noch Guavennektar.
Südafrika exportiert beides in großen Mengen. In Südamerika, ihrer Heimat, sind Guaven ein wichtiges Obst, sowohl für den Inlandsverbrauch als auch – verarbeitet – für den Export.
Sollen Guaven verschickt werden, so müssen sie bei der Ernte noch hart, aber schon ziemlich reif sein. Ihre Farbe variiert zu diesem Zeitpunkt zwischen grün und gelb. Eine sorgfältige Verpackung ist notwendige Voraussetzung für gute Haltbarkeit. Nach dem Kauf sollte man die Guaven so schnell wie möglich verbrauchen.

FRUCHTFORM
UND GESCHMACK

Die Fruchtform ist entweder rundlich, ei- oder birnenförmig. Das Gewicht liegt zwischen 25 und 50 g pro Frucht und mehr. Die Farbe ist gelb mit Schattierungen zu weiß oder rosa  Die Schale kann dick oder dünn sein, die Frucht viele oder wenige Kerne enthalten. Das Fruchtfleisch ist fest. Der Geschmack reicht von süß bis sauer. Das typische Aroma der Guave kann stark und penetrant oder schwach und angenehm sein. Die Guave ist der Quitte im Geschmack ähnlich. Die Guavensorten teilt man ein nach der Färbung des Fruchtfleisches in rot und weiß.
Weniger gute Sorten sind körnig im Fleisch, klein und hart. (Das sind vor allem die Wildfrüchte.)

WERT FÜR DIE
ERNÄHRUNG

Die Guave ist eine der Vitamin-C-reichsten Obstsorten der Welt, enthält aber auch die Vitamine A und $B_{12}$ in bemerkenswerter Menge.

VERWENDUNG

Will man voll in den Genuß dieser Vitamine kommen, dann sollte man die Früchte aus der Hand essen oder roh in Schnitzen mit etwas Zucker, Zitronensaft und – nach Belieben – Sahne verzehren. Guaven sollen wirksam Durchfall bekämpfen. Man verarbeitet sie zu Saft, zu Gelee, in Südamerika außerdem – spanischer Tradition gemäß – zu Fruchtpaste, die in Brasilien Gojabade, auf den Karibischen Inseln Guavenkäse heißt. Um Guavenkäse zu erhalten, wird passiertes Guavenmus mit Vanille, Zucker und Zimt so lange gekocht bis es fest zu werden beginnt. Diese Paste ist sehr schmackhaft zu Käse (als Appetithappen für Cocktailparties zu empfehlen!). Kuba ist berühmt für seine Gojabade. Enthält die Paste einen höheren Anteil Zucker, so entsteht ein in Lateinamerika beliebtes Konfekt, ähnlich wie unsere Geleebonbons. Guavensaft ist einer der aromatischsten Säfte überhaupt, ein köstliches Getränk. Die Indonesier boten ihn auf der ANUGA (Welternährungsausstellung, die alle zwei Jahre in Köln stattfindet) mit Gin oder Wodka an.
Guaven werden auch zur Herstellung von Likör und Wein mit gutem Bukett gebraucht, Guavenmus wird – seines wertvollen Vitamingehaltes und seiner Bekömmlichkeit wegen – gerne Babies gegeben.

IMPORTE IN
DIE BUNDES-
REPUBLIK

Brasilien kann Guaven das ganze Jahr über liefern, Südafrika von September bis November, Thailand von Juni bis Dezember und Januar bis März. In Thailand gibt es riesige Guaven (Gewicht pro Stück fast 500 g), die man grün ißt, die gar nicht körnig sind und im Geschmack sehr an Feijoa erinnern.

VERMEHRUNG  Die Pflanze sät sich sehr leicht selbst aus, doch wenn man wertvolle Sorten erhalten will, muß vegetativ durch Stecklinge, Schößlinge oder Pfropfen vermehrt werden. Die Bäume können schon zwei Jahre nach dem Auspflanzen Früchte bringen. Ausgewachsen ist der Baum mit acht Jahren. Er kann 30 Jahre oder länger tragen.

Die Früchte reifen fünf Monate nach der Blüte. Eine gute Sorte bringt bis zu zweitausend Guaven hervor.

SORTEN  Da die Guave überall, wo ihr das Klima zusagt, hervorragend gedeiht, gibt es unendlich viele Variationen. Die Spanier trafen in Amerika den großen roten und den großen weißen Guavenbaum an (Kultursorten). Der kleine weiße Guavenbaum war die Wildform.

In Florida nennt man als Sorten: *Supreme, Red Indian* und *Ruby*. (Rotfleischigkeit soll sich dominant vererben.)

Trinidad: *Centeno Prolific*.

Indien befaßt sich besonders intensiv mit der Guave. Sorten: *Smooth Green, Allahabad, Nagpur Seedless*(schon 1918 gab es einen Bericht über eine samenlose Sorte aus Indien), *Safeda, Chittidar, Lucknow 49, Harija* und *Behat*. Aus Südafrika gibt es (nach einem Prospekt der Firma Philipp in 8355 Hengersberg) Sorten mit Vitamin-C-Angabe. Die Analysen wurden von Ogstone und Moore sowie Peabody, alle London, ausgeführt:

*Frank Malherbe* 850 mg auf 100 g

*Rousseau* 510 mg auf 100 g

*Fan Retief* 480 mg auf 100 g

*Madeira* 80 mg auf 100 g Fruchtfleisch.

Diese Sorten werden gemischt und Saft aus ihnen gepreßt, der so reguliert wird, daß im Durchschnitt 100 g Saft 400 mg Vitamin C aufweisen. Das ist unglaublich hoch! (Sanddorn hat 394 mg.) Wie ich schon erwähnte, bekommen wir in der Bundesrepublik nur Guavennektar, das heißt verdünnten Saft mit weitaus weniger Vitamin C.

SONSTIGER
NUTZEN  Die Blätter enthalten getrocknet 9–10 % Tannin. Sie wurden zum Gerben und Schwarzfärben von Baumwolle verwendet. Sie helfen außerdem gegen Diarrhö und Gastroenteritis (ein Extrakt wurde in Europa verkauft), Bauchschmerzen, Würmer und Hautbeschwerden.

Das Holz läßt sich gut bearbeiten und schnitzen.

## REZEPTE

Prinzipiell können alle Quittenrezepte mit Guaven zubereitet werden. Zwischen diesen Früchten bestehen aber doch Unterschiede, trotz einer gewissen Ähnlichkeit: Guaven sind weniger sauer und weitaus weicher im Fruchtfleisch als Quitten. Guaven und Quitten tendieren beide dazu, körnig zu sein. Ich finde, sie sind auch im Geschmack nicht zu unterschiedlich. Aus beiden stellt man Brot, Käse oder Paste her. Quittenbrot ist schärfer, Guavenkäse milder und lieblicher, dabei mindestens ebenso charaktervoll. Brasilien bietet diese Paste in Dosen von Pfirsich, Quitte, Guave und Papaya an. Von Guave schmeckt sie weitaus am besten.

**Fruchtsalat** Zubereitung 30 Minuten

Wenn man aromatische, weiche Guaven finden kann, eignen sie sich zu Fruchtsalat. Dazu kann man auch sehr gut Dosenfrüchte verwenden.

| | |
|---|---|
| 250 g Guaven | einige Ananaswürfel |
| 250 g Birnen | oder Mandarinenstücke |
| 250 g Pfirsiche | 2 EL Zucker |
| dazu entweder einige Sauer- | 1–2 EL Zitronensaft |
| oder Süßkirschen | |

Die Früchte schälen, klein schneiden, mischen, mit Zitronensaft beträufeln und einzuckern. Gut gekühlt auftragen.

**Floridasalat**

Die im vorhergehenden Rezept erwähnten Früchte nicht mit Zucker, sondern mit Mayonnaise gewürzt, ergeben den vorzüglichen Floridasalat, den es auch fertig gemischt zu kaufen gibt. In den Fertigsalaten sind aber keine Guaven enthalten, sondern vor allem Birnen und Pfirsiche, wie sie aus der Fruchtsalatdose kommen. Wenige Ananasstücke, Mandarinen und Kirschen runden den Geschmack ab. Unübertrefflich zum kalten Buffet und in wenigen Minuten gemacht – nur Saft abtropfen lassen, mit Mayonnaise mischen – fertig!

**Guavensaft**

Guavensaft gehört zu meinen Lieblingsgetränken. Er ist ebenso köstlich wie Apfel-, Orangen- oder Kirschsaft. Zudem enthält er weit mehr Vitamin C. In den Tropen ist er wohlbekannt als Kinder- und Krankenkost. Der Saft wird entweder im Dampfentsafter gewonnen oder man zerschneidet die Früchte in Schnitze, nachdem Stiel und Blüte sowie schlechte Stellen entfernt wurden. Man kocht die Fruchtstücke mit Wasser bedeckt weich und preßt dann den Saft durch ein Tuch. Natürlich können die Früchte auch vor der Verwendung geschält werden. Die Zuckermenge ist schwer anzugeben. Ich nehme an, 100 g Zucker auf einen Liter reichen aus.
Den heißen Saft in gut gereinigte Flaschen füllen und gleich zukorken.

**Milchshake**

Auf ein Glas Milch 2–3 EL Guavensaft geben und gut durchschütteln. Nach Geschmack 1–2 TL Zucker hinzufügen.

**Guavengelee**

Gelee sollte man möglichst aus nicht ganz reifen Guaven herstellen. Auf 500 g Fruchtsaft 500 g Gelierzucker nehmen und nach Vorschrift zubereiten. Dieses Gelee ist ziemlich weich. Hat man keinen Gelierzucker, auf ½ l Saft entweder 375 g oder 500 g Zucker (nach zwei verschiedenen Rezepten) zugeben und so lange kochen lassen, bis ein Tropfen, auf eine Untertasse gesetzt, fest bleibt und nicht auseinanderläuft (Gelierprobe).
Da man sehr viel mit diesem Gelee anfangen kann, lohnt es sich sogar für uns in der Bundesrepublik, etwas Guavengelee und -mus zuzubereiten.
Das Gelee würzt sehr ausdrucksvoll Eischnee, Sahne weniger.

## Eis mit Kapstachelbeeren                    *Zubereitung 10 Minuten*

*2 Eiweiß*                              *8 EL enthülste und*
*2 EL Guavengelee*                      *gewaschene Kapstachelbeeren*
*8 EL Vanilleeis*

Das Eiweiß steif schlagen, das Gelee zugeben und weiterschlagen. Wenn beides gut vermischt ist, das Eis auf vier Gläser verteilen, mit den Beeren bedecken, mit je einem Häubchen Eischnee krönen. Sofort auftragen.

## Früchtebecher                               *Zubereitung 10 Minuten*

Sehr gut kann man einen kalorienarmen Nachtisch zubereiten, indem man säuerliches, eingefrorenes Obst, das aufgetaut nicht sehr ansehnlich aussieht, wie z. B. Himbeeren, Kapstachelbeeren oder Johannisbeeren, mit je 2 TL Zucker in Gläser oder Schälchen gibt. Dann mit je einem halben Eiweiß pro Person, das zu Schnee geschlagen und mit ½ EL Guavengelee pro Portion apart gewürzt wurde, bedekken und servieren.

## Reisauflauf mit Guavengelee                 *Zubereitung 30 Minuten*

*300–500 g säuerliches Obst,*           *Kapstachelbeeren*
*entweder Äpfel, Himbeeren,*            *4 EL Guavengelee*
*Johannisbeeren oder*

Den Auflauf mit Reismehl zubereiten, wie auf Seite 65 beschrieben. Das Obst mit der Reiscreme bedecken und backen. Den Auflauf nach dem Backen heiß oder kalt auftragen. Dazu das Guavengelee erhitzen und heiß in einem kleinen Milchkännchen auf den Tisch stellen. Es ist die Soße und gibt dem Auflauf erst die richtige Würze.

## Guavenbaisers                               *Zubereitung 15 Minuten*

*40 g Eiweiß*                           *24 halbe Walnüsse*
*3 EL Guavengelee*

Das Eiweiß 5 Minuten steif schlagen. Das Gelee darüberträufeln und weitere 5 Minuten schlagen. Ein Blech mit Trennpapier (präpariertes Pergamentpapier) belegen. Die Guavenbaisers entweder mit zwei Teelöffeln auf das Papier setzen oder mit einer Spritztülle aufspritzen. Je eine Walnußhälfte tief in ein Baiser drücken. Bei Stufe 1 (150° C) 40–50 Minuten trocknen, später im ausgeschalteten Ofen erkalten lassen. Dieses Gebäck ist weniger fest als normale Eiweißbaisers, aber viel aromatischer.

## Guavenmakronen *(Hawaii)*

*Teig:*
*1 Tasse Mehl*                          *½ Tasse brauner Zucker*
*1 Prise Salz*                          *½ Tasse Butter*
*½ TL Backpulver*                       *1 Tasse Haferflocken*

Das ist ein ähnlicher Teig wie »Dattelkekse mit Orange« (Rezept Seite 200). Alle Zutaten miteinander mischen, die Butter zerlassen über die Haferflocken gießen.

*Füllung:*

| | |
|---|---|
| ¼ Tasse Butter | etwas Salz |
| ⅓ Tasse Guavengelee | 1 Eigelb |
| 2 EL Zitronensaft | ¼ Tasse Walnüsse, |
| 2 EL Zucker | gehackt |

Eine Springform einfetten. Zwei Drittel des Teiges darauf ausrollen. Da die Füllung flüssig ist, darf der Teig fest sein.
Für die Füllung alle Zutaten außer den Nüssen gut in einem Topf vermischen. Unter ständigem Schlagen erhitzen, bis sie cremig zu werden beginnt. Vom Feuer nehmen, die Walnußkerne zugeben. Auf den Boden streichen. Den Rest des Teiges mit so viel Milch befeuchten, daß man ihn ausrollen kann. Darüberlegen. 30–40 Minuten bei Stufe 4 (210° C) backen. Nach dem Backen in Rhomben schneiden, mit etwas Puderzucker bestreuen.

## Guavenmus

Nachdem von den gekochten Früchten der Saft abgelaufen ist, kann man das im Tuch verbliebene Fruchtfleisch weiterverarbeiten. Falls es stört, daß das Mus ab und zu ein dunkles Pünktchen (von der Schale) aufweist, müssen die Früchte vor dem Kochen geschält werden.

## Guavenmarmelade

Auf 500 g Mus 500 g Zucker rechnen. Mus und Zucker so lange kochen, bis ein Tropfen, auf eine kalte Untertasse gesetzt, nicht mehr zerläuft (Gelierprobe).

## Guaveneis
### Rezept für die Tropen *(Frankreich)*

| | |
|---|---|
| 1 l Milch | 250 g Zucker |
| 500 g Guavenpüree | |

In dem französischen Rezept werden die Guaven roh püriert. Sie müssen dazu zuvor geschält und entkernt werden. Mus, Zucker und Milch mischen, gefrieren lassen. Während des Gefrierprozesses öfter durchrühren.

### Eisrezept für Europa                    *Zubereitung 10 Minuten*

Ich habe das Eis mit gekochtem Püree zubereitet. Es ist sehr gut. Mit rohem habe ich es nicht probiert.

| | |
|---|---|
| 500 g Guavenpüree | 250 g Zucker |
| 500 g Sahne | |

Die Sahne schlagen, mit Püree und Zucker mischen und gefrieren lassen. Eis aus Dosenfrüchten hergestellt, schmeckte ausdruckslos.

**Guaventorte**                              *Zubereitung mit Boden 35 Minuten*
                                              *Backzeit 50 Minuten*

Mürbteigboden, Zubereitung im Anhang

| *Füllung:* | *Baiserguß:* |
|---|---|
| *500 g Guavenmus* | *2 Eiweiß* |
| *60 g Butter, 50 g Zucker* | *30 g Zucker* |
| *1 EL Zitronensaft* | |
| *Schale eines Zitronenviertels* | |

Einen Mürbteig herstellen. In einer Springform ausrollen, Guavenmus, Butter, Zucker, Zitronensaft und -schale mischen und auf den Teig streichen. Bei Stufe 4 (210° C) 30 Minuten backen. Nach 30 Minuten für den Guß das Eiweiß zu steifem Schnee schlagen, den Zucker zugeben. Diese Masse auf den Kuchen streichen und in 20 Minuten bei Stufe 3 (190° C) fertig backen.

## Guavenguß auf Apfelkuchen

Mürbteigboden, Zubereitung im Anhang

| *Füllung:* | *30 g geriebene Mandeln* |
|---|---|
| *750 g Apfelschnitze* | *2 Eigelb* |
| *Guß:* | *20 g zerlassene Butter* |
| *200 g oder mehr Guavenpüree* | *2 Eiweiß* |
| *100 g Zucker* | |

Den Mürbteig herstellen und ausrollen. Die Äpfel schälen, vierteln, das Kernhaus ausschneiden. Die Äpfel in Scheiben schneiden und den Kuchen damit belegen.

Das Guavenpüree mit Zucker, Mandeln und Eigelb 5 Minuten mit dem Handrührgerät rühren. Die Butter zugeben, alles gut vermischen. Das Eiweiß steif schlagen, das Püree darübergeben und vorsichtig unterziehen. Den Guß auf die Äpfel streichen. Bei Stufe 3 (190° C) 50–60 Minuten backen lassen.

## Guavenpaste

| *500 g Guavenpüree* | *340 g oder 500 g Zucker* |
|---|---|
| | *(nach zwei verschiedenen Rezepten)* |

Püree und Zucker 45–60 Minuten unter Rühren kochen lassen, so lange, bis sich die Masse von Topfrand und -boden ablöst. (Paste von diesem Feuchtigkeitsgrad schmeckt wunderbar zu Käse.)

Auf ein mit Alufolie belegtes Blech streichen, noch eine Stunde bei der niedrigsten Temperatur im Backofen trocknen und über Nacht darin lassen. Am nächsten Tag in Würfel schneiden, an einen warmen Ort stellen. So lange dort stehenlassen, bis sich die Würfel nicht mehr feucht anfühlen. In Zucker wälzen und in einer Metalldose aufbewahren.

Die Rezepte für Quittenkonfekt (siehe Seite 285) können alle ebensogut mit Guavenmus zubereitet werden.

**Guaventorte mit halbierten Früchten** *(Kamerun)*        *Zubereitung 1 Stunde*

*Tortenboden*: Pâte brisée von 200 g Mehl, Rezept im Anhang. Den Tortenboden 10 Minuten bei Stufe 4 (210° C) backen lassen.

*Creme:*

| | |
|---|---|
| ¼ l Milch | 50 g Zucker |
| ¼ Vanilleschote | 30 g Mehl |
| 2 Eigelb | 2 Eischnee |

*Belag: 12 Guaven von guter Qualität*

Die Milch mit der Vanilleschote kochen lassen. Eigelb und Zucker in einem anderen Topf schaumig rühren, das Mehl darübersieben, schlagen, dabei die Milch nach und nach zugeben. Aufs Feuer stellen, so lange weiterschlagen, bis die Masse dick wird. Vom Herd nehmen und abkühlen lassen. Den Eischnee unter die abgekühlte Creme ziehen. Die Guaven schälen und halbieren. Die Creme auf den Tortenboden streichen, die Guavenhälften mit dem Kernhaus nach unten auf die Creme legen und den Kuchen 40 Minuten backen lassen.

# OXALIDACEAE *(Sauerkleegewächse)*

Auch diese Familie enthält Obst, das exportiert wird – hauptsächlich wohl wegen seines exotischen Aussehens.
Wie der lateinische Name schon verrät, sind die Pflanzen dieser Familie oxalsäurehaltig. In Europa wachsen davon Sauer-, Hornsauer- und vierblättriger Klee. Einige Sauerkleegewächse aus den Tropen werden als Salatpflanzen genutzt, besonders deren Wurzeln, wieder andere bilden Zwiebeln.

## Carambola *(Averrhoa carambola)*

Karambole, Averrhoa, Malaysia: Belimbing Manis (manis heißt süß und ist eine Sorte), Thai: Ma-fu'ang, Tamil: Tamarta, Sri Lanka/Ceylon: Karamanga, Indien: Karmal, Kumrak.

HERKUNFT

Die Karambole wird seit 1975 auch von der Bundesrepublik importiert. Die Heimat dieses Baumes ist nicht mehr zu ergründen. Der Name Averrhoa kommt jedenfalls von Averrhoes, einem arabischen Arzt. Möglicherweise stammt die Karambole aus Indien. Jetzt findet sie sich, außer in Ceylon, auch in Südostasien (wo sie schon im 17. Jahrhundert von Rumphius – Georg E. Rumpf, einem berühmten Botaniker und Kenner der indonesischen Flora – beschrieben wurde), in China, Hawaii, sehr verbreitet ist sie in der Karibik, in Florida und im tropischen Amerika. Die Karambole wird aber nur in kleinem Umfang angebaut. Sie bringt drei Ernten im Jahr.

ERSCHEINUNGS-BILD

Averrhoa ist ein kleiner Baum oder baumartiger Strauch. Die rosa-purpurfarbenen Blüten erscheinen in Büscheln und sind klein (höchstens 2,5 cm Durchmesser). Der Baum benötigt ein Klima mit Trockenperioden. Die gelben Früchte sind fünfeckig, so daß man, wenn man sie quer aufschneidet, einen Stern erhält. Sie heißt deshalb auch Sternfrucht. Ihre Größe variiert von einem Hühnerei bis zu einer großen Orange.
Die Wildform scheint kleine, saure Früchte gehabt zu haben. Die durch Samen vermehrten Pflanzen tragen gewöhnlich auch heute noch sehr oxalsäurehaltiges Obst. Es gibt aber auch große goldgelbe Karambolen, die so süß sind, daß man

sie roh essen kann. Diese sollten durch Stecklinge oder Pfropfen vermehrt werden, was man in Java auch tut.

Die Sträucher tragen vier oder fünf Jahre nach dem Auspflanzen. Sie haben gleichzeitig Blüten, junge und reife Früchte.

GESCHMACK  Das Fruchtfleisch ist knackig und saftig mit einem angenehmen Duft. Die süßeren Sorten haben ein mild-säuerliches, kräftiges Aroma.

VERWENDUNG  Die in Scheiben geschnittene Averrhoa verleiht dem Fruchtsalat durch ihre Sternform optisch eine interessante Note. Geschmacklich gibt sie ihm Schärfe (ich habe bisher nur sehr saure Karambolen in der Bundesrepublik gefunden, vielleicht weil sie zu unreif geerntet werden) und Knackigkeit. Sehr dekorativ sind die Sternchen auch in einem Glas mit Sekt. In den Tropen stellt man aus dem Saft Erfrischungsgetränke her, verarbeitet die Früchte zu guter Marmelade, Gelee und Kompott. Man kann sie auch einkochen oder mit ihnen ein fades Fruchtmus beleben. In den Erntegebieten werden die Karambolen meist verarbeitet gehandelt. Ungeachtet ihrer dünnen Haut überstehen sie aber auch gut weite Transporte.

Die Inder in Goa braten die Karambolen mit anderen Lebensmitteln zusammen. Die Malaien salzen die Früchte ein oder kochen sie in Sirup, was ich mir sehr gut vorstellen kann. Die sauren Blüten fügt man in Java Salaten zu.

SONSTIGER WERT DER PFLANZE  Die zerkleinerten Blätter werden in Malaysia auf Windpocken aufgelegt. (Ich nehme an, sie sind ebenso juckreizstillend wie die Blätter der Bilimbi.) Innerlich angewendet, sollen sie gegen Ringwurm und Kopfschmerzen helfen. Der Fruchtsaft, als verdünnter Sirup gegeben, ist erfrischend bei Fieber. Der saure Saft reinigt Metalloberflächen.

Die Carambola wird von Juli bis September und im Dezember und Januar von Thailand angeboten, angeblich kommt sie von Dezember bis April auch aus Brasilien. Sie ist reich an Vitamin C.

---

## REZEPTE

---

### Carambolen in Sirup *(Malaysia)*

Die Früchte dünn schälen, zu diesem Zweck die Ecken abschneiden (das ergibt viel Abfall). Die Karambolen in Scheiben zerteilen, die Kerne wegwerfen. Abwiegen. Pro 500 g Früchte 2 Nelken und 250 g Zucker oder mehr verwenden. Die Früchte knapp mit Wasser bedecken und auf großer Flamme zum Kochen bringen. Zucker und Nelken zugeben und so lange kochen lassen, bis die Früchte gar sind. Kalt als Kompott auftragen. (Ein Rezept für die Tropen.)

### Exotischer Fruchtsalat mit Carambolen          *Zubereitung 15 Minuten*

Diesen Salat fanden wir einmal gut, das zweite Mal nicht besonders.

| | |
|---|---|
| *1 Mango* | *1 EL Puderzucker* |
| *2 Carambolen* | *1 Passionsfrucht* |
| *2 EL Zucker* | *8 Bällchen Vanilleeis* |
| *125 g geschlagene Sahne* | *4 EL Kapstachelbeeren* |

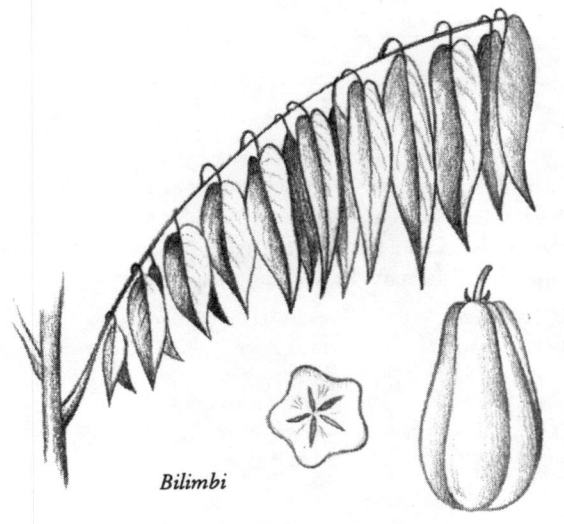

Bilimbi

Wie man eine Carambola
schält

Die Mango schälen, den Kern herausschneiden, das Fruchtfleisch würfeln. Die Carambolen in Scheiben schneiden, 4 Scheiben für Sternchen aufheben. Alle Sternfruchtscheiben von beiden Seiten in Zucker drücken. Die Sahne mit dem Puderzucker und dem Saft der Passionsfrucht mischen.

In vier Stielgläser je zwei Eisbällchen geben. Mangowürfel, Kapstachelbeeren und Carambolen darauf verteilen, mit der Sahne bedecken, mit je einem Carambolensternchen verzieren.

## Bilimbi *(Averrhoa bilimbi)*

auch Cucumber tree (Gurkenbaum), Malaysia: Belimbing Asam, Thai: Ta-lingpring, Tamil: Bilimbikai, Billing.

Der Baum ist ganz nahe verwandt mit der Carambola. Er wird hauptsächlich in Malaysia angebaut, hat weiche grüne, kleinere, gurkenförmige, weniger tief gerippte und noch saurere Früchte als die Carambola. Die Bilimbis werden zu Chutney verarbeitet und in Sirup eingelegt.

Die Bilimbi ist empfindlicher Kälte gegenüber als die Carambola.

SONSTIGER WERT

Aus den Bilimbiblättern wird eine Paste gegen Juckreiz hergestellt, die man heiß verwendet.

Der Fruchtsaft wird Fieberkranken verabreicht, ebenso wie der Saft der Carambola.

Früher benutzten die Wäscher den Saft der Frucht, um Flecken aus Leinen zu entfernen. Er wird auch anstelle von Seife zur Reinigung schmutziger Hände verwendet.

VERWENDUNG

Die Bilimbi wird zum Einlegen in Sirup, Essig oder Salz gebraucht, zum Würzen, für Curries und Marmelade. Ihr Aroma verbessert sich, wenn die Früchte gewaschen, dann in Salz gerollt und hinterher in der Sonne getrocknet werden. Anschließend legt man sie in Salzwasser ein. Burkill weist darauf hin, daß gleich in Salz eingelegte Bilimbis längst nicht so schmackhaft sind.

### Sambol *(Sri Lanka/Ceylon)*

Der Unterschied zwischen Sambol und Curry scheint zu sein, daß für Sambol die Zutaten nur kurz gebraten werden. Für dieses Gericht schneidet man die Bilimbis in feine Längsstreifen und legt sie eine halbe Stunde in Salzwasser. Anschließend drückt man die Fruchtstücke aus und mischt sie mit:

| | |
|---|---|
| *einigen scharfen Chillischoten* | *zerdrücktem Ingwer* |
| *(oder Tabascosoße)* | *etwas Zimt* |
| *Fischsoße (siehe Anhang)* | *Zitronengras* |
| *gehackten roten Zwiebeln* | *einem TL gehackten* |
| *einer Prise Safran* | *Curryblättern* |
| *zerdrücktem Knoblauch* | *(siehe Anhang)* |
| *Salz* | |

Alle genannten Zutaten werden kurz in Kokosöl gebraten. (Das Rezept war für 30 Früchte. Da Deutsche im Ausland bestimmt nicht gleich solche Mengen zubereiten wollen, habe ich Mengenangaben weggelassen.)

### Chutney

| | |
|---|---|
| *20 frisch gepflückte Bilimbis* | *½ TL Salz* |
| *500 g brauner Zucker* | *1–2 feingeschnittene* |
| *125 g gehackte Rosinen* | *Chillischoten ohne Samen* |
| *4 Nelken oder* | *¼ l guter Essig* |
| *4 Knoblauchzehen* | |
| *1 Stück feingehackter Ingwer* | |
| *(4 cm lang)* | |

Die Früchte waschen und in Streifen schneiden. Alle Zutaten zerkleinert hinzufügen. In einen Topf mit dem Essig geben und 20 Minuten unter Rühren kochen lassen.

### Bilimbis in Sirup

Man verfährt genau wie mit Grosella oder Nelli, Rezept Seite 121.

### Marmelade

Hierfür liegen zwei gleiche Rezepte aus Ceylon und Malaysia vor:

| | |
|---|---|
| *500 g Bilimbis* | *½ Stange Zimt oder* |
| *¼ Tasse Wasser* | *½ TL Zimtpulver* |
| *625 g Zucker* | |

Die Früchte waschen, entstielen und klein schneiden. Für einige Stunden in kaltes Wasser legen. Dann das Wasser (und damit den sauren Saft) auspressen. Die Früchte wiegen. Fruchtfleisch mit ¼ Tasse Wasser, Zucker und Zimt so lange unter Rühren kochen lassen, bis die Marmelade dick geworden ist.

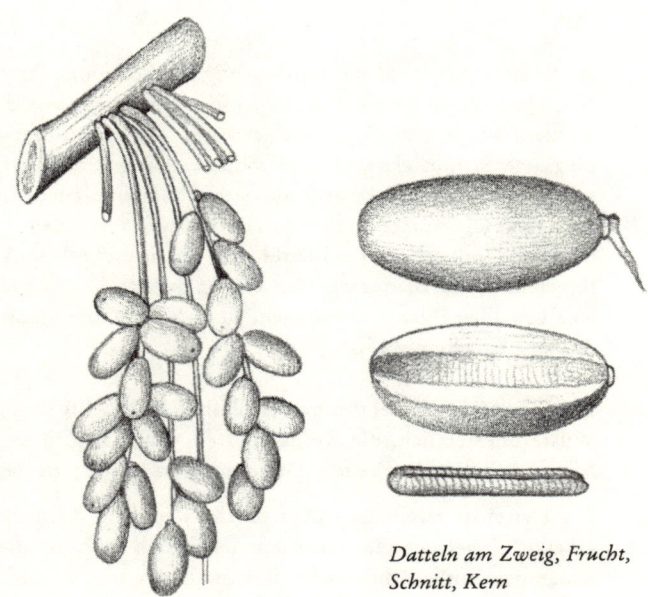

*Datteln am Zweig, Frucht,*
*Schnitt, Kern*

# PALMAE (Palmen)

In diese Familie gehören neben der Dattel- auch die Kokos-, Öl- und Sagopalme
sowie viele andere. Besonders die Kokos- und die Dattelpalme sind sehr wichtig
für die Bewohner heißer Länder. Es gibt ungefähr 1200 verschiedene Palmenar-
ten; die meisten kommen aus den Trockenregionen Amerikas und Asiens,
wenige aus Afrika.

## Dattel (Phoenix dactylifera)

Arab.: Tamareira, Span.: Datil, Franz.: Datte, Engl.: Date.
Phoenix wurde die Dattelpalme von dem griechischen Philosophen und Naturforscher Theophrastus genannt, wahrscheinlich nach Phönizien, wo die Griechen sie zum ersten Mal gesehen haben könnten. Der Name Dattel kommt von
griech. *daktylos*. Tamareira leitet sich von *tamar* – arabisch für Dattel – her.

HERKUNFT
UND
GESCHICHTE

Sie stammt aus Mesopotamien und wurde zuerst von den Babyloniern vor 5000
Jahren veredelt. Möglicherweise ist ihre Urform die indische *Ph. sylvestris*, von
der auch heute noch Saft abgezapft wird. Aus diesem Saft gewinnt man Zucker.
Von Babylon aus verbreitete sich die Dattel schon bald in alle Himmelsrichtun-
gen. Palmwedel wurden in Jerusalem, Athen, Rom und Karthago als Symbole
bei Ehrungen verwendet.
Spanische Missionare pflanzten Palmen vor 200 Jahren in Kalifornien, Arizona
und Florida. Da man aber die Bedingungen dieser Pflanze nicht genau kannte,
brachten die Bäume nur wenige und schlechte Früchte. Inzwischen werden die
Datteln in den genannten Gebieten erfolgreich angebaut. Man reift sogar Datteln
künstlich nach (durch Hitze, Feuchtigkeit und chemische Stimulation), die aus
zu kühlen Gegenden kommen, um mittlere und späte Sorten noch zu nutzen.

LIMAANSPRÜCHE

Die Dattel ist optimal an Wüstenklima angepaßt, allerdings braucht sie viel
Wasser. Es heißt, sie müsse mit dem Kopf in brennender Sonne und mit den Füßen

im Wasser stehen. Hohe Luftfeuchtigkeit bekommt ihr nicht. Ist nicht genug Grundwasser für die 6 Meter langen Wurzeln vorhanden, dann muß sie bewässert werden, was in den Oasen oft geschieht. Gegen Wüstenwind hilft ihr, daß der biegsame Stamm elastisch und schraubenartig konstruiert ist und sich immer wieder aufrichtet. Er besteht aus Stengeln alter Blätter, die nach einigen Jahren absterben und immer wieder durch neue ersetzt werden. Bei starker Sonne stellt die Dattel ihre gefiederten Blätter steil, um sie nicht so der Hitze auszusetzen. Bei Regen leiten die Blätter das Wasser zum Stamm. Die Dattel kann auch das meiste Salz von allen Pflanzen vertragen, weshalb man sie sogar im Salt River Valley in Arizona eingebürgert hat.

VERWENDUNG     Der Stamm der Dattel dient als Bauholz. Die Früchte sind zum Überleben in der Wüste unersetzlich, die Kerne sind ein gutes Kamelfutter. Die Blätter liefern Material für Flechtarbeiten. Dattelsprossen werden zu Palmwein vergoren.

ERSCHEINUNGS-FORM     Die Dattel ist zweihäusig. Auf 50–100 weibliche Pflanzen wird eine männliche gesetzt. Unbefruchtetes Obst entwickelt sich auch, ist aber minderwertig. Man hängt gewöhnlich männliche Blüten, deren Pollen 2 bis 3 Monate wirksam bleibt, in die Bäume oder bestäubt mit der Hand oder durch Geräte.

Es gibt drei Gruppen von Dattelpalmen. Die erste bringt Früchte mit weichem Fleisch, die zweite Früchte mit halbweichem Fleisch (diese werden exportiert) und die dritte trockene, mehlige Datteln (*degla-berida* oder *bread date*) hervor. Letztere sind sehr lange haltbar, man bäckt aus ihnen Tammer (Dattelbrot). Aus süßen Sorten macht man Dattelsirup.

Der Stamm der Dattelpalme wird bis 20 m hoch, darauf sitzt der Schopf der 4 Meter langen Blätter. Aus den Blattachseln hängen Trauben von Blüten, die oft ausgedünnt werden, da die Datteln überreich tragen. Sie können bis zu 150 kg hervorbringen, in den Oasen sind es manchmal nur 20 kg. Von der Blütezeit bis zur reifen Frucht vergehen 5 bis 6 Monate.

Die Dattel kann 200 Jahre alt werden. Ihre Anzucht ist schwierig. Am einfachsten ist es, Schößlinge von der Mutterpflanze zu entfernen und einzupflanzen. 30- bis 80jährige Bäume tragen am besten.

GESUNDHEITLICHER WERT     Brotdatteln enthalten 20 % Zucker. Die Exportfrüchte ähneln Honig in der Zusammensetzung: viel Zucker (60–70 %), Kalzium, Kalium, Eisen, Phosphor, die Vitamine A, $B_{12}$ und viel Vitamin D. (Früher gab man Kindern Lebertran für die Zufuhr von Vitamin A und D.) Getrocknete Früchte weisen 2,0 mg $B_{12}$ auf, 120 mg Kalzium, 50 mg Phosphor, 7,3 mg Eisen

HAUPTERZEUGER UND WELTPRODUKTION     Die Datteln werden heute noch, wie in alten Zeiten, hauptsächlich im Irak, in Ägypten, im Iran, in Saudi-Arabien, Algerien, Pakistan und Marokko erzeugt. Die Länder wurden nach der Produktionsmenge aufgeführt. Der Irak lieferte 1973 78 % des Weltexports. Die Dattel steht an 12. Stelle in der Weltproduktion, 1950 wurden 1,9 Millionen Tonnen geerntet.

MEDIZINISCHE WIRKUNG     Mediziner wiesen wiederholt darauf hin, daß Datteln eine Reihe von Wirkstoffen enthalten, die die Rachenschleimhaut desinfizieren und dadurch Halsschmerzen lindern. Wer oft Halsschmerzen hat, sollte möglichst viele Datteln essen; einige Tage morgens und abends 10 bis 12. Die Datteln überbrühen, eine halbe Stunde ziehen lassen, das Wasser trinken und die Früchte verspeisen.

Datteln werden in der ganzen Welt, d. h. in den Gegenden, in denen sie wachsen, mit Nüssen und Mandeln zusammen verwendet. Am köstlichsten ist die Kombination Datteln mit Marzipan. Aber auch mit Käse und (wenig) Orangenschale schmecken sie vorzüglich. Ich bringe nur einige, aber sehr gute Rezepte. Für alles habe ich diesmal frische Datteln, die es vom Herbst bis Sommer gefroren aus Israel gibt, verwendet. Sie sind weit weniger süß und etwas fruchtiger, ich mag sie deshalb lieber.

Als Vorspeise oder Partyhappen:

**Gefüllte Datteln**                           *Zubereitung 15 Minuten*

> *25 frische oder gefrorene Datteln*      *Salz, Pfeffer aus der Pfeffermühle*
> *200 g Doppelrahmkäse*                    *1 gehäufter EL feinge-*
> *2 EL Milch*                              *schnittener Schnittlauch*
> *1 EL Senf*                               *oder feingehackte Zwiebel*

Zur Dekoration: einige Salatblätter, Tomatenscheiben.
Datteln kann man, das ist ja nicht neu, mit jedem streichfähigen Käse füllen (Kräuterkäse, Schmelzkäse mit Pilzen). Wenn Sie ein Lieblingsrezept haben, um Frischkäse zu würzen, dann lohnt es sich, das mit Datteln auszuprobieren. Ich habe Frischkäse auf slowenische Art mit Senf gewürzt und fand die Kombination: leicht süße Datteln und säuerlicher Käse recht apart. Die Datteln zur Hälfte aufschneiden, den Kern entfernen. Den Käse mit allen Zutaten gut verrühren, in ein Spritzgerät füllen, in dem möglichst wenig hängenbleibt – ein Keksautomat ist besonders sparsam –, die Füllung in die Datteln spritzen und auf Salatblättern, verziert mit ein paar Tomatenscheiben, hübsch anordnen.

Als Mittagessen oder zum kalten Buffet:

**Vegetarisches Reis-Linsengericht** *(Persien)*          *Für 6 Personen*
                                                    *Zubereitung 45 Minuten*

> *Linseneintopf:*                          *1 gehäufter EL feinge-*
> *250 g Linsen*                            *körnte Brühe (falls keine frische*
> *2 Tassen Wasser oder Fleischbrühe*        *Fleischbrühe vorhanden)*
> *3 kleine Möhren, feingewürfelt*           *Für Vegetarier statt dessen:*
> *2–3 gehäufte EL Sellerie-*               *1 gehäufter EL Vitam-R*
> *würfel von Wurzelsellerie*               *1 Zwiebel, feingeschnitten*
> *2 kleine Stangen Lauch in Scheiben*       *2 EL Öl*
> *1 zerbröckeltes Lorbeerblatt*             *4 EL saurer Granatapfelsaft,*
> *1 gehäufter TL Salz*                      *Tamarindensaft oder Essig*
>                                            *1/2 TL Pfeffer*

Die Linsen am Abend vorher waschen, mit Wasser bedeckt einweichen. Am nächsten Morgen mit 2 Tassen Wasser oder Fleischbrühe sowie Möhren, Sellerie, Lauch, Lorbeerblatt, Salz zum Kochen bringen, 20 Minuten leise kochen lassen. Danach die Zwiebel in Öl goldgelb braten und zugeben, ebenso den sauren Saft und den Pfeffer. Probieren und eventuell nachwürzen. Es soll pikant-säuerlich schmecken.

| Reis: | 2 Tassen Wasser |
|---|---|
| 1 Tasse Naturreis | 1 gestrichener TL Salz |

Gleichzeitig mit den Linsen oder anschließend den Reis mit Wasser und Salz 15 Minuten bei lebhaftem Feuer kochen lassen, der Reis soll aber nicht ganz weich sein.

| Datteln: | ½ Tasse Fleischbrühe oder |
|---|---|
| 300–500 g frische oder gefrorene, | Wasser, mit Hefeextrakt gemischt |
| entkernte, kleingeschnittene Datteln | 30 g geschmolzene Butter |

Die Datteln vorzubereiten, dauert 20 Minuten. Eine große, runde Keramikform ganz dünn mit Reis bedecken, die Datteln zur Hälfte darauf verteilen, mit der Hälfte der Linsen bestreichen. Nochmals Reis, Datteln und Linsen übereinanderschichten. Mit der Fleischbrühe begießen, die zerlassene Butter daraufträufeln.
Bis hierher kann man alles schon im voraus zubereiten. Vor Gebrauch noch 30 Minuten in den Ofen stellen. Das Gericht kann warm oder kalt serviert werden. Es ist sehr gut.

## Maifisch oder Alse, mit Datteln gefüllt (Marokko)    Zubereitung 45 Minuten

Auch Makrele kann so zubereitet werden. Der Fisch sollte reichlich 1500 g wiegen.

| 250 g Datteln | schwarzer Pfeffer |
|---|---|
| 60 g gehackte Mandeln | gemahlener Ingwer |
| 3 EL gekochter Reis | 1–2 EL Butter |
| 1 TL Zucker | Öl, Salz |
| Zimt | ½ feingehackte Zwiebel |

Den Fisch waschen und säubern. Den Bauch aufschneiden und möglichst viele Gräten des grätenreichen Fisches entfernen. Die Datteln entsteinen. Aus Mandeln, Reis, Zucker, Zimt, Pfeffer und Ingwer einen Teig kneten, etwas Butter zufügen, damit eine Paste entsteht, die in die Datteln gefüllt wird.
Den Fisch mit Salz, Pfeffer, Ingwer und Öl einreiben. Die gefüllten Datteln in den Bauch des Fisches stecken, auf Alufolie legen, den Fisch mit der gehackten Zwiebel bestreuen. Fest in die Folie packen, damit die Füllung nicht herausquillt. Das Paket in einen auf Stufe 3 (190° C) vorgeheizten Ofen legen und 45 Minuten backen.
Danach die Folie öffnen und den Fisch im Backofen goldbraun und knusprig werden lassen. Mit Zitronensaft auftragen.

Ein Beduinengericht:

## Reis mit Datteln    Zubereitung 40 Minuten

| 250 g Langkornreis | 65 g Datteln |
|---|---|
| 1 TL Salz | 30 g Rosinen |
| 65 g Mandeln | 65 g Butter |

Den Reis 15 Minuten in sprudelndem Salzwasser kochen, auf ein Sieb gießen. Während der Reis auf dem Herd steht, die Mandeln mit siedendem Wasser

übergießen, nach einigen Minuten das Wasser wegschütten. Die Mandeln abziehen, mit frischem Wasser abspülen, auf ein Tuch geben. Dann trocken tupfen
und halbieren. Die Datteln entkernen und klein schneiden. Die Rosinen mit
Wasser bedecken, einige Minuten quellen lassen, dann gut waschen, Stiele
entfernen und verlesen. 30 g Butter erhitzen. Die Mandeln darin goldgelb
braten, Rosinen und Datteln zufügen und noch einige Minuten bei mildem Feuer
schmoren lassen. 5 EL Wasser zugeben und 15 Minuten leise weiterkochen
lassen, bis das Wasser aufgesogen ist und die Datteln weich sind.
Die restliche Butter erhitzen. Die Hälfte davon in einen möglichst gußeisernen
Topf geben. Die Hälfte des Reises darauflegen, dann die Datteln. Mit Reis
bedecken und die restliche Butter darüberträufeln. Für 30 Minuten auf eine
Asbestplatte stellen, unter der ein schwaches Feuer brennt. Wenn man mag, mit
Zitronensaft auftragen. Dies ist ein schönes, altes, gediegenes Rezept.

### Dattelsirup (Rezept aus dem alten Mesopotamien, heute Irak)

Dieser Sirup heißt Dibis und wird von der verbreitetsten Dattelsorte *Zahchi*
gekocht. Unsere Importdatteln sind von weit besserer Qualität, sie ergeben
einen besseren Sirup. Dieses Rezept ist keineswegs für Deutschland gedacht,
sondern für Landsleute, die im Orient leben. Dunkler Dattelsirup heißt in
Indien Jaggery.
Datteln waschen und mit Wasser bedecken. So lange kochen, bis sie musig sind.
Auf ein feines Sieb oder Tuch gießen, die Flüssigkeit auffangen und entweder
über kleiner Flamme (heller Sirup) oder großer (dunkler Sirup) kochen, bis die
gewünschte Konzentration erreicht ist.
Diesen Sirup schätzen besonders Hausfrauen, die in ihrer Küche braunen
Zucker, Melasse oder Maissirup verwenden, wie z.B. Engländerinnen und
Amerikanerinnen. Für eine Tasse braunen Zucker nimmt man ¼ Tasse weißen
Zucker und füllt die Tasse mit Dattelsirup auf.

DESSERTS **Datteln in Sirup** (klassisches libanesisches Rezept)

| | |
|---|---|
| *500 g Datteln* | *60 g geschälte Mandeln* |
| *3–4 Nelken* | *1 reichliche Tasse Zucker* |
| | *Saft einer halben Zitrone* |

Den Datteln sorgfältig die Haut abziehen, das dauert 30 Minuten. In einen Topf
legen, mit Wasser bedecken, die Nelken zufügen. 10 Minuten kochen lassen, bis
die Datteln sehr weich sind. Abtropfen lassen, die Kochflüssigkeit aufheben. So
lange stehenlassen, bis sie sich nicht mehr feucht anfühlen. Mit einer Stricknadel
die Kerne herausstoßen.
Anstelle des Kerns jeweils eine Mandel einsetzen. Das Kochwasser mit Wasser
auf ⅜ l ergänzen. Zucker und Zitronensaft zugeben, einige Minuten sieden
lassen, die Datteln hinzufügen und 10 bis 20 Minuten leise kochen. Die Datteln
mit einem Schaumlöffel herausheben, in Steinkrüge geben, die Nelken zwischen
die Datteln legen. Den Sirup noch länger kochen lassen; wenn er dickflüssig
geworden ist, über die Datteln gießen. Diese Früchte halten sich sehr lange. Sie
werden in Ägypten, in Syrien und im Libanon als beliebte Süßigkeit angeboten,
entweder als Nachtisch, zum Tee oder Besuchern jederzeit.

**Datteln mit Marzipan gefüllt** (als Nachtisch oder zum Tee)

*Zubereitung 20 Minuten*

| | |
|---|---|
| *30 frische oder gefrorene* | *Zum Überziehen:* |
| *Datteln* | *100 g Blockschokolade* |
| *100 g Rohmarzipan* | *⅛ l Wasser* |
| *30 g Puderzucker* | *30 Pralinenpapierchen* |
| *1 Gläschen Schwarzwälder* | |
| *Kirschwasser* | |

Die Datteln an einer Seite aufschlitzen, den Kern herausholen. Marzipan mit Zucker und Kirschwasser kneten und 30 Kügelchen formen. Die Kügelchen in die Datteln drücken.

Die Schokolade mit dem Wasser unter ständigem Rühren erhitzen. Die Datteln zur Hälfte in die heiße Schokolade halten. Auf einem Rost trocknen lassen. Später in die Papierchen füllen und auf einer Platte anordnen.

GEBÄCK **Dattelkekse mit Orange**

*Zubereitung 40 Minuten*

| | |
|---|---|
| *Teig:* | *Füllung:* |
| *1 Tasse Mehl* | *2 Tassen Datteln* |
| *1 TL Backpulver* | *2 EL Zucker* |
| *1 Prise Salz* | *Schale einer halben Orange* |
| *2 EL Zucker* | *(nicht mehr* |
| *60 g Butter* | *als 10 g, sonst geht der Dattel-* |
| *1 Tasse Haferflocken* | *geschmack unter)* |
| *3 EL Milch* | *50 g gehackte Nüsse* |
| *evtl. 2 EL Kirschwasser* | |

Für den Teig alle Zutaten mischen und so viel Milch zugeben, daß er knetbar ist, nicht nur krümelig. Er soll aber noch trocken genug sein, um nicht zu kleben. Zwei Drittel des Teiges in einer runden Springform ausrollen. Noch besser wäre eine quadratische Form, aber die gibt es bei uns nicht. Die Datteln abziehen, entkernen und klein schneiden. Mit den anderen Zutaten mindestens 10 Minuten kochen lassen. Es soll ein trockenes Mus entstehen.

Die Füllung auf den Teig streichen. Den Rest des Teiges ausrollen und auf die Füllung legen. 30 bis 40 Minuten bei 210° C oder Stufe 4 backen lassen. Nach dem Backen in schräge Vierecke schneiden.

**Datteltorte**

*Zubereitung insgesamt 50 Minuten*

| | |
|---|---|
| *Teig:* | *75 g Weizenvollkornmehl* |
| *75 g Butter* | *75 g Roggenbackschrot* |
| *75 g Zucker* | *120 g Eiweiß (von 3–4 Eiern)* |
| *Schale und Saft einer Zitrone* | |

Eine Blindbackform für Tortenböden mit Trennpapier (präpariertes Pergamentpapier) belegen. Den Ofen auf Stufe 4 (210° C) vorheizen. Butter, Zucker, Zitronenschale und -saft in einer Küchenmaschine schaumig rühren. Das Mehl und den Schrot darübergeben und vermischen. Das Eiweiß steif schlagen und vorsichtig unter den Teig ziehen. Den Teig in die Form streichen und zwar so, daß er in der Mitte weniger dick ist als an den Rändern.

Die Backzeit ist die schwierigste Frage bei der ganzen Sache. Bäckt der Boden zu lange, dann wird er zäh und man kann ihn mit der Kuchengabel nicht mehr durchstechen. Er soll nicht mehr flüssig sein, aber nur so fest, daß man ihn noch mit dem Finger eindrücken kann. Bei meinem Backofen dauert das 20 Minuten, bei anderen ist die Backzeit sicher kürzer.

*Belag:*                                                      *Zubereitung 25 Minuten*

*150 g Marzipanrohmasse*                    *200 g Schlagsahne oder mehr*
*2 EL Puderzucker*                                   *1 EL Zucker*
*4 EL Zitronensaft*                                   *20 Datteln*
*2 EL Kirschwasser*

Marzipan, Puderzucker, Zitronensaft und Kirschwasser mit dem Schneebesen oder Handrührgerät vermischen. Die Masse auf dem Tortenboden glattstreichen. Die Sahne steif schlagen und den Zucker zugeben.
100 g Sahne auf das Marzipan geben und verteilen.
Die Datteln längs halbieren, entkernen und mit der Öffnung nach unten in mehreren Kreisen in die Sahne drücken. Man könnte auch erst die Datteln mit Marzipan füllen und dann in die Sahne drücken, aber das macht mehr Arbeit, außerdem braucht man dann die doppelte Menge Früchte. Mit den zweiten 100 g Sahne (oder mehr) Muster um die Datteln spritzen.

### Salak *(Zalacca edulis)*

Thailand: Croton

HERKUNFT    Salak ist eine weniger wichtige Tropenfrucht, sie stammt aus Malaysia und Indonesien. Sie ist dort besonders im Flachland um Jakarta sehr verbreitet.

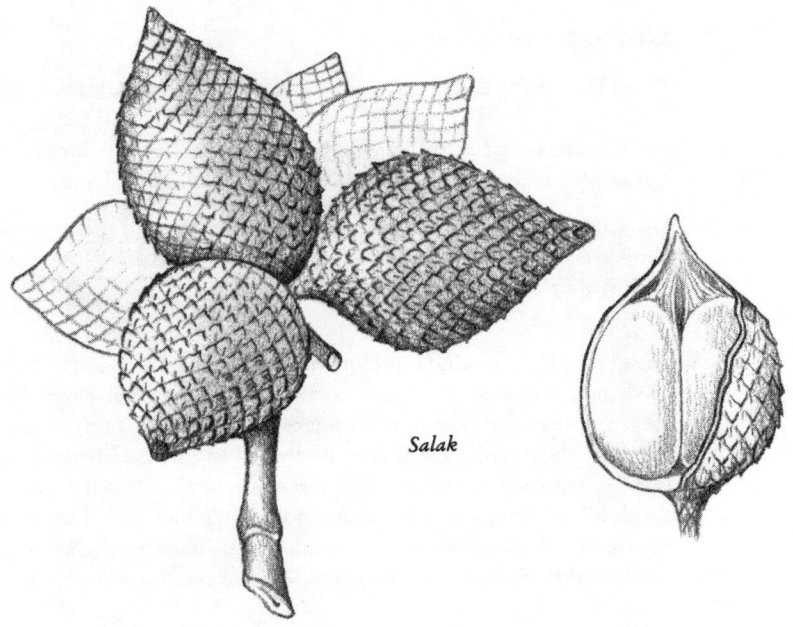

Salak

<table>
<tr><td>ERSCHEINUNGS-<br>FORM</td><td>Die Salakpalme hat keinen Stamm wie europäische Bäume, sondern bildet wie Bananen- oder Ölpalme ihren Stamm aus den alten Blattscheiden der 4–7 m langen, stacheligen Palmwedel. Der Baum weist eine mächtige Krone auf und wird 1,5–5 m hoch. Die Blüten erinnern an Rohrkolben. Da die Pflanzen zweihäusig sind, muß eine männliche zu sechs weiblichen gepflanzt werden.</td></tr>
<tr><td>KLIMAANSPRÜCHE</td><td>Salak verträgt keine längere Trockenheit, nur kurze Trockenperioden. Er benötigt wenigstens 1,7 mm Regen im Jahr und liebt tropisch feuchtes Klima, von Meereshöhe bis 300 m. Die Palme braucht, wenn sie jung ist, einen schattigen Platz.</td></tr>
<tr><td>FRÜCHTE</td><td>Die glänzend rotbraunen, stacheligen, schuppigen Früchte sind rund oder spitzoval, 2,5–10 cm lang und 5–8 cm breit. Sie enden abrupt in einem kurzen, geraden Dorn. Das Fruchtfleisch ist süß-sauer, fest, durchscheinend-gelbweiß und erinnert an Äpfel. Es wird im Fernen Osten hoch geschätzt.</td></tr>
<tr><td>VERWENDUNG</td><td>Die reifen Früchte halten sich nur ein paar Tage nach der Ernte, bevor sie aufplatzen. Unreife Salaks, die einen adstringierenden, sehr sauren Geschmack haben, legt man in Essig ein. Reife Früchte halten sich lange Zeit, wenn man sie in zuckerhaltigem Salzwasser aufbewahrt. Pilger aus Südostasien nehmen sie auf ihrem Weg nach Mekka gerne mit. Die Früchte enthalten 2–3 cm lange, ovale, dunkelbraune, harte Samen. Aromatische Salaks werden roh gegessen, minderwertige mit Salz gekocht.</td></tr>
<tr><td>IMPORTE</td><td>Ich erwähne die Früchte, weil sie ab und zu in der Bundesrepublik zu sehen sind.</td></tr>
</table>

## Corozo *(Bactris minor)*

Santó Domingo: Cacheo, Panama: Caña brava, Lata, Uvito, Crocillo.

Die Corozo ist auf dem Umschlagfoto zu sehen. Die Früchte dort sind allerdings unreif und daher rot. Reif sind sie dunkelviolett, fast schwarz.

<table>
<tr><td>HERKUNFT UND<br>VERBREITUNG</td><td>Die Corozo ist eine Palme, die in großen Gruppen in den feuchten Ebenen der Tropen gedeiht. Ihre Heimat reicht von Panama und den Westindischen Inseln bis nach Kolumbien und Venezuela.</td></tr>
<tr><td>ERSCHEINUNGS-<br>FORM</td><td>Die grauen Stämme sind mit Dornen besetzt, und die 2–3 m hohen Bäume stehen so dicht zusammen, daß man sie nur schwer aberntern kann. Die einen Meter langen Blätter der Palmen sind spitzoval. Die Bäume bringen große braungraue männliche und weibliche Blüten an der selben Pflanze hervor.<br>Die 2–3 cm großen Früchte sind von einer weichen Haut umgeben und weisen einen ölhaltigen Kern mit harter, holziger Schale auf. Das weiche, fleischig-faserige Fruchtfleisch ist säuerlich und enthält einen herrlichen Saft, aus dem man Erfrischungsgetränke, mit Gelatine, ein Gelee, Marmelade, Wein und Chicha herstellt.</td></tr>
</table>

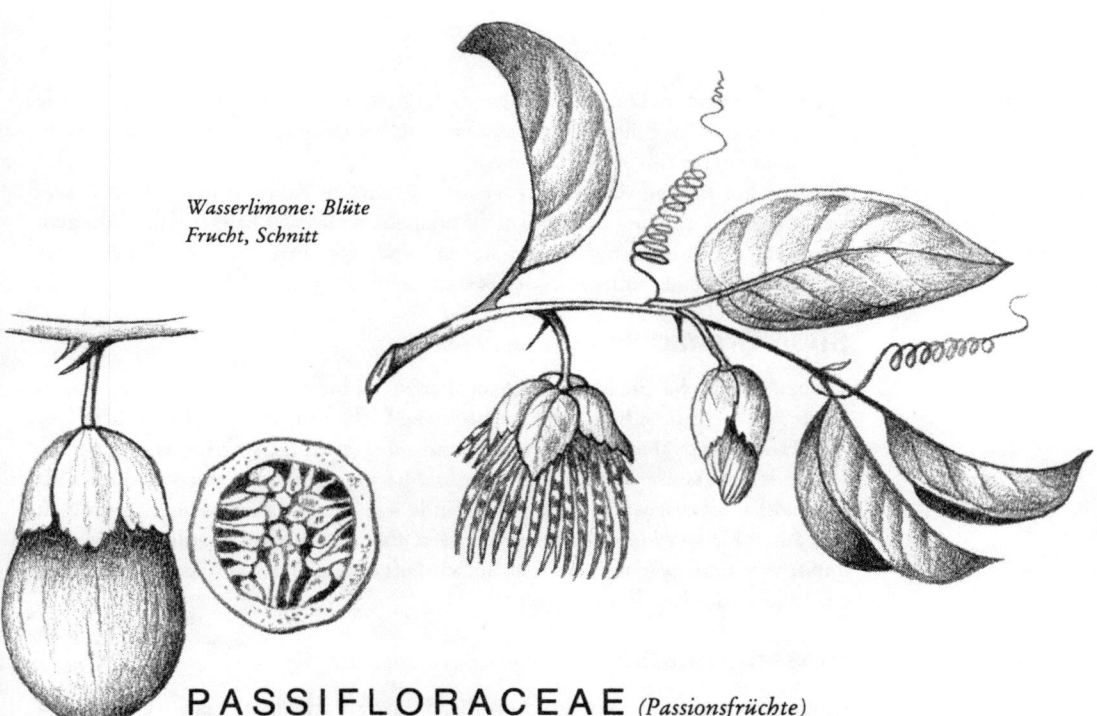

*Wasserlimone: Blüte*
*Frucht, Schnitt*

# PASSIFLORACEAE *(Passionsfrüchte)*

Zu dieser Familie gehören einige hundert Arten, die meist aus dem tropischen Amerika kommen und sehr dekorative Kletterpflanzen sind. Die Passionsblume *(Passiflora caerulea)*, nach der die Familie den Namen erhielt, ist eine Bewohnerin des amerikanischen Urwalds. Als die Spanier sie zuerst sahen, betrachteten sie sie als ein Zeichen, daß die Indianer zu Christen bekehrt werden sollten; denn man sah sie als Sinnbild der Passion Christi an. Jacomo Bosio entdeckte 1610 in Rom auf einer Zeichnung der Blume die Dornenkrone, die drei Nägel, die Säule, an der Christus gegeißelt wurde, die fünf Wunden usw. Alle Pflanzen dieser Familie haben dekorative Blüten, aber nur wenige tragen eßbare Früchte. Wegen ihrer Ähnlichkeit mit dem rotbackigen Granatapfel nannten die spanischen Eroberer die Passionsfrucht »Granadilla«, kleiner Granatapfel, und dieser Name ist auf alle Früchte dieser Familie übergegangen.

## Wasserlimone *(Passiflora laurifolia)*

Engl.: Waterlemon, Jamaica honeysuckle, Bell apple, Franz.: Maracuya commun, Pomme liane, Pomme d'Or, Malaysia: Buah Susa, Thai: Sa-wa-rot.

VERBREITUNG

Diese Frucht wird in tropischen und subtropischen Regionen, besonders auf der westlichen Halbkugel, angebaut. In Malaysia, wo sie im 18. Jahrhundert eingeführt wurde, ist sie verwildert. Sie ist sehr leicht zu züchten. Sie wächst im offenen Land um Singapur und Penang und ist sehr verbreitet im Flachland, außer in Selangor und Perak. Die Früchte werden aber selten dort auf Märkten gehandelt.

VERWENDUNG

Die Bevölkerung konsumiert sie, indem ein Loch an einem Ende hineingebohrt wird und man den Inhalt in den Mund drückt. Man stellt auch sehr erfrischende Getränke aus der Pulpe her.

Die Stengel sind im Durchschnitt rund, die Blätter längsoval mit einer Spitze, die haarig wirkt. Die Blüten der Wasserlimone haben einen starken, angenehmen Duft und sind weiß-purpurfarben.

Die Früchte sind eiförmig mit 5 flachen, länglichen Rillen vom Stiel zur Blüte. Sie werden 7,5 cm lang und sind 5 cm breit. Ihre Haut ist hellgelb mit samtigem Schimmer. Sie duften süß, wenn sie reif sind. Der Fruchtinhalt ist weiß oder gelbweiß, duftend, voller dunkler Samen, sehr saftig und säuerlich.

## Süße Granadilla *(Passiflora ligularis)*

Venezuela: Parcha. Sie ist eine Kletterpflanze mit breit-ovalen, 10–20 cm langen Blättern. Ihre Blüten haben eine grün-weiße Farbe mit purpurfarbenen Streifen. Ihre Frucht ist oval mit harter, widerstandsfähiger orange-brauner Haut, 7–8 cm lang, mit einer süß-aromatischen Pulpe und harten, größeren Samen als die der lila Granadilla. Sie wächst im bergigen Gelände von Mexiko bis Südamerika und hat sich gut in Hawaii adaptiert. Diese haltbare, aber nicht sehr wertvolle Frucht wird importiert, und zwar aus Brasilien. Sie wird oft fälschlich als Maracuja bezeichnet, das ist aber die *Passiflora edulis.*

## Riesengranadilla *(Passiflora quadrangularis)*

Königsgranate, Engl.: Giant-granadilla, Franz.: Barbadine, Venezuela: Parcha granadina, Kolumbien: Badea, Malaysia: Marquesa, Thai: Su-Khontha-rot, Tamil: Seemaisora-kai.

Sie ist die größte Passionsfrucht, sie wird 15–25 cm lang und 10–15 cm breit. Ihre Farbe ist ein helles Grüngelb und sie kann rosa Flecken haben. In Kolumbien ist sie auch dunkelrot. Sie enthält viele harte, länglich-ovale schwarzbraune, 1 cm lange Samen. Die große Höhlung im Inneren ist mit dunkelrosa Pulpe gefüllt, die in die dicken, festen, fleischigen weißrosa Fruchtwände eingebettet liegt. Der Geschmack dieses saftigen Fleisches ist säuerlich, aber fad, verglichen mit der Maracuja. Man stellt daraus ein Getränk her, das in Indonesien in Hotels serviert wird und Marquesa heißt. Dieses Getränk kann man dort auch im Laden kaufen.

Die Riesengranadilla wächst problemlos im feuchten, heißen Klima in Meereshöhe. Sie blüht ebenso auffällig und schön wie die anderen Passionsfruchtarten. Sie ist in den Tropen eine verbreitete Gartenpflanze, klettert schnell und breitet sich sehr stark aus. Die Blätter sind rundlich-oval mit einer markanten Spitze. Die Blüten haben einen starken, sehr angenehmen Geruch.

Die unreife Frucht wird als Gemüse gekocht und schmeckt in den gleichen Rezepten viel besser als große Zucchini. Das feste Fleisch im Inneren der Schale wird in Zucker eingelegt. Es enthält 10 mg Kalzium, 22 mg Phosphor, 70 I.E. Vitamin A, 20 mg Vitamin C und 2,7 mg Niacin.

## REZEPTE

### Badeadrink *(Venezuela)*

Die Frucht aufschneiden, das geleeartige Fruchtfleisch herausholen und durch ein Sieb rühren. Die Kerne aufheben.

Den Saft nach Geschmack mit Wasser verdünnen, Zucker, Muskatnuß und eventuell Weißwein hinzufügen. Die Samen hineinlegen, Eiswürfel dazugeben.

## Barbadinegelee *(französisch)*

*1 kg Riesengranadilla*            *1 kg Zucker*

Die Früchte schälen und entkernen. In kleine Stücke schneiden. Die Samen in ganz wenig Wasser kochen und das Kochwasser zum Fruchtfleisch gießen. Fruchtfleisch und Zucker mischen und zum Kochen bringen. Diese Mischung geliert sehr schnell.

## Curuba *(Passiflora mollissima)*

Curuba de Castilla.

**AUSSEHEN UND VERBREITUNG**

Die Curuba gedeiht wild als immergrüne Kletterpflanze in den Anden. Alle Teile – außer der Frucht – sind leicht behaart. Ihre Blätter sind dreigeteilt wie die der Maracuja. Die Curuba blüht rosa. Sie wächst im kühlen Höhenklima von 2000–3000 m von Venezuela und Peru. Ihre Äste verholzen mit zunehmendem Alter. Die Kolumbianer sind besonders stolz auf ihre Nationalfrucht. Im Gegensatz zu Purpurgranadilla (Maracuja), Wasserlimone und süßer Granadilla, die eine rund-ovale Form haben, ist die Curuba länglich. Sie gehört deshalb zu den bananenfrüchtigen Passifloraceen. In reifem Zustand ähnelt sie diesem Obst. Ihre Farbe ist nur wenig blasser als eine schöne gelbe Banane. Ihre Schale ist fast genauso fest und dick wie die der Banane. Wenn man sie öffnet, erblickt man zwar orangegelbes Fleisch, es ist aber von einem weißen Häutchen umgeben, so daß wiederum das Innere den Eindruck der Bananenähnlichkeit erweckt. Im Durchmesser ist diese Frucht allerdings rund, auch ist sie kürzer als eine Banane (10 cm lang) und nicht gebogen, sondern länglich-oval. Da das geleeartige Fruchtfleisch der Curuba fester ist als das der anderen saftigen Passionsfrüchte, kann man sie regelrecht schälen. Sind sie unreif, so haben sie eine dunkelgrüne Farbe.

**TRANSPORT UND LAGERUNG**

Man sollte sie ernten – wenn man sie noch transportieren will –, sobald ihre grüne Schale heller und weicher wird. Die Beschaffenheit ihrer Fruchthaut ähnelt zwar den Bananen, ist aber weicher und etwas feuchter. Eine Bekannte, die mir Curubas aus Kolumbien schickte, hatte sie nicht voneinander isoliert, was unbedingt nötig ist. Sie drückten sich gegenseitig und begannen nach drei Tagen schon teilweise zu schimmeln. Die Curubas halten sich nach der Ernte noch 10 bis 14 Tage, besonders wenn sie kühl gelagert werden. Sie werden in Kolumbien in Kisten mit 4 bis 5 Schichten übereinander transportiert. Besser wäre es, sie so vorsichtig zu behandeln, wie man das bei uns mit Kiwis und Feijoas tut.

**ZÜCHTUNGS-VERSUCHE**

Seit 1964 laufen an der Universität Narrūo Versuche, um die Curuba zu verbessern. Sie ist, vom modernen Obstbau aus, eine total unveredelte Pflanze, obwohl die Indianer bei Nutzpflanzen sehr wohl Auslese betrieben haben. *Passiflora mixta*, die »Curuba del indio«, ist vielleicht ihr Vorfahr. Die Untersuchungen in Narrūo haben schon einige Erkenntnisse gebracht, was die Anbaumethoden dieser Frucht betrifft.

Die Curuba würzt nicht nur Milch, man kann auch Saft, Sirup, Gelee, Kalt-schale, Sorbet und Kuchen aus dieser Frucht zubereiten.

Der Geschmack der Curuba ist ziemlich sauer mit einem würzigen, spezifischen Aroma, das an Apfel erinnert, und einem exquisiten Duft. Die Curuba wurde nach Neuseeland eingeführt und gedeiht gut in Höhen von 1800–2600 m.

---

# REZEPTE

---

**Curubasaft**

Die geschälten Früchte vollständig von ihren weißen, bananenähnlichen Fasern befreien, in einen Mixer geben, eventuell etwas Wasser hinzufügen, um das Fruchtfleisch dünnflüssiger zu machen. Danach den entstandenen Saft durch ein Sieb gießen, um die kleinen harten Kerne von dem Saft zu trennen. Diesen Saft, der sehr sauer ist, zu einem

**Erfrischungsgetränk**

verwenden. Nach Geschmack Wasser, Zucker und Eiswürfel zugeben.

**Curuba-Milchshake** *(Kolumbien)*              *Zubereitung 10 Minuten*

Hier kann man gleich die Milch in den Mixer geben. Für 1 l Milch benötigt man wenigstens 6 Curubas. Das Fruchtfleisch 5 Minuten mit der Milch mixen, durch ein Sieb gießen, nach Geschmack zuckern. Kalt auftragen.

**Curuba-Nachtisch** *(Kolumbien)*        *Zubereitung 30 Minuten*
                                                 *Kochzeit 25 Minuten*

*für 6 Portionen:*
*24 Curubas*              *¼ l Sahne*
*1½ l Milch*               *275 g Zucker*

Die Früchte schälen, im Mixgerät mit der Milch mischen, durch ein Sieb gießen, ⅛ l Sahne und Zucker hinzufügen, kochen lassen, bis die Masse langsam sämig wird. Die Flüssigkeit ist dann zur Hälfte verkocht, und es ist eine scharf-saure, joghurtartige Creme entstanden. Abkühlen lassen, den Rest der Sahne schlagen und unterheben. Eventuell noch nachzuckern. Durch das Kochen tritt die Säure der Frucht besonders hervor.

Das Aroma der Curuba wird besonders durch Eigelb, Eiweiß und Zucker zur Geltung gebracht.

**Curubacreme**                                             *Zubereitung 25 Minuten*

*500 g Fruchtfleisch*            *5 Eigelb*
*5 EL Milch*                 *150 g Zucker*
*100 g Sahne*

Die Früchte schälen, das Fruchtfleisch mit der Milch pürieren. 100 g Sahne schlagen. Mit den gleichen Schlägern in einem anderen Gefäß 5 Eigelb mit dem

Zucker schaumig rühren, den Fruchtsaft zufügen und weiterschlagen, bis die Creme gut gemischt und sämig geworden ist. Die Sahne unterheben. Gut gekühlt auftragen. Diesen Nachtisch würde ich dem vorhergehenden vorziehen.

Diese Creme ist auch delikat auf einem Kokosboden. Der entstandene Kuchen schmeckt wie ein Käsekuchen mit leichtem Apfelgeschmack. Das Rezept dafür folgt unter »Curubatorte«, Seite 208.

Ein ähnliches Rezept wie diese Creme habe ich zu Eis verarbeitet. Es gefror ziemlich hart und hatte gar keinen Geschmack.

### Curuba-Sorbet                                    *Zubereitung 12 Minuten*

Das Sorbet war gut. Ich bevorzuge allerdings Lulo vor Curuba, weil sie viel würziger ist. Die Kolumbianer ziehen dagegen Curubas vor.

*2 Eiweiß*                              *100 g Sahne*
*100 g Zucker*                          *2 Tassen Saft*

2 Eiweiß steif schlagen, fast den ganzen Zucker zugeben. Die Sahne steif schlagen, den Rest Zucker hinzufügen. Den Saft über den Eischnee gießen, die Sahne obenauf, alles leicht mischen und sofort gefrieren lassen.

### Curubaauflauf                                    *Zubereitung 30 Minuten*

*½ l Saft (von 600 g Früchten)*        *200 g Zucker*
*125 g Haferflocken*                   *2 Eier*
*50 g Butter*

Die Früchte schälen, Fruchtfleisch mit wenig Wasser im Mixer pürieren und durch ein Sieb gießen. Die Haferflocken mit dem Saft zu einem dicken Brei kochen und abkühlen lassen. Butter schaumig rühren, Zucker und Eigelb zugeben, Haferflocken und Eiweiß, zu Schnee geschlagen, unterziehen. In eine gefettete Auflaufform geben, 30–45 Minuten bei Mittelhitze überbacken.

Quark, Pudding oder Sahne mit ungesüßtem Saft vermischt, ergab keine guten Resultate.

Gelee hingegen würzte hervorragend. Zu diesem Zweck wäre es empfehlenswert, Sirup herzustellen, den ich nicht ausprobieren kann, weil ich keine Früchte mehr habe. Das folgende Rezept müßte aber gut sein.

### Curubasirup

Auf je ½ l Saft 250 g Zucker abmessen, beides unter Abschäumen einige Minuten kochen lassen, heiß sofort in eine sauber ausgewaschene Flasche füllen und mit einem Gummipfropfen verschließen. Mit diesem Sirup (ich habe Gelee verwendet) kann man sehr gut Grießpudding oder Crêpes auftischen. Er würzt auch Quark, wenn man ihn zusammen mit etwas Sahne oder Eiern zum Zubereiten einer Nachspeise verwendet.

### Eisbecher mit Früchten

*1½ Birnen*                            *Zucker gesüßt*
*2 Bananen*                            *200 g Vanilleeis*
*12 blaue Weintrauben*                 *4 EL Curuba- oder Lulosirup*
*100 g Schlagsahne, mit 1 TL*

Birnen und Bananen schälen, das Fruchtfleisch in Stücke schneiden, die Trauben halbieren. Die Sahne schlagen. Das Eis auf vier Gläser verteilen, mit den Früchten bedecken, mit je 1 EL Sirup begießen und mit der Sahne verzieren.

GEBÄCK **Curubatorte**

*Creme:*
Rezept für die Curubacreme von Seite 206. Das gleiche Rezept kann man auch für die Torte verwenden. Man muß aber Gelatine zugeben. Nachdem Saft und Milch durchgesiebt worden sind, 5 in Wasser eingeweichte Blatt Gelatine, die ausgedrückt und in einem Topf auf kleiner Flamme aufgelöst wurden, zu der Flüssigkeit hinzufügen und gut vermischen. Das Rezept nach Vorschrift weiterführen. Die Creme eine Stunde in den Kühlschrank stellen, auf den Kokosboden streichen.

*Boden:*
Ein Kokosboden kann schon am Vortag zubereitet werden. Der Kokosboden darf nicht nur aus einer Scheibe bestehen, er muß unbedingt einen Rand haben, damit die nicht sehr feste Creme nicht herunterlaufen kann.

| | |
|---|---|
| *75 g Butter* | *75 g Kokosflocken* |
| *145 g Zucker* | *75 g Mehl* |
| *Saft und Schale einer halben Zitrone* | *120 g Eiweiß (von 4 Eiern)* |

Butter, Zucker und Zitrone 20 Minuten rühren, dann nach und nach Kokosflokken und Mehl zugeben. Das Eiweiß steif schlagen, einen Teil mit dem Teig vermischen, den Rest locker unterziehen. Eine gefettete Springform mit dem Teig bestreichen, dabei mit einem Spatel einen Rand formen und etwas nach oben drücken. 30 Minuten bei Stufe 4 (210° C) backen. Nach dem Abkühlen vorsichtig mit einem Messer von der Form lösen und zwischen Boden und Form entlangfahren, damit nichts anhängt. Die Creme, die fest zu werden beginnt, auf den Boden, der noch in der Form ist, streichen und darin völlig erkalten lassen. Kokosnuß und Curuba harmonieren vorzüglich.

GELEE **Curubagelee**

½ l Saft mit 500 g Zucker zum Kochen bringen und sprudelnd bis zur Gelierprobe kochen lassen: Ein Tropfen des Gelees auf einer kalten Untertasse soll nicht auseinanderlaufen, sondern ein Kügelchen bilden.
Curubagelee wird schon nach kurzer Kochzeit fest. Es schmeckt wie Apfelgelee mit Passionsfruchtgeschmack.

## Maracuja *(Passiflora edulis)*

Passionsfrucht, Granadilla. Sie ist die für Handel und Anbau auf der ganzen Welt wichtigste Art dieser Gattung, die sowohl in schmutzigem Braunlila, in Rot (Var. *purpurea*) als auch durch Mutation in strahlendem Gelb (Var. *flavicarpa*, d. h. gelb) vorkommt.

3 VARIETÄTEN Die überall abgebildete sogenannte lila Purpurgranadilla ist ein bißchen kleiner, etwas länglicher und weniger sauer als die gelbe *Passiflora edulis*, die etwas größer und runder ist. Die wirklich purpurfarbene Form gibt es nur in Kolumbien (Tafel 16).

*Passiflora quadrangularis* (½)

*Passiflora ligularis*

Curuba

Tafel 15

*Var. purpur...*

*Var. flavicarpa*

Tafel 16

*Maracujas*

Außer der robusten Curuba ist die *Passiflora edulis* am widerstandsfähigsten gegen Kälte. Sie kann für kurze Zeit Temperaturen um den Gefrierpunkt tolerieren. Die jungen Pflanzen müssen aber vor Frost geschützt werden. Nach dem ersten Jahr können sie Wintertemperaturen in Florida und am Mittelmeer verkraften. Sie tragen im zweiten Jahr und liefern sechs Jahre lang gute Ernten. Da die lila Passiflora kein reines Tropenklima braucht, findet sie sich deshalb vorwiegend in den Höhenlagen der Tropen und dort, wo das Klima in die Subtropen übergeht. Sie gedeiht auch gut im tropischen Flachland, trägt aber besser in Höhen über 1000 Meter.

HERKUNFT UND
VERBREITUNG  Dieses Obst stammt aus Südbrasilien, es ist im 19. Jahrhundert über die Tropen und Subtropen der ganzen Welt verbreitet worden.

AUSSEHEN  Die schönen, duftenden, 7–10 cm großen, weiß-violetten Blüten der *Passiflora edulis* sind zwittrig und auf Fremdbestäubung angewiesen.
Die eiförmigen braunlila Früchte sind 5–6 cm lang, die gelben 6–7,5 cm. Das Aroma ist bei beiden ziemlich gleich, nur ist die gelbe saurer und kräftiger im Geschmack. Von der gelben gibt es drei Sorten: Die Brasilien-, Venezuela- und Hawaiimaracuja. Sie wird dort kommerziell angebaut und gedeiht besser im Tropenklima. Die braunlila Maracuja wird kommerziell in Südamerika, Kenia, Südafrika, Ceylon, Taiwan, Australien (Neusüdwales, Queensland) und im nördlichen Neuseeland angebaut.
Die gelbe Maracuja hat noch andere Vorteile außer ihrer Größe: sie ist resistenter gegen Krankheiten und bringt mehr Früchte.
Im Höhenklima gibt es eine rote Abart der *P. edulis:* mit tiefroten Ranken, Blättern und Früchten, die wirkliche Purpurgranadilla.

FRUCHTFLEISCH  Schneidet man die kräftigen Schalen der Maracuja auf, die bei vorgeschrittener Reife nicht mehr glatt, sondern an vielen Stellen eingedrückt aussehen, so findet sich im Inneren orangegelbe, ziemlich flüssige, angenehm duftende Pulpe, die voller kleiner schwarzer Samen ist. Der Geschmack ist süß-sauer mit einem besonderen Aroma.

BLÄTTER  Die Marajuca hat dreiteilige Blätter. Bei der gelben, mutierten Form können die Blätter sowohl dreiteilig als auch herzförmig sein. Die *Passiflora edulis* ist eine Kletterpflanze wie die anderen Passifloraceen.

PRODUKTE  Auf dem deutschen Markt gibt es zahlreiche Maracujaliköre. Maracujaeis ist seit Jahren beliebt. Auch Saft, Nektar und Maracujasirup werden angeboten. Der Sirup ist teuer, aber vorzüglich für Müslifans. Über mit Milch vermischte rohe Haferflocken gegossen, zaubert er ein exotisches, duftendes Frühstücksmahl.

VERWENDUNG  Würzt man Milch, Quark und Joghurt mit Fruchtpulpe, so braucht man große Mengen, um ein gutes Aroma zu erreichen (bei den teuren importierten Frischfrüchten aus Kenia und Brasilien sehr unwirtschaftlich). Nektar ist im Geschmack zu schwach, um damit Süßspeisen herzustellen. Ideal wäre es, ständen dafür Saftkonzentrate zur Verfügung, wie z. B. in Brasilien. Aus der Fruchtpulpe lassen sich am besten ausgezeichnete Getränke herstellen.

MEDIZINISCHE
WIRKUNGEN  Nach Molesworth-Allen sind die Blätter der Passionsfrüchte giftig, da sie Zyanwasserstoffsäure enthalten. Dagegen schreiben andere Autoren (Harman u. a.)

den Blättern blutdrucksenkende, krampflösende und beruhigende Wirkung zu durch Alkaloide. Auch der Passionsfruchtsaft soll beruhigend und schlaffördernd wirken, er wird in allen Ländern produziert, die Maracujas anbauen, auch in Taiwan.

## REZEPTE

GETRÄNKE **Passionsfruchtsaft**

Um den Saft der Früchte zu gewinnen, schneidet man sie quer auf und schabt mit einem kleinen Löffel das Fruchtfleisch, eine gallertartige Masse, mit den Kernen aus der Schale.
Man püriert es mit etwas Wasser oder Milch im Mixer und gießt es dann durch ein Sieb.

**Fruchtsaftgetränk**

Passionsfruchtsaft nach Geschmack mit Wasser oder Mineralwasser und Zucker verdünnen und kalt servieren.

**Passionsfruchtmilchshake**

¼ eines Mixbechers mit Saft füllen, mit Milch aufgießen, Zucker nach Geschmack hinzufügen, gut mischen. Eiskalt auftragen.
Dieses Getränk ist sehr populär in Lateinamerika. Fügt man dem Milchshake noch etwas Mineralwasser und Rum zu, so erhält man

**Brasilianischen Rumpunsch**

Milch mit Fruchtsaft und Alkohol zu mischen, ist südamerikanisch. Es ist bestimmt Gewohnheit, ob man daran Gefallen findet oder nicht.

| | |
|---|---|
| *1 Dose gezuckerte Kondensmilch* | *4 EL Rum* |
| *(250 g)* | *1½ Tassen konzentrierter* |
| *die doppelte Menge Cognac* | *Passionsfruchtsaft* |

Alle Zutaten im Mixbecher schütteln, mit Eiswürfeln auftragen.

**Cocktail aus Peru** *(2 Portionen)*

| | |
|---|---|
| *1 Schnapsglas weißer Rum* | *2 Gläser Maracujasaft* |
| *½ Schnapsglas brauner Rum* | *Eiswürfel* |

Alles gut mischen und sofort servieren.

**Rumpunsch aus Hawaii** *(2 Portionen)*

| | |
|---|---|
| *60 g Rum (5 EL)* | *90 g Passionsfruchtsaft (6 EL)* |
| *60 g Orangensaft (4 EL)* | *20 g Grand Marnier (1 EL)* |
| *2 Spritzer Angostura Bitter* | |

Alle Zutaten mixen und über Eiswürfel gießen. Mit einem Minzeblatt auftragen.

**Alvaroda** *(Brasilien)*                                        *(3 Portionen)*

*1 Glas Cognac (250 ccm)*           *1 Tasse Orangensaft*
*1 Glas konzentrierter*              *2 EL Zitronensaft*
*Passionsfruchtsaft*

Entweder im Mixbecher oder mit dem Mixstab mischen, mit Eiswürfeln servieren.

## Passionsfruchtsirup

Der Saft mit der gleichen Menge Zucker gekocht, ergibt Sirup.

*250 g Zucker*
*¼ l Saft*

Zusammen einige Minuten kochen lassen und in eine saubere kleine Flasche füllen.

Dieser Sirup würzt vorzüglich das morgendliche *Haferflockenmüsli:* Man bereitet es zu wie gewohnt, doch läßt man Honig oder Zucker weg. Der duftende Sirup verleiht dem Gericht eine exotische Note.

Der Sirup paßt ebenfalls ausgezeichnet zu *Crêpes* (Rezept Seite 28) oder *Eierkuchen* (Rezept Seite 109 und 177). Anstelle des Zuckers und einer Kompottbeilage serviert man den Sirup dazu.

NACHSPEISEN    ## Himbeereis

*4 Portionen Himbeereis*          *2 Bananen*
*(Rezept auf Seite 250)*          *4 EL Passionsfruchtsirup*

Die Bananen schälen und in Scheiben schneiden. Das Himbeereis auf vier Schalen verteilen und mit den Bananenscheiben bedecken. Jede Schale mit 1 EL Sirup begießen.

## Passionsfruchtsirup mit Grieß- oder Reispudding

Entweder einen Grießschaumpudding nach Rezept Seite 109 zubereiten oder einen Reispudding, von dem ich sehr viele orientalische Variationen ausprobiert habe, die alle lange gekocht werden mußten und dabei immer anbrannten. Folgender in der Türkei beliebter Pudding ist etwas dünn, aber schnell zubereitet und schmackhafter als einfacher Milchreis:

## Mahallebi                             *Zubereitung 15 Minuten*

*⅜ l Milch*                          *50 g Zucker*
*30 g Maismehl oder*             *½ Vanilleschote (aufge-*
*1½ EL (beide gehäuft)*         *schnitten, das Innere nach*
*30 g Reismehl (gibt es*          *außen gekehrt)*
*in türkischen Geschäften)*      *4 EL Schlagsahne*

Mais- und Reismehl mit so viel Milch verrühren, daß eine glatte Mischung entsteht. Den Rest der Milch mit Zucker und Vanilleschote zum Kochen bringen, das Mehl zugeben und aufkochen. Dabei ständig rühren. Gekühlt in Gläsern mit Sahnehäubchen auftragen, dazu Passionsfruchtsirup extra.

## Passionsfruchtcreme Zubereitung 20 Minuten

4 Eigelb
100 g Zucker
¼ l Saft
4 Eiweiß

¼ l Milch
6 Blatt Gelatine,
in Wasser eingeweicht

Eigelb und Zucker über kleiner Flamme oder im Wasserbad schlagen, bis eine
schaumige Masse entsteht. Ab und zu etwas Saft und Milch zugeben, damit sich
alles zu einer Creme verbindet. Wenn sie steigt, vom Feuer nehmen und die
ausgedrückte Gelatine unterrühren. Kalt stellen, sie wird nach zwei Stunden fest.
Kurz davor das Eiweiß schlagen und unterziehen.
Diese Creme ist nicht sehr stark im Aroma. Sie ist säuerlich, schmeckt aber gut in
Verbindung mit Birnen, Bananen oder Löffelbiskuits.
Entweder 2 aromatische Birnen, kleingeschnitten, oder 3 Bananen in Scheiben in
Vanillesirup kurz erhitzen.

## Vanillesirup: Zubereitung 5 Minuten

⅛ l Wasser
125 g Zucker
1 Vanilleschote

⅛ l Wasser mit 125 g Zucker aufkochen, den Inhalt einer Vanilleschote hinein-
schaben und nochmals aufkochen lassen. Die Fruchtstücke hineinlegen und ziehen lassen. Ist die Passionsfruchtcreme mit dem Eiweiß vermischt, so gibt man die
Hälfte davon in eine Schüssel. Dann verteilt man darüber entweder Bananen- oder
Birnenstücke, bedeckt das Obst mit der restlichen Creme und trägt später den
Vanillesirup extra dazu auf. Vor der Verwendung den Sirup durch ein feines Sieb
gießen.
Anstelle der Birnen oder Bananen ist es auch gut, 100 g Löffelbiskuits, getränkt in
4 EL Orangenlikör, in die Creme einzulegen.

## Passionsfruchtsorbet (Brasilien) Zubereitung 7 Minuten

¼ l Passionsfruchtsaft
200 g Zucker

3 Eiweiß
200 g Sahne

In Brasilien benutzt man hierzu Passionsfruchtkonzentrat, und das habe ich auch
genommen.
Saft und Zucker zusammen aufkochen. Die Flüssigkeit abkühlen lassen. Danach
das Eiweiß steif schlagen, Eischnee und geschlagene Sahne unter die Flüssigkeit
ziehen und gefrieren lassen. Noch besser ist es, die Flüssigkeit zuerst leicht
gefrieren zu lassen und anschließend Eischnee und Sahne darunterzuziehen.
In den Tropen kann man anstelle der Sahne eine kleine Dose Kondensmilch, die
sehr stark gekühlt wurde, schlagen und unterziehen.
Dieses Sorbet ist viel schmackhafter als Eis, das einen kurzen, sauren Geschmack
hat. Ich habe immer wieder versucht, Pie oder Kuchen mit Passionsfrucht zuzubereiten. Meiner Ansicht nach lohnt sich das aber nicht; es gibt dafür geeignetere
Früchte.

Vorzüglich eignet sich diese Frucht zur Marmeladenherstellung.

**Maracujamarmelade**

Maracuja-Erdbeer ist nicht besonders gut, Maracuja-Mango schmeckt würzig und exotisch. Viel lieber mochten wir: Maracuja-Birne, Maracuja-Apfel, Maracuja-Banane und Maracuja-Papaya-Marmelade. Die Zubereitung und das Mischungsverhältnis war bei allen Obstsorten gleich. Auch hierzu hatte ich konzentrierten Saft zur Verfügung, es geht aber genausogut mit frischen Früchten.

**Passionsfrucht-Bananen-Marmelade**            *Zubereitung ca. 30 Minuten*

> *250 g Bananen in Scheiben            500 g Zucker*
> *250 g Passionsfruchtsaft*

Alles unter Rühren kochen lassen, bis die Marmelade geliert.

# POLYGONACEAE *(Knöterichgewächse)*

Diese Familie enthält viele kleine Pflanzen, die besonders in Deutschland Wiesen, Ufer und Wälder bevölkern. Dazu gehören viele Ampfer- und Knötericharten, der Buchweizen und der Rhabarber.

## Rhabarber *(Rheum rhaponticum)*

Engl.: Rhubarb, Pie-plant, Franz.: Rhubarbe, Ital.: Rhabarbaro.

Der Rhabarber stammt mit allen seinen verschiedenen Arten aus China und Indien (aus dem Himalaja). Außer dem Gartenrhabarber gibt es u. a. noch den Medizinalrhabarber, dessen Wurzeln Verdauungs-, Blutreinigungs- und Abführmittel in Form von Zitronen- und Apfelsäure liefern. Das tut übrigens auch der *Rheum ribes* aus dem Libanon, durch den Johannis- und Stachelbeere ihren Gattungsnamen *Ribes* erhielten. (Da beide so sauer sind wie der dort vorher bekannte Rhabarber.) Der Pontische Rhabarber ist eine Zierpflanze. Die Stengel können 2–3 m hoch werden.

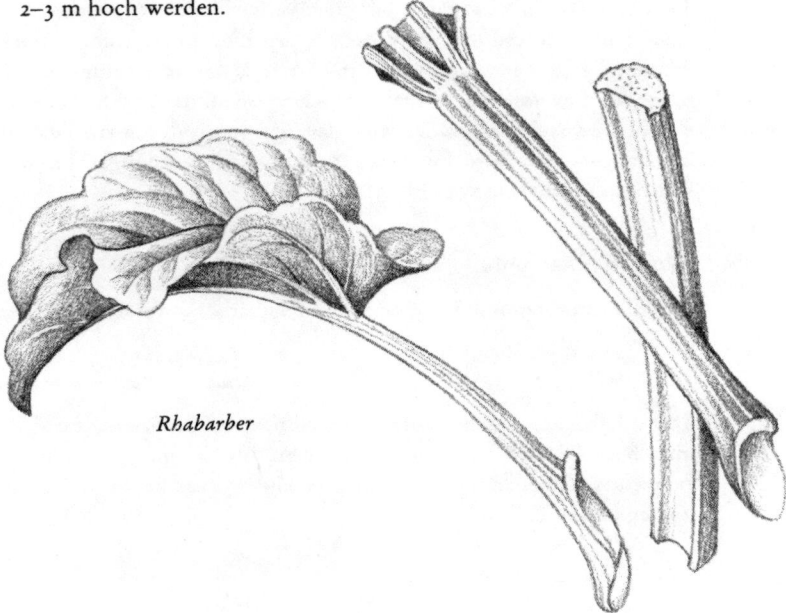

*Rhabarber*

Der Rhabarber ist unser erstes frisches Obst im Frühjahr. Welchen Genuß verdanken wir ihm nach den langen Wintermonaten, in denen wir nur Früchte essen konnten, die entweder lange gelagert oder von weit her gebracht wurden! Wie alles, was frisch vom Baum oder Strauch geerntet und gegessen wird, am köstlichsten schmeckt, so mundet uns auch der Rhabarber, der zuerst aus Holland, nur wenig später aber aus den heimischen Gärten kommt. Rhabarber möglichst früh auf den Markt zu bringen, ist in den USA eine einträgliche Industrie. Dieser Treibhausrhabarber behält kleine Blätter. Heute werden nur noch rotstielige Sorten verkauft, da der grünstielige Rhabarber viel herber ist. Rotstieliger Rhabarber ist aber weniger ertragreich. Aus Rhabarber kann man Marmelade und Saft herstellen. Besonders gut und erfrischend sind Kuchen und Nachspeisen.

Rhabarber wurde schon 2700 v. Chr. in China schriftlich erwähnt. Von China aus verbreitete sich der Rhabarber nach Rußland, wo er sich großer Beliebtheit erfreute. Noch heute unterscheidet man drei Sorten: Schansi, Schanghai und Kanton. Außer der verdauungsfördernden, blutreinigenden Wirkung besitzt der Rhabarber Fruchtzucker, Stärke, Pektin, Gerbstoffe sowie Mineralsalze.

Seit 1840 wird der Rhabarber – von England kommend – in Norddeutschland angebaut. Man unterscheidet bei den rotstieligen Sorten: Himbeerrhabarber: mild im Geschmack, grünes Stielende, und Blutrhabarber: herb, rotes Stielende. Die einzige Sorte, die bei uns im Handel ist, ist *Holsteiner Blut*. Eine Verbesserung dieser Sorte heißt *Holsteiner Edelblut*.

## REZEPTE

In Persien kocht man auch mit Rhabarber eine Gulaschsoße, aber das ist für uns etwas ungewöhnlich.

GETRÄNKE **Rhabarbersaft**

Dieser Saft ist sehr erfrischend. Man kann ihn, wie ich das aus der Verwandtschaft kenne, als Getränk das ganze Jahr über verwenden. Entweder wird der Rhabarber dampfentsaftet und mit 200 g Zucker pro Liter noch einmal aufgekocht und in Flaschen gefüllt (er kann später mit Mineralwasser verdünnt werden) oder das Obst wird gewaschen, in kleine Stücke geschnitten und mit etwas Wasser zum Kochen gebracht. Dann läßt man das Fruchtmus durch ein Tuch ablaufen. Der augefangene Saft wird mit 250 g Zucker pro Liter einige Minuten gekocht, in Flaschen gefüllt und verschlossen.

NACHSPEISEN **Rhabarberkompott**

Am bekanntesten und beliebtesten ist Rhabarberkompott.

| | |
|---|---|
| *1 kg Rhabarber* | *150 g Zucker* |
| *⅛ l Wasser* | *Schale einer Zitrone im Ring* |

Den Rhabarber waschen, in Stücke schneiden, die Fäden, die sich dabei lösen, abziehen. Die Rhabarberstücke zu dem Wasser im Topf geben, mit Zucker bestreuen, Zitronenschale zugeben. Nachdem alles kocht, noch 5 Minuten leise ziehen lassen. Kalt auftragen.

**Rhabarber–Fool**    *Zubereitung 25 Minuten*

ist eine englische, sehr aromatische Nachspeise.

*300 g Rhabarber*    *ein Stückchen Zitronenschale*
*2 EL Zucker*    *200 g Schlagsahne*
*½ Tasse Wasser*    *4 Cocktailkirschen*

Ein Kompott zubereiten, wie eben beschrieben und pürieren. Ist es abgekühlt, die Sahne darunterheben. In Schälchen geben, mit je einer Kirsche verzieren.


**Sorbet** *(3–4 Portionen)*    *Zubereitung 25 Minuten*

*250 g Rhabarber*    *Saft einer halben Zitrone*
*¼ Tasse Wasser*    *1 Eiweiß, zu Schnee geschlagen*
*75 g Zucker*    *100 g geschlagene Sahne*
*ein kleines Stück Zitronenschale*

Rhabarber waschen, schälen und in 3–4 cm lange Stücke schneiden. Mit Wasser, Zucker, Zitronenschale zum Kochen bringen und 5 Minuten kochen lassen. Die Zitronenschale herausnehmen und den Rhabarber mit dem Mixstab pürieren. Zitronensaft zugeben und abkühlen lassen. Ist die Fruchtmischung abgekühlt, den Eischnee und die Sahne unterziehen, die Masse gefrieren lassen.


**Rhabarbergrütze auf altdeutsche Art**    *Zubereitung 20 Minuten*

*600 g Rhabarber*    *3 Tassen Wasser, eventuell mehr*
*2 EL Zucker mindestens*    *abgeriebene Schale einer halben*
*75 g Hafergrütze (gibt es zu kaufen*    *Zitrone*
*für ein Bremer Grünkohlgericht)*    *200 g Sahne (flüssig oder geschlagen)*

Den Rhabarber waschen, in Stücke schneiden, sich lösende Fäden dabei abziehen, einzuckern. Einige Stunden stehenlassen. Die Hafergrütze – knapp mit Wasser bedeckt – einweichen und ebenfalls stehenlassen. Am nächsten Tag den Rhabarbersaft abgießen. Die Grütze mit Wasser und Saft aufs Feuer setzen und 15 Minuten kochen lassen, dabei immer wieder umrühren. Dann den Rhabarber sowie die Zitronenschale zugeben, und das Obst unter Rühren zu Mus kochen lassen. Eiskalt mit flüssiger Sahne auftragen. Auf diese Art kann man mit jedem Obst Grütze kochen. Sie ist kerniger und herzhafter als mit Maismehl. Für Kinder ist die Grütze eine wohlschmeckende Mahlzeit, wenn man ihr warm noch 2–3 EL Butter zufügt. Mit weniger Flüssigkeit entsteht Hafermus, mit etwas mehr Suppe.


**Trifle** *(englische Nachspeise)*    *Zubereitung 15 Minuten*

*500 g Rhabarber*    *125 g Zucker*
*¹⁄₁₆ l Wasser*    *100 g Löffelbiskuits*
*abgeriebene Schale einer*    *200 g geschlagene Sahne,*
*halben Zitrone*    *mit Vanillezucker gesüßt*

Den Rhabarber waschen, in Stücke schneiden, die Fäden, die sich dabei lösen, abziehen. Mit Wasser, Zucker und der Zitronenschale 5 Minuten kochen. Abkühlen lassen. Eine Keramikform mit Löffelbiskuits auslegen, den Rhabarber darübergeben. Mit der Schlagsahne bedeckt auftragen.

**Rhabarberpie**                                   *Zubereitung 25 Minuten*
                                                    *Backzeit 40 Minuten*

    *1 kg Rhabarber*               *1 Ei*
    *250 g Zucker*             *1 Prise Salz*
    *250 g Mehl*              *evtl. 3–4 EL Wasser*
    *125 g Butter*             *1 Eigelb, mit 1 EL Milch vermischt*

Den Rhabarber waschen, in kleine Stücke schneiden und einzuckern. Aus Mehl, Butter, Ei und Salz einen Teig kneten, besser noch mit dem Hackmesser zusammenhacken oder dem Knethaken der Küchenmaschine kneten. So wenig wie möglich berühren, außer mit einem Holzlöffel, damit die Butter nicht zu kleben beginnt. Am Ende mit der Hand kneten. Ist die Masse zu trocken, etwas Wasser hinzufügen, klebt sie, kalt stellen.

Eine Keramikform ausfetten, die Häfte des Teiges auf bemehlter Unterlage ausrollen und den Boden der Form sowie die Ränder damit auskleiden. Vom Rest einen Deckel ausrollen. Den Rharbarber auf den Teig legen, den Deckel darüberdecken, an den Seiten andrücken, Löcher einstechen, damit der Dampf entweichen kann. Mit Milch und Eigelb bestreichen und so lange backen, bis der Teig eine goldgelbe Farbe bekommen hat.

KUCHEN    **Baiserkuchen**                          *Zubereitung mit Boden 45 Minuten*
             *Mürbteigboden (Rezept im Anhang)*    *Backzeit 50–55 Minuten*

    *Füllung:*
    *600 g Rhabarber*          *3 EL Gustin*
    *1/8 l Wasser*            *3 Eigelb*
    *150 g Zucker*          *Guß:*
    *abgeriebene Schale einer*    *3 Eiweiß*
    *halben Zitrone*         *60 g Zucker*

Einen Mürbteigboden zubereiten und beiseite stellen. Rhabarber waschen und in Stücke schneiden, Fäden, die sich lösen, ganz abziehen. Rhabarber mit dem Wasser aufkochen, Zucker und Zitronenschale zufügen, Gustin mit wenig Wasser anrühren, Eigelb hineinschlagen, zum kochenden Rhabarber geben. Einmal aufkochen lassen.

Sobald die Füllung etwas abgekühlt ist, den Mürbteigboden damit bestreichen und bei Stufe 4 (210° C) backen. Nach 40 Minuten Backzeit das Eiweiß für den Guß schlagen; ist es fest, den Zucker zugeben und kurz weiterschlagen. Das Eiweiß entweder auf den Rhabarber streichen oder mit einer Spritztülle daraufspritzen und noch 10 bis 15 Minuten goldgelb backen.

Unter dem Rhabarber könnte man Marzipan ausrollen oder zum Eiweiß geriebene Mandeln geben. Der Kuchen schmeckt aber so gut, daß das nicht nötig ist.

**Rhabarberkuchen mit Butterguß**                  *Zubereitung 60 Minuten*

    *Hefeboden (Rezept im Anhang)*  *Guß: 150–170 g Zucker*
                             *60 g Maismehl*
    *Belag: 500 g Rhabarber*        *3 Eiweiß*
                             *100 g Butter*
                             *3 Eigelb*

Hefeteig zubereiten. Rhabarber in Stücke schneiden, lose Fäden abziehen. Mit ganz wenig Wasser einmal aufwallen lassen (um dem Obst Flüssigkeit zu entziehen), auf ein Sieb schütten (gefrorenen Rhabarber nur auftauen lassen, Saft auffangen). Im warmen Saft Zucker auflösen, nach dem Abkühlen Maismehl einrühren.

Hefeteig mit dem Rhabarber 25 Minuten bei Stufe 6 (250° C) backen, dann den Guß darübergeben. Für den Guß Eiweiß steif schlagen, Butter schaumig rühren, Eigelb hinzufügen und dann das mit dem Saft angerührte Maismehl. Den Eischnee unterziehen, Guß noch 10 Minuten oder so lange, bis er goldbraun geworden ist, bei Stufe 6 weiterbacken, dann herunterschalten und bei Stufe 4 (210°C) in etwa 25 Minuten fertigbacken.

## Hefekuchen mit Streuseln                    *Zubereitung 45 Minuten*

*Hefeboden (Rezept im Anhang)*
*Belag:*
*750 g Rhabarber*                        *1 Päckchen Vanillezucker*
*Streusel:*                              *100 g Zucker*
*200 g Mehl*                             *100 g Butter*

Einen Hefeboden zubereiten und mit dem gewaschenen, in Stücke geschnittenen Rhabarber belegen. Für die Streusel Mehl, Vanillezucker und Zucker mit der zerlassenen Butter verrühren. Noch besser werden die Streusel – es dauert aber länger –, wenn die Butter in Flöckchen zugegeben und mit einer Gabel mit den Zutaten vermischt wird. Am Ende knete ich die Streusel noch kurz mit der Hand. Sie dürfen aber nicht fest zusammengedrückt werden wie ein Teig, sondern sollten nach kurzem Druck mit dem restlichen Mehl vermischt und immer wieder gelockert und getrennt werden. Ist kein pudriges Mehl mehr übrig, die Streusel auf dem Rhabarber verteilen, den Kuchen gehen lassen und eine Stunde backen. Dieser Kuchen ist besonders bei denen beliebt, die den sauren Geschmack des Rhabarbers schätzen.

MARMELADE  Reine Rhabarbermarmelade ist mir aus der Nachkriegszeit noch in unguter Erinnerung. Ich finde, Rhabarber wird sehr veredelt durch die Zugabe von wenig Erdbeeren oder Orangen.

## Rhabarber-Erdbeer-Marmelade               *Zubereitung 15 Minuten*

*1 kg Rhabarber*                         *800 g Gelierzucker*
*200 g Erdbeeren*

Rhabarber waschen, in Stücke schneiden, Fäden abziehen. Erdbeeren waschen und entstielen. Mit 400 g Gelierzucker vermischen und bis zum nächsten Tag stehenlassen. Unter Rühren zum Kochen bringen, die zweite Hälfte des Zuckers zugeben, 4 Minuten kochen, in saubere Gläser füllen und zubinden.

## Rhabarber-Orangen-Marmelade

*1 kg Rhabarber*                         *200 g Orangen mit der*
*800 g Gelierzucker*                     *Schale*

Naturreine Orangen in kleine Würfel schneiden, die Kerne herausnehmen und wegwerfen. Weitere Zubereitung wie »Rhabarber-Erdbeer-Marmelade«.
Die Rhabarber-Orangen-Marmelade schmeckt erst gut, nachdem sie mindestens eine Woche gestanden hat.

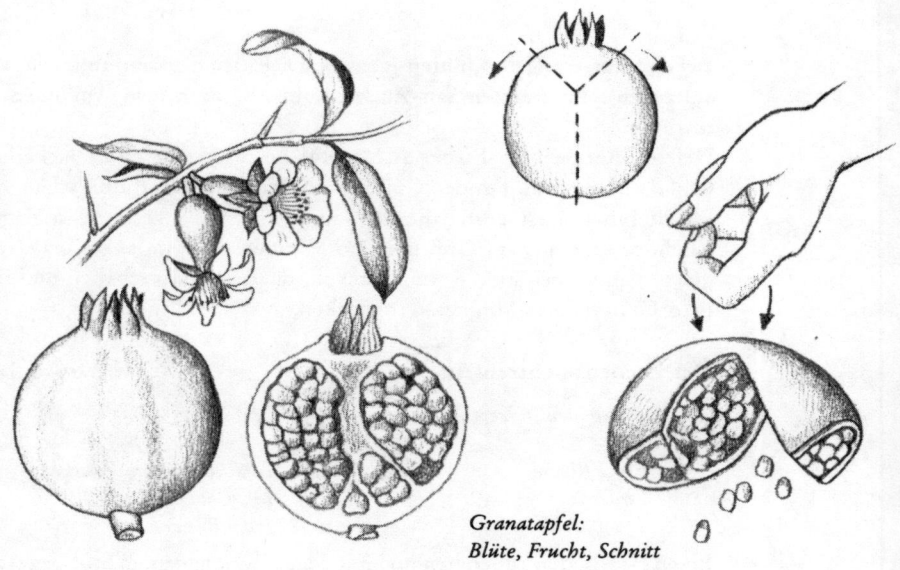

Granatapfel:
Blüte, Frucht, Schnitt

# PUNICACEAE *(Granatapfelgewächse)*

Der Granatapfel bildet mit *P. protopunica* von der Sokotra-Insel (im Indischen Ozean) die ganze Familie der *Punicaceae*.

## Granatapfel *(Punica granatum)*

Span.: Granada, Franz.: Grenade, Engl.: Pomegranate, Portug.: Romã, Thai: Tap-tim.

HERKUNFT
UND
GESCHICHTE

Die Heimat des Granatapfels scheint Persien zu sein. Heute gibt es ihn in allen warmen Ländern. Nach Burkill sind die Granatäpfel um so besser, je näher an Persien sie wachsen, je weiter entfernt, um so weniger schmackhaft sind sie. Man müsse sich immer wieder Bäume und Samen neu aus Persien besorgen, wenn man Obst guter Qualität haben möchte. Diese Frucht wird schon seit vorgeschichtlicher Zeit kultiviert. Der früheste, vom Granatapfel Zeugnis gebende Fund sind Granatäpfel in Grabkammern aus der Zeit Ramses IV. Im 4. und 5. Buch Moses wird er zusammen mit Feigen und Weintrauben erwähnt. Bei Syrern und Phöniziern hatte er einen semitischen Namen. Allen genannten Völkern war der Granatapfel heilig. Er soll 613 Kerne haben, wie das Alte Testament 613 Gesetze enthält. Für die Griechen war er ein Symbol der Fruchtbarkeit. Homer schreibt, daß er im Garten des Königs der Phäaken wachse, zusammen mit dem Birnbaum. Seine lateinische Bezeichnung erhielt er von den Römern. Sie lernten ihn durch die Phönizier kennen und nannten ihn deshalb punischen Apfel *(Malum punicum)* oder kernreichen Apfel *(Malum granatum)*. Der Granatapfel hat sowohl der spanischen Stadt Granada (die umliegende Provinz ist heute noch ein wichtiges Anbaugebiet) als auch im 16. Jahrhundert einer italienischen Erfindung, der Granate, und dem Halbedelstein Granat den Namen gegeben.

Nicht nur rund ums Mittelmeer war diese Frucht beliebt. Von Persien aus gelangte sie mit Karawanen bis nach Indien und von da nach Südostasien. Da sie sich mehrere Monate hält, nahm man sie damals ins Gepäck wie wir heute

Limonadedosen. Der Granatapfelstrauch wuchs auch in den berühmten Hängenden Gärten der Semiramis in Babylon. Er heißt Persisch: Dulima, Sanskrit: Dadima, Malaiisch: Delima. Chinesische Reisende sahen ihn um 1400 in Java. Nach Burkill erreichte er China 300 oder 400 n. Chr.

ERSCHEINUNGS-
FORM

Diese Pflanze ist ein Strauch oder kleiner Baum von 1 bis 5 m Höhe. Die Äste können Dornen tragen. Die Blätter sind schmal und lang, glänzend grün und von roten Adern durchzogen. Die Blüte ist so schön, daß eine Reihe von Sorten nur zur Zierde gezogen werden; besonders eignet sich dazu ein Zwerggranatapfel mit scharlachroten, gefüllten, in Trauben angeordneten Blüten *(Punica nana racemosa)*, den man auch in Töpfen oder Kübeln halten kann. Die Blüten müssen nicht rot sein, es sind außerdem bunte, gelbe oder weiße Zierformen bekannt. Der Baum neigt dazu, sehr buschig zu werden. Nach dem Abwerfen der Blätter kann man ihn gut zurückschneiden.

KLIMAANSPRÜCHE

Der langsam wachsende Granatapfelbaum braucht keine besondere Pflege. Er liebt viel Wärme und gedeiht bis zum 35. Breitengrad. Doch kann er, wenn es einmal extrem kalt wird, in diesem Klima schon Schaden leiden. In kühleren Zonen ist es möglich, ihn in Kübeln zu halten, er muß aber dann im Herbst ins Warme geholt werden. In den USA wird er in den Südstaaten kommerziell angebaut, in manchen Teilen wächst er als Hecke.

SORTEN

Obwohl der Granatapfel so alt ist, gibt es doch wenige Sorten. Nach Firminger und Bailey hat man in Bengalen von Kernen aus Kabul (Afghanistan) eine samenlose Form und eine andere, die Früchte, groß wie eine Pampelmuse, trägt, herangezogen. Der wilde Granatapfel ist von scharfer Säure. Seine Frucht ist oft sehr groß, von 7,5–10 cm Durchmesser. Sehr ähnlich ist ihm eine ebenfalls sehr saure Zwergform. Der Saft dieser Früchte wird heute noch in Persien geschätzt. Man bereitet erfrischende Getränke daraus sowie einen Extrakt zum Würzen von Suppen und Gulasch. Seine früher in Asien wichtige Rolle haben jetzt in der Welt Zitrone und Limone inne.
Die Kultursorten sind süßer. Die beste aus den USA soll *Spanish Ruby* oder *Purple-seeded* sein. Eine andere gute Sorte ist *Wonderful* mit Früchten von 12,5 cm Durchmesser, die früh reif werden, saftig und aromatisch sind und sich gut transportieren lassen. In die Bundesrepublik kommen kleine Posten der Sorte *Tendral*, auch *Mollar* genannt, aus Spanien, mit Handelsnamen *Rosegar*.
In Persien scheint der Granatapfel besonders beliebt zu sein, denn es gibt große Plantagen. Die beste Sorte dort heißt *Siahdaneh (siah* = schwarz, *daneh* = körnig), ist süß-sauer und hat schwarze Kerne. Eine billigere Sorte heißt *Malas*.

AUSSEHEN DER
FRÜCHTE

Die Granatäpfel sehen aus wie rotbäckige oder gelbe Äpfel mit sechs harten, auffälligen Kelchzipfeln. Sie haben eine feste, bis ½ cm dicke Schale und Samenscheidewände, die 30% Gerbstoff enthalten.

VERWENDUNG
DER PFLANZE

Schale und Saft sind seit Jahrhunderten Farbstoffe für Orientteppiche. Kocht man die Schale des Apfels, so ergibt das eine pechschwarze Tinte.

WERT DER
FRÜCHTE

In aufgeschnittenen Früchten liegen dicht nebeneinander Kerne, die in lederartige weiße Trennwände eingebettet sind. Der rötliche, geleeartige, saftige Samenmantel ist der genießbare Teil. Man löffelt die Kernchen aus der Frucht oder preßt die Äpfel aus.

In Persien und Israel stehen zur Erntezeit Verkäufer mit Fruchtpressen am Straßenrand und bieten frischen Granatapfelsaft an. Dieser Saft soll fiebersenkend sein. Es ist aber auch möglich, daß der Kranke das mit Wasser und Zucker gemischte Getränk als so erfrischend empfindet, daß es ihm so vorkommt, als sei das Fieber gefallen. Zitronensaft hat nämlich den gleichen Ruf. Wie dem auch sei, Ochse schreibt, die weiß- und rotfleischigen Granatäpfel seien besonders wirkungsvoll. Der Saft soll gegen Husten helfen.

Der Saft enthält 10 mg Kalzium, 70 mg Phosphor (sehr viel), 0,3 mg Eisen, 0,1 mg Riboflavin (Vitamin B$_2$).

In Frankreich ist tiefroter Grenadinesirup (Rezept Seite 222) zu Vanilleeis unerläßlich. Er bildet zu Süßspeisen einen besseren Farbkontrast als der sich bräunlich färbende Himbeersirup. Allerdings sind sowohl Farbe als auch Aroma der französischen Produkte von selbstgekochtem Sirup sehr verschieden. Sie scheinen künstlich zu sein. Deutsche Firmen fügen dem Sirup andere Fruchtsäfte hinzu.

Früchte frisch vom Baum schmecken – wie meistens – am besten.

Der Granatapfel hat einen hohen Gehalt an Gerbsäure, was ihm einen adstringierenden Geschmack verleiht. Sein Saft hinterläßt braune Flecken, die sich nicht mehr beseitigen lassen. Der ausgepreßte Saft fermentiert leicht, man stellt aus ihm Wein mit Himbeeraroma her.

HEILKRAFT DER PFLANZE

Die Wurzel wird in Griechenland und Ägypten als Wurm- und Bandwurmmittel genutzt. Auch in Indien wird sie heute noch so angewendet. Die gekochte Schale des Apfels hilft ebenfalls gegen Bandwürmer. Die Wurzelrinde wirkt zusammenziehend und wird deshalb unter anderem gegen Diarrhö und Dysenterie (Ruhr) verordnet. Blätter und Wurzeln gibt man bei unregelmäßiger Periode. Der Wurzelsaft soll Augenentzündungen bekämpfen.

---

## REZEPTE

---

### Granatapfelsaft

Der Saft läßt sich sehr gut mit einer elektrischen Orangenpresse extrahieren. Der Granatapfel wird dazu quer halbiert und auf den Plastikkegel gedrückt. Man kann auch eine Zitronenpresse verwenden. Eine andere Methode besteht darin, die Blüte abzuschneiden, die eine Hälfte des Apfels aufzuschlitzen und mit einem Holzlöffel auf die auseinandergezogene Schale zu klopfen, so daß die Kerne nach unten herausfallen. Diese dreht man dann durch den Fleischwolf und gewinnt so den Saft.

SUPPE

### Granatapfelsuppe mit Fleischklößchen          *Zubereitungszeit 55 Minuten*

Das persische Originalrezept war uns sehr fremd. Das abgewandelte Gericht hat uns dagegen zugesagt.

| | |
|---|---|
| *Suppe:* | *1 Zwiebel* |
| *1½ EL Mehl* | *Saft eines Granatapfels* |
| *20 g Butter* | *Saft einer Zitrone* |
| *1 l Fleischbrühe* | *½ EL Salz, Pfeffer* |
| *225 g gehackter Spinat* | *1 TL Zucker* |

*Fleischklößchen:* (halb Rind, halb Schwein)

| | |
|---|---|
| *1¼ EL geriebene Semmel* | *1 kleine Zwiebel* |
| *3 EL Wasser (sehr gut auch mit* | *1 Bündel Petersilie* |
| *2 gehäuften EL Buchweizenmehl* | *1 EL Butter* |
| *und 2 EL Wasser)* | *1 Ei, ½ TL Salz* |
| *140 g gehacktes Fleisch* | *Pfeffer, Majoran* |

In einem großen Topf, der nicht zu stark erhitzt wurde, das Mehl hin und her wenden, bis es nicht mehr weiß ist, sondern gelb verfärbt. Die Butter zugeben, mit einem Schneebesen vermischen. Nach und nach die Brühe zugießen, dabei jedesmal zu einem Kloß abrühren, bis sich Mehl und Flüssigkeit glatt verbunden haben. Dann die kleingehackte Zwiebel sowie den Spinat hinzufügen, Granatapfel- und Zitronensaft, ½ EL Salz, Pfeffer aus der Mühle und 1 TL Zucker zugeben, eventuell nachwürzen. Die Suppe leise kochen lassen.

Fleischklößchen: Inzwischen das Semmelmehl mit Wasser anfeuchten. Das Hackfleisch, die feingeschnittene, in Butter gedünstete Zwiebel und die Petersilie sowie das Ei hinzufügen. Alles gut mischen und mit ½ TL Salz, einer Prise Pfeffer und etwas Majoran verkneten.

Ich habe eine moderne Hackmaschine, dort gebe ich alle Zutaten hinein und erhalte einen feinen Teig. Davon steche ich mit dem Löffel Klößchen ab und lasse sie in der Suppe garziehen.

Diese Suppe ist sehr delikat auch ohne Zucker, Granatapfel- und Zitronensaft. Mit dem Saft erhält sie jedoch eine interessante Note. Der Spinat ist nötig, da der Saft alles dunkel färbt, und eine Spinatsuppe darf ja braun sein.

Noch besser ist die Suppe mit 2 EL schwarzem, saurem Granatapfelkonzentrat aus Persien oder 2 Messerspitzen Tamarindenpaste aus Indien anstatt frischen Granatapfelsaftes. Dann aber den Zitronensaft weglassen.

**Fleischgerichte mit Granatapfelsaft** *Arbeitszeit 25 Minuten*
*Kochzeit 70 Minuten.*

In Persien ißt man hierbei die Kerne mit. Sie werden durch den Kochprozeß aber so unansehnlich, daß es besser ist, nur den Saft zu verwenden.

| | |
|---|---|
| *1 großes Hähnchen oder* | *15 getrocknete Aprikosen* |
| *1 Poularde oder* | *2 EL Zitronensaft* |
| *750–1000 g Gulaschfleisch* | *1–2 EL Zucker* |
| *2 EL Butter oder anderes Fett* | *Saft eines Granatapfels* |
| *1 feingeschnittene Zwiebel* | *1 EL Mehl, in etwas* |
| *1 EL Salz, Pfeffer* | *Wasser angerührt* |
| *2 Tassen Wasser* | |

Das Hähnchen zerteilen (bei Gulasch ist die Arbeitszeit deshalb kürzer). Das Fleisch in Butter anbraten und von allen Seiten leicht bräunen lassen, die Zwiebel zugeben. Das Fleisch salzen und pfeffern, immer wieder Wasser zugießen, damit es leise schmort und nicht anbrennt. Die abgewaschenen Aprikosen, Zitronensaft, Zucker und Granatapfelsaft hinzufügen und unter öfterem Umwenden höchstens eine Stunde in der Flüssigkeit garen lassen. Zum Schluß das Mehl zugeben, damit eine sämige Soße entsteht. Anstelle des Mehls kann man auch Sahne verwenden.

Mit Reis und grünem Salat auftragen. Wenn man mag, das Fleisch mit frischen Granatapfelkernchen verzieren. Grüner Salat: Sehr dekorativ und hübsch ist es, die kristallroten Kernchen über angerichteten grünen Salat zu streuen. Bitte erst im letzten Moment, denn die Kernchen hinterlassen auf den Blättern braune Flecke.

Die nützlichste Eigenschaft des Granatapfels ist es, den Durst zu stillen. Da wir keine Wüstendurchquerer sind, können wir es uns leisten, den süßlichen Saft noch mit Zitronensaft zu veredeln.

GETRÄNKE  **Granatapfellimonade**

Wenn man vier große Granatäpfel auspreßt, erhält man etwas mehr als ½ l wunderschön weinrot aussehenden Saft. Mit dem Saft einer Zitrone vermischen, Eiswürfel zugeben sowie nach Geschmack Zucker und Mineralwasser.

**Granatapfelorangeade**

Man mischt ein Glas Orangensaft mit Granatapfelsaft und einem Eiswürfel. Eventuell 1–3 EL Zucker hinzufügen, und wenn es echt mexikanisch und interessant schmecken soll: einen Spritzer Tabasco.

Granatapfelsaft wird braun und bitter, wenn man ihn stehenläßt. Es empfiehlt sich deshalb, den Saft zu kochen, wenn man ihn aufheben will.

**Granada con leche** *(Milchmixgetränk aus Santo Domingo)*

*Zubereitung 5 Minuten*

| | |
|---|---|
| *1 Glas Milch* | *Saft von ¼ Granatapfel* |
| *1 EL Zucker* | *1 Eiswürfel* |

Alle Zutaten im Mixer schlagen oder mit einem Löffel verrühren und gleich servieren.

**Grenadinesirup** *Zubereitung 25 Minuten*

| | |
|---|---|
| *4 große Granatäpfel* | *125 g Zucker* |

Die Äpfel auf einer Zitronen- oder Orangenpresse entsaften, das ergibt ½ Liter Saft. Den Saft mit dem Zucker aufkochen und in eine Flasche füllen. Im Kühlschrank aufbewahren, da diese Flüssigkeit so wenig gesüßt ist, daß sie nur begrenzt haltbar und die Bezeichnung Sirup unangebracht ist. Dafür hat diese Lösung eine aparte Farbe und einen ausgeprägten Eigengeschmack.

NACHSPEISEN  **Vanilleeis mit Grenadine**

Dieser Nachtisch ist in Frankreich das klassische Familiendessert. Man stellt zum Eis eine Flasche oder einen Krug mit Sirup auf den Tisch, und jeder verziert seine Eisportion selbst mit der roten Fruchtsoße.

Der von mir angegebene Grenadinesirup ist nicht sehr stark im Geschmack. Vanilleeis mit heißen Kirschen oder Himbeeren schmeckt besser, aber Grenadine ist billiger, weil der halbe Liter viel länger reicht als etwa eine Tiefkühlpackung Himbeeren.

Der Granatapfelsaft mit 250 g Zucker gekocht, würde intensiver würzen, wäre jedoch unangenehm süß.

## Grenadinecreme mit Früchten

Diese Nachspeise bereitet man am besten mit frischer Ananas zu, die gewöhnlich etwas sauer ist. Mit Dosenananas ist sie nicht zu empfehlen.

| | |
|---|---|
| *3 dicke Scheiben Ananas, gewürfelt* | *125 g Sahne* |
| *1½ Orangen in Filets, die* | *1 EL Zitronensaft* |
| *Filets nochmals quer teilen* | *4 TL Zucker* |
| *⅛ l Grenadinesaft (Sirup)* | *eventuell 4 TL Granatapfelkerne* |
| *2 Blatt Gelatine, weiß oder rot* | |

Die Gelatine in kaltem Wasser 5 Minuten einweichen und ausdrücken. Den Saft erhitzen, die Gelatine darin lösen. Ananaswürfel und Orangenstücke auf vier Gläser verteilen, mit je 1 TL Zucker bestreuen. Wenn die Lösung nach einer Stunde fest zu werden beginnt, die Sahne schlagen und darunterziehen. Auf die vier Gläser türmen und kurz vor dem Auftragen mit Granatapfelkörnchen verzieren.

Dieses Dessert ist nicht aufregend gut, es ist aber recht wohlschmeckend. Wenn Sie Ihre Gäste fragen, was in der Creme ist – sie werden es nicht erraten, wenn Sie keine Granatapfelkernchen zur Verzierung verwendet haben.

# RHAMNACEAE *(Kreuzdorngewächse)*

Diese Familie ist mit verschiedenen Arten sowohl in Amerika als auch in Eurasien beheimatet. Dazu gehören sowohl der Faulbaum, dessen Rinde abführend wirkt, als auch der Christdorn, der noch heute auf den Hügeln um Jerusalem wächst und aus dessen Zweigen die Dornenkrone Christi geflochten worden sein soll.

## Jujube *(Ziziphus jujuba)*

Chinesische Dattel, in Indien *bear* genannt, ist die wichtigste Frucht in der Gattung *Ziziphus*.

HERKUNFT UND
VERBREITUNG

Sie scheint aus Syrien zu stammen und wurde von dem römischen Feldherrn Sextus Popinius am Ende der Herrschaft des Kaisers Augustus nach Europa gebracht, wo sie in Italien, Frankreich, Spanien, Portugal sowie in Nordafrika wächst. Robert Chisolm nahm 1837 Samen in die USA mit, nach Beaufort in North Carolina. Es könnte sich bei der im Mittelmeer bekannten Jujube allerdings auch um *Ziziphus vulgaris* handeln, mit eiförmigen, 3 cm langen, glänzend braunroten Beeren, die auch Brustbeeren (norwegisch *brytbaer*), Judendorn, rote Datteln oder Tintendatteln genannt und als Brusttee zur Lösung von Katarrhen verwendet werden. Außerdem soll es von ihnen noch eine Abart *Ziziphus lotus* geben, die als italienische oder französische Jujube gehandelt wird.

Die Jujube ist über Eurasien bis nach China verbreitet, wo sie seit Tausenden von Jahren kultiviert wird, und zwar in den Halbwüstengebieten, und wo man Hunderte von Sorten entwickelte. Das hat dazu geführt, daß die Jujubenfrüchte

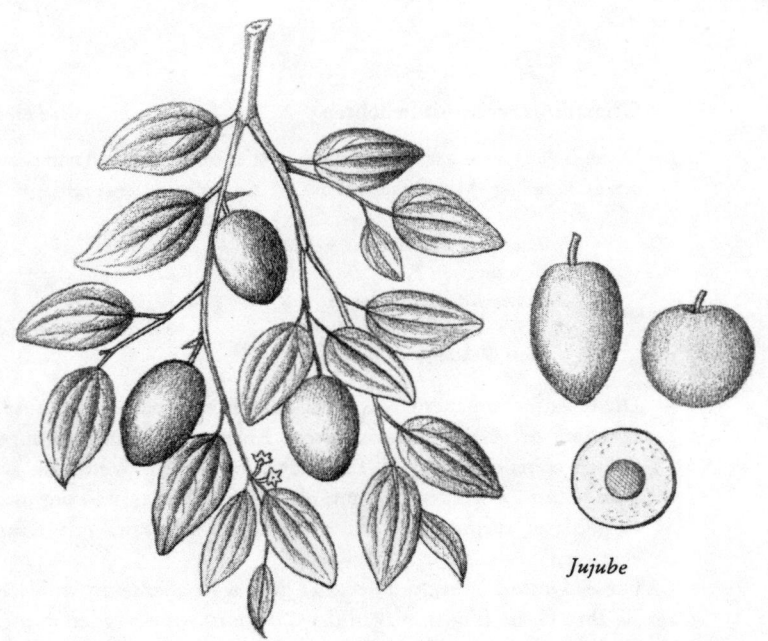

*Jujube*

dort viel größer geworden sind. Die europäischen Früchte haben die Größe einer kleinen Olive, die chinesischen werden eigroß. Dafür ist ihr Aroma weniger gut. In den USA wurden einige der besten Sorten eingeführt, wo sie 1935 in einer landwirtschaftlichen Versuchsstation wuchsen.

ERSCHEINUNGS-
FORM UND
VERWENDUNG

Der dornige Strauch oder Baum kann bis zu 9 m hoch werden und hat zarte hellgrüne Blätter, dazu rotbraune Früchte, mit denen die Zweige im Herbst geradezu überladen sind.

Die Frucht ist trocken und runzlig, wenn sie reif ist, und angenehm süß-sauer. In Südeuropa wird sie als Tafelfrucht auf den Tisch gebracht, im Winter getrocknet verzehrt. Sie soll ein gutes Brustmittel sein sowie in Form von Sirup und Tabletten gegen Halsschmerzen helfen.

In China genießt man sie auf die gleiche Weise, kandiert aber die meisten Jujuben mit Honig und Zucker. Sie sind zwar kleiner und heller, ähneln aber sonst den Datteln und werden daher auch chinesische Datteln genannt.

Die chinesischen Geschäfte in den USA führen die getrockneten oder kandierten Jujuben in großen Mengen. Sie sollen auch Nichtchinesen sehr gut schmecken. Auch auf Märkten in Malaysia sind sie zu finden.

In Indien wächst eine Unterart, die *Ziziphus mauritania* (Sanskritname: Badara), die der *Z. jujuba* ähnlich ist. Ich hatte Gelegenheit, diese Frucht zu probieren. Während ein Malaysier sie begeistert aß, war ich nicht beeindruckt.

Die indische Jujube ist 10 Meter hoch und hat einen dicken Stamm. Ihre Früchte sind grüngelb, später bräunlich, von der Größe einer besonders großen Zwetschge. Die Jujube ist aber nicht flach wie eine Pflaume, sondern rund und hat einen langen, im Durchmesser runden, oben und unten spitzen Kern. Ihr Geschmack ist ohne jede Säure, erinnert an eine Birne, hat aber nicht viel Aroma, außer einer leichten Süße. Das Fruchtfleisch ist knackig wie bei einer grünen Paprikaschote. Möglicherweise verliert sich diese Beschaffenheit bei fortschreitender Reife. Aus Jujuben wird Marmelade gekocht. *Z. jujuba* liefert Blätter für die Tasarseidenraupe.

# ROSACEAE *(Rosengewächse)*

Diese Familie enthält etwa zweitausend Arten, die über die ganze Erde verbreitet sind. Diese Arten sind aber, gemessen an allen Pflanzenfamilien, nur zu einem geringen Prozentsatz in der Gesamtvegetation vertreten.

Die erste Unterfamilie *Spiraeoideae* (Spierstrauchgewächse) enthält kein Obst. In der zweiten Unterfamilie, den *Rosoideae* (Rosenartigen Gewächsen), sind hingegen Hagebutte, Erdbeere, Brombeere und Himbeere vertreten.

## Die Rosen *(Rosae)*

stammen wahrscheinlich aus Persien. Sie wurden schon um 1400 v. Chr. von dem persischen Dichter Hafis in Schiraz gerühmt und sind seit dreitausend Jahren ein beliebtes Zuchtobjekt. Was sie für Gärtner besonders verführerisch macht, ist außer ihrer Schönheit ihre Fähigkeit, neue Varianten zu bilden. So ist ein Botaniker der Meinung, es gäbe 30 Arten, ein anderer spricht von 4266 Arten allein in Asien und Europa.

Aus den Blütenblättern stellt man seit der Antike Rosenwasser her. In Persien erfand man ein Verfahren, Rosenöl zu gewinnen. Seit dem 18. Jahrhundert ist Bulgarien in seiner Erzeugung führend. Rosenöl ist ein Grundstoff des Parfüms. Die *Heckenrose* ist im Verhältnis zu den Edelrosen unscheinbar. Ihre Frucht, die *Hagebutte,* ist eine Sammelfrucht mit vielen Samen, aus denen das – besonders in Süddeutschland beliebte – Hägen- oder Hiffenmark hergestellt wird, das entkerntes, fein zerkleinertes Fruchtfleisch ist.

HAGEBUTTE Mit dem Hagebuttenmark lassen sich Fruchtsoßen, Cremes, Kekse und Marmelade herstellen. Aus Hagebutten kann man außerdem Likör, Wein und Tee gewinnen.

Die Hagebutte ist außerordentlich Vitamin-C-reich. Großfrüchtige Gartensorten können von 800 mg bis 2900 mg auf 100 g rohes Fruchtfleisch aufweisen. Außerdem enthält sie noch Tannin (oder Gerbstoff), die Vitamine A, $B_1$, $B_2$, E oder P = 560/680 mg, D und K. Sie hat auch heilkräftige Wirkung: Hagebuttentee verwendet die Volksheilkunde bei Blasen- und Nierenleiden, zur Blutreinigung, bei Erkältungen und Krankheitsgefühl. Er ist harntreibend und steinlösend. Hagebuttenmarmelade ist besonders köstlich. Wenn sie gut ist, ist sie noch ein wenig flüssig. Rosenwasser wird im Orient seit alten Zeiten zur Herstellung beliebter Nachspeisen, z. B. Balouza, verwendet.

---

## REZEPTE

---

### Rosenmarmelade *(Ägypten)*

| | |
|---|---|
| 500 g frische Rosenblätter, möglichst rote | 500 g Zucker |
| | evtl. 2–3 EL Rosenwasser |
| Saft von 2 Zitronen oder mehr | |

Rosenwasser gibt es in deutschen Apotheken zu kaufen. Die Rosenblätter sollen nach dem Kochen fast auf der Zunge zergehen. Einige Sorten haben zähere Blätter als andere, man muß daher durch Ausprobieren die richtigen Rosen finden. Salcia Landmann schreibt, man dürfe für diese Marmelade nur Hundsrosen verwenden. Ich habe diese Marmelade einmal mit ausfallenden Blüten aus unserem Garten

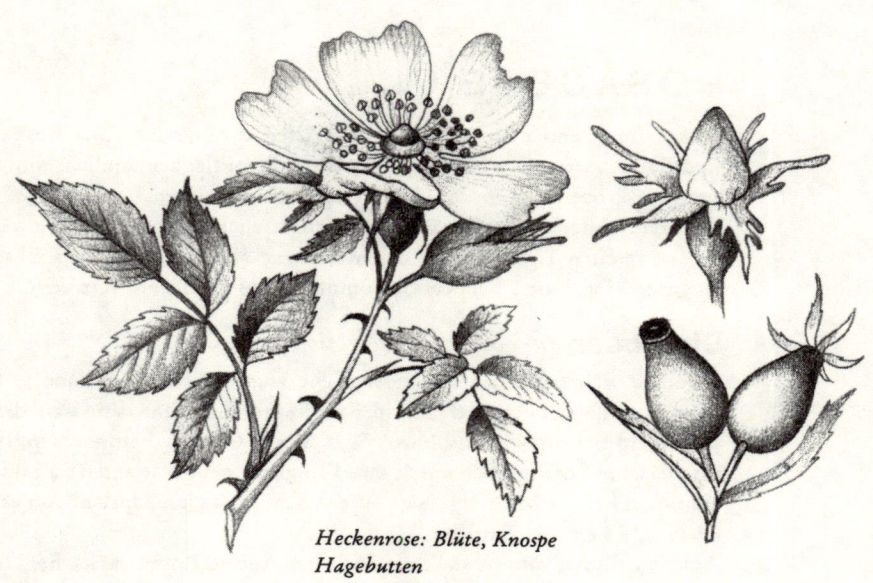

*Heckenrose: Blüte, Knospe*
*Hagebutten*

gekocht. Sie war, besonders durch den vielen Zitronensaft, sehr apart und wohlschmeckend. Mit frischen Blättern ist sie sicher noch viel besser. Es müssen
chemisch unbehandelte Rosenblätter sein, weder mit einem Insektizid noch mit
einem Fungizid besprüht.

*Zubereitung:*
Die weißen Enden der Blütenblätter abschneiden, die Blätter waschen und
abtropfen lassen. In einen halben Liter Wasser schütten, Zitronensaft und
Zucker zugeben und zehn Minuten kochen lassen, bis die Marmelade dickflüssig
wird. In Gläser füllen und verschließen.

### Rosenwassersirup *(Libanon)*

Rosenwasser ist im Mittleren Osten ein beliebtes Würzmittel für viele Nachspeisen und Getränke. Das folgende Rezept kann, mit Wasser verdünnt, als Getränk
oder als Soße über Eis gegossen, verwendet werden. (Ich habe es nicht ausprobiert.)

*2½ Tassen Wasser*        *1 EL Zitronensaft*
*1½ Tassen Zucker*        *(mehr wäre sicher besser)*
*½ Tasse Rosenwasser*

Im Libanon färbt man den Sirup noch mit ½ EL rotem Farbstoff. Vom
arabischen Raum über Indien, Thailand (ein blaugefärbter Nachtisch ist dort
beliebt) bis in die USA schätzt man künstlich gefärbte Speisen, trotz aller
nachteiligen Wirkungen, besonders auf Kinder.

*Zubereitung:*
Zucker und Wasser aufkochen. Rosenwasser und Zitronensaft zugeben und drei
Minuten kochen lassen. Heiß in Flaschen füllen und verschließen.

Während für Rosenmarmelade die unterschiedlichsten Rosensorten verwendet
werden können, eignen sich zur Herstellung von Hagebuttenmark nur ganz
bestimmte Rosenarten:

*Rosa canina*, Hundsrose, Wildrose. Eine Firma, die Hagebuttenmarmelade herstellt, verarbeitet nur diese Art, da sie geschmacklich die beste sei.
*Rosa moyesii,*
*Rosa rubiginosa*, Schottische Zaunrose, Apfelrose. Diese Art soll besonders für Rosenmarmelade geeignet sein.
*Rosa rugosa*, Kartoffelrose, große runde Hagebutten.
*Rosa sweginzowii macrocarpa,*
*Rosa villosa pomifera,*
*Rosa haematodes*, Uralrose, besonders Vitamin-C-reich.
Die genannten Pflanzen blühen alle einfach – wie Heckenrosen –, ungefüllt. Sie werden im Durchschnitt 2 m hoch.

### Hagebuttenmark

Nach den Anweisungen der Kochbuchautorin Kiehnle muß man zur Herstellung des Muses 2 kg reife Hagebutten halbieren und die Kerne herausschaben. Die Beerenhälften mehrmals waschen, mit Weißwein oder Wasser gut anfeuchten und 3–4 Tage zugedeckt in einem irdenen oder Porzellangefäß in den Keller stellen. Die aufgeweichten Fruchtschalen sind dann durch ein feines Sieb zu drücken. (Sicher wäre es günstig, die Masse zuvor noch mit dem Mixstab zu pürieren.) Auf 500 g Mark rechnet man 500 g Zucker, der zuvor mit einer Tasse Wasser etwas einkochen muß. Dann gibt man das Mus zu und läßt die Mischung unter Rühren so heiß werden, daß sie *fast* kocht. (Durch das Kochen geht die kräftige rote Farbe verloren.) Die Marmelade muß dann so lange gerührt werden, bis sie kalt ist. (Das kann eine Küchenmaschine auf der langsamsten Stufe allein besorgen.) Danach das Mark in Gläser füllen und zubinden.
Industriell hergestellt, sind zwei Produkte in Gießen im Handel: ein dünnflüssiges aus dem Rhein-Main-Gebiet mit vorzüglichem Aroma und sicherlich hohem Vitamin-C-Gehalt und eine so feste Marmelade, daß man sie schneiden kann. Diese ist sicherlich nach der zweiten Methode zubereitet, die sich in anderen Kochbüchern findet:
Die halbierten, entkernten Früchte werden zwanzig Minuten, nach einer Buchautorin sogar zwei Stunden, gekocht, püriert und mit Zucker oder Gelierzucker haltbar gemacht. Ob nach dieser Methode das Vitamin C noch vorhanden ist? Die dünnflüssige Konfitüre schmeckt weit besser.
Das Hagebuttenmark kann mit geriebenem Ingwer, Zimt, abgeriebener Zitronenschale, Orangensaft oder Whisky gewürzt werden.
Ich habe **Hagebuttensoße** ausprobiert: Nimmt man dazu viel Weißwein, so ist von den Hagebutten nichts mehr zu schmecken. Nimmt man wenig Wein, so ist die Soße sehr süß. (Ich habe sie mit Marmelade zubereitet.) Zu Eis ist sie überhaupt kein Kontrast, zu Pfannkuchen nicht aromatisch genug. Aus frischen Hagebutten gekocht, wie Henriette Davidis es vorschreibt, sind Soße und Suppe sicher gut. Creme stelle ich mir auch nicht gut vor. Sehr wohlschmeckende **Haferflockenmakronen** lassen das Hagebuttenaroma ebenfalls total vermissen. Ein **Hagebuttenmilchmixgetränk** hat mir nicht besonders gemundet. Vorzüglich ist **Hagebuttentee:**
Um Tee zubereiten zu können, empfiehlt es sich, im Juli/August kleine Hagebutten zu sammeln und zu trocknen. Sie werden (1 EL Trockenfrüchte auf 1 l Wasser) 10 Minuten gekocht und dann durch ein Sieb abgegossen.

In Schwaben bereitet man **Kernlestee,** einen wohlschmeckenden Tee, der bei der Marmeladenbereitung abfällt: die Kerne trocknen.
*Zubereitung:*
2 EL Hagebuttenkerne mit einem Liter Wasser kalt aufsetzen und 1–2 Stunden kochen lassen. Absieben, mit Zucker, eventuell etwas Zitronensaft, trinken.

## Erdbeere *(Fragaria)*

Engl.: Strawberry, Franz.: Fraise, Span.: Fresa, Portug.: Morangos, Ital.: Fragola. *Fragro* heißt lateinisch duftend.
Die Erdbeere ist ein mehrjähriges Kraut, von dem es, über die ganze Erde verstreut, viele Arten gibt.

EUROPÄISCHE
ARTEN

In Europa gibt es drei Arten, eine davon ist die *Walderdbeere (F. vesca),* die schon Vergil beschreibt. Aus einer anderen Wildart, *Fragaria moschata,* gewann man durch Kreuzung mit der Walderdbeere die sich durch Samen vermehrende *Monatserdbeere.* Sie trägt vom Mai bis zum Frostbeginn kleine aromatische Früchte mit Walderdbeeraroma, die sich nur zum Rohessen eignen.
Eine alte Sorte ist *Rügen,* die auch heute noch beliebt ist. Da sie keine Ranken bildet, wird sie als Einfassungspflanze verwendet.
Eine neue Sorte ist die durch Chromosomenveränderung entstandene großfruchtige *Vescana.* Man mäht sie nach der Ernte einfach ab.

AMERIKANISCHE
ARTEN

1624 kam die nordamerikanische *Scharlacherdbeere (F. virginiana)* nach Frankreich, wenig später nach England. Seit dieser Zeit werden Erdbeeren gezüchtet. Sie waren aber nicht sehr anpassungsfähig.

18. JAHR-
HUNDERT

1714 brachte der französische Offizier Frezier fünf Pflanzen der großfrüchtigen *Chileerdbeere (F. chiloensis)* nach Frankreich. Alle waren weiblich und trugen nur kleine Früchte, keine großen wie in Chile.
Viele Jahre später kreuzte ein bretonischer Gärtner Chile- und Scharlacherdbeere. Es entwickelte sich daraus ein regelrechter Erwerbsanbau um die Mitte des 18. Jahrhunderts. Der französische Gärtner Duchesne hat 1776 diese Beeren durch gezielte Kreuzungen sehr verbessert, er schuf die *Ananaserdbeere.*

MERKMALE DER
AMERIKANISCHEN
WILDARTEN

| | Fragaria virginiana | Fragaria chiloensis |
|---|---|---|
| Heimat | Virginia bis Kanada | Chile bis Kalifornien |
| Blatt | hellgrün, dünn | dunkelgrün, dick |
| Ausläuferbildung | stark | gering |
| Winterfestigkeit | gut | schlecht |
| Trockenresistenz | schlecht | gut |
| Frucht – Größe | klein | groß |
| – Form | rundlich | kegelförmig |
| – Farbe | scharlachrot | gelblich-rosa |
| – Geschmack | sehr gut, saftig, süß | weniger gut, sehr würzig |
| – Fleisch | rosa, ohne Fruchthöhle | weiß, mit Fruchthöhle |
| – Nüßchen | klein, tief eingesenkt rot bis blaßgelb | groß, aufliegend bräunlich |

Die *Ananaserdbeere* ähnelt in ihren regelmäßigen Blüten der Virginiana.

In Blüten- und Fruchtgröße, in der pyramidalen Fruchtform, in der blaßroten Farbe, in den braunen Nüßchen, die in weiten Abständen auf der Beere verteilt sind, im wässrigen, aber festen Fleisch, in der großen Fruchthöhle beweist die Ananaserdbeere ihre Abstammung von der Chileerdbeere. Sie erhielt ihren Namen wegen ihres ananasähnlichen Duftes.

Seitdem diese Frucht gezüchtet wurde, sind Tausende von Kultursorten entstanden, die sehr unterschiedlich sind, aber immer wieder mehr der einen oder anderen amerikanischen Wildart gleichen oder die Vorzüge beider in gesteigerter Form vereinen.

Die Erdbeere hat bis zum heutigen Tag nicht an Attraktivität verloren. Der deutsche Markt könnte, nach Schätzung von Experten, 30 % mehr aufnehmen.

19. JAHR-HUNDERT
Wirklich gute Sorten entstanden erst durch die englischen Züchter. Der Erdbeeranbau in der ganzen Welt beruht auf *Keens Imperial* (1806), *Keens Seedling* (1819) und auf *Knights Downtown* (1817).

Eine deutsche Erdbeerzucht gibt es erst seit dem Ende des 19. Jahrhunderts. Bis dahin herrschten Sorten aus England, Frankreich und USA bei uns vor.

20. JAHR-HUNDERT
Die 1898 aus dem Kaiser Sämling und der englischen Laxton's Noble gekreuzte Sorte *Sieger* war die erste ertragreiche deutsche Sorte. Sie wurde bis 1961 gehandelt, ist aber heute völlig überholt.

Von 1902 an war 50 Jahre lang die edel schmeckende, aber zur Entartung neigende *Deutsch-Evern*, eine Kreuzung aus deutschen und englischen Sorten, die wichtigste Frühsorte auf dem Kontinent. Beide wurden von Böttner geschaffen, der mit Soltwedel, Lüneburg, zusammenarbeitete.

Ein anderer bedeutender Züchter war Schindler. Seine Spätsorte *Mieze Schindler* (Johannes Müller gekreuzt mit der englischen Lucida Perfekta, 1933) trug besonders aromatische Früchte, die inzwischen, im Zeitalter der *Gorella*, eine neue Renaissance erlebt. Sie wurde von dem Züchter Petzold durch Auslese weiterentwickelt und wird wieder angeboten. Die Frucht ist allerdings weich, die Pflanze sehr krankheitsanfällig und liefert nur kleine Erträge.

1942 begann eine neue Erdbeerära in Deutschland, denn Prof. von Sengbusch begann, auf Drängen der Tiefkühlindustrie, nach einer fruchtfesten, farbtreuen, ertragreichen Sorte zu suchen, was 1954 mit der mittelfrühen aromatischen *Senga Sengana* (Kreuzung der amerikanischen Markee und Sieger) glückte.

Senga Sengana setzte einen neuen Standard in der ganzen Welt, was Ertrag und Anpassungsfähigkeit betrifft. Auch beim Einfrieren behält sie ihre schöne rote Farbe, so daß noch 1981 die Erdbeerfelder zum Selbstpflücken, die Tiefkühlware, ein Teil des Frischmarktangebotes sowie die Pflanzkataloge Senga Sengana enthalten.

In den Jahren nach dem Zweiten Weltkrieg verbreitete sich die Vitamin-C-reiche *Georg Soltwedel*, 1942, die aus den deutschen Sorten Rotkäppchen und Hansa hervorgegangen war und eine der gelungensten Züchtungen ist – ertragreich, anspruchslos und frosthart. Leider wird sie beim Einfrieren blaß.

1952 gelang dem Züchter Thiele die besonders aromatische *Direktor Paul Wallbaum* (aus Mieze Schindler und Georg Soltwedel), eine Liebhabersorte für Feinschmecker.

1960 schuf Etscheid aus amerikanischen Sorten *Lihama*.

1962 entstand *Macherauchs Marieva*, ein Abkömmling der Georg Soltwedel. Die kleine, hocharomatische, frühe Beere, die sich gut zum Frischverzehr und zum Einfrieren eignete, wird nicht mehr gezüchtet.

*Peltata*, eine Kreuzung aus Wallbaum und Senga 188, hat in einer Gießener Versuchspflanzung ein vorzügliches Aroma. Sie ist eine mittelspäte Sorte, gut geeignet zum Frischverzehr und zum Einfrieren. Eine andere wichtige Erdbeere war die Frühsorte *Regina*, die 1952 (von Deutsch-Evern abstammend) entstand. 1956 züchtete Reid in Schottland die späte, festfleischige, sehr ertragreiche, großfrüchtige *Redgauntlet*.

1960 gelang in Wageningen/Holland eine neue Sorte mit ähnlichen Eigenschaften: die mittelfrühe *Gorella*.

Da die deutschen Erdbeeranbauer in einem harten Konkurrenzkampf mit dem vom Klima begünstigten Italien stehen – der Handel bevorzugt die billigeren italienischen Früchte –, bekommt der Verbraucher kaum mehr etwas anderes als Gorella und Redgauntlet, was ja nicht schlimm wäre, wenn sie gut schmeckten – aber das tun sie eben nicht: sie sind fade.

Für die schottischen und niederländischen Sorten müssen die deutschen Erwerbsanbauer Lizenzgebühren bezahlen. Diese dominieren im Erwerbsanbau, da das Obstzuchtinstitut in Wageningen vom Staat finanziert wird. Langjährige Zuchtprogramme, wie sie die Resistenzzüchtung erfordern, übersteigen die finanziellen Möglichkeiten der deutschen Privatzüchter, was sehr bedauerlich ist, da die deutschen Erdbeeren oft sehr aromatisch sind.

Inzwischen ist eine neue – vorwiegend holländische – Erdbeergeneration auf dem Markt. Sie ist zum Teil aus Kreuzungen zwischen Gorella und Wallbaum entstanden, wie die deutsche *Neride* (1979) und die holländische *Kiroma* (1979). Beide haben mir bei einer Erdbeerprobe im Rheinland gut geschmeckt.

Die neuen niederländischen Sorten *Korona* (1978), *Elvira* (1977), *Bogota* (1978), *Tenira* (1973) und *Confitura* (1970) sind eine Verbesserung gegenüber Gorella und Redgauntlet. Eine andere Entwicklung ist in Kalifornien mit festfleischigen, lange haltbaren Sorten zu verzeichnen. In Gießen mochte ich gerne die deutschen Sorten *Lihama*, *Gourmella* von Sengbusch, *Futura* (Siletz gekreuzt mit Münchner Kindl), *Frikonsa* (von Deutsch-Evern) und *Famosa* – alles deutsche Sorten.

Für die Zukunft bleibt zu hoffen, daß vor lauter Großfrüchtigkeit, die nach meiner Ansicht vor allem durch Flüssigkeit zustandekommt, nicht das Aroma total »verwässert« wird. Das wäre, gemessen an dem Geschmack der alten, kleinfrüchtigen Sorten, ein großer Rückschritt.

REMONTIERENDE SORTEN

80 % der Erdbeerpflanzen kaufen deutsche Kleingärtner, die oft remontierende Sorten bevorzugen, d. h. Erdbeeren, die bis Frostbeginn tragen.

Es ist vielleicht noch interessant, daß es jetzt Erdbeeren gibt, die klettern. Es sind mehrmals tragende Pflanzen mit langen Ausläufern, die man hochbinden muß. Sie können eine ganze Wand bedecken. Es gibt auch Hängeerdbeeren zu kaufen, die, im Balkonkasten gepflanzt, den Nachbarn unten gleich mitversorgen. Die »Erdbeerwiese« wird ebenfalls angeboten. Die stark rankenden Pflanzen werden nach der Ernte wie eine Wiese abgemäht (Sorte *Vescana*).

VERWENDUNG

Die Erdbeersaison reicht von Mai bis Juli, bei zweimal tragenden Sorten bis Frostbeginn. Erdbeeren werden vor allem frisch verzehrt. Sie sind ideal zum

Mischen mit Milchprodukten. Keine andere Frucht würzt Sahne (Cremespeisen, Eis), Joghurt und Quark so ausdrucksvoll wie die Erdbeeren. Dazu kann man besonders gut eingefrorene Früchte verwenden.

Erdbeermilch ist ebenfalls vorzüglich, doch hat unsere aromatische Frucht hier reichlich Konkurrenz in Banane, Cherimoya, den verschiedenen Sapoten, Curuba, Naranjilla und anderen, die alle, mit Milch gemischt, wohlschmeckende Getränke ergeben.

VERBREITUNG Erdbeeren gedeihen auf der ganzen Welt, ob in Afrika, Asien, Australien oder Neuseeland. In den Tropen benötigen sie allerdings kühlere Hochlagen.

In dem uns näheren Bereich finden sie sich von Israel (Israel exportiert im Februar/März eine große Sorte *Alisso* und eine kleinere Sorte *Fresno*, beide festfleischig) über Südeuropa, die Alpenregion, wo sie bis 1000 m Höhe gedeihen, bis Schottland, Schweden und in die Sowjetunion. Italien ist der leistungsfähigste europäische Produzent für frische Erdbeeren.

NEUPFLANZUNG Die Erdbeerbeete sollten alle 3 bis 4 Jahre erneuert werden. Manche Sorten tragen schon im zweiten Jahr deutlich kleinere Früchte (Marieva, Senga Sengana).

GESUNDHEITLICHER WERT Erdbeeren sind sehr gesund! Die Nieren- und Verdauungstätigkeit wird angeregt, sie heilen Blutarmut durch ihren Eisengehalt sowie Gicht und Tbc. Ihr Vitamin-C-Gehalt ist sehr hoch.

Außer Vitamin C enthalten die Erdbeeren auch die Vitamine A, $B_1$ und $B_2$ sowie 0,15 g Tannin auf 100 g Fruchtfleisch. Manche Menschen reagieren leider mit Allergien auf diese wunderbare Frucht, die nach Dassler durch den Stoff Fragarianum hervorgerufen werden. Das sei eine Störung der Magennerven, die sich vermeiden läßt, wenn man die Erdbeeren durch ein Sieb streicht und etwas Kalzium zugibt.

## REZEPTE

Sämtliche Rezepte meiner Sammlung, in denen Erdbeeren in Salaten oder Vorspeisen mit grünen Paprika, Langusten, Spargel, Käse oder Schinken kombiniert werden, haben mir nicht geschmeckt. Was ich vertretbar finde, sind:

VORSPEISE **Gefüllte Avocados**

*Pro Person:*

| | |
|---|---|
| ½ Avocado | 1 Prise Salz |
| 2 EL kleine | 1 TL Essig |
| Gartenerdbeeren | 2 TL Öl |
| 1 kräftige Prise schwarzer Pfeffer | 1 TL Weinbrand |

Die Erdbeeren waschen, den Kelch entfernen, mit Pfeffer und Salz bestreuen, mit Essig, Öl und Weinbrand begießen. Eine Stunde im Kühlschrank durchziehen lassen. Einige Minuten vor dem Auftragen die Avocado halbieren, den Kern entfernen, in die Höhlung die Erdbeeren geben, die Flüssigkeit über die Beeren gießen. Mit Pfeffer aus der Pfeffermühle überpudern.

**Erdbeermilch** *Zubereitung 5 Minuten*

> *250 g Erdbeeren*      *½ l Milch*
> *1–2 gehäufte EL Zucker*

Ein schnell zubereitetes, sehr wohlschmeckendes Getränk.
Die Erdbeeren waschen, von den Blättern befreien und im Mixer pürieren.
Zucker und Milch zugeben, nochmals den Mixer einschalten, bis die Erdbeer-
milch eine glatte Flüssigkeit bildet. Kalt auftragen.

## Erdbeersaft

Die Erdbeeren entweder in den Dampfentsafter geben (auf 5 kg Beeren
100–200 g Einmachzucker rechnen) oder den Saft *ungekocht* zubereiten: 1½ kg
Erdbeeren waschen, die Blätter entfernen, die Beeren grob zerdrücken. 1½ l
heißes Wasser zum Kochen bringen, 15 g Zitronensäure oder 40 g Weinstein-
säure darin auflösen und die Erdbeeren damit übergießen. Nach 24 Stunden den
Saft durch ein Sieb abgießen und 2½ kg Zucker damit verrühren, bis der Zucker
gelöst ist. Den Saft in weite Gläser füllen und gären lassen. Die Gläser mit einem
Tuch zubinden. Nach einigen Wochen durch einen Filter laufen lassen, in
Flaschen füllen, verkorken und versiegeln.
Für *gekochten* Saft die Erdbeeren pürieren und durch ein Tuch ablaufen lassen.
Auf 1 l Saft 200 g Zucker rechnen. Saft und Zucker aufkochen lassen und heiß in
Flaschen füllen, die sofort verschlossen werden.

## Erdbeersaft mit Rhabarbersaft gemischt

Sehr gut ist die Mischung: 90 % Rhabarbersaft und 10 % Erdbeersaft. Für
meinen Geschmack ergänzen sich Rhabarber und Erdbeeren ausgezeichnet.
Keine Kombination mit anderem Obst ist so gut, außer Zitronensaft, aber der
paßt zu allem.
Auf die Zubereitung von Erdbeerwein und Likör möchte ich hier nicht eingehen.

## Erdbeerbowle

Für Bowle sind besonders Walderdbeeren zu empfehlen, natürlich kann man
auch aromatische Gartenerdbeeren verwenden.

> *500 g Wald- oder Gartenerdbeeren*      *3 Flaschen Rhein- oder Moselwein*
> *150 g Zucker*      *oder 2 Flaschen Wein und*
> *1 Flasche Sekt oder Mineralwasser*

Die Beeren verlesen, einzuckern und einige Stunden stehenlassen. Kurz vor dem
Auftragen den gekühlten Wein darübergießen.

**Erdbeer-Rhabarber-Kaltschale** *Zubereitung insgesamt 30 Minuten*

> *750–1000 g Rhabarber*      *½ Zitronenschale im Ring*
> *1½ Tassen Wasser*      *2½ EL Mondamin*
> *wenigstens 125 g Zucker*      *250 g pürierte Erdbeeren*

Den Rhabarber waschen, in kleine Stücke schneiden, sich lösende Fäden abziehen. Mit dem Wasser, Zucker und der Zitronenschale zum Kochen aufsetzen

und so lange kochen, bis der Rhabarber weich ist. Mondamin mit 4 EL Wasser anrühren, zu dem Rhabarber geben und nochmals aufkochen lassen. Vom Herd nehmen, die Zitronenschale entfernen. Die pürierten Erdbeeren zugeben, gut verrühren, abkühlen lassen. Vor dem Auftragen evtl. nachzuckern.

### Erdbeeren in Milch

750 g Erdbeeren                         ¼ l Milch
4 EL Zucker

Erdbeeren waschen, Kelche entfernen, halbieren, einzuckern. Einige Stunden im Kühlschrank ziehen lassen. Vor dem Auftragen mit Milch begießen.

### Erdbeeren mit Schlagsahne

500 g Erdbeeren                         200 g Schlagsahne, mit
2 gehäufte EL Zucker                    2 EL Zucker gesüßt

Die Erdbeeren vorbereiten und einzuckern. Vor dem Auftragen mit je einem Häubchen geschlagener Sahne versehen.
*Variation:* Die Erdbeeren nicht nur einzuckern, sondern außerdem entweder mit 3 EL Zitronensaft oder Kirschwasser, Weinbrand oder Orangenlikör (Curaçao oder Grand Marnier) übergießen.

### Erdbeeren mit Rhabarbersahne                    *Zubereitung 30 Minuten*

500 g Erdbeeren                         2 EL Wasser
100 g Rhabarber                         evtl. 1 TL abgeriebene Zitronenschale
3 gehäufte EL Zucker                    200 g Schlagsahne

Die Erdbeeren waschen, Kelchblätter entfernen, große Früchte halbieren. Mit 2 gehäuften EL Zucker vermischen und ziehen lassen.
Den Rhabarber in Scheiben zerteilen, Blattreste, sich lösende Fäden und das untere Ende abschneiden. Mit Wasser, 1 EL Zucker und eventuell Zitronenschale zum Kochen bringen, in 2 bis 4 Minuten weichkochen. Sofort vom Feuer nehmen, pürieren und abkühlen lassen. Vor dem Auftragen die Sahne schlagen, unter den Rhabarber ziehen. Die Erdbeeren in eine Schüssel oder vier Schälchen geben, mit der Rhabarbersahne bedeckt zu Tisch bringen.

### Erdbeerquark                                     *Zubereitung 15 Minuten*

500 g Quark                             250 g pürierte Erdbeeren
evtl. ⅛ l Milch oder Sahne              evtl. 250 g halbierte Erdbeeren
100 g Zucker                            1–2 EL Zucker

Dies ist ein wohlschmeckender Familiennachtisch. Quark und 100 g Zucker mit dem Handrührgerät schlagen, nach Belieben Milch oder flüssige Sahne zugeben, was nicht unbedingt nötig ist, da das Erdbeerpüree flüssig genug ist. Das Püree gut mit dem Quark mischen. Man kann zusätzlich noch halbierte Erdbeeren zugeben: entweder gleich mit dem Quark vermengen oder die Erdbeerstücke mit 1–2 EL Zucker bestreuen und kurz vor dem Auftragen auf den Erdbeerquark legen. Den entstandenen Saft mit dem Quark zuvor verrühren.
*Variation:* dem Quark 2 EL Zitronensaft oder Vanillezucker zufügen oder beides.

## Joghurt mit Erdbeeren

| | |
|---|---|
| *1 kleiner oder großer Becher* | *3–5 EL pürierte Erdbeeren* |
| *Joghurt (150–250 g)* | *1 EL Zucker* |

Alle Zutaten gut vermischen.

## Melonen mit Erdbeeren gefüllt

Dieser Nachtisch ist nur gut mit süßen, aromatischen Melonen.

| | |
|---|---|
| *2 kleine Ogen-, Galia-, Charentais-* | *100 g Sahne* |
| *oder andere Melonen* | *250–350 g kleine* |
| *6–8 TL Zucker* | *Gartenerdbeeren* |
| *4 EL Weinbrand oder Cognac* | |

Die Melonen halbieren, die Kerne herausschaben. Mit einem Kugelausstecher oder Löffel das Melonenfleisch herausheben. Das mit dem Löffel herausgeschnittene Fleisch würfeln. Mit 4–6 TL Zucker und dem Weinbrand vermischen, einige Zeit stehenlassen. Die Erdbeeren waschen und von den Blättern befreien. Melonenstücke und Erdbeeren mischen, in die leeren Schalen füllen.

Die Sahne schlagen, mit 2 TL Zucker süßen. Die Melonenhälften mit Sahnerosetten verzieren.

Erdbeeren zu Pudding aufzutragen, halte ich nicht für sehr vorteilhaft. Am besten ist noch das folgende Rezept, obwohl ich andere Zubereitungsarten vorziehe:

## Erdbeeren auf Mandelcreme mit Orangensoße

Die Mandelcreme von Seite 93 zubereiten und auf vier Schälchen verteilen.

*Belag: 300 g Erdbeeren*

Die Erdbeeren waschen, putzen, große Früchte halbieren. Die Creme damit belegen. Den Nachtisch im Kühlschrank bis zum Servieren aufbewahren.

*Zubereitung 5 Minuten*

| | |
|---|---|
| *Orangensoße:* | *1 gestrichener EL Mondamin* |
| *¼ l Orangensaft* | *1 gehäufter EL Zucker* |

Mondamin mit so viel Saft verrühren, daß eine glatte Mischung entsteht. Den restlichen Saft mit dem Zucker zum Sieden bringen, Mondamin unter Schlagen zugeben und nochmals aufkochen lassen. Die Zutaten der Soße können schon vorher bereitgestellt werden, die Soße selbst ist in kürzester Zeit fertig. Sie muß heiß aufgetragen werden, da sie sonst zu fest wird.

## Erdbeeren auf Ananas- oder Orangeneis     *Zubereitung 10 Minuten*

| | |
|---|---|
| *8 gehäufte EL Ananaseis* | *2 EL Zucker* |
| *(Rezept Seite 63) oder* | *200 g Sahne* |
| *Orangeneis (Rezept Seite 350)* | *Erdbeeren zum Verzieren* |
| *100 g pürierte Erdbeeren* | |

Das Eis auf vier Schälchen verteilen. Die Schälchen in das Frosterfach des Kühlschrankes stellen. Inzwischen die Erdbeeren vorbereiten und pürieren. Die Sahne schlagen, mit dem Erdbeerpüree und Zucker vermischen.

Das Eis mit der Sahne bedecken, und je 1–2 halbierte Erdbeeren zur Verzierung in jede Sahnehaube hineinstecken.

*Variation:*

| | |
|---|---|
| *300 g Erdbeeren* | *Ananas- oder Orangeneis* |
| *2 EL Zucker* | *200 g Sahne,* |
| *2 EL Kirschwasser* | *mit 2 EL Zucker gesüßt* |

Zuerst die Erdbeeren waschen, Kelchblätter entfernen, die Erdbeeren mit Zukker bestreuen und mit Kirschwasser beträufeln. Einige Stunden ziehen lassen. Die Beeren abtropfen lassen, den aufgefangenen Saft auf dem Eis verteilen, mit 200 g Beeren bedecken, die restlichen 100 g pürieren und, mit der geschlagenen Sahne vermischt, über die Beeren geben.

Nach dem gleichen Prinzip läßt sich ein festlicher Nachtisch für 8–10 Personen zubereiten:

Am Tag vorher oder so lange im voraus, daß er gut auskühlen kann, in einer großen Keramikform einen Biskuitboden backen.

*Zubereitung 20 Minuten*

| | |
|---|---|
| *Teig:* | *100 g Mehl* |
| *3 Eier* | *Prise Salz* |
| *125 g Zucker* | *5 EL warme Milch* |
| *1 TL abgeriebene Zitronenschale* | *Pergament- oder Trennpapier,* |
| *1 EL Zitronensaft* | *für die Form passend* |

Zuerst den Backofen einschalten (210° C, Stufe 4), da der Teig wieder zusammenfallen kann, wenn er nicht sofort in die heiße Backröhre kommt. Eier, Zucker, Zitronenschale und -saft 5 Minuten in der Küchenmaschine rühren. Mehl und Salz darübersieben, die Milch zugießen. Alles gut mischen, auf das Papier in der Form geben, 12 Minuten (in meinem Ofen 30 Minuten) backen. Den Boden auf ein Kuchengitter stürzen und das Papier abziehen. Den abgekühlten Biskuitboden in die Keramikform zurücklegen.

*Zubereitung 25 Minuten (ohne Eis)*

| | |
|---|---|
| *Belag:* | *600 g Erdbeeren* |
| *400 g Ananas- oder* | *3 Eiweiß* |
| *Orangeneis* | *4 EL Zucker* |

Den Boden mit dem Eis bedecken, die Form in die Tiefkühltruhe stellen.

Die Erdbeeren waschen, putzen und abtropfen lassen, große Früchte halbieren. Ja nicht einzuckern, der Rest ist süß genug!

Vor dem Auftragen den Ofen auf Stufe 6 (250° C) stellen, die Erdbeeren auf dem Eis verteilen. Das Eiweiß steif schlagen, den Zucker zugeben. Das Eiweiß auf die Beeren streichen und – je nach Backofen – 5–15 Minuten zart bräunen lassen. Bei meinem Ofen waren nach 10 Minuten lediglich die Spitzen braun. Man kann auch bei Stufe 4 (210° C) den Nachtisch in 20 Minuten goldgelb werden lassen, dann ist das Eis aber geschmolzen, was kein Unglück ist, denn der vorzügliche Boden saugt es auf.

*(8–10 Personen)*

## Weingelee mit Erdbeeren und Ananas

*Zubereitung 25 Minuten*

| | |
|---|---|
| *1½ l Weißwein* | *1 Zitronenschale im Ring* |
| *20 g Agar-Agar oder* | *Saft von 2 Zitronen* |
| *20 Blatt Gelatine* | *etwas Öl* |
| *300 g Zucker* | |

Hierzu benötigt man unbedingt eine Keramikringform wie für einen Napfkuchen, die 2½ l faßt.

Das Agar-Agar in einen Topf geben, den Weißwein darübergießen. Zucker und
Zitronenschale zufügen und unter Rühren erhitzen, bis es beinahe kocht. Den
Zitronensaft zugeben. (Kochen zerstört die Gelierkraft nicht.) Die Keramikform
mit feinem Speiseöl auspinseln. ¼ der Weißweinlösung hineingießen, den Rest
warm stellen.

| | |
|---|---|
| *Einlage: 350 g* | *350 g kleine, ganze* |
| *Ananaswürfel aus der Dose* | *Erdbeeren* |

Nach 10 Minuten ist das Gelee schon spiegelglatt. Ananaswürfel und die
gewaschenen, verlesenen Erdbeeren mischen und in der Form verteilen. Den
restlichen Wein über die Früchte gießen und kalt stellen. Nach 3 Stunden kann
das Gelee gestürzt werden. Dazu vorsichtig mit einem Messer am inneren und
äußeren Rand der Form entlangfahren, damit es sich löst. Eventuell 3 Sekunden
in heißes Wasser halten.

| | |
|---|---|
| *Füllung:* | *4 EL Zucker* |
| *400 g Schlagsahne* | *einige Erdbeeren zur Verzierung* |

Die Sahne schlagen, den Zucker zugeben. Die Sahne in die innere Höhlung
geben und hoch über dem Geleering aufhäufen. Mit Erdbeeren verzieren.

*Variation:* Anstelle von 700 g Ananas und Erdbeeren nur 600 g verwenden und
dazu 100 g reife gelbe Kapstachelbeeren – das ist ganz vorzüglich.

### Erdbeercreme

| | |
|---|---|
| *500 g vorbereitete Erdbeeren* | *125 g Zucker* |
| *4 Blatt Gelatine, nach Wunsch* | *250 g Schlagsahne* |
| *halb rot, halb weiß oder nur weiß* | |

Die Erdbeeren pürieren. In einem Teil des dickflüssigen Erdbeersaftes die
Gelatine einweichen und den Zucker zugeben. Nach 10 Minuten erhitzen, bis
die Gelatine aufgelöst ist. Das restliche Püree zugeben, in den Kühlschrank
stellen. Nach einer Stunde die Sahne schlagen und unterziehen. Ein köstlicher,
nicht sehr fester Nachtisch.

### Erdbeereis                                   *Zubereitung 20 Minuten*

Da Erdbeeren so ausgezeichnet zu Sahne passen, kann man bei dem folgenden
Rezept, was die Sahne anbelangt, beinahe jedes Mischungsverhältnis wählen, das
Ergebnis ist garantiert gut. Ein Sahnerest kann so noch verwertet werden.

| *4 Portionen:* | *4–6 Portionen:* | *8–10 Portionen:* |
|---|---|---|
| *500 g Erdbeeren* | *500 g Erdbeeren* | *500 g Erdbeeren* |
| *100 g Zucker* | *125 g Zucker* | *150 g Zucker* |
| *65 g Sahne* | *250 g Sahne* | *500 g Sahne* |

Die pürierten Erdbeeren mit dem Zucker gut verrühren. Die geschlagene Sahne
unter das Fruchtmus ziehen und gefrieren lassen. Während des Gefrierens ab
und zu durchrühren.

*Variation:* dem Eis den Saft einer halben Zitrone und halben Orange zufügen.

Erdbeersorbet                                      *Zubereitung 15 Minuten*

Noch köstlicher und leichter als das Eis ist das Erdbeersorbet.

*250 g Erdbeeren*                    *1 Eiweiß*
*1 EL Zitronensaft*                  *100 g Sahne*
*70 g Zucker*

Die gewaschenen, vorbereiteten Erdbeeren pürieren. Zitronensaft und Zucker gut unterrühren. Das Eiweiß schlagen und zu dem Erdbeermus geben. Mit den an einem Gummispatel abgestreiften Schlägern im selben Gefäß die Sahne schlagen, auf den Eischnee geben, beides unterheben.
In ein Glas oder eine Plastikdose füllen und gefrieren lassen. Besonders aromatisch ist das Sorbet im halbgefrorenen Zustand.

Kuchen, bei denen die Erdbeeren mitgebacken werden, mag ich nicht sehr gerne. In einem Münchner Restaurant gibt es Erdbeeren in Bierteig mit Weinschaumsoße. Obwohl ich den idealen Ausbackteig – der haftet, ohne zu fest zu sein, aber auch nicht so dünn ist, daß er vom Backgut wieder abläuft – noch nicht gefunden habe, mag ich doch das folgende Rezept ganz gerne. Der Teig ist von den vielen, die ich probiert habe, der beste.

**Ausgebackene Erdbeeren mit Quittenschaum**    *Zubereitung 25 Minuten*

*300 g kleine Erdbeeren*             *4 EL Quittengelee*
*5½ gehäufte EL Mehl*                *Quittenschaum:*
*1 gestrichener EL Zucker*           *2 Eiweiß*
*1 Ei*
*4 EL Bier*
*¼ l Öl zum Ausbacken*

Zuerst die Erdbeeren mit den Blättern waschen und abtropfen lassen, später trocken tupfen, weil das anhaftende Wasser den Teig immer dünner werden läßt. Die Zutaten zum Teig verrühren. Die Erdbeeren entstielen. Das Öl in einem schmalen, flachen Topf sehr heiß werden lassen, so daß sich um einen Holzstiel, den man hineinhält, Bläschen bilden. Die Erdbeeren mit einem Schaumlöffel in den Teig tauchen, kurz über dem Teig abtropfen lassen, im Öl ausbacken, einmal wenden. Sie können auch einzeln mit einer Gabel eingetaucht werden, das dauert länger, wird aber besser. Die Hitze so regulieren, daß der Teig nicht verbrennt.
Die gebackenen Beeren auf einem Sieb abtropfen lassen, später auf vier Nachtischschälchen verteilen. Da sie bei mir nicht so völlig von Teig umgeben sind, wie sie sein sollten, sieht das Gericht schöner aus mit dem folgenden, delikaten, gut dazu passenden Quittenschaum:
Das Eiweiß steif schlagen, das Gelee hinzufügen und so lange weiterschlagen, bis es gut mit dem Eiweiß vermischt ist. Die Erdbeeren mit je einem Häubchen bedecken und gleich auftragen.

Erdbeeren auf einem Tortenboden mit rotem Tortenguß und dazu Schlagsahne ist in Deutschland ein Standardkuchen. Ich habe als kleine Variation einen Mandelmürbteig mit Marzipan probiert, fand das folgende Rezept aber besser:

## Erdbeeren auf Orangenmarzipan

*Zubereitung ohne Teig 30 Minunten*

Einen Mürbteigboden zubereiten und backen (Rezept im Anhang). Den abge-kühlten Teig mit *Orangencreme* bestreichen:

| | |
|---|---|
| *200 g Rohmarzipan* | *3 EL abgeriebene Orangenschale* |
| *2 EL Orangensaft* | *2 gehäufte EL Puderzucker* |

Mit dem Handrührgerät das Marzipan samt allen Zutaten schaumig rühren.

*Belag:*

| | |
|---|---|
| *500–750 g kleine Erdbeeren* | *1–2 EL Johannisbeergelee* |

Die Erdbeeren waschen, gut abtropfen lassen, eventuell trocken tupfen, die Kelchblättchen entfernen. Die Orangencreme dicht mit den Erdbeeren belegen. Das Johannisbeergelee in einem kleinen Pfännchen erhitzen, bis es eine glatte Flüssigkeit geworden ist. Die Erdbeeren mit einem in das Gelee getauchten Pinsel überglänzen. Hierzu keine Sahne auftragen, es ist kalorienreich genug!
*Variation:* Wenn keine Zeit ist, einen Mürbteigboden zu backen, fertige Mürb-teigtörtchen verwenden. Eine Abwandlung unseres Standardkuchens ist ein

## Erdbeerkuchen mit Quark

*Zubereitung ohne Boden 45 Minuten*

| | |
|---|---|
| *1 Mürbteigboden (Zubereitung* | *Saft und Schale einer Zitrone* |
| *im Anhang)* | *12 Blatt Gelatine* |
| *500 g Erdbeeren* | *4 EL Wasser* |
| *2 Eigelb* | *2 Eiweiß* |
| *150 g Zucker* | *250 g Sahne* |
| *1 Päckchen Vanillinzucker* | *evtl. 12–16 Erdbeeren* |
| *500 g Magerquark* | *zum Verzieren* |

Den in einer Springform gebackenen Mürbteigboden mit den vorbereiteten Erd-beeren belegen. (Den Springformrand nicht entfernen.) Die Gelatine einweichen. Eigelb mit Zucker und Vanillinzucker schaumig rühren, Quark, Zitronenschale und -saft zugeben. Die Gelatine in einem kleinen Topf mit dem Wasser erhitzen und vollständig auflösen. Sofort unter Schlagen auf dem Quark verteilen und mit der Creme vermischen. Eiweiß steif schlagen, danach die Sahne, beides unter den Quark ziehen. Die Quarkmasse auf die Beeren streichen und im Kühlschrank fest werden lassen. Eventuell 12–16 Stücke auf dem Kuchen vorzeichnen (den Kuchen erst vierteln, jedes Viertel in 3 oder 4 Stücke teilen). Jedes Stück am Ende mit einer Erdbeere verzieren.
1. *Variation:* Viel besser als nur mit Erdbeeren schmeckt dieser Kuchen halb mit Erdbeeren und halb mit Kapstachelbeeren; in Deutschland geerntete Kapstachel-beeren sind wunderbar aromatisch, viel aromatischer als die manchmal noch grünen, die es gelegentlich im Handel gibt.
2. *Variation:* Dem Quark Naranjillapüree hinzufügen (das ist etwas für Deutsche in Südamerika).

## Eclairs mit Erdbeersahne

*Zubereitung 55 Minuten*

*Teig:*

| | |
|---|---|
| *¼ l Milch* | *1 EL Zucker* |
| *110 g Mehl* | *4 Eier* |
| *70 g Butter* | *1 Prise Salz* |

Füllung:

Füllung:
150 g Sahne
1 Päckchen Sahnesteifmittel
2 EL Zucker

150 g pürierte Erdbeeren
Zum Übersieben: Puderzucker
oder 2 gehäufte EL Puderzucker
und 1 TL Erdbeerpüree

Die Milch zum Kochen bringen, das Mehl unter kräftigem Rühren zugeben, so daß sich eine weiche Masse und keine Klumpen bilden. Während dieser Prozedur den Topf auf dem Feuer lassen. Dann vom Herd nehmen und der Reihe nach unter weiterem Rühren alle Zutaten hinzufügen. Ein Backblech ausfetten und mit Mehl bestäuben, fingerlange Streifen auf das Blech spritzen und bei Stufe 3 (190° C) hellgelb backen. Die Ofentür dabei nicht öffnen. Die abgekühlten Eclairs der Länge nach aufschneiden. Die Sahne schlagen, mit Zucker und Sahnesteifmittel weiterschlagen, am Ende die pürierten Erdbeeren hineingeben, auf Wunsch 1 TL Püree für den Guß zurückbehalten. Die Eclairs mit der Erdbeersahne füllen. Das Gebäck entweder mit Puderzucker übersieben oder Puderzucker mit 1 TL Püree verrühren und die Eclairs damit bepinseln.

## Biskuitrolle                                                    Zubereitung 45 Minuten

4 EL Wasser
1 EL Zitronensaft
5 mittelgroße Eier
150 g feiner Zucker

Kernchen einer Vanilleschote oder
abgeriebene Schale einer Zitrone
50 g Stärkemehl
125 g Mehl
1 Prise Salz

Das Backblech ausfetten und mit Pergamentpapier belegen. Den Ofen bei Stufe 4 (210° C) vorheizen. Wasser, Zitronensaft, Eier, Zucker und Gewürze 7 Minuten in einer Küchenmaschine rühren lassen. Stärkemehl und Mehl darübersieben, mit den übrigen Zutaten schnell verrühren, sofort auf dem Blech verstreichen und in den Ofen schieben. Nach 12 Minuten (bei mir nach 25 Minuten), wenn sich der Teig an einer Ecke vom Papier abheben läßt, den Teig herausnehmen und auf ein mit Zucker bestreutes Küchentuch stürzen. Das Papier schnell abziehen und den Teig längs zusammenrollen.

Füllung:
6 Blatt Gelatine
250 g Sahne
2 EL Zucker

4 EL Wasser
300 g frische Erdbeeren
Puderzucker zum Bestäuben

Die Gelatine in Wasser einweichen. Die Sahne schlagen, den Zucker zugeben. Die Gelatine ausdrücken und mit den 4 EL Wasser erhitzen, bis sie gelöst ist. Zu der Sahne geben. Gut vermischen. Die Erdbeeren waschen, abtropfen lassen, trocken tupfen, entstielen und halbieren, zu der Sahne geben.
Die Biskuitrolle mit dem Tuch aufrollen. Viel von der Füllung in die Mitte geben, weniger zum Rand hin und glattstreichen. Wieder zusammenrollen.
Kurz vor der Verwendung mit Puderzucker bestäuben und auf eine längliche Platte legen.

## Erdbeermarmelade                                               Zubereitung 20 Minuten

Ich ziehe Erdbeer-Rhabarber-Marmelade (Rezept unter Rhabarber, Seite 217) vor, da mir Erdbeermarmelade allein zu süß ist. Sie eignet sich aber gut, um damit Quark oder Joghurt zu würzen.

*500 g Erdbeeren*       *Saft einer Zitrone*
*500 g Gelierzucker*

Die Erdbeeren waschen, putzen, halbieren und mit der Hälfte des Zuckers einige Stunden stehenlassen. Danach zum Kochen bringen, restlichen Zucker und Zitronensaft zugeben und die vorgeschriebene Kochzeit einhalten. In Gläser füllen und verschließen. Je frischer sie ist, um so besser schmeckt sie.

Brombeere und Himbeere bilden eine eigene Gattung, die Gattung *Rubus*, die ungeheuer artenreich ist, besonders in Europa. Diese Beeren sind auf der nördlichen Halbkugel verbreitet. Es gibt sowohl arktische und alpine als auch besonders viele in der gemäßigten und warm-gemäßigten Zone.
Eine Reihe zu *Rubus* gehörender Arten sind dekorative Zierpflanzen. Alle haben gemeinsam, daß die Wurzeln immer neue Triebe bilden. Der welkende Zweig muß abgeschnitten werden, und im nächsten Jahr blüht dann der nachgewachsene Trieb. *Rubus* trägt Steinfrüchte, von denen jeweils viele zu einer Beere zusammengeschlossen sind.

## Brombeere *(Rubus fruticosus)*

Engl.: Blackberry, Dewberry, Franz.: Mûre, Span.: Mora oder Zarzamora, Ital.: Mora (di rovo). Die Amerikaner unterscheiden die aufstrebende Blackberry und die kriechende Dewberry. Die Dewberry ist amerikanischer Herkunft.

HERKUNFT UND VERBREITUNG

Die Brombeere stammt aus Eurasien und Nordamerika. Es gibt aber eine Art, die besonders gut in Hawaii und auf den Pazifischen Inseln gedeiht, das ist *Rubus laciniatus*. Zu erwähnen ist noch die Mammutbrombeere aus Kalifornien, die besonders große Beeren (6 cm lang) mit vorzüglichem Aroma hervorbringt. Die Dewberry *(R. trivialis)* kann drei verschiedene Blattformen an einem Strauch haben; sie besitzt die unangenehme Eigenschaft, hemmungslos zu wuchern und ist an manchen Stellen der USA eine große Plage.

VERWENDUNG

Die Brombeeren sind in den Vereinigten Staaten viel beliebter als bei uns. Die Brombeere ist herber als die Himbeere, sie eignet sich vorzüglich zur Saft- und Tortenherstellung. Man bereitet außerdem von diesem Obst Marmelade, Gelee, Eis, Wein und Likör. Aus den im Frühjahr gesammelten, getrockneten Blättern kocht man Tee, den die Naturheilkunde bei Durchfall, Magen- und Darmerkrankungen, bei Blinddarmreizung und Verschleimung der Atmungsorgane anwendet. Den Tee schluckweise trinken!
Der Gehalt an Provitamin A ist bei der Brombeere bemerkenswert hoch: 450 I.E. auf 100 g Fruchtfleisch.

SORTEN

Früher war die Sorte *Theodor Reimers* die Hauptsorte. Sie ist immer noch die aromatischste. Sie hat viele Stacheln, rankt sehr stark und trägt reich von August bis Oktober. Sorten aus den USA scheinen Vorzüge ihr gegenüber zu haben, z. B. *Thornfree* (Stachellos) ist widerstandsfähiger gegen Frost als Theodor Reimers und bringt höhere Erträge. Sie muß aber mit Stroh oder durch Niederlegen vor Frost geschützt werden. *Wilsons Frühe* ist wenig bestachelt, widerstandsfähiger gegen Frost als Theodor Reimers, trägt reich und steht aufrecht. Das Brombeeraroma ist nicht sehr stark. Von allem, was ich ausprobiert habe, sind Saft und Torte am empfehlenswertesten.

*Tafel* 17

*Keens Seedling*

*Chile*  *Virginia*  *Sieger*  *Senga Sengana*

*Elvira*  *Ananas*  *Famosa*  *Mieze Schindler*

Loganbeere

Himbeere

Brombeere

Multebeere

arktische
Sumpf-
Brombeere

Tafel 18

Mora
de Castilla

## Brombeersaft

Die gut gewaschenen und verlesenen Brombeeren mit ganz wenig Wasser, so daß gerade der Boden des Topfes bedeckt ist, aufkochen und dann durch ein Sieb ablaufen lassen. Auf 1 Liter Saft 200 g Zucker rechnen sowie den Saft einer Zitrone, noch einmal kochen lassen, in Flaschen füllen und verschließen.
Brombeersaft ist gut mit 30 % Apfelsaft gemischt. Man kann auch Limonade und Brombeerpunsch nach den Rezepten S. 414 zubereiten.

## Brombeercreme

| | |
|---|---|
| *500 g Brombeeren* | *Saft einer Zitrone* |
| *200 g Zucker* | *9 Blatt Gelatine* |
| *1 Schnapsglas Kirschwasser* | *½ l Sahne* |

Die gewaschenen, verlesenen Brombeeren mit 100 g Zucker bestreuen und 30 Minuten stehenlassen. Im Mixer pürieren, Kirschwasser und Zitronensaft zugeben.
Die Gelatine in kaltem Wasser einweichen. Einige Minuten stehenlassen. Ist die Gelatine fast flüssig, gründlich ausdrücken und unter Rühren erhitzen, aber nicht kochen lassen. In die gelöste Flüssigkeit nach und nach die Brombeeren geben, alles gut mischen und in den Kühlschrank stellen. Nach 30 Minuten die Sahne schlagen, den restlichen Zucker zufügen und unter die Creme ziehen. Wenn man mag, 4 EL Sahne und einige Brombeeren zum Garnieren zurückbehalten und die erstarrte Speise mit Sahnetupfern und Früchten verzieren.

## Brombeerobsttorte  *Zubereitungszeit mit Boden 35 Minuten*

| | |
|---|---|
| *1 Mürbteigboden (siehe Anhang)* | *1 Tortenguß* |
| *500 g Brombeeren* | *4 EL Zucker, ¼ l Wasser* |
| *80 g Zucker für die Beeren* | *200 g Sahne* |

Den Mürbteigboden mit den zuvor eingezuckerten Brombeeren belegen. Bei frischen Früchten genügen 500 g. Verwendet man tiefgekühlte Beeren, so empfiehlt es sich, die Menge auf 750 g zu erhöhen, da die Früchte sehr zusammenfallen. Tiefgekühlte Beeren gut abtropfen lassen und den Saft zum Guß verwenden.
Den Tortenguß nach Vorschrift mit 2 EL Zucker und Wasser kochen und die Beeren damit überziehen. Die Schlagsahne mit 2 EL Zucker süßen, den Kuchen damit verzieren oder die Sahne extra dazu auftragen.

## Brombeersahnetorte  *Arbeitszeit insgesamt mit Herstellung des Bodens 50 Minuten*

| | |
|---|---|
| *1 Mürbteigboden (siehe Anhang)* | *Saft einer Zitrone* |
| *500 g Brombeeren* | *9 Blatt Gelatine* |
| *200 g Zucker* | *½ l Sahne* |
| *1 Gläschen Kirschwasser* | *100 g geröstete Mandelblättchen* |

Den Mürbteigboden in eine Springform legen. Mit den angegebenen Zutaten eine Sahnecreme zubereiten, wie im Rezept »Brombeercreme« oben beschrieben. Den

Boden damit bestreichen. Von den Brombeeren 12 Stück, von der Sahne 4 EL zurückbehalten. Die Torte mit 12 Sahnetupfern verzieren – auf jedes Stück am Ende einen – und in jedes Sahnenest eine Brombeere setzen. Nachdem die Creme auf dem Teigboden vier Stunden im Kühlschrank gestanden hat, den Springformrand entfernen, mit einem Messer die Mandelblättchen andrücken.

## Multebeere *(Rubus chamaemorus)*

Norwegisch: auch Moltebeere, Multer, Finnisch: Molka, Lakka, Schwedisch: Hjorton, Engl.: Cloudberry, Bakeappleberry, yellow Berry.

KLIMAANSPRÜCHE UND VERBREITUNG

Diese Beere ist eine Sumpfbrombeere, deren Zweige keine Stacheln haben. Sie wächst auf Moos, Mauern und in sumpfigen Wäldern.
Ihre Heimat ist der hohe Norden Europas, Asiens und Nordamerikas. Ab und zu soll sie auch in den Mooren Norddeutschlands und des Riesengebirges zu finden sein. In Schweden gedeiht sie überall, außer auf Öland und Gotland.

ERSCHEINUNGS-FORM

Die Pflanze kriecht auf dem Boden entlang und bedeckt ihn. Ihre großen weißen Blüten sind in männlich und weiblich getrennt, weshalb sie auch »Zweiblütler« heißt. Die Abbildung auf Tafel 18 zeigt eine weibliche Blüte. Die Früchte sind weich und rund, zunächst hellrot, später orangefarben. Ernte: Aug./Sept.

GESCHMACK

Sie wird ihres ungewöhnlichen Aromas wegen gepriesen. Ich habe sie einmal auf der ANUGA in Köln probiert und fand, daß sie an Preiselbeere erinnert, nur ist sie saftiger und milder. Alle Skandinavier wiesen den Preiselbeervergleich weit von sich. Inzwischen hat eine Norwegerin mir diese Beeren geschickt. Sie entsprechen in der Säure Himbeeren, in der Körnigkeit Brombeeren.
Die Multebeeren werden in großen Mengen gesammelt. In Finnland bereitet man vor allem Alkohol aus ihnen zu.
Sie lassen sich sehr gut einfrieren und so über weite Strecken transportieren.

KONSERVIERUNG

In einer schwedischen Zeitschrift stand, die beste Art der Konservierung sei, die Beeren in ein Steingutgefäß zu legen, wonach sie zu einem Brei ausliefen. Es war bereits früh bekannt, daß ihr Vitamin-C-Gehalt hoch ist, deshalb nahmen die schwedischen Seefahrer im 17. Jahrhundert diesen Brei mit auf ihre Reisen.

VERWENDUNG

Die Multebeere wird sowohl roh gegessen als auch zu Kompott und Marmelade, Saft und Likör verarbeitet. Man mixt sie auch mit Joghurt.

## REZEPTE (alle norwegisch)

### Nachtisch

Multebeeren werden meistens als Nachtisch aufgetragen, einfach mit Zucker und Schlagsahne.

### Multebeerencreme

*250 g Sahne*
*1–2 EL Zucker*

*250 g Multebeeren*

Die Sahne steif schlagen und zuckern. Die gewaschenen, verlesenen Beeren unter die Sahne ziehen und auftragen.

In Finnland bereitet man mit den Sumpfbeeren eine Creme zu, die der Erdbeercreme von Seite 236 in etwa entspricht. Man verwendet 400 g Multebeeren, 300 g Sahne und gibt 2–4 EL Lakkalikör dazu.

### Multebeeren unter Baiserhaube

> *4 Scheiben Sandkuchen*       *2 Eiweiß*
> *oder 4 Biskuittörtchen*       *2 EL Zucker*
> *1 Tasse Multebeeren*

Die vier Scheiben auf eine längliche Keramikplatte legen, mit den Beeren bedekken. Das Eiweiß steif schlagen, den Zucker zufügen und gut vermischen. Über die Kuchenscheiben streichen und bei Stufe 3 (190° C) goldgelb überbacken.

### Lakkamarmelade

> *1 kg Beeren*       *250–400 g Zucker*
> *wenig Wasser*

Die Beeren mit so viel Wasser im Topf zum Kochen bringen, daß sie nicht anbrennen. 5 Minuten kochen lassen, den Zucker zugeben, wieder zum Kochen bringen, dabei ständig rühren, bis sich der Zucker gelöst hat, ungefähr 5 Minuten. In kleine Gläser füllen und verschließen. Die Marmelade erinnert mich im Aussehen und Geschmack an Aprikosenmarmelade.

## Arktische Sumpfbrombeere *(Rubus arcticus)*

Schwedisch: Akerbär

Diese Beere wächst noch weiter nördlich, in Schweden in Hälsingland, meist aber nördlich des Bottnischen Meerbusens. Sie ist eine kleinere Abart, die die edelste und aromatischste Frucht des Nordens ist. Der schwedische Naturforscher Linné gibt von ihr eine lyrische Beschreibung in seinem Buch »Flora lapponica«. Aus der Beere wird vor allem Marmelade gekocht. In Finnland stellt man einen Likör daraus her, der Mesimarja heißt. Früher trocknete man die arktische Frucht und bereitete einen fiebersenkenden Trank daraus.

Außer den genannten Brombeeren gibt es noch Brombeerarten in Südamerika, die in den Anden wachsen. Obwohl sie »Mora« heißen, haben sie mit Maulbeeren doch nichts zu tun. Eine davon ist

## Mora de Castilla *(Rubus glaucus)*

Sie wird glänzend dunkelrot, ähnlich unserer Brombeere, ist aber doppelt so lang. Sie gedeiht in Kolumbien am besten in Höhen zwischen 1800 und 2400 Meter, wo sie erst seit kurzer Zeit kultiviert wird. Da sie eine ganz vorzügliche süße Geleefrucht ist, auch zu Eis, Saft und Nachtisch verwendet werden kann, hat man ihre Anbaufläche schnell ausgedehnt (1975 waren es 185 ha mit 20 Tonnen Ertrag). Diese Brombeere ist reich an Magnesium (27 mg), Phosphor (26,6 mg), Kalzium (17,6 mg), Eisen (0,9 mg). Man kann sie auch noch in höheren Lagen züchten, dann muß sie aber von Dezember bis Februar vor Frost geschützt werden. Die Mora liebt durchlässigen, humosen, tiefgründigen, gut gelüfteten, aber feuchten Boden. Die Sorten wurden durch Auslese von Wildpflanzen gewonnen. Die Andenbrombeere wird tiefgefroren exportiert.

Es gibt in den Anden noch *Mora silvestra* in 3500 m Höhe (kleine, runde, süßsaure Früchte für Erfrischungsgetränke, eine wilde Brombeere) und *Rubus bogotensis* zwischen Venezuela und Peru in 2000 bis 3000 m Höhe, von mittelmäßiger Qualität.

Die vor Jahren in der Bundesrepublik angebotene Konserve mit »Cordillera Mora Jelly« ist aus *Rubus glaucus* hergestellt. Es ist ein Gelee mit einem sehr guten Geschmack, wie Himbeere und Kirsche gemischt.

Vom selben Herstellen gibt es auch leicht gesüßten Brombeersaft. Er eignet sich zum Mischen mit Milch oder Alkohol. Das Gelee war aber besser. Es ist ausgezeichnet zu frischem Toast oder zur Füllung von Buttercremetorten.

## Himbeere *(Rubus idaeus)*

Engl.: Raspberry, Franz.: Framboise, Span.: Frambuesa, Ital.: Campone.

VERBREITUNG  Die Himbeere hat unendlich viele Arten, die an die Klimata von Alaska bis Malaysia angepaßt sind. Sie wächst in Meereshöhe bis auf 2500 m. Es gibt Himbeerarten, die zur Zierde gepflanzt werden, mit wertlosen Beeren und andere mit gelben, lachsroten oder schwarzen eßbaren Früchten. Sie wachsen wild in Nordamerika, Europa, im Himalajagebiet und besonders viele in China. In Mitteleuropa, England und Nordamerika werden Himbeeren hochgeschätzt. Sie sind das aromatischste heimische Obst, das wir haben.

ARTEN  *Rubus idaeus* ist unsere europäische Himbeere. Ihren Namen hat sie vom Berg Ida in Griechenland, wo sie besonders üppig wuchs. Sie wurde von Auswanderern mit nach Nordamerika genommen und ist dort verwildert. Man bevorzugt in Nordamerika ähnliche, besser dem Klima angepaßte Sorten, die winterhärter sind, wie *R. strigosus* (bis Alaska) oder die schwarze, weniger ertragreiche Himbeere *R. occidentalis (Common Blackcup)*, von der die Sorten *Gregg, Hilborn* und *Ohio* gezüchtet worden sind. Für warme Länder eignet sich *R. mollucanus*, die sehr robust ist (Indien und Malaysia).

Eine vorzügliche Himbeerart von bester Qualität sind die in Japan und Westchina bis in 2000 m Höhe gedeihenden *R. corchifolius*, die goldgelbe *R. quinqueflorus* mit sehr wertvollen Früchten und *R. amabilis*. Es gibt auch in Deutschland gelbfrüchtige, gesunde, süße Sorten; die besten sind *Magnum Bonum* und *Golden Queen*. Besonders reich an Himbeerarten, das größte Himbeerbecken der Welt, soll der Kreis Plonsk in Polen sein, 60 km von Warschau entfernt. Erwähnenswert ist vielleicht – der Farbe wegen – die lachsrote *R. spectabilis (Salmonberry*, von Kalifornien bis Alaska), die allen Wetterunbilden trotzt und nicht mit der Multebeere verwechselt werden darf, die fälschlich auch Salmonberry genannt wird.

Die Himbeere unterscheidet sich botanisch von der Brombeere, da sie bei Reife abfällt, während die Brombeere am Blütenboden haften bleibt.

Weil Himbeeren so leicht verderblich sind und ihnen deshalb Transport und Verkauf nicht bekommen, sind sie besonders beliebte Hausgartenpflanzen. Wie köstlich sind frisch geerntete Himbeeren! Früchte von Wildpflanzen, möglichst aus dem Gebirge, sind aber weit aromatischer. Die ertragreichsten Himbeersorten sind: *Preußen* (mittelfrüh, süßaromatisch, geeignet für Frischmarkt, anfällig gegen Rutenkrankheit), *Schönemann* (spätreifend, starkwüchsig, sehr ertragreich, ertragssicher, großbeerig, säuerlich, für Verarbeitung und Tiefkühlen gut geeignet), *Malling Promise* (sehr frühreifend, ertragreich, großbeerig, aromatisch, vielseitig verwendbar), *Andenken an Paul Camenzind* (frühreifend, ertragreich, großbeerig, süß-säuerlich, vielseitig verwendbar).

Mehrmals tragende Sorten für den Hausgarten: *Romy* und *Lloyd George*. *Himbostar* aus der Schweiz soll eine neue Himbeere von hervorragender Qualität sein.

Für den Gärtner ist die Himbeere nur lohnend, wenn schneller Absatz gewährleistet ist. Die Verwertungsindustrie der Bundesrepublik wird aus dem Ostblock mit Himbeeren beliefert. Polen ist mit 3000 ha führend in der Welt.

VERWENDUNG  Die Himbeere läßt sich hervorragend einfrieren und ermöglicht es unseren Konditoren, das ganze Jahr über delikate Himbeertorte anzubieten. Aus Himbeeren bereitet man Marmelade, Saft, Sirup und Eis sowie Biskuitrollen mit Himbeersahnefüllung. Für meinen Geschmack erhält sich das köstliche Himbeeraroma am besten, wenn die Beeren, nur leicht gezuckert, unvermischt mit vielen Zutaten verwendet werden: auf Mürbteigböden, in der englischen Nachspeise »Trifle« und mit Vanilleeis. Ein vorzügliches Marmeladenrezept folgt ebenfalls im Rezeptteil.

Himbeeren sind leicht verdaulich und wirken verdauungsfördernd. Ihr appetitanregender Duft und ihr feines Aroma machen sie zu einem Labsal für Kranke.

Die Brombeere ist anspruchsloser als die Himbeere, trägt aber erst zufriedenstellend bei gutem, humosem und feuchtem Boden. Auch bedürfen beide Fruchtarten sorgfältiger Pflege in Form von Schnitt, Bodenlockerung, Düngung und Bewässerung.

---

## REZEPTE

In einer Zeitschrift war vor längerer Zeit zu lesen, Matjesfilets mit Himbeeren seien vorzüglich. Ich habe das probiert und fand, daß vom Himbeeraroma nur noch ein leicht saurer Geschmack zu merken war.

Himbeeren entfalten ihr zartes, wundervolles Aroma am besten in Gegenwart von milder Säure: Ananas, Johannisbeeren, saurer Milch und Joghurt. Besonders intensiviert wird der Himbeergeschmack durch Eiweiß. Die Kombination mit Sahne bringt nicht so gute Ergebnisse wie mit Erdbeeren.

GETRÄNKE  **Himbeersaft**

Das »Kiehnle-Kochbuch« und Henriette Davidis empfehlen sowohl Himbeer- als auch Heidelbeer- und Johannisbeersaft mit Vorgärung, was ich nicht ausprobiert habe. Einfacher ist es, die frischen, verlesenen Beeren pro Kilo mit 50 g Zucker zu mischen und im Dampfentsafter zu entsaften oder die Beeren knapp mit Wasser zu bedecken, mit dem Mixstab zu pürieren und aufzukochen. Später durch ein Tuch laufen lassen und pro Liter Saft 250 g Zucker zugeben. Aufkochen lassen, heiß in Flaschen füllen und verschließen. Durch den geringen Zuckerzusatz schmeckt dieser Saft sehr fruchtig. Noch intensivere Geschmacksergebnisse erzielt man durch Mischung von Johannisbeer- und Himbeersaft. Schon 2 % Himbeeren auf 98 % Johannisbeeren teilen das Himbeeraroma mit. Noch intensiver wird es bei 50 % Himbeeranteil. Von 2 % bis 50 % sind alle Mischungsverhältnisse möglich. Am einfachsten: gleich in den Dampfentsafter geben. (Die Johannisbeeren nicht entstielen.) Pro Kilo Frucht 70 g Zucker zugeben.

Gut ist auch die Mischung: 50 % Stachelbeeren, 50 % Johannisbeeren und Himbeeren gemischt.

### Himbeer-Milchshake

Intensiver als mit Milch ist die Kombination mit saurer Milch.

|  |  |
|---|---|
| *Pro Person:* | *1 EL Zucker* |
| *3 gehäufte EL Himbeeren* | *1 Glas saure Milch oder Joghurt* |

Alles in den Mixer geben und kalt auftragen.

Noch interessanter wird die Kombination mit Vanilleeis:

### Eismixgetränk-Himbeerfrappé                    *Zubereitung 3 Minuten*

|  |  |
|---|---|
| *Pro Person:* | |
| *1 Glas saure Milch* | *2 EL Himbeeren* |
| *2 EL Vanilleeis* | *1½ TL Zucker* |

Alle Zutaten in den Mixer geben, sofort servieren.

### Vorspeise an einem Sommertag:

### Himbeerkaltschale                    *Zubereitung 15 Minuten*

|  |  |
|---|---|
| *¼ l Apfelsaft* | *2 gestrichene EL Maismehl* |
| *150 g Zucker* | *500 g Himbeeren* |
| | *nach Wunsch Kekse* |

Apfelsaft und 100 g Zucker zum Kochen bringen. Das Maismehl mit etwas Apfelsaft glattrühren und in die kochende Flüssigkeit gießen. Unter Rühren aufkochen lassen, vom Herd nehmen. Die Himbeeren verlesen, die Hälfte davon pürieren, zu dem Apfelsaft geben. Kalt stellen. Ist die Fruchtsuppe gut abgekühlt, die andere Hälfte der Himbeeren, die zuvor mit 50 g Zucker eingezuckert wurden, mit der Kaltschale mischen. Nach Belieben mit Keksen auftragen. Sehr erfrischend und fruchtig.

NACHSPEISEN    ### Himbeerkompott

|  |  |
|---|---|
| *750 g Himbeeren* | *¼ l Milch* |
| *4 EL Zucker* | *evtl. Zwiebäcke* |

Die Himbeeren verlesen und einzuckern. In den Kühlschrank stellen. Kurz vor dem Auftragen mit der Milch übergießen. Da diese Nachspeise sehr saftig ist, ist es gut, dazu Zwiebäcke anzubieten, die man in den Saft tauchen kann.

In meiner Rezeptsammlung finden sich fast alle Beerenkombinationen, die die Autoren für *Rote Grütze* empfehlen. Deshalb wollte ich der Sache einmal auf den Grund gehen und habe folgendes getestet:

a)  *50 % Himbeeren*
    *50 % Johannisbeeren*

Eine vorzügliche, altbewährte Kombination. Die Johannisbeermenge kann vergrößert, die Himbeermenge kann verkleinert werden.

b)  *33 % Himbeeren*
    *33 % rote Johannisbeeren*
    *33 % schwarze Johannisbeeren*

Sehr kräftig und aromatisch, nur schmeckt man von den Himbeeren nichts mehr, da die schwarzen Johannisbeeren alles übertönen.

c)  *33 % Himbeeren*
    *33 % rote Johannisbeeren*
    *33 % Sauerkirschen*

Nicht besser als a), sondern wesentlich schwächer im Aroma.

d)  *33 % rote Johannisbeeren*
    *33 % Himbeeren*
    *33 % Preiselbeeren*

Herber als a), aber sehr charaktervoll und edel – schmeckt richtig nach Wald.

e)  *33 % Himbeeren*
    *33 % rote Johannisbeeren*
    *33 % Blaubeeren*

Diese Kombination ist weder Fisch noch Fleisch – keine gute Mischung. Ebenso war:

f)  *33 % Himbeeren*
    *33 % rote Johannisbeeren*
    *33 % Erdbeeren*

Diese Kombination hatte überhaupt kein Aroma.

g)  *33 % Himbeeren*
    *33 % rote Johannisbeeren*
    *33 % Brombeeren*

Zwar geht der spezielle Himbeer-Johannisbeer-Geschmack verloren, aber diese Mischung schmeckt recht apart und gut.

h)  *33 % Himbeeren*
    *33 % rote Johannisbeeren*
    *33 % Stachelbeeren*

Gut, aber milder und weniger charaktervoll als a).

i)  *50 % Himbeeren*
    *50 % Stachelbeeren*

Milder und weniger pikant als a).

Möchte man eine glatte Masse ohne Kerne erhalten, so empfiehlt es sich, 750 g Früchte zu verwenden. Dürfen die Kerne drinbleiben, benötigt man nur 500 g. Um die Speise sämig zu machen, verwendet man Hafergrütze oder Maismehl.

## Rote Grütze

*750 g Früchte (am besten*
*Himbeeren, rote Johannisbeeren*
*und Preiselbeeren)*
*½ l Wasser*
*125 g Zucker (bei Preisel-*
*beeren 200 g)*

*etwas Zitronenschale*
*50 g Maismehl*
*4 EL Wasser zum Anrühren*
*200 g flüssige Sahne*

Die verlesenen, entstielten Früchte mit dem Wasser zum Kochen bringen, mit dem Mixstab pürieren, einige Minuten kochen lassen, dann durch ein Sieb rühren. Den Saft mit Zucker und Zitronenschale aufkochen, das angerührte Maismehl unter Rühren hinzufügen. Aufkochen lassen. Die Zitronenschale herausholer und das Dessert in einer Schüssel gut kühlen.
Mit 200 g flüssiger Sahne (und etwas Zucker extra) auftischen.

Ich habe dieses Rezept mehrfach mit neugezüchteten, großfrüchtigen Him- und Johannisbeeren zubereitet, und es war gut. Verwendet man dagegen her-kömmliche, ältere kleinfrüchtige Sorten mit intensiver Säure, ist es viel zu herb. In diesem Fall ist es besser, die 750 g Früchte aus Johannis-, Him-, Preiselbeeren und Sauerkirschen zu mischen und einen Liter Wasser zu verwenden, dazu 300 g Zucker und 100 g Maismehl. Das ergibt 8 bis 12 Portionen, die bei uns aber noch nie verdorben sind, denn die Grütze ist köstlich. Nach Belieben Zitronen-schale mitkochen, dann wieder entfernen. Ich püriere die Masse nur, rühre sie nicht durch ein Sieb.
Sehr gut paßt dazu eine Vanillesoße (½ l), mit 200 g flüssigem Rahm vermischt.

## Himbeercreme

*500 g Himbeeren*
*Saft einer halben Orange*
*125 g Zucker*
*250 g Sahne*

*1 Päckchen Sahnesteif*
*(wenn die Creme*
*nicht gleich aufgetragen werden soll)*

Die Himbeeren verlesen (einige zum Verzieren übriglassen und nicht einzuk-kern), mit dem Orangensaft begießen und 4 EL Zucker bestreuen. Im Kühl-schrank durchziehen lassen. Die Sahne steif schlagen, den restlichen Zucker mit dem Sahnesteif mischen (wenn die Creme gleich aufgetragen werden soll, ohne dieses Festigungsmittel zubereiten), über die Sahne geben, die Himbeeren unter die Sahne ziehen. Kalt servieren.
Himbeercreme wird oft mit Weißwein zubereitet, was ich nicht so gut finde, da die Creme dann fast nur nach Weißwein schmeckt – dann kann man die Himbeeren auch weglassen!

## Himbeerschaum

Die vorhergehende Creme ist köstlich; aber der Himbeergeschmack wird durch Eiweiß noch mehr zur Geltung gebracht als durch Sahne.

*500 g Himbeeren*
*100 g Zucker*
*Saft einer halben Zitrone*

*3 Eiweiß*
*5 Mandelmakronen, mit je*
*1 TL Himbeergeist getränkt*

Die Makronen zerbröckeln und in eine Schüssel geben. Die verlesenen Himbeeren halbieren – die eine Hälfte pürieren, den Rest beiseitestellen. Das Püree mit dem Zitronensaft begießen, mit einem Teil des Zuckers bestreuen und gut vermischen. Das Eiweiß steif schlagen, den restlichen Zucker zugeben. Das Püree unter das Eiweiß ziehen. Einen Teil der Himbeeren auf die Makronen streuen, den Schaum darüber verteilen, mit den restlichen Himbeeren verzieren.

### Himbeerschaum auf Fruchtwürfeln *Zubereitung 15–20 Minuten*

Schälchen mit Melonen-, Pfirsich- oder Ananaswürfeln, eventuell aus der Dose (für 4 Personen 400 .g), füllen. Die Melonenwürfel sollten je nach Süße der Melone mit wenig Zucker bestreut werden, ungefähr 2 EL, die gehäuteten, in Stücke geschnittenen Pfirsiche mit 3 EL, die Ananaswürfel aus der Dose sind süß genug; frische Ananas, die meist nicht sehr süß ist, mit mindestens 3 EL einzuckern. Die Fruchtwürfel mit Himbeerschaum bedecken:

*250 g Himbeeren*          *2 Eiweiß von kleinen Eiern*
*50 g Zucker*

Die Himbeeren verlesen und pürieren. Die Hälfte des Zuckers zugeben (1½ EL). Das Eiweiß schlagen und den Rest des Zuckers zugeben (1½ EL). Das Himbeerpüree unter den Eischnee geben und über die Fruchtwürfel verteilen – gleich auftragen.

### Meringe Pawlowa *Zubereitung 55 Minuten*

Den Eiweißboden von Seite 430 in einer Auflaufform zubereiten.
Backzeit 1 Stunde, 1 Stunde im ausgeschalteten Ofen ruhen lassen.

*300 g Himbeeren*
*Vanillecreme:*
*¼ l Milch*          *½ Vanilleschote*
*3 gehäufte TL Maismehl*      *200 g Sahne*
*30 g Zucker*          *1 EL Zucker*

Milch mit Maismehl und 30 g Zucker in einem Topf gut mischen, so daß kein Klümpchen mehr vorhanden ist. Die aufgeschlitzte Vanilleschote zugeben. Unter Rühren aufkochen lassen. Wenn die Creme gut abgekühlt ist, 200 g Sahne schlagen. 50 g (2 EL) davon unter die Creme ziehen. Den Baiserboden mit der Creme bestreichen. 300 g Himbeeren darauflegen. Die restliche Sahne mit 1 EL Zucker mischen und außen auf den Rand Sahneröschen spritzen.

### Himbeer-Trifle *Zubereitung mit Teig 30 Minuten, Backzeit 20 Minuten*

Trifle (Kleinigkeit) ist ein populäres englisches Rezept, es wird allerdings meist mit Marmelade empfohlen. Die süße Marmelade wird auf Kuchen gestrichen und das ist mir schon wieder viel zu süß. Also: Eine Keramikform mit Sand- oder Zitronenkuchen auslegen, man kann auch Löffelbiskuits verwenden oder man bereitet den Biskuitteig von Seite 235 zu und bäckt ihn.

*500 g Himbeeren*          *2 EL Zucker*
*250 g geschlagene Sahne*

Auf dem Boden die Himbeeren verteilen. Mit der geschlagenen Sahne, die mit 2 EL Zucker gesüßt wird, bedecken. Besonders gut schmeckt es, wenn man den Boden mit den Himbeeren einen Tag im Kühlschrank durchziehen läßt und kurz vor dem Auftragen die Sahne darüberspritzt. Dieses Trifle wird auch mit Gelee zubereitet:

| | |
|---|---|
| *½ l Himbeersaft* | *6 Blatt Gelatine* |
| *100 g Zucker* | *300 g Himbeeren* |

Himbeersaft und Zucker erhitzen, die in kaltem Wasser eingeweichte Gelatine unter Rühren auflösen, aber nicht kochen. Den Biskuitboden mit Gelee bedekken, darauf die Himbeeren verteilen und mit Sahne – wie oben – servieren. Das zweite Rezept dauert länger als das erste, und der Saft der Beeren durchtränkt nicht den Boden, was ich so besonders gut finde.

## Himbeereis

Ich habe verschiedene Eisrezepte ausprobiert und fand die meisten ziemlich herb, auch Sorbet hat mich nicht begeistert. Am besten gefiel mir das folgende, bei dem man ebensoviel Beeren wie Sahne verwendet – es gefriert so schön.

| | |
|---|---|
| *500 g Himbeeren* | *500 g Sahne* |
| *125 g Zucker* | *evtl. 1 Vanillinzucker* |

Die Himbeeren mit dem Zucker pürieren. Die Sahne schlagen, das Püree gut damit vermischen. In der Tiefkühltruhe gefrieren lassen, ab und zu durchrühren. Bitte lesen Sie im Kapitel Johannisbeeren mein Lieblingsrezept: Himbeer-Johannisbeer-Sorbet (Seite 411).

Das Standardrezept der neudeutschen Hotelküche: *Vanilleeis mit heißen Himbeeren* schlage ich vor, zur Abwechslung durch

## Vanilleeis mit Fruchtsoße

zu ersetzen. Ich greife da auf meine vorhergehenden Versuche zurück und würde entweder Johannisbeeren mit Himbeeren mischen oder Johannisbeeren mit Himbeeren und Preiselbeeren. Da die Preiselbeeren später reif sind, muß man sie einfrieren, um sie das ganze Jahr über mit den ebenfalls eingefrorenen Johannis- und Himbeeren verwenden zu können. Für vier Personen reicht ¼ l Fruchtsoße, diese Menge ist allerdings nicht sehr üppig.

## Himbeer-Johannisbeer-Soße                          *Zubereitung 12 Minuten*

| | |
|---|---|
| *100 g Johannisbeeren* | *⅛ l Wasser* |
| *100 g Himbeeren* | *1 gehäufter EL Maismehl* |
| *50 g Zucker* | |

Das Maismehl mit wenig Wasser von dem ⅛ l glattrühren. Alle anderen Zutaten zum Kochen bringen, das Maismehl in die siedende Flüssigkeit gießen, nochmals aufkochen lassen. Ergibt ⅜ l Fruchtsoße.

## Fruchtsoße II

| | |
|---|---|
| *100 g Johannisbeeren* | *150 g Zucker* |
| *100 g Himbeeren* | *⅓ l Wasser* |
| *100 g Preiselbeeren* | *1½ EL Maismehl* |

Die Beeren mit Wasser und Zucker aufkochen. Das Mehl mit wenig Wasser glattrühren, zu den Beeren gießen. Nach kurzer Kochzeit vom Herd nehmen. Die Fruchtsoße ist heiß genausogut wie kalt (ergibt reichlich ½ l).

Diese Soße ist neben Feijoas, Aprikosensoße, geschmolzenen Heidelbeeren, Maracujasirup, Sanddornvollfrucht die würzigste Zutat zu verschiedenen Puddings (Reis- oder Grießpudding).

Sie paßt ausgezeichnet zu Vanilleeis und zu russischer

## Sahnecreme                                    *Zubereitung 15 Minuten*

*4 Blatt Gelatine*                    *250 g Sahne oder halb Sahne,*
*4 EL kochendes Wasser*               *halb Joghurt*
*75 g Zucker*                         *1 TL Vanillezucker*

Die Gelatine in kaltem Wasser einweichen. Die Sahne schlagen, Zucker zugeben. Die Gelatine in dem kochenden Wasser auflösen, einige Minuten im Eisschrank abkühlen lassen, danach unter die geschlagene Sahne ziehen. (Die Gelatine darf nicht zu heiß sein, sonst schmilzt die Sahne. Ist sie zu kalt, gibt es keine glatte Mischung mehr.) In einer Schüssel oder in Schälchen kalt stellen. Mit der »Fruchtsoße« auftragen.

## Orangeneisbecher Ninette

Die Hälfte des Orangencremeeises von Seite 350 kurz vor dem Auftragen auf vier Stielgläser verteilen. Darüber eine Tasse voll Himbeeren geben. Mit Orangencremesoße bedecken (Rezept Seite 46). Die Soße mit je einem Teelöffel gestifelter Pistazien bestreuen.

TORTEN   Bitte beachten Sie die *Ananas-Himbeer-Eistorte* (Rezept Seite 66). Man kann den Himbeeranteil sehr verstärken oder die Ananas ganz weglassen. Ananas ist kräftiger im Aroma und überdeckt die Himbeeren. Der Boden der Torte kann vor dem Belegen mit Eis mit einigen Teelöffel voll Kirschwasser oder Himbeergeist getränkt werden (nicht zuviel davon, sonst weicht er durch).

## Himbeer-Joghurt-Torte              *Zubereitung mit Boden 50 Minuten*

*Mürbteigboden (Rezept im Anhang)*    *150 g Zucker*
*500 g Himbeeren*                     *12 Blatt Gelatine*
*4 Becher Joghurt à 175 g*            *4 EL heißes Wasser*
*250 g süße Sahne*

Die Gelatine in kaltem Wasser einweichen. Den Joghurt mit dem Zucker gut verrühren. Die Gelatine in dem heißen Wasser auflösen, mit dem Joghurt gründlich mischen. Für eine Stunde in den Kühlschrank stellen. Danach die Sahne steif schlagen und unter die Joghurtmasse ziehen.

Jetzt gibt es drei Möglichkeiten: 1) Der Mürbteigboden wird mit den Himbeeren belegt, und die Joghurtmasse kommt auf den noch in der Springform befindlichen Boden; 2) die Himbeeren werden mit dem Joghurt gemischt (bei gefrorenen Himbeeren 6 Blatt Gelatine verwenden; 3) man streicht die Joghurtmasse auf den Boden, läßt ihn 3 bis 4 Stunden im Kühlschrank stehen, verteilt die Himbeeren auf der festen Creme (das geht nicht sehr gut), dann muß man die Beeren noch mit einem Tortenguß überziehen.

Himbeertorte auf Kokosboden

1. Einen Kokosboden mit Rand zubereiten (Rezept im Anhang)
2. Den Boden mit der Vanillecreme von Seite 249 bestreichen, aber nur ⅛ l Milch und 2 gehäufte TL Maismehl verwenden. Die Creme mit 500–750 g Himbeeren belegen. Ganz besonders gut schmeckt die Torte, wenn sie mit einem Tortenguß aus der Packung, der mit ¼ l Himbeersaft und 2 EL Zucker aufgekocht wurde, überzogen ist. Noch besser: Guß aus ¼ l Johannisbeersaft.

MARMELADE    **Himbeermarmelade**

*1 kg Himbeeren*                          *1 kg Gelierzucker*

Die verlesenen Himbeeren einzuckern und einen Tag stehenlassen. Am nächsten Tag 4 Minuten kochen lassen und in Gläser füllen.
*Variation:* den Himbeeren entweder Zitronensaft, Kirschwasser, Himbeergeist oder Rotwein zufügen. In jedem Fall 5 EL voll.
Himbeer-Johannisbeer-Marmelade schmeckt schon nach Himbeeren bei 100 g Himbeeren auf 900 g Johannisbeeren. Himbeer-Johannisbeer-Stachelbeergelee s. Rezept Seite 421.

Andere aromatische Mischungen sind:

| | |
|---|---|
| *100 g Preiselbeeren* | *250 g Brombeeren* |
| *400 g Himbeeren* | *250 g Himbeeren* |
| *500 g rote Johannisbeeren* | *500 g rote Johannisbeeren* |
| *750 g Zucker* | *750 g Zucker* |

Sowohl aus der Preiselbeermischung als auch aus der Brombeermischung kann man Marmelade oder Gelee kochen.
Zu Johannisbeeren, die gut gelieren, benötigt man weniger Zucker als zu Himbeeren, die schlecht gelieren.


# Die Loganbeere

ist eine Zufallskreuzung der wilden kalifornischen Brombeere (*R. vitifolius* var. *Aughinbaugh*) und der roten Himbeere, wahrscheinlich der *Roten Antwerpen*. Sie hat ihren Namen von Richter J. H. Logan aus Santa Cruz, Kalifornien. Seit 1881, dem Jahr ihres Entstehens, hat man diese Beere mehr und mehr in den USA gezüchtet. Obwohl sie robust ist, verträgt sie keine Temperaturen unter 0° C. Sie ist nicht gut transportfähig, da sie der Himbeere ähnelt. Trotzdem erfreut sie sich in den USA wachsender Beliebtheit, besonders im konservierten Zustand. Sie ist eine der gewinnbringendsten Früchte der Pazifikküste. Sie hat immergrüne, dunkle Blätter und sehr große, purpurrote Beeren, die im Aroma und in der Beschaffenheit sowohl Himbeere als auch Brombeere sehr ähnlich sind. Die Früchte sind bis zur Vollreife überaus sauer, dann bleibt nur noch eine sehr angenehme Säure zurück.
Es gibt noch zwei andere Hybriden. Eine heißt *Primus*, von Luther Burbank gezüchtet. Man kann sie leider erst vom Strauch pflücken, wenn sie überreif ist – sonst wäre sie eine vorzügliche Frucht. Außerdem trägt sie nicht viel. Die andere

heißt *Phenomenal* und wurde ebenfalls von Burbank präsentiert. Sie ist besser transportfähig als die Loganbeere, hat aber weit geringere Erträge und läßt sich nicht so gut eindosen. Die Loganbeere tendiert zu großer Variationsbreite und ist damit ein verlockendes Objekt für Züchter in aller Welt.

Sie darf nicht verwechselt werden mit der litchiähnlichen Longan aus dem Fernen Osten. Kreuzungen zwischen Logan- mit Him- und Brombeere ergaben die Boysenbeere, zwischen Logan- und Himbeere = Laxtonbeere; zwischen Logan- und Brombeere = Youngberry, die in der Kapprovinz sehr beliebt ist.

Neben den rosenartigen Gewächsen der Familie *Rosaceae* ist die 3. Unterfamilie der Apfel- und Kernobstgewächse *(Maloideae)* für den Obstzüchter sehr wichtig. Sie enthält Apfel, Birne, Quitte, Mispel. Die Gattung *Pyrus*, die Apfel und Birne umfaßt, entstammt nach Bailey der nördlichen Halbkugel.

## Apfel *(Malus communis)*

Engl.: Apple, Franz.: Pomme, Span.: Manzana, Portug.: Maçã, Ital.: Pomo, Mela.

BEDEUTUNG

Für die gemäßigten Länder ist der Apfel das wichtigste Obst. Er steht an vierter Stelle in der Weltrangliste der Früchte.

HERKUNFT

Unser Apfel kommt aus Eurasien, wo es auch verschiedene Wildapfelformen gibt, deren Ursprung man nicht kennt. Alle heutigen Apfelsorten stammen von der Form *Malus domestica* (Hausapfel) ab, die wahrscheinlich aus dem Zwergapfel entstanden ist. Der Apfel ist seit undenklichen Zeiten gesammelt und kultiviert worden, denn er fand sich schon in prähistorischen Siedlungen an italienischen und Schweizer Seen. Die Apfelreste waren alle längs halbiert und scheinen mit Wildapfelformen identisch zu sein, die unter der Bezeichnung sibirischer Holzapfel *(Malus silvestris)* bekannt sind und kleine, harte, saure Früchte tragen. Diese Holzäpfel finden sich vom südlichen Sibirien bis nach Vorderasien und Europa. Der Zwergapfel *(Malus pumila)* ist besonders in Vorderasien zu finden. Der Paradiesapfel ist eine Abart des Zwergapfels, man kann aus ihm gutes Gelee bereiten. Schon den Römern war im 3. Jahrhundert v. Chr. eine große Zahl von Apfelsorten bekannt. Einige Wildformen kommen übrigens aus Nordamerika. Einer heißt Präriestaaten-Holzapfel und ähnelt stark *Malus domestica*. Er könnte gut zur Zucht gebraucht werden (und ist es inzwischen sicher auch, die Quelle stammt von 1935).

Der andere heißt Oststaaten-Holzapfel; er hatte noch keine Hybriden mit anderen Apfelsorten gebildet und war für die frühen Siedler wichtig. Wildformen dienen dazu, fremde Sorten durch Kreuzung mit ihnen heimisch werden zu lassen.

VERBREITUNG

Der Apfel läßt sich leicht heranziehen und wächst beinahe überall. Es gibt von ihm heute ca. 5000 Kultursorten, nach einer anderen Quelle 20 000, von denen viele an besondere Klimata angepaßt und nur für die betreffende Region wichtig sind. Viele frühere Sorten werden nicht mehr angebaut. Einige Apfelarten sind nur Zierpflanzen.

Die Äpfel können nicht einfach durch Samen vermehrt, gute Sorten müssen aufgepfropft (veredelt) werden. Das ermöglicht der modernen Obstforschung, den idealen neuen Apfelbaum zu züchten: mannshoch, mit spindelförmig abstehenden Ästen. Ein solcher Baum trägt genausoviel wie ein großer, kann aber dichter gepflanzt, leichter gepflegt und abgeerntet werden.

Äpfel wurden sehr früh in die Vereinigten Staaten eingeführt. Ich weiß nicht, worauf es zurückzuführen ist – ob sich die Sorten aus europäischen Varietäten durch Mutation gebildet haben –, von fünf Farmern wurden fünf verschiedene Apfelbäume entdeckt, die noch heute in Denkmälern mit den Namen der Farmer, der Jahreszahl und der Sorte zu bewundern sind. Einer dieser Gedenksteine steht in Wilmington bei Lowell/Mass., um die Stelle zu markieren, wo 1793 Samuel Thompson den ersten Baldwin-Apfelbaum entdeckte. Es handelte sich jeweils um sehr wichtige Apfelsorten.

Die Äpfel wurden ursprünglich hauptsächlich nach den USA gebracht, um *cider* (Apfelwein) daraus herzustellen. Jetzt spielt der Frischverzehr die Hauptrolle, das liegt gewiß auch an den besseren Transportmitteln.

Franzosen brachten 1635 Apfelkerne mit nach Kanada und begründeten damit den Anbau dort. Um 1820 kreuzte man winterharte russische Äpfel ein.

WELT-
PRODUKTION
Heute steht Frankreich an erster Stelle in der Weltproduktion. (Die Bundesrepublik ist ein Hauptabnehmer der faden Apfelsorten *Golden Delicious* und *Cox Orange*.) Dann folgen an zweiter, dritter und vierter Stelle in der Weltproduktion die USA, Italien und die Bundesrepublik.

ERSCHEINUNGS-
FORM
Der Apfelbaum ist ein kleiner, weit ausladender Baum. Seine eigentliche Frucht ist das Kerngehäuse, das Fruchtfleisch bildet sich aus dem Blütenboden.

VITAMINE UND
MINERAL-
STOFFE
Der Apfel ist eine ganz vorzügliche, gesunde, bekömmliche Frucht. Er enthält die Vitamine A, C, PP und B$_6$, Kalium, Kalzium und Phosphor, insgesamt 20 Vitamine und Mineralstoffe. Wie gesund und bekömmlich er ist, kann man daraus ersehen, daß geriebener Apfel für kranke Säuglinge und Kleinkinder ein altbewährtes Mittel gegen Durchfall ist.

VERWENDUNG
Keine Frucht der Welt ist eine so dankbare Kuchenfrucht wie unser guter alter Apfel. Fast jede Familie im deutschsprachigen Raum hat ihr spezielles Apfelkuchenrezept. Ob es nun köstlicher Apfelstrudel ist mit dem echten, papierdünn ausgezogenen Teig (Apfelstrudel aus Blätterteig ist damit nicht zu vergleichen) oder der ebenso vorzügliche schwäbische Apfelkuchen oder Apfelkuchen, bestehend aus Hefeboden, mit Äpfeln belegt und Streuseln bedeckt – wenn ein herzhafter, aromatischer Backapfel verwendet wird, ist bei einem guten Rezept und sorgfältiger Zubereitung das Ergebnis vorzüglich.

Apfelmus zu Eierkuchen ist eine klassische Kombination, ebenso Haferflocken mit geriebenen Äpfeln, Apfelkompott besitzt erfrischenden Wohlgeschmack, Apfelsaft ist einer der besten Fruchtsäfte, die es gibt. Apfelweinliebhaber bevorzugen dieses Obst in flüssiger Form. Für den Alltag ist der Apfel jeder fremden Frucht vorzuziehen.

DER APFEL
IM ERWERBS-
OBSTBAU
Da die Apfelzüchter von ihrem Obst leben müssen, dieses Obst aber den höchsten Pflanzenschutzaufwand aller Früchte braucht, werden Sorten bevorzugt, die resistent gegen Krankheiten sind, großen Ertrag bringen, gut aussehen, transport- und lagerfähig sind. Da spielt dann der Geschmack keine große Rolle mehr! Alle diese Bedingungen erfüllt der *Golden Delicious*. Frankreich baut ihn zu 90%, die Schweiz zu 70% an. Der *Golden Delicious* soll zwar geschmacklich

eine wertvolle Frucht sein, davon ist aber nicht viel zu merken. Leider sind aromatische Äpfel nicht so ertragreich und unempfindlich wie diese Sorte.

Ich hatte das Glück, im Obstbauinstitut in Gießen eine von Prof. Gruppe inszenierte Apfelausstellung ansehen und anschließend alle 40 Äpfel mitnehmen zu dürfen. Abgesehen davon habe ich mich intensiv mit dem Apfelangebot der letzten Jahre befaßt.

| | | |
|---|---|---|
| Gute Eßäpfel: | Weißer Wintercalvill, Frankreich | 1598 |
| | Gravensteiner, Nordschleswig | 1669 |
| | Glockenapfel, Niederelbe | 1700 |
| | Goldrenette, England | 1800 |
| | Gelber Bellefleur, USA | 1817 |
| | Klarapfel, Riga (Lettland) | 1840 |
| | Finkenwerder, Niederelbe | 1860 |
| | Roter Berlepsch, Grevenbroich | 1880 |
| | Granny Smith, Australien | 1890 |
| | James Grieve, England | 1893 |
| | Ingrid Marie, Dänemark | 1910 |
| | Karmijn, Holland | 1949 |
| | Suntan, England | 1953 |
| | Elstar, Holland | 1955 |
| | Undine, DDR | 1962 |
| | | |
| Gute Backäpfel: | Bramley, England | 1810 |
| | Grüner Boskoop, Holland | 1856 |
| | Glockenapfel und Finkenwerder | |
| | Horneburger Pfannkuchenapfel, Niederelbe | 1875 |

Nicht jeder Apfel ist zu jeder Zeit gut. Die einen müssen erst mürbe werden, die anderen werden durch längeres Liegen mehlig. Granny Smith darf keine gelbe Farbe bekommen, sonst ist sein Reiz dahin. Glockenapfel und Ingrid Marie können säuerlich-fad sein.

Die neuen roten, wunderschön aussehenden Sorten erinnern mich an unseren Aufenthalt in Guinea: Bei jeder Lebensmittelsendung biß ich erwartungsvoll in den ersten Apfel aus Holland oder Frankreich und war jedesmal zutiefst enttäuscht. Es waren immer fade Früchte.

GESUNDHEIT- LICHER WERT — Der gesundheitliche Wert des Apfels liegt nicht so sehr in seinem Vitamingehalt, als vielmehr in seinem großen Reichtum an Mineralstoffen, Fruchtsäuren und Pektin. Geriebener Apfel hilft nicht nur Kleinkindern gegen Durchfall, sondern auch Erwachsenen gegen Darmerkrankungen wie Typhus, Paratyphus, Ruhr und Dünndarmentzündungen. Der Apfel reinigt den Darm, er reguliert Verdauungs- und Nierentätigkeit. Apfelessig belebt den Kreislauf und sorgt für gesündere Haut. Apfelschalentee hat ähnliche Wirkungen wie das Fruchtfleisch, allerdings in schwächerer Form.

LAGER- TEMPERATUREN — Europäische Äpfel sollen nicht unter 3,3–3,5° C gelagert werden, australische bei 1–0° C (laut Dassler).

Seit ich mich intensiv mit den Äpfeln befasse, sehe ich erst, daß der Apfel in der deutschen, ost- und nordeuropäischen Küche eine Hauptrolle spielt. Es ist unmöglich, den Apfel so intensiv abzuhandeln wie die anderen Früchte, das würde ein eigenes Buch ergeben! 35,1 kg Äpfel wurden 1980 pro Kopf in der Bundesrepublik verbraucht. Danach folgen die Bananen mit 10 kg, Apfelsinen mit 8,7 kg, Pflaumen mit 7,5 kg, danach Birnen, Pfirsiche, Erdbeeren, Trauben, Clementinen, Zitronen und Grapefruits und am Ende Kirschen mit 3,8 kg.

<table>
<tr><td>VORSPEISEN</td><td>

Die persische Hausfrau füllt Äpfel mit Hackfleisch, gelben Erbsen, Zwiebeln und überbäckt das Ganze 30 Minuten bei Mittelhitze. Nach der Hälfte der Backzeit gießt sie eine gleichzeitig gekochte Marinade aus Essig, Wasser, Zucker, Zimt und Butter über die Äpfel. Die Äpfel werden in dieser Soße aufgetragen.

Ein ähnliches Schweizer Rezept – Äpfel mit Kalbfleisch und Champignons gefüllt – hat uns nicht begeistert.
</td></tr>
</table>

**VORSPEISEN**

Die persische Hausfrau füllt Äpfel mit Hackfleisch, gelben Erbsen, Zwiebeln und überbäckt das Ganze 30 Minuten bei Mittelhitze. Nach der Hälfte der Backzeit gießt sie eine gleichzeitig gekochte Marinade aus Essig, Wasser, Zucker, Zimt und Butter über die Äpfel. Die Äpfel werden in dieser Soße aufgetragen.

Ein ähnliches Schweizer Rezept – Äpfel mit Kalbfleisch und Champignons gefüllt – hat uns nicht begeistert.

**ÄPFEL IN SALATEN**

In Frankreich kombiniert man einen Romanosalat, auch römischer Salat genannt, mit einem gewürfelten Apfel, 2–3 Stengeln Sellerie, 100 g Walnüssen, bestreut mit ½ Schachtel Kresse und übergießt alles mit einer Salatmarinade aus Öl, Essig, Senf, Salz und Pfeffer.

In der Sowjetunion raspelt man 500 g Weißkraut fein, salzt es leicht und stampft es mürbe. Dann fügt man eine Salatmarinade hinzu sowie eine geriebene Sellerieknolle und einen Apfel.

Der Waldorfsalat (Seite 59) enthält ebenfalls Äpfel.

In einen Heringssalat gehören sowohl in Deutschland als auch in Finnland und Rußland (sicher auch in den angrenzenden Gebieten) außer Salzheringen, Kartoffeln, Salzgurken, eine rote Rübe, Zwiebeln und Äpfel. Die Rezepte ähneln sich, variieren aber in der Menge der einzelnen Zutaten.

Rotkrautsalate sind in England und Frankreich beliebt. In Deutschland gibt es sie seltener. Das folgende Rezept ist für eine Party geeignet. Für ein Mittagessen ist es nicht sättigend genug.

---

## REZEPTE

---

**Rotkrautsalat mit Äpfeln und Heringen**  *Zubereitung 50 Minuten*
*6–8 Portionen*

| | |
|---|---|
| *3 Salzheringe* | *Marinade:* |
| *¼ l Milch* | *2 EL Johannisbeergelee* |
| *2 große Kartoffeln (200 g)* | *2 TL Zucker* |
| *2 Äpfel* | *2 EL Essig* |
| *2 Zwiebeln, möglichst junge* | *5 EL Öl* |
| *2 Salzgurken (200 g)* | |
| *1 kleiner Rotkohl* | |

Die Heringe über Nacht wässern. Am nächsten Tag die Köpfe abschneiden, rechts und links vom Schwanz mit einem Messer und mit den Fingern die Mittelgräte freilegen und vorsichtig herausziehen. Die Filets von der Haut abheben und in die Milch einlegen, während der Salat zubereitet wird.

Die Kartoffeln mit der Schale weichkochen. Die Äpfel schälen, entkernen und würfeln. Kartoffeln und Zwiebeln schälen, mitsamt den Gurken kleinschneiden.

James Grieve

Alkmene

Karmijn

Gravensteiner

Ingrid
Marie

Boskoop

Tafel 19

Williams Christ

Gute
Luise

Boscs
Flaschenbirne

Clapps
Liebling

Vereins-Dechant-Birne

Tafel 20

Den Rotkohl vierteln, den Strunk entfernen, hobeln. Die Heringe in Streifen schneiden. Für die Marinade das Johannisbeergelee erhitzen. Ist es aufgelöst, mit Zucker, Essig und Öl mischen, über die Zutaten geben und mehrmals umwenden. Den Salat einige Stunden ziehen lassen. Er ist recht pikant.

*1. Variation:* Bei der Verwendung von 250 g Matjesfilets anstelle von Salzheringen vermindert sich die Zubereitungszeit um 20 Minuten.

*2. Variation:* Statt des Öls saure Sahne verwenden.

### Matjeshering

wird bei uns immer mit Zwiebelringen und Apfelwürfeln in saurer Sahne, Joghurt oder mit Milch, die mit Quark verrührt wurde, aufgetischt. Kräftig Pfeffer darüber und dazu heiße Pellkartoffeln!

### Apfel-Krabben-Salat

Auch die Kombination von Äpfeln mit anderem Fisch oder Schalentieren ist populär. In Dänemark kombiniert man 250 g Krabben mit drei Salatkartoffeln und einer Handvoll grünen Bohnen, gibt 125 g gekochten Sellerie und einen Apfel – alles gewürfelt – zu und würzt mit einem Eßlöffel gehackter Zwiebel, Öl, Essig, Salz, Pfeffer, Zucker, Senf und Mayonnaise.

### Apfel-Dorsch-Salat

In der Sowjetunion mischt man 50 g gekochten Sellerie, ein Bund Radieschen, eine Gurke, einen Apfel und 200 g Dorschfilet. Darüber gibt man Essig, Salz, Mayonnaise und richtet das Ganze auf Kopfsalatblättern an.

### Kartoffelsalat *(8–10 Portionen)*      *Zubereitung 60 Minuten*

Nirgendwo schmeckt der Kartoffelsalat so würzig wie in Deutschland! Er ist allerdings recht gehaltvoll.

| | |
|---|---|
| *750–1000 g Kartoffeln* | *1 Tasse Mayonnaise* |
| *2–3 Äpfel* | *(mancherorts statt dessen* |
| *2 große saure Gurken* | *Essig und Öl)* |
| *2 Zwiebeln* | *2 EL feingewürfelten* |
| *1 gehäufter EL Kapern* | *gerösteten Schinkenspeck* |
| *1 Tasse Brühe* | *Salz, Pfeffer, Essig* |

Festkochende Salatkartoffeln bei mittlerer Flamme weichkochen, sie sollen nicht platzen. Abgießen und etwas abkühlen lassen. Die Äpfel und Zwiebeln schälen und würfeln, die Gurken würfeln, die Kapern zugeben. Kartoffeln schälen und in Scheiben schneiden. Mit den anderen Zutaten mischen. Am Ende abschmekken und nachwürzen.

Dazu heiße Würstchen oder gebratenes Fischfilet.

### Rohkostsalate

enthalten oft Äpfel, ob es sich nun um Blattsalat, rote Bete, Karotten, Weißkraut, Sauerkraut, Rotkraut oder Möhren handelt. Dazu eine Prise Zucker und Zitronensaft.

**Gebratene Seezunge** *(Frankreich)*                    *Zubereitung 30 Minuten*

*4 Äpfel*                                                 *2 EL Öl*
*4 EL Mehl*                                               *Salz, Pfeffer*
*70 g Butter*                                             *Saft einer Zitrone*
*4 gehäutete, gesäuberte*                                 *1 EL feingehackte Petersilie*
*Seezungen*

Bei den Äpfeln das Kernhaus ausstechen, sie schälen und in Ringe schneiden.
Die Ringe in Mehl wenden und in einer großen Pfanne bei lebhaftem Feuer in
50 g Butter braten. Während die Äpfel garen, die Seezungen in das Mehl
drücken, restliche Butter und Öl erhitzen, die Fische auf jeder Seite 5 Minuten
braten lassen. Nachdem sie umgewendet worden sind, salzen und pfeffern. Auf
eine vorgewärmte Platte legen, mit Zitronensaft übergießen, mit den Apfelscheiben belegen und der Petersilie bestreuen. Sofort servieren.

Die deutsche Sitte, zu gebratener Leber gesottene Äpfel und Zwiebeln aufzutragen, findet sich in ähnlicher Form in Persien mit *Rindergulasch* wieder. Das
Fleisch wird zuvor mit Salz, Pfeffer und Zimt in Butter gebräunt, später mit
etwas Wasser geschmort, mit gebratenen Zwiebeln und Äpfeln garniert, mit
Zitronensaft begossen aufgetragen. In Marokko kennt man das gleiche Gericht
mit *Hammelgulasch*.
Eine sehr aromatische Soße gewinnt man, wenn man Kasseler oder Schweinebra-
ten mit zwei säuerlichen Äpfeln, zwei Zwiebeln und einer Zehe Knoblauch,
Pfefferkörnern und Thymian im Backofen gart. Das Fleisch sollte außerdem mit
Salz, Pfeffer und Senf eingerieben werden. Die Soße später etwas einkochen
lassen, mit saurer Sahne und etwas Zucker würzen, eventuell mit wenig leicht
angeröstetem Mehl sämig machen.

**Apfelmus zu Salzkartoffeln,**

gebratener Zwiebel und Blutwurst ist ein altbewährtes Gericht, bekannt als
Himmel und Erde.

**Dicke Rippe im Römertopf**

*1 kg Schweinerippe, in die*                              *1 knapper TL Thymian*
*der Metzger eine Tasche ein-*                            *2 Zwiebeln*
*geschnitten hat*                                         *1 EL Butter*
*Salz*                                                    *500 g Kartoffeln*
*Kardamom*                                                *Nach Belieben anstelle des Brötchens:*
*2–3 Äpfel*                                               *1 Tasse Backpflaumen*
*1 eingeweichtes, aus-*                                   *oder 2 EL Rosinen*
*gedrücktes Brötchen*

Den Römertopf wässern. Das Schweinefleisch innen und außen kräftig mit Salz
und Kardamom einreiben. Die Äpfel schälen, entkernen und in kleine Würfel
schneiden. Mit dem Brötchen und Thymian mischen. Die Zwiebeln häuten,
klein schneiden und in der erhitzten Butter goldgelb braten. Unter die Apfelwürfel geben, in die Tasche füllen und zunähen. Das Fleisch 50 Minuten bei
Stufe 5 (230° C) schmoren, dann herausnehmen und die inzwischen vorbereiteten Kartoffelwürfel auf den Boden des Topfes legen, mit Salz bestreuen, das

Fleisch wieder in den Topf geben und das Gericht für eine weitere Stunde in den Ofen schieben. Mit grünem Salat auftragen.

*1. Variation:* die Rippe mit der mexikanischen Piroggenfüllung braten (Rezept Seite 259 unten).

*2. Variation:* die russische Piroggenfüllung verwenden (Rezept Seite 260).

*Gans mit Äpfeln,* oft noch mit Beifuß oder Sultaninen oder Backpflaumen gefüllt, hat alte deutsche Tradition.

*Gänse- und Schweinefett* wurde in Pommern gewöhnlich mit Äpfeln, Zwiebeln und Thymian ausgelassen.

## Piroggen mit mexikanischer oder russischer Füllung

Piroggen sind eine russische Spezialität: gefüllte Brötchen. Bei uns ißt man statt dessen Brötchen mit Bratwurst, die Amerikaner bevorzugen süße Brötchen mit Hamburgern, die Mexikaner Tamales mit Bohnen oder der folgenden Füllung, die Araber Falafeln. Von meiner Mutter bin ich die Kombination Fleisch und Rosinen gewöhnt. Ich mag deshalb das folgende Rezept sehr gern, das ich für Reise und Party praktisch finde:

*Teig:*                                          *Zubereitung 20 Minuten*

| | |
|---|---|
| *20 g Hefe* | *2 EL Butter (30 g)* |
| *¼ l Wasser oder Milch* | *1 Ei* |
| *½ EL Zucker* | *½ TL Salz* |
| *500 g Mehl* | |

Hefe mit Zucker und warmer Flüssigkeit in einer Tasse mischen, stehenlassen, bis sich die Hefe ausdehnt. Inzwischen das Mehl mit der zerlassenen Butter, Ei und Salz verrühren. Die Hefe zugeben. Den Teig kräftig schlagen, bis er Blasen wirft. An einem warmen Ort gehen lassen.
Während der Teig geht, die Füllung zubereiten.

*1. Füllung (Mexiko)*                          *Zubereitung noch 50 Minuten*

| | |
|---|---|
| *2 kleine oder 1 große* | *1 EL gehackte Mandeln* |
| *gehackte Zwiebel* | *1 EL Essig* |
| *1 EL Öl* | *1 TL Zucker* |
| *300 g Schabefleisch* | *1 gehäufter TL Salz* |
| *(mageres Hackfleisch* | *1 Prise Zimt* |
| *vom Rind)* | *1 Messerspitze indischer* |
| *1 zerdrückte Zehe Knoblauch* | *Kümmel (Cumin)* |
| *180 g gehäutete Tomaten* | *1 Prise Pfeffer* |
| *½ gewürfelter Apfel* | *Zum Bestreichen:* |
| *1 gehäufter EL Rosinen* | *1 Eigelb, 1 TL Milch* |

Die Zwiebeln in dem Öl goldgelb braten, Fleisch und Knoblauch zugeben, unter Rühren braten lassen. Tomaten und Apfel, Rosinen, Mandeln sowie alle Gewürze zugeben, insgesamt 15 Minuten auf kleiner Flamme schmoren lassen. Den Teig zu einer langen Wurst formen. In 20 Scheiben schneiden. Jede Scheibe zu einem Viereck oder Kreis ausrollen – die Mitte 1 cm dick lassen, die Ränder dünn auswellen. Die Füllung auf den Teigstücken verteilen. Jedes Stück bei einem Viereck wie ein Paket zusammenschlagen oder runde Stücke zusammendrücken. Ein Backblech fetten, die Piroggen mit der Naht nach unten daraufsetzen. 30–60 Minuten gehen lassen, danach mit Eigelb und Milch bestreichen und je nach Backofen in 30 Minuten oder weniger goldgelb backen.

Viele Leute werden den Gedanken, Fleisch mit Obst und Rosinen zu essen, weit von sich weisen. Deshalb folgt eine andere Füllung für die leckeren Piroggen:

*2. Füllung (Rußland)*                                          *Zubereitung 20 Minuten*

*1 EL Butter*                              *1–2 hartgekochte Eier*
*1 Zwiebel*                                *1 EL Petersilie*
*400 g Gehacktes vom Rind*                 *1 EL Dill*
*Pfeffer*                                  *½ TL Salz*

Die Butter erwärmen. Die Zwiebel schälen und fein hacken, goldgelb braten. Das Gehackte zugeben und kurze Zeit mitbraten. Die hartgekochten Eier ganz fein wiegen, desgleichen die Kräuter, salzen und pfeffern. Weiter verfahren wie vorher beschrieben.

Anstelle des Rindfleischs können auch Leber, Fischfilet, Pilze oder Sauerkraut mit Pilzen als Füllung dienen. Die Piroggen müssen frisch gegessen werden. Sie sind nur an dem Tag, an dem sie gebacken wurden, gut.

ÄPFEL UND
GEMÜSE

## Äpfel mit Weißkraut *(Rußland)*

Dieses Gericht war für mich ungewöhnlich, aber gut. Ein mittelgroßer Kopf Weißkraut wird kleingeschnitten, in Butter mit drei Äpfeln und reichlich Kümmel kurze Zeit gedünstet, anschließend mit Mehl und saurer Sahne gebunden, mit Salz, Zucker, Essig oder Zitronensaft und Petersilie gewürzt.

## Äpfel mit Rotkraut

Unsere Beilage zu Festtagsbraten. Ein Kopf Rotkraut wird kleingeschnitten, mit einer Zwiebel, zwei Äpfeln, Pfeffer, Salz, Nelken, einem Lorbeerblatt, einer kräftigen Prise Zucker, einem Schuß Essig und einem Ring Zitronenschale gargekocht.

*Variation:* die Zwiebel in Gänseschmalz anbraten und das Kraut mit Johannisbeergelee abschmecken.

## Äpfel mit Möhren

Henriette Davidis kocht Möhren mit Rinderfett, Salz und Wasser gar und fügt am Ende rohe, eingezuckerte Äpfel zu. Uns schmeckte das gar nicht.

## Äpfel mit roten Rüben *(Rußland)*

800 g rote Rüben werden geschält und in Scheiben geschnitten, in wenig Wasser mit drei gewürfelten Äpfeln gargekocht, mit Salz, Zucker, Essig, etwas Butter und 100 g saurer Sahne gewürzt und kräftig mit Dill bestreut serviert. Meine Familie ist von dieser Zubereitungsart begeistert.

## Äpfel mit Kartoffeln

gekocht, dazu mit Milch und Butter, eventuell Zucker, zu Püree verarbeitet, findet sich ab und zu in deutschen Kochbüchern.

## Apfelmeerrettich

Zu Karpfen blau gehört bei uns diese Beilage: ¼ Stange Meerrettich, feingerieben, mit einem geriebenen Apfel und 100 g Schlagsahne vermischt, eventuell mit Salz und Zucker gewürzt. Dazu braune Butter, Salzkartoffeln und Kopfsalat.

GETRÄNKE *Apfelsaft* ist so erfrischend und durststillend, daß ich ihn Orangensaft vorziehe. Man kann die Früchte gewaschen und zerschnitten ohne Zuckerzugabe in den Dampfentsafter geben und erhält dann von 5 kg Äpfeln 2,5 l Saft.
Oder die gewaschenen Äpfel ungeschält und unentkernt in Stücke schneiden, mit Wasser bedeckt weichkochen und den Saft durch ein Tuch ablaufen lassen. Den heißen Saft in Flaschen füllen und verkorken. Die Apfelstücke anschließend durch ein Sieb rühren, um Apfelmus zu machen.

## Mischsäfte

Apfelsaft läßt sich gut mit anderen Säften mischen: mit Holunder, Brombeere, Himbeere, Birne, Weißdorn, Rhabarber, Sauerkirsche, Johannisbeere, Erdbeere. *Apfelsaft mit Mineralwasser* ist noch durststillender als der pure Saft.

## Apfelsaft als Longdrink

An einem heißen Sommerabend kann man anstelle des schon selbstverständlich gewordenen Orangensaftes mit Wein oder Sekt auch einmal Apfelsaft mit Eiswürfeln und einem Schuß Wodka versuchen oder Apfelsaft mit Mineralwasser und Wodka. Beides ist wohlschmeckend und erfrischend.

## Apfelmüsli

Wir lieben Haferflocken zum Frühstück. Besonders köstlich wird das Müsli mit einem geriebenen Apfel pro Person, dazu 4 gehäufte EL Haferflocken, 2 TL Honig, 1 EL Rosinen, 1 EL gehackte Nüsse und 1 gestrichener EL Leinsamen (für die Verdauung). Die Milchzugabe ist individuell – der eine hat es lieber flüssiger, der andere fester. Am besten schon abends zubereiten.
*Variationen:* Sanddornmus anstelle des Apfels oder Passionsfruchtsirup – dann entfällt die Honigzugabe.

ÜSS-SPEISEN VON ÄPFELN Unser guter, alter Apfel läßt sich von allen Früchten am besten mit anderen Zutaten kombinieren und am vielseitigsten verwenden (außer den Zitronen, die aber mehr als Würzmittel dienen). Dieses Obst wird in der Küche meist entweder gedünstet oder gebacken, obwohl geriebene Äpfel oder einfach aus der Hand gegessene ein Hochgenuß sind – wenn sie ein gutes Aroma haben. Meine Rezepte habe ich mit Rotem Boskoop ausprobiert, der einzigen Sorte, mit der man – meiner Meinung nach – im Frühsommer backen und kochen kann.

## Apfelkaltschale                                  *Zubereitung 25 Minuten*

*500 g Äpfel*
*¾ l Wasser oder*
*halb Wasser, halb Wein*
*1 Zitronenschale, im Ring abgeschält*
*Saft einer Zitrone*

*1 kräftige Prise Zimt*
*Kernchen einer Vanilleschote*
*80 g Zucker*
*50 g Rosinen*

Die Äpfel schälen und in Scheiben schneiden. Mit allen Zutaten zum Kochen bringen und auf kleiner Flamme so lange kochen lassen, bis die Apfelscheiben weich, aber noch nicht zerfallen sind. Die Zitronenschale entfernen und die Kaltschale bis zum Gebrauch im Kühlschrank aufbewahren.

Nach dem gleichen Rezept kann *Grütze* zubereitet werden. Entweder verwendet man 75 g tags zuvor in Wasser eingeweichte Hafergrütze, die mit einem Teil der oben angegebenen Flüssigkeit 15 Minuten kochen muß, bevor die anderen Zutaten hinzugefügt werden, oder man gibt zu den fast garen Apfelstücken 50 g in 4 EL Wasser angerührtes Maismehl und läßt unter Rühren einige Minuten kochen. Die Grütze mit 200 g flüssiger Sahne auftischen.

### Apfelkompott                                    *Zubereitung 20 Minuten*

| | |
|---|---|
| *500 g Äpfel* | *Saft einer halben Zitrone* |
| *80 g Zucker* | *1 Stück Zitronenschale* |
| *½ l Wasser, evtl. halb* | *(nach dem Kochen* |
| *Wasser, halb Wein* | *entfernen)* |

Während man die Äpfel schält, Zucker, Wasser, Zitronenschale und Zitronensaft zum Kochen bringen und leise kochen lassen. Die Äpfel nach dem Schälen vierteln, das Kernhaus entfernen, die Viertel nochmals halbieren. Gleich in die kochende Flüssigkeit geben und fünf Minuten darin garen.

Dieses Kompott kann man nach Belieben außer mit den angegebenen Zutaten noch mit Rosinen, Mandeln, Zimt oder Vanille, Kardamom, Nelken, Ingwer oder Anis würzen. Anstelle des Zitronensaftes läßt sich gut Rum oder Arrak verwenden. Gut gekühlt auftragen.

*Variation:* die Äpfel mit 100 g Zucker, der angegebenen Menge Wasser und 100 g entsteinten Pflaumen oder Aprikosen kochen.

Apfelkompott paßt, wie Apfelmus, ausgezeichnet zu Kartoffelpuffern oder Eierkuchen sowie zu Grieß- oder Reispudding (von körnigem Reis, nicht zu dem türkischen Reismehlpudding).

### Apfelmus                                        *Zubereitung 20 Minuten*

| | |
|---|---|
| *750 g Äpfel* | *100 g Zucker* |
| *1 Tasse Wasser* | *Zitronenschale* |

Die Äpfel schälen, entkernen, vierteln. Mit Wasser, Zucker und Zitronenschale 5–7 Minuten kochen lassen. Die Zitronenschale entfernen, die Äpfel pürieren oder durch ein Sieb passieren.

Man kann sehr gut ungeschälte Äpfel verwenden, die durchgeschlagen werden müssen; das Mus wird davon aber dunkler.

*Variation:* den Äpfeln vor dem Kochen 100–200 g entsteinte Pflaumen oder Aprikosen zufügen. Dafür weniger Äpfel nehmen. Weiter verfahren wie angegeben.

### Apfelschaumcreme oder Apfelsorbet               *Zubereitung 25 Minuten*

| | |
|---|---|
| *500 g Äpfel* | *1 Eiweiß* |
| *Saft einer Zitrone* | *200 g Sahne* |
| *80 g Zucker* | *1 Päckchen Sahnesteifmittel* |

Die Äpfel schälen, vierteln, entkernen. Die Viertel nochmals halbieren. Mit dem Zitronensaft begießen und in einem Topf kurze Zeit erhitzen, damit sie nicht so braun werden wie rohe Äpfel. Während der Topf auf dem Herd steht, mit einem Mixstab pürieren. Hat das Mus einmal aufgekocht, vom Feuer nehmen und 50 g Zucker mit dem Mixstab darin verteilen.

Das Eiweiß zu Schnee schlagen. Die Sahne fast steif schlagen, das Sahnesteifmittel mit dem restlichen Zucker mischen und zugeben. Eiweiß und Apfelmus über die Sahne geben, unterziehen. Gekühlt auftragen oder halbgefroren als Sorbet.

### Apfelsoufflé *(Rußland)*          *Zubereitung insges. 85 Minuten*

|  |  |
|---|---|
| *300 g Äpfel* | *2 EL Walnußkerne* |
| *100 g Zucker* | *2 EL Butter, 6 Eiweiß* |

Die Äpfel schälen und dritteln, das Kernhaus entfernen. Mit ¼ Tasse Wasser in einer Keramikform in den Backofen stellen und 30 Minuten bei Stufe 4 (210° C) darin lassen. Nach dem Herausholen pürieren. Mit dem Zucker mischen und in einem Topf auf den Herd stellen. Bei kleiner Flamme so lange unter gelegentlichem Umrühren leise kochen lassen, bis es fast so fest wie Marmelade geworden ist. (Das dauert eine reichliche halbe Stunde.) Die Walnüsse zugeben. Eine Keramikform mit der zerlassenen Butter ausstreichen. Das Eiweiß ganz steif schlagen. Die Apfelmischung zugeben und gut, aber vorsichtig mischen. Sofort in den Backofen schieben ( Stufe 4/210° C) und 10 Minuten backen lassen. Gleich als Nachspeise servieren.

### Überbackene Apfelstücke mit Himbeeren *(Rußland)*    *Zubereitung 40 Minuten*

Diese Zubereitungsart ist sehr schmackhaft und deshalb praktisch, weil der restliche Teig nicht übrigbleibt.

|  |  |
|---|---|
| *Teig: 2 EL zerlassene Butter* | *Zum Ausbacken: 4 EL* |
| *4 Eigelb, ½ TL Salz* | *zerlassene Butter* |
| *⅛ l Milch* | |
| *5 gehäufte EL Mehl* | *Belag: 150 g Himbeeren* |
| *500 g Äpfel* | *(sie können noch gefroren sein)* |
| *4 Eiweiß* | |
| *5 EL Zucker* | |

Die zerlassene Butter, Eigelb, etwas von der Milch, Salz und Mehl miteinander verrühren. Die Äpfel schälen, entkernen und in ½ cm dicke Scheiben schneiden. Mit 5 EL Zucker bestreuen und eine halbe Stunde stehenlassen.

Das Eiweiß schlagen, unter den Teig ziehen. Die Äpfel mit einer Gabel in den Teig tauchen und in den 4 EL zerlassener Butter (insgesamt braucht man für dieses Rezept 80 g) bei schwachem Feuer von beiden Seiten goldbraun braten. In eine Keramikform legen, mit dem restlichen Teig begießen und noch 30 Minuten bei Mittelhitze überbacken. Mit den Himbeeren belegt auftragen, entweder als Nachtisch oder nach einer Cremesuppe als Hauptgang und Dessert.

### Bratäpfel

Entweder legt man die Äpfel im Ganzen in die Bratröhre oder man füllt sie. Nicht schälen, das macht sie unansehnlich.

| | |
|---|---|
| *4 Äpfel* | *1 gehäufter EL Zucker* |
| *1 gehäufter EL Rosinen* | *1 gehäufter EL Butter* |
| *2 gehäufte EL Mandeln* | *⅛ l Wasser oder* |
| *1 EL geriebene Zitronenschale* | *Weißwein* |

Die Äpfel waschen. Mit einem Apfelausstecher das Kernhaus ausstechen, aber nicht den Apfel unten verletzen; er soll ganz bleiben.

Noch so viel vom Apfelfleisch entfernen, daß eine große Höhlung entsteht, in die je 1 EL von der Füllung hineinpaßt. Die Rosinen waschen und verlesen, die ungeschälten Mandeln reiben. Dann alle Zutaten – außer Wasser oder Wein – gut vermischen. Ich gebe sie in die Zerkleinerungsmaschine und lasse diese ein paarmal laufen. Die Masse in die Äpfel füllen, die Früchte in eine Keramikform setzen, deren Boden mit wenig Wasser oder Weißwein bedeckt ist, und bei Stufe 6 (250° C) 30 Minuten backen lassen.

Es ist ein schmackhafter Nachtisch.

Die Äpfel können auch mit anderen Zutaten, wie z. B. in Rußland mit 1 EL gargekochtem Reis und obigen Zutaten oder mit zerbrochenen Makronen gefüllt und zusätzlich in Teig gewickelt, gebacken werden.

## Äpfel im Schlafrock

Man umhüllt die Äpfel mit Blätterteig (150 g) oder einem Teig aus:

| | |
|---|---|
| *200 g Mehl* | *60 g Butter* |
| *4 EL Milch* | *3 gestrichenen EL Zucker* |

Alle Zutaten verkneten, den Teig ausrollen, die Äpfel damit umhüllen, mit etwas Eigelb und Milch bepinseln und 30 Minuten bei Stufe 4 (210° C) backen.

In Hessen wurde früher am Brotbacktag der Familie je ein Apfel mit Brotteig als Mittagessen verzehrt.

Aus Äpfeln lassen sich mit Zwieback, Reis, Weißbrot und Haferflocken Aufläufe herstellen. Ich will mich auf drei – ähnliche – Arten beschränken.

Die deutschen Apfelkuchenrezepte sind gar nicht erfaßbar – fast jede Familie hat ein anderes, gutes. Ich will wenigstens die Hauptarten aufzählen. Kein anderes Obst läßt sich so vielseitig zum Backen verwenden wie der Apfel.

## Ofenschlupfer

Dieser Auflauf ist von Deutschland bis nach Rußland verbreitet.

| | |
|---|---|
| *300 g Toastbrot* | *500 g Äpfel* |
| *¾ l Milch* | *abgeriebene Schale einer Zitrone* |
| *2 Eier* | *40 g Rosinen* |
| *80 g Zucker* | *1 Prise Zimt* |
| *1 Vanillinzucker* | *einige Butterflöckchen (20 g)* |
| *3 EL zerlassene Butter* | |

Das Brot toasten und in kleine Würfel teilen. Milch, Eier, die Hälfte des Zuckers und die zerlassene Butter über die Würfel geben und weichen lassen. In der Zwischenzeit die Äpfel schälen und in Scheiben schneiden, mit der zweiten Hälfte des Zuckers, Zitronenschale, Rosinen und Zimt bestreuen. Eine große Auflaufform ausfetten. Den Boden mit Brot bedecken, eine Lage Apfelstücke darauf verteilen, dann wieder Brot usw., bis alles aufgebraucht ist. Die oberste Schicht soll aus Weißbrot bestehen, das man mit Butterflöckchen belegt. Bei Stufe 4 (210° C) 45 Minuten backen.

Mit einer Fleischbrühe oder Cremesuppe vorher, ist das ein schmackhaftes Familienmittagessen. (Kalt besser als warm.)

In Osteuropa verwendet man kein Toastbrot, sondern alte Brötchen, die fein geschnitten, in Milch eingeweicht und mit den anderen Zutaten verknetet werden. Die Äpfel reibt man hinein. Diese Auflaufart soll viel wohlschmeckender sein als der Ofenschlupfer.

### Apfelbettelmann

Dieser Auflauf ist dem Ofenschlupfer sehr ähnlich, nur sind die Zutaten armselig – daher der Name. Er stammt bestimmt aus einer Zeit, als das »Habermus« noch eine tägliche Mahlzeit bildete. Für Leute, die mit der Brotdiät abnehmen wollen, eine kalorienarme Abwechslung.

| | |
|---|---|
| *200 g sehr dunkles, aber* | *100 g Rosinen* |
| *kein körniges Brot* | *500 g Äpfel* |

Eine Auflaufform mit Butterpapier ausfetten. Das Brot klein schneiden und mit einer Zerkleinerungsmaschine reiben. Die Äpfel mit oder ohne Schale fein reiben. Eine Lage Brot in die Form geben, mit den Äpfeln bedecken, alle Rosinen darüberstreuen, wieder Brot und Äpfel darauflegen. 40 Minuten bei Stufe 4 (210° C) backen. Nachdem man sich davon auf den Teller genommen hat, mit Milch übergießen. Kalt esse ich das sehr gern. Für hungrige Mäuler war das bestimmt einmal eine Delikatesse.

### Apfelquarkauflauf

*Zubereitung 40 Minuten*
*Backzeit 60 Minuten*

| | |
|---|---|
| *50 g Butter* | *500 g Quark* |
| *7 EL Zucker* | *100 g Haferflocken* |
| *2 EL Rum* | *750 g Äpfel, 30 g Rosinen* |
| *4 Eier* | *20 g Mandelblättchen* |
| *1 Prise Salz* | *20 g Butterflöckchen* |
| *abgeriebene Schale einer Zitrone* | *3 EL Puderzucker* |

Butter und 5 EL Zucker schaumig rühren. Rum, Eier, Salz und Zitronenschale zugeben, Quark und Haferflocken mit der Masse gut verrühren. Die Äpfel schälen, das Kernhaus entfernen, in Scheiben schneiden, mit 2 EL Zucker, den Rosinen und Mandeln bestreuen. Eine Auflaufform ausfetten. Zuunterst eine dünne Schicht Quark, dann Äpfel, wieder Quark, wieder Äpfel und obenauf Quark geben. Mit Butterflöckchen belegen und in einer Stunde bei Stufe 4 (210° C) hellbraun backen. Mit Puderzucker übersieben. Kalt auftragen.

### Apfelreis

Äpfel und Reis passen wunderbar zusammen. Den Apfelreis kann man auf verschiedene Art zubereiten: Entweder kocht man 200 g Reis mit ½ l Milch, 2 EL Zucker und Apfelkompott von 500 g Äpfeln getrennt und schichtet beides anschließend abwechselnd in eine Schüssel oder man kocht Reis und Äpfel gleich

zusammen. Man kann auch einen Reisring zubereiten und stürzen, die vorsichtig gedünsteten Apfelscheiben, die gut abgetropft haben, in die Mitte des Ringes geben und den Kochsaft so sehr eindicken lassen, daß man einen dünnen Sirup erhält, der dann über Äpfel und Reisring verteilt wird.
Oder man bereitet einen Reisauflauf mit Äpfeln zu.

### Reisauflauf
*Zubereitung 70 Minuten*

| | |
|---|---|
| *200 g Langkornreis* | *500–750 g Äpfel* |
| *½ l Milch* | *2–3 EL Zucker* |
| *1 Prise Salz* | *abgeriebene Schale und* |
| *2 EL Zucker* | *Saft einer Zitrone* |
| *4 Eigelb* | *50 g Rosinen* |
| *1 Vanillezucker oder* | *50 g Mandeln* |
| *¼ Vanillestange* | *4 Eiweiß* |
| *50 g Butter* | *Zucker und Zimt* |

Den mehrmals gewaschenen Reis in kochendes Wasser schütten und 5 Minuten sprudelnd kochen lassen. Auf ein Sieb geben und kalt abspülen. Die Milch mit dem Salz erhitzen. Den Reis in den Topf geben und so lange kochen lassen, bis er halbweich geworden ist. In dieser Zeit Zucker, Eigelb, Vanillezucker und Butter schaumig rühren. Verwendet man Vanillestange, so muß sie aufgeschlitzt mit dem Reis kochen und hinterher entfernt werden. Den Reis abkühlen lassen und anschließend mit der Eimasse mischen.
Die Äpfel schälen, achteln, mit Zucker, Zitronenschale und -saft, Rosinen und Mandeln verrühren.
Das Eiweiß schlagen und unter den Reis ziehen. In eine gefettete Auflaufform zuunterst, in die Mitte und obenauf je eine Lage Reis geben, die zweite und vierte Lage soll aus Äpfeln bestehen. Den Auflauf 45 Minuten bei Stufe 4 (210° C) backen. Mit Zucker und Zimt bestreuen. Kalt auftragen.
Anstelle der Apfelscheiben kann der Auflauf auch mit einem Glas Apfelmus zwischen dem Reis zubereitet werden.
Diese Aufläufe gewinnen an Geschmack, wenn man nicht nur Äpfel verwendet, sondern einen Teil durch Heidelbeeren, Kirschen, Pflaumen, Quitten usw. ersetzt.
*Apfelpie* kann nach dem Rhabarberrezept auf Seite 216 zubereitet werden.

### Apfelpfannkuchen

Einen normalen Pfannkuchenteig von 4 Eiern zubereiten (Rezept S. 177). Dann 500 g Äpfel schälen, entkernen, in Scheiben schneiden. Den Pfannkuchen in die gefettete Pfanne geben und sogleich obenauf Apfelscheiben in den flüssigen Teig legen. Vor dem Umdrehen ein wenig Butter auf die Apfelscheiben geben und goldgelb backen. Mit Zucker und Zimt bestreuen.

GEBÄCK UND
KUCHEN

### Hefetaschen

Diese Taschen sind noch lauwarm am köstlichsten. Am nächsten Tag haben sie all ihren Reiz verloren.

*Teig:*
*Zubereitung 20 Minuten*

Den Piroggenteig von Seite 259 verwenden, dem Teig noch zusätzlich 2 EL Zucker hinzufügen, oder den Hefetaschenteig aus dem Anhang.

*Füllung:*
*500 g Äpfel*
*3 EL Zucker*
*80 g Rosinen*
*Korinthen*
*50 g Mandeln oder*

*Zubereitung 35 Minuten*

*Haselnüsse, gehobelt*
*Zum Bestreichen:*
*1 Eigelb*
*einige Tropfen Milch*

Den Teig zubereiten, teilen und ausrollen, wie auf Seite 259 beschrieben.
Die Äpfel schälen, entkernen und klein schneiden. Mit Zucker, Rosinen und Mandeln mischen. Auf jeden Teigfleck einen Eßlöffel Füllung geben. Die Taschen zusammenschlagen, auf das Backblech legen und noch wenigstens 30 Minuten gehen lassen. Mit Eigelb bepinseln und in einer halben Stunde bei Stufe 4 (210° C) goldbraun backen.

## Tiroler Apfelstrudel
*Zubereitung 2 Stunden und 20 Minuten*

Dieses Rezept ist eine der genialsten Erfindungen der Kochkunst – diesmal der österreichischen Küche. Wenn wir in Österreich Skiurlaub machen, essen wir zwei Wochen lang täglich mindestens einmal Apfelstrudel, und wir haben ihn noch nie überbekommen. Sauerkirsch- oder Rahmstrudel ist längst nicht so aromatisch und saftig.
Die Zubereitung ist allerdings nicht ganz einfach und für mich – sehr zeitraubend. So meisterhaft, wie er sein sollte, gelingt er mir nicht, dennoch reißen sich alle um ihn.

*Teig:*
*300 g Mehl*
*½ Tasse lauwarmes Wasser,*
*evtl. etwas mehr*
*1 Prise Salz*
*1 Ei*
*3 EL Öl*

*Zum Bestreichen und Bestreuen:*
*4–6 EL zerlassene Butter*
*4 EL Semmelbrösel*
*Zum Überpinseln:*
*2 EL zerlassene Butter*
*Zum Besieben:*
*2 EL Puderzucker*

Das Mehl mit den Zutaten zu einem weichen Teig verkneten, der nicht mehr kleben soll. Der Teig muß gründlich bearbeitet werden. Dann in die Backschüssel legen, mit wenig warmem Wasser bestreichen und zugedeckt ruhen lassen. In der Zwischenzeit die *Füllung* zubereiten:

*1500 g Äpfel*
*6 EL Zucker*
*100 g Rosinen*

*100 g blättrig*
*geschnittene Mandeln*

Die Äpfel schälen, entkernen und in feine Scheiben schneiden (ich benutze dazu eine handbetriebene Schneidemaschine). Mit Zucker, Mandeln und Rosinen gut mischen.
Den Teig in vier Teile zerschneiden. Den Küchentisch mit Mehl bestreuen und aus einem Teigteil eine Kugel formen. Die Kugel von der Mitte aus so dünn, so gleichmäßig und so glatt ausrollen, wie nur irgend möglich. (Das ist nicht nach Vorschrift, man zieht ihn von Anfang an aus, was ich nicht kann.) Auf dem Küchentisch ein altes Tischtuch oder Bettlaken ausbreiten. Damit der Teig nicht klebt, das Tuch mit Mehl bestreuen. Den ausgerollten Teig darauflegen. Mit beiden Händen unter den Teig fahren und – ganz vorsichtig – an den Rändern ziehen, bis der Teig dünn wird wie Papier. Er soll so dünn sein, daß man durch

ihn Zeitung lesen kann – Löcher soll er nicht bekommen. Ein Loch bekommt er
immer, das ist nicht schlimm. Die Ränder soll man abschneiden – ich finde, das
ist Verschwendung – ich rolle sie auf dem Tuch ganz dünn aus.
Je ein Teigteil wird mit 1 EL zerlassener Butter sorgfältig bestrichen und mit
1 EL Semmelmehl bestreut. Darauf kommt ein Viertel der Füllung, die ganz
breit gestrichen wird, besonders die Ränder sollen etwas davon abbekommen.
Ein Ende des Tuches hochheben, so daß sich der Strudel zu einer Rolle formt.
Die Rolle auf das Backblech legen und die nächste Teigkugel auf dem Küchentisch ausrollen. Alle Rollen auf dem Blech mit Butter bepinseln und in
45 Minuten bei Stufe 4 (210° C) goldbraun backen.
Nach dem Backen mit Puderzucker übersieben. Die Enden sind ein bißchen
hart, der Rest schmeckt wunderbar aromatisch und saftig.
Der Strudel wird entweder mit Schlagsahne aufgetragen, man kann auch heiße
Vanillesoße dazu servieren. Reste der Strudelmenge lassen sich gut einfrieren.
In Hessen kann man Blätterteigstrudel kaufen, der nicht entfernt so gut ist wie
der echte Tiroler Strudel.

Hervorragend ist die

**Schwäbische Apfeltorte**                                          *Zubereitung 60 Minuten*
                                                                    *Backzeit 60 Minuten*

| | |
|---|---|
| *Teig:* | *50 g gehackte Mandeln* |
| *300 g Mehl* | *50 g Rosinen* |
| *150 g Butter* | *geriebene Schale einer* |
| *125 g Zucker* | *halben Zitrone* |
| *2 Eier* | *Zum Bestreichen: 1 Eigelb* |
| *Füllung:* | *und einige Tropfen Milch* |
| *1 kg Äpfel* | *Zum Bestäuben:* |
| *80 g Zucker* | *2 EL Puderzucker* |

Die Zutaten des Teiges rasch miteinander verkneten und kalt stellen.
Die Äpfel schälen, entkernen, in Blättchen schneiden und mit Zucker, Mandeln,
Rosinen und Zitronenschale mischen.
Nachdem der Teig gut abgekühlt ist (nach einer Stunde) aus ⅔ des Teiges einen
Boden für eine 28 cm große Springform ausrollen, dazu einen hohen Rand. Die
gefettete Form damit auskleiden. Die Apfelscheiben darauf verteilen, vom
restlichen Teig einen Deckel ausrollen und daraufsetzen, ringsum gut andrükken, mehrmals mit einer Gabel einstechen. Mit dem Eigelb bestreichen.
60 Minuten bei Stufe 4 (210° C) backen. Danach mit Puderzucker bestäuben.
Der Stachelbeerbiskuitkuchen kann auch mit Äpfeln zubereitet werden, nur
sollte man dann nicht mehr als 80–100 g Zucker verwenden. (Mit Stachelbeeren
ist er besser.) Neben Quark sind Äpfel unser beliebtester Kuchenbelag, in der
Zwetschgenzeit auch Zwetschgen. Die einfachste Art, einen Apfelkuchen herzustellen ist ein


**Hefeteigboden mit Äpfeln**

| | |
|---|---|
| *1 Hefeboden (Rezept im Anhang)* | *2 EL gehackte Mandeln* |
| *Belag:* | *oder Haselnüsse* |
| *750 g Äpfel* | *3 EL Zucker* |
| *3 EL Rosinen* | |

Den ausgerollten Hefeteig mit den Äpfeln, die man geschält, entkernt und in Sechzehntel geschnitten hat, von außen nach innen kreisförmig belegen. Mit Rosinen, Nüssen und Zucker bestreuen, noch ½ Stunde gehen lassen, danach 45 Minuten backen.
*Variation:* Die 750 g Äpfel mit *Streuseln* bestreuen, statt mit Rosinen, Mandeln und Zucker.

| | |
|---|---|
| *Streusel:* | |
| *75 g Butter* | *150 g Mehl* |
| *75 g Zucker* | *1 Prise Zimt* |

Butter und Zucker sowie Mehl und Zimt mit einer Gabel mischen. Dabei nicht zu einem Teig zusammendrücken, sondern immer wieder die Butter mit dem Mehl verreiben, so daß die Butterflöckchen voneinander getrennt werden und von Mehl und Zucker umgeben sind. Die Masse auf den Äpfeln verteilen und ebenfalls 45 Minuten backen.
Nach dem gleichen Rezept *Süßkirschenkuchen* (die Kirschen nicht entsteinen) und *Pflaumenkuchen* zubereiten. Der Kirschkuchen ist besonders delikat, wenn er eingefroren war.

## Apfelkuchen mit Rahmguß                 *Zubereitung 50 Minuten*

Der Hefeboden, der mit 750 g Äpfeln belegt wurde, kann mit 50 g Rosinen und Mandeln bestreut und mit dem Rahmguß des Rhabarberkuchens Seite 216 gebacken werden. Dann die 2 EL Puderzucker obendrauf weglassen.
*Variation 1:* Dem Sahneguß die Schale einer abgeriebenen Zitrone hinzufügen.
*Variation 2:* Einen Hefeboden mit 750 g Äpfeln belegen. Die Sahne des Rahmgusses durch Quitten- oder Guavenmus ersetzen. (Guaven aus der Dose sind nicht dazu geeignet.)

*Zubereitung des Gusses 15 Minuten*

| | |
|---|---|
| *30 g Butter* | *200 g oder mehr Mus* |
| *100 g Zucker* | *40 g gehackte Mandeln* |
| *2 Eigelb* | *2 Eischnee* |

Butter, Zucker und Eigelb schaumig rühren. Das Mus mit den Mandeln hinzufügen. Am Ende den Eischnee unterziehen. 45 Minuten backen. Eventuell mit etwas Alufolie zeitweise überdecken, damit der Guß nicht zu dunkel wird.

## Sächsischer Apfelkuchen mit Vanillecreme     *Zubereitung insges. 50 Minuten*

Anstelle des Rahmgusses verwendet man in Sachsen eine Vanillecreme:

| | |
|---|---|
| *¼ l Milch und 4 EL Milch* | *50 g Butter* |
| *½ Vanilleschote* | *2 Eigelb* |
| *2 gehäufte EL Maismehl* | *80 g Zucker* |

¼ l Milch mit der aufgeschlitzten Vanilleschote aufkochen. Das Maismehl mit 4 EL Milch gut verrühren und in die kochende Flüssigkeit geben. Vom Herd nehmen. Butter und Zucker schaumig rühren. Das Eigelb zugeben, weiterrühren. Die etwas abgekühlte Milch, aus der die Vanilleschote herausgenommen wurde, langsam zugießen. Diese Creme auf den mit Äpfeln belegten Hefeboden streichen und sofort backen. Der Kuchen muß also schon gut gegangen sein, bevor der Guß zubereitet wird. 45 Minuten bei Stufe 4 (210° C) backen.

Eine veredelte Form dieses sächsischen Kuchens entsteht, wenn man zu der Vanillecreme nur 30 g Zucker verwendet, dafür aber 200 g Rohmarzipan mit einem halben Eiweiß knetet und so viel Puderzucker zugibt, daß sich das Marzipan ausrollen läßt (höchstens 100 g, besser weniger, der Kuchen wird sonst zu süß). Dieser Kuchen heißt:

## Schwedischer Apfelkuchen I                   *Zubereitung 70 Minuten*

Er besteht aus einem Hefeboden (Rezept s. Anhang), 750 g Äpfeln, die geschält, entkernt und in Sechzehntel geschnitten wurden. Der Boden wird mit den Äpfeln ringförmig von außen nach innen belegt. Auf die Äpfel gibt man die Vanillecreme, auf die Creme ein Gitter aus Marzipan, das mit Puderzucker und Eiweiß vermischt, ausgerollt und in Streifen geschnitten wurde. Den Kuchen mit den Streifen gitterförmig belegen.
Alle diese Kuchen lassen sich sehr gut auch mit Mürbteig (Rezept im Anhang) herstellen. Der Kuchen ist aber dann kalorienreicher.

## Schwedischer Apfelkuchen II

Eine einfachere Version dieses Kuchens, der viel schneller zubereitet ist, aber nicht schlechter schmeckt, ist folgende: kein Marzipangitter herstellen, sondern das Marzipan einfach ausrollen. Dazu ist es besser, einen Mürbteig zu verwenden.

| | |
|---|---|
| *Mürbteig (Rezept s. Anhang)* | *2 EL Zitronensaft* |
| *Belag:* | *Schale einer halben Zitrone* |
| *150 g Rohmarzipan* | *2 EL Kirschwasser* |
| *2 EL Puderzucker* | *750 g Äpfel* |

Den Mürbteig in einer Springform von 28 cm Durchmesser ausrollen. Einen Rand hochdrücken.
Das Rohmarzipan mit Puderzucker, Zitronensaft, geriebener Zitronenschale und Kirschwasser mit dem Handrührer schlagen. Auf den Mürbteig streichen. Die Äpfel schälen, entkernen und in Sechzehntel schneiden. Das Marzipan von außen nach innen ringförmig mit den Äpfeln belegen. Die Vanillecreme wie in »Sächsischer Apfelkuchen« angegeben, aber nur mit 30 g Zucker – anstatt 80 g – zubereiten. Die Äpfel mit der Creme bestreichen. Den Kuchen 60 Minuten bei Stufe 4 (210° C) backen.
Der Kuriosität halber möchte ich noch zwei Kuchen erwähnen. Das eine Rezept gab mir eine Nachbarin, das andere kommt aus Frankreich.

## Böhmische Apfeltorte                   *Zubereitung 65 Minuten*

| | |
|---|---|
| *6 Eigelb* | *Zum Bestreichen:* |
| *250 g Zucker* | *2–3 EL Aprikosenmarmelade* |
| *75 g Grieß* | |
| *1 EL Kakao* | *Zum Überziehen:* |
| *250 g geraspelte Äpfel* | *200 g Kuvertüre oder* |
| *120 g Haselnüsse* | *125 g Blockschokolade* |
| *6 Eiweiß* | *und 125 g Zucker* |

Eigelb und Zucker in einer Küchenmaschine fünf Minuten rühren. Inzwischen die Zutaten abmessen und bereitstellen, die Äpfel schälen, entkernen und raspeln. Die Haselnüsse mahlen. Zu der schaumig gerührten Eimasse Grieß, Kakao, Äpfel und Haselnüsse geben. Das Eiweiß zu Schnee schlagen und unterziehen. Den Kuchen in eine gefettete Springform von 28 cm Durchmesser geben und 45 Minuten bei Stufe 4 (210° C) backen.

Den heißen, gestürzten Kuchen mit der Aprikosenmarmelade bestreichen. Dann entweder mit fertiger Kuvertüre überziehen oder 125 g Blockschokolade in einem Topf schmelzen, ein wenig Wasser darunterrühren. 125 g Zucker mit etwas Wasser so lange kochen, bis er zwischen den Fingern einen kleinen Faden zieht, Schokolade und Zucker verrühren und mit einem Spatel glatt auf die Torte streichen.

## Französischer Apfelkuchen *(Tarte tatin)*

*Zubereitung 50 Minuten*
*Backzeit 30 Minuten*

| Teig: | Karamel: |
|---|---|
| *220 g Mehl* | *125 g Puderzucker* |
| *1 Ei* | *ein wenig Wasser* |
| *100 g Butter* | *Belag:* |
| *1 Prise Salz* | *1 kg Äpfel* |
| *wenig kaltes Wasser* | *55 g Zucker* |
| | *75 g Butter* |

Aus den Teigzutaten einen Mürbteig (Pâte brisée) kneten. Zu einer Kugel formen, mit wenig Mehl bedecken und 1½ Stunden ruhen lassen.

Eine runde Auflaufform auf eine Asbestplatte stellen, den Puderzucker hineingeben und schmelzen lassen. (Man muß dabeistehen, denn der Zucker soll goldgelb werden, aber nicht verbrennen.) Ungefähr 1 EL Wasser zugeben, den Karamel damit so glattrühren, daß der Boden der Auflaufform gleichmäßig bedeckt ist. Vom Herd nehmen. Die Äpfel schälen und in 12 Teile schneiden. Den karamelbedeckten Boden der Auflaufform ringförmig und eng damit auslegen. Zucker und Butterflöckchen darauf verteilen.

Den Teig ½ cm dick ausrollen, über die Äpfel legen und sorgfältig am Rand fest andrücken.

Den Kuchen 30–45 Minuten bei Mittelhitze (ca. 210° C) backen und sofort auf eine Platte stürzen. Die Äpfel sind völlig vom Karamel bedeckt. Heiß oder kalt auftragen.

## Apfelgelee

Wenn man Apfelmus herstellen möchte, die Äpfel dazu in Viertel schneidet und, mit Wasser bedeckt, einige Minuten kocht, kann man das Ganze auf ein Sieb schütten und den ablaufenden Saft zu Gelee verwenden.

Auf ½ l Saft 400 g Zucker rechnen.

Dem Gelee kann man Weißwein, ½ EL zerdrückte Ingwerstückchen, den Saft einer Zitrone oder ½ Vanillestange zufügen. Auch Zimt, Kardamom, gemahlene Nelken oder Anis verleihen ihm ein interessantes Aroma. Den Saft bis zur Geleeprobe (s. Anhang) eindicken, heiß in Gläser füllen und gleich verschließen.

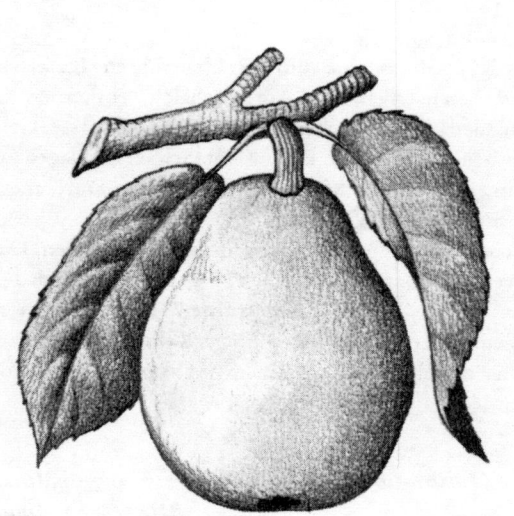

*Birnensorten:*
*links Anjou, rechts Vereinsdechantbirne*

## Birne *(Pyrus communis)*

Engl.: Pear, Franz.: Poire, Span.: Pera, Portug.: Pêra, Ital.: Pera.

BEDEUTUNG

Die Birne steht im Schatten des Apfels. Der Apfel läßt sich besser lagern und ist vielseitig verwendbar, er spielte deshalb schon seit Urzeiten in der Vorratshaltung eine wichtige Rolle. Der Apfel läßt sich auch unterwegs gut essen – eine Birne ist erst schmackhaft, wenn sie sehr reif ist, und gewöhnlich ist sie dann auch saftig. Sie wird schnell gedrückt, man braucht zu ihrem Genuß möglichst eine Serviette, ein Messer und hinterher eine Gelegenheit zum Händewaschen.

VERWENDUNG

Ich mag Birnen sehr gern; der Geschmack guter Sorten ist köstlich, wenn man sie zum richtigen Reifezeitpunkt ißt. Man kann aus ihnen erlesene Nachspeisen zubereiten. Kochbirnen sind seit alters her beliebte Kompottfrüchte, die auch zu Hauptgerichten verwendet werden, etwa zu Klößen oder zu Binthuhn, einer westfälischen Spezialität; das schwäbische Hutzelbrot ist eine Delikatesse (Hutzeln sind halbierte, getrocknete Birnen). Man verarbeitet Birnen zu Most und Saft, und einer der edelsten Liköre der Welt ist Birnenlikör.

ERSCHEINUNGS-
FORM

Im Gegensatz zum rundlichen Apfelbaum ist der Birnbaum, ebenso wie seine Früchte, länglicher. Wie es Zierapfelbäume gibt, gibt es auch Zierbirnbäume mit hübschen Blüten und kleinen Früchten, die aus Japan und China stammen und Gartenbesitzer durch ihren aparten Wuchs erfreuen.

BIRNBAUMHOLZ

Birnbaum ist ein wertvolles Tischlerholz. Besonders an den warmfarbigen Biedermeiermöbeln kann man seine lebhafte Maserung bewundern.

HERKUNFT

Die Birne wird – wie der Apfel – seit dem Altertum kultiviert. Schon seit dieser Zeit wird der Apfel der Birne gegenüber bevorzugt. In den prähistorischen Siedlungsstätten der Schweiz und Italiens fand man viele Äpfel, aber nur ganz wenige Birnen.
Bailey nimmt an, die Vorfahren unserer Gartenbirne stammten aus Kaschmir, andere glauben, sie käme aus Persien. Überall gibt es Wildformen, in Persien

aber mehrere. Homer erwähnt die Birne in der Odyssee, auch Aristoteles benannte sie. Erst in Italien scheint sie wirklich hochgeschätzt worden zu sein. Plinius kannte um Christi Geburt 200 Sorten.

Die europäischen Kultursorten der Birne haben zwei Vorfahren: die Holzbirne *(pyrus pyraster)* und die Schneebirne *(pyrus nivales).*

Die Weltproduktion an Birnen beträgt nur ein Drittel der Apfelproduktion. Italien steht mit großem Vorsprung an erster Stelle, gefolgt von China, USA, Frankreich und Japan.

_IMAANSPRÜCHE Die Birne gedeiht am besten im wärmeren Weinbauklima und in sonnigen, geschützten Lagen. Während der Apfel feuchte Luft in Seenähe und feuchten Boden liebt, kann die Birne mehr Trockenheit vertragen.

SORTEN Man unterscheidet Sommer-, Herbst- und Winterbirnen. Die erste Sichtung und systematische Auslese bei den Birnen nahm der Belgier van Mons am Ende des 18. Jahrhunderts vor. Die meisten Birnensorten entstanden, wie das auch bei anderem Obst der Fall war, im 18./19. Jahrhundert mehr oder weniger zufällig und wurden häufig in Baumschulen aufgefunden, die meisten in Frankreich und Belgien. Die Bezeichnung *Butterbirne* deutet auf saftiges, schmelzendes Fruchtfleisch. *Flaschenbirne* bedeutet längliche Form, *Bergamotte* runde Form. Einige schmackhafte Sorten:

Sommerbirnen: Clapps Liebling, August, stammt aus den USA.

Herbstbirnen: Williams Christ, eine Butterbirne, franz.: *Bon Chrétien Williams,* 1770 vom Züchter Williams geschaffen, September, stammt aus England, ist heute Hauptsorte im Westen der USA, sie heißt dort *Bartlett.* Wunderbar aromatisch, sowohl zum Rohgenuß als auch zum Einkochen (behält ihre Farbe) und zu Likör. Leider nicht sehr frosthart, verdirbt sehr schnell. Gellerts Butterbirne, September/Oktober, franz.: *Beurré Hardy.* Gute Luise, eine Butterbirne, September/Oktober, wichtig für Österreich. Bosc's Flaschenbirne, auch Kaiser Alexander, Oktober, Hälfte des Anbaus in Südtirol. Diese Birne wird auch *Beurré Bosc* oder Butterbirne, Kalebasse, Kaiserkrone oder Alexanderbirne genannt.

Winterbirnen: Köstliche von Charneux, auch Bürgermeisterbirne, Oktober. Sie kann in Deutschland überall wachsen und Frucht tragen, auch in Holstein. Sie hält sich gut und ist im November/Dezember eßreif. In Holland und Belgien heißt sie *Légipont.* Alexander Lukas, Oktober, gedeiht vom Voralpenraum bis zur Niederelbe. Sie ist zu Weihnachten genußreif. Vereinsdechantbirne, Oktober (franz. *Doyenné du Comice),* 1849 in Frankreich gekreuzt, ist die edelste Birne überhaupt. Sie hat gelbes, saftiges, süßes Fruchtfleisch und hält sich 4 bis 5 Wochen. Leider trägt der Baum wenig, ist empfindlich und wächst schlecht. Auf Quitte aufgepfropft, gedeiht er gut.

Importe meist aus Italien: *Passacrassana,* rundliche Bergamottbirne, sehr schmackhaft, hält sich im Stickstofflager bis Mitte Mai. *Abate Fetel (Abbé Fetel),* französische Sorte. Eine Flaschenbirne, sie macht schon 15% des italienischen Birnenanbaus aus. Gut lagerfähig. *Conference,* eine Flaschenbirne, stammt aus England, wird auch am Bodensee angebaut, sehr fruchtbar, Früchte wohlschmeckend, läßt sich gut kühlen, sie hält sich mit Alexander Lukas bis Ende Januar. Dr. Jules Guyot, eine wichtige französische Sorte. Sie macht in Frankreich die Hälfte der Ernte aus, ist der Williams Christ ähnlich, wie sie eine Butterbirne, reift aber vor ihr. In Spanien heißt Dr. Guyot *Limonera* und ist, bedingt durch das Klima, noch großfrüchtiger und aromatischer, deshalb ist sie auch teurer als Williams Christ. Sie erinnert im Geschmack tatsächlich an Zitronen. Von Januar bis Juli kommen von der südlichen Halbkugel verschiedene Sorten, aus USA im Jan./Febr. *Anjou*, die dort 18% des Anbaues ausmacht, dann *Williams*, später *Beurré Hardy*. Oft mag sich jemand fragen, ob *Packhams Triumph*, die im Frühjahr am häufigsten zu sehen ist, mit Williams Christ identisch ist, sie ist es aber nicht. Der Züchter Packham in Südaustralien kreuzte Uvedale St. Germain mit Williams Christ. Die Packhambirne sieht zwar wie Williams Christ aus, hat aber einen anderen Geschmack und hält sich besser.

GESUNDHEIT-LICHER WERT  Birnen enthalten nur ⅓ der Säure, die ein Apfel aufzuweisen hat, aber gleich viel Zucker. Sie zeichnen sich durch die Vitamine A, C sowie Kali, Phosphor, Magnesium, Eisen und Kalzium aus. Kaliumüberschuß in der Nahrung wirkt entwässernd. Birnen sollen auch ein vorzügliches Diätmittel zum Abbau von Fett sein, außerdem ein Mittel gegen hohen Blutdruck.

---

## REZEPTE

---

Birnen können eine Delikatesse sein. Ich habe Birnen-Feijoa-Salat ausprobiert, finde aber Birnen in stark saurer Umgebung fade – dazu sind sie nicht süß genug. Mit schwächer sauren Zutaten kommt ihr Aroma sehr zur Geltung.

### Vorspeise mit Birnen                                  *Zubereitung 8 Minuten*

| | |
|---|---|
| *Pro Person:* | *Ananas oder Himbeeren* |
| *½ reife Birne, ½ Pfirsich* | *½ EL Mayonnaise* |
| *1 gehäufter EL aromatisches,* | *1 Salatblatt* |
| *aber weiches Obst:* | *1 Scheibe roher Schinken* |
| *kleine Trauben, Süß-* | *1 TL Schnittlauch* |
| *kirschen, Mandarinen,* | *1 Scheibe Toast* |

Birne und Pfirsich schälen und würfeln, mit dem anderen Obst und der Mayonnaise mischen. Auf einen Frühstücksteller ein Salatblatt legen, halb darunter den Schinken, mit dem Obstsalat bedecken, dem Schnittlauch bestreuen und gleich mit Toast auftragen.

Möchte man die Vorspeise eher zubereiten, so muß das Obst bis vor der Verwendung abtropfen können, da Birne und Pfirsich sehr viel Saft abgeben. Dann erst mit Mayonnaise mischen und auftragen. Ganz schnell geht es mit Fruchtsalat aus der Dose. Sehr gut ist dieser Salat zum kalten Buffet und mit knusprig gegrilltem Geflügel. Eine Sommervorspeise ist Birnenkaltschale S. 277.

HAUPTGERICHTE  ### Schneidebohnen mit Birnen                   *Zubereitung 20 Minuten*

In einem Geschäft in Gießen gibt es die rheinische, holländische und norddeutsche Spezialität »Geschnippelte Bohnen«, die eingesalzen werden und dann so ähnlich schmecken wie Sauerkraut, nur viel herber. Ich habe aus Neugier diese Bohnen mit Birnen gekocht, das war ganz ausgezeichnet.

| | |
|---|---|
| 2 EL gewürfelter Schinkenspeck | 500 g Schneidebohnen |
| 1 EL Öl | 4 reife Birnen |
| 1 feingehackte Zwiebel | 1 EL Zucker |

Den Schinkenspeck auslassen, das Öl zugeben, die Zwiebel darin leicht anbräunen. Die Bohnen abtropfen lassen, im Topf erhitzen und weiterkochen lassen. Die Birnen schälen, vierteln und das Kernhaus entfernen, im Mixer pürieren. Das Püree gut unterrühren. Zucker zugeben, einmal aufkochen lassen.

### Binthuhn, Buntes Huhn *(6 Portionen)*   *Arbeitszeit 30 Minuten*
*Kochzeit 50 Minuten*

| | |
|---|---|
| Am Vorabend 200 g | 400 g gewürfelte Birnen |
| weiße Bohnen einweichen | 250–300 g Dörrfleisch |
| 1 Lorbeerblatt | (durchwachsener Speck) |
| einige Pfefferkörner | ½ l Wasser |
| 1 gestrichener EL Salz | 2 gehäufte EL Grünkernmehl, |
| 1 gehackte Zwiebel | in etwas Wasser angerührt |
| 2 EL Öl | 500 g eingesalzene |
| 150 g Möhren | geschnippelte Bohnen |
| in Längsstreifen | 1–2 EL Zucker |
| reichlich 500 g gewürfelte Kartoffeln | 2 EL gehackte Petersilie |

Dieses alte, deftige westfälische Nationalgericht wurde früher 2 bis 2½ Stunden gekocht, was eigentlich nur die weißen Bohnen nötig haben. Es reicht, wenn die Bohnen 30 Minuten in 1 l Wasser vorgekocht werden. Dem Wasser Lorbeerblatt, Pfefferkörner und Salz beifügen. Die Zwiebel in Öl anbraten, Möhren und Kartoffeln vorbereiten. Sind die Birnen hart und unreif, ebenfalls klein schneiden. Alles zu den weißen Bohnen geben, ebenso das Dörrfleisch am Stück, das Grünkernmehl und ½ l Wasser. Alles zum Kochen bringen und 10 Minuten leise kochen lassen. Danach die grünen Bohnen und falls Sie reife Birnen verwenden, diese jetzt zusammen mit dem Zucker zufügen, erneut auf großer Flamme zum Aufwallen kommen lassen und anschließend noch 10 Minuten garkochen.
Das Dörrfleisch herausnehmen und in Würfel schneiden, das Gericht mit Petersilie bestreut heiß auftragen.

### Poularde mit Birnen und Zitronen im Römertopf   *Arbeitszeit 30 Minuten*

| | |
|---|---|
| 1 Poularde | 1 TL gekörnte Brühe |
| 700 g Birnen | Saft einer Zitrone |
| 20 g Butter | 2 TL Zucker |
| 2 EL Birnengeist | 1 Stück Zitronenschale |
| 1 TL Salz | 50 g roher Schinken |
| je 1 Prise Pfeffer und Ingwer | mit Fettrand |
| 1 Tasse Weißwein | evtl. 1 TL grüner Pfeffer |

Den Römertopf wässern. Die Poularde vorbereiten, das lose Fett entfernen, waschen, innen und außen mit Salz einreiben.
400 g Birnen schälen, vierteln, das Kernhaus entfernen. Die Birnen rundum in der Butter anbraten, Birnengeist, Salz, Pfeffer und Ingwer zugeben. Die gewürzten Früchte in die Poularde füllen.
Den Weißwein erhitzen und die gekörnte Brühe darin auflösen. Zitronensaft und Zucker zugeben. Die Flüssigkeit in den Römertopf gießen. Die Zitro-

nenschale zugeben. Das Huhn mit den dünnen Schinkenscheiben belegen und 90 Minuten bei 220° C garen. Dann den Deckel abheben, das Huhn herausnehmen und die ganze Flüssigkeit in einen Topf gießen. Die Poularde in den geöffneten Römertopf zurücklegen und im Ofen von beiden Seiten in 10 Minuten bräunen. Man kann das Huhn auch zu Beginn in einem offenen Topf bräunen und dann in den Römertopf legen. Von der Soße das Fett abschöpfen. 300 g Birnen schälen und entkernen. In kleine Stücke schneiden. Die Soße zu den Birnen gießen und die Früchte weichkochen, während das Fleisch bräunt. Mit dem Mixstab pürieren. Wenn man mag, noch grünen Pfeffer zufügen, was nicht unbedingt nötig ist, da das Gericht ohnehin schon sehr pikant schmeckt. Das Huhn mit der Soße und gekochtem Reis (von 1½ Tassen, mit 300 g Erbsen gemischt), auftragen.

Ein süßes Mittagessen: Grießschnitten mit Birnenkompott, Seite 278.

### Birnen mit Preiselbeeren zu Wild

Pro Person 1 bis 2 Birnenhälften, mit 2 gehäuften TL Preiselbeermarmelade gefüllt, servieren.

PARTY ### Birnen mit Käse                                            *Zubereitung 10 Minuten*

In Italien füllt man Birnen mit Käse. Ich habe eine Reihe von Käsesorten durchprobiert und fand die Füllung mit bulgarischem Schafskäse am besten.

*500 g kleine Williams-Christ-Birnen*      *Walnußhälften, für*
*geschält, halbiert, ohne Kernhaus*        *jede halbe Birne eine*
*150 g bulgarischer Schafskäse*            *(nach Geschmack statt*
*2 TL Milch*                               *dessen gehackter Schnittlauch)*

Die Birnenhälften abtropfen lassen. Den Käse im Mixer mit ganz wenig Milch schaumig rühren. Er wird ziemlich flüssig, denn die Milch löst den Käse auf. Den Käse in die Birnenhälften füllen, mit je ½ Walnußkern oder gehacktem Schnittlauch verzieren. Der ziemlich salzige, charaktervolle Käse harmoniert ausgezeichnet mit den milden, süßen Birnen.

### Birnensaft

Wie aus anderem europäischen Obst kann man auch aus Birnen sehr aromatischen Saft gewinnen. Im Dampfentsafter muß kein Zucker zugegeben werden. Birnen eignen sich, ihrer Süße wegen, zu Mischsäften mit sauren Wildbeeren, wie z. B. Holunder und Ebereschen, ferner mit Grapefruitsaft. Man mischt jeweils 90% Birnensaft mit 10% anderem Fruchtsaft.

NACHTISCH MIT BIRNEN Zu den folgenden Rezepten entweder Birnen aus der Dose verwenden oder Birnenkompott, oder sehr reife, geschälte, halbierte, ausgestochene Früchte, die aber anlaufen, oder in Birnengeist, Rezept Seite 278, gekochte Birnen.

### Birnen auf Erdbeermark

*Pro Person:*
100 g frische pürierte Erdbeeren (aufgetaute Erdbeeren sind sehr flüssig, man müßte einen Teil des Saftes mit Mondamin aufkochen).

| 1 TL Zucker | 1 EL geschlagene Sahne ( 30 g) |
|---|---|
| ½ Birne | 1 gehäufter TL Krokant |

Die Erdbeeren waschen, entstielen, pürieren. Zucker zugeben. In ein Schälchen füllen, die Birne mit der Öffnung nach oben darauflegen, mit Sahne bedecken und mit Krokant bestreuen.

## Birne auf Himbeereis

Himbeereis, das ich weniger gut finde als Erdbeereis, paßt ausgezeichnet zu Birnen.

*Pro Person:*

| 100 g Himbeereis | 1 gehäufter EL Schlagsahne |
|---|---|
| ½ Birne | 1 TL Krokant |

Die Birnen auf das Eis legen, mit Schlagsahne bedecken, mit Krokant bestreuen und gleich servieren.

## Birne Helene

*Pro Person:*

| 100 g Vanilleeis | 20 g Blockschokolade |
|---|---|
| ½ Birne | 1 EL Wasser |
| evtl. einige kandierte Veilchen | 1 EL flüssige Sahne |

Dieses Rezept ist weltberühmt.
Das Eis auf einen kleinen Teller geben. Die Birne darauflegen, evtl. mit Veilchen verzieren. Die Blockschokolade mit Wasser schmelzen, Sahne zugeben, sofort in ein Kännchen gießen und mit dem Eis auftragen.

## Pikant gekochte Birnen

Hier habe ich eine Reihe von Kochsudflüssigkeiten ausprobiert. (Davidis: Birnen in Essig, auf Hawaiiart: Birnen in Ingwer, Bocuse: Birnen in Beaujolais Villages, einem teuren Rotwein.) Begeistert haben sie mich alle nicht. Sie sind zwar interessant und pikant, nur schmeckt man von den Birnen nicht mehr viel. Sie sind vielleicht geeignet, um fade Kochbirnen eßbar zu machen. Edle Birnen hingegen sollten in ihrem Aroma soviel wie möglich unterstrichen und nicht übertönt werden. Die herkömmliche Weise, Birnen zu kochen und einzukochen, finde ich immer noch am besten. Sie ist zwar nicht aufregend, aber mit den so konservierten Birnen kann man alle vorher beschriebenen Rezepte jederzeit zubereiten. Auch Williams-Christ-Birnen in Dosen sind ganz vorzüglich und zur Weiterverarbeitung bestens geeignet. Vor allem laufen sie nicht an, wenn man die Früchte mit Käse füllen oder zu Nachtisch verwenden möchte.

## Birnenkaltschale                                          *Zubereitung 10 Minuten*

Bei dieser Kaltschale verbinden sich pikante Zutaten mit dem Birnengeschmack.

| 1 Dose Williams Christ | 1 Prise Ingwer |
|---|---|
| 1½ Tassen Weißwein | abgeriebene Schale einer |
| 2 EL Birnengeist | halben Zitrone |
| 2 EL Zucker | 4 EL Zitronensaft |
| 1 Prise Zimt | Mürbegebäck |

Den Inhalt einer großen Dose Birnen pürieren und kalt stellen. Weißwein, Birnengeist, Zucker, Zimt und Ingwer 5 Minuten kochen. Abkühlen lassen. Zitronenschale sowie Zitronensaft zugeben und alles mit den Birnen vermischen. An heißen Tagen gut gekühlt vor dem Essen mit Mürbegebäck auftragen.

## Birnenkompott

*Zubereitung insges. 25 Minuten*

*750 g Birnen*
*½ l Wasser*
*125 g Zucker*
*evtl. 5 weiße Pfefferkörner*
*oder ein Stückchen Ingwer*

*2 Nelken*
*ein Stück Zitronenschale*
*¼ Stange Zimt*

Die Birnen schälen, halbieren und mit dem Grapefruitmesser das Kernhaus entfernen. Sofort in Essigwasser legen, damit sie nicht braun werden. ½ l Wasser mit Zucker und Gewürzen aufkochen, die Birnen darin erst auf starker Flamme zum Kochen bringen und anschließend 10 Minuten gar ziehen lassen. Pfeffer oder Ingwer verleiht dem Kompott einen leicht pikanten Geschmack.

## Birnen in Birnengeist gekocht

*4 Birnen*
*⅛ l Wasser*

*3 EL Zucker*
*⅛ l Birnengeist*

Dieses Rezept ist sehr gut, aber teuer, da Birnenweinbrand einen stolzen Preis hat. Die Birnen schälen, halbieren, das Kernhaus ausstechen. In einem großen Topf das Wasser mit dem Zucker aufkochen, die Birnen hineinlegen, mit dem Alkohol begießen. Einige Minuten darin dünsten lassen, umwenden. Sie können innen noch roh sein. Herausheben und in eine Schüssel legen. Nach dieser Prozedur verfärben sie sich nicht mehr, wo sie mit dem Kochsud in Berührung waren. Die Flüssigkeit noch etwas einkochen lassen, sie hat ein intensives, wunderbares Birnenaroma. Bei allen Rezepten auf jede Birnenhälfte einen EL davon geben. Schwarzwälder Kirschwasser kann man auch verwenden, mit Birnengeist finde ich es besser.

## Grießschnitten mit Birnenkompott

*Zubereitung der Schnitten 10 Minuten*

*1 l Milch*
*40 g Butter*
*2 EL Zucker*
*1 Prise Salz*

*geriebene Schale einer*
*halben Zitrone*
*250 g Grieß*
*2 Eier*
*Öl zum Braten*

Birnenkompott aus der Dose oder selbst zubereitetes Kompott verwenden. Die Milch mit Butter, Zucker, Salz und Zitronenschale aufkochen, den Grieß hineinschütten und unter Rühren so lange kochen, bis er eine dicke Masse bildet. Die Eier unterrühren. Den Grieß in der mit Wasser ausgespülten Fettpfanne – so groß wie ein Backblech – des Backofens ausrollen; ich finde, es geht leichter, ihn mit feuchten Händen breitzudrücken, er füllt nicht die ganze Form. Abkühlen lassen. Den erkalteten Brei in Vierecke schneiden, in der Pfanne braten, auf eine Keramikplatte geben, mit geachtelten, abgetropften Birnenstücken belegen, leicht mit Zucker und Zimt bestreuen. Eine heiße Aprikosensoße, Rezept S. 309 extra dazu reichen.

**Joghurt oder Quark mit Birnen**  *Zubereitung 10 Minuten*

Auf 500 g Quark oder Joghurt  3–4 EL Zucker
150 g gekochte, zerdrückte Birnen  (je nach Säuregrad von Quark oder
2 EL Birnensaft  Joghurt)
evtl. 2 EL Zitronensaft

Diesen Nachtisch habe ich mit *nicht* saurem Sahnequark und saurem Joghurt ausprobiert. Im einen Fall war Zitronensaft nötig, im anderen Fall nicht, dafür mehr Zucker.
Quark und Birnen mischen. Den Zucker mit dem Saft aus der Dose oder vom Kompott aufkochen. Mit dem Schneebesen den Quark etwas schlagen, den Saft zugeben, eventuell Zitronensaft. Kalt auftragen. Neuerdings gibt es Birnenjoghurt zu kaufen. Ich finde aber Birnen in anderer Form besser.

Birnen können süß-sauer eingelegt werden. Rezepte sind bei Henriette Davidis, im »Kiehnle Kochbuch« und im »Handbuch für die Früchtezeit« zu finden.


**Birnen einkochen**

Kleine Birnen ganz lassen, große Birnen vierteln, schälen und in Zitronen- oder Essigwasser legen. Auf je 1 l Wasser 250-400 g Zucker abmessen, je nachdem, wie süß die Birnen sind. Die Zuckerlösung aufkochen, die Birnen hineingeben, halbweich kochen und dann in Gläser schichten. Zwischen die Birnen ein bis zwei Nelken legen, auch eine Viertelstange Zimt wäre gut; der Zimt färbt die Birnen an der Stelle, an der er aufliegt, aber dunkel. Den Kochsirup durch ein Sieb oder Tuch ins Glas füllen, er soll aber nicht höher als 3 cm unter dem Rand stehen. Die angefeuchteten Gummiringe auflegen und die Gläser bei 78° C 15–20 Minuten sterilisieren.


**Birnen-Maracuja-Marmelade**

ist unter Passionsfrucht Seite 213 beschrieben. Sie ist sehr gut.


**Birnenkuchen mit Rotweincreme**  *Zubereitung insges. 80 Minuten*

*Boden:* Einen Mürbteig zubereiten und backen. (Rezept im Anhang). Den gebakkenen Boden mit 600 g abgetropftem Birnenkompott oder Birnen aus der Dose, in Scheiben geschnitten, ringförmig belegen.

Rotweincreme:  4 Eigelb
1/3 l herber Rotwein  2 Blatt rote Gelatine
50 g Zucker  2 Blatt weiße Gelatine
1/4 Stange Zimt  250 g Schlagsahne
Schale einer Zitrone im Ring  2 EL Zucker
Saft einer Zitrone  1 Päckchen Sahnesteifmittel

Rotwein mit 50 g Zucker, Zimt, Zitronenschale und -saft aufkochen. Die 4 Eigelb in einen hohen Topf geben, die Gelatine in Wasser einweichen. Den Rotwein durch ein Sieb gießen und mit dem Eigelb verquirlen. Auf den Herd stellen und so lange unter Schlagen erhitzen, bis die Creme zu steigen beginnt. Vom Feuer nehmen, die ausgedrückte Gelatine unterrühren. Kalt stellen.

Nach einer Stunde die Sahne schlagen, 2 EL Zucker mit dem Sahnesteifmittel mischen und zu der Sahne geben, weiterschlagen.

100 g Sahne mit der Creme mischen. Die Creme über die Birnen streichen. Ist sie fest geworden, den Kuchen auf einen Tortenteller schieben. 12 oder 16 Stücke mit dem Messer in die Creme ritzen und jedes Stück mit einer Sahnerosette oder einer Schlangenlinie verzieren.

## Quitte *(Cydonia oblonga)*

Engl.: Quince, Franz.: Coing, Span.: Membrillo, Portug.: Marmelo (davon kommt das Wort Marmelade), Ital.: Cotogna.

EINE UNMODERNE FRUCHT

Die duftende Quitte war früher eine sehr wichtige Frucht, als man noch nicht mit so vielen Obstarten verwöhnt war wie heute. Es mag auch sein, daß die Quitte deshalb in den südlichen Ländern so beliebt war, weil es dort Sorten gab und gibt, die so weich sind, daß man sie aus der Hand essen kann wie einen Apfel. Die Quitte spielt heute jedenfalls bei uns fast keine Rolle mehr. Sie ist hart und holzig, muß erst gekocht und durch ein Sieb gedrückt werden, bevor man Marmelade oder Quittenbrot daraus herstellen kann. Die Qualität und Weichheit der Früchte hängt allerdings sehr vom Standort und der Beschaffenheit des Untergrundes ab. Dieser Baum braucht guten, tiefen Boden und ein warmes Klima. Zuviel Feuchtigkeit kann er nicht vertragen. Er verzweigt sich reich und wird nicht sehr hoch.

HERKUNFT

Seine Heimat scheint östlich vom Mittelmeer zu sein, denn in Persien und den Ländern nördlich und südöstlich wächst er wild. Er trägt schon im dritten Jahr, bringt seinen vollen Ertrag aber erst nach zehn Jahren.

WICHTIGE ROLLE IM ALTERTUM

Er muß schon im Altertum nach Griechenland gekommen sein, denn 650 v.Chr. wird er von einem griechischen Dichter erwähnt. Der lateinische Name *Cydonia* kommt von einer Landschaft auf Kreta, die berühmt für ihre Quitten gewesen sein soll.

Es ist möglich, daß der Apfel des Paris, den er Helena überreichte, eine Quitte war. Diese Frucht stellte ein Symbol für Liebe und Fruchtbarkeit dar. Die jungvermählten Paare in Griechenland und Rom mußten eine Quitte essen.

SORTEN

Plinius erwähnte zwei Quittensorten, die auch auf einem Wandbild in Pompeji noch zu sehen sind: die Apfelquitten (var. *maliformis*) und Birnquitten (var. *pyriformis*). Koehler empfiehlt Champion und Portugiesische Birnquitten besonders. Die serbische Riesenquitte von Lescovac (apfelförmig) stellt nicht so hohe Ansprüche an den Boden wie die portugiesische Sorte. In Amerika bevorzugt man Apfelquitten, in Deutschland Birnquitten, die aromatischer sind.

Obwohl sich die Quitten eigentlich gut halten, sind sie doch sehr schnell verdorben, wenn sie Druckstellen bekommen.

*Birnquitte*                                                    *Apfelquitte*

<table>
<tr><td>VERWENDUNG</td><td>Aus der schon erwähnten Quittenpaste, die man in Läden für Ausländer auch fertig kaufen kann (sie wird aus Spanien importiert), stellt man aus Quitten köstliches Gelee, Saft, Eis, Wein und Likör her. Man kann ein Soufflé aus ihnen bereiten sowie einen Quittenguß, der Apfelkuchen eine delikate Note verleiht. Die Quitte ist reich an Fruchtsäuren und Pektin, weshalb ein im Dampfentsafter gewonnener Saft sehr sauer ist und gut gezuckert werden muß (auf 5 kg Früchte 500 g Zucker).<br>Wie viele heimische Früchte soll die Quitte wirksam gegen Durchfall sein und heilend auf Darmblutungen einwirken. Aus den Quittenkernen löst sich, in warmes Wasser eingeweicht, ein entzündungshemmender und gegen Katarrh wirkender Schleim, innerlich und äußerlich anzuwenden.</td></tr>
<tr><td>OBST UND<br>FLEISCH</td><td>Es gibt in allen traditionellen Küchen der Welt ab und zu ein Gericht, das sowohl Fleisch als auch Obst enthält. Gulasch oder Geflügel mit Rhabarber, Pfirsichen, Pflaumen, sauren Kirschen, Quitten, Äpfeln, Aprikosen oder Granatapfelkernen kochen aber nur Perser oder Mohammedaner rund ums Mittelmeer. Claudia Roden schreibt in ihrem sehr interessanten Werk »A book of Middle Eastern Food«, daß das Neupersische Reich (Zeit der Sassaniden von 226–651 n. Chr.) dazu beitrug, gemeinsame Küchentraditionen im Vorderen Orient bis Indien, Ägypten und Marokko zu schaffen. Der Zug Alexanders des Großen verband Indien und Persien. Noch heute leben die Parsen in Indien. Von 750–1258 übten die Perser weiterhin durch die Kalifen von Bagdad einen starken Einfluß auf die islamische Welt aus. Obstgerichte mit Fleisch sind daher noch heute in Marokko lebendig, merkwürdigerweise auch in Mexiko.<br>Vor mir liegt ein persisches Kochbuch, in dem die Autorin bemerkt, daß einer amerikanischen Zunge diese Zusammenstellungen vielleicht merkwürdig erscheinen, daß man aber nur einmal so ein Gericht gekostet haben müßte, um das delikate Aroma dieser Kombinationen festzustellen. Ich habe das alles brav</td></tr>
</table>

durchprobiert. Während mein Mann und ich es noch mit Vorbehalten gut fanden, zogen unsere Töchter lange Gesichter. Ich habe kritische Rezepte deshalb so weit eingedeutscht, daß nur noch ein interessanter Hauch Orient übriggeblieben ist.

---

## REZEPTE

---

HAUPTGERICHTE  **Gefüllte Quitten**

Persische Hausfrauen füllen ausgehöhlte Quitten mit gelben Erbsen, Hackfleisch und Zwiebeln. Anschließend in Wasser dämpfen und mit einer süßsauren Soße auftragen. Uns hat das nicht geschmeckt.

### Quittengulasch

Das echte persische Rezept schmeckte gut, sah aber nicht sehr attraktiv aus – Fleisch mit Fruchtstücken. Wenn man Quittenbrot zubereitet, fällt Saft ab. Falls er einmal weder getrunken noch zu Gelee verarbeitet werden soll, probieren Sie, an Ihr vertrautes Gulaschrezept auf 500 g Fleisch 1½ Tassen Quittensaft zu geben (anstatt Wasser) und außer mit Zwiebeln das Gulasch nur noch mit etwas Butter, Salz, Pfeffer und ½ TL Zimt zu würzen. Eventuell ½ TL Zucker zugeben.
*Variation:* In Marokko verwendet man zu diesem Gericht Huhn- oder Hammelfleischwürfel, die man mit Zwiebeln in Butter brät und denen man außer 500 g halbierten Quitten Safran, Ingwer und Petersilie zufügt. Auch hier würde ich statt der halbierten Quitten nur Saft empfehlen. So bereitet man in Marokko auch Fleisch mit Äpfeln, Birnen, frischen Datteln, Rosinen oder Trockenpflaumen zu.

### Verarbeitung der Quitten

Um Quitten weiterzuverarbeiten, muß man sie in der Regel erst kochen. Man reibt den Flaum ab, halbiert sie, entfernt die Blüte und schneidet jede Hälfte mit einem kräftigen Messer in Würfel. Das geht schnell, für 500 g benötigt man 5 Minuten. Die Würfel bedeckt man mit Wasser und kocht sie 20–25 Minuten. Dann gießt man das Ganze auf ein Sieb und passiert das Fleisch durch, so erhält man (ungesüßtes) *Quittenmus.* Die ablaufende Flüssigkeit ist:

GETRÄNKE  **Quittensaft**

Er ist ungezuckert oder mit wenig Zucker sehr sauer. Gibt man mehr Zucker zu, befriedigt das Ergebnis auch nicht. Möchte man diesen Saft trinken, dann mischt man ihn am besten zu gleichen Teilen mit süßem, selbst ausgepreßtem Traubensaft heller Trauben (*Italia* und *Aledo* sind um diese Zeit reif). Aus diesem gemischten Saft läßt sich gut eine

### Quittensuppe oder -kaltschale

herstellen. Rezept wie unter Weintrauben, Seite 450.

## Quittenlimonade

500 g Quitten ungeschält, aber ohne Kernhaus, in einer elektrischen Schnitzelmaschine fein hacken, mit 1 l kaltem Wasser bedecken, Saft und Schale einer Zitrone zugeben und 24 Stunden stehenlassen. Dann das Fruchtfleisch durch ein Sieb rühren, der Saft ist überraschenderweise ziemlich süß. Mit 2 EL Zucker würzen – ein sehr erfrischendes, stark an Apfel erinnerndes, gesundheitlich wertvolles Getränk. Dieser Saft kann auch gut mit Milch und ein wenig Zucker zu einem

## Quitten-Milchshake

verarbeitet werden. Ich habe versucht, mit dem Quittensaft, der beim Kochen von Quittenbrot abfällt, Eier- oder Sahnecreme herzustellen, aber das Ergebnis war nicht überzeugend. Das Mus ist kräftiger im Geschmack.

NACHSPEISEN **Quittencreme mit Mus** *(4–6 Portionen)*　　　　　*Zubereitung 15 Minuten*

| | |
|---|---|
| *500 g Quittenbrei* | *200 g Sahne* |
| *100 g Zucker* | *4–6 TL Preiselbeermarmelade oder* |
| *25 g Stärkemehl* | *4–6 EL Granatäpfelkörner* |
| *2 EL Wasser* | |

Quitten und Zucker aufkochen, das mit Wasser angerührte Stärkemehl zugeben, nochmals aufkochen lassen und vom Feuer nehmen. Nachdem die Fruchtmasse abgekühlt ist, 200 g geschlagene Sahne unterziehen. In Schälchen, verziert mit je 1 gehäuften TL Preiselbeermarmelade oder 1 EL Granatapfelkörnchen, auftragen.
Diese Creme ist schmackhaft, aber nichts Außergewöhnliches. Eis von Quitten zuzubereiten, lohnt sich nicht.

## Quittenauflauf
*Zubereitung 17 Minuten*
*Backzeit 45 Minuten*

| | |
|---|---|
| *500 g Quittenmus* | *2 EL Mehl* |
| *(Zubereitung auf S. 282)* | *30 g Butter* |
| *100 g Zucker* | *3 Eigelb* |
| *1 EL Zwiebackmehl* | *3 Eiweiß, zu Schnee geschlagen* |

Das Mus mit Zucker, Mehl, zerlassener Butter und Eigelb 7 Minuten in einer feststehenden Küchenmaschine schlagen, zuletzt Zwiebackmehl und den Eischnee unterziehen. Sofort in eine längliche Keramikform geben, damit die Masse flach gestrichen werden kann, und bei Stufe 3 (190° C) 45 Minuten überbacken.

## Quittenkompott
*Zubereitung 12 Minuten*
*Kochzeit 45 Minuten*

| | |
|---|---|
| *1 kg Quitten* | *375 g Wasser (⅜ l)* |
| *250 g Zucker* | *Saft einer Zitrone* |

Dieses Rezept kennt man auch in Nordafrika.
Die Quitten in Achtel teilen, schälen und das Kernhaus entfernen, in dieser Reihenfolge geht es leichter. Zucker mit Wasser und Zitronensaft kochen, Kernhaus und Schalen zufügen, 30 Minuten kochen lassen, wonach die Lösung ziemlich eingedickt ist. Den Sirup durch ein Sieb in den Topf zurückgießen und

die Quittenstücke darin ziehen lassen, bis sie weich sind (15 Minuten). Falls die ganze Flüssigkeit verkocht, etwas Wasser nachgießen, damit das Kompott nicht anbrennt.

Sehr gut ist es, ein extra zubereitetes, wenig gezuckertes Apfelkompott im Verhältnis 1:1 mit den Quitten zu mischen. Am besten zusammen pürieren, das sieht appetitlicher aus und schmeckt einheitlicher, da das Quittenkompott sehr süß ist. Zu Pfannkuchen, mit Gebäck oder eventuell Sahne, servieren.

GEBÄCK **Quittenkuchen**

Quittenkompott von 500 g Quitten zubereiten, auf ein Sieb gießen und die Flüssigkeit auffangen. Einen Mürbteigboden mit 2 EL Zwiebackbröseln und 50 g geriebenen Mandeln bestreuen, mit Quittenkompott belegen. Von dem Saft ¼ l abmessen, mit einem Päckchen Tortenguß ohne Zucker einen Guß herstellen und über den Kuchen gießen. Den Quittenkuchen mit Sahne auftragen.

**Quittenguß**

200–250 g von dem Mus (die Zubereitung ist auf Seite 282 beschrieben) mit Zucker, Eigelb, Mandeln, etwas Butter und Eischnee vermischen und auf den Obstkuchen streichen.

**Quittenbaisers**

Dieses Rezept ist besonders geeignet für Leute, die eine Küchenmaschine, nicht nur ein Handrührgerät, haben und die Baisers mögen.

*3 Eiweiß*                                  *250 g Quittenmus*
*500 g Zucker*                            *(Zubereitung auf S. 282)*
                                                   *Saft einer halben Zitrone*

Eiweiß steif schlagen, Zucker langsam zugeben, dann Mus und Zitronensaft. Alles zusammen 10 Minuten rühren lassen.

Ein Blech mit Trennpapier belegen, die Baisers daraufspritzen und bei der schwächsten Hitze 40 Minuten im Ofen trocknen lassen. Dann die Wärme ausstellen, und die Baisers noch eine Nacht im Ofen lassen. Sie sind aromatischer, aber weicher als normale Baisers.

Eine Köstlichkeit, die man mit Quittensaft zubereiten kann, ist

**Quittengelee**

Auf 1 l Saft 1 kg Gelierzucker abmessen, nach Vorschrift einige Sekunden kochen lassen und in saubere Gläser füllen.

KONFEKT **Quittenbrot**

auch Quittenpaste oder -käse genannt, ist gewiß orientalischen Ursprungs. Man kennt es sowohl in der Küche des Nahen Ostens als auch Spaniens und Lateinamerikas – dort bereitet man es außerdem noch mit Guaven, Pfirsich und Papaya zu.

Hier gibt es verschiedene Zuckerzugabemöglichkeiten. Auf 500 g Mus (Zubereitung auf S. 282) gibt man entweder 500 g Zucker, 375, 250 oder 125 g Zucker. Damit es fest wird, muß es bei 125 g Zucker eben länger kochen.

Am schnellsten geht die Zubereitung mit Gelierzucker. Man erhitzt Mus und Zucker unter Rühren und rührt so lange, bis eine ziemlich feste Masse entstanden ist. Möchte man Marmelade haben, hört man mit dem Rühren auf, wenn das Mus noch etwas flüssiger ist.

Ist alles Wasser verdampft, ohne daß das Mus angebrannt ist, so streicht man die Masse ziemlich dick auf eine Alufolie und läßt sie zuerst eine Stunde im Ofen bei der niedrigsten Temperatur (Stufe 1/150° C) anschließend noch die Nacht über im abgeschalteten Ofen trocknen.

Später wochenlang an einem warmen Ort aufbewahren, vielleicht im Heizungskeller. Die Paste schließlich in Würfel schneiden und mit Hagelzucker bestreuen oder einer Zitronenglasur bestreichen (Puderzucker mit einigen Tropfen Zitronensaft anrühren).

### Quittenkonfekt                                    *Zubereitung mindestens 90 Minuten*

> *500 g Mus (Zubereitung S. 282)*      *200 g Blockschokolade*
> *125 g Zucker*                        *oder Kuvertüre*
> *100 g Mandelstifte*

Mus und Zucker unter Rühren fest werden lassen, die Mandelstifte zugeben und einige Minuten mitkochen. Die Masse 2 cm dick auf Folie streichen und trocknen lassen, bis sie fest ist. Ich wende dabei die Unterseite ab und zu nach oben.

Ist die Masse ziemlich fest, in Würfel oder Rhomben schneiden. 200 g Blockschokolade mit einer halben Tasse Wasser unter Rühren aufkochen. Wird die Schokolade fest, immer wieder etwas Wasser zugeben, damit sie nicht anbrennt. Würfel mit einer Gabel eintauchen und von allen Seiten überziehen lassen.

*Variation:* Anstatt der Mandelstifte kann man auch 50 g geriebene Mandeln, 50 g Zitronat, 25 g Orangeat und eine Prise Zimt sowie Nelken verwenden.

### Quittenmarzipan

> *500 g Quittenmus*                    *125 g gehackte Rosinen*
> *(Zubereitung S. 282)*                *2 EL Rosenwasser*
> *200 g Zucker*                        *etwas Puderzucker*
> *250 g geriebene Mandeln*

Mus und Zucker wie üblich kochen. Am Ende Mandeln und Rosinen zugeben und ziemlich dick auf Folie streichen. Eine Stunde im Ofen (Stufe 1/150° C) backen, später an einem warmen Ort weitertrocknen lassen. Mit Schokoladenüberzug schmeckt das Marzipan nicht gut. Ich habe es mit einem Puderzucker-Rosenwasser-Guß versehen, was ich interessant fand (Puderzucker mit einigen Tropfen Rosenwasser verrühren). Es ist aber auch sehr gut ohne Guß. Ich fürchte, es wird vor dem Festwerden schon verschwunden sein!

## Japanische Zierquitte (*Cydonia japonica*)

Dieser wohlbekannte Zierstrauch, der uns im April mit scharlachroten Blüten erfreut, trägt im Herbst kleine Quitten.

Wenn die Früchte geviertelt und, mit Wasser bedeckt, 15 Minuten gekocht werden, kann man den durch ein Sieb gegossenen Saft zu Gelee kochen (die gleiche Menge Saft wie Zucker verwenden). Dieses Gelee schmeckt nach Apfel, ist aber vor allen Dingen sehr sauer. Man könnte es vielleicht mit süßen Früchten mischen. Zierquitten-Erdbeer-Marmelade, die ich probiert habe, hat mir nicht besonders geschmeckt.

## Mispel *(Mespilus germanica),*

Engl.: Medlar, Franz.: Néflier, Span.: Nispero, Persisch: Asgiel.

VERWENDUNG  Diese Frucht erwähne ich nur, weil man aus ihr ein hocharomatisches Gelee zubereiten kann. Es liegt im Geschmack ungefähr zwischen Apfel- und Quitten-gelee.

Es ist auch möglich, Marmelade und Mus daraus zu kochen, das ist aber sehr mühsam, weil man eine ganze Menge Mispeln braucht, die vor allem aus Schalen und Kernen bestehen. Die gewaschenen, gekochten Früchte rührt man durch ein Sieb und erhält so das Mus. Es muß aber noch gezuckert werden.

Im Moment haben wir es nicht nötig, die Mispel unserer Wälder zu verarbeiten. Doch wir können heute nicht voraussehen, ob uns dieses Wissen nicht eines Tages von Nutzen sein wird. Ohne Zucker läßt sich allerdings kein Mispelgelee herstellen.

ERSCHEINUNGS-  Die Mispel kann sowohl als Strauch wie auch als 3 Meter hoher Baum auftreten.
FORM  Die wilde Mispel hat Dornen, es gibt aber auch dornenlose Kulturformen.

Die Blüten sind weiß oder zartrosa und erscheinen im Mai/Juni. Sie sitzen auf kurzen Stielen. Die Früchte ähneln Paradiesäpfeln, sind zunächst rostrot, nach-dem sie Frost bekommen haben, dunkelbraun. Sie sind keine geschlossenen Früchte, sondern um die abgeflachte Öffnung stehen fünf Kelchblätter und darinnen sieht man viele Kernchen.

Sie weisen einen sehr hohen Tanningehalt auf, so daß sie erst genießbar werden, nachdem es gefroren hat. Dann sind die Vögel gierig auf sie. Man kann sie essen, hat dann aber den ganzen Mund voller Schalen und Kerne.

LAGERUNG  In den Mittelmeerländern (Spanien, Südfrankreich, Italien, Griechenland, Tür-
UND  kei, Persien) sind sie wesentlich größer, etwa wie Feigen, und weniger herb, man
GESCHMACK  handelt sie auf den Märkten. Nach dem Pflücken läßt man die Mispeln in kühlen, trockenen Räumen ausgebreitet nachreifen. Bei uns haben sie einen Geschmack wie sehr saure Äpfel. Ein Perser verglich die Mispeln in Persien mit Kiwis – also müssen sie dort wesentlich süßer sein.

Bailey erwähnt eine Sorte von 5 cm Durchmesser und eine andere mit kleineren Früchten, die einen guten Geschmack besäßen. Es gibt auch eine samenlose Zuchtform.

HERKUNFT UND  Die Mispel stammt aus Vorderasien. Heute gibt es sie von England bis zum
VERBREITUNG  Kaukasus. Um 200 v. Chr. gelangte sie nach Italien. Karl der Große ordnete neben vier anderen Früchten die Pflege von *Mespilus germanica* ausdrücklich an. Auf diese Früchte hat mich mein Schwager hingewiesen, der eine Vorliebe für sie hat. Von seinen vielen Spaziergängen bringt er im Dezember und Januar – zum Entsetzen meiner Schwester – regelmäßig, wie er bemerkt, diese edlen Früchte mit.

HEILWIRKUNG  Auch die Mispel soll gegen Durchfall helfen.

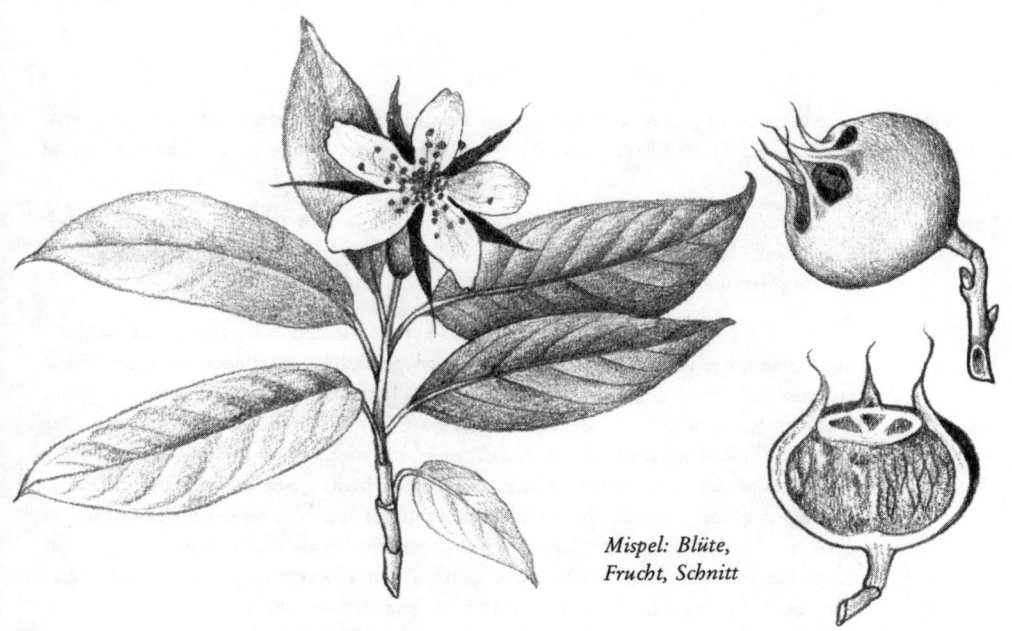

*Mispel: Blüte,
Frucht, Schnitt*

---

## REZEPT

---

### Mispelgelee

Früchte, die durch Frost mürbe geworden sind, gut waschen, mit Wasser bedeckt aufsetzen, 10 Minuten kochen lassen, dann mit einem Mixer pürieren und durch ein Sieb abgießen.

Auf ½ l Saft 500 g Gelierzucker abmessen, nach Vorschrift Gelee herstellen, in gereinigte Gläser füllen und zubinden.

Sicherlich lassen sich Mispeln auch zu Saft verarbeiten, was ich nicht ausprobiert habe. Auf je 1 l Saft müßten 250 g Zucker genügen.

## Loquat *(Eriobotrya japonica)*

Ital.: Nespola, Portug.: Nêspera, Brasilian.: Ameixa amarella.

HERKUNFT UND
ERSCHEINUNGS-
FORM

Die Pflanze wird zu einem 7,5 Meter hohen Baum, der aus China oder Japan stammt. Dort wird er seit langer Zeit kultiviert, ebenso in Nordindien. 1778 kam er nach England, 1812 nach Italien. Seit Beginn dieses Jahrhunderts ist er mehr und mehr in den Ländern um das Mittelmeer, in Florida und Mittelamerika verbreitet.

In Kalifornien, Algerien, Israel, besonders in Japan und China werden die Loquats kommerziell angebaut.

Die Loquat hat sehr lange Blätter, die an der Unterseite einen weißen Filz tragen. Die kleinen weißen, stark duftenden Blüten erscheinen in wolligen Trauben. Deshalb nennt man sie auch Wollmispel, obwohl die Loquat keine Mispel ist.

ERNTETERMIN

Nach der Blütezeit im Herbst trägt dieser Baum seine Früchte im zeitigen Frühjahr (März/Juni). Die Loquaternte in Italien (Palermo, Neapel) beginnt schon Anfang Mai, deshalb ist der Loquatbaum auch so beliebt. Die Loquats sind in den Subtropen das erste frische Obst. Nach dem Japaner Ikeda erreicht es seine höchste Vollkommenheit nahe der Meeresküste.

287

Die birnenähnlichen, 3–8 cm langen Früchte sind von einer dünnen, weichen, aber zähen Haut überzogen, die blaßgelb bis tieforange gefärbt sein kann, je nach Sorte.

Das Fruchtfleisch ist fest, saftig, angenehm säuerlich und duftet nach Apfel. Leider enthält das lachs-orangefarbene Fleisch der kleinen Früchte noch 4 bis 9 kleine oder wenige große Kerne.

Allein in Japan soll es 46 Sorten geben. 1935 existierten außerdem noch zahlreiche Sorten, die in Kalifornien und Algerien gezüchtet worden waren. Die beste japanische Sorte soll *Tanaka* sein. Allerdings hat sie den Nachteil, spät zu reifen, wenn schon genügend anderes, attraktives Obst auf dem Markt erscheint. Der Züchter C. P. Taft aus Orange, Kalifornien, hat mehr für die Vervollkommnung der Loquat getan als jeder andere. Unter den besten Sorten ist *Advance*, eine strahlend gelbe Loquat. Sie wird manchmal 7,5 cm lang und reift im März in großen dichten Trauben. *Champagne* ist mehr oval-birnenförmig, 6–7,5 cm lang, sie hat von allen Sorten das beste Aroma. *Premier* ist oval und etwas kleiner, *Early Red* kann schon im Januar geerntet werden.

Man pflückt nur ganz reife Loquats, die ihre starke Säure schon verloren haben. Für Gelee verwendet man unreife, noch saure Früchte. Die Loquats werden gelegentlich aus Italien in die Bundesrepublik importiert, allerdings kleinere, orangefarbene, nicht die kalifornischen Supersorten. Es gibt auch Dosen mit großen, geschälten, entkernten Früchten aus China, die aber nicht sehr herzhaft schmecken. Ein mit ihnen ausprobierter Auflauf war sehr schwach im Aroma. Leider verderben diese Früchte schnell, deshalb sind sie wohl auch so teuer.

Wenn man frische Loquats zur Verfügung hat, ist es am einfachsten, sie gewaschen als Nachtisch anzubieten. Es ist weiterhin empfehlenswert, Saft und Gelee aus ihnen zuzubereiten. Unreife, entkernte Loquats, in Wasser weichgekocht, durch ein Sieb gedrückt, kann man zu Mus verarbeiten, einen Mürbteigboden mit dem Mus belegen und überbacken. Alle diese Rezepte sind besonders da angebracht, wo diese Früchte wachsen.

In zusagenden Klimaten tragen die Bäume verschwenderisch.

## REZEPTE

**Gebackene Loquatcreme** *(6 Portionen)*          *Zubereitung 80 Minuten*

| | |
|---|---|
| *750 g Loquats* | *Schale und Saft einer Zitrone* |
| *2 Tassen Wasser* | *2 gehäufte EL Reismehl* |
| *150 g Zucker* | *2 gehäufte EL Maismehl* |
| *2 EL Cognac* | *4 Eigelb* |
| *1 Prise Nelken* | *200 g Sahne* |
| *1 Prise Zimt* | *4 Eischnee* |

Die Loquats schälen, den Blütenring ausstechen, halbieren, die Kerne und anhängende Fasern entfernen. Die Loquats in einer Schüssel mit 2 Tassen Wasser begießen, um kleine Teilchen vom Schälen zu entfernen. Da dieses Wasser schon sehr viel Saft enthält, das Wasser durch ein feines Sieb über die Früchte gießen. 100 g Zucker, Cognac, Nelken, Zimt, Zitronensaft und -schale dazugeben, zum

Kochen bringen und nach 2 bis 3 Minuten Kochzeit vom Herd nehmen. Den Saft durch ein Sieb ablaufen lassen. Die Zitronenschale entfernen. Die Loquats sind jetzt ziemlich in sich zusammengefallen. Um die viele Flüssigkeit zu binden, in einem Topf Reismehl und Maismehl damit vermischen und unter ständigem Schlagen zum Kochen bringen. Vom Feuer nehmen. 4 Eigelb mit 50 g Zucker schaumig rühren, Sahne zugeben, unter den Reis schlagen. Den Eischnee unterziehen, die Loquats ebenfalls. Die Reiscreme 60 Minuten bei 210° C backen. Heiß mit einer halben Tasse eines aromatischen Sirups begießen; ich habe Ananassirup genommen. Ohne Sirup schmeckt die Loquatcreme ein bißchen fade. Wir haben einmal mit einer ganzen Kiste Loquats alles mögliche probiert. Dieses Rezept war das einzige, außer Kompott, Gelee und Saft, das sich vom Geschmack her wirklich gelohnt hat. Es ist kalt viel besser als heiß. Unsere älteste Tochter hat es spöttisch, seiner Breiähnlichkeit wegen, Mampfi-Pampfi genannt, fand aber, die Früchte schmeckten darin ausgezeichnet. Frisch dagegen sind sie nichts Besonderes.

**Loquatkompott** *(Brasilien)*

Wie mir eine Brasilianerin sagte, schält und halbiert man die Früchte, entfernt das Kernhaus und kocht sie dann mit Wasser, Zucker, Zimt, Nelken und Weinbrand ein. Sie werden als Kompott gegessen.

Die 4. Unterfamilie der Rosengewächse enthält das *Steinobst,* hierzu gehören: Pflaumen, Mirabellen, Kirschen, Aprikosen und Pfirsiche.

## Pflaume *(Prunus domestica)*

Engl.: Plum, Franz.: Prune, Span.: Ciruela, Portug.: Ameixa, Ital.: Prugna, Susina.

HERKUNFT DER HAUSPFLAUME
Unsere europäische Pflaume stammt wahrscheinlich aus der Gegend um das Schwarze Meer, aber es gibt auch Pflaumen, die in Japan und Nordamerika beheimatet sind. Die Pflaumen waren schon im Altertum bekannt, im 1. Jahrhundert nach Chr. wurden sie in Griechenland und Rom erwähnt. Die Römer haben sie auf ihren Feldzügen verbreitet. In den USA herrschen an der Nordostküste die europäischen Sorten vor, im Süden und der Mittelregion die japanischen, im Norden hingegen hat man von den dort vorgefundenen amerikanischen Formen sehr winterharte Pflaumensorten gezüchtet, die es sonst nirgendwo gibt.

JAPANISCHE ARTEN
Die japanischen Pflaumen *(Prunus salicina)* sind runder und kürzer als die europäische Hauspflaume. Ihre Farbe tendiert zu Kirschrot und Gelb. Sie reifen früher als die europäischen Sorten. Ihr festes Fleisch garantiert gute Transportfähigkeit, ist aber weniger schmackhaft. Sie sind winterhart, so daß einige Varietäten sogar in Ottawa gedeihen (Bailey). Die Vorzüge von *P. salicina:* Vitalität, Ertragreichtum und Resistenz gegen zwei Pflaumenkrankheiten. Sie werden sehr viel in Italien angebaut *(Goccia d'Oro, Soriso usw.).*

AMERIKANISCHE ARTEN
Die amerikanische Pflaume *(P. subcordiata)* hat kleinere Früchte, die nur ungefähr 2,5 cm Durchmesser aufweisen. Das Fleisch ist säuerlich und fest mit dem

Stein verbunden. Die ersten Siedler sammelten und verwerteten sie. Diese Pflaumen werden jetzt noch manchmal angepflanzt. Die Sissonpflaume ist eine Verbesserung der *P. subcordiata*. *Prunus americana* ist am weitesten verbreitet. Im Osten der USA sind seine kleinen Früchte herb, im Westen milder. Diese Pflaumenart hat in Kanada und Mexiko Abarten gebildet. Es gibt außerdem noch zahlreiche Wildarten: Die Bach-, Schweine-, Chickasaw-, Sand-, Wildgänse-, Alleghany-, Strand- und Oklahomapflaume. Von allen existieren wiederum Abarten und unzählige Kreuzungen.

TROCKEN-
PFLAUMEN

Nicht alle Pflaumensorten lassen sich gut trocknen. In Kalifornien hat sich eine Industrie entwickelt, die auf Trockenpflaumen, *prunes* genannt, spezialisiert ist. Zum Trocknen eignet sich am besten die französische Sorte *Prune d'Agen*, die schon seit Jahrhunderten in Frankreich dafür ausgelesen und verbessert worden ist. Sie zeichnet sich durch hohe Süße (50% Fruchtzucker), hervorragendes Pflaumenaroma, zartes und weiches Fleisch (es hat eine Beschaffenheit, als sei die Frucht gekocht) und einen kleinen, dünnen, glatten Kern aus. Diese Sorte muß sorgfältig gepflegt werden: Ausdünnen, Schneiden der Bäume, Entfernen zu vieler Früchte, sie würden sonst zu klein. Man suchte deshalb nach anderen Trockenpflaumen, die aber alle die genannten Qualitäten nicht erreichten. Nach den Pfirsichen sind die Pflaumen Kaliforniens häufigste Obstbäume. Man läßt die Pflaumen am Baum hängen, bis sie herunterfallen. Alle 7 bis 10 Tage werden sie aufgelesen und in ein Reinigungsbad gegeben. Anschließend kommen sie auf ein stacheliges Brett, um ihre Haut leicht zu verletzen, was dazu dient, eine gleichmäßige Trocknung zu erreichen und den Gärprozeß zu vermeiden. Sie liegen insgesamt noch 8 bis 10 Tage in der prallen Sonne, müssen dabei aber mindestens einmal umgedreht werden. Danach werden sie nach ihrer Größe sortiert, wobei die größten am teuersten sind. In Frankreich kommen die besten Backpflaumen aus Agen in der Nähe von Bordeaux.

ZIERPFLAUMEN

Wie wir das schon bei zahlreichen Obstarten fanden, gibt es auch bei den Pflaumen Bäume, die zur Zierde wegen ihrer Blüten, andere ihres hübschen Laubes wegen, gepflanzt werden.

WELT-
PRODUKTION

Die Pflaumen stehen an neunter Stelle in der Weltproduktion. 1950 waren das 4,2 Millionen Tonnen. Die Haupterzeugerländer sind 1. Jugoslawien (weit an der Spitze, sicher wegen des Sliwowitz), 2. Rumänien, 3. Bulgarien, 4. Bundesrepublik Deutschland, 5. USA, 6. Ungarn. Man bemüht sich, besonders große, transportfähige Pflaumen und kleine Bäume zu züchten, da man für den Frischverzehr das Obst immer noch mit der Hand erntet. Für die gewerbliche Verarbeitung werden beim Steinobst Schüttelgeräte eingesetzt. Pflaumen lieben feuchten Boden.

RUND- UND
EIERPFLAUMEN

*Ruth Gerstetter* ist die früheste Sorte westdeutscher Herkunft, ab Anfang Juli, ziemlich sauer, besonders beim Kochen. (Die gleichzeitigen tiefgelben Burbankpflaumen, auch Susinen, aus Italien sind besser, gut transport- und lagerfähig.) *Czar* ist mittelfrüh, Anfang August, stammt aus England, gute Tafelfrucht. *Kirkes Pflaume*, mittelspät, Ende August, englischer Herkunft, geschmacklich hervorragend: weich, sehr saftig, süß mit etwas Säure, edel gewürzt. Beim Kochen breiig und sauer. Wächst auch in kühlen Gegenden, Transport- und Lagerfähigkeit gering.

*Reneklode* heißt eigentlich Königin Claudia – Reine Claude, Reineclaude. *Graf Althaus* Reineclaude, mittelspät, Anfang September, wurde auf dem Gut des Grafen in Böhmen gefunden. Sie ist blaurot und rund. Edel gewürzt zum Rohessen. Zerfällt beim Kochen und wird sauer.

*Große grüne Reineclaude*, mittelspät, Anfang September, aus Frankreich, mittelgroß, rund, gelbgrün mit roter Backe. Besonders hochwertig für den Frischverzehr. Noch hart vorzüglich für Kompott. Ausgereift am Baum: Herstellung wunderbarer Marmelade ohne Zuckerzusatz möglich. Diese Frucht liefert die Lieblingsmarmelade der Franzosen. Sie wird dort seit 500 Jahren kultiviert. Die Reineclaude kann auch gedörrt oder zu Schnaps gebrannt werden.

Die Bedeutung der Pflaumen und Reineclauden ist im Erwerbsobstbau und Handel stark zurückgegangen; man verkauft heute vor allem Zwetschgen und Mirabellen.

Nach der großen grünen Reineclaude folgt Mitte September eine weniger wässerige, kleine, runde grüne Frucht mit braunen Flecken. Sie löst sich besser vom Stein als die große grüne Reineclaude, ist süßer und deshalb zum Einkochen vorzuziehen. Ihre Marmelade ist leider weniger aromatisch.

---

## REZEPTE

---

Schnell zubereitet und empfehlenswert ist dieser

### Reineclaudenauflauf

*Arbeitszeit 15 Minuten*
*Backzeit 45 Minuten*

*4 Eier*
*100 g Zucker*
*100 g Semmelbrösel*
*75 g Haferflocken*
*¼ l Milch*

*1 Prise Salz*
*1000 g unentsteinte Reineclauden*
*50 g Butterflöckchen*
*Puderzucker zum Bestäuben*

Die Eier schaumig rühren, nach und nach Zucker, Semmelbrösel, Haferflocken, Milch und Salz zugeben. Die Hälfte der Masse in eine hohe Keramikform füllen, 1000 g Reineclauden darauflegen, mit dem Rest des Teiges bedecken. Mit Butterflöckchen belegen und 45 Minuten bei Mittelhitze backen. Danach mit Puderzucker übersieben. Er schmeckt kalt besser als warm.

Reineclauden sind sehr saftig. Man kann mit ihnen keinen Kuchen backen, weil sie zuviel Wasser abgeben. Bei Aufläufen stört die viele Flüssigkeit weniger. Ich mag zwar Zwetschgenauflauf lieber, aber wenn Reineclauden verbraucht werden sollen, ist das eine schnelle und schmackhafte Zubereitungsart.

### Reineclaudenkompott

Dieses Kompott ist sehr würzig. Zur Kombination mit anderen Zutaten finde ich aber Reineclaudensoße besser. Das Kompott wird genauso zubereitet – mit den gleichen Zutaten – wie Mirabellenkompott (Rezept Seite 302).

### Reineclaudensoße

*500 g große Reineclauden*
*125 g Gelierzucker*

*2 EL Zitronensaft*

Die Reineclauden waschen, aufschneiden und den Kern herausnehmen. In einem Topf mit dem Zucker bestreuen und einige Stunden zum Saftziehen stehenlassen. Danach unter Rühren zum Kochen bringen, den Zitronensaft zugeben. Einige Minuten sprudelnd kochen lassen. Mit einem Mixstab zerkleinern und noch einmal aufkochen. Ist kein Mixer im Haus, durch ein Sieb rühren.

Dieses Püree muß im Kühlschrank aufbewahrt werden. Man kann es auch einkochen. Es würzt vorzüglich Quark, Joghurt, das morgendliche Müsli und eignet sich für Milchmixgetränke. Um würzige Speisen zu erzielen, braucht man einige Eßlöffel dieser Soße.

### Reineclaudenmarmelade

Diese Marmelade ist die wichtigste in Frankreich. Ich esse sie auch sehr gerne. Man verwendet:

*1 kg große Reineclauden*     *Saft von 2 Zitronen*
*1 kg Gelierzucker*

Reineclauden waschen, aufschneiden, die Kerne entfernen, in Stücke schneiden. Mit dem Gelierzucker bedeckt, einige Stunden stehenlassen, den Saft der Zitronen zugeben. Unter Rühren zum Kochen bringen und 4 Minuten sprudelnd kochen lassen. In Gläser gießen und zubinden.

Außer dem *Einkochen* – man schichtet die gewaschenen, noch grünen Früchte in Gläser, bedeckt sie mit ¼ l Wasser sowie 125–250 g Zucker und sterilisiert sie bei 75° C 20 Minuten – können die Reineclauden entweder in Cognac oder in Armagnac eingelegt werden.

### Reineclaudencreme         *Arbeitszeit 15 Minuten*

*500 g Früchte*       *4 Blatt farblose Gelatine*
*100 g Zucker*        *200 g Sahne*

Früchte waschen, entsteinen. Mit dem Zucker bestreuen und stehenlassen, bis sich Saft gebildet hat. Dann unter Rühren zum Kochen bringen, wenige Minuten brodeln lassen, mit dem Mixer pürieren. Die kalt abgewaschene Gelatine hinzufügen. Wenn die Masse abgekühlt ist, in den Eisschrank stellen. Nach zwei Stunden Sahne schlagen, zwei Eßlöffel davon in eine Spritztülle füllen. Die Sahne unter die Creme heben, die Creme in einer Schüssel oder vier Schälchen anrichten und mit Sahnetupfern verzieren.

ZWETSCHGEN **Frühzwetschgen** sind im allgemeinen großfrüchtig, geschmacklich hochwertig für den Frischverzehr, aber nicht sehr gut lager- und transportfähig, da sie zu weich sind. Sie halten sich dagegen gekühlt gut. Zum Kochen sind sie nicht geeignet, da sie matschig und sauer werden. Hierher gehören die *Lützelsachser, Ersinger, Zimmers, Bühler* und *Wangenheimer* Frühzwetschgen. Sie wurden alle in Deutschland aufgefunden und sind Ende Juli reif, außer der Wangenheimer Frühzwetschge (Mitte August). Um früh zu reifen, benötigen sie einen warmen Standort. Die Bühler Frühzwetschge wurde 1840 aufgefunden und war für das von großer Armut geplagte Mittelbaden, aus dem viele Menschen auswanderten, ein großer Segen. 1884 sandte man den ersten Eisenbahnwaggon mit Zwetschgen nach Köln. Heute finden sie sich in ganz Europa. **Spätzwetschgen** haben, außer daß sie später auf den Markt kommen, die meisten Eigenschaften mit den Frühzwetschgen gemein. Sie sind Ende August/Mitte September reif. Sie scheinen alle Aufspaltungen der Italienischen Zwetschge zu sein. Sie sind ebenfalls sehr sauer beim Kochen und haben eine zähe Haut, sind aber gut zum Dörren (*Italienische, Bosnische, Fellenberg, Elbetaler, Schrattentaler* Spätzwetschgen).

Die **Hauszwetschge** (Mitte bis Ende September) ist vermutlich südslawischer Herkunft. Sie wird seit vielen Jahrhunderten in den slawischen und deutschen Ländern kultiviert und ist über alle geeigneten Gebiete der Welt verbreitet. Bei Vollreife ist ihr Fruchtfleisch verhältnismäßig trocken, von gehaltvoller Süße und weniger sauer als alle anderen beschriebenen Pflaumen, außer den Reineclauden und Mirabellen. Im Gegensatz zu den meisten anderen Pflaumen und Zwetschgen ist ihr Fruchtfleisch leicht vom Kern löslich. Reife Hauszwetschgen können geöffnet werden, ohne daß ihr Saft herausläuft. Leider sieht man diese Früchte oft sehr klein. Diese Pflaumensorte, die eigentlich ein Typengemisch darstellt, ist für Rohgenuß und Verarbeitung unersetzlich. Man bereitet Mus (ohne Zucker möglich bei ganz reifen, schon etwas geschrumpften Früchten), Marmelade, Kompott, Nachspeisen, Dörrzwetschgen, Zwetschgenknödel, Pflaumenkuchen aus ihr.

Die Transport- und Lagerfähigkeit ist außerordentlich gut. Die Hauszwetschge paßt sich sehr leicht an die verschiedensten Wachstumsbedingungen an.

Da die Pflaumen meist nicht mit ihrem eigenen Pollen bestäubt werden können – sie sind teilweise selbstunfruchtbar wie Apfel, Birne, Süßkirsche und manche Sauerkirschen –, hat das zu einem großen Formenreichtum geführt. Wie beim Apfel, von dem es Tausende von Sorten gibt, können die Pflaumen groß, klein, rund, länglich, gelb, grün, rot oder dunkelblau sein.

Im Winter und Frühjahr erhalten wir Pflaumenimporte von der südlichen Halbkugel.

IMPORTE  Die Sommersaison beginnt mit Importpflaumen aus Italien: der gelben *Goccia d'Oro, Florentina* und *Soriso*. Danach kommt *Ruth Gerstetter*, gefolgt von *Ruth Gerstetter* aus Baden. Später folgen die Italienische und Hauszwetschge.

---

## REZEPTE

Pflaumen werden, wie unser anderes heimisches Obst, in großen Mengen frisch verzehrt. Sie eignen sich, ihres besonders würzigen Geschmacks wegen, gut zum Kochen und Backen. Erst ein Kontrast in Gestalt von Knödeln oder Teig bringt den vorzüglichen Pflaumengeschmack zur Geltung. Da sie durch das Kochen und Backen sehr sauer werden, besonders die frühen Sorten, bevorzugt man zur Kombination mit Fleisch Backpflaumen.

CHUTNEY  **Pflaumenwürzsoße**

*Zubereitung 25 Minuten*
*Kochzeit 25 Minuten*

| | |
|---|---|
| *500 g Pflaumen* | *½ TL Nelkenpfeffer* |
| *10 g Ingwer* | *½ TL Nelken* |
| *10 g Senfkörner* | *½ TL gemahlene Chillies* |
| *3 EL Apfelessig* | *¼ Tasse feingeschnittene* |
| *½ Tasse Wasser, 1 Tasse Zucker* | *Zwiebeln* |
| *½ TL Salz, ½ Stange Zimt* | *½ Tasse Rosinen* |

Ingwer fein zerdrücken, Senfkörner mahlen, die Pflaumen entkernen. Alle Zutaten bis auf Pflaumen und Rosinen aufkochen. Die Pflaumen hinzufügen. Die Soße 20 Minuten kochen lassen, dabei ab und zu umrühren. Mit dem Mixstab pürieren. Nach Wunsch durch ein Sieb passieren. Die Rosinen zugeben und noch kurz kochen lassen. In hübsche Gläschen füllen. Sehr gut zu gegrilltem Schweine- und Rindfleisch und Fleischfondue, paßt wie Mangochutney und Cumberlandsoße zu allen Fleischgerichten und Schinken. Hält sich nur im Kühlschrank.

**Zwetschgenknödel** *(österreichisch)*

| | |
|---|---|
| *800 g Kartoffeln* | *150 g Würfelzucker* |
| *250 g Mehl* | *80 g Semmelbrösel* |
| *110 g Butter* | *½ TL Zimt* |
| *3 Eigelb* | *2 EL Zucker* |
| *1 Prise Salz* | *Puderzucker* |
| *1 kg entsteinte Pflaumen* | |

Die Kartoffeln am Tag zuvor mit der Schale kochen, schälen und entweder durch eine Kartoffelpresse drücken oder reiben. Am nächsten Tag das Mehl zugeben, 30 g Butter, Salz und Eigelb und den Teig gut kneten. In einem großen Topf Salzwasser zum Kochen bringen. Den Teig 1 cm dick ausrollen. Die Zwetschgen mit einem Tuch abreiben, aufschneiden, an die Stelle des Kernes ein Stück Würfelzucker stecken. Die Zwetschgen auf dem Teig verteilen, Quadrate ausschneiden, Klöße formen. Die Klöße nicht zu stark drücken, sonst bleiben sie nicht locker. Die Knödel ins kochende Wasser geben und in 10 Minuten leicht sprudelnd garen lassen. Mit dem Schaumlöffel herausheben.
In einem anderen Topf die restliche Butter zerlassen, Semmelbrösel, Zucker und Zimt zufügen, mischen, die Knödel darin wälzen. Mit Puderzucker überstäuben und gleich auftragen.
In der Tschechoslowakei bereitet man diese Knödel auch mit Pflaumenmus gefüllt zu, das mit abgeriebener Zitronenschale und Rum gewürzt wurde. Sie heißen dann *Powidlknödel*.

**Quarkknödel mit Zwetschgenröster** *(Österreich)*

| | |
|---|---|
| *750 g Quark* | *1 Prise Salz* |
| *140 g Weizengrieß* | *80 g Butter* |
| *4 Eier* | *80 g Semmelbrösel* |

Quark, Grieß, Eier und Salz gut verrühren. Eine Stunde ruhen lassen. Salzwasser aufsetzen. Dann mit einem Löffel Knödel abstechen, mit nassen Händen glattrollen und in das kochende Wasser legen. Wenn sie hochsteigen, herausnehmen.
Die Butter zerlassen, Semmelbrösel zugeben und die Knödel darin wälzen. Dazu *Zwetschgenröster* auftragen:

*Zubereitung 15 Minuten*

| | |
|---|---|
| *30 g Butter* | *1 Prise Zimt* |
| *30 g Semmelbrösel* | *1 Prise Nelken* |
| *(kann man auch weglassen)* | *2 EL Zucker (bei frühen* |
| *500 g entsteinte Zwetschgen* | *Pflaumen mindestens 3 EL)* |
| *1 Stück Zitronenschale* | *2 EL Rum* |

Die Butter zerlassen, die Semmelbrösel darin anrösten, die Zwetschgen sowie alle Gewürze zugeben.

Auf kleiner Flamme unter Rühren gar dünsten. Auf diese Weise geben die Zwetschgen viel weniger Wasser ab, als wenn man ein Kompott aus ihnen kocht. Zum Zwetschgenröster paßt auch:

## Kaiserschmarren

| | |
|---|---|
| *30 g Butter* | *0,4 l Milch* |
| *50 g Zucker* | *250 g Mehl* |
| *4 Eier* | *80 g Fett (Butterschmalz)* |

Aus der Butter, die mit 3 EL Zucker gut verrührt wurde, Eigelb, Milch und Mehl einen glatten Teig rühren. Das Ausbackfett auf das Backblech geben und den Backofen erhitzen. Das Eiweiß steif schlagen, mit dem Teig mischen. Den Teig in das zerlassene Fett gießen, das Blech in den Backofen schieben und so lange backen (bei Stufe 4/210° C), bis er von unten fest, obenauf aber noch locker ist. Den Schmarren auf den Tisch stürzen und klein schneiden. Mit Puderzucker bestäuben und mit dem kalten Zwetschgenröster extra anrichten.

## Saft

Pflaumen- und Birnensaft gemischt ist recht schmackhaft. Man kann gleich beide Obstarten zusammen entsaften. Entweder 800 g Pflaumen und 200 g Birnen zerschnitten in den Dampfentsafter geben und pro Kilo 25–70 g Zucker (je nach Pflaumensorte) zufügen oder die Früchte ebenfalls zerschnitten, mit Wasser bedeckt, aufkochen und durch ein Tuch ablaufen lassen. Pro Liter 200 g Zucker zugeben, aufkochen lassen und in Flaschen füllen. Aus diesem Saft (auf 1 Liter 750 g Zucker rechnen) kann man leuchtendrotes Gelee herstellen. Pflaumensaft allein ist allerdings so gut, daß man kein anderes Obst hinzufügen müßte.

NACHSPEISEN  **Goldbananen mit Zwetschgenröster**          *Zubereitung der Bananen 10 Minuten*

| | |
|---|---|
| *1 Dose Goldbananen* | *1 EL Puderzucker* |
| *2 EL Butter* | *Zwetschgenröster (Rezept s. Seite 294)* |

Die Goldbananen gut abtropfen lassen. Die Butter erhitzen und die Bananen vorsichtig bei nicht zu großer Hitze von beiden Seiten zart bräunen. Auf eine Platte legen, mit Puderzucker übersieben. Den abgekühlten Zwetschgenröster, der schon lange vorher zubereitet und gekühlt verwendet werden kann, über die Bananen verteilen und gleich servieren.

*Variation:* Noch besser als mit gerösteten Pflaumen schmecken die Goldbananen mit Pflaumen in Armagnac, die sogar in der heißen Pfanne brennen – man muß die Pfanne nur schräg halten, um sie zu entzünden.

**Pflaumen in Armagnac** *(10 Portionen)*          *Zubereitung des Kompotts ohne Kochzeit 15 Minuten*

Hierzu muß man die Pflaumen erst einkochen.

Man kann sie auch am Tag vorher zubereiten und im Kühlschrank durchziehen lassen, dann aber nur einige Eßlöffel Armagnac verwenden (statt eines Achtelliters einen Sechzehntelliter, denn der Alkohol schmeckt sonst zu sehr vor). Ich habe bei diesem Rezept erst versucht, die Pflaumen mit Mandeln zu füllen – sie schwammen nach dem Kochen an der Oberfläche – oder sie in reinen Armagnac zu legen, was zu dem folgenden Zimteis nicht gut paßte.

| | |
|---|---|
| *500 g Pflaumen* | *knapp ⅛ l Armagnac* |
| *100 g Zucker* | *knapp ⅜ l Wasser* |

Die Pflaumen mit kochendem Wasser übergießen und die Haut abziehen. Die Früchte ganz lassen. Mit Zucker bestreut dicht in ein Literglas packen. Dabei mit dem Armagnac begießen. So viel Wasser zufügen, daß die Pflaumen eben bedeckt sind. Mit anderem Einmachgut zusammen im Dampftopf oder Backofen sterilisieren.

Das folgende Zimteis schmeckt mit normalem Pflaumenkompott ausdruckslos, mit dem eben beschriebenen jedoch sehr gut.

## Zimteis *(8 Portionen)*      *Zubereitung 20 Minuten*

| | |
|---|---|
| *100 g Zucker* | *4 Eigelb* |
| *¼ l Wasser* | *1 gehäufter TL Zimt* |
| *1 TL abgeriebene Zitronenschale* | *500 g Sahne* |
| *1 kräftige Prise gemahlene Nelken* | *Zum Garnieren:* |
| *1 kräftige Prise* | *einige Pflaumen* |
| *gemahlener Nelkenpfeffer* | *etwas Alkohol* |

Zucker, Wasser, abgeriebene Zitronenschale, Nelken und Nelkenpfeffer in einem hohen Topf 5 Minuten kochen. Stehenlassen, bis es erkaltet ist. (Ursprünglich habe ich Stangenzimt verwendet, der würzte aber zu schwach.) Das Eigelb zugeben.
Auf dem Herd das Eigelb schlagen, bis es dickschaumig geworden ist. Vom Herd nehmen und abkühlen lassen, bis es nur noch lauwarm ist. Den Zimt darüberpudern. Die Sahne steif schlagen, das Eigelb zugeben und vorsichtig mit der Sahne mischen. Gefrieren lassen. Beim Auftragen das Eis mit je 2 Pflaumen garnieren und ein wenig Alkohol zugeben.

## Pflaumenauflauf mit Semmelbröseln      *Zubereitung 20 Minuten*
                                                 *Backzeit 60 Minuten*

| | |
|---|---|
| *3 Eier* | *2 EL Rum* |
| *100 g Zucker (bei Spät-* | *1 Prise Salz* |
| *zwetschgen 50 g)* | *50 g zerlassene Butter* |
| *150 g Semmelbrösel* | *750 g Pflaumen* |
| *½ l Milch* | *Zucker zum Bestreuen* |
| *1 TL Zimt* | |

Die Eier mit dem Zucker schaumig rühren, Semmelbrösel, Milch und Gewürze zugeben, die zerlassene Butter darübergießen.
Die Hälfte der Masse in eine gefettete Keramikform geben, die Pflaumen waschen, entsteinen und darauflegen. Mit der zweiten Hälfte der Auflaufmasse bedecken. Eine Stunde backen. Schmeckt kalt besser als warm. Vor dem Auftragen mit Zucker bestreuen.
Dieser Auflauf kann auch mit eingekochten, abgetropften Pflaumen zubereitet werden, deren Saft extra dazu serviert wird.

**Kartoffelauflauf**

Einen ähnlichen Geschmack wie Zwetschgenknödel hat dieser Auflauf, er ist auch schneller zubereitet. Eine sudetendeutsche oder österreichische Köchin wird allerdings mit Zwetschgenknödeln schneller fertig sein als ich.

| | |
|---|---|
| *500 g Kartoffeln* | *40 g geschälte, geriebene* |
| *(tags zuvor in der* | *Mandeln* |
| *Schale gekocht)* | *750 g Pflaumen* |
| *30 g Butter* | *2 EL Semmelmehl* |
| *90 g Zucker* | *1½ EL Zucker* |
| *4 Eier, 1 TL Salz* | *½ TL Zimt* |
| *Schale und Saft einer halben* | *50 g Butterflöckchen* |
| *Zitrone* | |

Die Kartoffeln schälen und reiben oder durch eine Kartoffelpresse drücken. Butter und Zucker schaumig rühren, die Eier, Salz, Schale und Saft der Zitrone zufügen und schlagen. Über die geriebenen Kartoffeln geben, die Mandeln hinzufügen, gut verrühren. Eine große Keramikform einfetten. Die Hälfte der Kartoffelmasse darin glattstreichen, mit den entsteinten Pflaumen belegen, mit dem restlichen Kartoffelteig bedecken.
Semmelmehl mit Zucker und Zimt mischen und darüberstreuen. Mit Butterflöckchen belegen und eine Stunde bei Stufe 4 (210° C) backen. Der Auflauf ist kalt besser als warm.
Man kann sehr gut ein Glas Pflaumen verwenden. Dann die Pflaumen abtropfen lassen, den Saft zum Begießen extra dazu reichen.

**Kuchen**

Pflaumen sind ideale Kuchenfrüchte. Sie haben nur einen Nachteil: sie sind sehr saftig, so daß der Teig durchweichen kann. Man kann beinahe alle in diesem Buch aufgeführten Kuchenrezepte mit ihnen zubereiten. Die Frage ist nur, ob sich das lohnt, denn Pflaumen haben ein so starkes Aroma, daß man gut sparen kann, indem man einen weniger üppigen Kuchen zubereitet, der aber fast genausogut schmeckt wie einer mit viel Butter, vielen Eiern und Nüssen. Da man dazu meist Schlagsahne aufträgt, ist er immer noch kalorienhaltig genug. Die einfachste und gebräuchlichste Art:

**Hefekuchen mit Pflaumen belegt**

| | |
|---|---|
| *1 Hefeteig (Rezept im Anhang)* | *½ TL Zimt* |
| *750–1000 g Pflaumen* | *2 EL Hagelzucker* |

Den Hefeteig zubereiten und ausrollen. In der Form einen Rand hochdrücken. Die Zwetschgen waschen, mit einem Tuch abtrocknen, halbieren oder vierteln (es gibt dafür praktische Geräte) und den Stein entfernen. Den Teig dicht mit Pflaumen belegen. Mit Zimt und Hagelzucker bestreuen. Der Hagelzucker hat den Vorteil, daß die Pflaumen weniger Saft ziehen als bei normalem Zucker, der sich aber gleichmäßiger verteilen läßt.
Den Kuchen so lange stehen lassen, bis er gegangen ist, dann 45 Minuten bei Stufe 4 (210° C) backen.

*Variationen:* den Hefeteig mit 3 EL Semmelbröseln bestreuen, die Pflaumen zusätzlich mit Butterflöckchen belegen.

Oder: statt der Semmelbrösel 100 g geriebene Mandeln verwenden.

Oder: den Boden mit 3 EL Aprikosenmarmelade bestreichen, dafür weniger Zucker über die Pflaumen geben.

Oder: den Kuchen mit Streuseln bestreuen – das ist sehr gut.

*Streusel* aus 150 g Mehl, 75 g Zucker, 75 g Butter, einer kräftigen Prise Zimt und einem TL Vanillezucker zubereiten. Alle Zutaten leicht verkneten, aber immer wieder locker in die Schüssel zurückstreuen, bis kein loses Mehl mehr übrig ist.

Man kann mit Pflaumen auch die Rhabarber- und Stachelbeerkuchenrezepte zubereiten (mit Eiweiß- oder Sahneguß) oder den Biskuitkuchen oder die Träublestorte. Pflaumen mit Mandeln schmecken ganz vorzüglich.

Ganz üppig:

## Thüringer Pflaumenkuchen

*Zubereitung 65 Minuten*
*Backzeit 65 Minuten*

| | |
|---|---|
| *Boden: Hefeteig (s. Anhang)* | *1½ EL Maismehl* |
| *Belag: 1 kg Pflaumen* | *Streusel: 150 g Mehl* |
| *Guß: 2 Eier* | *75 g Zucker* |
| *5 EL Zucker* | *75 g Butter* |
| *100 g Sahne* | *1 TL Vanillezucker* |
| *1 Prise Zimt* | |

Einen Hefeteig zubereiten, den man gut aufgehen läßt. Die Pflaumen waschen, abtrocknen, aufschneiden und entkernen. Den Teig ausrollen, einen Rand hochdrücken. Mit den Pflaumen von außen nach innen kreisförmig belegen. Den Kuchen nochmals an einem warmen Ort aufgehen lassen. Bei Stufe 6 (250° C) 20 Minuten backen lassen. Für den Guß die Eier mit Zucker, Sahne, Zimt und Maismehl schaumig rühren, über den Kuchen gießen. Nach 10 Minuten auf Stufe 4 (210° C) schalten und fertigbacken.

Die Streusel zubereiten, über den Kuchen streuen und insgesamt so lange im Ofen lassen, bis man eine hineingesteckte Stricknadel trocken wieder herausziehen kann.

Apfelkuchen auf diese Art schmeckt auch sehr gut.

Wenn man wenig Zeit hat, kann man auch einen Biskuitboden mit Pflaumen füllen. Besser ist ein Mürbteigboden:

## Pflaumenkuchen mit Cremefüllung

*Zubereitung des Bodens 15 Minuten*
*Zubereitung der Füllung 20 Minuten*

| | |
|---|---|
| *Teig:* | *2½ EL Zucker* |
| *Einen Mürbteigboden mit* | *1 Päckchen Tortenguß (klar)* |
| *Rand zubereiten und backen* | *evtl. 50 g halbierte Mandeln,* |
| *(Rezept im Anhang)* | *Walnüsse oder Pistazien* |
| *Füllung:* | *250 g Sahne mit 2 EL Zucker* |
| *500 g Pflaumen* | *und 1 TL Vanillezucker* |
| *⅛ l Wasser* | |

Die Pflaumen waschen, entsteinen und mit einem Teil des Wassers zum Kochen bringen. Tortenguß und Zucker mischen, mit dem restlichen Wasser verrühren. Die Pflaumen im Topf pürieren, den Tortenguß hinzufügen und aufkochen lassen. Die Füllung auf den Boden geben. Nach dem Abkühlen mit geschlagener Sahne verzieren und mit Nüssen garnieren.

## Pflaumenmus

Ein wundervoller, aromatischer Brotaufstrich, dessen Zubereitung nur den einen Nachteil hat, daß man dabei stundenlang rühren muß.

Bei den süßen Spätzwetschgen benötigt man gar keinen Zucker (das Mus heißt im Sudetenland Powidl); bei saureren auf 500 g Früchte 100–175 g Zucker verwenden, dazu ½ TL Zimt.

Besonders arbeitssparend kann man das Mus im gewässerten Römertopf zubereiten (er muß nur für Süßigkeiten vorbehalten sein). Die Hälfte der entsteinten Pflaumen wird püriert und die andere Hälfte halbiert zugegeben. Das Mus wird ab und zu umgerührt. Es benötigt für 2000 g Zwetschgen 4 Stunden bei 200° C (Stufe 3 bei Gas).

Das fertige Mus heiß in Gläser füllen und verschließen.

*Piroggen* können, wenn man den gesüßten Teig von Seite 259 verwendet, sehr gut mit 500 g Pflaumenmus, dem man 4 EL gehackte Walnüsse oder Mandeln zufügt, gefüllt werden.

REZEPTE MIT BACKPFLAUMEN

**Backpflaumen** *Engl.: prunes, Franz.: pruneaux*

Früher stellten die Hausfrauen selbst Backpflaumen und Trockenobst her. Da es heute so vorzügliche Produkte in guter Qualität zu kaufen gibt, wird wohl kaum noch jemand die Zeit dafür aufwenden.

Je größer die Pflaumen sind, um so weniger gehen auf ein Pfund und um so saftiger und fleischiger sind sie. 40 bis 50 auf 500 g sind groß, 80 bis 100 klein. In Norddeutschland bevorzugt man entsteinte, in Süddeutschland unentsteinte Backpflaumen. Trockenpflaumen und deren Saft, der sogenannte Kurpflaumensaft, wirken abführend.

### Füllungen

Wie schon unter Äpfeln erwähnt, füllt man eine Gans gerne mit Äpfeln und Backpflaumen, aber auch Ente, Poularde oder Schweinerollbraten schmecken ausgezeichnet mit einer solchen Füllung. Backpflaumen mit Äpfeln gemischt sind würziger als Äpfel allein.

| | |
|---|---|
| *200 g entsteinte Backpflaumen* | *evtl. 2 EL abgezogene ganze* |
| *500 g Äpfel* | *Mandeln* |
| *2 Zwiebeln* | *evtl. 200 g Hackfleisch* |
| *1 EL Öl* | *2 EL Zitronensaft* |
| *3 EL gewürfelter Schinkenspeck* | *1½ TL Salz* |
| | *½ TL Pfeffer* |

Für ein Huhn oder einen Braten, die gefüllt werden sollen, ein Viertel der Zutaten verwenden, für eine Gans oder einen Puter reichen die angegebenen Mengen.

Hartgetrocknete Backpflaumen am Tag vorher gut waschen und einweichen. Saftige kalifornische Früchte braucht man gar nicht einzuweichen. Am nächsten

Tag herausnehmen und gut abtropfen lassen. Die Äpfel schälen und klein schneiden. Die Zwiebeln schälen und würfeln. Das Öl erhitzen und die Schinkenstückchen darin kurz braten, die Zwiebeln zugeben und goldgelb werden lassen. Aus der Pfanne nehmen und mit sämtlichen Zutaten mischen, in die gewaschene, nachgesehene Gans füllen und zunähen.

Wenn kein Hackfleisch zugegeben wird (es enthält wieder Fett und die Gans ist schon fett genug), kann man 250 g Backpflaumen und 625 g Äpfel rechnen. Zu Huhn und Schweinefleisch paßt Hackfleisch sehr gut.

In Grusinien, im Süden der Sowjetunion, kocht man aus 100 g eingeweichten Backpflaumen eine Soße (Tkemali-Soße), die mit einer Knoblauchzehe, Salz, Pfeffer und Dill gewürzt, zu Hähnchen, Schaschlik und anderen Fleischgerichten gereicht wird.

Nach einem mittelalterlichen, noch heute gebräuchlichen marokkanischen Rezept kocht man zuerst ein Huhn mit etwas Safran und Ingwer weich, fügt dann Zwiebeln und 500 g eingeweichte Backpflaumen hinzu und kocht nochmals 30 Minuten. Dazu gibt es Kuskus oder Reis.

## Backpflaumensoße mit Rindergulasch

Dieses Gericht stammt aus Persien.

| | |
|---|---|
| 200–250 g Backpflaumen | 2 TL Salz |
| 1 große Zwiebel | ¼ TL Pfeffer |
| 3 EL Butter | 1 Prise Muskat |
| 500 g Rindergulasch | 1 Prise Zimt |
| 2 Tassen Wasser | 1½ EL Zitronensaft |

Die Pflaumen waschen und einweichen (einweichen gilt nur für die hartgetrockneten). Die Zwiebel schälen und würfeln. Die Butter erhitzen, die Zwiebel goldgelb braten. Das Fleisch zugeben und von allen Seiten anbraten. Dabeibleiben und aufpassen, daß es nicht anbrennt. Eventuell noch Fett in den Topf geben, ab und zu umwenden.

Das Wasser mit allen Gewürzen hinzufügen. 35 Minuten auf kleiner Flamme kochen lassen. Die Pflaumen zugeben und noch 15 Minuten weiterkochen lassen. Dazu gehört Reis.

Da uns wahrscheinlich Zeiten bevorstehen, in denen sparsamer gewirtschaftet werden muß, kommen vielleicht auch bescheidenere Gerichte wieder zu Ehren, wie zum Beispiel:

## Backobst mit Grießklößen *(Pommern)*

| | |
|---|---|
| 500 g Backobst | 1 l Milch |
| (Birnen, Pflaumen, Äpfel und | 1 TL Salz |
| Aprikosen) | 1 EL Zucker |
| 250 g Schinkenspeck am Stück | 3 Eier |
| 250 g Grieß | |

Das Dörrobst in 2 l Wasser einweichen. Nach einigen Stunden mit dem Schinkenspeck 30 Minuten kochen lassen. Das Obst herausnehmen. Den Grieß in die kochende, mit Salz und Zucker gewürzte Milch schütten und unter Umrühren auf kleiner Flamme 5 Minuten ausquellen lassen. Vom Herd nehmen und mit dem Handrührgerät die Eier in den Teig arbeiten. Die Backobstbrühe zum Kochen bringen, von dem Grieß mit einem Eßlöffel Klöße abstechen und in der Flüssigkeit so lange kochen, bis sie oben schwimmen. Klöße, Obst und kleingeschnittenen Schinken in einer großen Terrine auftragen.

Den Ofenschlupfer und den Apfelbettelmann (Rezepte Seite 264/65) kann man sehr gut auch mit Backpflaumen zubereiten. Fügt man den Zutaten für Apfelbettelmann statt der frischen Äpfel 150 g gemischtes Trockenobst, dazu ¾ l Milch hinzu, so erhält man eine alte deutsche Brotsuppe.

### Nachtisch von Backpflaumen

Bocuse kocht sie mit Zucker, Zimt, Zitronen- und Orangenscheiben in Burgunder.

### Backpflaumen in Tee *(Ägypten)*

Natürlich kann man genausogut Wasser statt Tee verwenden.

| | |
|---|---|
| *500 g Dörrpflaumen* | *Kernchen einer* |
| *kochender Tee* | *½ Vanilleschote* |
| *1 Glas Kirschwasser* | *3 EL Puderzucker* |
| *250 g Schlagsahne* | |

Die Dörrpflaumen waschen und in eine Schüssel legen. Durch ein Sieb kochenden Tee darübergießen. Zwölf Stunden oder länger eingeweicht lassen (das gilt für hartgetrocknete Früchte). Vor dem Auftragen abtropfen lassen, in eine hübsche Schüssel legen und mit dem Kirschwasser begießen. Die Sahne steif schlagen. Die Vanillekernchen aus der Schote schaben und zu der Sahne geben, ebenso den Puderzucker. Die Pflaumen mit der Sahne bedecken. Einige Stunden in den Kühlschrank stellen, bevor sie aufgetragen werden.

### Backpflaumen mit Walnüssen gefüllt *(Nordafrika)*

| | |
|---|---|
| *500 g weiche Dörrpflaumen* | *¼ l Wasser* |
| *ohne Stein* | *2 EL Zucker* |
| *so viele Walnußhälften* | *1 EL Zitronensaft* |
| *wie Pflaumen* | *250 g Sahne mit* |
| | *2 EL Zucker* |

Die Pflaumen waschen und mit den Walnüssen füllen. Wasser, Zucker und Zitronensaft einige Minuten kochen lassen. Die Pflaumen zugeben und eine halbe Stunde darin auf kleinster Flamme ziehen lassen. Abkühlen lassen und mit gesüßter Schlagsahne bedeckt einige Stunden in den Kühlschrank stellen.
*Variation:* Dem Kochwasser statt des Zitronensaftes Rum oder Armagnac zufügen.
Oder: das Kochwasser mit einer Prise Zimt, Nelken und Nelkenpfeffer würzen.

Eine Pflaumenart ist die süße und saftige

# Mirabelle *(Prunus cerasifera)*

Engl. auch Myrobalan oder Cherry-plum

HERKUNFT Wie der lateinische Name verrät, hat sie in Form, Größe und Kern Ähnlichkeit mit einer Kirsche. Sie wächst wild in dem Gebiet zwischen Südsibirien und Bulgarien. Möglicherweise war sie schon im Altertum in Italien bekannt. Sie kam um die Reformationszeit nach Deutschland. In Südeuropa und Südwestasien gibt es noch andere mirabellenähnliche Pflaumen, z.B. *Prunus cocomilia.*

SORTEN *Mirabelle von Flotow,* frühreif, Deutschland, gelb, aromatisch und mild, gut für Frischgenuß sowie Kompott, zum Einkochen, zum Dampfentsaften, für Schnaps.

*Mirabelle von Nancy,* mittelspät, Mitte August, aus Frankreich, gelbe, kleine, runde Frucht mit roter Backe. Sehr aromatisch zum Rohessen, gut für Kompott, zum Einkochen, für Mirabellengeist. Hartreif ist sie gut lager- und transportfähig. Wenn man keinen eigenen Baum hat, bei dem man so lange mit dem Pflücken warten kann, bis die Früchte zuckersüß und köstlich schmecken, sondern auf die Mirabellen angewiesen ist, die man zu kaufen bekommt und die oft zu früh geerntet werden, ist es gewiß keine schlechte Lösung, sie in den Rumtopf zu geben oder nach Henriette Davidis in Cognac einzulegen, denn dazu benötigt man nicht ganz reife Mirabellen. Die Früchte eignen sich, wenn sie genug Sonne bekamen, vorzüglich zum Rohessen, außerdem zu Kompott, Saft und Marmelade.

---

## REZEPTE

---

### Mirabellenkompott

*1 kg Früchte*                                    *200–250 g Zucker*
*¼ l Wasser*

Hierzu müssen die Früchte nicht entsteint werden. Man wäscht und säubert die nicht zu reifen Mirabellen und gibt sie auf ein Sieb. Dann kocht man – je nach Zuckergehalt der Früchte – ¼ l Wasser mit mehr oder weniger Einmachzucker, legt die Mirabellen in den Topf und läßt sie 10 Minuten darin leise ziehen. Mit einem Schaumlöffel herausheben, in eine Schüssel geben. Die Zuckerlösung noch etwas einkochen lassen, nach dem Abkühlen darübergießen.

### Mirabellen einkochen

*750 g reife Mirabellen*                          *¼ l Wasser*
*75–100 g Zucker*

Die nicht zu weichen, gewaschenen Früchte in ein Literglas füllen, mit Zucker bestreuen, mit Wasser begießen und 20 Minuten bei 75° C sterilisieren.

Ich habe mit Mirabellen Auflauf- und verschiedene Kuchenrezepte ausprobiert sowie die Mirabellen als Kompott zu Süßspeisen verwendet. Vielleicht lag es am Reifegrad der Früchte, aber ich glaube, sie sind nicht würzig genug, um noch z.B. einem Reispudding ein zusätzliches, kräftiges Aroma zu geben. Mirabellenkompott ist hingegen zu Recht sehr verbreitet und beliebt.

**Mirabellenmarmelade**

Mirabellenmarmelade ähnelt Reineclaudenmarmelade, ist aber weniger aromatisch. Die Kombination von 750 g Mirabellen mit 250 g säuerlichen Äpfeln (aus »Handbuch für die Früchtezeit«) ist sicherlich empfehlenswerter.

Ein Genuß ist Mirabellennektar einer Firma, die sich durch besonders schmackhafte Fruchtgetränke auszeichnet.

Mit Pflaumen und Mirabellen eng verwandt sind die

## Schlehen *(Prunus spinosa)*,

die mit ihren hübschen blauen, adstringierenden Früchten von Sibirien bis Zentraleuropa wild wachsen. Es lassen sich aus ihnen sehr gute, den Kirschmosten ähnliche Säfte gewinnen, die gegen Magen- und Nierenleiden helfen sollen. Man erntet die Früchte erst nach dem Frost, mahlt sie und übergießt sie mit kaltem Wasser, worin sie 24 Stunden stehen müssen. Weichkochen und Saft absieben.

Pflaume, Mirabelle und Schlehe wirken abführend, entgiftend und reinigend für Blut und Nieren. Süße Früchte enthalten sehr viel Traubenzucker, der Vitamin-$B_1$-Gehalt ist bemerkenswert (0,070 mg).

In die Familie der Rosaceen gehört auch die

## Icaco-Pflaume *(Chrysobalanus icaco)*

Engl.: Coco oder Cocoa plum, Mexiko: Ciruela de algodón. Es ist eine köstliche Frucht, die mit unseren Prunusarten nahe verwandt ist. Sie ist auf dem Umschlagfoto zu sehen.

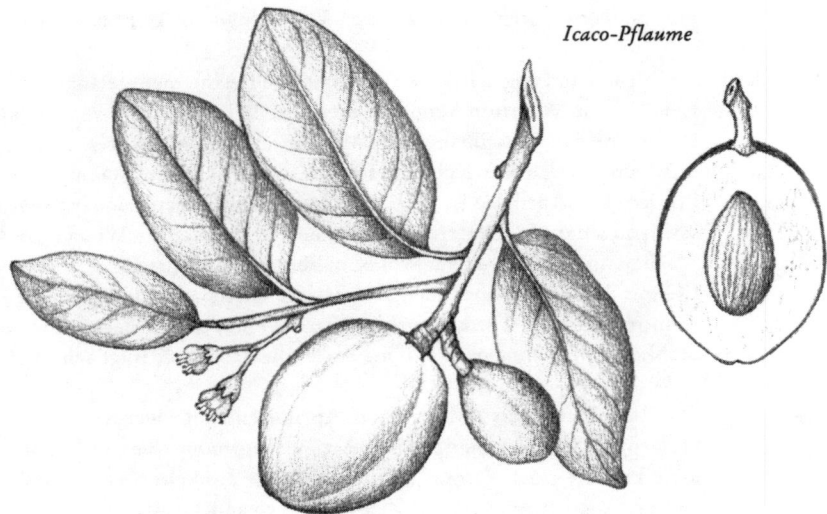

*Icaco-Pflaume*

Diese Pflanze trifft man wild in Meeresnähe vom Süden der USA über Zentral-amerika und die Antillen bis nach Ekuador. 1500 m Höhe überschreitet sie nicht. Sie ist zur Befestigung von Dünen gut geeignet. Sieht man auf ihnen eine Ansamm-lung dieser Sträucher oder kleinen Bäume, so heißt das spanisch eine *Icacalis*.

Die sehr verzweigten Bäume werden nicht höher als 6 Meter. Ihre Rinde ist rotbraun. Sie besitzen dichtes Laub, das aus glatten, ledrigen, etwa 7 cm langen, ovalen Blättern besteht. Die weißen Blüten erscheinen in Büscheln in den Blatt-achseln. Die Früchte können grün oder bläulich-rot sein. Sie werden etwa 4 cm lang und sind länglich oval. Die Icaco-Pflaumen besitzen einen großen, harten Kern, den man aufknacken und essen kann. Das Fruchtfleisch ist weiß, süß und wenig saftig. Die Frucht ist deshalb gut transportfähig.

Die Pflaumen werden roh gegessen, eignen sich aber besonders für Kompott und zum Einkochen. Durch Kochen wird das Fruchtfleisch schwärzlich, schmeckt aber sehr gut. Der ölhaltige, aufgebrochene Kern verleiht dem Kompott durch das Mitkochen ein besonderes Aroma. Ein Autor hat behauptet, die Samen seien giftig, aber es ist noch nie ein Schaden durch sie bekannt geworden. Die Icaco ist reich an Kalzium (50 mg) und Phosphor (20 mg).

## Aprikose *(Prunus armeniaca)*

Marille, Engl.: Apricot, Franz.: Abricot, Span.: Albaricoque, Portugies.: Alper-che, Ital.: Albicocca.

Die Aprikose gehört zu den Pflaumen. Es gibt darüber hinaus eine Hybride zwischen Pflaumen und Aprikose *(Prunus simonii)*, die Aprikosenpflaume, die aber im Obstbau keine große Bedeutung erlangt hat. Sie wächst in Kalifornien. Die Früchte sehen hübsch aus, duften angenehm, sind allerdings meist bitter.

Man kennt drei Aprikosenarten: *Prunus armeniaca*, *Prunus mume* und *Prunus dasycarpa* (Mandschurei), die alle aus Fernost stammen, wo schon um 2000 v. Chr. die dort wild wachsenden Aprikosen kultiviert wurden. Wilde Aprikosen gibt es, weitverbreitet und in vielen Variationen, in Asien noch heute.

Auf dem Landweg wird die Aprikose nach Armenien gelangt sein, wo sie die Griechen im Altertum kennenlernten. Im 1. Jahrhundert v. Chr. kam sie nach Italien. In den muselmanischen Mittelmeerländern gehören Aprikosengerichte mit Lammfleisch zur Küchentradition. Diese Gerichte stammen aus dem alten Persien. Die Aprikose ist besonders in den arabischen Ländern sehr beliebt und hochgeschätzt. In Österreich gedeihen die Bäume im Wiener Becken, in der Wachau, in der Schweiz im Wallis, in Südtirol im Vintschgau. Italien versorgt die EG mit Aprikosen, aber auch Frankreich, Griechenland und Spanien tun das. In Kalifornien ist die Aprikose neben Pflaume und Pfirsich das wichtigste Obst. Eine besonders delikate amerikanische Sorte, die *Moorpak*, trägt sehr wenig.

Der Baum wird 3 bis 4 Meter hoch. Aprikosenbäume werden auch als Zierbäume verwendet. Sie gehören dann zur Art *Prunus mume*, die nur kleine, harte, trok-kene Früchte trägt. *Prunus dasycarpa* bringt dunkelrotes, weiches, saures Obst hervor. Auch er wird nur als Zierbaum verwendet.

Die eigentliche Aprikose ist *Prunus armeniaca*, die inzwischen in allen subtropischen Ländern der Welt verbreitet ist. Sogar im Mainzer Becken und am Süßen See bei Halle wird sie angebaut. Von ihr gibt es frühe, mittlere und späte Sorten.

KLIMA-
ANSPRÜCHE

Die weißen Blüten mit dunkelrotem Kelch ähneln Pflaumenblüten. Da sie zeitig erscheinen, wird der Fruchtansatz leicht durch Frühjahrsfröste vernichtet. Die Kultur dieses Baumes erfordert deshalb eine sorgfältige Auswahl des Standorts. Er darf nicht zu warm sein, damit die an sich winterharte Aprikose nicht zum frühen Austreiben veranlaßt wird. Die Lage soll vor nördlichen Winden sicher, trotzdem leicht windig und trocken sein. Viele Pflegemaßnahmen sind zu beachten, so daß in allen Ländern der Welt Aprikosenbäume nur etwas für den guten Gärtner zu sein scheinen. Allerdings haben wir bei arabischen Beduinen oft diese Pflanzen gesehen; es ist möglich, daß das Klima in Nordafrika ihrer Aufzucht sehr entgegenkommt. Als Spalierobst erreicht die Aprikose höchste Vollkommenheit, wenn sie nicht an Süd- oder Ostmauern steht.

VERWENDUNG

Die Aprikose wird frisch verzehrt, aus ihr wird vorzügliche Marmelade zubereitet – eine der aromatischsten Marmeladen überhaupt –, sie wird eingekocht und zu Aprikosenschnaps verarbeitet. Aprikosen werden durch Erhitzen sehr sauer. Mit reichlich Zucker ergeben sie eine aromatische Kaltschale, sie sind gekocht eine Beigabe zu Vanilleeis und Milchreis, man kann mit ihnen einen Kuchen zubereiten, dessen Aroma durch das Einfrieren sehr verbessert wird, Aprikosencreme, -auflauf, -charlotte, -gelee und -knödel bereichern unseren Küchenzettel.
Argentinien zeigt auf Ausstellungen regelmäßig getrocknete Äpfel, Birnen, Pflaumen, Pfirsiche in höchster Qualität, auch Aprikosen.

KONSERVIERTE
FRÜCHTE

Bei Dosenware erzielen gut gefärbte, voll ausgereifte, aber feste, große Früchte die besten Preise. Die zu dörrenden Früchte bleiben nicht am Baum wie die Pflaumen, sie werden heruntergeschüttelt, aufgeschnitten, entkernt und auf hölzernen Gestellen in einer Trockenkammer Schwefeldämpfen ausgesetzt, damit sie ihre schöne Goldfarbe bekommen. Das dauert zwischen 30 Minuten und drei Stunden. Dann trocknen sie in der Sonne. Sechs Pfund frische Aprikosen ergeben ein Pfund Trockenfrucht.
Wasserreiche Früchte sind zuckerarm. Sie sind nicht sehr aromatisch, weder beim Frischverzehr noch bei der Konservierung. Die Süße hängt von der Menge an Sonnenbestrahlung ab, der Säuregehalt vom Boden.
Die Aprikosenernte beginnt in Deutschland Anfang Juli und läuft Mitte bis Ende August aus.

SORTEN

Die wohlschmeckendsten Sorten im deutschen Sprachraum:
*Große wahre Frühaprikose*, Mitte Juli, aus ungarischem Samen vor langer Zeit in Erfurt gezogen. Große, gelbe, ovale, aromatische Früchte, die sich gut vom Stein lösen. Sie ist sicher verwandt mit der alten Sorte:
*Frühe Ungarische Gelbe*, die häufig in der Wachau und im Burgenland angebaut wird.
*Aprikose von Nancy*, Ende Juli, Frankreich, die vor 200 Jahren bei Nancy aufgefunden wurde. Diese Marille ist sowohl frisch als auch für die Verwertung gut. Ihr edler Geschmack wird allerdings von Lage und Witterung sehr beeinflußt.
Eine wichtige Sorte, mit der züchterisch intensiv weitergearbeitet wurde, um neue Sorten zu gewinnen, ist die

*Ungarische Beste,* Anfang August, mit mittelgroßer, gelber Frucht, die sich gut vom Stein löst. Zufallssämling aus Ungarn, von Hofgärtner Glocker in Enyed um 1868 aufgefunden. In Österreich die verbreitetste und bewährteste Sorte. Vorzüglich zum Einkochen, sie bleibt fest, behält eine schöne Farbe, säuerlich, gute Gelierfähigkeit. Für Kompott, Konfitüre, Marillengeist. Zum Rohessen muß sie ganz reif sein. Gut transport- und lagerfähig. In Deutschland baut man vor allen Dingen deutsche Sorten an.

<table>
<tr><td>AUSLÄN-<br>DISCHE<br>APRIKOSEN</td><td>Besonders früh ist die tunesische *Hamidi.* Sehr großfrüchtig sind *Montedoro* (Italien), *Mari de Cenad* (Rumänien), *Jitrenka* (Tschechoslowakei), *Perfektion* und *Goldrich* (USA).<br>Besonders aromatisch ist *Royal* (Kalifornien). Vorzüglich im Geschmack, aber schlecht transportfähig, da zu saftig: *Shalah* und *Supkhamy.*</td></tr>
<tr><td>IMPORTE IN<br>DIE BUNDES-<br>REPUBLIK</td><td>Der Hauptlieferant ist Griechenland mit der frühen *Tirynthos* und der Hauptsorte *Bebekou* (Mitte Juni bis Mitte Juli). Italien *(Reale d' Imola)* bis Ende Juli und Spanien (mit der frühen *Currot,* später *Bulida* und *Clases*) sind nur Nebenlieferanten. Ab Anfang August kommt aus dem Rhônetal in Frankreich die Sorte *Bergeron.*</td></tr>
<tr><td>WELT-<br>PRODUKTION</td><td>Die Aprikosen stehen mit 1 Million Tonnen an 16. Stelle in der Weltproduktion. Die meisten wachsen in Spanien, dann folgen die USA, Italien, Ungarn und Marokko.</td></tr>
<tr><td>WERT DER<br>FRUCHT</td><td>Aprikosen regen Darm und Blutbildung an. Sie enthalten viel Vitamin A(250 I. E., getrocknet 760 I. E.), dazu Vitamin C, Kalzium, Phosphor, Eisen und Kobalt.</td></tr>
<tr><td>LAGER-<br>FÄHIGKEIT</td><td>Halbreif schmeckt die Aprikose nicht gut, hält sich aber. Ist sie reif, dann entwickelt sie zwar ihr volles Aroma, verdirbt aber schnell.<br>Aprikosen werden in großem Stil von der Konservenindustrie und Marmeladenfabriken aufgekauft.</td></tr>
</table>

## REZEPTE

Die frischen Aprikosen, die wir in Deutschland kaufen können, werden gewöhnlich hartreif geerntet und erreichen selten die Süße und Saftigkeit der Früchte, die länger am Baum bleiben.

Durch Kochen und Backen entwickeln frische Aprikosen eine scharfe Säure, die sich oft nicht so harmonisch mit den anderen Zutaten verbindet, wie das beim Apfel der Fall ist. Aprikosen spielen deshalb eine wichtige Rolle in Form von pikanten Fruchtsoßen. Aprikosenmarmelade ist überaus aromatisch, einer der besten süßen Brotaufstriche überhaupt. Frühsorten sind härter und müssen länger kochen. Ich habe die Rezepte mit Spätsorten, die schnell gar werden, probiert.

### Saft

Aprikosensaft ist sehr wohlschmeckend, aber weniger erfrischend als Apfel- oder Orangensaft, da er dickflüssig ist. Zum Entsaften im Dampfentsafter auf 1 kg Früchte 20–40 g Zucker über die Früchte streuen. Man kann sie auch knapp mit Wasser bedeckt einige Minuten kochen lassen, pürieren und durch ein Tuch laufen lassen. Pro Liter Saft 200 g Zucker zugeben. Mein Vorschlag: Mit dem Aprikosensaft, den es fertig in hervorragender Qualität von einer italienischen Firma zu kaufen gibt, einen Zitronenkuchen ausprobieren (Rezept Seite 373).

Die Zwetschgenknödel von Seite 294 kann man auch mit Aprikosen zubereiten. Sie heißen in Österreich *Marillenknödel*.

### Kaltschale

*Zubereitung 20 Minuten*

| | |
|---|---|
| *500 g Aprikosen* | *1 EL Maismehl* |
| *½ l Wasser* | *1 EL Zitronensaft* |
| *80 g Zucker* | *evtl. 1–2 EL Kirschwasser* |
| *¼ l Weißwein oder Wasser* | |

Die Aprikosen waschen und entsteinen. Im Wasser mit dem Zucker in einigen Minuten weichkochen. ¼ der Früchte pürieren, in den Topf zurückgeben und nochmals zum Kochen bringen. Das mit dem Wein angerührte Maismehl zugeben sowie Zitronensaft und eventuell Kirschwasser. Die restlichen Früchte klein schneiden, zur Suppe geben und vor dem Auftragen gut kühlen. Da die Kaltschale ziemlich säuerlich ist, süße Kekse dazu reichen.

### Aprikosencreme

*Zubereitung 7 Minuten*

Hier kann man nach zweierlei Art verfahren. Entweder man serviert die Creme mit Schlagsahne oder man zieht die Schlagsahne unter die Creme.

| | |
|---|---|
| *500 g Aprikosen* | *6 EL Zucker* |
| *6 Blatt weiße Gelatine* | *Saft einer Zitrone* |
| *½ Tasse Wasser* | *200 g Schlagsahne* |

Die Aprikosen waschen und entsteinen. Die Gelatine in kaltem Wasser einweichen. Wasser und 4 EL Zucker aufwallen lassen. Die Aprikosen zugeben und weichkochen. Vom Herd nehmen, pürieren und die ausgedrückte Gelatine zufügen. Entweder in eine Glasschale füllen und nach dem Festwerden mit gesüßter, geschlagener Sahne (mit 2 EL Zucker) auftragen oder nach einer Stunde fast die ganze Sahne unter die Aprikosencreme heben und mit einigen Sahnerosetten verzieren.
*Variationen*: Den Saft einer halben Zitrone und einer Orange hinzufügen.
Oder: der Kochflüssigkeit für die Aprikosen eine halbe Vanillestange zufügen, die nach dem Kochen entfernt wird.
Oder: die Creme mit Ananasstückchen, Erdbeeren oder abgezogenen Aprikosenhälften, die kurz in einer heißen Zuckerlösung (3 EL Zucker auf ½ Tasse Wasser) gezogen haben und gut abgetropft sind, belegen. Oder: die Creme mit Mandelblättchen oder gehackten Pistazien bestreuen.
Dieser Nachtisch ist im Mittleren Osten sehr beliebt.

### Aprikoseneis

*Zubereitung 20 Minuten*

| | |
|---|---|
| *500 g Aprikosen* | *3 Eigelb* |
| *150 g Zucker* | *200 g Sahne* |
| *6 EL Wasser* | *evtl. 2 EL Kirschwasser* |

Die Aprikosen entsteinen. Mit Zucker und Wasser zum Kochen bringen und einige Minuten kochen lassen. Das Kirschwasser zugeben. Die Aprikosen pürieren, durch ein Sieb rühren. Wieder erhitzen. Das Eigelb unter Schlagen zufügen. Wenn die Mischung dick wird, vom Feuer nehmen. Die Schläger abwaschen, damit die Sahne steif schlagen und zugeben. Gefrieren lassen.

### Aprikosensorbet

| | |
|---|---|
| *500 g Aprikosen* | *2 EL Zitronensaft* |
| *150 g Zucker* | *2 Eiweiß* |
| *6 EL Wasser* | *200 g Sahne* |

Die Aprikosen waschen, entsteinen, in Wasser und Zucker weichkochen. Pürieren und durch ein Sieb streichen. Den Zitronensaft zugeben und alles abkühlen lassen. Danach das Eiweiß steif schlagen und mit denselben Schlägern auch die Sahne. Alles vorsichtig mischen und gefrieren lassen. Halbgefroren auftragen. Mein Mann hat Eis und Sorbet besonders gern mit 2 EL Schwarzwälder Kirschwasser. Mir schmeckt es besser ohne.

### Aprikosensoufflé

Wie Apfelsoufflé zubereiten nach dem Rezept Seite 263.

### Aprikosencharlotte

Diese feine Nachspeise schmeckt sehr gut mit Aprikosenmarmelade, die im Aroma kräftig genug ist, um der würzigen Weincreme die Waage zu halten.

| | |
|---|---|
| *Teig: 3 große Eier* | *Zum Bestreichen des Teiges:* |
| *3 EL lauwarmes Wasser* | *1 Glas Aprikosenmarmelade oder* |
| *1 Prise Salz* | *250 g Aprikosen mit 200 g Zucker* |
| *100 g Zucker* | *(7 Minuten gekocht)* |
| *1 TL Vanillinzucker* | |
| *100 g Mehl* | |

Zuerst ein Backblech mit Trennpapier belegen. Den Ofen auf Stufe 4 (210° C) vorheizen. In der Küchenmaschine Eier, Wasser, Salz und Zucker 5 Minuten rühren. Das Mehl darübersieben, vorsichtig mischen, alles sofort aufs Backblech geben und in den Ofen stellen. Nach 20 Minuten den Teig an einer Ecke anheben, um zu sehen, ob er fest geworden ist. Ein Tuch auf den Küchentisch breiten, das Tuch mit Zucker bestreuen. Sobald man den Teig vom Papier abheben kann, das Blech aus dem Ofen nehmen, aufs Tuch stürzen und den Teig sofort der Länge nach zusammenrollen. Ist der Teig abgekühlt, auseinanderrollen und ein Glas Aprikosenmarmelade daraufstreichen. Wieder zusammenrollen und in Scheiben schneiden.

*Füllung:*

Die Weißweincreme von Seite 452 mit 6 Blatt Gelatine zubereiten.

| | |
|---|---|
| *Zur Dekoration:* | *evtl. 100 g Sahne* |
| *1 kleine Dose Aprikosen* | *1 EL Zucker* |

Die Weincreme zubereiten. Eine gefettete Schüssel, die 2 l faßt, mit den Scheiben bis an den Rand auslegen. Die Creme hineingießen und im Kühlschrank fest werden lassen. Wenn etwas übrig bleibt, den Rest bei Zimmertemperatur aufheben und später nachgießen, weil der Teig Flüssigkeit aufsaugt. Die Aprikosen auf ein Sieb geben und gut abtropfen lassen. Die Charlotte auf eine Tortenplatte stürzen, dicht mit Aprikosen umlegen oder um die Charlotte Sahnetupfen spritzen und Aprikosen hineindrücken.

## Mandelcreme mit Aprikosen            *Zubereitung insgesamt 40 Minuten*

> *650 g Aprikosen*          *1 Tasse Wasser*
> *150 g Zucker*            *1 EL Kirschwasser*

Die Mandelcreme von Seite 93 zubereiten.

Die Aprikosen waschen und entsteinen. Zucker und Wasser zum Kochen bringen, die Hälfte der Aprikosen zugeben und einige Minuten kochen lassen, bis sie weich geworden sind. Mit einem Schaumlöffel herausheben und gut abtropfen lassen, den ablaufenden Saft in den Topf zurückgießen (Belegfrüchte). Die zweite Hälfte der Früchte zugeben, weichkochen lassen, dann Kirschwasser zufügen, mit einem Mixstab pürieren (Soße). Das Püree durch ein Sieb rühren. Die Creme mit Aprikosen dicht belegen. Die Soße extra auftragen.

## Aprikosensoße

Daß diese Soße in der Küche eine wichtige Rolle spielt, habe ich schon erwähnt. Die Frage ist nur, wie man sie zubereitet. Aprikosenmarmelade mit Wasser aufgekocht – oder auch ohne –, ist mir zu süß. Man kann die Soße sowohl mit am Vorabend eingeweichten, getrockneten Früchten zubereiten als auch mit frischen Aprikosen. Die Zubereitung mit Trockenfrüchten finde ich nicht gut, denn die getrockneten Aprikosen haben einen so hohen natürlichen Zuckergehalt, daß die Soße zu süß wird. Der Reiz einer Kombination mit Frischaprikosen, wie wir sie bei uns auf dem Markt bekommen, liegt in der pikanten, aromatischen Säure, die zusammen mit einem Reispudding einfach ein Gedicht ist.

## Aprikosensoße von getrockneten Früchten            *Zubereitung 15 Minuten*

> *12 Trockenaprikosen*          *¼ l Wasser*

Die Früchte gründlich waschen und über Nacht einweichen. Am nächsten Tag mit dem Einweichwasser zum Kochen bringen und fünf Minuten kochen lassen. Dabei aufpassen, daß sie nicht anbrennen, und immer wieder umrühren. Mit dem Mixstab pürieren. Wer mag, kann sie noch durch ein Sieb treiben. Mit Zucker abschmecken. Bei meinen wunderbaren Trockenaprikosen war kein Zucker nötig. Man erhält einen reichlichen Viertelliter Soße.

## Aprikosensoße von Frischfrüchten            *Zubereitung 10 Minuten*

> *12 Aprikosen*          *6 EL Zucker*
> *⅛ l Wasser*

Die Früchte waschen, entsteinen, mit Wasser und Zucker in einigen Minuten weichkochen. Mit dem Mixstab pürieren. Eventuell noch durch ein Sieb rühren. Man erhält einen halben Liter Soße.

## Aprikosen und Orangen

Aprikosen und Orangen werden gelegentlich zusammen verwendet, so im Zitter-kuchen (Rezept Seite 348). Man kann aber auch Orangeneis (Rezept Seite 350) mit Aprikosen und Aprikosensoße auftragen. Dafür die Aprikosen behandeln wie im vorhergehenden Rezept, jedoch nur die Hälfte der Menge verwenden.

### Russische Quarkplinsen                                    *Zubereitung 20 Minuten*

| | |
|---|---|
| *500 g Quark* | *Salz* |
| *80 g Mehl, wenn der Quark* | *2 Eier* |
| *trocken ist, sonst:* | *4 EL Butter* |
| *160 g Mehl* | *Puderzucker* |
| *2 EL Zucker* | *¼ l Himbeer- und Johannisbeer-* |
| *1 Päckchen Vanillinzucker* | *oder Aprikosensoße* |

Quark, einen Teil des Mehls, Zucker, Vanillinzucker, Salz und Eier gut verrüh-ren. Den Rest des Mehls auf den Tisch streuen, den Teig mit dem Mehl verkneten und eine dicke Wurst formen, die man in zehn Scheiben schneidet.
Die Butter zerlassen und darin die Plinsen von beiden Seiten goldbraun backen. Mit Puderzucker bestreuen und mit Fruchtsoße auftragen.

Mit Aprikosen kann man die beiden Pflaumenaufläufe und den Reisauflauf mit Äpfeln zubereiten (Rezepte Seite 296/297 und 266).

Besonders gern mag ich einen Reisauflauf, über dem Aprikosen verteilt werden:

### Reispudding mit Portweinsoße *(8 Portionen)*         *Zubereitungszeit für das ganze*
*Gericht 70 Minuten*

Das sollte eigentlich ein Reisring werden, aber beim Stürzen ist er leider zerbro-chen. In einer Auflaufform kann nichts schiefgehen.

| | |
|---|---|
| *250 g Langkornreis* | *abgeriebene Schale einer Zitrone* |
| *1 EL Salz* | *50 g Butter* |
| *1 l Milch* | *60 g Zucker* |

Den Reis gründlich waschen und in 3 l sprudelnd kochendes, gesalzenes Wasser schütten. Wieder zum Sieden bringen und 5 Minuten kochen lassen. Auf ein Sieb gießen und nochmals abspülen. Die Milch erhitzen, den Reis zugeben und vom Beginn der Kochzeit an 7 Minuten garen lassen. Zitronenschale, Butter und Zucker zufügen und in einer Auflaufform 45 Minuten bei Stufe 4 (210° C) backen. In der Zwischenzeit die Früchte zubereiten.

| | |
|---|---|
| *500 g Aprikosen* | *3 Eigelb* |
| *¼ l Wasser* | *5 EL Portwein* |
| *75 g Zucker* | |

Die Aprikosen entsteinen, Wasser und Zucker zum Kochen bringen. Die Apriko-sen teilen. Zuerst eine Hälfte darin in einigen Minuten garkochen, dann die zweite Hälfte.
Die Früchte gut abtropfen lassen. Den ablaufenden Sirup in den Topf zurückgie-ßen. Währenddessen die Flüssigkeit einkochen, bis nur noch der Boden des Topfes damit bedeckt ist, und abkühlen lassen. Kurz vor dem Auftragen (Reis und Früchte sollen kalt, die Soße heiß sein) 5 EL Portwein in den Topf geben sowie

drei Eigelb. Mit dem Handrührgerät alles schlagen, bis es glatt gemischt ist. Aufs Feuer zurückstellen und so lange rühren, bis die Masse steigt und keine Flüssigkeit am Boden zurückbleibt.

Den Auflauf mit Aprikosen bedecken. Man kann auch noch Ananas und Erdbeeren zugeben, aber das ist nicht nötig, er schmeckt auch so vorzüglich. Die heiße Soße darübergießen und gleich servieren.

KUCHEN **Aprikosen auf Mandelboden**

| | |
|---|---|
| *1 Mandeltortenboden (s. Anhang)* | *Belag:* |
| *Vanillecreme:* | *500–750 g Aprikosen* |
| *⅛ l Milch* | *gut ¼ l Wasser* |
| *2 gehäufte TL Maismehl* | *5 EL Zucker* |
| *1 gehäufter EL Zucker* | *200 g Sahne* |
| *¼ Vanilleschote* | *evtl. Sahnesteifmittel* |
| *2 EL geschlagene Sahne* | |

Den Mandelboden backen und auskühlen lassen. 200 g Sahne schlagen und mit 2 EL Zucker süßen. Eventuell das Sahnesteifmittel mit dem Zucker mischen und zu der Sahne geben (es kommt darauf an, wieviel später der Kuchen verzehrt wird). Die Sahne kalt stellen.

Eine Vanillecreme zubereiten: Milch mit Maismehl und Zucker gut mischen, so daß keine Klümpchen mehr vorhanden sind. Die Vanilleschote aufschlitzen und zugeben. Unter ständigem Rühren aufkochen lassen. Vorsicht, es brennt leicht an! Vom Herd nehmen. Ist die Creme abgekühlt, die Schote entfernen, 2 Eßlöffel geschlagene Sahne zugeben. Gut mischen und auf den Mandelboden streichen.

Die Aprikosen entsteinen. Das Wasser mit 3 EL Zucker erhitzen. Die Aprikosen teilen. Zuerst die eine Hälfte, später die zweite Hälfte einige Minuten darin kochen. Die Früchte sollen nur eben gar sein, aber ja nicht zerfallen. Auf ein Sieb geben und gut abtropfen lassen. Den Kuchen von außen nach innen kreisförmig mit Aprikosen belegen, die innere Seite nach oben.

Wasser und Zucker so lange kochen lassen, bis ein dicker Sirup entstanden ist. Diesen Sirup mit einem Pinsel über die Aprikosen streichen. Mit der Sahne zur Verzierung Röschen um den Kuchenrand spritzen.

**Aprikosenkuchen mit Rahmguß**                        *Zubereitung 45 Minuten*

Einen Hefeteig zubereiten (Rezept im Anhang), 500–750 g entsteinte, rohe Aprikosen darauflegen. Den Rahmguß vom Rhabarberkuchen, Seite 216, zubereiten und darüberstreichen. Eine Stunde bei Stufe 4 (210° C) backen. Diesen Kuchen mag ich am liebsten, nachdem er eingefroren war.

**Aprikosenkuchen mit Streuseln**

| | |
|---|---|
| *1 Hefeteig von 250 g* | *2 Eigelb* |
| *Mehl (Rezept im Anhang)* | *Belag:* |
| *Vanillecreme:* | *500–750 g Aprikosen* |
| *¼ l Milch* | *Streusel:* |
| *1½ EL Mehl oder Maismehl* | *150 g Mehl* |
| *½ Vanilleschote* | *75 g Butter* |
| *2 EL Zucker* | *75 g Zucker* |
| *1 gehäufter EL Butter* | *1 Prise Zimt* |

Den ungebackenen Hefeboden in einer Springform von 28 cm Durchmesser ausrollen und einen hohen Rand formen. Während der Teig geht, die Vanille-creme zubereiten:

Einen Teil der Milch mit dem Mehl glatt verrühren. Den Rest der Milch mit der aufgeschlitzten Vanilleschote und dem Zucker zum Kochen bringen. Das ange-rührte Mehl zugießen und einmal aufkochen lassen. Vom Herd nehmen. Mit dem Handrührgerät die Butter schaumig rühren, das Eigelb zugeben und nach und nach die etwas abgekühlte Creme, aus der die Vanilleschote entfernt wurde. Den Teig mit der Creme bestreichen.

Die Aprikosen waschen und entsteinen. Etwas abtupfen und von außen nach innen kreisförmig auf den Kuchen legen.

Für die Streusel Mehl, Butter, Zucker und Zimt mit einer Gabel vermischen. Danach mit der Hand oder einem Teigschaber das lose Mehl darübergeben und ab und zu etwas kneten, jedoch nicht zu fest, und immer wieder die Zutaten mitein-ander verreiben. Ist das Mehl gebunden, die Streusel über die Aprikosen verteilen und den Kuchen eine Stunde bei Stufe 4 (210° C) backen. Die Kombination, die meistens in unseren Bäckereien zu finden ist, ein Quarkkuchen mit Aprikosen belegt, mag ich nicht gern.

**Hefetaschen** kann man sehr gut mit frischen, entsteinten, kleingeschnittenen Aprikosen füllen, die kräftig gezuckert worden sind. Wie Apfel-Hefetaschen, Seite 266, zubereiten.

**Blätterteigteilchen** sind sehr gut mit Aprikosenmarmelade bestrichen.

MARMELADE

**Aprikosenmarmelade**

Da die Aprikosen gut gelieren, benötigt man etwas weniger Zucker als für andere Früchte. Entweder für 500 g Früchte 375 g Zucker rechnen oder für 500 g durch ein Sieb gerührtes Mus 250 g Zucker. Die Aprikosen waschen, entsteinen und einzuckern. Am nächsten Tag unter ständigem Rühren bis zur gewünschten Festigkeit einkochen.

»Backobst mit Grießklößen« findet sich unter Pflaumen, Seite 300.

NACHTISCH MIT
GEMISCHTEM
BACKOBST

**Backobstkaltschale** (*Rußland*)

| | |
|---|---|
| 200 g gemischtes Backobst | 1 Prise Zimt |
| 50 g Rosinen | 3 EL Maismehl |
| Zucker nach Geschmack | 1 l Wasser |

Obst und Rosinen gründlich waschen. In Wasser einweichen und über Nacht stehenlassen. Am nächsten Tage etwas Wasser abnehmen, das Maismehl damit anrühren. Das Obst zum Kochen bringen, einige Minuten kochen lassen. Das Maismehl zugeben, nochmals aufwallen lassen. Mit Zucker und Zimt abschmek-ken. Gut gekühlt auftragen.

**Fruchtsalat von getrockneten Früchten** (*Nordafrika*)

| | |
|---|---|
| 500 g Aprikosen | Zucker nach Geschmack |
| 125 g Rosinen | 1 EL Rosenwasser |
| 125 g Mandeln | 1 EL Orangenblütenwasser |
| 60 g Pistazien | |

Die Früchte gründlich waschen. Mit den Nüssen mischen und in einer Schüssel mit Wasser bedecken. Zucker und Duftstoffe zufügen und wenigstens 48 Stunden weichen lassen. Der Fruchtsaft wird dunkelgoldfarben.

**Gemischte getrocknete Früchte in Sirup** *(Nordafrika)*

Dieser Nachtisch wird besonders während des Fastenmonats Ramadan abends aufgetragen.

| | |
|---|---|
| *250 g Aprikosen* | *60 g abgezogene Mandeln* |
| *125 g Pfirsiche* | *60 g Pistazien* |
| *250 g Pflaumen* | *60 g Pinienkerne* |
| *60 g Rosinen* | *4 EL Zucker oder weniger* |

Die Früchte waschen und mit den Nüssen über Nacht einweichen. Am nächsten Tag mit etwas Zucker zum Kochen bringen und ganz sacht 30 Minuten kochen lassen. Gekühlt auftragen.

Von eingeweichten, abgetropften Trockenfrüchten kann man auf Hefeteig mit einem Rahmguß einen Backobstkuchen herstellen.

**Linsen mit Aprikosen** *(Sowjetunion)*

Während die Perser weiter südlich ein Gericht mit Datteln kennen, das wir sehr gern mögen, kocht man nördlich der Grenze die Linsen mit Aprikosen.

| | |
|---|---|
| *250 g Linsen* | *Salz, Pfeffer* |
| *50 g Backaprikosen* | *4 Walnüsse* |
| *1–2 Zwiebeln* | *1 gehäufter EL Petersilie* |
| *2–3 EL Butter* | |

Die Linsen waschen und über Nacht, mindestens aber 3 bis 4 Stunden, in Wasser einweichen. Dann zum Kochen bringen. Die Aprikosen mindestens 15 Minuten in warmes Wasser legen. Herausheben, abtropfen lassen. Die Zwiebeln schälen, klein schneiden und in der Butter braten. Die Aprikosen zugeben und ebenfalls noch einige Minuten mitschmoren lassen. Mit kräftig Salz, Pfeffer und den gehackten Walnüssen zu den Linsen geben und so lange kochen, bis Linsen und Aprikosen weich sind. Mit Petersilie bestreut auftragen.

Die folgenden Rezepte mit Hammelfleisch können auch mit Rindfleisch zubereitet werden. Mit Schweinefleisch habe ich sie nicht ausprobiert.

**Früchtereis mit Hammelfleisch** *(Persien)*

| | |
|---|---|
| *1 Hammelschulter von* | *⅔ Tasse Wasser* |
| *1250 g, in Koteletts zerteilt* | *½ Tasse Rosinen* |
| *3 EL Butter* | *120 g Aprikosen* |
| *½ EL Salz* | *2½ Tassen Reis* |
| *¼ EL Pfeffer* | *1 gebratene, kleingeschnittene* |
| *½ TL Zimt* | *Zwiebel* |
| *¼ TL Muskat* | *Butterflöckchen* |

Die Hammelschulter vom Fett befreien. 2 EL Butter schmelzen lassen, das Fleisch darin anbraten. Mit den Gewürzen bestreuen. Das Wasser zugeben und 30 Minuten kochen lassen. Die Aprikosen waschen und vierteln. Die Rosinen waschen und verlesen. 1 EL Butter erhitzen, Aprikosen und Rosinen darin

5 Minuten schmoren lassen. Vom Feuer nehmen. Den gewaschenen Reis 15 Minuten in Salzwasser kochen. Auf ein Sieb gießen und kalt überbrausen. Den Reis mit den Früchten mischen. In eine Keramikform die Hälfte des Reises legen. Mit dem Fleisch und der Soße bedecken. Die gebratene Zwiebel darüber verteilen, Reis darübergeben und glattstreichen, die Butterflöckchen darauf verteilen und noch 30 Minuten im Ofen bei Stufe 3 (190° C) überbacken. Mit zartem neuseeländischen Lammfleisch ein ganz vorzügliches Gericht.

### Hammelstew *(Irak)*

| | |
|---|---|
| *1 kg Hammelgulasch* | *1 Prise feingemahlener Mastix* |
| *1½ TL Salz* | *1 Prise Zimt* |
| *¼ TL Pfeffer* | *1 Prise Ingwer* |
| *1–2 Zwiebeln* | *250 g Aprikosen* |
| *1 Prise Koriander* | *60 g geriebene Mandeln* |
| *1 Prise Zimt* | *1 Prise Safran* |
| *1 Prise Cumin (indischer Kümmel)* | *1 TL Rosenwasser* |

Mastix ist ein Harz, das man in Griechenland kaufen kann. Alle diese Zutaten gebe ich nur an, damit das Rezept korrekt vorgestellt wird. Cumin, Mastix und Safran kann man weglassen. Ich habe die Gewürzmengen sowieso schon vermindert. Das Fleisch mit wenig Wasser bedecken, zum Kochen bringen. Von Zeit zu Zeit den Schaum abschöpfen. Die Zwiebeln schälen und klein schneiden. Mit den Gewürzen, die bis zu den Aprikosen aufgezählt sind, zum Fleisch geben. Die Aprikosen in Wasser einweichen. Durch den Fleischwolf drehen und ebenfalls dem Fleisch zufügen. Ist das Fleisch weich, Mandeln, Safran und Rosenwasser darüber verteilen. Gut umrühren und, nachdem die letzten Zutaten heiß geworden sind, mit Reis auftragen.

### Hammelfleisch mit Aprikosen *(Japan)*

Die im ganzen Orient, besonders aber in Persien, geschätzte Kombination Hammelfleisch mit Aprikosen, lobt man auch in Japan.

| | |
|---|---|
| *500 g Hammelfleisch ohne* | *125 g Aprikosen* |
| *Knochen, in 4 Scheiben* | *3 EL süßer Reiswein* |
| *2 EL Sojasoße* | *1 Maiskolben* |
| *2 EL süßer Reiswein* | *3 EL Sojasoße* |
| *(kann mit ¼ TL Zucker* | *1 Prise Fondor* |
| *durch trockenen Sherry* | *1 EL Öl* |
| *ersetzt werden)* | *Aluminiumfolie* |

Das Fleisch in der Sojasoße und 2 EL Reiswein eine halbe Stunde marinieren. Die Aprikosen mit 3 EL Reiswein und so viel Wasser in einen Topf geben, daß sie damit bedeckt sind. Zum Kochen bringen und auf kleiner Flamme so lange kochen lassen, bis die Flüssigkeit verdampft ist.
Ein Backblech mit Alufolie belegen und den Ofen auf 210° C anheizen (Stufe 4). Die Folie mit 1 EL Öl bestreichen, das Fleisch darauflegen und 10 Minuten im Ofen garen. Herausnehmen und mit den Aprikosenstücken belegen. Wieder in den Ofen schieben und nochmals 3 Minuten backen lassen. Den Maiskolben in vier Teile schneiden und auf dem Blech 10 Minuten backen. Herausholen und mit Sojasoße, die mit Fondor gemischt wurde, überstreichen. Wieder in den Ofen legen. Noch dreimal wiederholen. Alles zusammen auftragen.

Ein persisches Festtagsessen, besonders für Gäste, ist das folgende Gericht:

### Gefülltes Huhn

*Zubereitung 30 Minuten*
*Backzeit 90 Minuten*

| | |
|---|---|
| *1 Poularde* | *½ EL Salz* |
| *1 große Zwiebel* | *½ TL Pfeffer* |
| *3 EL Butter* | *1 Prise Zimt* |
| *12 Aprikosen* | *1 EL Estragon* |
| *6 Backpflaumen* | *½ EL Thymian* |
| *1 großer Apfel* | *etwas Safran* |
| *¼ Tasse Rosinen* | |

Das Huhn waschen und säubern. Die Zwiebel klein schneiden und in etwas Butter goldgelb braten. Die Früchte und Gewürze zufügen und einige Minuten mitbraten lassen. Das Huhn innen und außen mit Salz einreiben, füllen und 1 ½ Stunden im Backofen bei 190° C (Stufe 3) garen. Mit Reis auftragen. Etwas von dem Reis könnte auch mit der Füllung gemischt werden, dann müßte er aber als erstes zubereitet werden.

### Amardinecreme *(Ägypten)*

Amardine sind gepreßte Tafeln aus getrockneten Aprikosen. Man kann aber auch die billigeren Trockenaprikosen verwenden.

| | |
|---|---|
| *500 g Aprikosen* | *Zucker nach Geschmack* |
| *¾ l Wasser* | *30 g Mandelsplitter* |

Die Früchte einweichen und über Nacht stehenlassen. Am nächsten Tag so lange kochen, bis sie weich geworden sind. Mit dem Mixstab im Topf pürieren. Eventuell Zucker zufügen und unter Rühren – es kann jetzt leicht anbrennen – auf kleinem Feuer dick werden lassen. Mandelsplitter einrühren, in eine Schüssel geben und eiskalt auftragen.

Beinah das gleiche Rezept kommt aus der Türkei:

### Aprikosenkompott

| | |
|---|---|
| *500 g Aprikosen* | *30 g gemischte Nüsse (Walnüsse,* |
| *Zucker nach Geschmack* | *Mandeln, Haselnüsse)* |
| *Saft einer Zitrone* | *250 g Schlagsahne mit* |
| | *2 EL Zucker* |

Die Aprikosen waschen, mit Wasser bedecken und über Nacht einweichen. Am nächsten Tag kochen, bis sie weich sind. Zitronensaft und Nüsse zugeben, kühlen und mit gesüßter Schlagsahne auftragen.

## Pfirsich *(Prunus persica)*

Engl.: Peach, Franz.: Pêche, Span.: Melocton, Portug.: Pêssego, Ital.: Pesca.

HERKUNFT UND ARTEN

Wie die Aprikose *(Prunus armeniaca)* stammt der Pfirsich aus China, wo er ebenfalls seit 2000 v.Chr. kultiviert wird. Er gelangte bald nach Japan, später nach Persien, Griechenland und Rom. Der lateinische Name *persica* deutet darauf hin, daß die Römer ihn im Altertum in Persien kennenlernten oder daß ihnen zumindest überliefert wurde, daß die Griechen den Pfirsich aus Persien mitbrachten –

möglicherweise auf den Eroberungszügen Alexanders des Großen um 330 v.Chr. Auch den alten Ägyptern muß der Pfirsich bekannt gewesen sein, zumindest 400 n. Chr., denn da wird er in einem Schriftstück erwähnt. Es ist auch möglich, daß die härteren Pfirsiche (Härtlinge: *Prunus duracina*, deren Kern fest am Fleisch haftet) aus China stammen und die weicheren Sorten (*Prunus domestica*) aus Persien. Beide Varietäten gehören zur 1. Unterart der Pfirsiche (Früchte mit flaumiger Haut). die 2. Unterart sind die Nektarinen (Früchte mit glatter Außenhaut), die sich durch Mutation von den Pfirsichen abgezweigt haben.

ERSCHEINUNGS-
BILD

Der Pfirsich ist ein kleiner Baum, der, um gutes, großes, wertvolles Obst zu liefern, sehr stark zurück- und ausgeschnitten werden muß.

DER PFIRSICH
IN USA

In den USA hat der Pfirsichanbau im letzten Jahrhundert ständig zugenommen. Auch für rauhere Gegenden hat man Sorten gefunden, die dort gedeihen können. Die Hauptanbaugebiete, denen die Verarbeitungsindustrie angeschlossen ist, sind einmal der »Große Seengürtel«, der sich am Südrand von Kanada erstreckt. Das Mississippital und der Pazifikküstengürtel sind die anderen Schwerpunkte. In den USA versuchte man, durch eine chinesische Pfirsichart (*P. davidiana*), die keine guten Früchte trägt, winterhärtere Sorten zu erreichen.

Es gibt dort auch einen ganz breiten Pfirsich, der aussieht, als sei er plattgequetscht (*P. platycarpa*). In China gibt es noch viele andere Pfirsicharten, die um 1930 herum von dem amerikanischen Wissenschaftler F. N. Meyer gesammelt und zu Studienzwecken in die USA geschickt wurden. Auf die einzelnen Pfirsichrassen möchte ich nicht näher eingehen und nur noch erwähnen, daß der Honigpfirsich aus Südchina rund ist, mit einer kleinen, umgekippten Spitze wie bei einer Zipfelmütze. (Die Sorte *Dixired* hat das auch ein bißchen.) Dieser Pfirsich reift spät mit gelbem, festem Fleisch.

VERMEHRUNG

Der Pfirsich wird vermehrt, indem man den Kern im Herbst in die Erde steckt. Der Kern muß durch Frost aufgebrochen werden, um eine Pflanze zu entwickeln. Das kann allerdings auch mit einem Hammer besorgt werden. (Ich frage mich, wie sich wilde Pfirsiche in Ländern ohne Frost fortpflanzen.) Auf die herauswachsenden Pflänzchen wird später ein Reis aufgepfropft.

KLIMAANSPRÜCHE

Das ideale Klima für Pfirsiche ist dort, wo die Wintertemperaturen um 0° C liegen. Wärmer sollte es auch nicht sein. Späte Frühjahrsfröste sind nicht günstig, dafür aber warmer Sonnenschein in der Reifezeit. Der Baum wächst gern in Höhen von etwa 50–300 m über dem Meeresspiegel. Er trägt 20 Jahre, bei fachgerechter Behandlung auch länger. In den USA verkaufen sich gelbfleischige Sorten besser als weißfleischige, in der Bundesrepublik ebenso. Gelbfleischige Pfirsiche enthalten 25% mehr Vitamin A als weißfleischige, letztere schmecken aber besser. Nur die weißfleischigen haben intensives Pfirsicharoma. Sie werden aber von den Hausfrauen, die die gelben, rotbäckigen Früchte gewöhnt sind, nicht gern gekauft.

ERNTEZEITPUNKT
FÜR DEN HANDEL

Pfirsiche müssen geerntet werden, sobald sie die Farbe entweder von hellgrün nach weiß oder von gelbgrün nach gelb oder orange wechseln. Auf keinen Fall darf man den Grad der Reife am Baum durch Fingerdruck prüfen. Das gäbe dunkle Flecken. Am schmackhaftesten sind die Früchte, die, da die Obstplantage nahe dem Markt liegt, fast vollreif gepflückt wurden. Jedes Kind weiß, daß selbstgeerntetes, ganz frisches Obst am besten mundet. Und genau das ist am Import der exotischen Früchte problematisch. Unreif geerntet, erreichen sie oft nicht die gleiche Qualität wie auf dem heimischen Markt.

**KÜHLTRANSPORT** Benötigen die Pfirsiche eine längere Transportzeit als wenige Stunden, werden Kühlwagen nötig, sonst sind die Früchte nach 3 bis 4 Tagen verdorben. Wie bei den Aprikosen sind die Frühsorten attraktiv für den Fruchthandel.

**DER SIEGESZUG DES PFIRSICHS** Nachdem solches Obst aus dem Süden durch Kühltransport in gutem Zustand im Norden der Vereinigten Staaten eintraf, begann 1889 der Siegeszug des Pfirsichs, besonders der Sorte *Elberta* des Züchters Rumph. Im Staat Georgia schossen die Plantagen von Geschäftemachern nur so aus dem Boden. 1910 waren viele davon wieder eingegangen, weil die San-José-Schildlaus inzwischen eingeschleppt worden war. Nun wurde es nötig zu sprühen, was die Produktionskosten hochtrieb. Inzwischen hat sich ein Gleichgewicht hergestellt. Nicht mehr nur eine Sorte versorgt den Markt für einen kurzen Zeitraum, sondern verschiedene, gut angepaßte Sorten in Gegenden, die dafür geeignet sind, gedeihen in sorgfältig gepflegten Obstgärten. Schlimm ist, wenn es zur Erntezeit wochenlang regnet. In Georgia sind von 1895 bis 1905 mehr als die Hälfte der Pfirsiche auf den Bäumen oder auf der Reise verfault, da das warme Klima zur Erntezeit besonders Krankheitserreger begünstigt.

**TROCKEN-FRÜCHTE** Nur entsteinte Pfirsiche werden getrocknet. Sie werden halbiert und ohne Kern in Kästen gelegt. Dann setzt man sie wenigstens vier Stunden Schwefeldämpfen aus. Man braucht 6 bis 7 Pfund, um ein Pfund Trockenpfirsiche zu erhalten. Sollen die Pfirsiche geschält werden, so taucht man sie nach dem Halbieren kurz in eine Lauge und spült sie anschließend in kaltem Wasser ab, wobei die Haut entfernt wird. Danach folgen Schwefeldampfbad und anschließendes Trocknen in der Sonne.

**BLÜTE** Die Pfirsiche blühen rosa. Es gibt aber auch solche mit weißen Blüten und gefüllte. Die gefüllten werden als Zierbäume angepflanzt.

**WELT-PRODUKTION** Der Pfirsich ist sehr beliebt, er steht mit 5,6 Millionen Tonnen an siebter Stelle in der Weltrangliste.
Italien produziert die meisten Pfirsiche, es wird daher auch »der Pfirsichgarten Europas« genannt. Dann folgen die USA, Frankreich, Spanien und Argentinien.

**SORTEN** Die ersten europäischen Pfirsiche werden Mitte Mai in Neapel geerntet, die weißfleischige, etwas wässerige, nicht sehr aromatische Sorte *Springtime*. Anfang Juni konnten wir in Gießen die gelbfleischige *Morettini* aus Spanien kaufen – ein köstlicher, empfehlenswerter Pfirsich, noch besser als der gleichzeitige aromatische *Springcrest* oder der vorzügliche, stark rot gefärbte *Dixired*. Dixired ist außer *Redhaven* die am meisten importierte Pfirsichsorte. Wir bekommen sie von Mitte Juni bis Anfang Juli. Die in Deutschland und Österreich geernteten Sorten beginnen Ende Juni mit *Mayflower* und *Amsden*, beide weißfleischig, etwas wässerig, schnell verderbend. In Italien wurde dafür Springtime eingeführt.
*Alexander*, aus USA stammend, ist ab Mitte Juli reif. Er ist eine weißfleischige Spitzensorte, sehr gut für Frischverbrauch, aber nicht lange lagerfähig.
*Royalvee*, Ende Juli (USA), frühester gelbfleischiger österreichischer Pfirsich, mittelgroß, rund, von gutem Aroma, Fruchtschale ist haarig, er lagert sich gut. Wird in der Steiermark und im Burgenland angebaut. *Redhaven*, importiert ab

Mitte Juli, in Mitteleuropa ab Anfang August (USA), Hauptsorte für Österreich und Rheinland-Pfalz. Mittelgroße bis große Frucht, sehr gut aussehend, leuchtende Farbe. Nach dem leuchtendroten Dixired, der einen Monat, von Mitte Juni bis Mitte Juli, den deutschen Markt beherrscht, wird fast ausschließlich Redhaven drei Wochen lang aus Italien, auch Griechenland, importiert. Vorzüglicher Geschmack, löst sich meist vom Stein. Mittelgute Lager- und Transportfähigkeit. Verwandt mit dieser Sorte sind: *Halehaven*, angebaut in Niederösterreich, *Southaven* (Nordrhein) und *Fairehaven* (Steiermark, Niederösterreich, Rheinland-Pfalz).

*Robert Blum*, Mitte August, Pfälzer Sorte, große, flache und runde Frucht, weißgelbliches Fleisch, läßt sich entkernen, aromatisch und fest. Haut abziehbar. Sowohl gut als Tafelfrucht wie auch zum Einkochen.

*Rochester*, Mitte August, von dunkler Farbe und gelbem Fleisch, große rundlängliche Frucht, behaart, von sehr gutem Geschmack. Wichtig für Niederösterreich.

*Rekord von Alfter*, Ende August, mittelrheinische Sorte, große Frucht, mit grünlichgelbem, saftig-würzigem Fruchtfleisch. Von gutem Aussehen, schäl- und entkernbar, zum Einkochen geeignet, gut transportfähig.

*Friedelsheimer Konservenpfirsich*, Ende August, Pfalz, mittelgroße, glatte Frucht, Haut abziehbar. Mit ausgeprägtem Pfirsicharoma, löst sich gut vom Stein, sehr saftig, grünlichweißes Fleisch. Zum Einkochen geeignet.

*Kernechter vom Vorgebirge*, Mitte September, mittelrheinische Sorte. Wurde Ende des 19. Jahrhunderts aus Samen gewonnen. Hauptsorte im Rheinland, sehr robust, der beste Pfirsich für unser rauhes Klima, denn Pfirsiche und Aprikosen sind nur etwas für Weinbaugegenden. Trägt spät, aber viele Früchte, groß bis sehr groß, länglich-oval, grünlichgelblich mit roter Backe, weißes, festes, saftiges Fleisch, entkern- und schälbar, versandfest, kühllagerfähig, hervorragend zum Einkochen. Alle diese guten Eigenschaften kann dieser Pfirsich haben, sie hängen aber sehr von Witterung, Nährstoff- und Wasserversorgung des Bodens ab. Die Früchte können auch klein, herb und sauer sein, bei Lagerung trocken und mehlig. Die beiden Sorten *Roter Ellerstädter* und *Philippi* sind dem Kernechten vom Vorgebirge sehr ähnlich. Philippi ist größer in der Frucht.

*J. H. Hale*, Mitte September, USA. ähnelt zusammen mit Southhaven, der berühmten amerikanischen süßen Sorte *Elberta*. Er reift in Österreich Mitte September, in Italien eher. Er war die Hauptsorte der italienischen Pfirsichproduktion. Besonders große, schöne, gelbfleischige, unempfindliche Tafelfrucht. Kann er am Baum ausreifen, dann hat er ein edles, säuerliches Aroma. Wird beim Kochen ziemlich sauer. Wird er vor der vollen Reife geerntet, so ist er gut transport- und lagergeeignet, schmeckt aber nicht mehr so gut. Nach Hale reift Elberta. Elberta ist länglicher als Hale, ist fast reingelb, hat eine Fruchtnaht und eine unsymmetrische Form. Ihre Schale ist rauh. Elberta gab es um den 20. August 1980 aus Griechenland in Gießen; sie hat mich im Geschmack nicht beeindruckt. Inzwischen gibt es Besseres. Hale ist röter, weist eine glattere Haut auf und ist rund ohne Fruchtfurche. Hale läßt sich gut im Kühlhaus lagern, bis zu 1½ Monaten, verdirbt dann aber rasch, was um den Stein beginnt und von außen nicht erkennbar ist.

Besonders gern mag ich die weißfleischige, aromatische französische Spätsorte *Michelini*.

Aromatische Pfirsiche zählen zu den köstlichsten Früchten der Erde. Ich habe alle Sorten immer wieder durchprobiert. Unerreicht war die Frühsorte *Morettini* aus Spanien, ein Pfirsich von unvorstellbarer Köstlichkeit. Fast genausogut haben mir unsere Pfirsiche Kernechter vom Vorgebirge vom eigenen Baum geschmeckt. Die importierten Früchte sind sicher wunderbar, sie werden aber zu früh gepflückt!

VERWENDUNG Man ißt die Früchte am besten roh. Die internationale Küche kennt sehr viele Rezepte, um aus ihnen delikate Nachspeisen zuzubereiten. Dazu häutet und entkernt man die Früchte und läßt sie in heißem Zuckersirup kurz ziehen. Dann werden sie auf Fruchtpüree oder Eis gelegt, mit Sahne, Früchten oder Mandeln garniert aufgetragen. Pfirsichtorte wird sehr ähnlich hergestellt. Pfirsichmarmelade ist weniger aromatisch als Aprikosenmarmelade, Saft dagegen wunderbar. Pfirsichbowle und Kullerpfirsich sind beliebte Kombinationen mit Alkohol.

SONSTIGER NUTZEN  Aus Aprikosen- und Pfirsichkernen gewinnt man Persipan, feinen Marzipanersatz. Zuvor wurde ihnen Amygdalin, eine Blausäureverbindung, entzogen.
Der Pfirsich enthält mehr Provitamin A (70 I. E.) als das Steinobst sonst, außer der Aprikose. Er regt den Darm an und hilft bei chronischer Bronchitis und Keuchhusten.

NEKTARINEN  10–30% der Pfirsiche, die angebaut werden, sind Nektarinen, besonders in Südfrankreich, aber auch in der italienischen Romagna. Da die Sorten alle sehr ähnlich aussehen, glauben manche Verkäufer, es gäbe gar keine Unterschiede. Wenn ich nach der Aufschrift auf dem Karton frage, heißt es meist: »Das sind Nektarinen aus Italien«. Dabei liegt vor mir eine Liste mit allein 41 wichtigen Sorten!

IMPORTFRÜCHTE  Frühsorten (Mitte Juni): *Armking, May Grand.*
Etwas später: *Red June*, bis in den Juli hinein.
Hauptsorten: die oft großfrüchtige *Independence, Nectared* (2, 3, 4, 5, 8 und 9). Eine der Nectared-Nummern, die ich Ende August 1980 auf dem Markt fand, war ein Hochgenuß, süß und aromatisch. Gewöhnlich kauft man Nektarinen ja säuerlich und knochenhart. Wichtig sind außerdem die Sorten *Flavortop, Fantasia* und *Stark Redgold*. Den Namen nach sind sie alle amerikanische Züchtungen.

---

## REZEPTE

Mit Pfirsichen könnte man alle Gerichte zubereiten, für die man Aprikosen verwendet, nur sind Aprikosen beim Backen und Kochen weitaus kräftiger im Geschmack als Pfirsiche. Ich möchte deshalb auf ein Pfirsichmarmeladenrezept verzichten und nur einige Vorschläge machen. Der Pfirsich ist hochgeschätzt in der persischen Küche. Eine alte Zubereitungsart, die sehr beliebt ist:

**Rindergulasch in Pfirsichsoße** *(Persien)*     *Zubereitung 30 Minuten*
*Kochzeit 60 Minuten*

| | |
|---|---|
| *4 EL Butter* | *1 Zwiebel* |
| *500 g Gulasch oder* | *1 EL Zitronensaft* |
| *1 Huhn in Stücken* | *4 große, hartreife Pfirsiche* |
| *¼ Tasse Wasser* | *evtl. 2 EL Butter* |
| *1 EL Salz, ¼ TL Paprika* | *¼ Tasse Zitronensaft* |
| *bei Verwendung von Gulasch* | *2 EL Zucker* |
| *1 Prise Zimt (bei Huhn nicht)* | *¾ Tasse Wasser* |

319

2 EL Butter erhitzen und das Fleisch darin goldbraun anbraten. Das Wasser und die Gewürze zugeben und 30 Minuten leise kochen lassen. Die Zwiebel in einer Pfanne in 2 EL Butter erhitzen, herausnehmen, beiseitestellen und mit 1 EL Zitronensaft begießen. Die Pfirsiche waschen, halbieren und den Kern entfernen. In Scheiben schneiden. In der Zwiebelpfanne die Pfirsiche goldgelb dünsten, eventuell noch Butter zugeben, wenn nötig.

Die Zwiebeln über dem Fleisch verteilen, ebenfalls die Pfirsiche. ¼ Tasse Zitronensaft mit dem Zucker verrühren und über das Fleisch gießen, ebenso noch eine ¾ Tasse Wasser. 20 Minuten auf kleiner Flamme kochen, mit Reis auftragen.

Aus Israel ist mir ebenfalls ein Gulaschrezept mit Pfirsichen bekannt: Die persische Zubereitungsart ist mir lieber.

**Kalifornischer Toast** *(für 1 Person)*                    *Zubereitung 5 Minuten*

| | |
|---|---|
| *1 Scheibe Toastbrot* | *1 Pfirsichhälfte aus der Dose* |
| *etwas Butter* | *1 EL pikante Würzsoße* |
| *1 Scheibe kalter Braten* | *(Cumberlandsoße oder Mango-* |
| *1 Salatblatt* | *chutney)* |

Das getoastete Brot buttern, mit Braten, einem Salatblatt und einer Pfirsichhälfte belegen. In die Höhlung der Frucht einen EL Würzsoße geben.

GETRÄNKE    Außer *Saft* (im Dampfentsafter pro Kilo zerschnittener Früchte 40–50 g Zucker zugeben, beim Entsaften im Topf, wobei die Früchte mit Wasser bedeckt, kurz gekocht und auf ein Tuch zum Ablaufen geschüttet werden, pro Liter Saft 150 g Zucker) sind als Getränke *Kullerpfirsich* und *Pfirsichbowle* sehr bekannt. Beim Kullerpfirsich ist der Witz an der Sache, daß die rundherum leicht eingestochenen, gekühlten, tadellosen, reifen Früchte, die in ein Stielglas auf Sekt oder Mineralwasser gelegt werden, sich langsam drehen und die Kohlensäure an die Oberfläche perlt.

**Pfirsichbowle** bereitet man von mindestens 1 kg geschälten oder ungeschälten, entsteinten Pfirsichschnitzen, die mit reichlich 200 g Zucker bestreut werden. Kurz vor dem Auftragen 3 Flaschen Rhein- oder Moselwein und 1 Flasche Sekt oder Mineralwasser zugeben. Alle Zutaten müssen vor Gebrauch gut gekühlt sein.

**Pfirsiche und Erdbeeren in Champagner** *(Frankreich)*

| | |
|---|---|
| *6 reife Pfirsiche* | *100 g Zucker* |
| *400 g Erdbeeren* | *2 Flaschen Champagner* |
| *(Walderdbeeren sind besonders gut)* | |

Die gewaschenen, geschälten, entsteinten Pfirsiche in Würfel schneiden. Große Erdbeeren halbieren. Die Früchte zwei Stunden einzuckern. Den gut gekühlten Champagner auf die Früchte gießen, vorsichtig mischen und servieren.

Als erfrischende Suppe an heißen Tagen hochwillkommen ist sicher diese

**Pfirsichkaltschale**                              *Zubereitung 20 Minuten*

| | |
|---|---|
| *500 g Pfirsiche* | *¾ l Apfelsaft oder Weißwein* |
| *100 g Zucker* | *1 gehäufter EL Maismehl* |

Loquat

Hauszwetschge

Mirabelle

Reine-
Claude

Aprikose

Hedelfinger Riesen

Pfirsich
ter Ellerstädter

Tafel 21

Büttners Rote
Schneiders Späte

weiße
Sapote

Jaffa
(Israel)

Orangeat
Orange

Navel

Kumquat

Mandarine

Tafel 22

Die Pfirsiche häuten, halbieren, in Scheiben schneiden und einzuckern. Von dem Apfelsaft etwas abnehmen, um das Maismehl anzurühren. Den restlichen Apfelsaft erhitzen, das Mehl in die kochende Flüssigkeit gießen und einmal aufkochen lassen. Ist der Saft fast abgekühlt, die Hälfte der Pfirsichstücke in die Suppe geben und pürieren. Den Pfirsichsaft zugeben sowie die restlichen gewürfelten Pfirsichscheiben, das Ganze gut abkühlen lassen, mit Makronen auftragen.

Die Kaltschale könnte man noch mit Zimt, Nelken und Nelkenpfeffer auf amerikanische Art würzen, aber mir schmeckt sie ohne diese Zutaten besser.

NACHSPEISEN    Pfirsiche passen sehr gut zu Mandeln, Erdbeeren, Himbeeren oder Ananas. Leider werden angeschnittene Früchte sehr schnell braun. Wenn man sie in Zuckerwasser legt, wird das Verfärben etwas aufgehalten. Es ist deshalb praktisch und empfehlenswert, die Früchte in den Desserts mit irgendwelchen Zutaten abzudecken, außerdem schmeckt es gut. Alle meine Rezepte habe ich mit weißfleischigen Spätsorten *(Michelini)* aus Frankreich und dem *Kernechten vom Vorgebirge* ausprobiert.

## Mandelcreme mit Pfirsichen

*Mandelcreme (Rezept Seite 93)*
*3–4 Pfirsiche*                          *1 Päckchen Sahnesteifmittel*
*200 g Erdbeeren*                        *3–4 EL Zucker*
*100 g Sahne*                            *Makronengebäck*

Die Mandelcreme zubereiten und in einer großen Schüssel fest werden lassen. Die Pfirsiche kurz in heißes Wasser halten, häuten und halbieren. Die halbierten Früchte (je nach der Größe der Schüssel 3 bis 4) auf die Creme legen. Erdbeeren pürieren, etwas zuckern. Sahne schlagen und mit dem restlichen Zucker sowie dem Festigungsmittel gut mischen. Das Püree unter die Sahne ziehen. Die Pfirsiche damit bedecken. 2 Mandelmakronen entweder fein reiben und über die Speise streuen oder Makronengebäck extra dazu servieren.

*Variation:* Die Creme mit den Pfirsichen belegen wie oben. Statt der Erdbeersahne mit *Himbeerschaum* bedecken:

*250 g Himbeeren*                        *1 großes oder 2 kleine Eiweiß*
*1 EL Zitronensaft*                      *Sahnesteifmittel*
*50 g Zucker*

Die Himbeeren pürieren. Zitronensaft und etwas Zucker zugeben, das Eiweiß steif schlagen, ein Päckchen Sahnesteif mit Zucker mischen und zugeben, das Püree unter das Eiweiß ziehen, die Pfirsiche damit bedecken. Gut kühlen.

## Pfirsichgelee                          *Zubereitung 20 Minuten*

*1 kg weiße Pfirsiche mit starkem*       *6 Blatt Gelatine*
*Aroma (französische Michelini oder*     *4–6 EL Ananaswürfel (Dose)*
*deutsche Sorten)*                       *100 g Sahne mit*
*⅛ l Apfelsaft*                          *1 EL Zucker*
*200 g Zucker*

Die Gelatine in kaltem Wasser einweichen. Die Früchte in heißes Wasser halten, schälen, entkernen und pürieren. Den Apfelsaft erhitzen, 200 g Zucker darin auflösen. Vom Herd nehmen, die ausgedrückte Gelatine unterrühren. Das Pfirsichpüree zugeben. In einer Schüssel in den Kühlschrank stellen. Wenn es fest wird (es bleibt aber etwas cremig), die Ananaswürfel, die zuvor auf einem Sieb abtropften, auf der Creme verteilen. Es müssen Würfel aus der Dose sein, da rohe die Gelatine auflösen. Mit Sahnetupfern verzieren und gut gekühlt auftragen.

*Variation:* Nur das Gelee (ohne Ananas) in einer Schüssel anrichten und dazu flüssige, ungesüßte Sahne servieren.

*Variation:* Das Gelee anstelle des Apfelsaftes mit Weißwein zubereiten.

### Pfirsiche auf Eis

Damit das Eis nicht so schnell schmilzt, die Schale, in der es angerichtet werden soll, eine halbe Stunde ins Tiefkühlfach stellen. Pfirsiche kann man:

1. Auf Himbeereis anrichten, mit Himbeerpüree füllen und mit Sahnetupfern verzieren.

2. Auf Vanilleeis legen, mit Himbeerpüree, das leicht gesüßt und mit Himbeergeist oder Kirschwasser gewürzt wurde, füllen.

3. Auf Orangeneis setzen und Makronenkrümel sowie einige Teelöffel Orangen- oder Passionsfruchtsirup in die Höhlung geben.

4. Auf Ananaseis setzen, mit *Portweinsoße* füllen, etwas Sahne dazu servieren.

5. Auf Erdbeereis legen, mit Walderdbeeren füllen, *Marzipancreme* darüber.

*Portweinsoße:*

2 Eigelb, 2 EL Zucker, 4–5 EL Portwein im Wasserbad schlagen, bis die Masse steigt. Sofort über dem Nachtisch verteilen.

*Marzipancreme:*

100 g Rohmarzipan und 4 EL Orangensaft mit dem Handrührgerät schaumig rühren, über das Dessert geben.

Die Pfirsiche sollen in jedem Fall vor der Verwendung geschält, entsteint und in heißen Zuckersirup gelegt werden, den man zuvor aus 100 g Zucker, 0,2 l Wasser und ¼ Vanilleschote gekocht hat.

### Pfirsichsalat                                          *Zubereitung 15 Minuten*

| | |
|---|---|
| *4 aromatische Pfirsiche* | *4 reife blaue Feigen* |
| *100 g Zucker* | *40 g Marzipan in kleinen Würfeln* |
| *0,2 l Wasser* | *12 Erdbeeren* |
| *½ Vanilleschote* | *4 EL Maraschino* |

Die Pfirsiche häuten, entsteinen und nacheinander in dem heißen Sirup (den man aus Zucker, Wasser und Vanilleschote gekocht hat) je 5 Minuten ziehen lassen. Herausheben, auf ein Sieb geben. Nach dem Abkühlen in Würfel schneiden. Pfirsiche, geviertelte Feigen, Erdbeeren mit den Marzipanwürfeln vermischen und mit Maraschino beträufeln. Einige Eßlöffel des Sirups zugeben. Gut kühlen

### Fruchtcreme *(Rußland)*                              *Zubereitung 20 Minuten*

| | |
|---|---|
| *300 g geschälte,* | *100 g Zucker* |
| *kleingeschnittene Früchte* | *0,2 l Wasser* |
| *(säuerliche Äpfel, Birnen,* | *¼ Vanilleschote* |
| *Pfirsiche, Ananas,* | *7 Blatt Gelatine* |
| *Kirschen, Kapstachelbeeren,* | *500 g Sahne mit* |
| *Mandarinen aus der Dose)* | *2 EL Zucker* |

Die rohen Früchte in dem zuvor gekochten, heißen Sirup aus Zucker, Wasser und Vanilleschote 5 Minuten ziehen lassen. Auf ein Sieb geben. Die Gelatine einweichen. Die Sahne schlagen und süßen. 4 EL Wasser zum Kochen bringen, vom Herd nehmen, die Gelatine darin auflösen. Mit der Sahne mischen. Die Früchte zu der Sahne geben, alles kalt stellen. Beim Auftragen entweder mit Himbeer- und Johannisbeer- oder Aprikosensoße auf den Tisch bringen.

### Pfirsichtorte                                    *Zubereitung 60 Minuten*

*Teig:*                                    *¼ Vanillestange*
*Mürbteig (Zubereitung s. Anhang)*          *1 kg weißfleischige Pfirsche*
*Belag: 200 g Rohmarzipan*                   *einige blaue Trauben*
*100 g Erdbeerpüree, am besten*              *frische Erdbeeren*
*von Walderdbeeren*                          *oder Kirschen*
*100 g Zucker*                               *1 farbloser Tortenguß*
*0,2 l Wasser*

Einen Mürbteig mit Rand zubereiten und backen. Marzipan mit so viel Erdbeerpüree vermischen, daß es flüssig genug wird, um auf dem Tortenboden breit gestrichen zu werden; es soll cremig, aber nicht wässerig sein. Zucker, Wasser und Vanillestange in einem hohen Topf zum Kochen bringen. Die Pfirsiche häuten und halbieren, vorsichtig nach und nach je 5 Minuten in die heiße Flüssigkeit legen, die auf kleinster Flamme auf einer Asbestplatte stehen soll. Jeweils gut abtropfen lassen, den aufgefangenen Saft in den Topf zurückgießen. Die Pfirsiche mit der Öffnung nach unten auf das Marzipan legen sowie zwischen die Pfirsichhälften blaue Weintrauben, Erdbeeren oder Kirschen zur Verzierung.
Ist die Torte ganz belegt, den Saft mit Wasser auf ¼ l ergänzen. Den Tortenguß (ohne Zucker) mit wenig Wasser glatt verrühren und nach Vorschrift kochen. Über die Pfirsiche verteilen. Statt des Tortengusses kann man auch 1 gehäuften EL Speisestärke oder 2 Blatt Gelatine verwenden.

## Kirsche *(Prunus cerasus-Sauerkirschen, Prunus avium-Süßkirschen)*

Engl.: Cherry, Franz.: Cerise, Ital.: Ciliegia, Span.: Cereza, Guinda, Portug.: Cereja, Ginja.

HERKUNFT UND GESCHICHTE

Die Sauerkirsche stammt aus dem Gebiet zwischen Kaspischem Meer und Nordindien. Die Süßkirsche hat ihre Heimat von der Türkei bis nach Westsibirien. Schon in der Jungstein- und Bronzezeit kannten die Menschen in den genannten Gebieten Kirschen, man hat in den Ablagerungen Kirschkerne gefunden.
Vogelkirschen scheint es schon vorher in Europa gegeben zu haben, die wertvollen Süßkirschen sind 74 v. Chr. von Kleinasien nach Rom gekommen, als sie die Römer unter dem Feldherrn Lukullus beim Sieg über Mithridates dort kennenlernten. Anschließend verbreiteten sie sie im damaligen Imperium Romanum. Kirschen wuchsen schon im 1. Jahrhundert n. Chr. in Deutschland, Frankreich und England. Sauerkirschkerne hat man in der Saalburg im Taunus, einem ehemaligen Römerlager, und in Pfahlbauten am Bodensee gefunden.

KIRSCHARTEN ASIENS

Die Kirschen werden grob eingeteilt in zwei Gruppen: *Prunus cerasus* – Sauerkirschen und *Prunus avium* – Süßkirschen, wozu auch die Vogelkirschen gehören. Von diesen beiden Arten stammen über 600 Sorten ab. Es gibt auch viele Kreuzun-

*Kirschblüten*

gen zwischen Süß- und Sauerkirschen. In Asien – Japan, China, am Amur, in der Mandschurei, Tibet, Nepal, also auch in 3 600 m Höhe – gibt es die verschiedensten Kirschensorten, die sich durch besonders schöne Blüten auszeichnen. Daß die Japaner eine große Vorliebe für die Kirsche als Zierpflanze haben, ist bekannt. In Japan hat man die ornamentalen Anlagen der Kirsche zu höchster Vollendung entwickelt, z. B. bei *P. yedoénsis*, deren Blüte Anlaß zu einem Volksfest ist. *P. serralata* var. *pubescens* ist von allen japanischen Kirschen am weitesten verbreitet. Die hübscheste gefüllte Kirsche ist *P. sachaliniensis sakiyamasi*. Die am reichsten blühende, entzückendste Zierform soll *P. subhirtella* sein.

Es gibt auch nordamerikanische Kirscharten, z. B. die *Chokeberry, P. virginiana.* Sie sind von der Arktis bis in die mexikanischen Berge zu finden, bringen aber nur Früchte in Erbsengröße hervor. Verheißungsvoller für die Züchtung ist *P. demissa*, mit größeren eßbaren Kirschen.

Die Kirsche ist ein Baum der gemäßigten Zone der nördlichen Halbkugel. Sie ist eine der ältesten und beliebtesten Obstarten, die aber, was das Pflücken und Verpacken anbelangt, sehr viel Arbeit erfordert. Süßkirschen halten sich besser als Sauerkirschen, letztere werden besonders von der Industrie zu Konservenware verbraucht. Man hat versucht, Kirschen zu trocknen, aber das ist zu teuer.

Zu den Kirschen gehören noch die Lorbeerkirschen. Kirschlorbeer ist auch bei uns eine beliebte immergrüne Zierpflanze mit dunkelgrünen, glänzenden Blättern. Eine, *P. occidentalis*, ein hoher Baum, der von Kuba bis Trinidad gedeiht, hat 2,5 cm große, purpurne Früchte von feinem Aroma. Auch die Kirschen der anderen Kirschlorbeeren kann man essen.

Erdbeeren und Süßkirschen werden in gleichen Mengen in der Welt verbraucht: je 1,1 Millionen Tonnen (14. und 15. Stelle in der Weltproduktion). An erster Stelle der Erzeugerländer steht Italien, dann folgen die Bundesrepublik Deutschland, Frankreich, USA, Türkei. Sauerkirschen erntet man nur halb so viele (450 000 t). Die Hauptproduzenten sind die USA, Bundesrepublik Deutschland, Ungarn, Jugoslawien, Türkei.

Wie das bisher besprochene Steinobst fördern auch Sauerkirschen die Verdauung und reinigen den Körper von Harnsäure. Süßkirschen sind blutbildend. Beide enthalten Phosphor und Eisen.

**Süßkirschen**

ERNTEAUFWAND Süßkirschen sind bei der Ernte arbeitsintensive Früchte, da sie zum Verkauf mit der Hand gepflückt werden müssen. In den USA erntet man bereits 90% mechanisch, allerdings für die Industrie.

ZUCHTZIELE Man bemüht sich in Deutschland, kleinkronige, niedrige Bäume zu züchten, mit möglichst großen, madenfreien Früchten. Das Gießener Obstbauinstitut trat im Juni 1980 mit einem großartigen Erfolg an die Öffentlichkeit: Es ist gelungen, die *Hedelfinger Riesenkirsche* und *Büttners rote Knorpelkirsche* durch neue Unterlagen auf 1,50 m »herunterzuzüchten«.

ANBAUGEBIETE Ein Vorteil in Norddeutschland: Das Alte Land an der Niederelbe ist kirschfliegenfrei – ich nehme an, wegen des Windes. Kommerziell werden Süßkirschen in niederschlagsärmeren Gegenden angebaut, da Regen zur Reifezeit die Kirschen platzen läßt.
Es sind im Lauf der Zeit eine Riesenzahl von Sorten entstanden, fast alle sind Zufallssämlinge.

SORTEN UND
TYPEN Man teilt die europäischen Kirschen in die Herz- und Knorpelkirschen ein. Die Herzkirschen haben weiches, die Knorpelkirschen oder Kracher festes Fruchtfleisch. Die Einteilung in Sorten macht große Schwierigkeiten. Viele Kirschen sind sich äußerlich ähnlich, aber genetisch Gemische von Typen. Um hier gut zu beobachten, hat man in Süddeutschland Kirschmuttergärten mit vielen Sorten angelegt. Bei guter Pflege haben Süßkirschbäume die angenehme Eigenschaft, regelmäßig zu tragen. Man muß immer zwei Bäume pflanzen, die sich gegenseitig bestäuben können (und daher zusammen ausgesucht werden müssen). Für jede Gegend werden andere Kirschsorten empfohlen, dennoch möchte ich ein paar besonders schmackhafte Sorten nennen.
*Kassins Frühe*, Anfang Juni, schwarze Herzkirsche, wurde 1860 von Kassin in Werder an der Havel aufgefunden. Beste Frühsorte.
*Große Prinzessin*, Ende Juni, gelbrote Knorpelkirsche unbekannter Herkunft, gut für Konservierung, zum Rohessen, gut lager- und transportgeeignet.
*Hedelfinger Riesenkirsche*, Anfang Juli, schwarze Knorpelkirsche aus Mitteldeutschland. Besonders edle und wertvolle Tafel-, Markt- und Wirtschaftsfrucht. Bei vorsichtiger Behandlung gut transport- und lagerfähig.
*Büttners Rote*, Anfang Juli, rote Knorpelkirsche. Sehr wertvoll, wenn sie am Baum ausreifen kann. Rotgelb geflammt.
*Große Germersdorfer*, Anfang Juli, braunrote Knorpelkirsche, 1812 in Berlin aufgefunden, besonders edle Tafelfrucht.
*Schneiders späte Knorpelkirsche*, Mitte Juli, große dunkelrot-schwarze Frucht ostdeutscher Herkunft. Gut zum Frischverzehr, erstklassig zur Verarbeitung, besonders gute Marktfrucht.

DIE KIRSCHE IM
ERWERBSANBAU Für den Gärtner ist natürlich nicht nur der Geschmack wichtig, sondern auch Ertrag, Pflückbarkeit, Neigung zum Platzen, Anfälligkeit gegen Krankheiten, Haltbarkeit usw. Es wäre ideal, wenn die Sorten auf dem Markt gekennzeichnet

würden und der Käufer bewußt für besonders delikate Sorten mit geringerem Ertrag mehr bezahlen würde. Wenn wir nur nach dem Aussehen kaufen, wird es uns eines Tages mit allem Obst genauso wie mit den Äpfeln gehen.

VERWENDUNG   Süßkirschen sind frisch besonders schmackhaft. Es lassen sich mit ihnen aber auch Kuchen, Nachspeisen, Kompotte, Aufläufe, Cremes und Kaltschalen herstellen. Aus ihnen kann Saft und Marmelade zubereitet werden.

IMPORTE   Zusätzlich zu unserer eigenen Ernte erhalten wir bereits Mitte Juni aus Griechenland die Sorte *Tragana*, aus Ungarn etwas später die *Große Germersdorfer*, aus Italien die besonders großen *Duroni* und *Ferrovia*, etwas später die kleineren *Bella Italia* und *Cornale*, aus Frankreich die Sorte *Bigarreaux*. Der Trend in Frankreich geht zu großen Kirschen guter Qualität. Man stellt zunehmend auf *Vignola* um.

---

# REZEPTE

## Kaltschale
*Zubereitung 20 Minuten*

| | |
|---|---|
| 450 g Süßkirschen | abgeriebene Schale |
| ½ l herber Rotwein | einer halben Zitrone |
| ¼ l Wasser | 1 gehäufter EL Maismehl |
| 75 g Zucker | 2 EL Zitronensaft |

Die Süßkirschen waschen und entsteinen. Von dem Wasser etwas abnehmen, um das Mehl glatt anzurühren. Die übrige Flüssigkeit mit Zucker und Zitronenschale zum Kochen bringen. Das Mehl zugeben und aufkochen. Den Zitronensaft zufügen sowie die Kirschen. Die Suppe vom Herd nehmen und abkühlen lassen. Sehr kalt auftragen. Man kann eingekochte Kirschen verwenden, den Saft mit Rotwein auf einen Dreiviertelliter ergänzen und mit Zucker abschmecken.

## Kirschcreme

Mit den gleichen Zutaten kann man eine Creme herstellen.

| | |
|---|---|
| ½ l Rotwein | 6 Blatt Gelatine |
| 100 g Zucker | 450 g entsteinte Süßkirschen |
| abgeriebene Schale einer | 2 EL Zitronensaft |
| halben Zitrone | 200 g Sahne |

Die Gelatine in kaltem Wasser einweichen. Rotwein mit Zucker und Zitronenschale erhitzen. Nach dem Aufkochen die ausgedrückte Gelatine hinzufügen. Die Kirschen zugeben sowie den Zitronensaft.
Ist die Creme lauwarm, in den Kühlschrank stellen. Nach einer Stunde die Sahne schlagen, unterheben. Kalt servieren.
*Variation:* Sehr gut ist es, einen Teil des Weines durch schwarzen Johannisbeersaft zu ersetzen. Je nach Saftanteil die Zuckerzugabe bis zu 150 g erhöhen.

## Kirschauflauf

Den Zwetschgenauflauf (Rezept Seite 296) kann man sehr gut mit entsteinten Süßkirschen zubereiten. Die Buttermenge aber auf 75 g erhöhen, 125 g Semmelbröseln 50 g geriebene Mandeln hinzufügen.

Süßkirschen schmecken gut zu Sahneeis.

Zunächst das Sahneeis zubereiten, es ist mehr, als wir für 4 Personen benötigen.

## Sahneeis mit Kirschen (Rußland)  *Zubereitung 40 Minuten*

*2 Eigelb*  *½ Vanilleschote*
*150 g Zucker*  *500 g Sahne*

Die Sahne mit der aufgeschlitzten Vanilleschote unter Rühren erhitzen, aber nicht kochen lassen. Eigelb und Zucker in einem Topf schaumig schlagen, die heiße Sahne langsam zugießen. Auf den Herd setzen und auf kleiner Flamme rühren, bis die Masse sämig wird. Durch ein Sieb gießen, in einen großen Tiefkühlbehälter schütten und gefrieren lassen.

*Pro Person:*  *1½ EL Sirup*
*2 EL Eis*  *von schwarzen*
*5 entsteinte Süßkirschen*  *Johannisbeeren*

Die Eisbecher mit dem Eis füllen und in das Tiefkühlfach zurückstellen. Die Kirschen entsteinen. Den Johannisbeersirup (¼ l Saft mit 200 g Zucker aufgekocht, eventuell mit 2 EL Kirschwasser) mit den Kirschen kurz vor dem Auftragen über dem Eis verteilen. Anstelle des Johannisbeersirups kann sehr gut Lulosirup verwendet werden (ebenfalls ¼ l konzentrierten Saft mit 200 g Zucker aufkochen).

## Hefekuchen  *Zubereitung 40 Minuten*

*Teig:*  *Streusel:*
*1 Hefekuchenboden*  *150 g Mehl*
*(Rezept im Anhang)*  *75 g Zucker*
*Belag:*  *75 g Butter*
*500–750 g schwarze*  *1 TL Vanillinzucker*
*aromatische Knorpelkirschen*

Den Hefeteig zubereiten und in einer Springform ausrollen. Einen Rand formen. Den Teig mit den unentsteinten Süßkirschen dicht belegen. Den Kuchen gehen lassen. (Unentsteinte Kirschen verlieren nicht soviel Saft und behalten ihren guten Geschmack.)
Die Streusel aus Mehl, Zucker und Butter abwechselnd leicht kneten und lose reiben, bis das ganze Mehl gebunden ist. Über den Kuchen streuen und eine Stunde backen. Richtig gut wird der Kuchen erst, wenn er eingefroren war.

### Sauerkirschen

EINTEILUNG  Die Sauerkirschen in Europa teilt man in Echte Sauerkirschen (Morellen) und Bastardkirschen (Kreuzung zwischen Süß- und Sauerkirschen) ein. Die echten Sauerkirschen zerfallen wieder in Weichseln und Amarellen. Die Weichseln sind dunkel, die Amarellen können auch hell sein. Für Großgärtner und Handel sind vor allem die Weichseln wichtig. Die Bastardkirschen teilt man in Süßweichseln und Glaskirschen.

ERNTE  Sauerkirschbäume sind niedriger, daher leichter abzuernten. In den USA wird schon sehr viel durch Schüttelgeräte geerntet, was sich in billigen Sauerkirschkonserven auswirkt.
Früher nahm man an, die Sauerkirsche sei eine Obstart für nährstoffarme Böden,

inzwischen hat man herausgefunden, daß sie nur gut trägt, wenn sie reichlich mit Stickstoff versorgt wird und auch sonst nicht darben muß.

SORTEN

Einige aromatische Sauerkirschen:

*Ludwigs Frühe* (Amarelle), Mitte Juni, vor der Diemitzer Amarelle, mittelgroße, leuchtendrote, säuerliche Einkochkirsche. Sie ist die früheste Sauerkirsche.

*Diemitzer Amarelle*, Mitte Juni, rundliche hellrote, süße Frucht. Nicht sehr gut für den Transport geeignet.

*Ostheimer Weichsel*, Anfang Juli, kam 1714 aus Spanien, dunkle braunrote, edle Kirsche mit typischem Weichselaroma, das fast keine andere Sauerkirsche erreicht. Gekocht sehr sauer, aber aromatisch. Muß nach der Ernte sofort verbraucht werden, am Baum hält sie sich lange. Gut für Saft, Marmelade und Likör.

*Große lange Lotkirsche*, Mitte Juli, große dunkelrote, ideale Haushaltsfrucht.

*Schattenmorelle*, Mitte Juli, nach der Lotkirsche. Verbreitetste Sorte, da sie gute, sichere Erträge und qualitativ gute Früchte liefert. Zum Frischessen nicht geeignet, da scharf sauer und zusammenziehend. Wird beim Kochen sehr sauer, ausgesprochene Wirtschafts- und Industriefrucht, um Kompott, Marmelade, Saft und Kuchen herzustellen. Transport- und Lagerfähigkeit sind mittelmäßig.

(Der Name Schattenmorelle kommt nicht von Schatten, sondern von französisch château = Schloß.)

Schmackhafte und große Früchte liefern die Süßweichseln, die Kreuzungen zwischen Süß- und Sauerkirschen sind. Leider ist ihr Ertrag gering, sie sind daher etwas für den Liebhaber, z.B.:

*Königin Hortensie*, Mitte Juni, 1812 in Belgien aufgefunden. Mittelfrühe Süßweichsel edelster Qualität. Nur zum Rohessen, hält sich schlecht. Nicht zum Kochen geeignet, da zu weich.

NEUE KIRSCH-
SORTEN

Der Trend im Obstbau geht dahin, neue Kirschsorten aus Kanada, England und Amerika hier einzuführen.

VERWENDUNG

Aus Sauerkirschen gewinnt man Saft, Kompott, Marmelade. Man bereitet mit ihnen Kuchen und Torten (Kirschstrudel, Schwarzwälder Kirschtorte) sowie Nachspeisen, z.B. Vanilleeis mit heißer Kirschsoße, zu.

IMPORTE

Die Bundesrepublik importiert Sauerkirschen aus Ungarn.

---

# REZEPTE

---

Sauerkirschen zu Fleisch aufzutischen, ist seit den fünfziger Jahren in Mode gekommen. Ich habe Sauerkirschen in einer Rotweinsoße mit Grillschinken probiert, das war überhaupt nicht gut. Mit Rindfleisch ist es besser.

### Filet mit Sauerkirschen

*Zubereitung 20 Minuten*

| | |
|---|---|
| *4 Filetscheiben, je 2 cm dick* | *⅛ l Madeira* |
| *3 große Zwiebeln* | *1 Prise Zimt* |
| *in feinen Scheiben* | *1 Prise Nelken und Nelkenpfeffer* |
| *3–4 EL Butter* | *¼ TL gemahlener Kardamom* |
| *Salz, Pfeffer* | *3 EL Sahne* |
| *1 gehäufter EL Mehl* | *200 g entsteinte Sauerkirschen* |
| *¹⁄₁₆ l kräftige Fleischbrühe* | |

Die Zwiebeln in der Butter braun werden lassen. Aus der Pfanne nehmen. Das Filet in das heiße Fett geben und ebenfalls braten. Die fertigen, gesalzenen, gepfefferten Fleischscheiben in eine warme Keramikform mit Rand legen und mit den Zwiebelscheiben bedecken. Das Mehl in der Bratpfanne anrösten, mit der Fleischbrühe abrühren, den Madeira hinzufügen, durch ein Sieb geben. In einem Topf die Soße nochmals heiß werden lassen, mit einem Hauch Zimt, Nelken und Nelkenpfeffer, Kardamom, Salz, Pfeffer und Sahne abschmecken. Die Sauerkirschen hinzufügen. Liebevoll das Filet damit begießen und das Ganze mit Kartoffelpüree und grünem Salat auftragen.

### Kirschen mit Hüttenkäse *(für 1 Person)*      *Zubereitung 3 Minuten*

Eine sättigende, nicht sehr kalorienreiche Schlankheitsmahlzeit.

|  |  |
|---|---|
| *200 g Hüttenkäse* | *1 Prise Ingwer* |
| *1 EL Sojasoße* | *2 EL Schattenmorellen* |
| *1 Spritzer Tabasco* | *aus dem Glas* |

Den Hüttenkäse mit Sojasoße, Tabasco und Ingwer verrühren, die abgetropften Sauerkirschen darauflegen. Ich mag es gerne, es ist sättigend und pikant.

### Sauerkirschsaft

ist sehr aromatisch und erfrischend. Er ist einer der besten Säfte, die wir haben. Ich ziehe Apfelsaft allen anderen Säften vor, dann folgen Orangen-, Cocona-, Sauerkirsch-, Curuba-, Lulo-, Brombeer-, Pflaumen-, Trauben- und Guavensaft. Sie sehen schon an dieser Skala, daß ich weder zu saure noch zu süße, dicke Säfte mag. Sie sollten säuerlich, leicht, aber voll im Geschmack und gut gewürzt sein. Sauerkirschsaft erfüllt diese Bedingungen. Im Dampfentsafter pro Liter unentsteinte Sauerkirschen 70 g Zucker zugeben. Die Ausbeute an Saft ist recht hoch: aus 5 kg Früchten erhält man 4 l Saft.
Natürlich kann man die unentsteinten Früchte auch mit Wasser bedecken, aufkochen und danach durch ein Tuch ablaufen lassen. Den Saft pro Liter mit 250 g Zucker aufkochen und heiß in Flaschen füllen.

### Kaltschale

Diese Kaltschale genauso wie die Süßkirschensuppe (Rezept S. 326) zubereiten, nur sollten die Sauerkirschen einige Minuten kochen, was bei den Süßkirschen weder gut noch nötig ist. Man kann dann etwas Zimt hinzufügen, ebenso eine Prise Nelken und Nelkenpfeffer. Sehr schmackhaft ist es auch, auf die Kaltschale *Schneeklößchen* zu setzen:
Man schlägt dazu entweder 1 Eiweiß und gibt 1½ EL Zucker zu oder 2 Eiweiß und 3 EL Zucker. Die Klößchen werden mit einem Löffel vom Eiweiß abgestochen und obendrauf gesetzt. Die Klößchen können auch nach Belieben mit Gelee gewürzt werden oder mit ein wenig Zimt.

NACHSPEISEN    Keine andere Frucht harmoniert so ideal mit Schokolade und Kakao wie die Sauerkirsche. Auch die Kombination mit Quark – besonders bei Kuchen – ist schmackhaft. Quarkcreme oder Joghurt mit Sauerkirschen finde ich weniger gut als mit Erdbeeren.

## Götterspeise

Dieses Rezept, das unter Kapstachelbeeren, Seite 428, zu finden ist, wird eigentlich mit Sauerkirschen zubereitet.

## Kirschcreme

| | |
|---|---|
| *1 Glas Sauerkirschen (450 g)* | *200 g Schlagsahne* |
| *40 g Maismehl* | *2 EL Zucker* |
| *2 EL Kirschwasser* | *Schokoladensoße (Rezept Seite 169)* |

Den Inhalt des Glases auf ein Sieb gießen, den bereits gesüßten Saft auffangen. Einen Teil des Saftes mit Maismehl glattrühren, den Rest zum Kochen bringen. Das Kirschwasser sowie das Mehl zugeben. Aufkochen lassen und vom Herd nehmen. Unter die abgekühlte Creme die geschlagene süße Sahne heben, eventuell etwas Schlagrahm zum Verzieren der Schüssel übriglassen. Die Kirschen zufügen und alles in eine Schale geben. Im Kühlschrank gut abkühlen lassen.
Kurz vor dem Auftragen die Schokoladensoße herstellen und heiß servieren.

## Flambierte Kirschen

| | |
|---|---|
| *4 Portionen Vanilleeis* | *Saft einer Zitrone* |
| *2 EL Butter* | *2 EL Kirschwasser* |
| *3 EL Zucker* | *2 EL Grand Marnier* |
| *2 Tassen entsteinte Sauerkirschen* | *4 EL geschlagene, ge-* |
| *½ Tasse Orangensaft* | *süßte Sahne* |

Das Vanilleeis auf 4 Teller verteilen und in das Tiefkühlfach stellen. In einer Flambierpfanne, die nur für Süßspeisen benutzt wird, Butter und Zucker erhitzen. Die Sauerkirschen und den Fruchtsaft hinzufügen, umrühren und heiß werden lassen. Die Pfanne vorübergehend vom Feuer nehmen, um die Eisteller auf ein Tablett zu stellen. Den Alkohol in die Pfanne gießen, schräg halten, er entzündet sich von selbst. Sofort Eis, Sahne in einer kleinen Schüssel und die brennenden Kirschen auftragen. Noch praktischer ist die Zubereitung gleich am Tisch.

## Kirscheisbecher          *Zubereitung mit Eisherstellung am Tag zuvor: 30 Minuten*

| | |
|---|---|
| *Pro Portion:* | *2 EL gekochte Sauerkirschen* |
| *1–2 gehäufter EL Vanilleeis* | *1–2 EL nicht zu süßer Kirschlikör* |
| *1 gehäufter EL Schokoladeneis* | *1 EL gesüßte Schlagsahne* |

Vanille- und Schokoladeneis zusammen mit den Kirschen in ein Stielglas geben, den Likör darübergießen und mit Schlagsahne krönen. (Rezepte für beide Eisarten finden Sie im Anhang.)

## Quarkauflauf mit Sauerkirschen

| | |
|---|---|
| *500 g Quark* | *1 Prise Salz* |
| *4 EL Grieß* | *500 g Sauerkirschen* |
| *4 Eier* | *2 EL Semmelbrösel* |
| *100 g Zucker* | *30 g Butterflöckchen* |
| *50 g Butter* | *2 EL Puderzucker* |

Den Quark mit dem Grieß verrühren. Die Eier trennen. Das Eiweiß steif schlagen, 1 EL Zucker zufügen und gut mit dem Eiweiß mischen. Den Schnee kalt stellen. Eigelb mit den gleichen Schlägern und dem restlichen Zucker schaumig rühren, die Butter zerlassen. Eigelb, Butter und Salz zum Quark geben. Den Eischnee unterziehen, die entsteinten Sauerkirschen ebenfalls.

Die Semmelbrösel in eine große gefettete Keramikform streuen, die Quarkmasse darüber verteilen, die Butterflöckchen daraufsetzen und eine Stunde bei Stufe 4 (210° C) backen. Mit Puderzucker übersieben. Kalt als Mittagsmahlzeit an einem heißen Tag auftragen.

### Kaiserschmarren

Rezept Seite 295 kann auch mit Sauerkirschen, die mit ganz wenig Wasser aufgekocht und nach Geschmack gesüßt wurden, gereicht werden.

KUCHEN UND TORTEN Sauerkirschen sind klassische Kuchenfrüchte und ebenso vorzüglich zum Backen geeignet wie Äpfel und Pflaumen. Je nach Rezept ist der Charakter der Kuchen sehr unterschiedlich.

### Gedeckter Kirschkuchen                    *Zubereitung 55 Minuten*

Zunächst einen Mürbteig zubereiten. Entweder verwendet man auf 1 kg Sauerkirschen den Teig der Schwäbischen Apfeltorte (Rezept S. 268), der massiger ist, oder diesen sparsameren Teig, dann sollte auch die Füllung dünner sein.

| *Teig:* | *Füllung:* |
|---|---|
| 200 g Mehl | 500–750 g Sauerkirschen |
| 2 TL Backpulver | 75–100 g Zucker |
| 50 g Zucker | ½ Tasse Wasser |
| ½ Päckchen Vanillinzucker | 2 ½ EL Maismehl |
| 1 Ei | 2 EL Kirschwasser |
| 80 g Butter | 1 Eigelb und 1–2 TL Milch |
| | 2 EL Puderzucker |

Für den Teig alle Zutaten in eine Backschüssel geben. Die Butter sollte kalt sein und mit einem Messer mit den anderen Zutaten zusammengehackt werden. Dann rasch alles gründlich verkneten und kalt stellen.

Die Kirschen waschen, entsteinen und einzuckern. Eine halbe Tasse Wasser erhitzen, die Kirschen zugeben und aufkochen lassen. Auf ein Sieb schütten und abtropfen lassen. Den Saft abmessen und mit Wasser auf ¼ l ergänzen. Von dem Saft 2 EL abnehmen und mit dem Maismehl glattrühren. Den restlichen Saft erhitzen, das Maismehl zugeben und aufkochen lassen. Vom Herd nehmen. Das Kirschwasser und die Kirschen zufügen. Die größere Hälfte des Teiges in einer Springform ausrollen. Einen Rand formen. Die Kirschenmischung daraufstreichen. Von dem restlichen Teig den Deckel ausrollen. Auf die Kirschen legen, rundum gut andrücken. Mit Eigelb und Milch bestreichen und bei Stufe 4 (210° C) 45–60 Minuten backen. Mit Puderzucker übersieben.

### Quarktorte mit Sauerkirschen                    *Zubereitung 60 Minuten*

*Boden:*
*1 Mürbteigblatt für eine 28-cm-Springform (Rezept im Anhang)*

*Quark:*
*2 Eigelb*
*125 g Zucker*
*500 g Quark*
*12 Blatt Gelatine*
*abgeriebene Schale*
*einer Zitrone*
*2 Eiweiß*
*250 g Sahne*

*Belag:*
*500 g frische Sauerkirschen*
*oder 1-l-Glas eingekochte Früchte*
*60 g Zucker*
*2 EL Maismehl*
*2 EL Kirschwasser*

Den Mürbteigboden zubereiten und backen. Die Sauerkirschen entsteinen und mit 60 g Zucker aufkochen. Das Maismehl mit wenig Wasser glattrühren, in die kochende Flüssigkeit geben und vom Herd nehmen. Das Kirschwasser einrühren. *Für den Quark:* Die Gelatine in kaltem Wasser einweichen. Eigelb mit dem Zucker schaumig rühren. Den Quark und die abgeriebene Zitronenschale hinzufügen. 4 EL Wasser zum Kochen bringen und vom Feuer nehmen. Die Gelatine in der heißen Flüssigkeit auflösen, durch ein Sieb zum Quark geben und alles mit dem Handrührgerät gründlich mischen. Die Schläger abwaschen, das Eiweiß zu Schnee schlagen, unter den Quark ziehen. Die Sahne schlagen und zugeben. Alles muß sehr schnell geschehen, damit die Gelatine keine Klümpchen bildet.
Den Tortenboden in der Springform lassen und die Kirschmasse daraufgeben. Den Quark darüberschütten und glattstreichen. Zugedeckt im Kühlschrank fest werden lassen.

Anstelle der vorzüglichen, allseits bekannten und beliebten Schwarzwälder Kirschtorte möchte ich zwei andere schnellere Zubereitungsarten bringen, die aber nach dem gleichen Prinzip aufgebaut sind: Schokoladenteig-Sauerkirschen-Sahne.

## Kirschtorte

*Zubereitung 1 Stunde*

*Teig:*
*2 Eiweiß*
*125 g Butter*
*200 g Zucker*
*3 Eigelb*
*Saft und Schale*
*einer halben Zitrone*
*1 Prise Zimt*
*125 g geriebene Haselnüsse*
*1 gehäufter EL Kakao*

*180 g Mehl*
*½ Päckchen Backpulver*
*½ Tasse Milch*
*Füllung:*
*1-l-Glas Sauerkirschen*
*¼ l Kirschsaft*
*20 g Maismehl*
*2 EL Kirschwasser*
*200 g Sahne*
*2 EL Puderzucker*

Das Eiweiß zu Schnee schlagen und kalt stellen. Die Butter schaumig rühren, Zucker und Eigelb, Saft und Schale der halben Zitrone zufügen und einige Minuten von der Küchenmaschine schlagen lassen. Zimt, Haselnüsse, Kakao, Mehl, Backpulver und Milch zugeben. Den Eischnee unterziehen und den Kuchen bei Stufe 4 (210° C) 45 Minuten backen. Diesen Boden kann man schon am Vortag backen. Am nächsten Tag durchschneiden und füllen.
Die Kirschen durch ein Sieb abtropfen lassen. Verwendet man frische Sauerkirschen, so lasse man sie mit einem reichlichen Achtelliter Wasser und zwei EL Zucker aufkochen.

Von dem gesüßten Kirschsaft ¼ l abmessen und aufkochen. 20 g Maismehl, das mit etwas Saft des Viertelliters glattgerührt wurde, in die kochende Flüssigkeit geben und vom Feuer nehmen. Das Kirschwasser zugießen. Abkühlen lassen. Die Sahne schlagen, mit der Creme vermischen und auf den Boden streichen. Die obere Teighälfte in 12 oder 16 Stücke schneiden, die Stücke vorsichtig zusammensetzen und mit Puderzucker übersieben.

## Donauwellen                                            *Zubereitung 60 Minuten*

| | |
|---|---|
| *Teig:* | *Füllung:* |
| *3 Eier* | *450 g entsteinte Sauerkirschen* |
| *125 g Zucker* | *Belag:* |
| *125 g Butter* | *Buttercreme von 125 g Butter* |
| *175 g Mehl* | *1 Vanillepuddingpulver* |
| *½ Päckchen Backpulver* | *½ l Milch* |
| *1½ EL Kakao* | *2 EL Zucker* |
| *1½ EL Zucker* | *Guß:* |
| *2 EL Milch* | *Fertiger Schokoladenguß* |
| | *4 EL Öl* |

Die Butter schaumig rühren, Eier und Zucker hinzufügen und noch einige Minuten weiterrühren, Mehl und Backpulver zugeben und die Hälfte des Teiges in eine mit Pergamentpapier ausgelegte Springform von 28 cm Durchmesser geben. Die zweite Hälfte des Teiges mit Kakao, Zucker, Milch verrühren und daraufstreichen. Die Kirschen auf den Biskuit legen und eine Stunde bei Stufe 3 (190° C) backen. Danach den Vanillepudding nach Vorschrift mit Milch und Zucker kochen. Ist er lauwarm, die Butter schaumig rühren und den Pudding löffelweise zugeben. Über den abgekühlten Kuchen streichen. Den Schokoladenguß nach Vorschrift erhitzen, Öl zugeben und heiß über die Creme streichen.
Das ist ein hessisches Rezept. In Gießen kann man den vorzüglichen Kuchen fertig kaufen. Er ist besonders gut, nachdem er eingefroren war.

## Schattenmorellenkonfitüre

Da Kirschen wenig Pektin enthalten, Johannisbeeren außerdem sehr aromatisch sind, ist es empfehlenswert, beide Obstarten zusammen zu verwenden.

| | |
|---|---|
| *375 g Sauerkirschen* | *500 g Gelierzucker* |
| *⅛ l Johannisbeersaft* | |

Dir Kirschen entsteinen und einen Tag eingezuckert stehenlassen. Am nächsten Tag mit dem Johannisbeersaft unter öfterem Umrühren zum Kochen bringen, nach Vorschrift sprudelnd kochen lassen und in Gläser füllen.

# RUTACEAE *(Rautengewächse)*

Diese Familie enthält zwei Unterfamilien: die rautenartigen Pflanzen und die für Welthandel und Welternährung so wichtige Unterfamilie der zitronenartigen Gewächse mit der Gattung *Zitrus*.
Auch die zur ersten Unterfamilie gehörigen Pflanzen sind reich an ätherischen

Ölen und Duftstoffen (Gartenraute, Diptam, Jaborindi; die beiden letzten Pflanzen haben schweißtreibende Wirkstoffe).

Die Zitrusgruppe stammt größtenteils aus den trockenen Monsungebieten Südostasiens, von Indien bis Japan. Einzelne Mitglieder der Pflanzenunterfamilie wurden schon im Altertum bis ins Mittelmeergebiet verbreitet, aber wohl mehr als Heilpflanzen benutzt.

Die Früchte von Zitrus besitzen weniger ein Fruchtfleisch, als vor allem unzählige Saftschläuche, die durch zahlreiche Hüllen und Häute so gut verpackt sind, daß man den Saft in Form von 5 bis 12 Segmenten mit trockenen Fingern zu sich nehmen kann, wenn die Häute unverletzt geblieben sind. Die weiße, unter der Schale sitzende Schicht ist bitter.

Die Zitrusfrüchte nennt man in den romanischen Sprachen *Agrumen*. Es gibt sehr viele Zitrusarten und mit Zitrus verwandte Gattungen. Deshalb ist ihre Klassifizierung ein sehr umfangreiches Gebiet. Ich verweise auf die vorzügliche Darstellung von Samson. Auch zwischen den Arten gibt es zahlreiche Kreuzungsprodukte.

Die Zitruspflanzen sind meistens kleine Bäume, die einzelne Stacheln in den Blattachseln enthalten können. Ältere Äste haben fast keine Stacheln, Stecklingsbäume von den äußeren Zweigen auch nicht.

Die dunkelgrünen Zitrusblätter haben eine rund- oder spitzovale Form. Manche Arten sind geflügelt (Sauerorange, Grapefruit, Pampelmuse). Eine Art hat drei ovale Blätter, angeordnet wie bei Klee *(Poncirus trifoliata)*, eine andere besteht aus zwei gleich großen Flügeln *(Citrus ichangesis)*.

Bei Orange und Limette sind die Stiele nur noch andeutungsweise verbreitert, die Zitronenblätter sind ungeflügelt. Die Blätter bleiben gewöhnlich 2 bis 3 Jahre am Baum. Sie werden dreimal im Jahr ausgetrieben, meist begleitet von Blüten. Der Frühjahrstrieb ist der stärkste und blütenreichste und bringt die Haupternte. Die Früchte der anderen Blüten haben oft nur lokale Bedeutung.

Die unscheinbaren kleinen Zitrusblüten sind meistens weiß, nur die Zitronenblüten weisen eine purpurne Außenseite auf. Die Pflanzen dieser Gattung benötigen sehr viele aufwendige Pflanzenschutzmaßnahmen.

## Weiße Sapote *(Casimirea edulis)*

Diese Frucht würde ich ihres Namens wegen viel lieber in die Familie der Sapotaceen einreihen, aber sie ist mit Zitrus verwandt.

VERBREITUNG
Diese Pflanze ist außerhalb von Mexiko, wo sie *Zapote blanco* heißt, Kalifornien und Florida, wenig bekannt. In Zentralamerika gedeiht sie nicht unter 900 m, wahrscheinlich ist es ihr dort zu heiß. Dagegen findet man Exemplare von ihr auf Jersey und an der Riviera am Mittelmeer.

KLIMAANSPRÜCHE
Sie liebt gut drainierten, sandigen Lehmboden; in Florida steht sie auf felsigem, kalksteinhaltigem Untergrund. Sie verträgt Trockenheit, etwas Bewässerung bekommt ihr aber besser.

*Zitrusblätter: links: Citrus ichangensis,
oben Mitte: Pampelmuse, oben rechts:
Orangeatorange, unten Mitte: Citrus
hystrix, unten rechts: dreiblättrige Orange*

VERMEHRUNG   Durch Samen vermehrte Bäume tragen schlechte Früchte, Stecklinge bewahren dagegen die guten Eigenschaften des Mutterbaumes. Man gewinnt sie aus Pflanzen mit wohlschmeckenden Früchten von der Größe einer Orange.

AUSSEHEN DER
FRÜCHTE

GESCHMACK   Die weiße Sapote ähnelt im Ganzen einer Quitte und ist ebenfalls gelb oder gelbgrün. Ihre membranartig dünne Haut bedeckt weiches, cremefarbenes Fruchtfleisch von schmelzender, vorzüglicher Beschaffenheit mit einem eigenartigen süßen Aroma, dem jede Säure fehlt, dafür enthält es einen Hauch Bitterkeit. Die Früchte können zwei bis fünf große, ovale, hellgelbe, ein Alkaloid enthaltende Kerne besitzen. Die weißen Sapoten werden geerntet, bevor sie ganz weich sind, und müssen nachreifen. Sie sind für lange Transporte nicht sehr geeignet, aber auf den Märkten Mexikos regelmäßig von Juli bis September, besonders um Guadalajara, zu finden. Um 1850 sagte man, daß die Früchte schläfrig machten und schädlich seien. Das ist aber ein Märchen.

ERSCHEINUNGS-
FORM   Der Sapotebaum ist mittelgroß, er erreicht höchstens 15 Meter. Seine Borke ist rauh und aschgrau mit lichtgrauen Flecken. Jeweils drei bis fünf der länglichen Blätter stehen in Büscheln zusammen. Sie sind kupferfarben, wenn sie jung sind, später werden sie leuchtendgrün.
Die ebenfalls grünlichen kleinen Blüten haben einen vier- oder fünfteiligen Kelch, der sich zu einer vier- bis fünfblättrigen Blütenkrone erweitert.

## Orange *(Citrus sinensis)*

Apfelsine, Engl.: Orange, Span.: Naranja, Ital.: Arancia, ist sicher abgeleitet von Naran-kai (Tamil) oder Naräng (persisch für bitter).

HERKUNFT UND
VERBREITUNG   Wie der Name verrät, stammt die Orange, besser die Apfelsine, aus China (Apfel aus China). Ihre Wildform ist unbekannt. Chandler nimmt an, sie sei eine Muta-

335

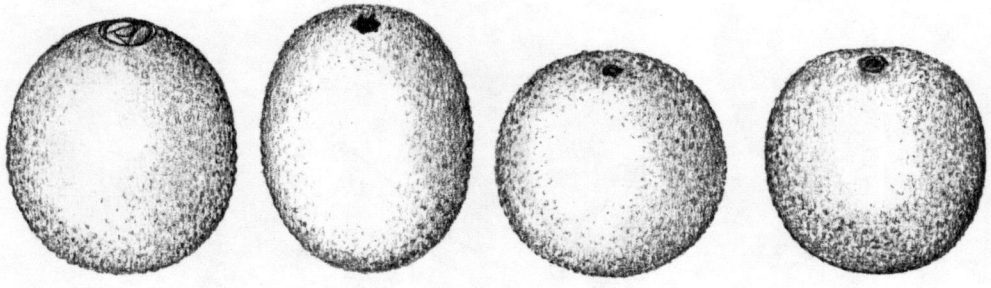

*Orangensorten: von links nach rechts: Navel, Jaffa, Pineapple, Valencia*

tion der Bitterorange oder Mandarine. Schon 2200 v. Chr. befaßte man sich in China mit der Zitruskultur. 1178 n. Chr. erschien dort sogar ein Buch, in dem viele Sorten und Kulturmethoden behandelt wurden.

Über den Weg der Orange nach Europa herrscht keine Klarheit. Einesteils soll sie oder die Sauerorange in den Hängenden Gärten der Semiramis vorhanden und im Altertum in Italien bekannt gewesen sein, was ganz unwahrscheinlich ist. Collins hat in seinem Buch eine Abbildung aus Assyrien mit einer in Stein gehauenen Ananas und schreibt, vielleicht hätten im Altertum uns noch unbekannte Verbindungen nach Osten bestanden.

Nach Purseglove erreichte sie Europa erst gegen 1475. Samson nimmt an, die Kreuzritter brachten sie nach Europa. Chandler schreibt, genuesische Kaufleute hätten sie aus Indien geholt. Burkill gibt ebenfalls das 14. Jahrhundert als Ankunftszeitraum der Orange an. Richtig Mode wurden die Orangenbäume, als die Portugiesen 1520 aus China hochgezüchtete Sorten einführten. Bei den Arabern heißt die Orange Portogallo. Man begann aus den Kernen immergrüne Bäume zu ziehen, die im Winter durch Holzverschläge geschützt wurden. Barockschlösser erhielten »Orangerien« mit großen Fenstern, um die kostbaren Kübelpflanzen über den langen Winter zu bringen. Im 19. Jahrhundert legten sich wohlhabende Bürger ebenfalls Wintergärten an und die Gärtnereien Gewächshäuser. In England hat heute fast jeder Gartenbesitzer ein Glashaus, holländische und belgische Gärtnereien züchten im milden Seeklima u. a. Trauben und Paprika und schützen sie durch Glas vor dem Seewind.

Kolumbus nahm auf seiner zweiten Reise Orangen-, Zitronen- und Zedratzitronenkerne mit nach Haiti, von wo aus sich diese Zitrusfrüchte über das südliche Nordamerika und nach Australien (wieder) verbreiteten (Australien gehört mit ins Ursprungsgebiet von Zitrus.)

Erfreute man sich in der Barockzeit vor allem an der Schönheit und Anmut der Zitronen- und Orangenbäume mit ihrem ansprechenden frischen grünen Laub, den wunderbar durftenden weißen Blüten und dem malerischen Kontrast der gelben oder orangefarbenen Früchte, so waren eßbare »Pomeranzen« (von *poma aurantia* – goldene Äpfel) Delikatessen, die den Reichsten und Mächtigsten vorbehalten blieben.

Erst 1792 wurde nach dem Zusammenbruch der Maulbeerkultur in Cargagente/ Provinz Valencia in Spanien die erste größere Orangenplantage angelegt, doch hatte bis 1840 die Zitruserzeugung keine große Bedeutung. Um 1850 begann der Export nach England, vor allen Dingen aus Portugal.

Heute bestreitet Spanien ein Drittel des Weltexports an Orangen. Der wichtigste Produzent sind allerdings die USA, dann folgen Brasilien, Spanien, Mexiko, Italien und Israel (1973 FAO). Es gibt zahllose Orangensorten. Man unterscheidet drei Hauptgruppen: Blond-, Blut- und Navelorangen.

**Navelorangen**

Die frühesten Orangen des Jahres sind die *Navelorangen*. (Wir erhalten sie im November/Dezember.) Sie sind um 1820 in Bahia/Brasilien durch Mutation entstanden. 1873 wurden gepfropfte Bäume der neuen Sorte nach Kalifornien geschickt. Man nannte sie Bahia-Orangen. Zwei Originalbäume von damals kann man heute noch, liebevoll gepflegt, von einem Zaun umgeben, in Riverside bewundern.

In Kalifornien und Spanien sind sie vor Weihnachten erntereif. Der alte Name Bahia-Orange hat schon lange der Bezeichnung *Washington Navel* Platz gemacht. Diese Orange hat eine ziemlich dicke Schale und ein besonders aromatisches, nach Chandler aber nicht sehr saftreiches, daher besonders knackiges Fruchtfleisch. Die Navelorange bildet die nördliche Grenze des Zitrusanbaugürtels, weil sie kühle Temperaturen gut verträgt. Da sie keinen keimfähigen Pollen bildet, hat sie auch keine Kerne. Sie läßt sich leicht schälen, ihre Segmente sind gut teilbar. Die Erzeugung hochwertiger Apfelsinen für den Frischverzehr ist auf das Gebiet zwischen dem 23. und und 38. Breitengrad auf der nördlichen und südlichen Halbkugel beschränkt. Im Winter können kurze Fröste bis $-2°$ C noch ertragen werden. Saure Früchte wie Zitronen werden schon bei $0°$ C ungenießbar. Je süßer Apfelsinen sind, um so mehr Kälte vertragen sie. Nur gut gedüngte und gepflegte Bäume in fruchtbarem Boden tragen wertvolle Früchte. Seit 1957 nimmt ihr Anbau in Portugal immer mehr zu, seit 1960 auch in Spanien. *Washington Navel* ist eine wichtige Sorte in Kalifornien, Algerien, Marokko, Griechenland. Neben der *Valencia* ist sie die Hauptsorte Australiens, Südafrikas und Brasiliens (30% der Anbaufläche).

Außer der Washington Navel gibt es die *Thompson Navel*, die noch eher reift, aber ein weniger gutes Aroma hat.

Seit 1957 ist die *Navel Late* im Handel, eine Mutante der Bahia-Orange. Ihre Bäume tragen reich, und sie ist sehr haltbar. (In Spanien von Februar/April) *Washington Sanguin* ist eine marokkanische Kreuzung aus Navel und Blutorange. Man sollte die Navelorangen vor allem frisch verzehren und nicht zu Saft, Kuchen oder Eis verarbeiten, da sie verzögerte Bitterkeit aufweisen.

**Blutorangen**

Nach den Navelorangen folgen die *Blutorangen* (Mitte Januar bis Mitte April). Sie werden kaum woanders als am Mittelmeer gezüchtet, wo sie vor 100 Jahren durch Mutation aus verschiedenen Sorten entstanden sind. Man unterscheidet Vollblut (Schale und Fleisch gefärbt) und Halbblut (nur Fleisch gefärbt). Als erste Blutorangen reifen die kleinen, dickschaligen, halbblütigen *Moro*-Orangen in Spanien (Dezember/Februar). Diese Orangen stammen aus Italien und sind dort schon im November/Dezember reif. Ihr Fleisch ist aber erst bei den im Januar und Februar geernteten Orangen dunkelrot.

70% der italienischen Exportapfelsinen sind Halbblut. Italien führt vor allem *Sanguinello* aus. Die Spitzenorangen für italienische Luxusrestaurants sind *Tarocchi*, große, ovale, dünnschalige Früchte aus Francofonte, die im Dezember und Januar auf dem Markt sind. In Algerien sind vorzügliche halbblütige, saftige, weichfleischige *Sanguines* oder *Portugaises* die Hauptsorte. In Tunesien gibt es eine ähnliche Hauptsorte, *Maltaorangen* genannt. Auch in Israel und im östlichen Mittelmeer wird in geringem Umfang Halbblut angebaut.

Vollblutorangen gibt es als *Blutoval* (oder *Doblefina*) mit glatter Schale, weniger Kernen und weniger Säure und *Rundblut* (*Entrefina*) mit rauher Schale, mehr Kernen und mehr Säure.

Eine verbesserte Blutoval hat größere, kernarme Früchte und heißt *Große Sanguine* oder *Double fine ameliorée* (auch *Washington Sanguine*). Wie mir gesagt wurde, pfropfen die Italiener auf Navel um. Die Blutorangen nehmen in Spanien ab, in vielen Ländern (USA, östliches Mittelmeer) spielen sie keine oder keine große Rolle. In den Tropen baut man hie und da *Ruby* an, die aber genauso aussieht wie Blondorangen. Sie reift in der Mittelsaison. *Kwatta* 202 ist eine vorzügliche Blutapfelsine aus Surinam, einer ehemaligen holländischen Kolonie, die aber grüngelb bleibt. Sie wurde 1920 zur Zucht ausgewählt, da sie dünnhäutig, kernarm, saftreich und sehr süß ist.

Blutorangen enthalten einen blauen Farbstoff, das Anthocyan, das im Saft gelöst ist. Es ist interessant, daß sich dieser Farbstoff nicht entwickelt, wenn die Temperatur nicht für einige Stunden unter 13 Grad absinkt. Blutorangen und alle anderen Orangensorten bleiben in den Tropen grün oder gelb. Auch Orangen in Spanien und Italien bekommen nicht ihre gewohnte Farbe, wenn es zu warm ist. Blutorangen färben sich im Lauf der Saison immer dunkler, so daß die zuletzt geernteten dunkelrotes, die frühen noch orangefarbenes Fleisch aufweisen. Hier sind aber außer kühlen Temperaturen auch Sortenunterschiede ausschlaggebend.

## Blondorangen

Die *Blondorangen* oder gewöhnlichen (*common*) Orangen sind am weitesten in der Welt verbreitet. Die wichtigste Sorte dieser Gruppe ist die *Valencia*. Sie ist sehr anpassungsfähig und hat zahlreiche Tochtersorten. Sie ist fast kernlos und besitzt ein säuerliches, gutes Aroma. In den Tropen reift sie in 7 bis 9 Monaten, in höheren Lagen oder den Subtropen kann es von Blüte bis Ernte ein Jahr dauern. Die Valencia ist mittelgroß und kugelförmig. Sie enthält reichlich Saft. Besonders gut für die Verwertung geeignet ist *Valencia Late*. Alle unsere Säfte sind aus dieser Sorte gepreßt. Die Valencia kam aus der Provinz Valencia in Spanien 1870 nach Florida, wo sie heute noch wichtig ist. Wahrscheinlich wurde diese Orange einst von den Portugiesen nach Europa gebracht. Portugal war um 1850, wie auch Malta, der Orangenproduzent in Europa und Hauptlieferant für England, bis eine Krankheit die Pflanzungen vernichtete. Diese Sorte heißt in den USA *Hart's Late* oder *Hart's Tardiff*. Gleichzeitig mit der Navelorange erntet man in Israel die frühe Blondorange *Trovita*, die auf die Zedratzitrone aufgepfropft ist und sich durch Süße und Saftreichtum auszeichnet.

Die Valencia reift in Kalifornien ungefähr vom 1. Juni bis zum 1. November. Man nennt sie dort auch Louisiana Sweet oder Kreolenorange. Navelorangen erntet man vom 1. November bis zum 1. Mai. So sind die USA das ganze Jahr über mit frischen Apfelsinen versorgt, die im Sommer auch in die Bundesrepublik exportiert werden.

Die nach der Valencia-Orange nächst wichtige Blondsorte ist *Shamouti*. Sie soll – nach Chandler – aus einer alten kernreichen Sorte des östlichen Mittelmeeres (*Belladi*, *Beladi* oder *Baladi* aus Ägypten und dem Libanon) hervorgegangen sein. Der Baladi ähnlich sind auch die italienischen *Communi* (Hauptsorte Siziliens) und die marokkanischen *Communes*. Die »gewöhnlichen« Orangen Südamerikas heißen in Brasilien Caipira, im übrigen Südamerika Criolla, d. h. die kreolische (spanische), in Mexiko Corriente. In dem Land mit der größten Orangenplantage der Welt, Südafrika, die 26 km² groß ist, steht am Olifant-Fluß in Hexriver außerdem ein 200 Jahre alter Baum der dort ältesten und schmackhaftesten Sorte: der kernreichen *Seedling*.

*Shamouti* ist oval und größer als die Valencia, sie hat eine dickere Schale und ist weniger säuerlich. Sie findet sich vor allem in Griechenland und am Südrand des Mittelmeeres, mit Ausnahme von Israel. Importe aus Marokko sind, außer Blutorangen, Shamouti.

An die Tropen angepaßte Shamoutis sind *Mosambi* aus Indien, *Pera* aus Brasilien und *St. Michael* aus afrikanischen Ländern. Apfelsinen in den Tropen entwickeln fast keine Säure. Sie schmecken aber immer noch besser als die völlig faden Süßorangen. Die Orangen in den Tropen, die wir in Guinea/Westafrika probiert haben, hatten zähe Zwischenhäute, eine dünne Außenhaut und viel Saft. Sie wurden dort geschält auf dem Markt angeboten, die weiße Außenhaut war aber noch dran. Man schnitt die obere Rundung ab und drückte den wohlschmeckenden Erfrischungstrank in den Mund – es ist die intelligenteste Art, mit diesen Früchten umzugehen.

Während Shamouti eine Mutation von Baladi zu sein scheint, ist die berühmte *Jaffa-Orange* (Mitte Dezember bis Anfang April) anscheinend eine ausgelesene und verbesserte Baladi. Sie wurde nach Dassler schon 1868 von württembergischen Siedlern, den pietistischen Templern, auf 13 km² angebaut (1941 wurden die Templer nach Australien gebracht und bis 1965 vom Staat Israel mit 54 Millionen DM entschädigt). Die Jaffa-Orange wird auch Shamouti genannt. Nach der Darstellung Chandlers bestehen aber Unterschiede. Die Jaffa-Orange ist länglich oval und kernlos. Sie läßt sich leicht schälen und teilen, ist also für Desserts besonders günstig. Sie eignet sich nicht für die Tropen, da sie nicht so anpassungsfähig an Klima und Boden ist wie Valencia und Shamouti. Die Blutorangen, die im Mittelmeergebiet zwischen frühen und späten Sorten liegen, werden in USA durch *Pineapple* ersetzt, die eine wichtige mittlere Sorte ist. Ihre Bäume tragen reich, ihre runden Früchte haben vorzügliches Aroma, eine weiche Haut, nur leider im Verhältnis zu den modernen Sorten ein bißchen zu viele Kerne. Pineapple eignet sich besonders zur Saftherstellung.

Außer den frühen Navels ist *Hamlin* noch eine frühe Sorte, die zu den Blondorangen gehört. Sie ist die früheste Orange Floridas, findet sich in Spanien und Marokko, verträgt hohe Temperaturen und Feuchtigkeit, gedeiht daher auch in Brasilien. Sie ist sehr produktiv, kernarm und saftreich, hat aber wenig Säure und nur kleine Früchte.

339

Nach den Hamlines folgen in Spanien die hellen, dünnhäutigen, fast kernlosen, teuren *Maceteras*, eine der besten Sorten Spaniens.

Wie schon erwähnt, gibt es von Valencia noch eine Spätsorte: *Valencia Late*. Diese Orangen sind rund, ziemlich groß, glattschalig und kernarm. Sie sind in Spanien bis Juni, in Algerien von März bis April, in Marokko von März bis Juni zu finden. In Israel nennt man sie *Jaffa Late*.

Eine andere Spätsorte ist nach Samson *Pera*, die Hauptsorte Brasiliens, eine späte, fruchtbare, kernarme, sich gut am Baum haltende Sorte. Die erwähnten Orangen sind die wichtigsten der insgesamt mehr als 1000 Sorten. Es gibt noch süße Orangen, ohne jede Säure, die aber ihrer Fadheit wegen im Handel keine Rolle spielen und nur an Ort und Stelle verzehrt werden.

ERNTE UND LAGERUNG

Orangen werden in kühlen Gegenden von unten nach oben geerntet, um sie aus der Bodenfrostzone zu entfernen. Man pflückt danach die äußeren Früchte, um die Äste zu entlasten.

Da nur eine unverletzte Schale Nachernteverluste verhindert, werden die Apfelsinen vorsichtig behandelt. Man läßt sie nach dem Pflücken fünf Tage liegen, damit die äußeren Zellen Wasser verlieren und die Schale etwas schrumpft, was sie fest und widerstandsfähig macht. Erst danach erfolgt maschinelles Waschen und Sortieren nach Größe, Farbe, Handelsklassen. Dann kommen sie in den Kühlraum. Zitrusfrüchte geben aus den Schalen ätherische Öle, Äthylen und Kohlensäure ab, die die Haltbarkeit anderer Obstarten, aber auch der Zitrusfrüchte selbst, beeinträchtigen. Äthylen beschleunigt die Reife allen Obstes und wird besonders von schimmelnden Früchten hervorgebracht. Die Lagerräume müssen daher gut belüftet sein und außerdem eine gewisse Luftfeuchtigkeit aufweisen, die das Austrocknen verhindert.

Um Bakterien und Pilze zu vernichten, wird dem Waschbad ein Kohlenwasserstoff hinzugefügt, der wieder von der Schale abgewaschen wird. Auch die Kartons werden behandelt, um Fäulnis der Früchte zu vermeiden. Die Wachse sollen die natürliche Wachsschicht wiederherstellen, die beim Waschen und Bürsten verletzt wurde, und die Poren verschließen. Unbehandelte Zitrusfrüchte verlieren in zwei bis drei Wochen die Hälfte ihres Saftes und dreimal soviel Vitamin C wie behandelte. Die Art der Behandlung wird durch Hinweisschilder bei den Orangen vermerkt.

HUNDERTJÄHRIGE BÄUME

Ein Orangenbaum bringt schon nach drei Jahren Früchte. Er liefert vom 21. bis 60. Jahr Höchsterträge. Aber auch hundertjährige Pflanzungen können noch ökonomisch produzieren.

HALTBARKEIT

Die Orange wäre gewiß nicht so ein wichtiger Handelsartikel geworden, wenn sie nicht ihre gute Haltbarkeit und Transportfähigkeit besäße. Exportapfelsinen werden allerdings auch nicht auf Lastwagen geschüttet transportiert, sondern sorgfältig gepflückt, gewaschen und verpackt, um ihre Schale nicht zu verletzen. Da sie nicht nachreifen, werden sie erst nach der Exportfreigabe geerntet, die man durch die Bestimmung des Zucker-Säure-Verhältnisses berechnet (je nach Sorte von 5,5:1 bis 8,5:1).

HANDELSNAMEN

Markennamen garantieren Qualität: Jaffa – Israel, Outspan – Südafrika, Sunkist – USA.

SAFT-HERSTELLUNG

Für die Saftindustrie werden von allem die Blondsorten benutzt. Blutorangensaft läßt sich nicht sterilisieren, und der Saft von Navel- und Jaffa-Orangen wird einige

Stunden nach dem Auspressen bei Zimmertemperatur bitter. Durch Erhitzen wird er noch schneller bitter. Entfernt man die festen Bestandteile, so tritt dieser Effekt nicht ein. Bei zunehmender Fruchtreife wird er geringer. Er ist sehr von der Unterlage abhängig und wird dem Limonin und verwandten Verbindungen zugeschrieben (verzögerte Bitterkeit).

GEHALT AN
VITAMINEN

Die Orange ist eine der wertvollsten Früchte, die es gibt. Sie hat nicht nur ein hervorragendes erfrischendes Aroma, sondern auch drei Zuckerarten, fünf Säuren, 13 Mineralstoffe (u. a. Phosphor, Eisen und Kalzium – wichtig für Knochen und Zähne), sechs Fermente und 14 Vitamine.
Vitamin A enthalten besonders die Blutorangen (650 I. E.), die Spätorangen (250 I. E.), außerdem Vitamine der B-Gruppe, die Vitamine C (50 mg), D, E, J, P.
Ich möchte die Orange aber nicht über die anderen Früchte stellen. Ein Blick in die Vitamintabelle belehrt uns, daß sie nirgendwo besonders herausragt. Möglicherweise sind die Apfelsinen als bedeutende Welthandelsfrüchte besonders intensiv untersucht worden, so daß ihr Wert besser bekannt ist als der anderer Früchte. Es ist wunderbar, wie vielschichtig und unverwechselbar alle Früchte zusammengesetzt sind und wie reich unsere Erde auch in dieser Hinsicht ausgestattet worden ist.
Aus den weißen Innenhäuten der Orangen gewinnt man Pektin.
*Orangenblütenwasser* ist ein altes arabisches Würzmittel. Es kommt in vielen orientalischen Rezepten vor. Unsere Tochter hat vergeblich versucht, es in Israel und Indien zu bekommen, nachdem man mir in einer Gießener Apotheke sagte, es sei in Deutschland nicht zu haben. Eine andere Apotheke hatte es dann doch.
*Orangenblütentee* führte dieselbe Apotheke gegen Schlaflosigkeit und zur Beruhigung bei Erregungszuständen.

---

## REZEPTE

---

In der Orange haben wir eine der delikatesten, erfrischendsten und aromatischsten Früchte der Erde vor uns. Am aromatischsten ist die Apfelsine, wenn man sie in Filets oder Scheiben verwendet, obwohl auch ihr Saft ein Genuß ist. Orangeneis in Form von gefrorenem Saft war das erste Eis der Welt. Es ist vor 200 Jahren in Italien entstanden und wurde bald darauf in Frankreich große Mode. Auch heute noch ist es in den heißen Ländern als *Granité* ein Labsal.
Da bei den anderen Früchten eine Reihe von Rezepten mit Orangen enthalten sind, will ich hier nur einige altbewährte Zubereitungsarten erwähnen, die in den Ländern, in denen Orangen gedeihen, verwendet werden. Orangen und Mandarinen passen ausgezeichnet zu Blattsalaten. Mit mitteleuropäischen Matjesfilets ergeben sie einen vorzüglichen

| **Salat als Vorspeise** | *Zubereitung 25 Minuten* |
|---|---|
| *2 Köpfe Radicchio* | *200 g Matjesfilets* |
| *noch besser statt dessen:* | *4 EL Öl von den Matjesfilets* |
| *200 g Löwenzahn* | *2 EL Zitronensaft* |
| *400 g Orangen* | *evtl. Rosenpaprika* |
| *2 Zwiebeln* | |

Den Radicchio bzw. Löwenzahn waschen, eine Platte damit belegen. Die Orangen schälen und in dünne Scheiben schneiden. Auf den Radicchio legen. Zwiebeln in Ringen und Matjesfilets in Würfeln darauf verteilen. Mit Öl und Zitronensaft beträufeln.

Wird im Frühjahr junger Löwenzahn verwendet, die Platte mit den Orangenscheiben belegen (ich habe es mit naturreinen, ungeschälten Orangen probiert und fand das recht herzhaft). Löwenzahn, der farblich wunderschön zu den Orangen paßt, in schmale Streifen schneiden, mit Zwiebeln, Matjes, Öl und Zitronensaft mischen und in der Mitte der Platte aufhäufen.

*Variation:* Roher Schinken anstelle der Matjesfilets und Salatöl anstatt der Fischmarinade.

### Vorspeise aus Nordafrika                     *Zubereitung 15 Minuten*

| | |
|---|---|
| *6 Orangen* | *2 EL Zitronensaft* |
| *2 Zwiebeln in Ringen* | *Prise Salz* |
| *3 EL schwarze Oliven* | *Pfeffer aus der Pfeffermühle* |
| *4 EL Öl* | |

Die Orangen werden in Nordafrika geschält in Scheiben geschnitten. Man kann genausogut die Orangen in Filets zerlegen und mit den übrigen Zutaten mischen. Kühl auftragen.

*Variation:* anstelle von sechs Orangen nur fünf verwenden und eine grüne Paprikaschote.

Zu den Orangen passen vorzüglich sowohl Matjesfilets als auch Schinken, Oliven und grüner Paprika.

FISCH   Aus Mexiko liegen sechs Rezepte »Fisch mit Orangen« vor mir. Ich habe heute Scholle mit Orangensaft probiert und fand das recht schmackhaft. Da Fisch und Zitronensaft so gut zusammenpassen, ist es nicht verwunderlich, daß der nicht unähnliche Orangensaft auch damit harmoniert. Die Fische werden fast immer im Ofen gebacken. Bei einem Rezept legt man gekochten Fisch statt dessen in Orangensaft ein. Ich begnüge mich mit einem Rezept. Bei den anderen Gerichten wird der Fisch außer mit Salz, Pfeffer, Zwiebeln und Knoblauch noch mit Petersilie, Koriander, Lorbeerblätter, Kümmel, grünem Paprika, Essig, Tomaten, Oliven gewürzt und mit hartgekochten Eiern bestreut.

### Fisch in Orangensaft *(Mexiko)*       *Zubereitung 30 Minuten (4–6 Portionen)*

| | |
|---|---|
| *1000 g Heilbutt in Filets* | *1 TL Salz, Pfeffer* |
| *oder anderer guter Fisch* | *1 Prise Zucker* |
| *½ Tasse feingehackte Zwiebeln* | *½ Tasse Orangensaft* |
| *2 Knoblauchzehen* | *1 EL Zitronensaft* |
| *2 EL Öl* | *1 hartgekochtes Ei* |
| *2 EL gehackte Petersilie* | *in Scheiben* |

Den Fisch in eine Auflaufform legen. Zwiebeln und Knoblauch unter ständigem Hin- und Herwenden im heißen Öl goldgelb, aber nicht braun werden lassen. Petersilie, Salz und Pfeffer damit mischen, gleichmäßig über dem Fisch verteilen. Orangen- und Zitronensaft verrühren, Zucker zugeben und über den Fisch gießen. 20–25 Minuten bei Stufe 5 (230° C) garen. Mit den Eischeiben belegt auftragen. Wenn man mag, die Eier mit etwas Rosenpaprika überpudern.

## Geflügel mit Orangensaft

ist keine französische Erfindung. Dieses Gericht gibt es in Persien mit Huhn, im Libanon, in Spanien, in Mexiko und Brasilien mit Ente. Das libanesische Rezept schreibt zum Teil bittere Orangen vor, die es hier nicht gibt. Die übrigen Rezepte habe ich ausprobiert. Wir mochten die persische und französische Version am liebsten. Das persische Rezept habe ich mit Ente probiert, um einen echten Vergleich zu haben. Das mexikanische Rezept habe ich im Topf zubereitet anstatt im Backofen. Die Ente schmeckte dabei nach Tran.

### Huhn in Orangensoße

*Zubereitung 30 Minuten*
*Bratzeit 90 Minuten*

| | |
|---|---|
| *1 großes Hähnchen oder* | *3 EL Butter* |
| *1 Poularde* | *1 EL Zitronensaft* |
| *1 El Salz* | *¼ Tasse Essig (4 EL)* |
| *Pfeffer, Paprika* | *2 EL Zucker* |
| *1 große feingeschnittene* | *4–5 geschälte, in Filets* |
| *Zwiebel* | *zerlegte Orangen* |

In Persien zerschneidet man das Huhn und brät es im Topf. Ich finde, es bleibt appetitlicher, wenn es erst nach dem Garwerden zerteilt wird, obwohl das Fleisch würziger schmeckt, wenn man es in der Soße schmort. Das Huhn waschen und säubern, anhängendes Fett entfernen, mit Salz von außen und innen einreiben, von innen noch mit Pfeffer und Paprika. Das Huhn in einen gewässerten Römertopf oder Brattopf legen, in den Backofen schieben und 40 Minuten bei Stufe 5 (230° C) darin garen lassen. In der Zwischenzeit die Zwiebel in der Butter anbraten, mit Zitronensaft, Essig, Zucker und den Filets von zwei Orangen fünf Minuten kochen lassen. Die restlichen Orangenfilets beiseite stellen. Nach 40 Minuten das Fett des Huhnes im Römertopf abschöpfen, aber nur wenn es wirklich nötig ist, das Zwiebelgemisch hinzufügen, das Huhn umwenden. Noch 40 Minuten garen lassen. Danach die Flüssigkeit durch ein Sieb gießen, die mitgeschmorten Orangenfilets wegwerfen. Die Soße entfetten. Die Flüssigkeit ganz leise einige Minuten kochen lassen. Danach die restlichen Orangenfilets in die heiße, vom Herd genommene Soße legen. Das Huhn in der Zwischenzeit entweder im geöffneten Römertopf oder auf dem Backofenrost bräunen.
Das Fleisch mit Reis und grünem Salat auftragen.

### Ente in Orangensoße *(Frankreich)*

*Arbeitszeit 50 Minuten*
*Bratzeit 2¼ Stunden*

| | |
|---|---|
| *1 Ente* | *1 Nelke, 3 Pfefferkörner* |
| *Salz, Pfeffer* | *1 Lorbeerblatt* |
| *40 g Butter* | *1 gehäufter TL Salz* |
| *40 g Mehl* | *2 EL Zucker* |
| *4 Tassen Fleischbrühe* | *3 EL Weinessig* |
| *1 Tasse Weißwein* | *Saft von 2 Orangen und einer Zitrone* |
| *1 Suppengrün* | *Schale einer halben naturreinen Orange* |
| *1 Tomate* | *Filets von 2 Orangen oder* |
| *1 Zwiebel in Scheiben* | *2 Orangen in dünnen Scheiben* |

Die Ente waschen, säubern, das lose Fett entfernen. Von außen und innen salzen, von innen mit frisch gemahlenem Pfeffer einreiben. Um die Keulen herum leicht einstechen, damit das Fett beim Braten herausläuft. Die Ente in den gewässerten Römertopf legen und bei Stufe 4 (210° C) mit den Flügeln nach unten eine Stunde braten.

Das Mehl in einem Topf unter Hin- und Herwenden mit dem Kochlöffel braun rösten, aber nicht anbrennen lassen. Die Butter zugeben, einige Minuten zusammen schwitzen lassen, dann langsam unter Rühren die Fleischbrühe und den Wein zugeben, dabei immer nur so viel Flüssigkeit angießen, daß sich das Mehl darin auflöst und danach zu einem Kloß zusammenballt. Nachdem die Fleischbrühe verbraucht ist, sollte die Soße glatt sein. Das geputzte, gewaschene Suppengrün, Tomate und Zwiebel hinzufügen, Nelke, Pfefferkörner, Lorbeerblatt und Salz. Die Soße leise auf dem Herd kochen lassen. Nach einer Stunde die Ente aus dem Ofen holen und das Fett aus dem Römertopf abgießen. Statt dessen die Soße hineingeben und die Ente umdrehen. Für eine weitere Stunde in den Backofen stellen. (Allen anderen Angaben zum Trotz – in meinem Ofen braucht eine Ente zwei Stunden!)

Nach zwei Stunden das Geflügel entweder auf dem Rost oder offen im Römertopf, nachdem die Soße abgegossen wurde, im heißen Backofen bräunen, dabei zuerst auf die rechte, dann auf die linke Seite legen. Währenddessen in einem Topf Zucker und Essig zum Kochen bringen und so lange kochen lassen, bis die Mischung hellbraun wird. Die Soße durch ein Sieb dazugießen. Unter Rühren aufkochen lassen, dann Orangen- und Zitronensaft zugeben und nochmals aufkochen lassen. Die Soße probieren und nachwürzen. Die Schale der Orange mit einem Kartoffelschäler in Streifen abschälen und danach in ganz dünne Stücke schneiden, die in kochendes Wasser geworfen, anschließend auf ein Sieb geschüttet und kalt abgebraust werden. Die Streifen in die Soße geben. In der Zwischenzeit sollte die Ente schön knusprig sein.

Prüfen, ob sie gar ist, indem man mit einem Messerchen in eine Keule sticht. Es darf kein blutiger Saft austreten, sonst muß die Ente noch kurze Zeit länger braten. Die Ente auf einer Platte, umgeben von Orangenfilets oder -scheiben, auftragen. Dazu paßt gut Kartoffelpüree.

GETRÄNKE
MIT ALKOHOL

**Orangensaft**

ist nahezu unser beliebtestes Getränk geworden. Er ist oft billiger als Apfelsaft; das trifft aber nicht auf den naturreinen Orangensaft zu.

**Orangensaft mit Alkohol gemischt**

Orangensaft mit Alkohol zusammen getrunken, verzögert, nach Dr. L. Prokop, Wien, den Übergang des Alkohols ins Blut.

**Mixgetränke**

von Orangensaft mit Gin und Wermut oder Orangensaft mit Sekt sind weltweit verbreitet. Irgendwo habe ich gelesen, daß es gut sei, Orangensaft mit Kokosmilch zu kombinieren. Ich habe daraufhin eine Kokosnuß ausgepreßt: Ich mag diese Mischung nicht.

Alkoholarm, aber wohlschmeckend ist ein

## Orangensaftcocktail

*Pro Person:*  
*1 Eiswürfel*  
*1 EL Cognac*

*1 EL Kirschwasser*  
*1 Glas Orangensaft*

Ähnliche Getränke bereitet man in Mexiko: mit Tequila (3 El), dazu Grenadine (1 TL) und Orangensaft; in Brasilien: mit Wodka (1 Gläschen) und Orangensaft (3 Gläschen); in Peru: Orangensaft (¾ Glas) mit Gin oder Cognac (¼ Glas) und etwas Minze; in Ceylon: pro Portion den Saft einer Orange, 1 TL Cognac, Sodawasser und Eiswürfel.

## Sangria

ist eine Rotweinbowle und kommt aus Spanien. Sie ist auch in Mexiko sehr beliebt. Hier eine relativ alkoholarme Version aus Mexiko:

*¼ l Orangensaft*  
*1 Tasse Rotwein*  
*1 Tasse Wasser*

*2 EL Zucker*  
*2 EL Zitronen- oder Limonensaft*

Zucker und Wasser einige Stunden vor Gebrauch kochen und abkühlen lassen. Alle anderen Zutaten hinzufügen und im Kühlschrank in einer Flasche aufbewahren. Vor Gebrauch schütteln. Ein sehr erfrischendes, wohlschmeckendes Getränk.

## Königliche Erfrischung *(Bowle aus Mexiko)*

*2 in Filets zerlegte Orangen*  
*1 mittelgroße, gewürfelte Ananas*  
*2 Tassen halbierte Erdbeeren*  
*2 Flaschen trockener Weißwein*

*12 EL Weinbrand*  
*½ Tasse Zucker*  
*¼ Tasse Zitronensaft*  
*2 Tassen gekühltes Mineralwasser*

Die Früchte schon am Tag vorher zerteilen. Flach ausgebreitet entweder auf einem Backblech oder in Eisschalen oder Keramikschalen mit Alufolie zugedeckt in einer Lage einfrieren. Den beim Zerschneiden aufgefangenen Saft mit einem Teil des Weinbrandes vermischen. Den restlichen Weinbrand mit dem Zucker aufkochen lassen.
Den Wein mit dem abgekühlten Zuckersirup, dem Zitronensaft und vor dem Auftragen mit den gefrorenen Früchten und dem Mineralwasser mischen.
Ein Getränk für heiße Sommerabende.

## Mai Tai *(das Nationalgetränk Hawaiis)*                    *(2 Portionen)*

*45 g weißer Rum (3 EL)*  
*90 g Ananassaft (6 EL)*  
*90 g Orangensaft (6 EL)*

*90 g Zitronensaft (6 EL)*  
*15 g Curaçao (1 EL)*  
*45 g brauner Rum (3 EL)*

Alle Zutaten bis auf den braunen Rum im Mixbecher schütteln, über Eiswürfel in zwei Gläser gießen. Den braunen Rum obendrauf geben, er soll das Getränk bedecken. Entweder mit einer Orchidee, einer schönen Blume, mit Maraschinokirschen oder einem Ring frischer Ananas verziert auftragen.

Bitte beachten Sie weitere Rezepte mit Orangensaft in den Kapiteln Passionsfrucht (»Rumpunsch«, »Alvaroda«), Seite 210/211, und Ananas (»Weinpunsch«), Seite 60.

Bitte beachten Sie »Fruchtpunsch« und »Ananasgetränk«, Seite 61/62.

NICHT-
ALKOHOLISCHE
GETRÄNKE

## Orangeade *(Ceylon/Sri Lanka)*

| | |
|---|---|
| *125 g Zucker* | *Saft von 12 frisch* |
| *¾ l Wasser* | *gepreßten Orangen (unge-* |
| *Schale von 2 naturreinen* | *fähr 1 l)* |
| *Orangen* | *Eiswürfel* |

Den Zucker mit ½ l Wasser und der dünn abgeschälten Orangenschale aufkochen. Abkühlen lassen, die Schale herausnehmen. Den Orangensaft zugießen. Vor dem Auftragen das restliche Wasser und die Eiswürfel zugeben. *Orangenmixgetränke mit Milch oder Joghurt finde ich nicht empfehlenswert.*

## Erfrischungsgetränk mit Orangen- und Zitronensaft *(Indien)*

| | |
|---|---|
| *Pro Person:* | *1 EL Zitronensaft* |
| *1 Tasse Orangensaft* | *evtl. 1 gehäutetes* |
| *½ Tasse Mineralwasser* | *Orangenfilet* |

Alle Zutaten mischen, in ein hohes Cocktailglas gießen. Wenn man mag, in jedes Glas ein Filet geben, das ohne Haut zerfällt, aber sehr gut schmeckt.
Orangensaft ist auch gut gemischt mit Grapefruit-, Mango-, Maracujasaft sowie mit dem Saft der Cajufrucht *(Anacardium occidentale)*. Cherimoyasaft wäre sicher vorzüglich mit Orangensaft, aber Cherimoyas preßt man selten aus.

NACHSPEISEN

## Orangenkompott

Auf die Idee, die Orangen als Kompott zu kochen, wird wohl niemand kommen. Die folgenden Nachspeisen sollte man besser Salate nennen. Sie sind in südlichen Gefilden sehr verbreitet und voneinander nicht sehr verschieden.

## Aus Marokko

| | |
|---|---|
| *4–6 Orangen, Zimt* | *2 EL Orangenblütenwasser* |

Die Orangen sorgfältig schälen, alle weißen Fasern entfernen, quer in dünne Scheiben schneiden. Mit Orangenblütenwasser beträufeln und mit Zimt bestäuben. Gekühlt servieren.

## Aus Spanien

| | |
|---|---|
| *4–6 Orangen* | *2 EL Curaçao oder Grand Marnier* |
| *Saft einer Zitrone* | *3 EL Sherry* |
| *1 gehäufter EL Puderzucker* | *einige Mandelblättchen* |

Die Orangen vorbereiten wie im vorhergehenden Rezept. Zitronensaft mit dem Puderzucker verrühren, Likör und Sherry dazugeben, alles über die Orangenscheiben verteilen. Mit Mandelblättchen bestreuen, kühl auftragen. In der internationalen Hotelküche gibt es Orangensalat mit Zucker, Curaçao und Kirschwasser mazeriert.

## Aus Sizilien

| | |
|---|---|
| *4–6 naturreine Orangen* | *¼ l Wasser* |
| *170 g Puderzucker* | *2 EL Cointreau* |

Die Schale von zwei Orangen abreiben. Zucker und Wasser mischen, zum Kochen bringen, 5 Minuten kochen lassen. Orangenschale und Likör zugeben. Die restlichen Orangen schälen, das Weiße entfernen, quer in Scheiben schneiden. In eine Schüssel geben, die Flüssigkeit darübergießen, zusammen abkühlen und ziehen lassen.

## Aus Griechenland

| | |
|---|---|
| *4–6 naturreine Orangen* | *⅛ l Wasser* |
| *125 g Zucker* | |

Die Schalen von 2 bis 3 Orangen von oben nach unten dünn abschälen. Vorher die Orangen glattschneiden, so daß die Abschnitte gleich lang werden. Die Streifen mit der Schere nochmals so schmal wie möglich schneiden. Die abgeschälten Orangen quer in Scheiben zerteilen und auf einen hübschen großen Teller legen. Wasser und Zucker einige Minuten kochen, die Schalen zugeben und 10 Minuten leise ziehen lassen. Die abgekühlten Schalen mit dem Sirup über die Orangenscheiben verteilen. Das Ganze gut gekühlt auftragen.

## Aus Ceylon/Sri Lanka

| | |
|---|---|
| *4–6 Orangen* | *Zucker* |
| *1 Glas Cognac oder Weißwein* | |

Vorbereiten wie zuvor beschrieben. Die Orangenscheiben mit Alkohol begießen und mit Zucker bestreuen. Kühl servieren.

## Aus Thailand

Hier zerteilt man die Orangen in Filets. Man verteilt sie auf Schälchen, gibt je einen EL Zuckersirup darüber (der Sirup wird aus 1½ Tassen Zucker und ½ Tasse Wasser gekocht, ist also sehr süß), legt Eiswürfel darauf und dekoriert die Schälchen mit Rosenblättern.

Alle diese Salate kann man mit blauen Weintrauben, Süßkirschen oder Erdbeeren verzieren. Oder man verwendet weniger Orangen, etwa zwei Stück, und fügt statt dessen Bananen, Ananas, Weintrauben und Süßkirschen oder Äpfel hinzu. 2 EL Nüsse passen vorzüglich zu allen Fruchtsalaten. Bitte beachten Sie die Rezepte auf Seite 63 (Ananas) und Seite 93 (Melone).

Fast genauso verbreitet wie das Orangenkompott ist das

## Orangengelee

Es findet sich sowohl im Hamburger Kochbuch der Henriette Davidis wie im Stuttgarter Kiehnle-Kochbuch, in Rußland, in Griechenland, Ägypten, Ceylon, Brasilien. Orangengelee ist eine der besten Verwendungsarten von Orangensaft. Da Orangensaft keine sehr starke Würzkraft hat, wähle ich hier zwei Rezepte, die ohne Wasser zubereitet werden:

**Zitterkuchen-Tremolo** *(Griechenland)*                    *Zubereitung 25 Minuten*

> *Saft von 12 Orangen (ca. 1 l)*          *60–120 g Zucker*
> *12 Blatt Gelatine*                      *evtl. 4 Orangen in Scheiben*

Mit 60 g Zucker schmeckt dieses Gelee erfrischend säuerlich. Wenn man es
stürzen möchte, benötigt man 16 Blatt Gelatine und eine Keramikringform. Die
Gelatine 5 Minuten in kaltem Wasser einweichen. Die halbflüssige Gelatine
zunächst in einer Tasse Orangensaft mit dem Zucker langsam unter Rühren
erwärmen. Ist sie ganz gelöst, vom Feuer nehmen. Die restlichen Orangen auspressen. Die Gelatine durch ein Sieb zum restlichen Orangensaft gießen. Eine
schöne Schüssel mit ⅓ des Saftes bedecken, wenn Apfelsinenscheiben eingelegt
werden sollen. Die Schüssel in den Kühlschrank stellen, die geschälten Orangen
sorgfältig in Scheiben schneiden. Den auslaufenden Saft dem ungelierten Saft im
Topf zufügen. Ist die untere Schicht etwas fest geworden, mit den Scheiben von
zwei Orangen belegen und mit wenig Saft begießen. Wieder in den Kühlschrank
stellen, den restlichen Saft warm halten, damit er nicht so schnell fest wird. Nach
einiger Zeit die Scheiben der zwei anderen Orangen in die Schüssel legen und mit
dem restlichen Saft begießen. Alles gut kühlen. Eventuell mit Sahne auftragen.
Möchte man nur eine Geleespeise zubereiten, den ganzen Saft auf einmal in die
Schüssel geben und steif werden lassen.

*Anmerkung:* In das Gelee Orangenscheiben einzulegen, ist nicht griechisch,
sondern arabisch. Es schmeckt sehr gut.

*1. Variation:* Dem Orangensaft den Saft von zwei Zitronen zufügen.

*2. Variation:* Die Hälfte des Orangensaftes durch herben Weißwein ersetzen. Ich
habe den Wein gekocht und danach die Gelatine darin aufgelöst, damit er seinen
Alkoholgehalt verliert.

*3. Variation:* Das Gelee in der Schüssel ohne Orangenscheiben auftragen, dafür
nach dem Festwerden mit Orangenfilets und halbierten Pistaziennüssen verzieren
(orientalisch).

*4.Variation:* Einen Teil des Orangensaftes durch Mandarinensaft ersetzen.

*5.Variation:* Das Gelee ohne Orangenscheiben mit 16 Blatt Gelatine in einer
Ringform fest werden lassen und nach dem Stürzen mit abgetropften Aprikosen
oder Pfirsichen aus der Dose in der Mitte des Rings auftragen (griechisch).

**Orangengelee** *(brasilianisch)*                    *Zubereitung 15 Minuten*

> *2 Gläser Saft (½ l)*          *4 Eiweiß*
> *10 Blatt Gelatine*           *2 Tassen Zucker*

Die Gelatine in kaltem Wasser einweichen. Später wenig Saft erhitzen und die
Gelatine darin auflösen. Den Rest des Saftes zugießen. Das Eiweiß schlagen,
Zucker zugeben. Über den Schnee den Saft gießen und weiterschlagen. In eine kalt
ausgespülte Schüssel geben, mehrere Stunden kühlen, vor dem Servieren stürzen.

Beim Thema

**Orangencreme**

bin ich fast verzweifelt: Ich wollte eine Creme finden, die weder stark nach Zucker
noch nach Zitrone oder Weißwein schmeckt, sondern nach Orangen. Brasilianische Rezepte ohne Wein und Zitrone waren übersüß. Deutsche enthielten sehr

viel Weißwein, der die Orangen übertönte. Ein französisches Rezept habe ich etwas geändert: weniger Zucker, zusätzlich Zitronensaft und etwas Orangenschale. Der Orangensaft hat in Cremes – ebenso wie der Maracujasaft – die Eigenart, keinen Nachgeschmack zu hinterlassen. Man spürt nur etwas von ihm, solange er sich auf der Zunge befindet. Meine griechische Freundin hat mir einmal gesagt, bei irgendeinem Rezept sei der Orangengeschmack zu stark. Das hat mich sehr verwundert, denn mir ist er beim Kochen und Backen immer zu schwach. Vielleicht sind die Orangen an Ort und Stelle – ohne langen Transport – viel würziger? Oder sie hat ovale Orangen mit verzögerter Bitterkeit verwendet.

## Orangenschaumcreme *(Frankreich)*           *Zubereitung 35 Minuten*

| | |
|---|---|
| *¼ l Orangensaft* | *25 g Mehl* |
| *2 EL Zitronensaft* | *5 Eiweiß* |
| *5 Eigelb* | *1 TL abgeriebene Orangen-* |
| *120 g Zucker* | *schale* |

Den Orangensaft mit dem Zitronensaft aufkochen. Eigelb, Zucker und Mehl so lange schaumig rühren, bis die Masse hellgelb geworden ist. Den kochenden Orangensaft zugießen, dabei weiterschlagen. Alles in den Topf zurückgießen und unter ständigem Schlagen erhitzen, bis es sämig wird. Sofort vom Feuer nehmen. (Da die Creme sehr leicht anbrennt, empfiehlt es sich, den Topf ins Wasserbad zu stellen. Die Zubereitungszeit verlängert sich dadurch um einige Minuten.)
Das Eiweiß zu Schnee schlagen, den Topf mit der heißen Creme über dem Eiweiß ausgießen, die abgeriebene Orangenschale dazugeben und mit dem Schneebesen vorsichtig vermischen.
In Frankreich füllt man diese Creme in vier ausgehöhlte Orangenschalen. Es ist aber mehr Schaummasse, als in die Schalen hineingeht.

## Halbgefrorener Orangenschaum           *Zubereitung 20 Minuten*

Ungefroren ist dieser Nachtisch eine sehr flüssige Angelegenheit. Ich habe ihn sieben Stunden obenauf in meine sehr volle Tiefkühltruhe gestellt. Er war danach noch nicht hart gefroren, aber erstarrt und schaumig-fest. Eine Sommernachspeise für heiße Tage.

| | |
|---|---|
| *2 Eigelb* | *reichlich ¼ l Orangensaft* |
| *80 g Zucker* | *4 Eiweiß* |

Eigelb und Zucker schaumig rühren. Orangensaft zugeben, gut mischen. In einen Topf gießen und im Wasserbad so lange schlagen, bis die Flüssigkeit zu steigen beginnt. Das Eiweiß zu Schnee schlagen, beides mischen. In Portionsschälchen füllen und leicht gefrieren lassen.

## Orangenwassereis *(Granité)*           *Zubereitung 30 Minuten*

Dieses Eis ist wässerig, aber in heißen Ländern eine wohltuende Erfrischung. Es hat mehr Aroma als ein Cremeeis. Im Grunde ist es gefrorener Fruchtsaft.

| | |
|---|---|
| *¾ l Wasser* | *½ l frisch gepreßter* |
| *375 g Zucker* | *Orangensaft* |
| *evtl. die Schale von* | *1 EL Orangenblütenwasser* |
| *2 naturreinen Orangen im Ring* | |

Die naturreine Orangenschale gehört nicht unbedingt zu diesem Rezept, das am Mittelmeer sehr verbreitet ist. Es ist aber in der Hotelküche üblich, Schale zuzugeben. Man kann hier ganz nach Belieben verfahren.

Wasser und Zucker kochen, nach dem Kochen Orangensaft und -schale zugeben und über Nacht stehenlassen. Am nächsten Tag die Flüssigkeit durch ein Sieb gießen, Orangenblütenwasser zufügen, gefrieren lassen. Dabei ungefähr alle 30 Minuten umrühren, damit das Eis in kleinen Kristallen gefriert. 30 Minuten vor dem Auftragen aus der Tiefkühltruhe nehmen und im Kühlschrank aufbewahren.

*Variation:* Statt des halben Liters Orangensaft einen Teil durch Zitronensaft ersetzen. (Ich habe es mit einem Drittel Zitronensaft probiert, das war recht gut.) Dieses Wassereis nehme ich gerne – eiskalt, aber aufgetaut – manchmal anstelle von Orangensirup als Würze zu Süßspeisen. (Ich finde es weit besser als Orangensirup.) Besonders gut ist es zum folgenden Orangeneis.

## Orangencremeeis                                    *Zubereitung 20 Minuten*

| | |
|---|---|
| *200 g Zucker* | *evtl. Schale von 2 natur-* |
| *2 Eigelb* | *reinen Orangen im Ring* |
| *½ l Orangensaft* | *300 g Sahne* |

Bei diesem Eis steht man vor dem gleichen Problem wie bei der Creme: es ist nicht sehr aromatisch. Es ist allerdings wesentlich würziger, als wenn man Orangenlikör zur Zubereitung verwendet.

Eigelb und Zucker in einem Topf verquirlen, die Hälfte des Orangensaftes zugeben, unter Schlagen erhitzen, bis die Masse zu steigen beginnt. Sofort vom Herd nehmen. Falls die Schale verwendet werden soll, Schale und restlichen Saft zugeben und über Nacht in den Kühlschrank stellen. Am nächsten Tag die Schale herausnehmen, die geschlagene Sahne unterrühren und gefrieren lassen.

## Orangenmarmelade *(Frankreich)*

| | |
|---|---|
| *15 Orangen* | *Zucker* |

Zwei der 15 Orangen sorgfältig dünn abschälen und die Schale mit einer Schere in feine Längsstreifen schneiden. Die anderen Apfelsinen schälen und das Fruchtfleisch aller Orangen quer in feine Scheiben schneiden. In 2 l Wasser geben und eine Nacht stehenlassen.

Am nächsten Morgen Wasser und Früchte 1½ Stunden kochen lassen. Danach abwiegen: für kurzfristige Haltbarkeit genügt auf 1 kg Früchte 750 g Zucker. Für eine längere Aufbewahrungszeit auf 1 kg Früchte 1 kg Zucker rechnen. Eine halbe Stunde kochen lassen, dann heiß in Gläser füllen und zubinden.

BACKWERK   **Phönizischer Honigkuchen**   *Zubereitung 55 Minuten, Backzeit 30 Minuten*
*Kochzeit des Sirups 5 Minuten*

Dieses Rezept heißt in Griechenland Finikia oder Melomacarona.

Es ist griechisches Weihnachtsgebäck. Ich habe es ausprobiert, weil Orangensaft darin vorkommt. Allerdings schmeckt man davon fast nichts. Trotzdem finde ich das Rezept interessant: Ohne Hefe oder Backpulver entsteht ein weicher, gut knetbarer Teig, der beim Backen aufgeht. Meine Kekse waren grün, weil das vorzügliche Olivenöl, das mir eine Portugiesin geschenkt hat, olivgrün ist. Außerdem glaubte ich immer, Kuchen in Honig zu legen, sei türkisch. Es scheint sich aber um eine antike nordafrikanische Zubereitungsart zu handeln. Unangenehm ist, daß die Kekse kleben, was sich aber nach einigen Stunden gibt.

*Teig:*

| | |
|---|---|
| *500 g Mehl* | *2 EL gemahlene Mandeln* |
| *155 g Olivenöl (1 Tasse voll)* | *1 EL abgeriebene Orangenschale* |
| *50 g Zucker* | *35 g Weinbrand (1 Likörglas)* |
| *40 g Weißwein (in Griechen-* | *½ TL Zimt* |
| *land Retsina)* | *¼ TL Nelken und Macisblüte* |
| *40 g Orangensaft* | *1 Prise Salz* |

In die Schüssel einer Küchenmaschine das Mehl geben. Während die Knethaken arbeiten, nach und nach Olivenöl, Zucker und alle anderen Zutaten zugeben. Am Ende noch wenigstens 5 Minuten kräftig mit der Hand durchwalken.
Zwei lange Würste formen. Von den Würsten Scheiben abschneiden, mit der Hand zu Kugeln rollen und breitdrücken, so daß runde Plätzchen entstehen. Die Kekse auf ein geöltes Backblech dicht nebeneinander legen. Diese Kekse sollen in 15 Minuten gebacken sein. Ich habe sie bei 210 Grad C 30 Minuten gebacken, sie waren immer noch hellgrün, sind aber gut hochgegangen.

*Sirup:*

| | |
|---|---|
| *1 Tasse Honig (245 g)* | *60 g Wasser* |
| *100 g Zucker* | *Saft einer Zitrone* |

Honig, Zucker, Wasser und Zitronensaft in einem Topf mischen und unter Rühren aufkochen lassen, bis die Flüssigkeit steigt. Vom Herd nehmen. Die Kekse hineintauchen und von beiden Seiten darin tränken.
Man soll sie nun mit gehackten Mandeln bestreuen. Ich finde es besser, die gehackten Mandeln in den Teig zu geben. Die abgeriebene Orangenschale ist eine Zugabe von mir. In Griechenland überpudert man das Gebäck mit Zimt.

## Orangenkekse                                    *Zubereitung 40 Minuten*

*Teig:*

| | |
|---|---|
| *250 g Mehl* | *1 Päckchen Vanillinzucker* |
| *1 gehäufter TL Backpulver* | *1 Ei* |
| *75 g Zucker* | *125 g Butter* |
| | *evtl. 4 EL saure Sahne* |

Ich habe diesen Teig mit braunem Mehl Type 1050 zubereitet, deshalb brauchte ich die saure Sahne, um den trockenen Teig geschmeidiger zu machen. Sehr gut kann man auch den Haferflockenteig der Dattelkekse von Seite 200 dazu verwenden.
Aus den angegebenen Zutaten einen Teig kneten und kühl stellen. Später den Teig zu zwei Rechtecken ausrollen. Die erste Teigplatte auf ein gefettetes Blech geben, die Orangenfüllung darauf verteilen, das zweite Teigstück darauflegen, an den Rändern fest auf das darunterliegende Teigstück drücken. Das Auswellen soll besonders gut gelingen, wenn man den Teig zwischen Alufolie legt.

*Füllung:*

| | |
|---|---|
| *125 g ungeschälte,* | *abgeriebene Schale einer Orange* |
| *gemahlene Mandeln* | *Saft von zwei Orangen* |
| *150 g Zucker* | |

Die Mandeln mit Zucker, Orangenschale und so viel Orangensaft vermischen, daß eine streichfähige Masse entsteht. Die Füllung auf das untere ausgerollte Rechteck streichen. Die Teigoberfläche mit einer Gabel mehrmals einstechen. Bei Stufe 3–4 (190–210° C) 20 Minuten backen (in meinem Ofen länger). Das heiße Gebäck mit Glasur bestreichen und in Rechtecke schneiden. In einer gut schließenden Dose aufbewahren.

*Glasur:*

*4 gehäufte EL Puderzucker*      *2 EL Orangensaft*

Zucker und Saft glattrühren, mit einem Pinsel auftragen.

Orangenkuchen habe ich in großer Zahl durchprobiert, u. a. die sogenannten *spongecakes* (Biskuitkuchen), die wie Eierkuchen schmecken und die ich nicht mag.

Der folgende Kuchen verbraucht zwar unglaublich viel Zucker, er schmeckt aber sehr gut.

### Orangenkuchen

*Zubereitung 30 Minuten*
*Backzeit 60 Minuten*

| *Teig:* | *Guß:* |
|---|---|
| *250 g Butter* | *250 g Puderzucker* |
| *250 g Zucker* | *Saft von 3 Orangen* |
| *4 Eier* | *und einer Zitrone* |
| *250 g Mehl* | |
| *2 gestrichene TL Backpulver* | |
| *Saft und Schale einer Zitrone* | |
| *und einer Orange* | |

Butter und Zucker schaumig rühren, die Eier zugeben, möglichst während die Küchenmaschine weiterschlägt. Das Mehl mit Backpulver darübersieben, die Schale von Zitrone und Orange abreiben und den Saft auspressen, zum Teig geben. Den Kuchen möglichst in einer Keramikform (Napfkuchen oder Kasten) eine knappe Stunde backen lassen – so lange, bis der Teig nicht mehr an einer Stricknadel, mit der man hineinsticht, klebt. Nach dem Backen den Kuchen in der Form lassen. Mit einer Stricknadel Löcher in den Kuchen stechen; Saft und Puderzucker, die zuvor verrührt wurden, hineingießen. Hat der Teig die Flüssigkeit aufgesogen, so kann man ihn stürzen.

Eine Dame, die einen ähnlichen Kuchen zubereitete, sagte mir, wenn der Saft vor dem Begießen nicht aufgekocht würde, begänne der Kuchen am nächsten Tag zu gären. Ich kann das nicht beurteilen, weil sich bei uns Kuchen nicht lange halten.

Ein interessantes Rezept der sephardischen Juden möchte ich noch anführen. Ich habe es mit zwei großen Navelorangen probiert; der Kuchen war deshalb etwas bitter. Besser wären von Ende April bis Ende Mai naturreine Valencia-Late-Orangen.

### Mandelapfelsinenkuchen

| | |
|---|---|
| *2 große oder 4 kleine Orangen* | *250 g Zucker* |
| *6 Eier* | *1 TL Backpulver* |
| *250 g gemahlene Mandeln* | *etwas Butter und Mehl für die Form* |

Die Orangen waschen und in wenig Wasser entweder zwei Stunden kochen oder im Dampfkochtopf eine halbe Stunde. Abkühlen lassen, mit zwei Gabeln auseinanderziehen, die Kerne entfernen. Im Mixer pürieren. Die Eier schaumig rühren. Alle anderen Zutaten zufügen, gut mischen und in einer vorbereiteten Springform glattstreichen. Bei Stufe 4–5 (210–230° C) eine Stunde backen, dann nachsehen. Wenn der Kuchen noch sehr naß ist, noch weiterbacken. Ich habe ihn 90 Minuten im Ofen gelassen, das war zu lange, denn er begann trocken zu werden. 75 Minuten ist das Maximum. Er bleibt etwas feucht, man kann ihn deshalb gut mit etwas Sahne als Nachtisch servieren.

## Sauerorange *(Citrus aurantium)*

Pomeranze (d. h. goldener Apfel), Engl.: Sevilla orange, Bitter orange, Port.: Laranja amarga, Franz.: Bigaradia, Span.: Toronja, Türkisch: Turunç.

HERKUNFT
Die Sauerorange kommt aus Indien und wurde durch die Araber im 9. oder 10. Jahrhundert nach Sevilla gebracht. Deshalb wird sie noch heute nach der einstigen Residenzstadt des Kalifen benannt. Ihrer Widerstandsfähigkeit wegen wird sie gern als Unterlage für Pfropfreiser von Orange, Grapefruit und Zitrone verwendet.

VERBREITUNG UND VERWENDUNG
Die Pomeranze baut man vor allem in Spanien, Sizilien, Indien, Südafrika und den Westindischen Inseln an, da aus ihrer dicken Schale Orangeat, Bigaradeöl und aus der ganzen Frucht Orangenmarmelade hergestellt wird. Die besten Sauerorangen kommen aus Sevilla, dessen Ernte zu $\frac{1}{5}$ nach England exportiert wird (17 000 Tonnen). Westdeutschland führt nur 400–600 Tonnen ein. Südafrika und Jamaika verkaufen fertige Marmelade auf dem Weltmarkt (Sevilla-Marmelade).
Aus der Blüte wird das feine Neroliöl für Parfüm gewonnen. Das saure Fleisch enthält einen zitronenähnlichen Saft, der ausgepreßt wird. Aus den Schalen destilliert man die Liköre Grand Marnier und Cointreau. Außerdem werden sie zur Herstellung von Medikamenten verwendet.

---

## REZEPTE

---

### Konfitüre aus Pomeranzenschalen *(Türkei)*

Die Schalen der Sauerorange auf einem feinen Reibeisen etwas aufrauhen. Das Fruchtfleisch entfernen und die Schalen längs in Streifen schneiden. Die Streifen mit einem Streichholz (ohne Kuppe) zu einem Röllchen drehen und mit einem Faden umwickeln. Einige Tage in Wasser legen, das Wasser täglich wechseln, damit die Bitterstoffe herausgezogen werden. Knapp mit Wasser bedeckt aufsetzen. Nach 10 Minuten Kochzeit abkühlen lassen. Die Fäden entfernen, die Schalen behalten nun ihre Form. Schalen und Wasser wiegen, mit der gleichen Menge Zucker nach der üblichen Methode kochen. (In Deutschland kann man Gelierzucker verwenden). Das Ergebnis ist eine sehr delikate Konfitüre. Aus unbehandelten Orangen kann man nach der gleichen Methode ebenfalls Marmelade herstellen.

### Orangenmarmelade aus Kairo

Dieses Rezept ist dem türkischen sehr ähnlich, was nicht verwunderlich ist, da die Küche der ehemals türkisch beherrschten Länder sehr viele Gemeinsamkeiten aufweist. Die Schale der Sauerorangen wiederum mit einem Reibeisen leicht abreiben, um Bitterstoffe zu entfernen. Fruchtfleisch und weiße Häute von der Schale entfernen, die Schale längs in sechs Streifen teilen.

Die Schale 30 Minuten in etwas Wasser kochen, bis sie weich ist. Abspülen. Vier Tage in Wasser liegen lassen, aber zweimal täglich das Wasser wechseln.

Nach vier Tagen die Schale aufrollen und zusammenbinden. Auf 500 g Schalen 500 g Zucker und ½ l Wasser aufkochen lassen, den Saft einer halben Zitrone zugeben, die Orangenschale hineinlegen und eine Stunde kochen lassen, bis sie völlig mit dem Sirup getränkt ist. Die Rollen mit einem Schaumlöffel herausheben, die Fäden entfernen, in einen Glasbehälter legen, mit dem dicken Sirup bedecken und verschließen.

Später damit Süßspeisen würzen.

In Europa kocht man die Orangenmarmelade etwas anders, indem man den Fruchtsaft der Bitterorangen, oft auch Kerne und weiße Fruchthäute mitkocht, die man dann aber absiebt und wegwirft. In jedem Fall werden alle Bestandteile, denen oft Zitronensaft und -schale, Eßorangen, Limetten sowie viel Wasser und Zucker hinzugefügt werden, lange eingeweicht und gekocht.

### Orangenmarmelade *(Frankreich)*

| | |
|---|---|
| *500 g Bitterorangen* | *200 g Gelierzucker* |
| *1 Zitrone* | *¼ l Wasser* |
| *200 g Zucker* | |

Die Früchte waschen, bürsten, alle dunklen Stellen ausschneiden. In einem Topf mit Wasser bedecken und 30 Minuten kochen lassen. Das Kochwasser weggießen, die Früchte 30 Minuten in kaltem Wasser abkühlen lassen, das Wasser von Zeit zu Zeit durch frisches ersetzen.

Die Früchte oben und unten glattschneiden. Die Endstücke wegwerfen. Den Rest in feine Scheiben schneiden, die Kerne entfernen. Wasser und Zucker zum Kochen bringen, 5 Minuten kochen lassen. Saft und Fruchtfleisch hinzufügen und weitere 15 Minuten sieden. Den Gelierzucker zugeben, nach Vorschrift fertig kochen und in Gläser füllen.

## Bergamotte *(Citrus bergamia)*

Sie ist mit Sauerorange und Limette verwandt. Von ihr werden nur die Schalen hauchdünn abgeschält und ausgepreßt, um das Bergamottöl zu gewinnen, das ein Grundstoff für die Parfümherstellung ist. Bergamott- und Neroliöl sind in Kölnisch Wasser enthalten.

In Italien (Ligurien) wird außerdem die chinesische kleine Bitterorange *Chinotto* kultiviert. Sie wird im September geerntet und kandiert. Ihr Saft ergibt eine Orangeade, den Chinotto. Die Schale der kleinen Bitterorange enthält gleichfalls Öl.

Die Sauerorange hat noch viele Abkömmlinge, unter ihnen die bittersüßen Orangen Paraguays.

# Kumquat *(Fortunella)*

Seinen lateinischen Namen erhielt dieses Obst von dem berühmten Robert Fortune, der 1847 die Kiwifrucht in China wiederentdeckte. Die Kumquat stammt ebenfalls aus China und wird auch Zwergpomeranze genannt. Sie hat eine eßbare Schale, ist orangefarben, pflaumengroß und wächst an einem sehr schönen Bäumchen, dessen Zweige in den USA als Weihnachtsdekoration beliebt sind. Von den Kumquats gibt es zahlreiche Kreuzungsprodukte mit anderen Zitrusarten (Limequats, Orangequats, Citrangequats), obwohl sie weitläufiger mit Zitrus verwandt sind, so daß sie in einer Untergruppe geführt werden.

Es gibt zwei Sorten: die runde Kumquat *(Fortunella japonica)* und die ovale *(Fortunella margarita)*, die Nagami heißt und in Japan und China sehr verbreitet ist. Sie ist die wichtigste Sorte, und sie ist bisher schon importiert worden. Neuerdings erhalten wir die runde aus Brasilien.

Da die Pflanze aus China stammt, verträgt sie mehr Kälte als die anderen Zitrusarten. Ihre würzigen Früchte können im ganzen roh gegessen werden, es gibt sie aber auch in Sirup eingelegt. Man kann Marmelade und Gelee aus ihnen kochen. Kumquats schmecken wie Orangen, durch die Schale, die ja mitverzehrt wird, aber kräftiger.

Backwerk mit Kumquats herzustellen, lohnt sich nicht, da Orangeat viel billiger ist. Sie sind aber sehr gut zur Dekoration geeignet. Eine Orangentorte, bei der jedes Stück mit einer halben Kumquat verziert ist, sieht sehr apart aus.

## REZEPTE

### Kumquats in Sirup

| | |
|---|---|
| *500 g Kumquats* | *1½ Tassen Wasser* |
| *1½ Tassen Zucker* | |

Die Früchte waschen und an mehreren Stellen einstechen, damit sie nicht platzen. Wasser und Zucker 5 Minuten kochen und danach abkühlen lassen. Die Früchte in den Sirup legen, zum Kochen bringen und eine Stunde auf kleiner Flamme leise kochen lassen. Danach zugedeckt im Topf abkühlen lassen, damit sie nicht schrumpeln. Kalt in Gläser schichten, mit dem Sirup begießen und zubinden.

Nach dem gleichen Rezept kann man *Marmelade* herstellen. Dazu zerschneidet man die Früchte in Scheiben, entfernt die Kerne und kocht sie wie oben.

Kandierte Kumquats können zur Dekoration von Creme und Eis dienen, die mit sauren Früchten hergestellt und nicht sehr gesüßt wurden. Genauso verwenden lassen sich Kumquats, die in Rum oder Weinbrand eingelegt waren.

### Kumquatlikör

| | |
|---|---|
| *500 g Kumquats* | *1 TL Nelkenpfeffer (im ganzen)* |
| *½ l Rum oder Weinbrand* | *¼ Stange Zimt* |
| *½ Vanilleschote* | *1 TL Nelken* |
| *250 g Zucker* | *1 Stück Zitronenschale* |

Die Früchte waschen, mehrmals einstechen und mit kochendem Wasser begießen. Sofort herausheben und in ein Orangensaftglas legen. Die aufgeschlitzte

Vanilleschote, Zucker, Nelkenpfeffer, Zimt, Nelken und Zitronenschale zwischen den Früchten verteilen, mit Alkohol bedecken und verschließen. In die Sonne stellen und 6 bis 8 Wochen ziehen lassen. Danach die meisten Früchte einem Rumtopf zufügen oder zu Eis mit einigen Tropfen des Alkohols auftragen. Die Flüssigkeit durch ein Sieb in eine Flasche abgießen; drei Früchte zur Dekoration im Likör lassen, falls man eine Flasche besitzt, die einen so weiten Hals hat, daß die Kumquats hindurchgehen.

### Kumquats in Portweincreme
*Zubereitung 12 Minuten*

*4 Kumquats in Scheiben,*
*ohne Kerne*
*4 Eigelb*

*4 EL Zucker*
*6 EL Portwein*

Eigelb und Zucker in einem hohen Topf schaumig schlagen. Alkohol zufügen und aufs Feuer setzen. So lange mit dem Handrührgerät bearbeiten, bis die Masse steigt. Vom Feuer nehmen und auf vier Stielgläser verteilen. Die Kumquatscheiben bis auf vier auf die Creme streuen, so daß sie einsinken. Die vier Scheiben von beiden Seiten in Zucker drücken und auf den Glasrand stecken.

## Mandarine *(Citrus reticulata)*

Engl.: Mandarin orange, Span.: Naranja-cravo

Während die Wildform der Orange nicht auffindbar ist, deutet die große Unterschiedlichkeit zwischen den Mandarinensorten darauf hin, daß es sich hier um eine Art handelt, die lange Zeit in der Natur sich selbst überlassen war und viele Variationen bilden konnte, besonders in kühleren Gegenden. Auch entwickeln sich Kreuzungprodukte zwischen Mandarinensorten normal und bilden weder Zwerg- noch Kümmerformen, wie das bei Orangen der Fall ist.

HERKUNFT · Die Mandarine stammt aus dem Gebiet von Südostchina, Nordostindien und Indochina. Diese Früchte kamen erstmals 1805 ins Mittelmeergebiet, in die USA erst nach 1840, wo sie neue Typen bildeten.

ERSCHEINUNGS-FORM · Der Mandarinenbaum ist klein, er wird meist drei Meter hoch. Seine dunkelgrünen, glänzenden Blätter sind schmal und lanzettförmig. Seine kleinen weißen Blüten duften ähnlich betäubend wie die anderen Zitrusblüten. Aus den Fruchtschalen gewinnt man Mandarinenöl, das zur Parfümherstellung benötigt wird.

WELT-PRODUKTION · Die Zitrusgruppe wird in der Weltrangliste oft zusammengefaßt. Sie steht nach Trauben an zweiter Stelle. Teilt man diese Gruppe nach Früchten auf, so wären die Orangen das drittwichtigste Obst, nach Trauben und Bananen. Die Mandarinen folgten an siebter Stelle nach Äpfeln, Wassermelonen und Mangos.

VERBREITUNG · Die Mandarinen gedeihen in Südeuropa und werden außerdem im Libanon, in Israel, Algerien, Marokko, Kalifornien, Südafrika, Südamerika, vor allem aber in Südostasien angebaut, wo sie viel verbreiteter sind als die Orangen. Die Mandarinen zerfallen nach Tanaka in 36 Arten mit folgenden Untergruppen:

UNTERGRUPPEN · **Satsumas,** durch eine Mutation der Mandarinen entstanden. Sie sind leicht schälbar, da ihre Haut das Fruchtfleisch nur locker umgibt, und haben wenige

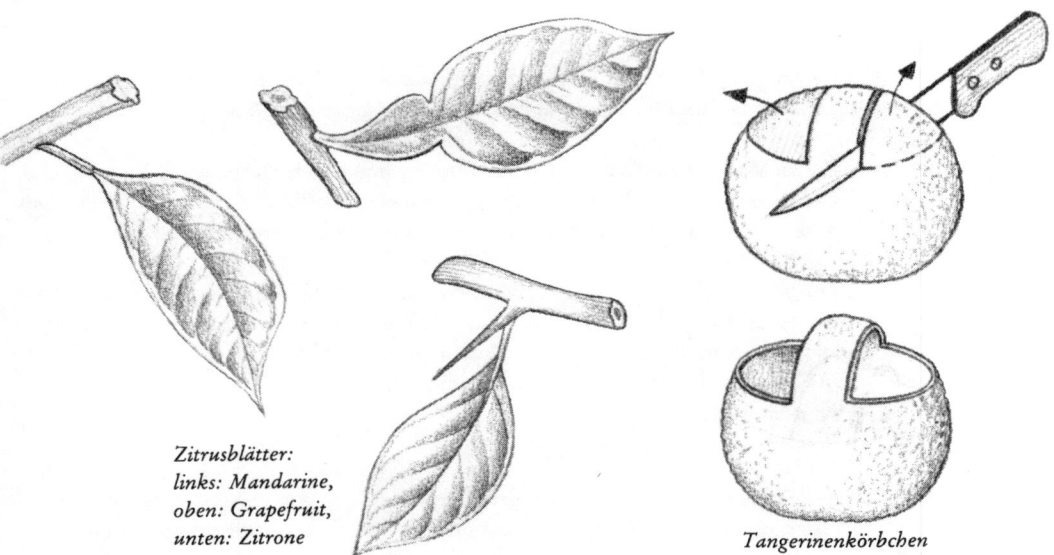

Zitrusblätter:
links: Mandarine,
oben: Grapefruit,
unten: Zitrone

Tangerinenkörbchen

oder keine Kerne. Das Aroma ist eine gute Kombination von Süße und Säure. Sie kommen aus der japanischen Provinz Satsuma und werden in großem Stil in Japan angebaut. Sie sind besonders kältebeständig, aber nicht gut für die Tropen. Mit den Satsumas beginnt im November die Zitrussaison. Alle Satsumasorten stammen von der Sorte *Zairai* ab. Die einzige in USA in größerem Umfang kultivierte Sorte ist *Owari*. Ihnen folgen die

**Tangerinen**, kernlose Mandarinen mit tieforangeroter Schale. Die in den USA am höchsten geschätzte Sorte ist die aus Florida stammende *Dancy*, die von ausgezeichneter Qualität ist, aber nicht immer gut trägt, sondern alterniert. Sie braucht viel Feuchtigkeit, weshalb sie sich auch für die Tropen zu eignen scheint. *Dancy* wird zunehmend durch *Temple* ersetzt (nach Ochse). In Israel gibt es noch *Michál* von Dez./Anfang Januar, eine Kreuzung aus *Clementine* und *Dancy*. Zu uns kommt die fast kernlose kleinfrüchtige Sorte *Clementine* (im Dezember/ Januar), deren Haut fest anliegt, wodurch sie sich gut hält, aber schlecht schälen läßt. Sie wurde zufällig im Garten des Paters Pierre Clement in Algerien um 1900 aufgefunden. Sie gedeiht am besten in der Küstenregion von Westmarokko und hält sich gut am Baum. Sie ist ziemlich kälteempfindlich. Die Clementinen, die wir Ende Januar aus Spanien und Marokko erhalten, sind – wenn frisch – so hervorragend, daß sie zu den besten Früchten der Erde zählen.
Tangerinen kommen in vielen Sorten vor und können sehr klein sein. Eine der kleinsten Sorten *(Mikan)* wird in Japan in Dosen eingelegt. Die gleiche Konserve stellt man auch in China, Florida und Spanien her, auch Mandarinensaft wird auf dem Weltmarkt angeboten. Die japanischen Dosen mit der Bezeichnung »Mandarin-Orangen« waren lange von besserer Qualität als die der anderen Länder. Die Tangerinen haben weniger Säure und mehr Zucker als Orangen. Tangerinenschalen sind der Grundstoff für die Bereitung des Curaçao. Nach den Tangerinen erscheinen die Mandarinen auf dem Markt.

**Mandarinen** haben helle blaßorange Früchte, kleine Blüten und kleine Blätter. Eine wichtige Sorte dieser Gruppe ist *Emperor*, die in Australien in großem

Umfang angebaut wird. Tropische Sorten sind *Ponkan*, in Indien die großfrüchtige *Nagpur Santra* (Santra heißt Mandarine), die einen Nabel aufweist.

**Saure Mandarinen** sind kleine Früchte mit intensiv-saurem Saft. Es ist möglich, daß diese Frucht in Brasilien »Limao frances« (französische Limette) heißt. Sie wird dort vor allem zum Würzen von Schweinefleisch hoch geschätzt.

**Tangelos** stellen Kreuzungsprodukte zwischen Mandarine und Grapefruit dar. Sie sehen wie große, manchmal birnenförmige Mandarinen aus. Ihr Aroma liegt zwischen dem der Eltern. Hier ist besonders *Ugli* (häßlich) zu nennen, eine Sorte aus Jamaika, die sehr süß und ganz vorzüglich sein soll. (Sie ist im April/Ende Mai auf dem Markt.)

**Tangors** sind
1. Kreuzungen zwischen Mandarine und Orange. Wichtigster Vertreter dieser Früchtegruppe: die Sorte *King,* die man auch König von Siam, zu Ehren jenes Königs, benannt hat. Ihre Früchte sind mittelgroß, voller Kerne und besitzen eine enganliegende, leicht abzulösende, rauhe, ausgebeulte, eßbare, dunkelgelborange bis orangefarbene Schale. Das Aroma von *King* ist voll und würzig. *King* ist eine Tropensorte. Sie reift nach den Mandarinen und hält sich gut am Baum. In kühlen Gegenden ist diese Sorte ziemlich sauer. *Kara*, eine Kreuzung zwischen *King* und *Satsuma*, ist eine Verbesserung von *King*. Aus Israel kommt im Frühjahr *Topas*.
2. Kreuzungen zwischen Tangerinen und Orangen. Sie sind mandarinenähnlich, haben aber Eigenschaften der Orange behalten, wie z. B. eine festanliegende Schale, weiße Kerne. Wichtige Sorten: *Temple* (gibt es auch in Israel), sie ist sehr kernreich, wird importiert von Februar bis Mitte April. *Umatilla, Minneola, Tambor*. Die *Tambor* kommt aus Südafrika zu uns. Sie hat eine dünne Schale, sehr viel Saft und einen fruchtigen Geschmack. Sie ist, wenn sie importiert wird, im August auf dem Markt. *Minneolas* aus Südafrika kommen im Juli/August zu uns. Manche der angebotenen *Minneolas* sind sehr groß, andere klein. Sie sind sehr saftig, schmecken aber leider oft stark nach der chemischen Behandlung, die man ihnen angedeihen ließ. Die *Minneola* ist keine Kreuzung aus Mandarine und Orange, sondern aus Tangerine (Sorte *Dancy*) und Grapefruit (Sorte *Duncan*). *Ortanique* (Orange und Tangor vereinigt + unique). Diese Frucht ist sehr groß und hat einen Nabel. Sie erscheint mitten in der Mandarinensaison. Sie hält sich gut am Baum und weist ein reiches charaktervolles Aroma auf. *Ortanique* muß bestäubt werden, oft mit dem Pollen der *Valencia*. Nach einer Anzeige der Firma de Lier (Holland), die *Ortanique* und *Ugli* verkauft, ist *Ortanique* fast kernlos. Nach einem Autor der Fachliteratur hat sie meistens zehn Kerne.

---

## REZEPTE

---

Mandarinen ähneln im Aroma Orangen. Manche Früchte der Untergruppen, besonders die kleinen Tangerinen (Clementinen), sind von solcher Delikatesse, von so wundervollem Aroma, zarter Säure und ausdrucksvoller Süße, daß sie die Orangen noch übertreffen. Das Aroma ist oft ganz gut in den Konserven bewahrt. Ich werde den Inhalt der Dosen nicht Mandarin-Orangen, sondern Tangerinen nennen, das ist viel zutreffender. Von allen unter Mandarinen aufgezählten Fruchtarten sind vor allem die Tangerinen für Rezepte geeignet. Die anderen sind zu wässerig, da sie viel Saft enthalten. Die etwas festen, kleinen Tangerinenfilets aus der Dose sind recht gut. Konditoreien verbrauchen sie in großen Mengen zur Dekoration.

Den Orangensalat von Seite 341 kann man auch mit Tangerinen zubereiten. Entweder 400 g frische Früchte oder 1½ kleine Dosen verwenden.

## Pikante Vorspeise                                    *Zubereitung 25 Minuten*

*80 g Sellerie (Bleichsellerie*          *200 g Clementinenfilets oder*
*oder grob geraspelte Sellerieknolle)*   *1 Dose Tangerinen*
*80 g Chinakohl in Streifen*           *evtl. einige Tropfen Tabasco*
*80 g frische Sojabohnensprossen*     *1 EL Weinessig*
*1 Glas (310 g) Heringsfilets*
*in Dillmarinade*

Das Gemüse und die Clementinen vorbereiten wie angegeben, mischen und die Heringsfilets mit der Marinade hinzufügen. Einige Stunden in den Kühlschrank stellen. Vor dem Auftragen etwas abtropfen lassen. Dieser Salat ist nichts für Sie, wenn Sie Heringe auf skandinavische Art nicht mögen.

## Tangerinenhähnchen *(2 Portionen)*

*1 Hähnchen*                  *1 Tasse Tomatensaft*
*1 EL Salz*                   *Saft einer halben Zitrone*
*50 g Butter*                 *1 TL gemahlener Ingwer*
*1 Knoblauchzehe*            *1 EL Sojasoße*
*1½ Dosen Tangerinen*       *1 gehäufter EL Maismehl*
*oder 10 kleine Mandarinen*    *2 EL süße Sahne*

Von 6 Clementinen den Saft auspressen, vier in Filets zerlegen.

Man kann auch anstelle des Hähnchens eine Poularde verwenden, die reicht dann für vier Personen aus. Entweder das Hähnchen teilen oder im ganzen braten. Mit Salz einreiben, in der Butter von allen Seiten bräunen, dann die zerdrückte Knoblauchzehe, etwas Mandarinen-, Zitronen- und Tomatensaft, Ingwer und Sojasoße in den Topf geben und das Hähnchen in wenig Flüssigkeit 45 Minuten schmoren lassen. Von Zeit zu Zeit etwas Flüssigkeit nachgießen, eventuell Wasser, wenn die angegebenen Zutaten verbraucht sind. Am Ende das Hähnchen aus dem Topf nehmen und warmstellen. Das sich oben auf der Soße absetzende Fett abschöpfen. Das Maismehl mit etwas Wasser anrühren, zu der wieder kochenden Soße gießen und 5 Minuten kochen lassen. Dann durch ein Sieb passieren, die Sahne zufügen, das Fleisch mit Mandarinenfilets umlegen, mit der Soße, Reis und grünem Salat auftragen.

Schöner sieht es aus, wenn das Geflügel unzerteilt im Backofen gebraten oder gegrillt wird. Anstelle der Butter mit 2 EL Öl, Salz, 2 Zehen Knoblauch und etwas Paprika einpinseln. Etwas von der angegebenen Flüssigkeit in den Brattopf gießen, Poularde oder Hähnchen von Zeit zu Zeit wenden und begießen. Im Backofen 1–1½ Stunden garen lassen. Ist das Fleisch weich, die Soße zubereiten wie vorher beschrieben. Bei frischen Tangerinen der Soße 1 TL Zucker hinzufügen.

| | |
|---|---|
| *1 Kopf Salat* | *1 TL Anis* |
| *3 Tassen gekochter Reis* | *3 EL Öl* |
| *1 gegrilltes Hähnchen* | *1 EL Essig* |
| *1 Tasse kleine gefrorene Erbsen* | *Pfeffer, Salz* |
| *1 EL Butter* | *1 Dose Tangerinen* |
| *2 EL Wasser* | *3 Tomaten* |
| *1 gehäufter TL gekörnte Brühe* | *5–10 schwarze Oliven* |

Eine Schüssel mit Salatblättern auslegen. In eine andere Schüssel den Reis mit dem gehäuteten, kleingeschnittenen, entbeinten Hähnchen geben. Die Tiefkühlerbsen in der heißen Butter anbraten, mit Wasser, gekörnter Brühe, Anis und etwas Salz einige Minuten kochen lassen. Mit Reis und Fleisch sowie dem Inhalt einer halben Dose Tangerinen, Öl, Essig, Pfeffer und Salz mischen. In die andere Schüssel auf die Salatblätter legen. Mit Tomatenfilets, Oliven und den restlichen Mandarinen verzieren.

## Saft

Ein ganz besonderer Genuß ist Mandarinensaft. Dazu schält man die Früchte, entfernt die Kerne, püriert die Mandarinen mit einem Mixstab und läßt den Saft durch ein Sieb oder Tuch ablaufen.

Dieser Saft ist noch köstlicher als Orangensaft und kann zu allen beschriebenen Getränken anstelle des Orangensaftes verwendet werden. Besonders gut und aromatisch schmeckt Tangerinen- oder Clementinensaft. Da diese Früchte immer teuer sind, ist es keine billige Angelegenheit, aus ihnen Saft zu bereiten.

## Suppe *Zubereitung 7 Minuten*

| | |
|---|---|
| *½ l kräftige Fleischbrühe* | *1 Dose Tangerinen* |
| *(oder ½ l Wasser mit 4 TL Extrakt)* | *½ TL gemahlener Ingwer* |
| *½ l Tomatensaft* | *evtl. einige Spritzer Tabasco* |
| *1 Avocado* | |

Einen halben Liter Fleischbrühe oder Wasser zum Kochen bringen, den Ingwer und evtl. 4 TL gekörnte Brühe hinzufügen. Vom Feuer nehmen. Den Tomatensaft und die Avocado, die zuvor geschält und entkernt wurde, zugeben und mit einem Mixstab pürieren. 1 EL Mandarinenstücke in jeden Teller geben, mit der heißen, eventuell mit Tabasco abgeschmeckten Suppe bedecken.

NACHSPEISEN **Fruchtsalat mit Weißweinsabayon** *(4–6 Portionen)* *Zubereitung 15 Minuten*

| | |
|---|---|
| *1 Dose Tangerinen* | *2 Bananen* |
| *1 kleine Dose Ananaswürfel* | *Saft einer halben Zitrone* |
| *1 weiche, reife Birne* | *2 Eigelb* |
| *1 Tasse Kapstachelbeeren* | *2 EL Zucker* |
| *oder Kirschen* | *4 EL herber Weißwein* |
| *½ Tasse Walderdbeeren* | *1 Prise Ingwer* |

Die Tangerinen abtropfen lassen, ebenso die Ananaswürfel und mit den Kapstachelbeeren und Walderdbeeren in eine Schüssel geben. Birne und Bananen schälen und klein schneiden, mit dem Zitronensaft beträufeln, damit sie sich nicht verfärben. Alles kalt stellen. Vor dem Auftragen den Saft ablaufen lassen, die Früchte mischen.

In einem Topf das Eigelb mit dem Zucker schaumig rühren, Wein und Ingwer hinzufügen. Auf kleiner Flamme unter ständigem Schlagen so lange erhitzen, bis die Masse zu steigen beginnt. Die Soße über die Früchte gießen und gleich auftragen.

## Tangerinenkörbchen (Japan)

| | |
|---|---|
| 4 Tangerinen oder | 1 Tasse Wasser |
| Clementinen | ¼ Tasse Zucker |
| 4 Blatt Gelatine | |

Die Tangerinen in kleine Körbchen schneiden. Dazu in der Mitte einen Steg stehenlassen, rechts und links im rechten Winkel je ein Schalendrittel entfernen. Das Fruchtfleisch sauber mit einem Löffel herausholen. Die Kerne wegwerfen. Das Fruchtfleisch im Mixer pürieren und durch ein Sieb pressen. Die Gelatine in kaltem Wasser einweichen. Die Tasse Wasser zum Kochen bringen, den Zucker zugeben, vom Feuer nehmen und die Gelatine darin auflösen. Den Saft zugießen. In den Kühlschrank stellen. Wenn die Flüssigkeit nach einer Stunde fest zu werden beginnt, in die Körbchen bis zum Rand gießen und ganz fest werden lassen (Abbildung Seite 357).

## Tangerineneis (USA)

| | |
|---|---|
| 4 Tangerinen | 2 Eigelb |
| 100 g Zucker | 200 g Sahne |
| 0,2 l Wasser | evtl. 2 EL Mandarinen- |
| Saft einer halben Zitrone | filets aus der Dose |

Die Tangerinen waschen, einen Deckel abschneiden. Mit einem Löffel die Früchte vorsichtig aushöhlen. Das Fruchtfleisch entkernen und pürieren. Den Saft durch ein Sieb ablaufen lassen. Wasser und Zucker aufkochen und einige Minuten kochen lassen. Das Eigelb schlagen, den Obstsaft zugeben, anschließend den Zucker. Alles auf den Herd stellen. Mit einem Schneebesen oder Handrührgerät bearbeiten und dabei erhitzen. Wenn die Masse zu steigen beginnt, vom Feuer nehmen, abkühlen und in der Tiefkühltruhe gefrieren lassen. Nach zwei Stunden die Sahne schlagen und mit dem Eis vermischen. Weil ich es oft vergesse, nach 1–2 Stunden die Sahne unterzuziehen, verrühre ich meistens die abgekühlte Flüssigkeit gleich mit der Sahne, was den Nachteil hat, daß sich die Sahne obenauf absetzt. Nochmals zwei Stunden gefrieren lassen. Vor dem Auftragen die Tangerinenschalen mit dem Eis füllen, den Deckel draufsetzen und eine Stunde ins Kühlfach des Eisschrankes legen. Die Filets erst kurz vor dem Auftragen in das Eis stecken.

## Sahnequark mit Tangerinen                         *Zubereitung 10 Minuten*

| | |
|---|---|
| 60 g Zucker | nach Wunsch 100 g Sahne |
| 500 g Sahnequark | 1 TL Vanillinzucker und |
| Saft und Schale einer Zitrone | 1 EL Zucker zur Verzierung |
| 1 Dose Tangerinen | (ist aber nicht nötig) |

Zucker und Quark verrühren, Zitronensaft und -schale zugeben sowie etwas Tangerinensaft aus der Dose. Vier Schälchen je zur Hälfte mit Quark füllen, mit 4 EL Tangerinen bedecken, den Rest Quark draufgeben. Die Sahne schlagen, mit Zucker und Vanillinzucker süßen, den Quark mit je einem gehäuften Eßlöffel Sahne krönen. Die restlichen Tangerinenstücke in die Sahne stecken. Gut gekühlt auftragen. Diese Nachspeise – auch ohne Sahne – ist überaus köstlich.

## Crêpes Suzette

*Zubereitung 30 Minuten*

*Teig:*
*4–5 gehäufte EL Mehl*
*2 Eier*
*abgeriebene Schale*
*einer halben Orange oder*
*1 gestrichener EL voll*
*1 Prise Salz*
*1 Tasse Milch*
*30 g zerlassene Butter*
*Zum Backen:*
*wenig Butterschmalz*

*Zum Bestreichen:*
*50 g Butter*
*1 EL Rum oder Weinbrand*
*¾ Tasse Orangensaft*
*½ Tasse Tangerinensaft*
*(man kann statt dessen die*
*Crêpes auch mit je 1 EL*
*Tangerinenfilets aus der*
*Dose füllen)*
*1 EL Curaçao*
*2 EL abgeriebene Orangenschale*

In eine Schüssel das Mehl sieben, die Eier zugeben und mit dem Schneebesen glattrühren, Orangenschale, Salz und die Milch hinzufügen. Durch ein Sieb in eine andere Schüssel geben und über Nacht im Kühlschrank quellen lassen. Am nächsten Tag kurz vor dem Backen die zerlassene Butter zugeben.

In einer heißen Pfanne etwas Butterschmalz zerlassen, wenig Teig hineingeben und auseinanderlaufen lassen, so daß der Boden hauchdünn mit Teig bedeckt ist. Den Pfannkuchen wenden, wenn die Oberseite nicht mehr flüssig ist. Die Unterseite soll noch ganz hell sein. Den Pfannkuchen herausheben und zu einem Viertelkreis falten.

Sind alle Kuchen gebacken, die Butter für die Soße in der Pfanne zerlassen, alle anderen Zutaten zugeben und miteinander mischen. Die Crêpes in die warme Flüssigkeit legen, mit Zucker bestreuen, die Pfanne etwas schräg halten, so daß der Alkohol Feuer fängt und so zu Tisch bringen.

Es ist praktisch, die doppelte oder dreifache Menge der zarten Pfannkuchen zu backen und, mit Folie bedeckt, einzufrieren. Bei Bedarf kann man sie aus der Kühltruhe nehmen, antauen lassen, so daß man sie voneinander trennen kann, und später am Tisch flambieren. Man ist schnell fertig, und es ziehen, wenn Gäste da sind, keine Küchendünste durchs Haus.

## Käsesahnetorte

*Zubereitung mit Boden 60 Minuten*

Die Torte wie eine Quarktorte (Rezept S. 331) zubereiten. Anstelle der Sauerkirschen 2½ Dosen Tangerinen verwenden.
¼ l Saft aus den Dosen abmessen, Saft und Schale einer Zitrone zufügen. Etwas Flüssigkeit davon abnehmen, 2 EL Maismehl und 2 EL Zucker damit anrühren. Den Saft erhitzen, das Mehl hinzufügen und aufkochen lassen. Die Tangerinenstücke vorsichtig damit mischen. Diese Creme auf den Boden streichen. Weiter verfahren wie auf S. 332 beschrieben. Jedes Kuchenstück am Ende mit einem Tangerinenfilet belegen.

Wie wir gesehen haben, werden von den Mandarinen vor allem die Tangerinen in der Küche verwendet. Die Chinesen trocknen die Schalen, die als Würzmittel Soßen und Geflügel beigefügt werden.

**Tangerinenmarmelade**

*Arbeitszeit 30 Minuten*
*Kochzeit 70 Minuten*

| | |
|---|---|
| *500 g Tangerinen oder* | *2 Zitronen* |
| *Clementinen,* | *0,85 l Wasser* |
| *ungespritzt* | *500 g Gelierzucker* |

Die Clementinen waschen, abtrocknen und halbieren. Den Saft auspressen. Den Rest des Fruchtfleisches mit einem Löffel aus den Schalen herausholen. Die Schalen in Streifen schneiden und mit dem Fruchtfleisch in reichlich ¼ l Wasser einweichen. Nach acht Stunden auf kleinster Flamme eine Stunde leise ziehen lassen. Die Flüssigkeit durch ein Sieb gießen und aufheben, den Rest wegwerfen. Die zwei Zitronen vierteln und quer in dünne Scheiben schneiden, die Zitronenscheiben (ohne Kerne) mit reichlich ½ l Wasser bedecken und ebenfalls acht Stunden stehenlassen. Danach eine Stunde leise kochen, bis die Flüssigkeit auf die Hälfte reduziert ist. Das Clementinenwasser und den Clementinensaft zugießen, den Zucker darübergeben, nach Vorschrift aufkochen lassen und in Gläser füllen.

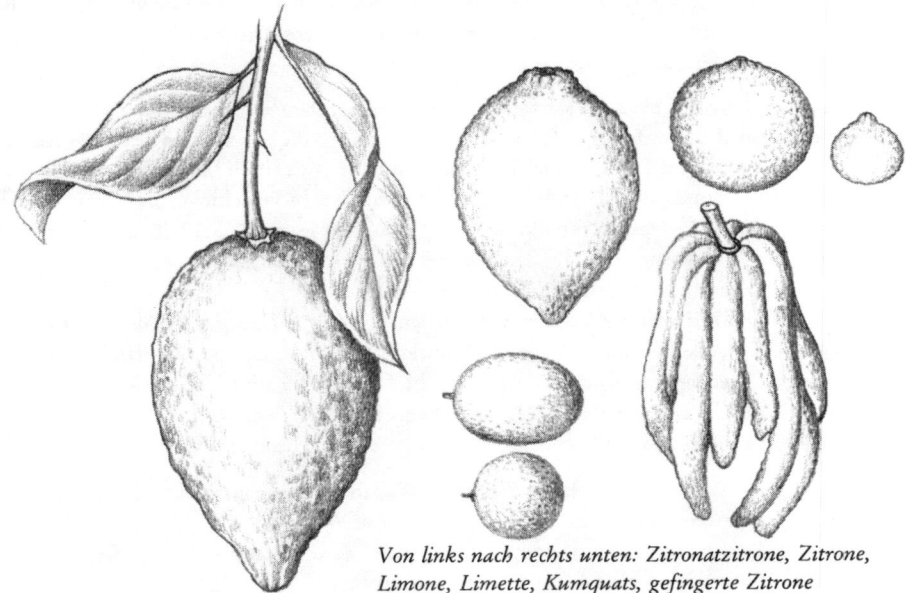

*Von links nach rechts unten: Zitronatzitrone, Zitrone, Limone, Limette, Kumquats, gefingerte Zitrone*

## Zitronatzitrone *(Citrus medica)*

Engl.: Citron, Franz.: Cédrat, Span. und Portug.: Cedro, Cedra, Griech.: Kedron.

HERKUNFT    Die Zitronatzitrone stammt wahrscheinlich aus Südostasien, manche Autoren nehmen aber auch Indien als Urheimat an. Durch den Feldzug Alexanders des Großen 300 v. Chr. kam sie nach Griechenland, gleichzeitig nach China. Da der

Geruch der Früchte an Zedernholz erinnerte, nannten die Griechen den Baum auch Kedron, und davon erhielt die ganze Gattung ihren Namen. Nach Bailey soll Citrus allerdings ein alter Name für ein duftendes afrikanisches Holz sein, der auf *Citrus medica* übertragen wurde. Diese Pflanze war angeblich der erste Vertreter der Zitrusfamilie, der Europa erreichte. (Nach einem anderen Autor war die Sauerorange schon in Babylon bekannt.)

VERWENDUNG  Wie der lateinische Name andeutet, wurde diese Zitrone in Rom, wohin sie zur Zeit des Plinius, im 1. Jahrhundert n. Chr., gelangte, als Medikament genutzt. Sie hieß damals Media-Apfel und galt, mit Wein vermischt, als Mittel gegen Gift und Galle, als Reinigungsmittel eines Ortes, wo jemand gestorben war, um den Atem wohlriechend zu machen, um Kleider »einzumotten« und um Fleisch zu würzen. Im Mittelalter glaubte man, sie sei wirksam gegen die Pest.

ERSCHEINUNGS-  Die Pflanze wird entweder als kleiner Strauch oder als bis zu drei Meter hoher
FORM  Baum mit langen kräftigen Dornen gezogen. Sie hat längliche, spitzovale Blätter. Die zahlreichen großen, innen weißen Blüten sind als Knospen purpurfarbig. Ein großer Anteil von ihnen erscheint das ganze Jahr über, ist männlich und damit unfruchtbar. Die weiblichen Blüten, die sich im späten Frühjahr öffnen, erbringen die Ernte.
Sowohl die Blüten als auch die sehr großen, grün- bis goldgelben, unregelmäßig strukturierten Früchte duften sehr stark. Diese Zitronen wurden daher von den Römern als Parfüm benutzt.

VERARBEITUNG  Die oft 1 bis 2 kg schweren Früchte haben eine dicke Schale. Zur Verarbeitung wird das wässerige Kerngehäuse mit seiner dicken weißen Hülle entfernt, und man legt die halbierten Zitronenhälften für etwa einen Monat in Salzwasser ein. In diesem Zustand werden die Früchte in Fässern verschickt. Sie müssen, nachdem dieser Prozeß abgeschlossen ist, gewaschen und in Zuckerlösung gekocht (kandiert) werden. Die Hälften bietet man entweder als Zitronat oder Sukkade im ganzen an oder unglasiert in Würfeln.
Die Zitronatzitrone ist sowohl gegen Kälte als auch gegen Hitze sehr empfindlich. Sie gedeiht daher nur in bestimmten Gegenden. Hauptanbauländer sind Italien, Griechenland und Puerto Rico. In Nordafrika und Kalifornien gedeiht *Zitrus medica* ebenfalls. In den Tropen benötigt sie kühlere Höhenlagen, aber nicht über 1300 Meter.

SORTEN  Die Sorte, die das beste Zitronat ergeben soll, ist *Diamont*. Ihr Fruchtfleisch ist sauer. Sie wächst in Italien und Kalifornien.
*Korsika* mit süßer Pulpe wächst in Korsika und kalifornischen Pflanzungen.
Puerto Rico baut *Earle* an, eine sehr große Frucht mit weicher Schale und saurem Fruchtfleisch. Sie ähnelt *Diamont*.
Zitronat ist ein unersetzlicher würziger Bestandteil vieler unserer Weihnachtsbackwaren (Lebkuchen, Stollen, Früchtebrot).
Eine der Zitronatzitrone nahe Verwandte ist die *gefingerte Zitrone (Citrus m.var. sarcodactylis)*, bei der sich die Segmente nach außen spreizen und jeweils von Schale umgeben sind. Diese Früchte duften noch stärker als die Zitronatzitrone; sie werden von Japanern und Chinesen zum Parfümieren von Kleidern und Räumen verwendet. Die Chinesen kandieren sie außerdem. Nach Burkill soll sie aus Indien stammen.

Eine andere Verwandte ist *Etrog,* die heilige jüdische Zitrone. Sie muß in einer bestimmten Größe, Form und Farbe (grüngelb) geerntet und eventuell aufgehoben werden, um beim Laubhüttenfest geschwenkt und herumgetragen zu werden. Die Palästinenser bereiten Salat aus ihr.


## Zitrone *(Citrus limon)*

Engl.: Lemon, Franz.: Citron, Ital.: Limone, Span.: Limón, Portug.: Limão. Ins Persische, Arabische und Malaiische ist das indische Wort limu eingegangen. Auch in Kanton heißt sie so: limung.

Die Zitrone scheint aus einem Gebiet zwischen Himalaja, Nordburma und Südchina zu stammen. Sie ist jedenfalls empfindlich gegen Kälte und Wärme und benötigt ein gut temperiertes Klima mit kühlendem Wind. Zitronen gedeihen auch in den Tropen, tropische Zitronen können dem Wettbewerb mit den subtropischen Früchten aber nicht standhalten.

Um 500 v. Chr. erwähnt sie Konfuzius, sie muß also in China bekannt gewesen sein. Ab dem 10. Jahrhundert wird sie von den Arabern zunächst in Afrika, vom 12. und 13. Jahrhundert an in Europa (Spanien) verbreitet. Nach Burkill kam sie im 3. Jahrhundert n. Chr. nach Italien. Der indische Name Limu oder Limun hat sich, außer im germanischen Raum und Frankreich (*citron*), überall durchgesetzt. Allerdings heißen malaiisch Zitrusfrüchte limao, so daß Inder und Araber ihr Wort dieser Sprache entlehnt haben könnten. (Nach Burkill ist limu indisch, und die Zitrone hat sich von Indien aus überallhin verbreitet.)

Kolumbus nahm Zitronen auf seiner zweiten Reise zusammen mit Orangen und Zitronat-Zitronenkernen mit nach Haiti. Um 1800 führten Jesuiten die Zitrone in Kalifornien ein, aber große Pflanzungen konnten nicht entstehen, da man noch nicht die hochgezüchteten europäischen Zitronen besaß und auch nicht die richtigen Methoden kannte, um mit diesem anspruchsvollen Gewächs erfolgreich umzugehen.

Man glaubte außerdem, Limonen seien für Kalifornien besser geeignet, während heute gerade Zitronen eines der Hauptprodukte dieses Landesteils darstellen.

Der Zitronenbaum wird 3 bis 6 Meter hoch und ist mit kräftigen Dornen bewehrt. Die ovalen Zitronenblätter sind kürzer und spitzer als die der Zitronatzitrone und hellgrün. Zitronenbäume tragen genauso früh wie die anderen Zitrusgewächse (ab dem dritten Jahr), aber sie erreichen ihren vollen Ertrag eher als viele andere Obstbäume.

Die großen weißen Blüten, deren Außenseite wie bei der Zitronatzitrone purpurfarben ist, erscheinen einzeln oder in Trauben in den Blattachseln. Der Baum blüht so reich, daß nur 10% der Blüten sich zu Früchten entwickeln. Alle anderen fallen vorher nach und nach ab. Chandler hat Bäume der Sorte *Lisbon* in Südkalifornien beobachtet und fand, daß die Hauptblütezeiten im März (30%) und April (35%) lagen. Doch kann man das ganze Jahr über die duftenden Zitronenblüten bewundern. Unbestäubte Blüten können ebenfalls Früchte hervorbringen.

Von der Blüte bis zur Ernte dauert es 7 bis 14 Monate, je nach Klima, Jahreszeit, Zustand der Bäume. Überladene Pflanzen brauchen z. B. länger als andere. Ist eine Blütesaison sehr stark ausgeprägt, können die anderen ausfallen.

Während man es in Italien darauf anlegt, drei Ernten zu erzielen, werden die kalifornischen Zitronen meist grün und in einer gewissen Größe abgenommen. Der Pflücker hat dazu einen Meßring. Die Haupternte erfolgt im Winter und Frühling (65–70%). Der Bedarf an Zitronen ist im Juni, Juli, August am größten. Dieses Obst ist, wie die Orangen, reif, auch wenn es noch grün ist; Hauptsache, die Schale hat Glanz. Um gelb zu werden und zur Lagerung kommen die kalifornischen Früchte in Lagerhäuser mit 80% Luftfeuchtigkeit, guter Ventilation und einer Temperatur von +10° C. Die grüne Farbe verschwindet durch Begasung mit Äthylen. Dies schadet den Zitronen aber nicht, sondern erhöht ihre Qualität. Wurden sie bei trockenem Wetter geerntet, halten sie sich 6 bis 8 Monate.

In Italien hat man eine einfachere, aber brutalere Methode, um Sommerernten zu erzielen: die natürliche Erntezeit reicht von Mitte September bis Mai, wobei zuerst grüne Früchte, später ausgereifte, gelbe, gepflückt werden. Um von Juni bis September nochmals Grünlinge (*Verdelli*) zu erzeugen, zwingt man besonders starke Bäume zu einer zweiten Hauptblüte, indem man ihnen ab August für 40 Tage jedes Wasser entzieht. Dazu trägt man die Erde von den Wurzeln ab und stellt jede Bewässerung ein. Das Laub der Zitrone welkt dann. Danach gibt man wieder Erde auf die Wurzeln und so viel Wasser, daß neben der normalen Blütezeit in Sizilien (Februar/März) noch eine künstliche im September/Oktober hinzukommt (Dassler).

Die Haupterzeuger von Zitronen und Limonen sind: Italien (1972: 726 000 Tonnen), USA, Indien, Mexiko und Argentinien. Der Name Argentinieris für Zitronen läßt vermuten, daß unsere Sommerzitronen eigentlich auch aus Ländern von der südlichen Halbkugel kommen könnten, die ihre Haupterntezeit im Sommer haben: Chile (Juni/August), Argentinien, Brasilien, Uruguay, Australien (Mai/August) und Südafrika exportieren in geringem Umfang in die Bundesrepublik, die Hauptabnehmer am Weltmarkt ist.

Während in Italien die Sorten *Femminello* (75%), *Monachello* (10%) und *Interdonato* (2%) vorherrschen und Sizilien das italienische Hauptanbaugebiet ist (90%), ist die Hauptsorte Kaliforniens *Eureka* (auch in Marokko, Ägypten, Libanon, Griechenland, Chile), die sich aus Kernen von sizilianischen Zitronen 1858 in Los Angeles entwickelt hat. *Eureka* hat dunkelgrüne, rundliche Blätter, ist nahezu dornenlos, frühreif und hat keine Kerne. Diese guten Eigenschaften sind das Ergebnis sorgfältiger Auslese. Ihr Fehler ist es, nur dünn belaubt zu sein, wodurch viele Zitronen einen Sonnenbrand bekommen. *Eureka* ähnlich ist *Genua* (Anbau in Ägypten, Chile, Argentinien). In diese Gruppe gehört die mit Dornen bewehrte *Villafranca*. Bis 1894 war Florida das Hauptanbaugebiet für Zitronen. In jenem Jahr hat ein starker Frost alle Bäume vernichtet, und Kalifornien wurde langsam Haupterzeuger. Bis vor 1912 hatte es allerdings einen schlechten Ruf. Dann lernten die Farmer, besonders vorsichtig mit ihren Zitronen umzugehen, viel sorgfältiger als mit Orangen. Sie hatten sämtliche europäische Zitronensorten getestet und *Eureka* gefunden. Später lebte die Zitronenindustrie in Florida auf, was nur durch *Villafranca* möglich war, die kältehärter als die anderen Zitronen ist (von *Meyer* einmal abgesehen). In der Zwischenzeit lieferten die kalifornischen Farmer so ausgezeichnete Ware, daß Florida begann, Saft aus seinen Zitronen zu pressen. Im Winter stellt man in Florida Öfen in den Plantagen auf, um die Bäume vor Kälte zu schützen.

*Lisbon* (Marokko, Ägypten, Zypern, Griechenland) ist eine andere amerikanische Sorte, die 1874 aus Australien in die USA eingeführt wurde. Während *Eureka* im feuchten, kühleren kalifornischen Küstengürtel bevorzugt wird – das Klima bringt die Bäume dazu, besonders viele teure Sommerfrüchte zu tragen –, gedeiht *Lisbon* in den trockenen, warmen Wüstentälern (*Lisbon* liefert Winterfrüchte). Diese Sorte hat dichtes Laubwerk und hellgrüne, länglich-spitze Blätter.

Orangegelbe Zitronen sind:

*Meyer*, eine chinesische Zitrone, die 1908 von dem Forscher Meyer aus der Nähe Pekings mitgebracht wurde. Sie ist ein vitaler Zwergbaum, der besser Kälte verträgt als jede andere Zitrone. Sie ist sehr produktiv, ihre Früchte sind mittelgroß, saftig und etwas weniger sauer als *Eureka*. Hierher gehören auch die pampelmusenförmige *Shaddok* aus Kuba, *Ponderosa* und die *rauhe Zitrone*. *Ponderosa* ähnelt in Baum und Frucht der Zitronatzitrone, ist aber saftiger.

Die *rauhe Zitrone* wird meist als Unterlage für Zitrus verwendet, ist aber in Hawaii als Hofbaum sehr beliebt. Sie ist runder als eine normale Zitrone und hat eine sehr unebene, warzige Schale. Ihre starke Säure besitzt noch zusätzlich ein pikantes Aroma und ähnelt darin der Limone. (Sie heißt in Venezuela *Limon criollo*.) Sowohl die kubanische *Shaddok* als auch *Ponderosa* und die *rauhe Zitrone* scheinen Kreuzungsprodukte von Zitrone und Zitronatzitrone zu sein. Die *rauhe Zitrone* ist eventuell verwandt mit Limone und Zitronatzitrone.

Es gibt außerdem noch süße Zitronen (*Dorshapo* und *Millsweet*), die aber nur in Asien eine gewisse Rolle spielen.

Der Zitronenbaum neigt dazu, sperrige, lange Triebe zu bekommen, es ist deshalb nötig, daß er zweimal im Jahr ausgedünnt und ausgeschnitten wird.

MEDIZINISCHE WIRKUNG

Der gesundheitliche Wert des Zitronensaftes ist groß. Man schreibt ihm bakterientötende, fiebersenkende Wirkung zu. Er enthält mehr Vitamin C als der Limettensaft, außerdem Vitamin A, den Vitamin-B-Komplex und Vitamin P. Zitronensaft soll helfen gegen Gicht, Rheuma, Hämorrhoiden, Krampfadern, Venenentzündungen, Thrombose und Embolie, er regt den Appetit an, nützt gegen Kater und wirkt konservierend.

Der Saft ist außer einem Medikament (heißer Zitronensaft ist ein altes Hausmittel gegen Erkältungen) auch ein wichtiges Pflegemittel: Der Friseur verabreicht Zitronenspülungen; Zitronensaft wird Präparaten für Haut und Zähne beigefügt. Der Saft enthält Zitronensäure, die Schale Pektin und Zitronenöl, das für die Parfümherstellung wichtig ist.

VERWENDUNG

Die Schale ist ein wichtiges Würzmittel für Gebäck, Süßspeisen und Soßen. Der Saft ist in unserer Küche ebenfalls unentbehrlich: Wir bereiten damit Kuchen zu, Eis, Cremes, Salatsoßen. Zuviel davon schädigt den Kalkhaushalt.

---

## REZEPTE

Zitrone würzt ausdrucksvoll und verleiht allen Speisen eine frische Note. Fisch wäre ohne Zitrone nur halb so delikat. Fleisch wird in Persien fast immer mit Zitronensaft gewürzt. Wir verwenden in der Soße, in der Königsberger Klopse aufgetragen werden, Zitronensaft und Kapern. Auch die Soße für Zunge wird mit einem Ring Zitronenschale gewürzt.

Sehr beliebt scheint Zitronenhuhn zu sein. Das Huhn wird erst in Butter gebraten und dann mit halb Brühe, halb Weißwein gargeschmort. In die Schmorflüssigkeit gibt man abgeriebene Zitronenschale, wenig Zucker, Pfeffer, später Zitronensaft und am Ende Sahne.

Eine aromatische Avocadosoße bereitet man in Mexiko mit Zitronensaft zu. Die Soße wird zu hartgekochten Eiern, gebratenem Fisch oder Fleisch serviert.

### Guacomole *(Mexiko)*                  *Zubereitung 10 Minuten*

*2 geschälte, entkernte*        *1 kleingehackte*
*Avocados in Stücken*        *Knoblauchzehe*
*½ feingeschnittene Zwiebel*        *½ TL Salz*
*2 EL Zitronensaft*        *Pfeffer nach Geschmack*

Die Avocado im Mixer pürieren. Alle Zutaten damit gut vermischen oder ebenfalls pürieren.

### Guacomole mit Chillies *(Mexiko)*

*2 Avocados,*        *entkernte, scharfe Chillies*
*geschält, entkernt, in Stücken*        *(für uns genügen ein paar*
*1 Tomate, geschält und*        *Tropfen Tabascosoße)*
*klein geschnitten*        *2 EL Zitronensaft*
*½ gehackte Zwiebel*        *½ TL Salz*
*2–3 kleine, abgespülte*

Alle Zutaten im Mixer pürieren.

### Zitronensuppe *(Griechenland)*            *Zubereitung 10 Minuten*

Wie aus Limonen bereitet man auch mit Zitronen eine wohlschmeckende Suppe. Sie ist die beliebteste Suppe Griechenlands und hat sich nach Nordafrika und Fernost ausgebreitet.

*1½ l Fleisch- oder*        *3 Eier oder nur 3 Eigelb*
*Hühnerbrühe*        *Saft von 1–2 Zitronen*
*1 Tasse gekochter Reis*        *Salz und Pfeffer*

Die Eier schlagen, bis sie schaumig sind. Zitronensaft und einen Eßlöffel kaltes Wasser zufügen. Die Brühe zum Kochen bringen und schöpflöffelweise etwas davon zu den schaumig gerührten Eiern geben. Dabei ständig weiterschlagen. Die heiße Brühe mit dem Reis mischen. Nach dem Aufkochen vom Feuer nehmen, die Eier zugießen und gleich servieren.

Eine ähnliche Suppe bereitet man außerdem in Ägypten mit den Knochen und Innereien eines Huhnes, viel Sellerie, Knoblauch, Reis und Zitronensaft zu, aber ohne Eier.

### Zitronensoße *(Griechenland)*

*30 g Mehl*        *2 Eier oder nur 2 Eigelb*
*30 g Butter*        *Saft von 1 oder 2 Zitronen*
*¼ l Fleischbrühe*        *2 EL kaltes Wasser*

Das Mehl in einen Topf geben und auf dem Herd unter ständigem Hin- und Herwenden zartgelb werden lassen. Die Butter mit dem Mehl mischen. Unter ständigem Rühren nach und nach die heiße Fleischbrühe hinzufügen. Die Soße auf kleiner Flamme leise kochen lassen. Inzwischen die Eier schaumig schlagen, Zitronensaft und Wasser hinzugeben. Diese Flüssigkeit zu der vom Herd genommenen Soße gießen, dabei ständig mit einem Handrührgerät bearbeiten. Nochmals bis kurz vors Kochen kommen lassen und bis zum Gebrauch warmhalten. Zitronensoße trägt man zu mit Fleisch gefüllten Zucchini auf, zu gebratenem Fisch und Fleisch.

GETRÄNKE    Der Ausdruck **Limonade** kommt ja von Zitrone her (limone, lemon, limão).

| | |
|---|---|
| *1 Teil Zitronensaft* | *Zucker nach Geschmack* |
| *4 Teile Wasser* | *Eiswürfel* |

Dieses Getränk ist durch seinen Wassergehalt noch erfrischender als ein Fruchtsaft allein. Dieses Grundrezept kann man abwandeln, indem man etwas Rum oder Gin, Cider, Tee, Rotwein, Weißwein oder andere Fruchtsäfte hinzufügt. Das Ganze erhitzt, ergibt alle Variationen von Punsch.

**Friesenpunsch**

| | |
|---|---|
| *300 g Zucker* | *Schale einer Zitrone im Ring* |
| *½ l Wasser* | *2 Flaschen Weißwein* |
| *½ Stange Zimt* | *Zitronenscheiben* |
| *3 Nelken* | *evtl. Würfelzucker,* |
| | *der in Rum getränkt wurde* |

Wasser, Zucker, Zimt, Nelken und Zitronenschale erhitzen und eine Stunde ziehen lassen. Den Weißwein zufügen, bis vors Kochen kommen lassen und die Gewürze herausnehmen. Den Punsch in Gläser füllen, mit je einer Zitronenscheibe belegen und mit einem in Rum getränkten Zuckerwürfel, den man anzünden kann, krönen.

**Glühwein** *(Rotweinpunsch)*

| | |
|---|---|
| *1 Flasche Rotwein* | *1 Prise Muskatblüte* |
| *150 g Zucker* | *Schale einer halben Zitrone* |
| *2–3 Nelken* | *nach Belieben Zitronensaft* |
| *½ Stange Zimt* | |

Die Flüssigkeit mit den Gewürzen erhitzen und 20–30 Minuten ziehen lassen. Die Gewürze herausnehmen und heiß auftragen.
Mit Rezepten für Zitronensaft könnte man ein ganzes Buch füllen.

**Bowlenextrakt,** der sich jahrelang hält:

| | |
|---|---|
| *1 l Rotwein* | *Saft von 12 Zitronen* |
| *500 g Zucker* | *Schale von 3 Zitronen im Ring* |

Alles zusammen aufkochen und über Nacht abkühlen lassen. Am nächsten Tag durchseihen und nochmals aufkochen lassen. Heiß in Flaschen füllen. Bei unerwartetem Besuch nach Geschmack mit Mineralwasser verdünnen.

## Kalte Ente

| | |
|---|---|
| *2 Flaschen Weißwein* | *150 g Zucker* |
| *Saft und Schale einer Zitrone* | *1 Flasche Mineralwasser* |

Alle Zutaten bis auf das Mineralwasser mindestens 2 Stunden im Kühlschrank ziehen lassen, dann abseihen, Mineralwasser zugeben und kalt auftragen.

## Zitronenwasser oder Lemurudi *(Afrika)*

Dieses Rezept wird von *Air afrique* als das erfrischendste aller Getränke gepriesen.

| | |
|---|---|
| *12 g frischer Ingwer* | *1 l Wasser* |
| *etwas scharfer Paprika* | *50 g Zucker* |
| *oder Chilli (Europäer* | *Saft von 2–3 Zitronen* |
| *mögen es sicher lieber ohne)* | |

Den Ingwer schälen und fein zerdrücken. Mit scharfem Paprika oder Chilli bepudern und in 1 l Wasser geben, dem man noch Zucker und Zitronensaft beifügt. Einige Stunden kalt stellen und durchgeseiht auftragen.

Als Heilmittel gilt in der Türkei:

## Zitronentee

Eine halbe Zitrone in Scheiben schneiden und in ¼ l Wasser 10 Minuten kochen. Kurz vor Beendigung der Kochzeit einen gehäuften Teelöffel getrocknete Pfefferminzblätter hinzufügen. Durch ein Sieb gießen und mit Zucker auftragen.
Den Tee gibt man bei Magenverstimmungen, Erkältungen und asiatischer Grippe.

SÜSS-SPEISEN    Quark mit Zitronensaft und Schale einmal anders:

## Zitronenspeise                              *Zubereitung 15 Minuten*

| | |
|---|---|
| *2 Eiweiß* | *250 g Sahnequark (40%)* |
| *200 g Schlagsahne* | *5 gehäufte EL Zucker* |
| *1 Glas Weißwein* | *1 Päckchen Sahnesteif* |
| *Saft von 2½ Zitronen* | *einige Blätter Zitronenmelisse* |
| *Schale einer Zitrone* | |

Eiweiß schlagen und kalt stellen, die Sahne schlagen, 2 EL Zucker zugeben. Die restlichen Zutaten mit dem Handrührgerät mischen, dabei Sahnesteif und Zucker verrührt zugeben. Am Ende Eischnee und Sahne unterheben. Möglichst bald auftragen, da sich nach 2 bis 3 Stunden unten die Flüssigkeit absetzt, was vom Sahnesteif etwas gemildert wird. Zur Dekoration eignen sich gut ein paar Zitronenmelisseblätter oder Pfefferminz, auch kandierte Kirschen, einige Weintrauben oder Erdbeeren.

## Weißweincreme mit Zitrone                    *Zubereitung 15 Minuten*

| | |
|---|---|
| *2 Eier* | *Saft und Schale einer Zitrone* |
| *80 g Zucker* | *Blätter der Zitronenmelisse* |
| *1 EL Maismehl* | *oder Pfefferminze zur Verzierung* |
| *¼ l herber Weißwein* | |

Alle Zutaten in einem Topf mit dem Handrührgerät bearbeiten, bis sie eine glatte Flüssigkeit bilden. Aufs Feuer setzen und unter ständigem Schlagen erhitzen, bis die Masse steigt und sich am Boden kein Wein mehr absetzt. In eine Schüssel oder Schälchen geben und mit einigen Blättchen verzieren.
*Variation:* Die Creme kann man mit Apfelsaft anstelle des Weines zubereiten.

Hier noch das Standardrezept:

### Zitronencreme                                      *Zubereitung 20 Minuten*

| | |
|---|---|
| *4 Eigelb* | *4 Blatt Gelatine* |
| *200 g Zucker* | *4 Eiweiß* |
| *4 EL Zitronensaft* | *nach Belieben Schlagsahne* |
| *abgeriebene Schale einer Zitrone* | |

Gelatine einweichen. Eigelb und Zucker schaumig rühren, Zitronensaft und -schale zugeben, die Gelatine in 4 EL kochendem, vom Herd genommenem Wasser auflösen und gleich zu der Creme geben. Alles gut mischen, das Eiweiß steif schlagen und unterziehen. Zwei Stunden kalt stellen, eventuell mit Schlagsahne auftragen. Entweder die Creme mit 100 g Sahne verzieren (1 EL Zucker zugeben) oder 200 g Sahne (2 EL Zucker zugeben) extra servieren.

### Zitroneneis                                        *Zubereitung 25 Minuten*

| | |
|---|---|
| *¼ l Flüssigkeit (Saft von* | *200 g Zucker* |
| *4 Zitronen und Wasser)* | *2 Blatt Gelatine* |
| *Schale einer halben Zitrone* | *250 g Schlagsahne* |

Gelatine in kaltem Wasser einweichen. Zitronen auspressen, Zitronenschale abreiben, eine halbe Tasse des Saftes erwärmen, den Zucker und die ausgedrückte Gelatine hinzufügen und so lange unter Rühren auf dem Herd stehenlassen, bis die Gelatine gelöst ist (nicht kochen lassen). Zu dem restlichen Zitronensaft geben und abkühlen lassen. In der Tiefkühltruhe zwei Stunden gefrieren lassen. Die Sahne schlagen, das Eis durchrühren, um die groben Kristalle zu zerkleinern. Eis und Sahne gut mischen und fertig gefrieren lassen.

Zitronentorten werden wie die Cremes gewöhnlich mit Eiern, Zucker und Zitronensaft hergestellt. Die Methoden sind allerdings unterschiedlich.

### Zitroneneistorte *(USA)*                   *Zubereitung mit Boden*
                                        *(einschließlich Backzeit) 60 Minuten*

Dieses Rezept beschreibt mehr einen Nachtisch als eine Torte.
Den Biskuitteig von Seite 235 zubereiten. Eine Keramikform mit Trennpapier auslegen, den Teig daraufstreichen, backen, abkühlen lassen und später für eine Stunde in die Tiefkühltruhe stellen.

| | |
|---|---|
| *Belag:* | |
| *3 Eigelb* | *150 g Zucker* |
| *abgeriebene Schale und* | *3 Eiweiß* |
| *Saft von 2 naturreinen Zitronen* | *200 g geschlagene Sahne* |

Eigelb mit Zitronenschale und Zucker in einem hohen Topf schaumig schlagen. Später Zitronensaft zugeben und auf dem Feuer unter ständigem Rühren erhitzen, bis die Creme zu steigen beginnt und dick wird. Vom Herd nehmen. Die Schläger des Handrührgerätes abwaschen, zuerst das Eiweiß, später die Sahne schlagen und unterheben. Die Masse in die Keramikform auf den Teigboden geben und gefrieren lassen. Danach aus der Form stürzen, das Papier abziehen, auf eine Tortenplatte setzen.

Da Zitroneneis zu allen Früchten paßt, vor allem zu süßen, können sowohl der Eisbecher mit dem Zitroneneis von Seite 371 mit Fruchtsalat und den verschiedensten Früchten verziert und bereichert werden als auch diese Eistorte, die mit frischen Himbeeren, Erdbeeren, Brombeeren, Süßkirschen, Bananenscheiben oder blauen Weintrauben belegt werden kann. Anstelle der Früchte kann man auch 100–200 g Erdbeer-, Aprikosen- oder Kakimus über die Torte streichen.

Einen Zitroneneisbecher begießt man mit einem Eßlöffel dieses Pürees und setzt ein Sahnehäubchen darauf.

## Zitronentorte I                                        *Arbeitszeit 60 Minuten*

*Boden: Pâte brisée oder Mürbteig von 150 g Mehl, Rezept im Anhang*

| *Belag:* | *10 Blatt Gelatine* |
|---|---|
| *abgeriebene Schale einer Zitrone* | *2–3 Zitronen* |
| *200 g Zucker* | *600 g Sahne* |
| *4 EL Wasser* | *1 EL Zucker* |

Den Tortenboden flach ausrollen und backen. Die Springform mit einem Streifen Pergamentpapier um den Rand ausfüttern. Zitronenschale, Zucker und Wasser aufkochen lassen, Flamme kleinstellen. Gelatine in Wasser einweichen, Zitrone auspressen, vorher zwei dünne Scheiben abschneiden. Flüssigkeit vom Herd nehmen, Gelatine darin auflösen. Zitronensaft zugießen. Sahne schlagen und 3 EL davon unter die Gelatine rühren. Ca. 100 g Sahne abnehmen und mit 1 EL Zucker mischen, die restliche Sahne zur Gelatine geben, auf dem Tortenboden glattstreichen. Die Torte im Kühlschrank fest werden lassen. 12 – 16 Stücke schneiden, nach Belieben mit Zitronenmelisseblättern belegen, mit je einem Sahnetupfer verzieren. Die zwei Zitronenscheiben in je 8 Teile schneiden und in die Sahnetupfer stecken.

## Zitronentorte II *(Frankreich)*

*Teig: Pâte brisée von 250 g Mehl, Rezept im Anhang*

| *Füllung:* | *Belag:* |
|---|---|
| *45 g Butter* | *3 naturreine Zitronen* |
| *100 g Zucker* | *in dünnen Scheiben* |
| *3 Eier* | *0,2 l Wasser (1 Tasse)* |
| *Saft von 3 Zitronen* | *100 g Zucker* |

Den Boden in einer Springform von 26 cm Durchmesser ausrollen, mit einer Gabel rundum einstechen und 10 Minuten bei 210° C backen. Der Teig soll der Form dicht anliegen und einen hohen Rand haben, damit die flüssige Füllung nicht herauslaufen kann.

Zur Füllung Butter und Zucker schaumig rühren, Eier und Zitronensaft darunterschlagen. Den Teig aus dem Ofen nehmen, die Füllung hineingießen und weitere 15 Minuten backen lassen oder bis die Creme gestockt ist.

*Belag:* Zucker und Wasser aufs Feuer setzen und sprudelnd kochen lassen, während man die Zitronen wäscht und zerschneidet. Die Endstücke dick abschneiden und wegwerfen. Die Scheiben in den Sirup geben und so lange kochen, bis sie durchsichtig aussehen. Mit einem Schaumlöffel aus dem Sirup heben und auf einem Sieb abtropfen lassen. Den Kuchen anschließend mit den Zitronenscheiben belegen.

## Zitronenkuchen *(USA)*

*Zubereitung 30 Minuten*
*Backzeit 60 Minuten*

*Teig:*
*4 Eier*
*300 g Zucker*
*500 g Mehl*
*1 Päckchen Backpulver*
*180 g Butter*
*3 EL Zitronensaft,*
*mit Aprikosensaft zu*
*einer Tasse aufgefüllt (0,2 l)*
*abgeriebene Schale einer Zitrone*

*Glasur:*
*1½ Tassen Puderzucker*
*abgeriebene Schale von*
*2 naturreinen Zitronen und*
*Saft von 2 Zitronen*

Wenn von diesem Kuchen etwas übrigbleibt, in Scheiben einfrieren. Man kann davon mit Kakis einen wundervollen Nachtisch zubereiten.

Eier, Zucker und die abgeriebene Schale einer Zitrone schaumig rühren. Mehl und Backpulver abwechselnd mit dem Aprikosensaft zugeben, Butter zerlassen und hinzufügen. Die Masse in eine gut gefettete Napfkuchenform geben und bei 210° C backen. Heiß auf ein Drahtgitter stürzen.

Während der Kuchen bäckt, die Glasur zubereiten: Die Zitronenschale abreiben, mit dem Zitronensaft verrühren, gut mit dem Puderzucker mischen. Mit einer Stricknadel Löcher in den heißen Kuchen stechen, den Guß mit einem Pinsel immer wieder auftragen, bis alles verbraucht ist. Die Zitronenschale auf dem Kuchen sieht ein bißchen merkwürdig aus, aber das Aroma ist einzigartig.

## Wasserkringel *(schlesisch oder böhmisch)*

*Teig:*
*200 g Butter*
*4 große oder 6 kleine Eier*
*750 g Mehl*
*1 Hefewürfel*
*1 Tasse warme Milch*
*1 TL Zucker*
*200 g Zucker*
*abgeriebene Schale von*
*2–3 Zitronen*

*Füllung:*
*150 g zerlassene Butter*
*150 g Rosinen*
*100 g Zucker*

*Belag:*
*80 g gehackte Mandeln*
*2 EL Zucker*

Die Butter schaumig rühren, Eier hinzufügen, 750 g Mehl darübersieben. Die Hefe mit der Milch und dem Teelöffel Zucker in einer Tasse gut mischen. Über den Teig gießen und mit einem Holzlöffel oder dem Teighaken eines Handrührgerätes kräftig bearbeiten. Ein sauberes Küchentuch auf den Tisch legen, den Teig darauffallen lassen und in einen sauberen Eimer, der mit Wasser gefüllt ist, geben. Das Bündel soll sich nun nach einer reichlichen halben Stunde herumdrehen. Meistens helfe ich ein bißchen nach, indem ich ihm nach 30 Minuten einen kleinen Stups gebe.

Den Teig aus dem Wasser nehmen, in 200 g Zucker und der abgeriebenen Zitronenschale gut durchkneten, dann auf stark bemehlter Unterlage ausrollen. Die Füllung aus zerlassener Butter, Rosinen und Zucker verrühren und gleichmäßig auftragen. Den Teig wie einen Strudel aufrollen (er ist ziemlich naß und klebrig). Man soll ihn nun auf einem Blech backen (ich gebe ihn statt dessen in eine Napfkuchenform). Mit den gehackten Mandeln und dem Zucker bestreuen. (Ich füge Mandeln und Zucker noch der Füllung hinzu.) Bei Stufe 4 (210° C) 45 Minuten backen.

Der Vorteil dieses Rezeptes ist, daß man auf einen Schlag eine große Menge saftigen, aromatischen Kuchen erhält. Er bleibt aber nicht lange saftig, nur am selben und am nächsten Tag. Da man ihn aber einfrieren kann, bleibt auf diese Weise der gute Geschmack erhalten. Als Proviant für eine Wanderung, für ein Picknick oder einen Ausflug ist er besser geeignet als andere Kuchen, denn er ist nicht so trocken wie Napfkuchen, doch fester als Obstkuchen.

## Limette *(Citrus aurantifolia)*

Engl.: Lime, Lime acide, Franz.: Citron vert, Span.: Lima, Limón

Während die Zitrone den Grundstoff der Limonade in den Subtropen liefert, ist die Limette der Saftlieferant für die Tropen.

DEUTSCHE BEZEICHNUNG — Man könnte diese Frucht in Deutschland auch Limone nennen, da aber Limonen in fast allen Sprachen Zitronen sind, ist es doch wohl besser, bei Limette zu bleiben. Aber auch der Ausdruck Limette kann verwirren, denn eine süße Form dieses Obstes heißt lateinisch *Citrus limetta*. Beide Bezeichnungen sind deshalb nicht sehr glücklich; dennoch gebrauche ich beide, da wir für diese Früchte keine anderen Namen haben.

HERKUNFT UND VERBREITUNG — Die Limette stammt aus Malaysia. Sie kam über Indien und Persien nach Europa, fast zur gleichen Zeit wie die Zitrone. Von den Spaniern wurde sie Anfang des 16. Jahrhunderts in Florida, Mexiko und den Westindischen Inseln eingeführt, wo sie verwildert ist.

Sie ist die kälteempfindlichste Zitrusart und eine reine Tropenpflanze. Sie treibt bei Wärme sofort aus. Wenn sie in Gegenden kultiviert wird, wo Frost vorkommt, wird sie durch diesen so geschädigt, daß sie eingeht. In höheren, kühlen und trockenen Gegenden wächst sie nur langsam.

Während man früher annahm, sie sei für Kalifornien besonders geeignet, hat sich herausgestellt, daß ihr die Ostküste Floridas und die Inseln in Richtung Kuba (die Keys) besonders behagen. Auch in der Dominikanischen Republik, auf den Westindischen Inseln, im Flachland Mexikos, in Brasilien, Indien, Ceylon und in ihrer Heimat Malaysia gedeiht sie gut.

Nachdem man die Ursache des Skorbuts festgestellt hatte, mußten die englischen Matrosen täglich Limettensaft trinken. Sie wurden daraufhin von anderen Nationen als Leimis (Limeys geschrieben) verspottet.

ERSCHEINUNGSBILD — Die Limette ist ein kleiner Baum oder Strauch mit unregelmäßigen Zweigen, an denen kurze, scharfe, feste Dornen sitzen. Sie hat kleine, ovale hellgrüne Blätter, die am Blattansatz geflügelt sind. Die weißen Blüten, kleiner als die der Zitrone, erscheinen in Büscheln in den Blattachseln.

Es gibt eine große Skala unterschiedlichster Erscheinungsformen der Limette. Die Hauptsorte ist die mexikanische, westindische oder Keylimone. In Südostasien sind die Früchte dieser Gruppe rund, in Amerika länglich, kernreich, klein und weichschalig. Zwei Sorten heißen *Palmetto* und *Everglade,* die man weiterzüchtet, um Saft- und Ölgehalt zu erhöhen.

Eine andere Sorte aus Domenica hat keine Dornen, was ein großer Fortschritt ist. Die mexikanischen Limetten tragen auch noch gut auf armen Sand- und Steinböden und wenn sie vernachlässigt wurden.

Die Früchte der Tahiti- oder persischen Limette sind samenlos. Sie haben ungefähr die Größe und Form einer Zitrone. Diese Limette soll sich schlecht halten, was durch ihre Anfälligkeit für eine Pilzkrankheit begründet gewesen sein kann, die inzwischen besser beherrscht wird als früher. Die Tahitigruppe hat größere Blätter. Dr. Tanaka hat sie deshalb als andere Art bezeichnet: *Citrus latifolia.*

In dieser Gruppe sind die Sorten *Idamar* und *Bearss* zu nennen, die ebenfalls in Florida in Plantagen angebaut werden. *Bearss* trägt in Honduras so reichlich, daß die Bäume fast unter ihrer Last zusammenbrechen. Diese Sorten sind samenlos, weil sie meist weder Pollen noch Ovularien entwickeln.

In Ägypten und Asien zieht man süße Limetten (*Citrus limetta*).

*C. aurantifolia* blüht das ganze Jahr über mit deutlichen Höhepunkten nach kühlen Winter- oder langen Trockenperioden. In Kalifornien erntet man Bearss im Herbst oder Winter. Die westindischen Limetten haben eine besonders günstige Reifezeit. In Südflorida, Mexiko und der Karibik sind sie von Anfang Mai bis Ende Oktober auf dem Markt, gerade wenn der Bedarf im Sommer am größten ist. Die Tahitilimetten in Florida sind im Juni reif.

Die Tahitilimette wird geerntet, wenn sie ihre volle Größe erreicht, aber noch grün ist. Die Mexikolimette erntet man gelbgrün. Die Früchte werden sofort gereinigt, verpackt und verschickt. Aus ihrer Schale gewinnt man Limettenöl, ebenso aus ihrem Saft (Chandler).

Die *Limquat* ist eine Kreuzung durch Swingle (1909) von Limette und Kumquat. Während die Limette die kälteempfindlichste Art der Gattung Zitrus ist, die sogar gelegentlich in Südflorida völlig erfriert, ist die immergrüne Kumquat aufgrund ihres Winterschlafes besonders kälteresistent. Die Limquat hat diese Eigenschaft bewahrt; außerdem kann ihr eine Bakterienkrankheit nichts anhaben, die Limetten befällt.

Die Früchte sind entweder so groß wie Kumquats oder wie Limetten. Die dünne Schale hat ein angenehmes Aroma, das Fruchtfleisch ist wohlschmeckend säuerlich und saftig. Die Limquat ist ein vitaler Baum, der sehr reich trägt.

Die Limette wird in den Tropen intensiv genutzt, um Saft (*Limejuice*) herzustellen, aus dem man Limeade sowie Limonadengrundstoff (*Lime Squash*) gewinnt und Limelikör. Man legt die Früchte ein (Indien und Südostasien) und kocht Marmelade aus ihnen, die auch schon in Deutschland verkauft wurde. Die Engländer bereiten Pie aus ihnen.

Die Limetten enthalten mehr Saft als die Zitronen, aber weniger Vitamin C.

Diese Früchte sind längst nicht so haltbar wie Zitronen. Die Rinde schrumpft ein, was nach zwei Wochen dazu führt, daß über 10% Wassergehalt verlorengehen. Die schonendste Lagertemperatur ist +10° C.

Nach Burkill soll Limettensaft Husten und Bauchschmerzen bekämpfen. Die Inder behaupten, Limetten förderten die Intelligenz der Elefanten, denen man auch entzündete Augen mit dem Saft auswäscht. Mit Arsen vermischt, soll der Saft tropische Hautkrankheiten, die durch Bakterien verursacht werden, heilen. Man reinigt damit Metall, deshalb heißt die Frucht auch Goldschmied-Limette.

Eine nur 2,5 cm große Limette, die nach einer Auskunft aus Manila eine Zitrone sein soll – was ich nicht glauben kann – ist die

### Moschuslimette *(Citrus microcarpa)*

Sie ist voller Kerne, sehr sauer und sehr saftig. In der indonesischen Küche bereitet man einen höchst erfrischenden Trank aus ihr zu. Sie wird eingelegt und zu Chutneys verarbeitet. Man brät sie in Kokosöl und fügt sie Curries hinzu. In Thailand reibt man mit einer solchen Limette gebratenes Fleisch ein, was sehr würzig schmeckt. Auch in der philippinischen Küche spielt sie unter dem Namen *Calamansi, Calamundin oder Mundu* eine große Rolle.

IMPORTE   Die Limetten, die nach Deutschland gelangen, kommen hauptsächlich aus dem karibischen Raum sowie aus Brasilien und Ekuador. Mexiko bietet ebenfalls Limetten auf dem Weltmarkt an.

VERWENDUNG   Während für uns die Zitrone unersetzlich ist, trifft für die Tropen das gleiche auf die Limette zu. Sie spielt in der Küche die Hauptrolle. In Brasilien legt man das Fleisch vor der Verwendung oft einige Tage ein. (Wahrscheinlich ist es nicht abgehangen.) Man reibt es mit Salz, Pfeffer, Knoblauch, Majoran, Lorbeerblättern, Zwiebeln und Petersilie ein, träufelt sehr viel Limettensaft darüber und bedeckt – in wohlhabenden Haushalten – alles mit Weißwein. Dazu wird die saure Limette verwendet.

In Indien benutzt man mehr Zitronen als Limonen. Dort würzt man Reis mit Limettensaft. Außerdem legt man die ganzen Früchte in einer Gewürzmischung ein, wodurch sie sehr haltbar und ganz weich werden und wie eine Würzsoße als Beilage aufgetragen werden. Auf den Philippinen reibt man 20 Minuten vor dem Braten Steaks mit dem Saft der Calamansi (Moschuslimette) ein und paniert sie vor dem Braten. Eine andere Kochbuchautorin legt Rindfleisch am Abend vorher in Saft von 2 bis 3 kleinen Limetten und 4 bis 5 EL Sojasoße ein. Dieselbe Autorin mariniert ein entbeintes Huhn 30 Minuten vor dem Braten im Backofen in einem EL Calamansi-Saft und 3 EL Sojasoße. Dann wird es gefüllt und in gebutterter Aluminiumfolie in den Ofen geschoben. Bei einem Nudelgericht mit vielen Zutaten benötigt man 12 kleine Limetten.

---

## REZEPTE

---

### Limettensuppe

| | |
|---|---|
| *1 l Fleischbrühe* | *etwas gehackte Zwiebel* |
| *1 Tasse gekochter Reis* | *2-4 Eier oder nur das Eigelb* |
| *1 Karotte, ½ Lauch* | *4 EL Limettensaft* |
| *etwas Sellerie* | *2 EL gehackte Petersilie* |

Diese Suppe ist in Griechenland mit Zitronensaft üblich, weiter östlich bevorzugt man dafür Limetten.

Das geputzte, kleingeschnittene Gemüse sollte in der Fleischbrühe gekocht werden, aber nur so lange, bis es zwar gar, aber noch ein bißchen fest ist, also nicht breiig. Die Zwiebel in einem EL Öl anbraten. Die Fleischbrühe kann ganz nach Geschmack mit etwas Muskat oder Majoran und Thymian gewürzt werden. Bevor sie aufgetragen wird, die Eier aufschlagen und schaumig rühren, auf den Boden der Terrine geben. Den Limettensaft und 2 EL Wasser darübergießen und vermischen, mit der kochendheißen Fleischbrühe nach und nach verrühren, mit dem darin erhitzten Reis bedecken und gleich zu Tisch bringen.

### Thailändische Limettensuppe

| | |
|---|---|
| *500 g ausgeschälte, gekochte* | *eigentlich 5 Magrood-* |
| *Krabben oder Garnelen* | *blätter (siehe Anhang),* |
| *reichlich 1 l Wasser* | *statt dessen 1 EL* |
| *1 gestrichener EL Salz* | *abgeriebene Limettenschale* |
| *1 großer Stengel Zitronengras* | *5 EL Limettensaft* |
| *oder 2 EL gehackte Zitronenmelisse* | *etwas Chillipulver* |
| *oder 1 EL abgeriebene Zitronenschale* | *oder Tabascosoße* |
| *5–6 EL Fischsoße (siehe Anhang)* | *Korianderblätter oder* |
| | *1 EL gehackte Petersilie* |

Das Wasser zum Kochen bringen. Das Zitronengras klein hacken und zugeben. 10 Minuten kochen lassen. (Wir können statt dessen auch Zitronenmelisse verwenden, die aber nicht gekocht werden sollte.) Dann alle anderen Zutaten zugeben. Sofort servieren.

Dieses Gericht kann ebensogut mit gekochtem Fisch oder Hühnerfleisch zubereitet werden. Die Limette ist nicht nur gut geeignet, um Fleisch damit zu würzen, sondern besonders für Fisch: Fischsuppe, eine weiße Soße kräftig mit Limettensaft abgeschmeckt, Fischstücke mit dem Limettensaft beträufelt, gebraten, mit Limettenscheiben belegt.

*Salat* kann, anstelle von Essig- oder Zitronensaft mit Limettensaft angerichtet, eine eigene Note erhalten.

### Poularde mit Limetten im Römertopf *(Mexiko)*

| | |
|---|---|
| *1 Poularde* | *6 Limetten* |
| *2 EL Butter* | *1–2 EL Zucker* |
| *1 EL Salz* | *100 g süße Sahne* |
| *Pfeffer* | |

Den Römertopf wässern. Die Poularde waschen, säubern, loses Fett entfernen, in 2 EL Butter goldbraun braten und mit Salz und Pfeffer einreiben. Die Limetten waschen, schälen und in möglichst dünne Scheiben schneiden. Kerne wegwerfen. In das Huhn eine Handvoll der Scheiben legen, den Rest darüber. Den Topf zudecken und für 1½ Stunden bei Stufe 3 (190° C) in den Backofen stellen. In dieser Zeit einmal wenden, eventuell Wasser nachgießen, wenn die Flüssigkeit verdunstet ist, und dabei die Limettenscheiben wieder über das Huhn legen. Nach der Bratzeit den Topf aus dem Ofen holen. Fett, das sich auf der Fleischbrühe abgesetzt hat, abschöpfen.

Am Ende die Soße durch ein Sieb gießen, erhitzen, mit Zucker und Sahne verrühren. Eventuell nachwürzen. Das Huhn auf eine Platte legen, mit den Limettenscheiben umgeben, die Soße extra auftragen. (Ich fand die Soße schrecklich sauer und gebe das Rezept nur seiner Originalität wegen an.) Dazu reicht man Reis und einen Gemüsesalat (Tomaten-, Weißkraut-, grünen Salat, Paprikasalat usw).

## Pfannkuchen mit Krabben *(Mexiko)*

In Mexiko verwendet man zu diesem Gericht Maisfladen, die man aus zwei Tassen weißem Maismehl, einer Tasse Wasser und etwas Salz anrührt und dann in einer Pfanne bäckt. In Nordindien und im Libanon stellt man die Fladen aus Roggenmehl und Wasser her. Auf den Philippinen tut man das gleiche mit einer Art Strudelteig. Wir können, wenn wir wollen: 2 Tassen Mehl mit 1 TL Salz, 1 TL Backpulver, 1 EL Schweineschmalz und ½ bis ¾ Tasse warmem Wasser zu einer langen Rolle verkneten, sie in 12 Scheiben schneiden, auf Mehl hauchdünn ausrollen und in einer ungefetteten Pfanne von beiden Seiten leicht braun backen. Zu diesem Rezept benötigt man:

*8 Tortillas oder dünn ausgebackene Pfannkuchen*
*1 EL Limettensaft*
*1 EL Öl*
*¼ TL Salz*
*1 Prise Pfeffer*
*250 g Krabben*
*2 eingelegte grüne Paprikaschoten in Streifen (oder*

*2 frische grüne Paprikas in gesalzenem, saurem Wasser 5–10 Minuten gekocht)*
*1 kleine Avocado in Scheiben*
*2 Tassen streifig geschnittener grüner Salat*
*1 Tomate in Scheiben*
*2 Limetten in Scheiben*
*Tabascosoße*

Die Tortillas oder Pfannkuchen backen und in den warmen Ofen stellen. Limettensaft, Öl, Salz, Pfeffer mit Krabben und grünem Paprika mischen. Die Krabben auf die 8 Pfannkuchen verteilen. Die Pfannkuchen zusammenschlagen, mit Avocadoscheiben, grünem Salat, Tomaten- und Limettenscheiben garnieren und mit ein paar Spritzern Tabasco besprenkeln.

## Eingelegte Limettenscheiben *(Ägypten)*

Limetten waschen und in Scheiben schneiden. Mit Salz bestreuen und 24 Stunden nebeneinander auf einer Platte liegen lassen. Sie werden davon weich. Danach in einen Steintopf schichten, jede Lage mit etwas Rosenpaprika einpudern und mit Mais-, Sonnenblumen- oder Erdnußöl bedecken. Den Steintopf fest zubinden. Nach drei Wochen sind die Limetten weich, schmelzend und von schöner Orangenfarbe. Das gleiche kann man auch mit Zitronenscheiben machen. Die ganze Prozedur schrumpft auf wenige Tage zusammen, wenn die Scheiben zuvor eingefroren wurden.

GETRÄNKE   Noch wichtiger als zum Kochen sind die Limetten zur Herstellung von Getränken. Die Engländer, aus langer Kolonialzeit mit tropischen Früchten und Gewürzen vertraut, konsumieren Limettensaft als *Lime juice* in großen Mengen, ebenso Likör und Marmelade. Ich habe mir einmal solche Marmelade gekauft – sie schmeckte mir zu parfümiert. Limetten haben einen sehr ausgeprägten Geschmack, besonders in Verbindung mit Zucker.

### Limonade *(eigentlich Limeade)*

| | |
|---|---|
| *1 Teil Limettensaft* | *1 gehäufter EL Zucker* |
| *3 Teile Wasser* | *Eiswürfel* |

Alle Zutaten in ein hohes Glas geben und mit einem Barlöffel servieren. Dieses Getränk ist in den Tropen der ganzen Erde verbreitet und beliebt.
*Variante:* statt des Wassers Tonic-Water und keinen Zucker verwenden. Dieser Cocktail heißt *Fresh Sound.*

### Gimlet

| | |
|---|---|
| *1 Teil Lime juice* | *4 Teile Gin oder Wodka* |

Dieser Mischung kann man, wenn man mag, nach Belieben noch Mineralwasser und Zucker hinzufügen. In Brasilien heißt das Getränk *Batida* und wird statt mit Gin oder Wodka auch mit Pisco (wie Grappa) oder Pinga (Aquardente – wie Korn) gemixt. Für Autofahrer:

| | |
|---|---|
| *1 Teil Limettensaft* | |
| *4 Teile Ginger Ale* | *Eiswürfel* |

### Whiskey sour

Verwendet man zu einem Teil Limettensaft 4 Teile Bourbon (amerikanischer Whiskey), etwas Zucker und Eis, dann ergibt das schon wieder ein neues Getränk. Mit Rum nennt es sich: *Daiquiri Cubano.*

### Tequilacocktail *(Mexiko)*                      *(4–6 Portionen)*

| | |
|---|---|
| *1 hohes Glas voller Eissplitter* | *2 gehäufte EL Puderzucker* |
| *0,2 l Tequila (mexikanischer* | *1 EL Eiweiß* |
| *Agavenbranntwein von edelstem* | *1 EL Triplesec* |
| *Geschmack)* | *6 Limettenscheiben, in* |
| *⅛ l Limettensaft* | *Zucker gewälzt* |

Die Limettenscheiben sollten zur Dekoration auf den Glasrand gesteckt werden. Alle anderen Zutaten mit dem Mixstab bearbeiten, bis eine schaumige Flüssigkeit entstanden ist. In Gläser gießen und mit den Limettenscheiben verzieren.

Auch für Salate und Mayonnaise kann Limettensaft verwendet werden.

NACHSPEISEN
### Lime Angel Pie

Dieses Gericht ist ein delikates Dessert. Da es ziemlich feucht ist, kann man davon keine Stücke schneiden. Man muß es mit einem Löffel aus der Form nehmen und auf Schälchen verteilen. Am nächsten Tag schmeckt es besonders gut, dann ist allerdings der Baiserboden schon völlig aufgeweicht.

| | |
|---|---|
| *Boden:* | *Arbeitszeit 10 Minuten* |
| *80 g Eiweiß (von 2–3 Eiern)* | |
| *100 g Zucker* | *1 TL Wasser* |
| *1 gehäufter TL Mondamin* | *1–2 TL Essig* |

379

Eiweiß steif schlagen, Zucker hineinrieseln lassen, Mondamin, mit Wasser und Essig angerührt, zugeben. Eine gut gefettete Keramikform mit der Masse bestreichen und das Ganze bei Stufe 1 (150° C) eine Stunde im Ofen trocknen lassen. Noch mindestens 30 Minuten im ausgeschalteten Ofen stehen lassen, um das Zusammenfallen zu verhindern.

Nach dem englischen oder amerikanischen Rezept verwendet man keinen Quark. Ich finde es aber gerade mit Quark ganz vorzüglich.

| | |
|---|---|
| *Belag:* | *1 TL abgeriebene Limettenschale* |
| *3 Eigelb* | *(von einer Frucht)* |
| *½ Tasse Zucker* | *2 Blatt Gelatine* |
| *1 Prise Salz* | *250 g Magerquark* |
| *½ Tasse Limettensaft* | *200 g Sahne* |
| *(von ca. 3 Früchten)* | |

Die Gelatine in kaltem Wasser einweichen. Eigelb mit Zucker und Salz schaumig rühren, nach und nach den Saft und die Schale zugeben. Aufs Feuer setzen und erhitzen, dabei ständig schlagen. Ist die Masse angewärmt, die ausgedrückte Gelatine hinzufügen. Die Mischung darf nicht kochen, das bekommt der Gelatine nicht; sie darf nur langsam steigen. Vom Feuer nehmen und den Quark unterschlagen. Etwas abkühlen lassen, die Schläger abwaschen und die Schlagsahne steif schlagen. Die Sahne unter die lauwarme Creme heben und den Belag auf den abgekühlten Baiserboden streichen. Im Kühlschrank so lange stehen lassen, bis die Füllung fest geworden ist.


## Limoneneis *Zubereitung 25 Minuten*

| | |
|---|---|
| *Saft von 3 Limonen* | *200 g Zucker* |
| *abgeriebene Schale* | *2 Blatt Gelatine* |
| *einer halben Limone* | *250 g Sahne* |

Die Gelatine in kaltem Wasser einweichen. Die Früchte auspressen, mit Wasser zu einem Viertelliter auffüllen. Davon ½ Tasse Flüssigkeit abnehmen und erhitzen. Den Zucker darin auflösen. Die ausgedrückte Gelatine zugeben, rühren, bis sie ganz gelöst ist, aber nicht kochen lassen. Vom Feuer nehmen und die Limonenschale zugeben. Die Lösung abkühlen und dann gefrieren lassen. Nach 1 bis 2 Stunden die Eiskristalle zerkleinern – man kann das Eis in den Mixer geben, die Sahne schlagen und alles gut vermischt fertig gefrieren lassen.


## Pampelmuse *(Citrus grandis)*

Engl.: Shaddock, Pomelo, Pummelo, Franz.: Pamplemousse, Span.: Toronja

HERKUNFT   Der Ausdruck Pampelmuse kommt wahrscheinlich von dem holländischen *pompelmoes*, was prächtige Frucht bedeutet. Die Pampelmuse stammt aus dem Gebiet von Indien über Malaysia bis China und Japan. Ihre Urheimat scheint das tropische Südostasien zu sein, von wo aus sie sich in die angrenzenden Gebiete bis nach

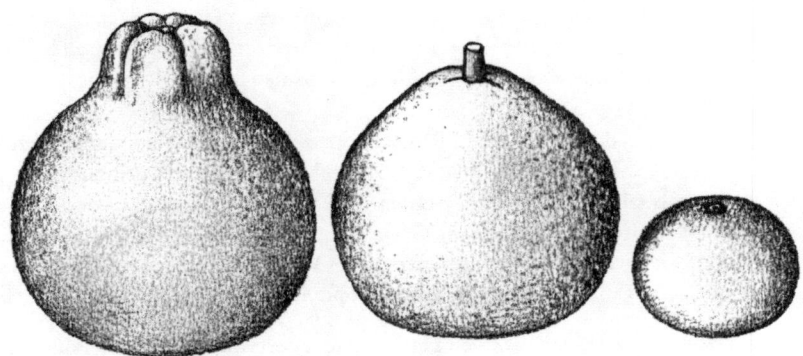

*Von links nach rechts: Pomelo white, Pomelo rosé (Jeruk Bali), Grapefruit (gelbe Marsh)*

Persien verbreitet hat. Purseglove schreibt, sie sei als Kuriosität im 12. oder 13. Jahrhundert nach Europa gelangt.

Pampelmusen sind riesige entweder runde, platte oder birnenförmige Früchte. Sie sind die größte Zitrusart. Die Grapefruits sind 1750 auf den Barbados-Inseln entdeckt worden; sie sind entweder durch eine Mutation aus der Pampelmuse entstanden oder eine Zufallskreuzung aus Pampelmuse und Orange.

Die Grapefruit ist erheblich kleiner als die Pampelmuse, auch hat sie eine dünnere Schale und mehr Bitterstoffe. Der leicht bittere Geschmack ist in den angelsächsischen Ländern sehr beliebt – man schätzt dort bittere Orangenmarmelade –, während man in Deutschland ein kräftig-säuerliches Aroma bevorzugt.

Für uns waren die saftig-würzig-süßen Pampelmusen im tropischen Afrika die köstlichsten Früchte. Ananas und Bananen bekamen wir meist unreif, Mangos waren gewöhnlich schlechte Sorten. Die Texas-Grapefruits *(Ruby Red)* kommen den tropischen Pampelmusen im Geschmack sehr nahe. Da die Grapefruits eine viel dünnere Schale haben, enthalten sie oft fast genausoviel Fruchtfleisch wie die zum Teil riesigen Pampelmusen.

Der englische Name Shaddock für Pampelmuse rührt von einem Kapitän her, der im 17. Jahrhundert diese Frucht nach Barbados brachte.

VERBREITUNG

*C. grandis* verbreitete sich von der Karibik nach Kalifornien und Florida, wo sie aber nie eine große Rolle spielte, im Gegensatz zur Grapefruit, die seit 1900 im Süden der USA mehr und mehr angebaut und auch in die Bundesrepublik importiert wird. In Thailand und Malaysia ist der Anbau der Grapefruits im Gegensatz zu den wunderbaren Pampelmusen kein Wirtschaftsfaktor von Bedeutung.

ERSCHEINUNGS-BILD

Die Pampelmusen wachsen an einem 5 bis 15 Meter hohen Baum, der robuste, 1–5 cm lange Dornen aufweist. Die jungen Äste sind dicht mit kurzen Härchen bedeckt. Die großen, 5–20 cm langen, 2–12 cm breiten, ovalen, geflügelten Blätter glänzen dunkelgrün.

In den Blattachseln erscheinen entweder einzeln oder in Büscheln bis zu zehn die 3–7 cm großen gelbweißen Blüten. Die gelben oder rosa Früchte variieren sehr in der Form, je nach Sorte. Die kernige, oft auch pappige eßbare Schale ist 1,5–2 cm dick. Der Fruchtsaft, der gelatineartig dick sein kann, ist entweder in gelbgrünen oder hellroten Saftschläuchen enthalten, die oft so stabil sind, daß man die Außenhäute entfernen kann und sie trotzdem zusammenhalten. Die Pampelmuse weist nur wenige gelbweiße große Samen auf.

In Asien blüht diese Pflanze hauptsächlich im Herbst, die Früchte sind dann vom April bis Juni reif. In den USA blüht sie im März/April und kann von November bis Februar geerntet werden. Die Pampelmuse kann in den USA beinahe soviel Kälte vertragen wie die Grapefruit, was den Gedanken nahelegt, daß ihre Heimat weiter nördlich zu suchen ist als in Malaysia. Ihre Früchte reifen besonders schnell (in 5 bis 6 Monaten) in einem tropischen Klima, wo sie Seewinden ausgesetzt sind.

Swingle, der 1915 den Fernen Osten bereiste, gliedert die Pomelos nach Ländern. Während er die Shaddocks im allgemeinen weniger zu schätzen scheint als die Grapefruits, lobt er in Malaysia die Sorten *Banda Navel, Cassomba* und *Bali* als sehr saftig, süß und fast samenlos. *Bali* sei die beste. Sie wurde von Sir Hugh Low auf die Labnan-Insel vor Borneo eingeführt. Aus Java sind die Sorten *Pandan, Beuer* und *Pandan Wangi* mit rotem Saft als besonders gut bekannt. Von Indien wurden 1904 dreizehn Sorten aus dem Botanischen Garten Kalkuttas in die USA geschickt. Swingle rühmt die Sorte *Bombay Red* (fast 20 cm Durchmesser) mit tiefrotem, sehr saftigem, angenehm säuerlichem, unverkennbar aromatischem Fruchtfleisch. Ein Herr Bonavia nannte sie die bei weitem beste Sorte. Ein Herr Boyle betrachtet *Oval Nakon chaisri* aus Siam als jeder anderen Shaddock und Grapefruit überlegen. *Flat Nakon chaisri* hält Herr Boyle für anbauwürdig für den Fruchtmarkt; er meinte dies schon im Jahr 1914. Andere Autoren rühmen *Kao Pan* und *Kao Phuang* als beste Sorten aus Siam (Thailand). In Japan fand Swingle die Sorte *Hirado* in der Nähe von Nagasaki ausgezeichnet und saftig, er zählt auch noch andere auf. In Formosa bemerkt er, sei *Matô* von bester Qualität (klein, von konischer Form). In China gibt es mindestens sechs Sorten in der Nähe von Kanton, u.a. die birnenförmige *Sungma* mit einer duftenden, dicken Schale und festem grüngelbem Fruchtfleisch, die 1915 in alle Teile der Welt exportiert wurde, wo Chinesen lebten. Die Pampelmuse wird seit 2000 Jahren rund um Kanton angebaut. In Kalifornien pflanzte man damals chinesische Shaddocks für die Chinesen in San Franzisko. In Florida sind die Pomelos bitter, sie spielten deshalb gegenüber der Grapefruit keine Rolle.

Die Pampelmuse ist für Grapefruitzüchter von Bedeutung, weil sie gegen Krankheiten immun ist, die die Grapefruits befallen. Sie läßt sich mit anderen Zitrusarten kreuzen. Es gibt besonders große, saftreiche, saure Pampelmusen, die in Asien wachsen. Pummelos sind reich an Vitamin A und Vitamin C. Malaysier und Chinesen benutzen sie als Medikament.

Eine israelische Kreuzung aus Grapefruit und Pampelmuse wird unter dem Namen *Pomelita* seit 1979 von Dezember bis April hauptsächlich nach Japan verkauft. Sie ist sehr süß. Seit 1981 bietet Israel Pomelos auf dem deutschen Markt an. Thailand offeriert sowohl birnenförmige als auch spitzrundliche Pampelmusen.
Von den israelischen Pampelmusen sind die Schalen naturrein. Man kann deshalb die Früchte in Scheiben schneiden und kandieren oder die Schalen allein, was eine Art Konfekt ergibt, das in den Tropen von vielen Früchten zubereitet wird.

Mit den Pomelos, die wir in den Tropen meist erst dann gegessen haben, wenn sie monatelang am Baum gehangen und ganz pappige Schalen hatten, dafür aber wunderbar süß waren, kann man die gleichen Rezepte zubereiten wie mit Grapefruits oder Orangen. Die israelischen Pampelmusen habe ich noch nicht probiert. Da die Innenhäute sich leicht von den Fruchtschläuchen lösen, kann man sie gut abziehen und das in kleine Teile zerfallende Fruchtfleisch Obstsalaten zufügen. Die Früchte sind sehr groß; es ist dekorativ, oben einen Deckel abzuschneiden und das entstandene Schüsselchen mit einem Zuckerrand zu versehen, in dem Fruchtsalat aufgetragen werden kann.

### Marmelade (Thailand)

Die Schale der Früchte mit der anhängenden weißen Haut in feine Würfel oder Streifen schneiden. In Wasser 10–15 Minuten kochen lassen, bis sie weich sind. Das Wasser wegschütten, die Schalen in frischem Wasser gut waschen, das Wasser abgießen, die Schalen vorsichtig ausdrücken. Die Schalen abwiegen. Die gleiche Menge Zucker mit etwas weniger Wasser (auf 500 g Zucker 0,4 l Wasser) zum Kochen bringen und so lange kochen lassen, bis ein dicker Sirup entsteht. In der Zwischenzeit die Schalen insgesamt noch dreimal in Wasser einweichen und ausdrücken, bis alles Bittere verschwunden ist. Zu dem kochenden Sirup geben und noch 5 Minuten unter Rühren mitkochen lassen oder so lange, bis die Schalen glasig sind und die Marmelade fest geworden ist.

### Konfekt

Man behandelt die Schalen wie eben beschrieben. Nach Ablauf der Kochzeit mit einem Schaumlöffel aus dem Sirup heben und abtropfen lassen. Später in Zucker wälzen. In Thailand stellt man kandierte Schalen von zwei Orangen, einer rosa Grapefruit und einer Zitrone her und bewahrt sie anschließend in Sirup in einem verschlossenen Glas auf. Man dekoriert damit Eis und serviert sie zu heißem Tee.

## Grapefruit (Citrus paradisi)

Obwohl Gärtner diese Frucht Pomelo nennen wollten, hat sich der Name Grapefruit durchgesetzt, da Marktleute in Jamaika – sie gedeiht dort schon seit 1789 – bereits vor 1814 diesen Namen bevorzugten. Grapefruit (Traubenfrucht) deshalb, weil bei den meisten Sorten die Früchte in Trauben angeordnet sind. Man nennt die Grapefruit außerdem im spanischen Bereich Toronja, was – wie auch Pomelo – zu Verwechslungen mit der Pampelmuse Anlaß geben kann.

UNTERSCHIEDE ZWISCHEN GRAPEFRUIT UND PAMPELMUSE

Daß die Grapefruit von der Pampelmuse abstammt, habe ich schon erwähnt. Beide Bäume sind gleich groß, die Blätter sind gleich geschnitten, die Blätter der Grapefruit sind aber kleiner und rundoval statt gespitzt. Beide Obstarten enthalten den Bitterstoff Naringin, der aber bei der Grapefruit mehr hervortritt als bei der süßen Pampelmuse. Seit 1830 betrachten die Botaniker die Grapefruit als eigene Art, nachdem Macfadyen die Unterschiede beschrieben hat. In Barbados wurde Citrus paradisi »Verbotene Frucht« genannt, daher der lateinische Name.

Zu Beginn des 19. Jahrhunderts brachte sie Graf Odet Philippe, der Chefchirurg der napoleonischen Marine, nach Florida, wo 1880 der kommerzielle Anbau begann, der seit dieser Zeit ständig zunahm. Die USA stehen an der Spitze der Welterzeuger, gefolgt vom größten Exporteur: Israel. Die USA ernteten 1972 sechsmal mehr Grapefruits als Israel (2 370 000 zu 370 000 Tonnen), Südafrika und Argentinien. Es werden in der Welt ungefähr genauso viele Zuckermelonen geerntet wie Grapefruits.

ERNTE UND
LAGERUNG
Wenn, wie in Kalifornien, die Früchte 15–17 Monate bis zur Ernte brauchen, hat sich inzwischen schon eine neue Generation gebildet, was die Pflanze zu sehr belastet, so daß sie viele fast ausgereifte, aber noch sauere Grapefruits abwirft. Experimente aus der Zeit nach dem Zweiten Weltkrieg haben gezeigt, daß man durch Sprühen mit Wuchsstoffen diesen Vorgang steuern kann. Sie sollten nicht gleich geerntet werden, nachdem sie einigermaßen reif geworden sind, da sich dann das Aroma noch nicht voll entwickelt hat. Sie können noch 2 bis 3 Monate länger am Baum hängen, ohne zu verderben, was für die Farmer günstig ist, da es ihnen Lagerraum – wie für die Zitronen – erspart. Die beste Lagertemperatur ist +18° C oder höher. Schon wegen der neuen Generation von Früchten wird man es jedoch vorziehen, die reifen Grapefruits möglichst früher ernten zu lassen. Durch Lagerung am Baum wird die Schale dicker, das Aroma besser, sie wird süßer, der Vitamin-C-Gehalt bleibt gleich. Um den richtigen Erntezeitpunkt festzustellen, beurteilt der Fachmann die Schalenfarbe und den Zustand des Saftes. Es ist sicher nicht falsch zu sagen, daß Grapefruits sehr haltbar sind.

SORTEN
Alle Grapefruitsorten entstanden in Florida.
Die wichtigste alte Sorte war die ausgezeichnete *Duncan*, die nach einem Pflanzer benannt wurde. Ihre Früchte sind abgeplattet, samenreich (30 bis 60 Kerne), aromatisch und von hohem Vitamingehalt. Duncan wird noch heute für Saft und Konserven bevorzugt verwendet, da sie die geschmacklich beste Sorte ist. Ihre Segmente hängen auch fester zusammen als die kernloser Früchte, weshalb sie für Dosen sehr geeignet sind. Duncan findet man auch noch in den Tropen (in trockenen Ebenen oder Höhenlagen). Die Qualität der Früchte dort kann aber mit den Pampelmusen der Tropen oder den Grapefruits der Subtropen nicht konkurrieren. (Sie sind dickhäutig, sauer und haben wenig Saft.) Duncan ist für den Frischverzehr fast überall durch *Marsh*, auch nach einem Pflanzer benannt, ersetzt. *Marsh Seedless* ist hellfleischig, fast samenlos, mittelgroß, abgeflacht, sehr saftig und von gutem Aroma.
Die Frucht hält sich besonders gut am Baum, im Lager und auf dem Transport. Sie trägt reichlich und ist auch für die feuchten Tropen geeignet. Marsh ist unsere gelbe Grapefruit, die man überall sehen kann – sie wird auch in Israel angebaut. Die Zitrussaison Israels wird mit der frühen Sorte *Yarden-River* (Marsh) Ende September eröffnet. Sie reicht mit der regulären Marsh von Mitte Oktober bis Juli. Von Marsh stammt die rosafarbene Mutante *Thompson* ab. Von Thompson wiederum kommen *Ruby* und *Redblush*, die noch röteres Fleisch haben und besonders in Texas beliebt sind (Handelsname *Ruby Red)*. Die rötlichen Sorten sind lieblicher und milder als die hellen Grapefruits, sie werden zunehmend vom Frischmarkt bevorzugt, aber nicht von den Saftfabrikanten, da das Pigment den Saft trübt.

*Litchi*

*Longans*

*Rambutan*

*Pulasan*

*Quenepas*

*Tafel 23*

Sapodilla
(Nispero)

Kricketball
Sapote

Lucuma

Sawo

Tafel 24

Die Rotfärbung des Saftes kommt von Karotinoiden, einer Mischung aus Karotin und Lykopin (auch in Tomate und Hagebutte enthalten). *Foster*, eine Mutante der Sorte Walter, weist nur Lykopin als Farbstoff auf. (Karotin enthält noch Vitamin A.) Das Gelbwerden der Schale hängt bei der Grapefruit nicht, wie bei der Orange, von der Witterung ab. *Sunrise (Star ruby)* besitzt tiefdunkelrotes Fleisch und eine gelbe Schale. Israel liefert sie von Dezember bis Mai/Juni.

ZUCKER-
SÄUREGEHALT

Die Grapefruit enthält 1–1,4 % Zitronensäure, die Orange 0,6–1,1 %. Chandler schreibt, daß die beste *Marsh*, die er je probiert hat, nur 1 % Säure enthielt. Der Zuckergehalt reicht von 7,5–8,5 %. Früchte, die außen am Baum reifen und viel Sonne bekommen, sind gewöhnlich süßer als die, die innen und im Schatten hängen.

---

## REZEPTE

---

Am einfachsten ist es, die Grapefruits zu halbieren und mit einem Grapefruitlöffel, eventuell zur Dekoration mit einer kandierten Kirsche in der Mitte, aufzutragen. Man sollte Zucker dazustellen, damit sich Leute, die ihre Kalorien nicht zählen, die Früchte süßen können. Auf diese Weise kann man Grapefruits zum Frühstück und als Nachspeise anbieten.

VORSPEISE

### Überbackener Camembert mit Grapefruits

*Pro Person:*
*½–1 Grapefruit in Filets*
*1 Camembert (125 g)*

*einige dünne Streifen von*
*rotem Paprika aus dem*
*Glas zur Verzierung*

Pro Person einen Camembert auf einen Teller legen. Die Teller in den Backofen schieben und in 15–20 Minuten überbacken. Nach dem Überbacken mit abgetropftem Paprika verzieren oder Paprikapuder darüberstäuben. Mit den Filets einer Grapefruit umlegen und gleich servieren.

### Amerikanischer Fruchtsalat

*Zubereitung 25 Minuten*

*1 Grapefruit*
*1 Orange*
*½ Ananas*
*1 Apfel*
*1 Tasse andere Früchte, je nach*
*Jahreszeit*

*1 Tasse Weintrauben*
*200 g flüssige Sahne*
*2 gehäufte EL Mayonnaise*
*1 Kopfsalat*
*Salz, Pfeffer*
*wenig Zitronensaft*

Den Salatkopf waschen, und mit schönen großen Blättern eine Holzschüssel auslegen. Grapefruit und Orange schälen und in Scheiben auf den Salat legen. Ananas und Apfel schälen und in Würfel schneiden. Mit den Weintrauben und Früchten je nach Jahreszeit mischen. Sahne und Mayonnaise mit einem Mixstab verrühren, mit Salz, Pfeffer und Zitronensaft abschmecken. Extra in einem Kännchen dazustellen.

*Variation:* Dem Salat 4 Selleriestangen in Scheiben und 3 EL gehackte Walnüsse hinzufügen.

Dieser Salat, den man in doppelter oder dreifacher Menge für eine Party zubereiten kann, dient als Beilage für Hummer, Geflügel und gegrilltes Fleisch.

Ich fühle mich nicht sehr wohl dabei, über Grapefruits zu schreiben, weil ich die meisten Rezepte, die ich gefunden und ausprobiert habe, nicht mochte. Grapefruit zu Fleisch, Fisch, Krabben, Muscheln schmeckt mir nicht.

GETRÄNKE **Grapefruitsaft** schmeckt sehr herb. Ich trinke ihn allerdings sehr gern auf südamerikanische Art, d. h. mit Eis und gesüßter Kondensmilch. Es ist auch ganz gut, ihn mit Orangensaft zu mischen. Viel von seiner herben Bitterkeit verliert er dabei aber nicht. Gerade die Bitterstoffe sind wertvoll an dieser Frucht. Da sie kalorienarm ist, schätzen sie Leute, die auf ihre Linie achten. Ein Mischgetränk, das den Hunger stillt, ist:

## Grapefruitcocktail

| | |
|---|---|
| *Saft einer Grapefruit* | *1 Ei* |
| *1 EL Zitronensaft* | *etwas zerkleinertes Eis* |
| *1 EL Honig* | *Mineralwasser* |

Die Grapefruit auspressen und alle Zutaten mit dem Mixstab gut vermischen. Mit Mineralwasser nach Geschmack auffüllen.

## Grapefruitlimonade

| | |
|---|---|
| *Saft einer Grapefruit* | *Zucker nach Geschmack* |
| *Eiswürfel* | *Mineralwasser* |

Alle Zutaten gut mischen.

Den ausgepreßten Fruchtsaft kann man auch mit anderen Fruchtsäften, mit Tee, Wein oder anderem Alkohol mischen.

## Daiquiri *(Peru)*                                    *(2 Portionen)*

| | |
|---|---|
| *1 Teil (Likörglas) Grapefruitsaft* | *1 TL Zucker* |
| *2 Teile Zitronensaft* | *3 Teile Rum* |
| *2 Teile Campari* | *4 EL Eissplitter* |
| | *evtl. Mineralwasser* |

Alle Zutaten in einem Mixbecher gründlich schütteln, dann durch ein Sieb in Cocktailgläser gießen. Mit Mineralwasser verdünnt, wird ein Longdrink daraus.

## Cocktail Toronja *(Peru)*                              *(1 Portion)*

| | |
|---|---|
| *1½ Likörgläser Weinbrand* | *1 TL Honig* |
| *1½ Likörgläser Grapefruitsaft* | *1 Ei* |
| *1 Likörglas Zitronensaft* | *4 EL gehacktes Eis* |
| | *Eiswürfel* |

Alle Zutaten bis auf die Eiswürfel mit dem Mixstab bearbeiten. Zuletzt das Getränk über die Eiswürfel gießen und auftragen.

**Cocktail Bocachica** *(Kolumbien)*                    *(2 Portionen)*

> 0,1 l Rum                              *Zucker nach Wunsch*
> 0,3 l Grapefruitsaft                   *Eissplitter*

Alles gut mixen. Für einen Longdrink nach Geschmack Mineralwasser zugeben.

Das Mischgetränk, das bei uns Hoppel-Poppel heißt, nennen die Russen:

**Gogel-Mogel**                                          *(6 Portionen)*

> 2 Eigelb                               *½ l kalte Milch*
> 1 Prise Salz                           *½ l Mineralwasser*
> 3 EL Zucker                            *3 Eischnee*
> ⅛ l Erdbeer-, Sauerkirsch-            *geriebene Muskatnuß*
> oder Grapefruitsaft

Eigelb dickschaumig schlagen, mit allen anderen Zutaten mischen und in Gläser füllen. Mit Muskatnuß bestreuen.

SÜSS-SPEISEN    *Grapefruitsüßspeisen* mit einer ganzen Menge Zucker haben mir sehr gemundet. Solche Rezepte habe ich allerdings in keinem Kochbuch gefunden.

### Grapefruits mit Pfirsichmus

> 2 gelbe Grapefruits                    *evtl. Sahnesteifmittel*
> 500 g weißfleischige Pfirsiche         *Zur Garnierung:*
> Zucker nach Geschmack                  *Cocktailkirschen, Pfeffer-*
> (ca. 3 EL)                             *minz-, Rosen- oder Veilchen-*
> 100 g geschlagene Sahne mit            *blätter (frisch oder kandiert)*
> 1 EL Zucker

Die Grapefruits in Scheiben schneiden und auf einer ovalen Platte anordnen. Die Pfirsiche häuten, entkernen und pürieren. Das Mus zuckern und abschmecken: es muß gut süß sein. Die Grapefruitscheiben mit dem Mus bedecken. Die Sahne schlagen, 1 EL Zucker zugeben, eventuell Sahnesteifmittel. Die Sahne auf das Mus spritzen, so daß es bedeckt ist. Das ist vom Geschmack her nicht nötig, denn Grapefruit und Pfirsichmus finde ich zusammen ganz wunderbar. Da das Mus aber braun wird, ist es besser, es mit Sahne zu überziehen. Die Sahne mit etwas Farbigem verzieren.
*Variation:* Sehr gut schmeckt es (dann benötigt man keine andere Dekoration), die Sahne mit 2–3 EL Krokant zu bestreuen.
*Variation:* Die Grapefruits würfeln und in die ausgezackten Schalen füllen. Mit Pfirsich mischen, Sahne darübergeben, mit Krokant bestreuen.
*Variation:* Vorzüglich ist es auch, Grapefruitwürfel auf Walnußeis (Rezept Seite 27) oder Mandelcreme (Rezept Seite 93) zu legen, mit Pfirsichmus zu übergießen und mit Sahne zu krönen.

### Grapefruits mit Lucumamarmelade

Sehr gern habe ich Lucumamarmelade (Rezept Seite 406) zu Grapefruits.

> 3–4 Grapefruits                        *wenn möglich: 2 EL Erdbeeren,*
> 6 EL Lucumamarmelade                   *Kirschen oder blaue Weintrauben*

387

Die Grapefruits würfeln und mit der Marmelade vermischen. Als Obstsalat (Dessert) auftragen. Da dieser Salat leider nicht sehr schön aussieht, muß er mit einigen Erdbeeren oder Kirschen als Farbtupfer belebt werden.

### Grapefruits mit Manjar

Manjar wird in Chile gekocht. Da es sich aber auch in Deutschland mit Zucker und Kondensmilch herstellen läßt, können auch wir diese Nachspeise zubereiten (Rezept Seite 440).

| | |
|---|---|
| *3–4 Grapefruits* | *einige Erdbeeren oder Kirschen* |
| *5 EL Manjar* | *zur Dekoration* |

Die Grapefruits würfeln und mit der warmen Milchcreme mischen. Wenn sie kalt ist, wird sie zu fest. Als Fruchtsalat auftragen, mit den Früchten verzieren.

### Grapefruitsalat mit Aprikosen

| | |
|---|---|
| *2 Grapefruits* | *Zucker und Zitronensaft* |
| *10 getrocknete Aprikosen* | *nach Geschmack* |

Diese Süßspeise mag ich nur mit hochwertigen, süßen Trockenaprikosen. Am Abend vorher waschen und einweichen. Am nächsten Tag längs vierteln. Die Grapefruits in saubere Filets teilen und alle Zutaten mischen.

## Wampi *(Clausenia lansium)*

Engl.: Wampee. Die Wampi ist eine noch ziemlich unbekannte Zitrusfrucht, die sich aber rasch ausbreiten könnte.

HERKUNFT Sie stammt aus Südchina, wo sie hoch geschätzt wird. Als Hausgartenpflanze ist sie auch in anderen tropischen und subtropischen Gegenden weit verbreitet. David Fairchild, ein amerikanischer Botaniker, hat sie in Florida eingeführt. In einer australischen Fachzeitschrift wird sie auch für Nordostsüdwales empfohlen.

*Wampi*

Der kleine strauchartige Baum, dessen Blätter immer zu siebent oder neunt angeordnet sind (sechs oder acht paarweise, eins einzeln am Ende des Astes), trägt große Büschel von weißen oder gelbweißen Früchten, die ein wohlschmeckend-aromatisches, leicht säuerliches, geleeartiges Fruchtfleisch aufweisen. Die Früchte sind rund oder oval und haben einen Durchmesser von 2,5 cm. In China kennt man saure, säuerliche und süße Sorten dieser geschätzten Obstart. Swingle, ein amerikanischer Botaniker, erwähnt 1943 in der Provinz Kwantung allein acht verschiedene Sorten. Die Pflanze kann außerdem als Zierpflanze dienen.

KLIMA-
ANSPRÜCHE
Der Baum kann überall gedeihen, wo es andere Zitrusgewächse gibt. Obwohl die Wampi nur weitläufig mit Zitrus verwandt ist, hat man sie erfolgreich auf die rauhe Zitrone aufgepfropft, was zu früherer Blüte und Fruchtbildung führte. Der Baum wächst gut auf dem sehr kalkhaltigen, felsigen Boden rund um Miami.

VERWENDUNG
Die Früchte werden als Nachtisch angeboten und zu Marmelade sowie Getränken verwendet.

# SAPINDACEAE *(Seifenbaumgewächse)*

In diese Familie gehören Bäume und Sträucher, auch einige Kletterpflanzen aus den tropischen Regionen der Erde. Diese Familie heißt Seifenbaumgewächse, weil ihre Früchte einen alkalischen Stoff enthalten, mit dem man Haare und Seide waschen kann, was man heute noch tut. Vor Einführung der Seife benutzte man die Früchte viel mehr zum Reinigen als heute. Ob man mit Litchis Haare waschen kann, weiß ich nicht – Quenepas z. B. hinterlassen schlimme Flecken. Ganz gewiß kann man zu diesem Zweck aber *Sapindus Mukorossi* var. *carinatus* verwenden. (Doch das ist nur interessant für botanisch versierte Auslandsexperten.) Pflanzen dieser Familie aus Brasilien (*Paullinia cupana* und *sorbilis*) enthalten Koffein. Aus den Samen der Sapindaceen stellt man Rosenkränze und Halsketten her.

## Rambutan *(Nephelium lappaceum)*

Franz.: Litchi chevelu, d. h. haarige Litchi, Malaiisch: Nĕrat, Gente, Thai: Ngo, Phruan.

HERKUNFT UND
ERSCHEINUNGS-
BILD
Diese Pflanze stammt aus Malaysia und wird dort hochgeschätzt. Man sieht sie überall in Gärten und an Straßenrändern. Sie wird haarige Litchi genannt, da sie der Litchi sehr ähnlich ist, die Früchte aber mit einer Art Wolle oder Stacheln bewachsen sind. Ihre lederartige Oberfläche ist weinrot und mit Fasern besetzt, die an harte, kurze Grashalme erinnern, wenn man sie anfaßt. (Rambut heißt indonesisch Haar.) Man muß die Frucht aufschneiden oder mit den Fingern aufreißen. Das weiche, durchsichtig-weiße, süßliche Fruchtfleisch hat weder viel Geschmack noch Säure. Der Kern ist mit dem Fruchtfleisch zusammengewachsen und ähnelt einer Mandel. Die Rambutans sind ca. 3,5–8 cm lang und 2–5 cm dick.

ERNTEZEITEN
Rambutan ist ein echter Tropenbaum, der zweimal im Jahr trägt. Er wird aus Samen aufgezogen und fruchtet nach 5 bis 6 Jahren. Die Haupternte ist im Sommer, und es ist beeindruckend, den schönen Baum überladen mit weinroten Früchten unter seiner Last gebeugt zu sehen. Eine kürzere Saison ist im Dezember.

Bei manchen Sorten läßt sich das Fruchtfleisch leicht vom Kern lösen. Die besten Rambutans kommen aus Malaysia und Indonesien.

VERWENDUNG   Früchte mit hohem Säuregehalt sind sehr erfrischend zum Rohessen, der Kern wird weggeworfen. Rambutans kann man auch zu Kompott und guter Marmelade verarbeiten. Die säuerlichen Sorten scheinen es zu sein, die manche Europäer der Mangostane vorziehen. Die Rambutans, die ich probiert habe, haben mich nicht beeindruckt, bis auf Früchte, die mir aus Thailand mitgebracht worden sind. Diese waren säuerlich und aromatisch, ganz ausgezeichnet.

HEILWIRKUNG   Eine Abkochung aus der Wurzel wird gegen Fieber gegeben. Die Blätter benutzt man zu Breiumschlägen. Aus der Rinde wird ein adstringierendes Mittel gewonnen, das bei Verletzungen der Zunge zusammenziehend wirkt. Man verabreicht es auch nach Geburten.

SONSTIGER NUTZEN   Junge Blätter färben Seide, die durch Turmeric (Gelbwurz) gelb gefärbt wurde, grün. Mit anderen Pflanzen zusammen stellt man aus Rambutans ein Schwarzfärbemittel her. Rambutanholz ist hart und schwer, von roter oder brauner Farbe. Es splittert aber beim Trocknen.

## REZEPT

**Rambutanmarmelade** *(Indonesien)*

> *500 g Rambutans*                    *375 g Zucker*

Die stacheligen Schalen entfernen. Die Früchte mit Wasser bedecken und so lange kochen, bis sich das Fruchtfleisch von den Kernen löst. Abkühlen lassen, die Haut von den Samen abziehen und wegwerfen. Die Samen in wenig Wasser extra kochen, bis sie weich sind. Zu dem Fruchtfleisch geben, den Zucker zufügen und nochmals 20 Minuten kochen lassen. Drei Nelken können mitgekocht werden, sie müssen nach der Fertigstellung der Marmelade entfernt werden.

## Pulasan *(Nephelium mutabile)*

gehört wie Rambutan nach Malaysia und wird oft mit dieser Frucht verwechselt. Wild kommt sie auf den Philippinen vor. Sie ist nicht so wollig, sondern hat konische Höcker, die kürzer sind als die Haare der Rambutan. Im übrigen ähnelt Pulasan Rambutan sehr – und damit auch Litchi und Longan.

Die besten Früchte kommen aus Bogor in West-Java (230–350 m über dem Meeresspiegel). Manche Leute finden, daß sie besser seien als Rambutans. Man verwendet sie als Kompott. Sie haben einen süßen Geschmack und sind saftig, ihr Kern löst sich besser vom Fruchtfleisch, als das bei Rambutans der Fall ist. Burkill nennt die Früchte delikat. Der Kern der Pulasan ist groß, man kennt aber auch kernlose Sorten. Es gibt heller und dunkler gefärbte Früchte. Aus gekochten oder gerösteten Samen stellt man ein kakaoähnliches Getränk her.

SONSTIGER NUTZEN   Die Samen enthalten 29 % Fett, das man früher für Öllampen gebrauchte. Dieses Öl kann eventuell auch zur Ernährung dienen. Das rötliche Holz ist härter und schwerer als Rambutanholz, wird aber selten verwendet.

Die Wurzeln werden gekocht und als Wurmmittel gegeben, außerdem gegen Fieber, in beiden Fällen als Getränk. Man fügt die Flüssigkeit außerdem dem Badewasser eines Fieberkranken bei. Aus Wurzeln und Blättern bereitet man Breiumschläge (zu welchem Zweck, ist nicht beschrieben).

## Litchi *(Litchi chinensis)*

Engl.: Litchi und Lychee, Chines.: Lee Chee, Span.: Mamoncillo chino.

HERKUNFT — Die Litchi stammt aus Südchina und wurde während der Shang-Dynastie 1766 v. Chr. zum ersten Mal erwähnt. Ihre Hauptanbaugebiete waren die Provinzen Kwantung und Fukien. Die Litchi gilt in China als die feinste Frucht. Es wird erzählt, daß eine mittelchinesische Kaiserin in Siam sich Litchis aus Kanton bringen ließ. Wenn ein Bote die Früchte nicht rechtzeitig an den nächsten übergab, wurde er geköpft. Die sieben Provinzen des alten China hatten bei manchen Herrschern ihre Steuern in Litchis zu bezahlen.
Die Litchi wird hoch gelobt. Firminger, ein Gartenexperte, der in Indien gearbeitet hat, sagt, »sie ist so köstlich, vielleicht mehr als jedes andere Obst«.

VERBREITUNG — Heute wächst die Litchi auf der ganzen Welt in den dafür geeigneten Ländern (Indien, Südafrika, Mozambique, Madagaskar, Kenia, Brasilien, Florida, Hawaii und Australien). Dieser Satz liest sich so leicht – doch wieviel Mühle verbirgt sich dahinter! 1866 brachte man dieses Obst nach Florida, doch noch 1914 hatte kein Baum getragen – nur geblüht. Die Litchi ist eine subtropische Pflanze. Sie gedeiht zwar gut in den Tropen, setzt dort aber keine Früchte an. Am besten bekommt ihr das Klima zwischen dem 15. und 30. Breitengrad. Wenn sie jung ist, verträgt sie keinen Frost, doch später übersteht sie einige Grade unter Null ohne Schaden.

ERSCHEINUNGS-BILD — Der Baum ist attraktiv und nicht sehr hoch (10–12 Meter) mit einer dichten Krone von glänzendgrünen Blättern. Blätter, Blüten und Früchte erscheinen in Büscheln.
Die Blätter sind oval-lanzenförmig und rotbronzefarben, wenn sie jung sind. Im Frühjahr ist der Baum übersät mit grünweißen oder grüngelben Blüten. In Nordindien blüht er im Februar, in China im April. Die Früchte erscheinen dann im Mai bzw. Juli. Sie wachsen nur außen am Baum, nicht zwischen den Zweigen.

FORTPFLANZUNG — Die Pflanzen werden vermehrt, indem man Zweige, die noch mit der Mutterpflanze verbunden sind, unterhalb der Blätter mit Erde bedeckt, wodurch sie Wurzeln bilden; später trennt man sie ab. So entstandene Pflänzchen tragen nach vier Jahren Früchte, eine volle Ernte bringen sie nach sechs Jahren. Bäume aus Samen tragen oft erst nach 14 Jahren.
1973/74 sind in Südafrika große Mengen Litchis gepflanzt worden, so daß sich die Produktion vervierfachen wird. Auch Israel beginnt mit der Erzeugung.

ERTRAG — Mit 8 bis 10 Jahren tragen die Bäume 25–30 kg. Erwachsene Bäume – manche sind auf der Litchifarm in Südafrika über 43 Jahre alt – können bis zu 300 kg bringen.

IMPORTE — Unsere Frischfruchtimporte kommen Anfang Dezember aus Kenia, anschließend aus Mozambique und Südafrika. Thailand liefert im April und Mai. Erhalten wir Früchte im Mai und Juni, dann stammen diese aus Indien oder Pakistan.

Die Litchis sind 4–5 cm lang und von ovaler Form (Pflaumengröße). Ihre Haut ist fast kirschrot und wenn sie trocknet – nach einigen Tagen – von stumpfem Braun. Die Haut ist bröcklig wie eine Eierschale und besteht aus lauter winzigen Fünfek-ken, die sich zu ihren Mittelpunkten hin erheben – sie wirkt wie mit Höckerchen übersät. Obwohl die Büschel bis zu 30 Stück enthalten können, ist es besser, die meisten Früchtchen zu entfernen, so daß schließlich 3 bis 5 Litchis reif werden. Entfernt man die Haut, läuft etwas Saft heraus, und es tritt weißes, im Aussehen an gekochte Zwiebel erinnerndes Fruchtfleisch zutage, das einen großen, glän-zendbraunen Kern von der Größe einer Eichel umgibt. Der Geschmack der Litchi ist süß, auch erinnert er etwas an Rosinen oder mehr noch an Rosen. Andere empfinden das Aroma als kirschähnlich.

ERNTE  Wenn die Früchte zu unreif geerntet werden, reifen sie nicht mehr nach. Eine etwas vorverlegte Ernte hebt die Haltbarkeit, allerdings auf Kosten des Aromas. Bei 0° C kann man sie 2 bis 3 Wochen aufheben, auch Einfrieren vertragen sie gut. Obwohl schon so lange in Kultur, gibt es nicht übermäßig viele Sorten. *Chen Purple* und *Brewster* sollen die besten sein.

KONSERVIERTE
FRÜCHTE
Dosen mit 298 g bzw. 567 g sind von hervorragender Qualität. Wo Chinesen leben, verkauft man getrocknete Litchis. Sie schmecken fast wie Rosinen. Die Außenhaut bleibt erhalten, das Fleisch ist zu einer zähen Haut um den Kern zusammengeschrumpft.

VERWENDUNG  Man ißt die Früchte, indem man sie entweder schält oder die Schale gegenüber vom Stiel öffnet und das Fruchtfleisch mit Kern in den Mund drückt.
Litchis passen sich im Aroma ihrer Umgebung an. Man kann sie mit allen möglichen Zutaten kombinieren. In Südafrika gibt man sie in Rumpunsch, und anderswo verwendet man die Litchis in Salaten und Fleischgerichten. In Taiwan bereitet man Litchiwein, der wie ein südlicher Weißwein schmeckt und deutliches Litchiaroma aufweist.

LITCHIS IN
SÜDAFRIKA
In Südafrika gibt es die größte Lichtifarm der Welt. 1886 kamen die ersten Litchibäume aus Mauritius dorthin. Im Lauf der Zeit hat man viele Sorten aus China, Indien, Formosa und Florida importiert. Die am meisten angebaute ist in Südafrika *Mauritius HLH.* 1925 begann die Farm als Familienbetrieb. Jetzt ist sie eine Gesellschaft mit 8 500 Bäumen gegenüber dem Krüger-Nationalpark, von dem sie durch einen Fluß getrennt ist. Oft schwimmen Löwen, Elefanten, Paviane und andere Affen sowie Wild durch den Fluß und sind während der Ernte, die drei Wochen mitten im Sommer, in der heißesten Zeit, stattfindet, eine ernste Gefahr. (1977 waren es mehr als 38° C im Schatten.) Die Hitze ist nicht gut für die Litchis, die austrocknen und braun werden. Die Litchi ist überhaupt sehr emp-findlich. Da sie Feuchtigkeit verdunstet, kann man sie nicht in Pappkartons packen, da darin nicht genug Luftzirkulation herrscht und sie dann schimmelt. Für den Export muß man Holzkisten benutzen. Besonders gute Früchte werden erzielt, wenn dieses Obst am Baum in poröse Papiertüren gesteckt wird, um es gegen Insekten zu schützen und die Feuchtigkeit besser zu erhalten. Das hebt allerdings die Produktionskosten an.

MEDIZINISCHE
WIRKUNG
Die Blätter verwendet man zu Breiumschlägen. Die Samen gelten bei den Chine-sen als schmerzstillend. Eine Paste aus den Kernen trägt man bei Hautkrankheiten

auf. Eine Tinktur dient in Tongking, rund um Hanoi, als Mittel gegen Darmbeschwerden. Aus Blüten, Schale und Wurzel stellt man ein Gurgelwasser gegen Halsschmerzen her.

Das Holz der Litchi ist nahezu unzerstörbar.

## REZEPTE

Litchis sind sehr gut zu zartem Fleisch (Kalbfleisch, Rebhuhn, Fasan, Hähnchen). Man läßt sie nur in einer liebevoll gewürzten Soße heiß werden. Dazu paßt Kartoffelbrei oder Reis.

Taiwan bietet Litchiwein und Longanlikör auf dem Weltmarkt an. Falls ein Leser ein Liebhaber von Litchis oder Longans ist: ein Eßlöffel dieses Alkohols an die Soße gegeben, intensiviert das Aroma beträchtlich.

### Gebackene Hühnerbrust *(China)*  *(2 Portionen) Zubereitung 25 Minuten*

| *Fleisch:* | *Soße:* |
|---|---|
| *1 Hühnerbrust* | *2 EL Zucker* |
| *1 Ei* | *1 kleine Dose Litchis (300 g)* |
| *3 EL Mehl* | *2 EL Essig* |
| *Salz, Pfeffer* | *2 EL Sojasoße* |
| *Öl zum Ausbacken* | *½ TL gehackter Ingwer* |
| | *1 TL Maismehl* |

Die Hühnerbrust in dünne Scheiben schneiden. Aus Ei, Mehl, einer Prise Salz und Pfeffer einen Teig herstellen. So viel Wasser zugeben, daß er dickflüssig wird. Die Fleischscheiben nacheinander hineintauchen und in heißem Öl schwimmend ausbacken.

Zur Soße läßt man den Zucker honigbraun werden, Litchisirup aus der Dose hinzugeben, den Karamel ablöschen und so lange unter Rühren kochen, bis eine glatte Flüssigkeit entstanden ist. Essig, Sojasoße, Ingwer, das mit wenig Wasser gemischte Maismehl angießen und glattrühren. Die zerschnittenen Litchis hinzufügen. Das Gericht noch einige Zeit auf kleiner Flamme ziehen lassen.

Die Soße ist recht stark gewürzt. Es genügt auch, nur jeweils einen Eßlöffel Zucker, Essig und Sojasoße zu verwenden.

### Litchis mit Kalbssteak  *Zubereitung 15 Minuten*

| | |
|---|---|
| *4 Steaks* | *2 EL saure Sahne* |
| *Öl zum Braten* | *1–2 EL Litchiwein oder* |
| *1 TL Salz* | *Weinbrand* |
| *1 TL Rosenpaprika* | *2 TL Butter* |
| *1 EL Zitronensaft* | *1 große Dose Litchis (580 g)* |

Eine ovale Platte mit Kartoffelbrei bedecken.

Die Steaks in wenig gutem Öl von beiden Seiten goldbraun werden lassen, salzen und auf die Platte mit dem Kartoffelpüree legen. In den Bratfond Paprika, Zitronensaft, saure Sahne, Alkohol und Butter geben und so viel Litchisirup aus der Dose, daß eine dickflüssige Soße entsteht. Die ganzen Litchis darin heiß werden lassen und die Soße entweder über die Steaks geben oder extra auftragen. Das Kartoffelpüree kann ebenfalls in einer Schüssel extra dazugestellt werden. Zu diesem Gericht passen milde Gemüse (Erbsen, Chinakohl) oder grüner Salat.

### Litchi-Avocado-Salat *(Hawaii)*     *(6 Portionen) Zubereitung 40 Minuten*

Sehr gut für eine Party geeignet.

| | |
|---|---|
| *1 Hähnchen oder* | *1½ TL Salz* |
| *1 Poularde von 1500 g* | *kräftige Prise Pfeffer* |
| *(insgesamt 4 Tassen* | *1 große Dose Litchis* |
| *entbeintes, gehäutetes* | *2 Avocados* |
| *Hühnerfleisch)* | *¾ Tasse Mayonnaise* |
| *1 Tasse feingeschnittener* | *¼ Tasse saure Sahne* |
| *Stangensellerie* | *1½ TL Currypulver* |
| *1 großer grüner Paprika,* | *2 EL gehackte Zwiebeln* |
| *gewürfelt* | *2 gehäufte EL feinge-* |
| *2 EL Essig* | *wiegte Petersilie* |
| *1 EL Öl* | *1 Kopfsalat* |

Hühnerfleisch, Sellerie und Paprika mischen, mit Essig, Öl, Salz und Pfeffer würzen. Diesen Teil kann man schon stundenlang vorher zubereiten und im Kühlschrank ziehen lassen. Eine halbe Stunde vor dem Auftragen die Litchis gut abtropfen lassen (anstelle der Dose kann man natürlich auch 400 g frische Früchte verwenden). Eine große Schüssel mit Salatblättern auslegen, Litchis, Avocados in Würfeln mit dem Hühnerfleisch und der Soße aus Mayonnaise, saurer Sahne, Currypulver und gehackten Zwiebeln mischen, in die große Schüssel geben und mit der Petersilie bestreuen.

NACHSPEISEN   ### Litchis in Crêpes        *Zubereitung 30 Minuten*

4 Crêpes backen (Rezept Seite 362) zu je einem Viertel gefaltet in eine Pfanne geben.

| | |
|---|---|
| *16 Litchis* | *2 EL Litchiwein oder* |
| *2 EL Butter* | *Orangenlikör* |
| *2 EL Zitronensaft* | *1 EL Puderzucker* |

Die Litchis in der Butter heiß werden lassen, Zitronensaft und Alkohol hinzufügen. Die Früchte in die Crêpetaschen füllen, die Flüssigkeit über die Eierkuchen gießen, mit Puderzucker übersieben. Eventuell noch einen Schuß Alkohol zugeben. Die Pfanne schräg halten und Feuer fangen lassen.

### Pfirsichcreme mit Litchis        *Zubereitung 30 Minuten*

| | |
|---|---|
| *500 g weißfleischige Pfirsiche* | *2 EL Zitronen- oder* |
| *Zucker nach Geschmack* | *Limonensaft* |
| *(mindestens 3–4 EL)* | *evtl. 1 TL reiner* |
| *200 g Sahne* | *Alkohol mit 1 Tropfen* |
| *12–16 Litchis* | *Rosenöl* |

Da ich so von dem Rosenwasser enttäuscht bin, weil man nichts davon schmeckt, wollte ich gerne das teure Rosenöl zu Litchis einmal ausprobieren. Beides harmoniert vorzüglich, aber das Öl entweicht und läßt das ganze Haus duften, während in der Nachspeise nicht viel drinbleibt.

Die Pfirsiche häuten. Oft kann man die Haut leicht abziehen; wenn es nicht geht, muß man die Früchte kurz in kochendes Wasser legen, dann entkernen, pürieren und zuckern. Die Sahne schlagen, unter das Pfirsichmus heben; etwas Sahne zuckern und zum Verzieren übriglassen. Statt dessen paßt sehr gut auch Krokant. Die Litchis schälen, entkernen und vierteln. Mit Zitronensaft begießen und ziehen lassen. Vor dem Auftragen die Litchis in die Creme geben und das Rosenöl unterrühren. Ein paar Sahnetupfer auf die Nachspeise setzen und gut kühlen.

### Fruchtcocktail *(Hawaii)* *Zubereitung 30 Minuten*

| | |
|---|---|
| *1 Ananas* | *1 kleine Dose oder* |
| *2 Bananen* | *200 g frische Litchis* |
| *250 g Erdbeeren* | *½ Tasse kandierte Kumquats* |
| *2 EL Zucker* | *mit Sirup* |
| *1½ Orangen* | *¼ Tasse Rum* |

Die Ananas längs in vier Teile schneiden, den harten Fruchtkegel entfernen. Die Schalen aushöhlen und das Fruchtfleisch fein würfeln. Die Schalen aufheben. Die Banane in Scheiben schneiden, die Erdbeeren waschen und einzuckern, die Orangen schälen und in Filets zerteilen, die Litchis abtropfen lassen. Mit den Kumquats alles in eine Schüssel geben, mit dem Rum begießen und im Kühlschrank ziehen lassen. Vor dem Auftragen in die Ananasschalen füllen.

### Litchi-Cocktail *(für ein Cocktailglas)*

| | |
|---|---|
| *1 Likörglas Gin* | *1 Likörglas Litchisirup* |
| *1 Likörglas Wermut* | *aus der Dose* |
| *1 Likörglas Rum* | *1 Eiswürfel* |
| *1 Litchi* | |

Alles mischen, mit einem Eiswürfel und einer Litchi ins Glas geben. Einen Cocktailspieß dazu.

## Longan *(Euphoria longan)*

Engl.: Dragon's eye, Franz.: Oeil de dragon, Portug.: Pitomba, Span.: Mamoncillo de China, Longan.

Der Baum stammt aus Indien, trägt aber nur halb so große Früchte wie die Litchi, die ziemlich fad schmecken. (Ich kenne Longans nur aus Dosen. Eigentlich sollen sie viel säuerlicher sein als Litchis.) Der Longanbaum ist resistenter gegen Frost als der Litchibaum. Die Früchte ähneln der Litchi in vieler Hinsicht und werden von den Chinesen deshalb in großen Mengen verbraucht. Der Baum wird als Unterlage zum Pfropfen der Litchi verwendet; man pfropft wiederum Longan auf Rambutan auf, die Longans werden aber meist aus Samen gezogen. Die Longanfrüchte reifen später als die Litchis. Sie sind als Konserve in der Bundesrepublik zu haben. Taiwan bietet Longanlikör auf dem Weltmarkt an. Er schmeckt ähnlich wie Portwein, Sherry oder Madeira, aber nicht herb und säuerlich, sondern sehr mild.

| | |
|---|---|
| HEILWIRKUNG | Die Chinesen trocknen das Fruchtfleisch der Longan und kochen Tee daraus, der als Stärkungsmittel gilt. Die Samen enthalten Saponin und werden deshalb in China zum Haarewaschen verwendet. Sie enthalten außerdem etwas Öl und viel Stärke. |
| SONSTIGER NUTZEN | Das Longanholz ist rot, hart, gut für Möbel und Hausbau; es ist aber sehr schwer erhältlich. |

### Aki *(Blighia sapida)*

Sie ist mit den Sklavenschiffen in die Karibik gereist und bereichert in Jamaika die Küchentradition. Sie soll unreif und ungekocht giftig sein durch ihren Gehalt an Hypoglycin A, einer Aminosäure, die den Blutzuckerspiegel senkt. Nach Linda Wolfe soll das aber nicht stimmen.

In Westafrika ißt man sie – gekocht – zu Fisch. In Jamaika würzt man die weiche, milde Frucht mit Curry. Spanisch heißt die Aki auch *Seso vegetal*, wegen der Ähnlichkeit der aufgesprungenen Früchte mit einem Gehirn.

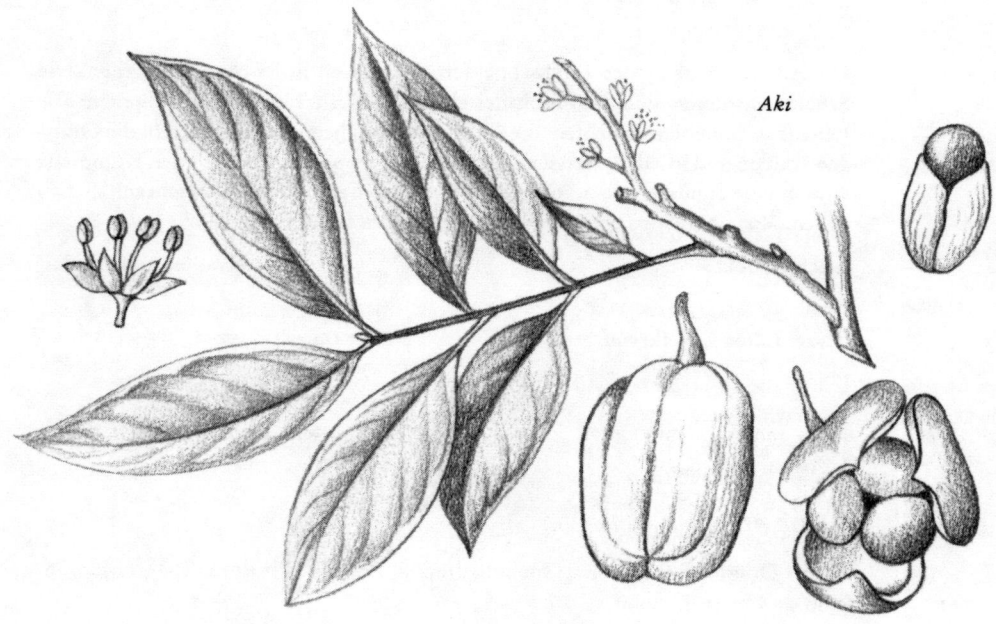

*Aki*

### Quenepas *(Melicocca bijuga)*

Engl.: Spanish Lime, Deutsch: spanische Limone, Span.: Guenepa, Mamon, Mamoncillo (Kuba), Genipe. Am Orinoko: Macao, Muco, Mexiko: Grosella de miel.

| | |
|---|---|
| HERKUNFT | Diese Frucht stammt von den Karibischen Inseln, sie ist dort sehr wichtig und beliebt. |
| ERSCHEINUNGS-FORM | Sie wächst an einem 6 bis 36 Meter hohen Baum mit elliptisch-lanzenförmigen Blättern und weißlichen, hoch stehenden Blütenrispen. Diese Pflanze wird auch in Südkalifornien und Südflorida kultiviert. Die Bäume sind zweihäusig. Sind |

nicht beide Geschlechter vorhanden, gibt es keine Ernte. Ihre Früchte haben die Größe und Form von sehr großen Weintrauben und eine grüne, dünne, lederartige Haut. Burkill schreibt, daß sie lange Zeit frisch bleiben, so daß sie sehr gut transportiert werden könnten.

Das Fruchtfleisch ist gelb und enthält einen großen Kern, den man rösten kann. Der Kern enthält auch Saft. Man öffnet an einem Ende die Schale und läßt die Pulpe mit dem Kern in den Mund gleiten. Der Kern hängt fest am Fruchtfleisch, und an diesem dicken Kern ersticken in jedem Jahr immer wieder Kinder.

Diese Frucht wird auch in Kuba sehr gelobt. Sie soll reich an Mineralstoffen sein (15 mg Kalzium, 20 mg Phosphor, 70 I.E. Vitamin A). Das Aroma des saftigen Inneren ist ähnlich dem von Weintrauben, süß, mit etwas Säure. Der Baum wächst langsam, trägt aber reichlich. Er kann sogar etwas Frost vertragen. Die Flecken des Saftes lassen sich nicht mehr entfernen. Mit Wasser und Zucker ergeben die Quenepas ein erfrischendes Getränk. Mit 500 g Zucker und 250 g Fruchtfleisch kann man auch eine Süßigkeit kochen.

# SAPOTACEAE *(Sapotengewächse)*

Die Familie der Sapotaceae ist in den Tropen heimisch und liefert eine ganze Reihe verschiedener eßbarer Früchte, die aber außer einigen, die ich erwähnen möchte, wirtschaftlich nicht sehr bedeutend sind.

## Sapodilla *(Achras zapota)*

Aztekisch: Zapotl, moderner: Zapote, Span.: Sapodilla (Verkleinerungsform), Chico, Chiku, Nispero, Portug.: Sapota, Sapotilha, Engl.: Sapodilla und Naseberry, Franz.: Nèfle d' Amerique, Deutsch: Westindische Mispel, Breiapfel.

HERKUNFT UND VERBREITUNG

Die Sapodilla stammt aus Amerika, und zwar reicht ihre Heimat von Südmexiko bis nach Venezuela. Sie wird seit Jahrhunderten auch in anderen tropischen Ländern kultiviert. Um 1500 war sie auf den Karibischen Inseln verbreitet, wo sie auch Hurrikanen trotzt, denn ihre zähen Äste brechen nicht leicht ab. Sie gedeiht gut in Höhen über 2500 Meter (in Ekuador). In den Küstenregionen Südindiens ist sie beliebt, reicht aber nicht höher als bis 900 Meter, während sie in Ceylon (Sri Lanka) schon ab 450 Meter keine Früchte mehr trägt. In Thailand, Malaysia und Singapur ist der Chico häufig zu finden und bringt im feuchtheißen Klima das ganze Jahr über Früchte in regelmäßigen Abständen hervor. Der Baum wird auch in Gegenden angepflanzt, in denen er nicht gut trägt, da er schön anzusehen ist. In Südflorida ist diese Pflanze beliebt bei Gartenbesitzern, die nahe der Küste wohnen, besonders südlich von Palm Beach. In Kalifornien trägt sie keine Früchte. Sie wächst sehr langsam, Kälte kann sie nicht vertragen.

GESCHMACK DER FRÜCHTE

Der Geschmack scheint verschiedene Personen an verschiedene Früchte zu erinnern. 1969 habe ich einmal irgendwo Chicos gekauft und probiert. Ich war von ihnen gar nicht beeindruckt. Sie hatten körniges Fleisch mit Birnenaroma, es fehlte ihnen jede Säure, dafür war ein herber Beigeschmack vorhanden, der einem den Mund zusammenzog. Ein Bekannter aus Puerto Rico verdrehte beim Genuß dieser gleichen Sapodillen vor Begeisterung die Augen. Er sagte, sie besäßen bei völliger Reife leichtes Aprikosenaroma. Es mag sein, daß ich nicht ganz reife Chicos erwischt hatte. Vielleicht waren sie auch nicht vom besten Aroma, oder man muß sich an ihren Geschmack erst gewöhnen. Ochse spricht von einem vorzüglichen, weichen, saftigen Fruchtfleisch, ähnlich braunem Zucker. Es wird manchmal zum Würzen von Brot verwendet. Die Sapodilla wird als eine der besten amerikanischen Tropenfrüchte betrachtet. Der spanische Historiker Oviedo nannte sie die beste aller Früchte. Firminger, ein anglo-indischer Gärtner, schrieb, daß es eine köstlichere, frischere und angenehmere Frucht auf der Welt vielleicht nicht gäbe. Auch hier muß sich jeder sein Urteil selber bilden, denn das Prädikat »köstlichste Frucht« habe ich schon von vielen Autoren über das unterschiedlichste Obst gefunden. Descourtilz sagt, die Sapodilla sei schmelzend und habe den süßen Duft von Honig, Jasmin und Maiglöckchen. Ich habe inzwischen eine gute Sorte aus Thailand probiert, sie war wunderbar, süß und voll; andere von den Philippinen fand ich nicht besonders.

ERSCHEINUNGS-
BILD

*Achras zapota* ist ein mittelgroßer, immergrüner Baum von 5 bis 20 Meter Höhe. Sein Holz ist hart und sehr dauerhaft. Reste davon hat man in gutem Zustand in den Maya-Ruinen von Yucatan gefunden. Seine Rinde gibt einen Latexsaft ab, wenn sie verletzt wird, das Chicle, eine aztekische Bezeichnung, aus der die Spanier Chiku oder Chico gemacht haben, und das ist der Grundstoff des Kaugummis. Der Latexsaft enthält 20–40 % Gummi, das man durch Kochen gewinnt. Mexiko, Guatemala und Honduras exportieren große Mengen davon in die USA, meist stammt er von wilden Bäumen. Schon die Azteken kauten Kaugummi.
Die Haut der 3 – 8 cm langen Früchte sieht Kartoffeln nicht unähnlich – braun und rauh. Das Fruchtfleisch ist von gelbbrauner, heller Farbe, weich und schmelzend bei Vollreife. Unreif enthalten die Chicos Tannin und milchigen Latex, man sollte sie so nicht essen. Die – je nach Sorte – runden oder länglichen Früchte haben keine oder bis zu 12 harte, schwarzglänzende, ovale Kerne.
Der Baum trägt drei bis vier Jahre, nachdem er gepflanzt wurde, Früchte. Man zieht ihn meist aus Samen. Nach der Blüte benötigen die Früchte vier Monate bis zur Reife. 30 Jahre alte Bäume können 2500–3000 Sapodillen tragen.

ERNTE

Die Nisperos müssen geerntet werden, bevor sie ganz reif sind. Anschließend muß man sie jedoch liegen und nachreifen lassen, sie schmecken sonst nicht gut.

VERWENDUNG

Die Sapodilla wird längs in zwei Hälften geschnitten und mit einem Löffel gegessen. Dieses Obst kann auch mit Zucker und Ingwer gekocht werden, dabei verliert es aber sein spezifisches Aroma (nach Molesworth-Allen). Nach Ochse ergeben reife Früchte eine vorzügliche Marmelade und ein Getränk.

SORTEN

Ochse führt mehrere Sorten an, die ich kurz erwähnen möchte, da die Sapodillen sich untereinander so unterscheiden, daß man kaum glaubt, daß es die gleiche Art ist. Sie können sehr klein, aber auch sehr groß sein. Die auf Tafel 24 abgebildete Kricketball-Sapote kann 10 cm lang werden. Die Sapodillen in Thailand haben oft die Form der Sawo.
*Prolific:* Konisch-runde Form mit leichter Spitze und ein wenig eingedrücktem Stielansatz, 6–9 cm lang und ebenso dick. Die Haut ist schorfig-braun und wird bei Reife ziemlich weich. Das Fleisch ist bräunlich, erinnert an Aprikose, duftet mild, hat ein reiches, süßes Aroma von breiiger Beschaffenheit.

398

*Russel:* Früchte konisch-rund mit oft leicht eingedrückter Spitze, 7,5–10 cm lang und 7–9,5 cm breit. Die Haut ist schorfig-braun, oft mit großen graubraunen Flecken, die mehlartig aufgerauht sind. Das Fleisch ist rosa-bräunlich oder tonfarben, unter der Haut leicht ins Grünliche gehend. Es duftet mild, ist von körniger Beschaffenheit und von reichem, süßem Aroma.

*Apfel-Bener:* Hier hängen die Früchte in Bündeln von 3 bis 6 Stück am Baum und sind eingedrückt-rund, 4 cm breit, mit einer dicken Schale, hellbraunem Fruchtfleisch und 2 bis 6 Kernen. Diese Sorte übersteht Transporte gut.

*Apfel-Lilin:* Die Früchte erscheinen in Bündeln von 2 bis 4, sind mittelgroß, mit sandigem, süßem, rotbraunem Fruchtfleisch und 2 bis 5 Samen.

*Betawi:* Die Früchte sind in Bündeln von 2 bis 4 angeordnet. Sie sind groß und oval, besitzen eine dünne Schale, rotbraunes, süßes Fruchtfleisch, das gewöhnlich ein bis zwei Samen aufweist. Die Früchte können nicht über weite Strecken transportiert werden.

*Kulon:* Die Früchte hängen einzeln oder paarweise am Baum. Sie sind ebenfalls oval, dabei wie leicht zusammengedrückt. Diese Sorte besitzt eine ziemlich dicke Schale, festes, süßes, klebriges Fleisch mit drei Kernen. Kulon kann leicht transportiert werden.

Burkill weist darauf hin, daß, da die Früchte so variabel sind, was Ertrag, Größe, Form, Qualität und Geschmack angeht, Selektionen große Verbesserungsmöglichkeiten eröffnen. Schon 1930 waren die Sapodillen Javas deutlich besser als die der Philippinen, da man rund um Jakarta die Früchte züchterisch bearbeitet hat. Auch die reifen Nisperos enthalten noch Latex, die ausgezeichneten malaiischen nur noch 0,8 %. Die philippinischen Früchte variierten in Los Baños von 30 bis 125 g. In Malaysia sind sie größer: zwischen 120 und 180 g.

CHICLE-GEWINNUNG

Um den Latexsaft abzuzapfen, werden V-förmige Einschnitte bis in, aber nicht durch den Bastteil der Rinde gemacht. Der ausfließende Latex ist zuerst dünn und weiß, aber bald gelb und dick. (Diese Sirupmasse benutzt man in Amerika oft als Kitt.) Er wird gesammelt und erhitzt. Kaugummi ist nichts weiter als gesüßter, aromatisierter, abgepackter Chicle. Manchmal wird ihm noch leicht schmelzendes Paraffin zugesetzt.

Das Abzapfen geschieht einmal im Jahr. Es schwächt die Bäume so, daß sie dann immer schlechtere Früchte liefern. Gute Fruchtqualität und Latexgewinnung schließen sich aus. In Mexiko sollen, nach Burkill, seit der Zunahme der Kaugummiindustrie viel weniger Sapodillen angeboten werden. Vielleicht sind aus diesem Grund die malaiischen und thailändischen Chicos besser.

EXPORTFRÜCHTE

Thailand bietet sie das ganze Jahr über auf dem Weltmarkt an.

TRANSPORT

Manche Sorten kann man sehr gut transportieren, andere nicht. Nach Burkill halten sich die Sapodillen (sicher nur bestimmte Sorten) bei einer Temperatur von 4–10° C einen Monat und reifen nach, sobald sie ins Warme kommen. Die Holländer sollen 1935 vor dem Verpacken an Strohfeuer geräucherte Früchte per Schiff nach Holland gebracht haben.

SONSTIGER NUTZEN

Das Holz ist so haltbar, daß es heute noch in den Ruinen der Mayastadt Yucatan zu sehen ist, obwohl seit 450 Jahren nichts zu seiner Erhaltung getan wurde.

HEILWIRKUNG

Die Pflanze wird als Abführmittel gebraucht. Die Samen enthalten Saponin und Quercetin.

### Milchshake                                                        *(2 Portionen)*

Mit den aromatischen thailändischen Nisperos habe ich einen schmackhaften, ausgezeichneten Milchshake hergestellt:

| | |
|---|---|
| *1 Sapodilla* | *½ l Milch* |
| *1 EL Zucker* | *Eiswürfel* |

Das Fruchtfleisch mit einem Löffel aus der Schale heben, die Kerne herausnehmen. Milch und Zucker zugeben und im Mixer einige Minuten gut mischen. Mit Eiswürfeln auftragen.

### Sirup

Das wie im vorigen Rezept vorbereitete Fruchtfleisch im Mixer zerkleinern, mit der gleichen Menge Zucker mischen und mit Wasser bedeckt zum Kochen bringen. Einige Minuten kochen lassen, und während des ganzen Vorgangs ständig rühren. Durch ein feines Sieb oder Tuch gießen. Den entstandenen Sirup mit Zitronen- oder Limettensaft, Mineralwasser und Eiswürfeln zu einem echt orientalischen Sorbet verdünnen.

### Saft

Die Früchte kann man auch schälen, entkernen, pürieren, mit Wasser bedecken, einige Minuten kochen und den Saft durch ein feines Sieb oder Tuch ablaufen lassen. Auf 1 l Saft 100 g Zucker zugeben, aufkochen lassen und in Flaschen füllen. Später mit Zitronensaft und Mineralwasser als Getränk verwenden. Der Saft ist weniger süß als der Sirup.

DIE SAPOTEN  Ein paar Bemerkungen möchte ich noch zu diesem Thema machen, das mich über lange Zeit beschäftigt hat und beinah verzweifeln ließ, weil ich glaubte, alles, was Sapote hieße, müßte auch zur gleichen Familie gehören oder gar die gleiche Frucht sein. Erst nach einem Jahr fand ich des Rätsels Lösung. (Siehe S. 184.)
Die schwarze Sapote gehört zu den Ebenaceen.
Die weiße Sapote gehört zu den Rutaceen.
Die kleine Sapote *(Sapodilla)*,
die große Sapote *(Calocarpum sapote* oder *mammosum)*,
die grüne Sapote *(Calocarpum viride)*,
die gelbe Sapote *(Pouteria campechiana)*, auch Eierfrucht oder Canistel, gehören zu den Sapotaceen.
Die *Sapote chupachupa* gehört zu den Sterculiaceen.

Ein enger Verwandter der Sapodilla, der häufig mit ihr verwechselt wird, ist

## Sawo  *(Manilkara sapota* oder *Manilkara kauki)*

Malaysia: Sawo, auch Sau, Thailand: La-mut, Tamil: Eluppai.

HERKUNFT  Im Gegensatz zur Nispero stammt die Sawo aus Westmalaya. Die Früchte sind nicht braun, sondern leuchtend dunkelorange. Allerdings bezeichnet man in Südostasien auch die Sapodilla als Sawo, setzt aber meist einen Zusatz dahinter:

die fremde Sawo (Sau *Menila* – die Sawo, die aus Manila kam, La-mut-*Farang*, *Shimai*-eluppai).

Die Blätter des Baumes haben eine weiße, flaumige Unterseite, die Früchte werden ungefähr 4 cm lang. Über die Anzahl der Kerne habe ich unterschiedliche Angaben: Eine Deutsche sagte mir, die Sawo habe nur einen Kern, ich habe auch ein Foto einer solchen Frucht gesehen. Eine Dame aus Thailand behauptete dagegen, Sapodilla und Sawo hätten gleich viele Kerne.

Die Früchte sind sehr süß und werden roh gegessen oder gekocht. Sie sind nicht sehr aromatisch. Wenn die Sapodilla auf die Sawo aufgepfropft wird, so ergibt das einen Zwergbaum.

SONSTIGER NUTZEN

Burkill schreibt, das Holz der Sawo sei unvergleichlich. Es wurde früher für Mühlen verwendet. Auch Häuser und Möbel können daraus hergestellt werden. Es zeigt nicht die leiseste Tendenz zu brechen, kann Reibung ertragen und ist so hart, als sei es Metall.

HEILWIRKUNG

Blüten und Samen werden als Medikament benutzt (wogegen, ist nicht angegeben). Die Samen enthalten Saponin.

Nach Bailey ist der wichtigste Vertreter dieser Gruppe die:

## Große Sapote *(Calocarpum sapote* oder *mammosum)*

Span.: Sapote colorado, auch Mamey Zapote, Zapote de carne (carne = Fleisch), Marmeladenfrucht oder Marmeladenpflaume genannt. In Kolumbien: Maco, Maco de serrano, Sapote mamey oder lucuma.

ERSCHEINUNGS-
BILD UND
VERBREITUNG

Ein großer, aufrechter Baum von 9 bis 30 Meter Höhe, der in Mexiko, auf den Karibischen Inseln bis nach Südamerika sehr beliebt ist. Die lichtgrünen Blätter sind in Büscheln angeordnet, länglich und nach der Spitze zu verdickt.

AUSSEHEN
DER FRÜCHTE

Die großen länglichen, nach unten zu verjüngten Früchte sind 7,5–21 cm lang, braun und beherbergen einen länglich spitzoval geformten Kern. Die Mamey Zapote stammt aus Zentralamerika, wächst aber auch noch in Südflorida.

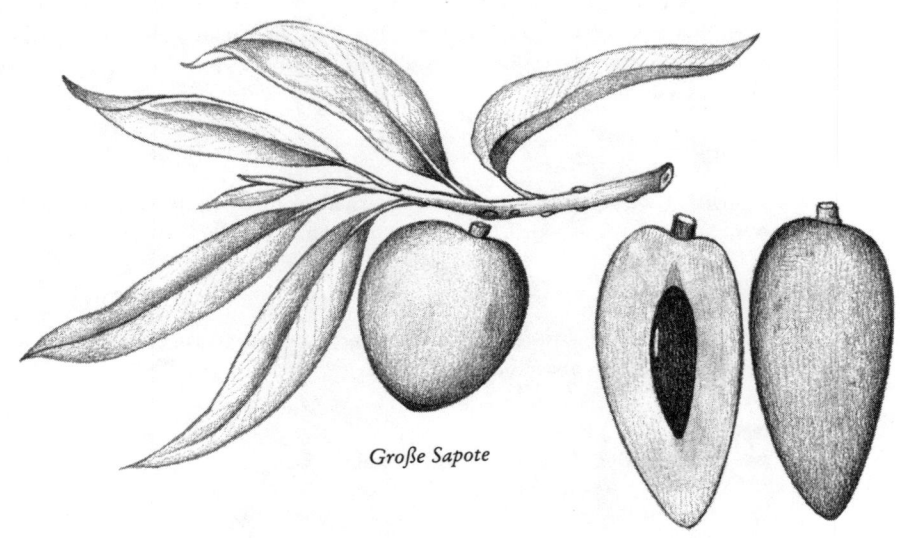

*Große Sapote*

Unter der rauhen, harten Schale findet sich das kräftig lachsrot gefärbte Fruchtfleisch, das in seiner Beschaffenheit einer Kantaloup-Melone ähnelt. Die Frucht erinnert durch ihren großen Kern an eine Avocado. Der Kern ist von glänzendem Braun und wird von einem rauhen weißen Kamm überzogen.

VERWENDUNG   Brücher empfiehlt, die Frucht vor der Verwendung mit Schnitten zu versehen und einige Tage liegenzulassen, damit der Latex ausfließen kann, und sie dann erst zu essen.

Dem Fruchtfleisch fehlt jede Säure. Die in Havanna daraus hergestellten Sorbets sind aber köstlich. Man macht auch Marmelade oder *Crema de mamey colorado* aus der Frucht oder fügt sie dem Guavenkäse bei.

Gewöhnlich ißt man sie jedoch roh. In Puerto Rico genießt man die Pflaumen mit Salz.

ERNTE   Wie alle Sapotaceen wird die Mamey Zapote auch unreif geerntet und muß in einem kühlen Raum eine Woche nachreifen.

IMPORT   Dieses Obst wird von den USA importiert, es soll gut transportfähig sein.

DER SAMEN   Nach Pittier wird der ölhaltige, streng riechende bittere Kern in Costa Rica gemahlen zu einem vorzüglichen Konfekt verarbeitet. Die Indianer fügen manchmal das bittere Pulver dem Kakao hinzu.

ZWEI FRÜCHTE   Obwohl *Mammea americana* ähnlich klingt wie *Mamey Zapote,* handelt es sich um zwei verschiedene Früchte.

KLIMAANSPRÜCHE   Der Baum gedeiht nur im feuchtheißen Klima bis zu 1000 Meter. Er ist nicht anspruchsvoll, was die Bodenbeschaffenheit anbelangt und nimmt auch mit schweren Böden vorlieb.

## REZEPTE

### Milchshake

*Sapote con Leche* mit dieser Frucht soll besonders gut sein: Das Fruchtfleisch im Mixer pürieren, mit Milch verdünnen, mit Zitronensaft und Zucker abschmekken. Nach Auskunft einer Dominikanerin bereitet man außer Milchshake auch Getränke mit Orangen- und Karottensaft zusammen mit dem pürierten Fruchtfleisch zu.

### Kompott

Fruchtwürfel der Sapote mit Bananenscheiben mischen und mit wenig Zucker, aber viel Zitronen- oder Limonensaft würzen.

### Creme

Das Fruchtfleisch pürieren, Zitronen- oder Limonensaft zugeben und mit Kokosmilch und Zucker abschmecken.

### Sorbet
wie Mangosorbet, Seite 27/28, zubereiten.

*Sternapfel oval und rund*

## Sternapfel *(Chrysophyllum cainito)*

Cainito, manche sagen Caimito, Engl.: Starapple. In Kolumbien: auch Nispero.

<table>
<tr>
<td>HERKUNFT<br>UND<br>ERSCHEINUNGS-<br>BILD</td>
<td>Der Sternapfel stammt aus dem tropischen Amerika. Seine Blätter sind ebenso schön wie die Blätter der Guave mit ihren gold- oder silberfarbenen Unterseiten. Der Cainito ist ein dekorativer Baum und wird sowohl zur Zierde als auch seiner Früchte wegen gezüchtet. Er gedeiht nur in den Tropen und verträgt keinen Frost. Die Blüten sind rosa. Der Sternapfel hat die Größe eines kugelförmigen Apfels mit weichem Fruchtfleisch. Das Kernhaus zeigt im Durchmesser einen neunstrahligen Stern – daher der Name. Das gallertartige Fruchtfleisch ist wohlschmeckend süßlich, hat aber kein prägnantes Aroma; es wirkt nur ganz leicht adstringierend und erinnert an eine fade Birne. Die 4 bis 5 Samen sind sehr dunkel und im Stern verborgen. Sie sind 2 cm lang und geformt wie Segmente einer Halbkugel. Der Sternapfel sieht wunderschön aus in seiner leicht ovalen Kugelform und seiner grasgrünen oder dunkelroten Farbe. Er wächst bis 800 m auf Schwemmland.</td>
</tr>
<tr>
<td>VERWENDUNG</td>
<td>Er wird hauptsächlich roh gegessen, nach Rehm-Espig allerdings auch zu Marmelade verarbeitet. Er hat nur lokale Bedeutung, ist aber an Ort und Stelle beliebt und wird auch in Hotels angeboten. Man serviert die Früchte, indem man sie am Stiel kreuzförmig einschneidet, so daß sie in vier Teilen auseinanderklappen.</td>
</tr>
</table>

## REZEPT

### Caimitococktail *(Kolumbien)*

| | |
|---|---|
| *6 Orangen* | *Zucker nach Geschmack* |
| *4 Caimitos* | *Eissplitter* |

Die Orangen auspressen, die Caimitos schälen, entkernen und pürieren. Mit Zucker und Eissplittern auftragen.

## Lucuma *(Pouteria nitida, Lucuma obovata)*

Colorado, Logma. In Kolumbien: auch Maco, Maco de serrano, Sapote mamey.

VERBREITUNG Diese Frucht gibt es nach Fouqué (Fruits 9/1972) von Nordchile bis Ekuador, während mir Chilenen sagten, sie gedeihe in Chile nur um den 34. Breitengrad in Rancagua und San Fernando. Obwohl es sehr schwierig zu sein scheint, sie anzubauen, möchte ich die Lucuma erwähnen, weil sie bei allen, die sie kennen, Begeisterung erregt. Sie ist die Nationalfrucht der Chilenen, die stolz auf sie sind.

ERSCHEINUNG Der Lucumabaum wird 8 bis 12 Meter hoch. Er hat eine runde, dichte Krone. Seine ovalen Blätter sind 12 bis 25 cm lang und auf der Oberseite dunkelgrün. Die Blattunterseite ist heller, zuweilen rötlich. Die zweigeschlechtlichen Blüten bestehen aus 2 cm langen röhrenartigen Kelchen, die von fünf spitzen hellgrünen Blütenblättern umrahmt werden.

AUSSEHEN DER FRÜCHTE Die Früchte sind zunächst von hellem, später dunklem Olivgrün; Fouqué erwähnt, es gebe auch eine braunrote Sorte. Sie sind so groß wie kleine Äpfel oder große Tomaten (nicht Fleischtomaten), denen sie auch sehr in der Form ähneln. Die äußere Haut ist sehr dünn, glänzend und durchsichtig wie ein Cellophanpapier. Darunter kommt eine dunkelgrüne oder dunkelbraune Schicht mit roten Flecken, die das eigelbe, fetthaltige, wie bei einer Kaki in Schichten abziehbare Fruchtfleisch bedeckt. In der trockenen Fruchtmasse sind 1 bis 5 große Kerne verborgen, die ähnlich wie frische, glänzende Roßkastanien aussehen. Ihre Form ist aber schmal und länglich, sie erinnert am ehesten an ein Oval, besser noch an einen Kugelausschnitt, wenn diese Kugel in fünf Segmente zerlegt und die Teile weich abgefeilt würden. In der Mitte der sehr ölhaltigen Samen befindet sich je eine längliche hellbraune Narbe, die wiederum an Roßkastanie erinnert.

HALTBARMACHEN Leider verfärbt sich das Fruchtfleisch, wenn man es zu konservieren versucht, es wird ganz dunkelbraun. Das Haltbarmachen in Dosen gelingt nicht. Wie mir gesagt wurde, explodieren die Dosen. Man bereitet aber Marmelade aus den Früchten zu, die sehr teuer sind.

FORTPFLANZUNG Die Vermehrung des Baumes erfolgt durch Samen.

TRANSPORT-FÄHIGKEIT Früchte, auf die ich viele Jahre neugierig war, kamen per Luftpost in vorzüglichem Zustand in Gießen an. Die Lucumas müssen nach der Ernte lagern, bis sie eßreif sind, dann aber in zwei bis drei Tagen verbraucht werden.

GESCHMACK Nach Bailey ist der Geschmack dieser Frucht ausgezeichnet. Uns erinnert sie sowohl im Duft als auch im Geschmack sehr an Walnuß, allerdings mit einem weichen Fruchtgeschmack ohne jede Säure, den ich nicht beschreiben kann. Vielleicht könnte man sagen, das Aroma deutet in Richtung Vanille oder Mango.

BEHANDLUNG DER FRÜCHTE Da das Fruchtfleisch sehr trocken und außerdem fast nicht süß ist, muß man es entweder durch ein Sieb rühren oder, was viel bequemer ist, im Mixer zerschlagen. Es empfiehlt sich, Milch hinzuzufügen, wenigstens so viel, um eine cremeartige Masse zu gewinnen. Diese Creme wird gezuckert und, mit Sahne vermischt, entweder gefroren (sie ergibt ein vorzügliches Eis) oder auf Baisers oder Biskuitboden (Mürbteig schmeckt nicht so gut) verteilt. Natürlich kann diese Masse auch gleich als Nachtisch serviert werden. Anstelle der Sahne könnte auch Kondensmilch oder Milch treten.

Nach W. E. Safford sind halbierte Lucumas mit Kern regelmäßig in den vorge-
schichtlichen Gräbern von Indianern an der Küste Perus gefunden worden.
Peruanische Mumien hatten ebenfalls Nachbildungen der Lucumas in Form von
Terrakottavasen bei sich. Das spricht dafür, daß die Lucuma schon vor Jahrtau-
senden hochgeschätzt wurde. Leider kann ich keine Vitamin- oder Mineralstoff-
gehalte angeben. Es war auch so schon fast unmöglich, Informationen zu bekommen, da in kaum einem Buch etwas über sie enthalten ist. Reisende nach Ekuador,
Peru oder Chile sollten sich ihren Genuß nicht entgehen lassen.

Die Kerne wurden in einem Gewächshaus in Gießen eingepflanzt. Alle sind zu
winzigen Bäumchen herangewachsen. Es ist nicht zu verstehen, weshalb dieser
Baum nicht auch in Mexiko, Afrika, Indien oder Südostasien gedeihen sollte.
Natürlich verträgt die Lucuma keinen Frost, außerdem keine salzhaltige Seeluft.
In der Küstenzone Chiles, wo die Lucuma wächst, kommt der Wind immer vom
Land her.

Obwohl ich mir das nußartige Lucumafleisch auch salzig und pikant gewürzt
vorstellen könnte – ausprobieren kann ich es leider nicht –, werden davon nur
Süßspeisen zubereitet.

## REZEPTE

### Lucumacreme *(Chile)*          *Zubereitung 20 Minuten*

Gleiche Menge Fruchtfleisch wie Sahne verwenden, Hälfte der Menge Zucker.

| | |
|---|---|
| *250 g Fruchtfleisch* | *250 g Sahne* |
| *etwas Milch* | *125 g Zucker* |

Das Fruchtfleisch im Mixer zerkleinern, dazu so viel Milch geben, daß eine weiche
Masse entsteht. Eventuell noch durch ein Sieb streichen. Mit dem Zucker verrüh-
ren. Die Sahne schlagen, unter das Lucumapüree ziehen und kühlen. Läßt man die
Creme gefrieren, so erhält man ein vorzügliches

### Lucumaeis

Mit diesem Eis kann man ebensogut Mangos und Cherimoyas füllen wie mit
Walnußeis. In Chile verwendet man oft statt Sahne Manjar, d. i. stark verkochte
Milch, die unter stundenlangem Brodeln cremig geworden ist (Rezept S. 440).

### Lucumakompott *(Chile)*

Bei diesem chilenischen Rezept wird das Lucumafleisch in kleine Würfel geschnitten und mit Manjar in Schälchen gefüllt. Wir könnten dazu stark gezuckerte und
kondensierte Milch verwenden.

### Lucumas Emelina *(Chile)*         *(4–6 Portionen) Zubereitung 45 Minuten*

| | |
|---|---|
| *6 Lucumas* | *3 Eiweiß* |
| *3 Blatt Gelatine* | *2 EL Maismehl* |
| *½ Tasse Wasser* | *2 Tassen Milch* |
| *1¼ Tasse Zucker* | *3 Eigelb* |

Die Lucumas schälen, zerkleinern und durch ein Sieb drücken. Die Gelatine in kaltem Wasser einweichen. ½ Tasse Wasser zum Kochen bringen. Das Wasser vom Herd nehmen, die Gelatine ausdrücken und im heißen Wasser lösen. Die Lucumamasse hinzufügen, ebenso ¼ Tasse Zucker. Das Eiweiß steif schlagen und unterziehen. Die Creme in eine Schüssel geben und gut kühlen lassen. Das Maismehl in einem Topf mit Milch, einer Tasse Zucker und Eigelb vermischen. Unter ständigem Schlagen zum Kochen bringen. Sofort vom Herd nehmen, etwas abkühlen lassen und über der Lucumamasse verteilen.

### Lucumatorte I *(Chile)*                                      *Zubereitung 50 Minuten*

Einen Baiser- oder Biskuitboden (Rezepte im Anhang) mit der Lucumacreme (s. Seite 405) bestreichen. Um einen ansehnlichen, nicht zu flachen Kuchen zu erhalten, kann man die doppelte Menge: 500 g Fruchtfleisch mit 500 g Sahne, 250 g Zucker und 6 Blatt Gelatine, in 4 EL heißem Wasser gelöst, verwenden. Bei einem Baiserboden nur 100 g Zucker zugeben.

### Lucumatorte II

| | |
|---|---|
| *1 Mürbteigboden* | *1 Päckchen Tortenguß* |
| *(Rezept im Anhang)* | *¼ l Wasser* |
| *¼ l Lucumacreme* | *2 EL Zucker* |
| *(Rezept Seite 405)* | *2 EL Zitronensaft* |
| *2–3 Mangos* | |

Den Mürbteigboden mit der Lucumacreme bestreichen. Die Mangos schälen und in möglichst gleichmäßige Schnitze zerlegen, die im Kreis auf der Creme angeordnet werden. Den Tortenguß mit so viel Wasser und mit dem Zucker anrühren, daß eine glatte Masse entsteht. Das restliche Wasser mit Zitronensaft zum Kochen bringen, mit dem Guß aufkochen, über die Mangoschnitze verteilen.

### Lucumamarmelade *(Lucuma Rosalina)*

Das Fruchtfleisch im Mixer zerkleinern, mit so viel Wasser anfeuchten, daß eine breiige Masse entsteht. Diese Masse wiegen und die gleiche Menge Zucker hinzufügen. Unter ständigem Rühren kochen lassen, bis alles gut gemischt und sirupartig geworden ist. Vorsicht, Lucuma brennt leicht an! Die Lucumamarmelade harmoniert vorzüglich mit Grapefruits. Ein Grapefruitsalat damit sieht aber leider nicht sehr schön aus. Die beste Möglichkeit: halbierte Grapefruits mit dieser Marmelade – eigentlich ist es mehr eine Soße – zusammen auftragen. Beim Auslöffeln der Grapefruit süßt jeder selbst anstatt mit Zucker mit Lucumamarmelade.
Gut ist es auch, einen Kokosnußboden mit 4 EL dieser Marmelade zu bestreichen und mit Kapstachelbeeren und Weintrauben zu belegen. Durch das Kochen wandelt sich der Walnußgeschmack der Lucuma in Dattelaroma um. Diese Konfitüre wird in Chile industriell hergestellt.

### Lucumakonfekt *(Peru)*

| | |
|---|---|
| *460 g reife Lucumas* | *½ Päckchen Vanillinzucker* |
| *460 g Zucker* | *Pralinenpapiere für das Konfekt* |
| *1 Tasse Milch* | |

Die Früchte schälen, zerkleinern und durch ein Sieb drücken. Mit den anderen Zutaten mischen und zum Kochen bringen. Unter Rühren so lange kochen lassen, bis eine genügende Festigkeit erreicht ist. Etwas abkühlen lassen und dann mit einem Löffel Häufchen in Pralinenpapiere setzen und fest werden lassen.

## SAXIFRAGACEAE *(Steinbrechgewächse)*

Diese Familie gehört in die kalte und gemäßigte Zone der nördlichen und südlichen Halbkugel. Wie der Name Steinbrech verrät, wachsen diese Pflanzen gerne in Erdspalten zwischen Felsen, was dazu führt, daß ihre Wurzeln mit der Zeit den Stein angreifen und zerbrechen. Die Mitglieder dieser Gruppe sind meist mehrjährige Kräuter, die unsere Steingärten bevölkern. In der Natur gedeiht der Rote Steinbrech auf dem Matterhorn, der Moor-Steinbrech im Himalaja, der Grönländische Steinbrech im hohen Norden. Außer diesen Gewächsen gehören in die Familie noch Deutzie, Hortensie, Stachel- und Johannisbeere. Die Steinbrechgewächse sind sehr artenreich.

### Johannisbeere *(Ribes sativum)*

Engl.: Currant, Franz.: Groseille, schwarze Johannisbeere: Cassis, Span.: Grosella, Portug.: Groselha.

DIE ARTEN UND IHRE HERKUNFT

Die Johannisbeere beweist ihre Zugehörigkeit zu den *Saxifragaceae* durch ihre Form *R. alpinum*, die rote Alpenjohannisbeere, die auch noch im Apennin wächst und die nach Bailey ein dankbarer Gartenstrauch ist, da sie mit schattigen Plätzen vorliebnimmt. Verschiedene Johannisbeerarten finden sich wild in Europa, Asien, Nordamerika und den Anden. Sie sind jeweils verschiedenen klimatischen Bedingungen angepaßt. *R. sativum* entstammt den Auwäldern Westeuropas.

*Johannisbeeren*

*R. rubrum* kommt aus Nordosteuropa und Nordwestasien. *R. alpinum* ist die Felsjohannisbeere aus den Gebirgen Eurasiens. Ein kleiner kriechender Strauch begnügt sich mit Sumpfgelände in Nordasien und Nordamerika, die rote Sumpf-johannisbeere *(R. triste)*. Eine andere Sumpfjohannisbeere – mit schwarzen Bee-ren – wächst in Alaska und Nordamerika *(R. lacustre)*. Die kalifornische schwarze Johannisbeere ist ebenfalls bis Alaska verbreitet. Eine Pflanze mit roten Beeren findet man in den Karpaten, im Kaukasus und in Sibirien. Die Missouri- oder Büffel-Johannisbeere *(R. odoratum)* kann bis zu 2 cm große Früchte tragen – sie wird meist ihrer Blüten wegen gehalten –, ebenso die Unterart *cerasiforma*.

GESCHICHTE UND VERBREITUNG

Die in Trauben wachsende Johannisbeere wurde das erste Mal in Deutschland um 1480 erwähnt, in Italien, zusammen mit der Stachelbeere, 1550. Sie ist in Mitteleu-ropa und England sehr verbreitet. In den USA ist die Johannisbeere längst nicht so beliebt wie anderes Obst. Wahrscheinlich sind die USA zum größten Teil zu warm für diese Früchte, die besser für kühlere Gegenden geeignet sind. Das gleiche wird für den Süden Europas zutreffen. Die Johannisbeere wurde von keinem antiken Schriftsteller beschrieben, die Römer kannten sie ebenfalls nicht. Die schwarze Johannisbeere wird erst 1750 erwähnt. Von ihr gibt es drei Grup-pen: die Atlantische, Skandinavische und Russische. Durch Kreuzungen versucht man mechanisch erntbare, saftreiche Sträucher zu finden.

DIE BEEREN IN DEN USA

Die in Nordamerika gezüchteten Johannisbeeren kommen von der roten europäi-schen Johannisbeere, *R. vulgare*, und von ihrer schwarzen Form, *R. nigrum*. Eine Sorte der Büffeljohannisbeere (Crandall) trägt mäßig viele Beeren, die von Ende Juli bis September, sehr ungleichmäßig reif werden. Da diese Früchte nach den anderen reifen, sind besonders die Vögel hinter ihnen her und ernten den größten Teil der Beeren.

WELT-PRODUKTION

Das Beerenobst – dazu zählen alle außer den Erdbeeren, auch Himbeeren, Heidel-beeren usw. – steht an 18. Stelle in der Weltproduktion mit 0,7 Millionen Tonnen (1950). In Europa liegt die Bundesrepublik mit 120 000 Tonnen an der Spitze (1972).

VERKAUFS-SITUATION

Im Vergleich zu früher werden jetzt weit weniger Johannisbeeren angebaut, da die Erntekosten hoch sind. Durch den Verkauf in Schalen – die Beeren werden weniger gedrückt und halten sich so besser – haben die Chancen für rote Johannis-beeren wieder zugenommen. Schwarze Johannisbeeren verkauft man selten frisch, da sie noch weniger haltbar sind als rote. Sie werden aber für die industrielle Verarbeitung bevorzugt (Saft, Gelee, Marmelade). Sie reifen vor den roten. In der österreichischen Steiermark baut man in Kleinbetrieben mehr schwarze Johannis-beeren an als früher. Der größte Teil wird exportiert. Die ertragreichste Höhen-lage liegt zwischen 500 und 700 Meter.

WACHSTUMS-BEDINGUNGEN

Johannis- und Stachelbeere wurzeln flach; sie benötigen einen gut durchlüfteten, feuchten, humushaltigen Boden. Auch ist es wichtig, durch den Schnitt für eine fortlaufende Verjüngung des Holzes zu sorgen, und zwar im Sommer, nach erfolgter Ernte. Rote und schwarze Johannisbeere müssen aber verschieden behandelt werden. Nur geschnittene Sträucher bringen große Früchte!

SCHWARZE JOHANNISBEEREN

Man bemüht sich, schwarze Johannisbeersorten zu züchten, die sich gut durch Schüttelgeräte abernten lassen. Dazu sind kurztraubige Sorten geeignet wie

| | |
|---|---|
| MECHANISCHE ERNTE | *Rodknop*: starkwüchsig, ertragreich, großbeerig, großer Vitamin-C- und Säuregehalt, schnell verderblich; *Trolps Selektion*: kleine bis mittelgroße Beeren, befriedigender Ertrag, geringe Druckempfindlichkeit; *Baldwin Hilltop:* die in England vorherrschende Sorte, spätreifend, aromatisch, hoher Vitamin-C- und Säuregehalt.<br>Sowohl zur mechanischen Ernte als auch zum Pflücken ist geeignet: *Wellington XXX*: mittelgroße Frucht, druckfest, gut transportfähig. |
| HANDERNTE | Für die Handernte werden langtraubige Sorten bevorzugt: *Rosenthals langtraubige Schwarze*: frühreifend, ertragreich, großbeerig, hoher Vitam-C- und Säureghalt. *Daniels September*: spätreifend, ertragreich, ertragssicher, mittlerer bis hoher Gehalt an Vitamin C und Gesamtsäure.<br>Außer viel Vitamin C (160–280 mg) enthalten die Schwarzen Beeren 3–7 mg Vitamin P. |
| ROTE JOHANNISBEER-SORTEN | Herb ist die frühreife *Jonkher van Tets*, die ertragreich und pflückgünstig ist. Sie erzielt meist den höchsten Preis, ist aber sehr frostgefährdet. Besonders zur Verarbeitung geeignet.<br>*Heros*: Frühsorte, sehr anspruchsvoll an Boden, Wärme und Feuchtigkeit, nur für beste Lagen. Ebenfalls frostgefährdet. Trägt reich. Großbeerige aromatische, süße Früchte, pflückgünstig.<br>*Red Lake*: etwas weniger ertragreich als die beiden vorhergehenden Sorten. Langtraubig, großbeerig, festhäutig, aromatisch, pflück- und transportgünstig.<br>*Rote Vierländer*: mittelfrüh, langtraubig, saftreich, gute Erträge, gedeiht auch unter ungünstigen Verhältnissen. Gut zur Verarbeitung geeignet.<br>*Rondom*: spät, ertragreich, pflückgünstig, hoher Vitamin-C-Gehalt, besonders für die Verwertung geeignet.<br>*Stanza*: ein Zufallssäming aus Holland, ist eine neue Sorte, die höhere Erträge erzielen soll als jede andere. Sie muß nach ihrem Entdecker W. Schneider stark geschnitten werden. Die Beeren können im Regen leicht platzen. |
| WEISSE JOHANNISBEEREN | Die weiße Johannisbeere spielt nur im Kleingarten, nicht im Erwerbsobstbau eine Rolle. In Werder bei Berlin und Mecklenburg baut man sie für die Süßmostherstellung an. Ich finde sie besonders aromatisch und süß. Marmelade von weißen Beeren wird rot. |
| VERWENDUNG | Viele Leute mögen den Geschmack von schwarzen Johannisbeeren nicht. Die verschiedenfarbigen Beeren werden vor allem zu Marmelade, Gelee und vitaminreichem Saft verarbeitet. Meine Tante hatte in Sachsen eine großen Garten, der zum größten Teil mit roten Johannisbeeren bepflanzt war. In großen Glaskolben stelle sie daraus köstlichen dunkelroten Wein her. Auch Likör kann aus Johannisbeeren zubereitet werden (Cassis-Likör aus Dijon). |
| GESUND-HEITLICHER WERT | Die Johannisbeeren sind neben Rhabarber, Preiselbeeren und Sauerkirschen die säurereichsten Früchte, die in Deutschland wachsen. Sie reinigen den Darm und versorgen ihn durch Kerne und Schalen mit Ballaststoffen. Die schwarze Johannisbeere weist 135 mg Vitamin C auf sowie relativ viel Vitamin B. Sie soll auch Vitamin P enthalten. Außerdem enthält sie viel Tannin: auf 100 g Früchte 0,34 g. Tee von jungen Blättern der schwarzen Johannisbeere soll gegen Gicht und Rheuma helfen. |

Ein Chutney mit Johannisbeeren ist die

ROTE
JOHANNISBEEREN

## Cumberlandsoße                                 *Zubereitung 30 Minuten*

| | |
|---|---|
| *200 g Johannisbeeren* | *10 g Ingwer* |
| *1 gehäufter EL Orangenschale* | *5 g Knoblauch* |
| *Saft von 2 Orangen und* | *1 TL Pfefferkörner* |
| *einer Zitrone* | *10 g Senfmehl oder Senfkörner* |
| *⅛ l Rotwein* | *50 g Preiselbeeren* |
| *250 g Zucker* | *½ TL Salz* |

Die Johannisbeeren waschen und entstielen. Die Beeren mit der Orangenschale, dem Saft von Orangen, Zitrone und dem Rotwein in einen Topf geben, Ingwer und Knoblauch schälen und zerdrücken. Pfeffer und Senfkörner mahlen. Den Zucker, alle Gewürze und die Preiselbeeren zufügen. Unter Rühren zum Kochen bringen und 30 Minuten leise kochen lassen. Ab und zu umrühren. Am Ende durch ein Sieb passieren. Diese würzige Soße schmeckt eine Woche nach der Zubereitung erst richtig gut.

Die roten Johannisbeeren gehören zu unseren sauersten, aber auch aromatischsten Früchten, deren typischer Geschmack besonders in verarbeitetem Zustand hervorragend zur Geltung kommt.

### Saft

Entweder im Dampfentsafter zubereiten, wo man pro Kilo unentstielte Beeren 80 bis 100 g Zucker zugeben muß. Man kann auch kleine Mengen der Beeren, gut gewaschen und entstielt, knapp mit Wasser bedeckt, aufkochen. Den Saft durch ein Sieb oder Tuch ablaufen lassen und pro Liter mit 250 g Zucker aufkochen, heiß in Flaschen füllen und verschließen.

Sehr gut ist roter Johannisbeersaft mit Himbeeren – auch in kleinsten Mengen – gemischt. Ebenfalls sehr gut ist die Kombination mit schwarzen Johannisbeeren; auch hier ist das Mengenverhältnis nicht so wichtig, da sich der Geschmack – je nach Anteil – zur einen oder anderen Fruchtsorte hin verschiebt. Die schwarzen Johannisbeeren haben ein starkes Aroma, sie brauchen daher nur in kleinen Mengen zugegeben zu werden. Bitte lesen Sie im Kapitel Himbeeren weitere empfehlenswerte Beerenkombinationen.

### Johannisbeerfrappé

| | |
|---|---|
| *Pro Glas: 1–2 Bällchen Vanilleeis* | *Milch* |
| *5 EL gesüßter Johannisbeersaft* | *Eiswürfel* |

Mit Milch auffüllen und in jedes Glas einen Eiswürfel geben.

### Eiscreme Soda

Sehr erfrischend an heißen Tagen ist es, statt der Milch Mineralwasser zuzugeben. Beide Getränke lassen sich ebensogut oder besser mit einem aromatischen Mischsaft – etwa aus Himbeeren, Preiselbeeren und Johannisbeeren – zubereiten.

Als Kinder aßen wir sehr gerne die roten Beeren mit Zucker bestreut. Nachdem sie Saft abgegeben hatten, gossen wir Milch darüber. Das ist köstlich!

**Johannisbeereis** *(6–8 Portionen)*                  *Zubereitung 55 Minuten*

> *500 g Johannisbeeren*                 *2 Eigelb*
> *½–1 Tasse Wasser*                      *300 g geschlagene Sahne*
> *250 g Zucker*

Die Johannisbeeren waschen und mit einer Gabel entstielen. Im Mixer pürieren und durch ein Sieb rühren. Die Rückstände mit wenig Wasser einige Minuten kochen lassen. Durch ein Sieb gießen und den Zucker im heißen Fruchtsaft auflösen. Das Eigelb im Wasserbad schlagen, dabei ständig etwas von dem Fruchtsaft zugeben. Wenn das Eigelb cremig geworden ist, über das Johannisbeermus gießen und verrühren. Die Sahne schlagen, unter das Fruchtpüree heben und gefrieren lassen. Dieses Eis hat einen vollen, weichen, cremigen Geschmack.

**Johannisbeersorbet** *(8–10 Portionen)*                  *Zubereitung 50 Minuten*

> *500 g Johannisbeeren*                 *2 Eiweiß*
> *½ – 1 Tasse Wasser*                    *300 g Sahne*
> *250 g Zucker*

Die Johannisbeeren waschen und entstielen. Mit dem Mixstab pürieren und durch ein Sieb rühren. Die Reste mit dem Wasser einige Minuten kochen lassen. Auf ein Sieb schütten, im heißen Fruchtsaft den Zucker auflösen. Den Saft mit dem Beerenmus mischen. Das Eiweiß steif schlagen, danach die Sahne. Das Fruchtmus über Eiweiß und Sahne, die man in eine Schüssel gegeben hat, verteilen. Mit einem Schneebesen alle Zutaten vorsichtig unterziehen. Gefrieren lassen.
Dieses Sorbet ist im Vergleich zum vorigen Rezept luftiger, leichter und fruchtiger. Sehr gut ist es auch mit schwarzen Johannisbeeren.

Mein Lieblingsrezept ist:

**Himbeer–Johannisbeer–Sorbet**                  *Zubereitung 55 Minuten*

Es ist besser als Himbeereis oder -sorbet und als Johannisbeereis oder -sorbet.

> *250 g Johannisbeeren*                 *3 EL Zitronensaft*
> *250 g Himbeeren*                       *200–300 g Sahne*
> *½–1 Tasse Wasser*                      *2 Eiweiß*
> *250 g Zucker*

Die Johannisbeeren waschen, entstielen, die Himbeeren verlesen, beides pürieren. Durch ein Sieb rühren, die Reste mit dem Wasser einige Minuten kochen lassen. Durch ein Sieb gießen, den Zucker im heißen Saft auflösen. Mit dem Fruchtmus verrühren. Den Zitronensaft zugeben. Eiweiß und Sahne schlagen, das Fruchtmus darübergeben und vorsichtig mischen. Gefrieren lassen.

## Auflauf

Mit Johannisbeeren kann man den Reineclaudenauflauf von Seite 291 zubereiten, nur muß man dann die Zuckermenge auf 200 g erhöhen.

### Träublestorte

Dieser schwäbische Kuchen ist eine geniale Erfindung. Ich habe das Rezept mit anderen Fruchtsorten ausprobiert, mit keiner ist es so gut wie mit roten Johannisbeeren. Mit Rhabarber schmeckt mir der Kuchen überhaupt nicht. Der Reiz liegt wahrscheinlich darin, daß die Beeren einzeln in das Eiweiß eingebettet sind und dadurch den Guß würzen, der Guß ihnen aber seinerseits die scharfe Säure nimmt.

*Mürbteig: Rezept siehe Anhang*
*Belag:*
*750 g rote Johannisbeeren*
*3 EL Zucker*

*Guß: 6 Eiweiß*
*190 g Zucker*
*170 g geriebene Mandeln*
*abgeriebene Schale einer*
*halben Zitrone*

Den Mürbteig in der Form ausrollen und in den Kühlschrank stellen. Die Johannisbeeren waschen, entstielen und einzuckern. Den Backofen bei Stufe 4 (210° C) vorheizen. Eiweiß steif schlagen, 190 g Zucker zugeben und so lange rühren, bis eine dicke, cremige Masse entstanden ist. Mandeln und Zitronenschale unterziehen. Den Mürbteigboden mit ⅓ der Eiweißmasse bestreichen, den Rest mit den Johannisbeeren mischen und auf dem Boden verteilen. Gleich in den Ofen schieben und in 40 Minuten hellbraun backen.

### Johannisbeertorte I                                    *Zubereitung 70 Minuten*

Einen Mürbteig von 150 g (Rezept s. Anhang) herstellen und sehr dünn ausrollen. Den Mürbteig mit einer Gabel mehrmals einstechen und 15 Minuten vorbacken bei Stufe 4 (210° C). Einen Biskuitteig zubereiten:

*2 Eigelb*
*65 g Zucker*
*1 Prise Salz*

*2 Eiweiß*
*40 g Mehl*
*20 g Maismehl*

Das Eigelb mit 15 g Zucker und Salz fünf Minuten schaumig rühren. Das Eiweiß steif schlagen, 50 g Zucker noch einige Minuten mitschlagen. Eiweiß über das Eigelb schütten, Mehl und Maismehl darübersieben, mit einem Schneebesen alles vorsichtig mischen. Den Biskuit auf den Mürbteigboden streichen und beide Teige 30 Minuten backen (bei Stufe 4/210° C).

*Belag:*
*750 g Johannisbeeren*
*¼ l Johannisbeer-*
*saft oder Wasser*

*2 EL Zucker*
*2 gehäufte EL Maismehl oder*
*roter Tortenguß*

Die abgekühlten Böden mit den gewaschenen, entstielten Beeren belegen. Etwas von dem Saft abnehmen. Wenn er gesüßt ist, keinen Zucker mehr zugeben. Sonst Tortenguß oder Maismehl mit dem Zucker mischen und mit einigen abgenommenen Eßlöffeln des Saftes verrühren. Den Rest erhitzen. Die angerührte Mischung in den kochenden Saft gießen und nochmals aufwallen lassen. Den Guß von der Mitte aus über die Beeren verteilen.

Wenn die Torte besonders schön werden soll, den Rand von außen mit 50–100 g Schlagsahne bestreichen und 40 g geröstete Mandelblättchen mit einem breiten Messer andrücken.

## Johannisbeertorte II

Einen Mürbteig von 200 g Mehl (Rezept im Anhang) mit der Gabel einstechen und 25 Minuten backen.
Belag:
Den erkalteten Teig mit 500–750 g Johannisbeeren, die zuvor mit 2–3 EL Zucker bestreut wurden, belegen. Der Teig muß dazu in der Springform bleiben.

| Joghurtcreme: | 2 Becher Joghurt (350 g) |
|---|---|
| 10 Blatt Gelatine | 4 EL Zucker |
| 4 EL heißes Wasser | 200 g Sahne |

Die Gelatine in kaltem Wasser einweichen. Hat sie ihre Starrheit verloren, in dem heißen Wasser auflösen. Joghurt und Zucker mischen. Die Gelatine gut unterrühren. Die Sahne schlagen und unterziehen. Eine halbe Stunde in den Kühlschrank stellen. Danach auf den Boden streichen und in der Springform über Nacht fest werden lassen.

## Johannisbeertorte III

Sehr gut passen Johannisbeeren zu einem Kokosboden. Das gleiche Rezept, das für Himbeeren angegeben ist, kann man auch mit roten Johannisbeeren zubereiten (Seite 252).

## Linzer Torte

Linzer Torte ist undenkbar ohne körnige, herzhafte Johannisbeermarmelade, die ihr die einmalige Würze gibt. Ein anderer großer Vorteil, außer ihrem Geschmack, ist ihre Haltbarkeit: sie kann 14 Tage vor einem Termin zubereitet werden und wird, in Alufolie eingepackt, durch das Aufbewahren nicht schlechter, sondern besser.

| Teig: | 10 g Zimt |
|---|---|
| 330 g Butter | geriebene Schale einer halben Zitrone |
| 330 g Mehl | 1½ EL Kakao |
| 3 Eier | Belag: |
| 330 g Zucker | 3–4 EL Johannisbeermarmelade |
| 330 g geriebene, geschälte Mandeln | Zum Bestreichen: |
| 3 TL Kirschwasser | 1 Eigelb |
| 1 Prise Nelken | einige Tropfen Milch |

Dieses sehr üppige Rezept einer Ischgler Konditorin kann man auch mit je 250 g der Zutaten und 2 Eiern zubereiten, es ist auch dann noch eine Kalorienbombe. Die kalte Butter und das Mehl mit einem Messer zusammenhacken. Alle Zutaten zugeben und gut verkneten. Mindestens eine Stunde kalt stellen. ⅔ des Teiges in einer Springform von 28 cm Durchmesser ausrollen, mit der Marmelade bestreichen. Den restlichen Teig in vier Teile teilen und lange Würste daraus formen. Je eine Hälfte des Teiges längs mit Würsten von je einem der Teile belegen, den 3. und 4. Teil quer, so daß ein Gitter entsteht. Ist noch etwas übrig, rund um den Rand eine Teigrolle legen. Das Gitter mit Eigelb bestreichen und in 40 Minuten bei Stufe 4 (210° C) hellbraun backen.

### Johannisbeermarmelade

Johannisbeermarmelade gehört zu den aromatischsten Marmeladen überhaupt. Das gilt sowohl für schwarze als auch rote Beeren. Die Beeren waschen, entstielen und wiegen. Auf 500 g Früchte 375 g Zucker abmessen. Beides zusammen aufkochen und bis zur Marmeladenprobe (s. Anhang) eindicken lassen. Durch Verwendung von Gelierzucker verringert sich die Kochzeit. Johannisbeeren gelieren auch ohne Hilfe sehr gut, deshalb benötigt man weniger Zucker als gewöhnlich. Sehr gut sind rote und schwarze Johannisbeeren gemischt. Die schwarzen Beeren schmecken dabei vor. Bitte vergleichen Sie hierzu auch das Kapitel Himbeeren.

SCHWARZE  Schwarze Johannisbeeren sind nicht jedermanns Geschmack. Ich mag diese wür-
JOHANNISBEEREN  zigen Beeren sehr gern.

### Saft

Die nicht entstielten Beeren entweder im Dampfentsafter entsaften, man rechnet auf das Kilo Beeren 90–110 g Zucker, oder die gewaschenen Beeren mit Wasser bedecken, aufkochen und dann durch ein Tuch oder Sieb ablaufen lassen und pro Liter Saft 250 g Zucker zugeben. In beiden Fällen den heißen Saft in gut gereinigte Flaschen füllen und sofort verschließen. Die Mischung von schwarzem mit rotem Johannisbeersaft ist in fast jedem Verhältnis ganz ausgezeichnet.

### Johannisbeerlimonade *(1 Portion)*

Sehr schmackhaft und erfrischend ist die Mischung des mild-süßen schwarzen Johannisbeersaftes mit Orangen- und Zitronensaft.

*4 EL Saft (schwarze Johannisbeere*  *Saft einer Orange*
*oder Brombeere)*  *½ Glas Mineralwasser*
*Saft einer Zitrone*  *1 Eiswürfel*

### Johannisbeerpunsch *(1 Portion)*

Das gleiche Mischungsverhältnis, nur erhitzt, ist gut gegen Erkältungen:

*½ Glas heißes Wasser*  *Saft einer Orange*
*4 EL Johannisbeer- oder Brombeersaft*  *Saft einer Zitrone*

*Variation:* das Wasser erst mit Zimt und Nelken aufkochen und dann alles andere zugeben.
*Variation:* pro Person eine Zitronenscheibe hinzufügen.

### Nachtisch

Wenn die ganze Familie mithilft, die schwarzen Johannisbeeren mit Gabeln abzustreifen, kann man daraus reizvolle süße Gerichte zubereiten. Für eine Person ist diese Zubereitung eine arbeitsaufwendige Angelegenheit. Ich habe pro 500 g Früchte 50 Minuten benötigt (für Beeren vom Markt, die ausgelesen werden mußten). Sorten mit langen Trauben sind weniger zeitaufwendig.

Schwarze Johannisbeeren (500 g) über den *Russischen Reisauflauf* gestreut (Rezept Seite 183), ist sehr schmackhaft. Zu den Beeren passen ausgezeichnet *Meringe Pawlowa* mit 300 g schwarzen Johannisbeeren und *Himbeer-Trifle* (Rezept Seite 249) mit 500 g schwarzen Johannisbeeren.

## Quarkpudding *Zubereitung 20 Minuten*

| | |
|---|---|
| *4 Blatt Gelatine* | *250 g Quark* |
| *¼ l Milch* | *abgeriebene Schale ¼ Zitrone* |
| *50 g Zucker* | *100–200 g Schlagsahne* |
| *¼ Vanilleschote* | |

Die Gelatine in kaltem Wasser einweichen. Währenddessen die Zutaten abmessen. Milch sowie Zucker und Vanilleschote zum Kochen bringen. Vom Feuer nehmen und die ausgedrückte, weiche Gelatine zugeben. Gut unterrühren. Ist sie aufgelöst, den Quark und die Zitronenschale hinzufügen. In den Kühlschrank stellen. Nach einer Stunde die Sahne schlagen und unter den Pudding heben. Dazu schmecken ausgezeichnet 300 g schwarze Johannisbeeren, die man mit 2 EL Zucker eingezuckert hat, oder leicht gesüßtes Sanddornmus. Die Beeren entweder auf dem Quarkpudding verteilen oder extra dazugeben. Bereitet man den Quarkpudding nur mit einem EL Zucker zu, so paßt er vorzüglich zu gesüßter Sanddornvollfrucht aus dem Reformhaus, die sehr gezuckert ist.
Die angegebenen Rezepte kann man auch mit roten Johannisbeeren zubereiten.

## Stachelbeere *(Ribes grossularia)*

Engl.: Gooseberry, Franz.: Groseille verte, Span.: Uva crespa, Portug.: Groselha.

HERKUNFT  Wie bei der Johannisbeere ist die Heimat der Stachelbeere die nördliche Halbkugel. Der Vorläufer der europäischen Stachelbeere ist bis Nordafrika und zum Kaukasus verbreitet *(R. grossularia reclinata)*.

ARTEN  Die Art *R. alpestre* wächst im Himalaja sowie in Westchina. Sie eignet sich gut als undurchdringliche Heckenpflanze. In Westchina gedeiht auch eine Abart dieser Stachelbeere mit besonders großen Beeren *(R. alpestre giganteum)*.
Wie bei den Johannisbeeren gibt es eine Stachelbeere, die kargen Boden liebt – die Felsenstachelbeere *(R. petraeum)* mit roten Früchten (manche Autoren bezeichnen *R. petraeum* als Johannisbeere).
Es ist vielleicht noch interessant zu erwähnen, daß die nordamerikanischen Arten meist keine gelbgrünen, sondern schwarzblaue oder purpurfarbene Beeren tragen. Bailey erwähnt eine Pflanze, die er Sumpfjohannisbeere oder Sumpfstachelbeere *(R. lacustre)* nennt. Ihr Obst ist schwarzrot. Diese Tatsache beweist eine enge Verwandtschaft beider Sträucher. Im Französischen haben beide den gleichen Namen: groseille. Die Stachelbeere wird aber höher als die Johannisbeere, auch bilden die Stachelbeeren keine Trauben.
In Kalifornien gibt es eine fuchsienartige Stachelbeere, die durch ihre schönen Blüten ein Zierstrauch ist.
Der Gattungsname *Ribes* soll vom arabischen *Ribas* kommen, womit ein saurer libanesischer Rhabarber bezeichnet wurde *(Theum ribes)*. Da es ihn in Spanien nicht gab, nannten die Araber die ähnliche schmeckende Stachelbeere so. Eine

*Stachelbeeren*

Ähnlichkeit ist wirklich vorhanden. Für beide Obstsorten kann man oft die gleichen Rezepte verwenden.

VERWENDUNG
Von Stachelbeeren lassen sich sehr aromatische Marmelade, Kuchen, Kompott und andere Nachspeisen, Kaltschale, Saft und Wein zubereiten.
Unreife Stachelbeeren kann man gut einkochen oder zu Kompott verwenden. Ihre Säure regt den Darm an, Kerne und Schalen der Früchte bekämpfen Darmträgheit durch ihren Fasergehalt. Reife Stachelbeeren sind reich an Fruchtzucker.

WELT-
PRODUKTION
In Österreich werden im Verhältnis zur Bundesrepublik sehr wenig Stachelbeeren erzeugt. Die Bundesrepublik steht an erster Stelle in der Welt mit 67 000 Tonnen (1972), dann folgen die DDR, Polen, England und die CSSR.

STACHELBEER-
ZUCHT
IN ENGLAND
Sehr viel haben die Engländer für ihr Lieblingsobst, nämlich gute Stachelbeersorten, getan: dort war es lange (200 bis 300 Jahre) ein Volkssport, wer die größten Beeren hatte. Jährlich fanden Wettbewerbe statt. Der amerikanische Stachelbeermehltau hat ihnen dann dieses Vergnügen verdorben. Unsere Sorten gehören zum atlantischen Formkreis. Außerdem gibt es noch den skandinavischen und den sibirischen Formkreis. (Das gilt auch für Johannisbeeren.) Die skandinavischen und sibirischen Sorten sind winterhärter, die asiatischen Stachelbeeren sind widerstandsfähig gegen Mehltau, was die Obstbauern zu Zuchtversuchen herausfordert. Stachelbeeren können vollmechanisch geerntet werden.

SORTEN
Es gibt rote, gelbe, grüne und weißschalige Sorten.
*Maiherzog:* beste rote frühe Sorte, wohlschmeckend und ertragreich.
*Maurers Sämling:* dunkelrot, sehr große Frucht, behaart, wohlschmeckend, reich tragend.
*Rote Triumph:* rot, spätreifend, große, saftreiche, sehr wohlschmeckende, anspruchslose, aber dickschalige, ertragreiche Stachelbeere.

416

*Hönings Früheste:* goldgelb, frühreifend, mittelgroße, dünnschalige Frucht, süßaromatisch, wenig mehltauanfällig.
*Lauffener Gelbe:* gelb, mittelfrüh, groß, süßaromatisch, geeignet zum Rohessen, mehltauanfällig.
*Grüne Hansa:* grüne, bewährte Sorte.
*Weiße Triumph:* gelblichweiß, saftig, sehr aromatisch, dünnschalig, sehr fruchtbar. Die *Rote* und *Weiße Triumph* eignen sich zum Grünpflücken am besten.
Für Mittelhessen (nördlich Frankfurt bis Marburg) sind besonders die *Grüne* und *Rote Kugel* und die *Lauffener Gelbe* geeignet. Die Gärtner einer Gegend wissen bei allen Obstsorten, welche in ihrem Landstrich am besten gedeiht. Die grünen Stachelbeeren sind am sauersten, die gelben und roten sind süßer, wobei die roten oft spättragende Sorten sind.

GESUNDHEIT-
LICHER
WERT

Die Stachelbeere enthält Fruchtzucker, Pektin, Apfel-, Wein- und Zitronensäure, Mineralstoffe und den beachtlichen Wert von 20–70 mg pro 100 g Vitamin C. Die sauren Beeren wirken appetitanregend und verdauungsfördernd, harntreibend und entzündungslindernd. Stachelbeeren gelieren leicht, was günstig ist bei der Marmeladenherstellung, aber schlecht bei der Zubereitung von Stachelbeerwein; es muß dann ein Antigeliermittel zugefügt werden. Stachelbeeren reinigen das Blut, weshalb sie für eine Frühjahrskur besonders geeignet sind. Die ersten Stachelbeeren kann man schon im Mai ernten.

## REZEPTE

SAFT

**Stachelbeersaft** schmeckt besonders gut mit Himbeeren und Johannisbeeren gemischt, entweder zu gleichen Teilen oder im Verhältnis 50 % Stachelbeeren, 45–28 % Johannisbeeren und 2–5 % Himbeeren. Himbeeren verbessern selbst in so geringer Menge das Aroma.

### Stachelbeersaft *(mit dem Dampfentsafter)*

Auf 1 kg Stachelbeeren 50–100 g Einmachzucker nehmen oder auf 5 kg Früchte 400 g. Zur Saftgewinnung muß man die Stachelbeeren hartreif ernten, wenn man einen dünnflüssigen Saft haben möchte, da die reifen Beeren sehr reich an Pektin sind. Werden sie später verarbeitet, so wird der Saft süßer, aber auch dicker, sämiger.

### Mischsaft *(mit dem Dampfentsafter)*

| | |
|---|---|
| *500 g Stachelbeeren* | *100 g Himbeeren* |
| *400 g Johannisbeeren* | *100g Einmachzucker* |

### Saftgewinnung *(ohne Dampfentsafter)*

Die Beeren verlesen, Stachel- und Johannisbeeren waschen und gut abtropfen lassen, leicht zerdrücken. Auf 2 kg Beeren 1 l Wasser rechnen. Wasser und Beeren zum Kochen bringen, den Obstbrei auf ein Tuch schütten, den Saft in einer Schüssel auffangen.

Auf 1 l Saft 200–250 g Zucker zugeben (je nach gewünschter Süße), einige Minuten sprudelnd kochen lassen und heiß in Flaschen füllen.

## Stachelbeerkaltschale                                   *Zubereitung 25 Minuten*

Da die Beeren sehr erfrischend und bekömmlich sind, wird dieses Gericht, an heißen Tagen mittags oder abends vor dem Hauptgericht serviert, von allen sehr begrüßt werden.

*500 g reife Stachelbeeren*               *1 EL Stärkemehl*
*1 l Wasser*                              *¼ l Weißwein*
*180–200 g Zucker*                        *Saft einer halben Zitrone*
*1 kräftige Prise Zimt*

Die Stachelbeeren von Stiel und Blüte befreien – das geht sehr gut mit einer Schere–, waschen, mit Wasser und Zucker zum Kochen bringen. Sind die Beeren nach einigen Minuten weich, mit dem Mixstab pürieren. Dann Zimt zugeben, Stärkemehl in Weißwein anrühren, nochmals zum Kochen bringen, das Stärkemehl zugeben, vom Feuer nehmen und den Zitronensaft unterrühren. Nochmals mit Zucker abschmecken. Kekse dazu reichen.

NACHSPEISEN   ## Stachelbeerkompott

*1 kg halbreife Stachelbeeren*           *180 g Zucker*
*¼ l Wasser*                             *½ Stange Zimt*

Von den Beeren Stiel und Blüte abschneiden, waschen; Wasser, Zucker und Zimt aufkochen, 10 Minuten kochen lassen. Die Beeren zugeben und gar ziehen lassen. Sie dürfen nie längere Zeit sprudelnd kochen, da sie sonst platzen. Reife Beeren nur kurze Zeit erhitzen. Die säuerlichen, herben Beeren passen gut zu mildem Vanillepudding.

## Stachelbeergrütze auf altdeutsche Art          *Zubereitung 30 Minuten*

Die Grütze kann selbstverständlich auch mit irgendeiner Stärke (Mais- oder Reismehl) angedickt werden. Mit Vollkorn-Hafergrütze ist sie herzhafter und gesünder, und man hat etwas zum Beißen.

*75 g Hafergrütze (siehe Anhang)*        *1 Tasse Wasser zum Einweichen*

Die Grütze in Wasser einweichen und zwei Stunden oder länger stehenlassen.

*3 Tassen Wasser zum Kochen*             *6 EL Zucker*
*600 g Stachelbeeren*                    *Zitronensaft*

Die Stachelbeeren vorbereiten wie üblich. Die Hafergrütze mit den 3 Tassen Wasser und ihrer Quellflüssigkeit aufsetzen und 15 Minuten leise kochen lassen. Dabei manchmal durchrühren, damit sie nicht anbrennt. Es soll ein leichter Brei entstehen. Nach 15 Minuten Kochzeit die Stachelbeeren mit dem Zucker zugeben und die Beeren mit der Hafergrütze gar ziehen lassen. Ebenfalls ab und zu umrühren. Am Ende mit Zucker und Zitronensaft abschmecken. Zu der Grütze entweder 200 g flüssige Sahne oder ¼ l Vanillesoße reichen (Rezept für Vanillesoße Seite 151).

### Englische Creme mit Stachelbeerpüree     *Zubereitung 40 Minuten*

Ähnlich dem Rezept »Stachelbeerkompott« (Seite 418) ist dieses. Zuerst die *Englische Creme* von Seite 169 zubereiten.
Dann das *Stachelbeerpüree:*

| | |
|---|---|
| *250 g Stachelbeeren* | *2 gehäufte EL Zucker* |
| *¼ Tasse Wasser* | *1 Prise Zimt* |

Die Stachelbeeren vorbereiten, mit den übrigen Zutaten einige Minuten kochen lassen und mit dem Mixstab pürieren. Nach dem Abkühlen mit der ebenfalls abgekühlten *Englischen Creme* mischen, in Stielgläsern kalt stellen, mit Gebäck auftragen.

### Stachelbeer-Fool *(englisch)*     *Zubereitung 20 Minuten*

| | |
|---|---|
| *300 g Stachelbeeren* | *1 kräftige Prise Zimt* |
| *½ Tasse Wasser* | *200 g Sahne* |
| *3 EL Zucker* | *1 Päckchen Vanillinzucker* |

Die Stachelbeeren wie üblich vorbereiten, mit Wasser, Zucker und Zimt einige Minuten kochen, bis sie weich sind. Mit dem Mixer pürieren, kalt stellen. Kurz vor dem Auftragen die Sahne steif schlagen, mit dem Vanillinzucker süßen. Fruchtpüree und Sahne vorsichtig vermischen, in Stielgläser füllen und mit Buttergebäck servieren.

### Stachelbeer-Trifle *(englisch)*

*Zubereitung ohne Boden, mit Vanillepudding und Sahne verziert: 35 Minuten*
*Boden:* Eine Keramikschüssel entweder mit Löffelbiskuits, mit Sandkuchenscheiben oder dem Trifleboden von S. 239 auslegen. Den Boden mit 4 EL Sherry oder Kirschwasser tränken.

| | |
|---|---|
| *Belag:* | *½–1 Tasse Wasser* |
| *600 g Stachelbeeren* | *abgeriebene Schale* |
| *6 EL Zucker* | *einer halben Zitrone* |

Die Stachelbeeren mit Zucker, Wasser und Zitronenschale zum Kochen bringen, so lange kochen lassen, bis die Beeren weich sind (man muß mit einem Strohhalm hineinstechen können.) Die warmen Beeren auf dem Kuchen verteilen.
Entweder das Ganze mit 200 g Schlagsahne, die mit Vanillezucker gesüßt wurde, bedecken oder eine Englische Creme (Rezept S. 169) – einfacher einen Vanillepudding von ½ l Milch – herstellen, erkaltet darüberstreichen und den Nachtisch mit 100 g gesüßter Sahne garnieren. Die Sahne in eine Spritztülle füllen und ein Gitter oder Röschen aufspritzen.

### Stachelbeersorbet *(USA)*

| | |
|---|---|
| *300 g Stachelbeeren* | *1 EL Zitronensaft* |
| *¼ Tasse Wasser* | *2 Eiweiß* |
| *3 EL Zucker* | *200 g Sahne* |

Die Stachelbeeren putzen, waschen und mit Wasser und Zucker weichkochen. Die Beeren pürieren, den Zitronensaft zufügen, im Kühlschrank erkalten lassen.

Das Eiweiß schlagen, mit den gleichen Schlägern auch die Sahne, alles vorsichtig mischen. Mit Zucker abschmecken und gefrieren lassen. Man kann es in der Tiefkühltruhe aufbewahren. Es schmeckt aber nur halbgefroren gut.

## Stachelbeerkuchen

Vorzüglich mit Stachelbeeren ist das Rezept für Rhabarberbaiserkuchen von Seite 216. Den Rhabarberkuchen mit Sahneguß mag ich mit Stachelbeeren nicht so gern. Sehr gut ist es auch, einen vorher gebackenen Mürbteigboden (Zubereitung s. Anhang) mit einer Kompottfüllung zu bestreichen von:

| | |
|---|---|
| *600–750 g Stachelbeeren* | *150 g Zucker* |
| *¼ l Wasser* | *1 Tortenguß klar* |

Wasser und Zucker zusammen kochen. Nach einigen Minuten die geputzten Beeren zugeben und bei kleiner Flamme einige Minuten ziehen lassen. Sie dürfen ja nicht sprudelnd kochen. Die Beeren mit einem Schaumlöffel aus der Lösung herausheben und abtropfen lassen. Dann die Beeren auf dem Mürbteig verteilen. Den abtropfenden Saft auffangen und in den Topf zurückgießen. Abkühlen lassen. Das Stärkemehl mit 3–4 EL des Saftes anrühren, den Rest erhitzen. Den Tortenguß zugeben, nach dem Aufkochen vom Feuer nehmen und die angedickte Flüssigkeit über den Kuchen verteilen. Man kann auch den Saft so lange einkochen, bis er dickflüssig geworden ist, und ihn dann über die Beeren gießen. Mit 200 g gesüßter Schlagsahne auftragen. Anstelle des Mürbteigs kann auch ein Mandelboden verwendet werden (Rezept im Anhang).

## Blitzkuchen                                              *Zubereitung 20 Minuten*

Ganz vorzüglich ist dieser Biskuit mit Stachelbeeren. Ich habe ihn auch mit Kapstachelbeeren, Aprikosen, Rhabarber, Sauerkirschen und Johannisbeeren probiert. Wirklich gut fand ich ihn nur mit Stachel- und Johannisbeeren. Mit Johannisbeeren möchte ich ihn nicht empfehlen, weil die Beeren nach unten rutschen und dann als aufgeweichte Masse auf der Tortenplatte liegen.

| | |
|---|---|
| *500 g Stachelbeeren* | *¹⁄₁₆ l Milch oder 4 EL* |
| *2 Eier* | *150 g Mehl* |
| *175 g Zucker* | *1½ TL Backpulver* |
| *60 g Butter* | |

Die Stachelbeeren waschen, von Stiel und Blüte befreien. Eine Springform von 24 cm Durchmesser einfetten. Den Backofen bei Stufe 4 (210° C) vorheizen. Eier und Zucker in die Schüssel einer Küchenmaschine geben und schaumig schlagen. Während das Rührwerk läuft, die Milch mit der Butter aufkochen. Vom Herd nehmen, Mehl und Backpulver über die Eiermischung sieben und unterrühren, die kochende Milch darübergießen. Noch einige Sekunden weiterrühren lassen, dann in die Springform geben. Die Stachelbeeren darauf verteilen. Eine Stunde bei Mittelhitze backen.

## Stachelbeermarmelade

gehört zu den würzigsten Marmeladen. Sie ist ähnlich wie Kiwimarmelade, aber herber und aromatischer. Reife Früchte verwenden, die gut gelieren.

Auf 500 g Früchte 250 g Zucker rechnen. Die Stachelbeeren wie üblich vorberei-
ten, mit wenig Wasser (½–1 Tasse) weichkochen. Mit dem Mixer pürieren, den
Zucker zufügen und bis zur Marmeladenprobe (siehe Anhang) eindicken. Heiß in
Gläser füllen, mit Cellophanpapier sofort zubinden.

### Stachelbeer – Johannisbeer – Himbeergelee    *Zubereitung 30 Minuten*

Ein vorzügliches Gelee.
Hierbei könnte man zuerst die Früchte entsaften und anschließend Gelee daraus
kochen. Es bleibt aber immer leicht flüssig. Viel würziger wird das Gelee und viel
fester, wenn man erst am Ende der Kochzeit die Marmelade durch ein Sieb rührt.
Das folgende Rezept ist sehr wohlschmeckend.

> *250 g Stachelbeeren*          *200 g Himbeeren*
> *250 g rote Johannisbeeren*    *500 g Gelierzucker*

Die entstielten, verlesenen, gewaschenen Beeren mit wenig Wasser zum Kochen
bringen, so daß nur der Boden des Topfes eben damit bedeckt ist. Mit dem
Mixstab durchrühren und zerkleinern. Den Fruchtbrei durch ein Sieb drücken; es
sollen nur die Kerne zurückbleiben, die pürierten Schalen aber im Gelee sein. Das
Fruchtmark mit dem Gelierzucker aufkochen und in Gläser füllen, zubinden.
Oft wird die Kombination Stachelbeer/Erdbeer empfohlen (sagt mir nicht zu).
Stachelbeerwein aus vollreifen Beeren soll sehr gut sein. Herstellung im »Kiehnle-
Kochbuch« oder im »Handbuch für die Früchtezeit«.

# SOLANACEAE *(Nachtschattengewächse)*

Die Solanaceen sind eine gewaltige Pflanzengruppe, die mehr als 1200 verschiedene Arten umfaßt. Sie ist in der gemäßigten Zone, in den Subtropen und Tropen
heimisch. Zu den Solanaceen zählen vor allem Kräuter und Sträucher, auch einige
Bäume gehören dazu. Die Pflanzen sind sehr anpassungsfähig. Viele sind dekorativ (z. B. Petunien und Lampionpflanzen), einige von medizinischem Wert: Das
Atropin der Tollkirsche erweitert die Pupille, was wichtig für Augenuntersuchun-
gen ist, die Wurzel hilft gegen die Parkinsonsche Krankheit. Das weiße Bilsen-
kraut hat narkotisierende Eigenschaften, ebenso die Alraune. Trotz des großen
Umfangs dieser Familie werden nur 25 bis 30 Pflanzen kultiviert, höchstens die
Hälfte ist allgemein bekannt. In Deutschland und anderen gemäßigten Ländern
werden die meisten der aus Südamerika stammenden Nachtschattengewächse
nicht höher als einen Meter, in warmen Ländern entwickeln sie sich dagegen zu
Sträuchern oder kleinen Bäumen. Dieser Pflanzenfamilie verdanken wir die Kar-
toffel. Tomaten, Paprika und Auberginen sind uns unentbehrlich geworden.

## Baumtomate *(Cyphomandra betacea)*

Engl.: Tree tomato, Franz.: Tomate d'arbre, Span.: Tomate de la Paz, Tamarillo.
In Venezuela: Tomate frances.

HERKUNFT   Die Baumtomate stammt aus der Andenregion Perus. Nach Brücher wächst sie
UND   wild von Nordargentinien bis Venezuela. Sie ist jetzt in den Tropen der ganzen
VERBREITUNG   Welt über 1000 m Höhe verbreitet – oft wegen der dekorativen Wirkung der

länglich-ovalen, braunroten, in Trauben von je zwei bis drei zusammenhängenden Früchten. Sie wird versuchsweise in Italien gezüchtet.

Der 4 bis 5 m hohe Baum trägt wohlriechende, kleine rosa Blüten. Die Blätter sind sehr groß, von länglicher Herzform. Die Früchte werden nur ein Drittel so lang, sind oval und können rotes oder gelbes Fruchtfleisch haben. Das rote Fruchtfleisch ist beliebter. Die Baumtomaten hängen an 1,5–5 cm langen, dünnen Stengeln, was ihre Ernte sehr erleichtert. Die Früchte enthalten ziemlich viele Samen im süß-säuerlich-bitteren, saftigen, tomatenähnlichen Fleisch.

SCHNELLER
ERTRAG In den Plantagen Kolumbiens tragen die kleinen Bäume oder Sträucher schon nach weniger als einem Jahr nach ihrer Aussaat. Bei einem günstigen Standort und guter Pflege liegt der Ertrag der Pflanzen bei 90–135 kg im Jahr. Dafür haben sie ein kurzes Leben. Sie produzieren nur 6 bis 7 Jahre, dann muß die Pflanzung neu angelegt werden.
In den USA zieht man diesen Baum als Kuriosität im Gewächshaus. Hier benötigt er zwei bis drei Jahre, bis er Früchte hervorbringt, und tut das viele Jahre lang. In Malaysia benötigen durch Samen vermehrte Bäume ebenfalls zwei bis drei Jahre, durch Stecklinge vermehrte tragen eher.

KLIMAANSPRÜCHE Am besten bekommt ihm warmes, gemäßigtes Klima zwischen 16 und 22° C in einer Höhe von 1500–2600 m. Obwohl er in Asien noch nicht sehr lange bekannt ist, sind die Früchte des Baumes seit Mitte der dreißiger Jahre regelmäßig auf den Märkten Indonesiens und Malaysias zu finden und dort inzwischen beliebter als in Lateinamerika.

ERNTE UND
TRANSPORT Die Baumtomaten reifen nicht alle auf einmal, es muß immer wieder nachgepflückt werden. Die Lager- und Transportfähigkeit ist bei sorgsamer Behandlung gut. Sie kommen per Luftfracht in die Bundesrepublik und halten sich dann noch bei 3° C sieben Tage.

VERWENDUNG Dieses Obst wird genauso gebraucht wie die Tomate: in Salaten, gekocht, außerdem zu Gelee und Marmelade verarbeitet oder sauer eingelegt. (Nach Dassler hatte solch eine Marmelade aus Kolumbien einen aprikosenähnlichen, süß-herben, vorzüglichen Geschmack.) Die Baumtomate soll besonders wichtig sein für Gegenden, in denen Tomaten nicht gedeihen. (Solche Regionen sind mir allerdings unbekannt.) Da man in Kolumbien auch Kompott und Saft aus ihnen herstellt, ist es möglich, daß die importierten Früchte bei uns deshalb nicht besonders gut schmecken, weil sie unreif geerntet wurden. Ich schwärme nicht gerade für Tamarillos. Lediglich in Form einer Tomatensoße konnte ich ihnen etwas kulinarischen Reiz abgewinnen, auch gegrillt mit Steaks sind sie gut. Betty Molesworth-Allen schreibt, sie seien am besten, wenn man sie halbiert, mit einem Löffel Samen und Fruchtfleisch heraushebt und ißt.

IMPORTE Baumtomaten werden in kleinen Mengen aus Brasilien von Oktober bis April, aus Kenia von Dezember bis April, aus Südafrika von Dezember bis März und Neuseeland von April bis Oktober importiert.

REIFE Sind sie schön rot und geben sie auf Druck nach, dann sind sie reif. Die dünne Schale muß abgezogen werden, das mildert den bitteren Geschmack.

VITAMINGEHALT Baumtomaten enthalten auf 100 g Fruchtfleisch 31 mg Vitamin C.

## Baumtomatencreme *(Malaysia)*  *(2–3 Portionen)*

| | |
|---|---|
| *5 Tamarillos* | *1 EL Zucker* |
| *2 El Kondensmilch oder Sahne* | |

Die Früchte mit kochendem Wasser übergießen, die Haut abziehen. Im Mixer pürieren und durch ein Sieb rühren. Unter Schlagen Zucker und Kondensmilch oder Sahne zufügen. Gut gekühlt in Stielgläsern auftragen.

## Baumtomatenmarmelade

| | |
|---|---|
| *500 g Baumtomaten* | *500 g Zucker* |

Die Früchte mit kochendem Wasser übergießen und die Haut abziehen. In Stücke schneiden und mit der Hälfte des Zuckers bestreut stehenlassen. Am nächsten Tag 20 Minuten kochen, den Rest des Zuckers zugeben und bis zur Gelierprobe (siehe Anhang) kochen lassen. In Gläser füllen und zubinden. Mit Gelierzucker verringert sich die Kochzeit auf wenige Minuten. Die Marmelade muß leider beim Kochen ununterbrochen gerührt werden, sie brennt sonst an. Sie schmeckt wie Erdbeermarmelade, hat aber noch einen leicht herben, säuerlichen Beigeschmack. Eine gute, aparte, milde Marmelade, die in den Tropen sehr beliebt ist.

## Baumtomatenchutney *(Neuseeland)*

| | |
|---|---|
| *12 Baumtomaten* | *½ El Salz* |
| *250 g Papaya oder Mundu* | *500 g brauner Zucker* |
| *(Garcinia dulcis)* | *250 g Zwiebeln* |
| *7 g mixed spices* | *¼ l guter Essig* |
| *(englische Gewürzmischung)* | *½ Tl Cayennepfeffer* |
| *oder Pfefferkörner,* | |
| *Chilli, Ingwer* | |

Die Tamarillos mit kochendem Wasser übergießen und häuten. Papaya oder Mundu von Schale und Kernen befreien, kleingeschnitten zu den Baumtomaten geben. Mit allen Zutaten zwei Stunden lang kochen. Schmeckt gut als Soße zu gegrilltem Fleisch.

Die Gattung *Physalis* (griechisches Wort für Kelch) ist eine interessante Pflanzengruppe innerhalb der Nachtschattengewächse, denn ihre Früchte sind alle von einem Kelch umhüllt, z. B. die Lampionpflanze (*Physalis alkekengi*), die auch Blasen- oder Judenkirsche genannt wird. Wie ihre größere Verwandte (*Physalis franchetii*) schmückt sie mit ihren roten Laternchen im Herbst Gärten und Vasen. Diese Gattung enthält auch die grüne Tomate Mexikos, Tomatillo genannt (*Ph. ixocarpa* oder *angulata*), die eßbare, süße *Ph. pubescens* oder *pruinosa*, auch Zwergkapstachelbeere, Erdkirsche oder *Strawberry-tomato* genannt, die früher in den USA und auf den Antillen sehr verbreitet war. Man benutzte sie zur Herstellung von Soßen, Marmeladen und Pies. Schon 1774 erwähnte Dillenius, daß sie in England wuchs. 1781 beschreibt Jacquin sie als Barbadoskirsche, denn Barbados sei ihre Heimat.

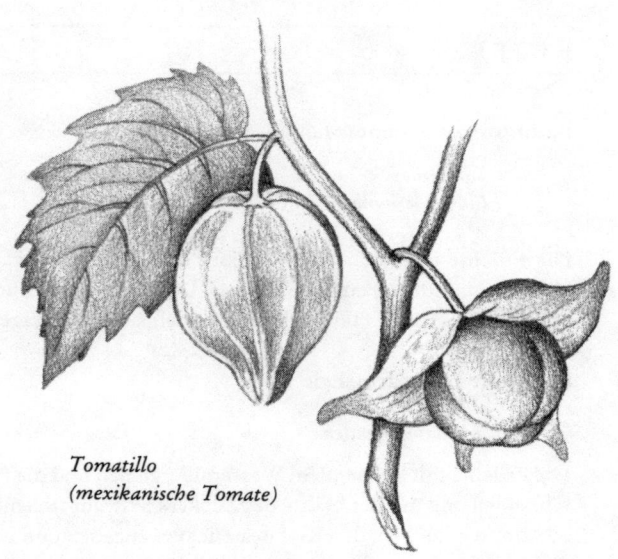

*Tomatillo
(mexikanische Tomate)*

Es könnten noch viele andere Arten genannt werden, denn es gibt 75 bis 100, die alle aus Nord- oder Südamerika kommen. Nur unsere Lampionpflanze und wenige andere entstammen Eurasien zwischen Südosteuropa und Japan. Alle lieben warmes Klima, ebenso wie Paprika und Tomate. Der wichtigste und für den Anbau lohnendste Vertreter dieser Gattung ist außer der Tomatillo die

## Kapstachelbeere *(Physalis peruviana)*

Goldbeere, Guatemala: Capuli, Kolumbien: Uchuba, Span.: Uvilla, Membrillo, Camapum, Südafrika: Golden Berry, Physalis, Neusüdwales: Cape Gooseberry, Hawaii: Poha Berry, Sri Lanka: Thol Thakkali, Sudan: Habwa, in vielen Teilen der Tropen: Tippari, USA: Peruanische Kirsche.

IRREFÜHRENDER
NAME

Schon diese lange Aufzählung von Namen deutet auf die große Beliebtheit und Wichtigkeit der Kapstachelbeere hin. »Stachelbeere« ist keine zutreffende Bezeichnung, denn diese Rankenpflanze ähnelt in ihren Wachstumsbedingungen und im Wuchs der Tomate, beiden haben keine Stacheln. Im Englischen heißt Stachelbeere allerdings gooseberry (Gänsebeere), die wörtliche Übersetzung ist deshalb unglücklich. Da die grüngelben Stachelbeeren das einzige Obst sind, das sich mit den grüngelben Physalis entfernt vergleichen läßt, ist dieser Verlegenheitsname an ihnen hängengeblieben. Die Kiwi hat auch keine Stacheln und heißt, sicher ihrer grünen Früchte wegen, chinesische Stachelbeere.

HERKUNFT
UND
VERBREITUNG

Schon in den zauberhaften Gärten der Inkas, die Kunstwerken glichen, nahm die Kapstachelbeere einen wichtigen Platz ein. Sie wird 1715 von Morison in England beschrieben und abgebildet. 1725 erwähnt Feuillée, daß sie in Peru sorgfältig kultiviert und als eingekochtes Obst hochgeschätzt wurde. Nachdem die Portugiesen reguläre Schiffahrtsrouten: Portugal – Brasilien – Südafrika – Fernost eingerichtet hatten, wurde die Physalis wahrscheinlich von Portugiesen am Kap der Guten Hoffnung ausgesät, um dort Frischobst gegen Skorbut »tanken« zu können. Die Beere gedieh so gut, daß sie dort verwildert ist.

1807 fanden englische Siedler sie am Kap der Guten Hoffnung vor – deshalb Kapstachelbeere –, die inzwischen von den Buren dort angebaut wurde, und nahmen sie mit nach Australien/Neusüdwales, wo sie das wichtigste Obst wurde. Das alles berichtet uns Sims, der noch hinzufügte, daß auf manchen Inseln der Karibik die Goldbeere gezüchtet würde.

1954 erwähnten Morton und Russel, daß kürzlich dieses Obst nach Südflorida, auf die Bahamas, nach Puerto Rico und Jamaika eingeführt wurde. 1980 ist sie auch in Gießen gewachsen, und zwar durch Samen aus zweierlei Herkünften: aus England (zierlicher und kleinblättriger) und von einer Saatgutfirma aus Hamburg, (kräftigere Pflanzen mit größeren Blättern).

In Hawaii wird die Goldbeere in großem Umfang kultiviert. In Südafrika ist Kapstachelbeermarmelade ein Alltagsartikel. In Neuseeland ist die Goldbeere ebenfalls wohlbekannt.

In Asien, Afrika und Südamerika ist sie sehr verbreitet. Die Inder bereiten Saft aus ihr, Chinesen und Malaien schätzen sie weniger. In Europa kennt man sie, mit Ausnahme von England, leider nicht. Ab und zu erhält die Bundesrepublik kleine Mengen Physalis aus Kenia, Südafrika und Neuseeland.

ANBAU IN ENGLAND

Wie erstaunt waren mein Mann und ich, bei einem englischen Farmer ein Gewächshaus voller Pflanzen vorzufinden. Wir erfuhren, daß diese Frucht bei englischen Gärtnern so beliebt ist, daß eine Werbekampagne für sie gestartet werden soll, um die Hausfrauen mit diesem Obst bekannt zu machen. Das soll unter dem Namen »Goldbeere« geschehen, den man teilweise in Südafrika benutzt und für sehr attraktiv hält. In der Bundesrepublik heißen sie im Handel Physalis.

ANBAU IN DEUTSCHLAND

Um in unserem Klima wenigstens ein paar Früchte zu ernten, muß der Samen schon in Februar im Warmen ausgesät werden. Er kommt ½ cm tief in Torfkompost, der möglichst mit Sprühgeräten feucht gehalten wird. Es genügt auch, eine Glasscheibe über die Erde zu legen. Sind die Pflanzen groß genug, um angefaßt zu werden, dann sollte man sie vereinzeln, so werden sie buschiger und schießen nicht so hoch.

Man kann sie auch im Juli säen und, vor Frost geschützt, überwintern. Dann sollte bei den 30 cm hohen Pflanzen der Wachstumspunkt abgekniffen werden, um eine Verzweigung zu erreichen.

Sobald keine Frostgefahr mehr besteht, sollten die Pflanzen in großen Töpfen (Durchmesser 20 cm oder mehr) ins Freie gebracht werden, wo sie prächtig gedeihen und Früchte ansetzen. Sie müssen hochgebunden werden, weil sie sonst auf dem Boden weiterwuchern und ihn bedecken. Für die im Februar ausgesäten Pflanzen ist unser Sommer zu kurz. Die Früchte reifen erst ab Anfang Oktober. Im Gewächshaus stehende Pflanzen tragen schon ab August, aber sehr wenig.

Leider vertragen die Kapstachelbeeren ebensowenig Frost wie Tomaten. Man muß deshalb die Töpfe im Oktober wieder ins Warme bringen. Sie sollten dann auch zurückgeschnitten werden. Ihre Früchte reifen bis zum nächsten Frühjahr, und sie tragen ununterbrochen weiter (ungefähr 2 kg pro Staude nach den Angaben des englischen Farmers). Inzwischen liegt etwas mehr Erfahrung vor: Ich habe die Pflanzen im Freien ins Erdreich gepflanzt und im Herbst ins Gewächshaus gebracht. Die stark zurückgeschnittenen Pflanzen haben sich im Lauf des Winters prächtig erholt, viele Blätter und Blüten bekommen und nach dem Auspflanzen im Mai 1981 ununterbrochen Früchte getragen, die man schon ab Mai ernten kann. Ab und zu schneide ich ein paar abgeernteten Stengel ab, so stark wuchern sie. Leider wurden sie im Gewächshaus von der weißen Fliege befallen, gegen die man entweder mit Tamaron (Bayer) oder, wie mir die englische Farmersfrau schrieb, mit Permethrin (ICI) alle zwei Wochen spritzen muß. Niemand konnte mir ein ökologisch unschädliches Mittel sagen, da die weiße Fliege schon ziemlich resistent ist. Pflanzen in warmen Ländern bekommen diesen Schädling nicht; er ist eine Gewächshausplage.

Ideal wäre es, ein kleines Feld dieser Pflanzen vor Frostbeginn mit einem auf Rollen laufenden Glashaus vor der Kälte schützen und leicht beheizen zu können.

ERNTE · Pflanzen, die im Freien stehen, sollten abgeerntet werden, bevor der Frost einsetzt. Alle Früchte, die ein wenig Gelb zeigen, reifen nach. Zu diesem Zweck sollten sie an einem Fenster stehen. Ganz trockene Luft ist allerdings nicht gut. Am besten sind die abgeernteten Früchte im Gewächshaus aufgehoben, wo es feuchter ist als im Zimmer. Sind sie reif, dann müßten sie in je einer Lage ausgebreitet werden, um ihrem Kelch die Feuchtigkeit zu entziehen. Sie können sich in trockener Luft bei 10–15° C noch fünf Monate halten. Ab und zu verderben Beeren, sie infizieren die anderen aber nicht, wenn sie nicht aufeinanderliegen. Ich friere reife importierte Früchte sofort ein, was sie fabelhaft vertragen, denn die Physalis, die aus Kenia kommen, sind sehr oft von Stemphylium und Cladosporium infiziert. Die Beeren, die der freundliche englische Farmer uns schenkte, zeigten die gleichen Symptome. Eingefrorene und eingekochte Früchte verlieren leider ihre Knackigkeit, die ich besonders mag. In Kenia erntet man die Beeren deshalb neuerdings fast grün. Da die feuchten Kelche – möglichst noch luftdicht verpackt – aufeinanderliegen, schimmeln sie trotzdem munter weiter. Ein gutes, edles süß-saures, weinähnliches Aroma entwickeln natürlich nur die reifen Früchte. Gerade gelb geworden, schmecken sie am allerbesten.

ERSCHEINUNGS- · Die Physalis ist eine kletternde Pflanze, die 2,15 m hoch werden kann, wie wir es
BILD UND · auch in England sahen.
FORTPFLANZUNG

Bekommt sie keine Stütze, so wuchert sie in die Breite und wird nur einen Meter hoch. Ein anderer englischer Farmer kultiviert seit 22 Jahren eine Pflanze, von der er, wenn sie Ermüdungserscheinungen zeigt, eine 10–15 cm lange Sproßspitze abschneidet, sie in Hormonbewurzelungspuder taucht, in einen Sandkasten mit einer Bodentemperatur von 21° C steckt und mit durchsichtiger Plastikfolie bedeckt. Nach 14 bis 21 Tagen können die Triebe dann in einen Topf gepflanzt werden. Stecklinge wuchern weniger als Sämlinge und tragen eher Früchte. (Stecklinge zu gewinnen, ist mir nicht gelungen, auf den Boden hängende Äste bewurzeln sich aber.)

Die Goldbeere ist außerordentlich robust. Sie verwildert in warmen Ländern sehr leicht. Wird sie an Stellen gepflanzt, wo früher Tomaten wuchsen, dann kann sie möglicherweise schwarzen Tomatenringfleckvirus bekommen.

HERKUNFT · Sie stammt in Peru aus der gleichen Gegend wie die Tomate. Die Kapstachelbeere
UND · ist eine krautartige, in mancher Hinsicht tomatenähnliche Pflanze, die sich ver-
ERSCHEINUNGS- · zweigt und herzförmige, 5–12 cm lange, leicht behaarte Blätter und gelbliche
BILD · Stengel aufweist. An jedem Stengelansatz sitzt eine gelbe Blüte, ähnlich der des

Tabaks, mit lila Punkten. Kleinfrüchtige Pflanzen haben weniger Hauptzweige (4–8) als großfrüchtige (3–15). Die grünlich-goldgelben Beeren enthalten eine Unmenge kleiner Kernchen, die aber nicht stören. Mit den Samen von vier Früchten kann man ein ganzes Feld bepflanzen.

VERWENDUNG     Das Fruchtfleisch ist knackig-saftig. Man kann gute Marmelade aus den Früchten zubereiten, aber das empfehle ich nicht unbedingt, da wir dafür genügend geeigneteres Obst haben. Sie ergeben köstliche Nachspeisen, z.B. ein hocharomatisches Eis, das wohlschmeckender ist als Maracujaeis.

VITAMINE UND
MINERALSTOFFE     Die Früchte enthalten besonders viel Vitamin A (3000 I. E.), dazu die Vitamine B und C (ebensoviel wie Zitrus) sowie Phosphor und Eisen. Da die rote Lampionpflanze unserer Gärten früher eine Medizinalpflanze gegen Fieber, Störungen des Harnlassens, Rheuma und Gicht war, ist es möglich, daß auch die Kapstachelbeere gesundheitlichen Nutzen hat, der noch unerforscht ist. Eben erfahre ich, daß ein junger Mann von einer der Kapstachelbeerpflanzen, die wir im Juni 1980 in Gießen vergeben haben, eine Allergie durch Berührung bekommen hat. Diese Unverträglichkeit habe ich bisher noch nie erlebt, noch je zuvor davon gehört. Gerade bestätigt mir ein indischer Gast, daß Physalis manchmal allergische Reaktionen auslöst.

IMPORTE     Die oft unreif ankommenden Physalis aus Kenia (von Dezember bis Juni) habe ich schon erwähnt. Schöne reife Früchte habe ich aus Südafrika und Neuseeland im Frühjahr 1981 im Handel gesehen.
1965 wurde ein großer Posten Kapstachelbeeren in Dosen aus Südafrika bezogen. Wegen des schleppenden Verkaufs sind keine neuen mehr eingeführt worden. Inzwischen (1980) gibt es diese Früchte wieder in Halbkilodosen.

---

## REZEPTE

SAFT     In Indien und in Südamerika benutzt man die Kapstachelbeere, um daraus Saft zu gewinnen. Hierzu auf je 200 g Beeren 100 g Wasser geben, im Mixer zerkleinern und durch ein Sieb gießen. Der Saft schmeckt pikant und säuerlich. Zum Aufbewahren diesen Saft mit Zucker aufkochen; auf ¼ l Saft 60 g Zucker abwiegen, in Flaschen füllen und verschließen. Der gezuckerte Saft läßt sich verwenden zu

### Eiscreme-Soda

*Pro Stielglas:*
*2 EL Kapstachelbeereis (Rezept Seite 428)*      *4 EL Kapstachelbeersaft*

Mit Sodawasser aufgefüllt, ist dies eine wohlschmeckende Erfrischung.

### Kompott

Da die Beeren sehr vitaminreich sind, sind sie zum Kochen zu schade. Möchte man unbedingt Kompott haben, so würde ich eine Dose Kapstachelbeeren kaufen, die es in manchen Supermärkten und größeren Läden gibt. Sonst die Beeren mit wenig Wasser kochen. Auf 500 g Früchte ⅛ l Wasser und 100 g Zucker rechnen.

Kapstachelbeeren mit Quark oder Sahne zu einer Nachspeise verarbeitet, ergibt weit weniger gute Resultate als die folgenden delikaten Desserts:

### Götterspeise                                  *Zubereitung 30 Minuten*

*140–200 g geriebener Pumpernickel*     *250 g Sahne*
*3 EL Himbeergeist*                     *1 Päckchen Vanillinzucker*
*250 g Kapstachelbeeren*                *und 1 EL Zucker*
*80 g Zucker*                           *60 g bittere Schokolade*

Den Pumpernickel zur Hälfte in eine Schüssel geben, mit 1½ EL Himbeergeist beträufeln, die Hälfte der Kapstachelbeeren daraufleegen, die Hälfte des Zuckers darüberstreuen, darauf die Sahne, die zuerst geschlagen und dann mit Vanillinzucker und 1 EL Zucker gesüßt wurde. Eine zweite Lage der Zutaten in der gleichen Reihenfolge obenauf schichten. Die Speise mit geriebener Schokolade bestreuen.

### Törtchen mit Vanilleeis                       *Zubereitung 25 Minuten*

*8 Biskuittörtchen*                     *400 g Vanilleeis*
*(saugen das Eis gut auf)*              *200 g Kapstachelbeeren*
*oder 8 Mürbteigtörtchen*               *2 Eiweiß, zu Schnee geschlagen*
*(schmecken besser)*                    *40 g Zucker*

Die Törtchen mit Eis bestreichen, die Beeren in das Eis drücken. Den mit Zucker vermischten Eischnee darüberstreichen und entweder 5 Minuten unter den Grill schieben oder 10 Minuten im Backofen bei Stufe 2–3 (170–190° C) backen, so daß das Eiweiß fest und zartgelb, aber nicht braun wird.
*Variation:* Das Vanilleeis mit 50 g Walnüssen zusätzlich bestreuen.

### Vanilleeis mit Kapstachelbeersoße             *Zubereitung 15 Minuten*

*0,5 l Vanilleeis*                      *2 EL Zucker*
*evtl. einige kandierte Kirschen*       *⅛ l Wasser (evtl. halb Wasser, halb*
*oder Veilchenblätter*                  *Weißwein)*
*200 g Kapstachelbeeren*                *1 gehäufter TL Stärkemehl*
                                        *3 EL Kirschwasser*

Das Vanilleeis entweder auf vier Stielgläser verteilen oder in einer Schüssel oder als Block auf den Tisch bringen. Eventuell mit kandierten Früchten verzieren.
Die Beeren mit Wasser und Zucker zum Kochen bringen; zuvor vom Wasser so viel abnehmen, daß das Stärkemehl damit angerührt werden kann. Bei Dosenbeeren den Saft abmessen, eventuell mit Wein würzen. In die kochende Flüssigkeit das Stärkemehl geben, aufkochen lassen. Das Kirschwasser hinzufügen.
Die Soße heiß zum Eis auf den Tisch bringen, möglichst in einem farbigen Keramikbehälter.

### Kapstachelbeereis                             *Zubereitung 20 Minuten*

*¼ l Wasser*                            *Saft einer halben Zitrone*
*150 g Zucker*                          *125 g Sahne*
*200 g Kapstachelbeeren*

Das Wasser mit dem Zucker einige Minuten kochen lassen. Vom Feuer nehmen und die Beeren sowie den Zitronensaft hinzufügen. Mit einem Mixstab zerkleinern. Soll mit dem Eis Eiscreme–Soda zubereitet werden, so muß die Flüssigkeit durch ein Sieb laufen. Bei allen anderen Rezepten ist das nicht nötig, es sei denn, Sie bevorzugen ballastarme Nahrung. Die Mischung abkühlen, danach gefrieren lassen. Nach einer Stunde die Sahne steif schlagen und unter die Masse ziehen.

### Eisbecher mit Kapstachelbeereis          *Zubereitung 10 Minuten*

| | |
|---|---|
| *200 g Kapstachelbeereis* | *1 EL Zucker* |
| *2 Bananen in Scheiben* | *40 g Schokoraspeln* |
| *100 g Sahne* | *4 Eiswaffeln* |

Das Eis auf vier Gläser verteilen, mit den Bananenscheiben belegen. Die Sahne schlagen, Zucker zugeben. Über das Eis spritzen oder mit einem Löffel darüber verteilen. Mit Schokoraspeln verzieren und mit Eiswaffeln auftragen.

Im November oder Dezember, wenn weiche Kakis auf dem Markt sind:

### Zitronenkuchen mit Kapstachelbeereis und Kakipüree *Zubereitung 15 Minuten*

| | |
|---|---|
| *4 Scheiben Zitronenkuchen* | *1½ EL Zucker (gut mit* |
| *250 g Kapstachelbeereis* | *2 EL braunem Zucker)* |
| *2 Kakis* | *evtl. 100 g Sahne* |

Vier Tellerchen mit Zitronenkuchen belegen. (Für dieses Rezept, das wir sehr gerne mögen, habe ich immer eingefrorenen Kuchen als Vorrat. Man kann den Kuchen sehr gut mit einer fertigen Backmischung zubereiten. Sandkuchen geht auch.) Das Eis auf dem Kuchen verteilen. Die Kakis waschen, häuten und entkernen, mit einem Mixstab pürieren. Den Zucker zugeben. Das Kakipüree über dem Eis verteilen, eventuell mit geschlagener Sahne verzieren, die mit 1 EL Zucker gesüßt wurde.

AUFLÄUFE   Falls Sie eines Tages selbst Kapstachelbeeren im Garten haben sollten oder im Januar, Februar Beeren kaufen, so frieren Sie doch einmal 200 g ein. Dosenbeeren kann man auch verwenden.

### Gemischter Fruchtauflauf

| | |
|---|---|
| *200 g Kapstachelbeeren* | *4 Eier* |
| *200 g Süßkirschen* | *100 g Sahne* |
| *200 g Erdbeeren* | *1 Päckchen Vanillinzucker* |
| *3 EL Zucker und 90 g Zucker* | *75 g Zwieback- oder Semmelmehl* |

Das Obst mit 3 EL Zucker einzuckern, in eine Auflaufform legen. 4 Eiweiß steif schlagen, danach kalt stellen. Mit den unabgewaschenen Schlägern 4 Eigelb schaumig rühren, 90 g Zucker, Sahne, Vanillinzucker und Semmelmehl zugeben, den Eischnee unter die Masse heben, die Früchte damit bedecken und mindestens 30 Minuten bei Stufe 3–4 (190–210° C) backen. Kalt auftragen. Im Juni nach einer Spargelcremesuppe, die aus Spargelwasser vom Vortag zubereitet wurde, ist dies ein leichtes, schmackhaftes Mittagessen.

## Meringe Pawlowa

Diese Nationalnachspeise Neuseelands wurde einst von einem neuseeländischen Koch zu Ehren der großen Ballerina Anna Pawlowa geschaffen. Eigentlich ißt man sie mit Himbeeren (Rezept S. 249), in Neuseeland neuerdings mit Kiwis. Ich finde sie mit Kapstachelbeeren besonders gut. Das Rezept habe ich ziemlich abgeändert, ich habe lange daran herumprobiert. Es ist im Original unangenehm süß. Auf die Meringe gibt man in England einen Vanillepudding, was geschmacklich ziemlich reizlos ist. In Neuseeland verwendet man statt dessen Sahne, das schmeckt viel besser. Mit Kapstachelbeeren wird die Sache erst gut, wenn eine Weinsoße dazukommt. Nach Originalrezept wird auf dem Blech gebacken. Ich nehme eine Auflaufform, die ist nötig wegen der geringeren Zuckermenge, denn da bleibt der Eischnee weicher. Der Name ist für mein Gericht nicht mehr ganz gerechtfertigt, aber ich behalte ihn bei.

*Arbeitszeit 10 Minuten*

Boden:
80 g Eiweiß (von 2–3 Eiern)                  1 TL Wasser
100 g Zucker                                 1–2 TL Essig
1 gehäufter TL Mondamin

Eiweiß steif schlagen, Zucker hineinrieseln lassen, Mondamin, mit Wasser und Essig angerührt, zugeben. Eine gut gefettete Keramikform mit der Masse bestreichen und das Ganze bei Stufe 1 (150° C) eine Stunde im Ofen trocknen lassen. Noch mindestens 30 Minuten im ausgeschalteten Ofen stehenlassen.

*Zubereitung 7 Minuten*

Belag:
200 g geschlagene Sahne                  mindestens 150 g, am besten
2 EL Zucker                              300 g Kapstachelbeeren

Die gesüßte Schlagsahne auf den abgekühlten Boden streichen, mit den Beeren belegen.

*Zubereitung 6 Minuten*

Weißweinsoße:                            1 gehäufter EL saure Sahne
1 gestrichener EL Mehl                   nach Belieben: kräftige Prise
⅜ l Weißwein                             Ingwerpulver oder den Inhalt
1½ EL Zucker                             einer halben Vanilleschote

Das Mehl in einem hohen Topf mit dem Weißwein, dem Zucker, der Sahne und – falls gewünscht – den Vanillekörnchen oder dem Ingwer verrühren, bis keine Klümpchen mehr vorhanden sind. Unter Schlagen mit dem Schneebesen zum Kochen bringen, eine Minute kochen lassen. In einen Soßenbehälter gießen und kalt zu der Meringe auftragen.

KUCHEN   Nach meinem Dafürhalten ist dieses Obst zum Kuchenbacken nicht übermäßig gut geeignet. Dieses Rezept habe ich einige Male ausprobiert und war stets hin- und hergerissen: mal fand ich es gut, mal weniger. Nachdem der Kuchen eingefroren war, schmeckte er besser.

## Kapstachelbeerkuchen mit Rahmguß

*Boden:*
*Einen Mürbteig (s. Anhang) zuberei-*
*ten (ja keinen Hefeteig, er bleibt flüs-*
*sig, da die Beeren so saftig sin.)*
*Belag:*
*3 EL Semmelmehl*
*500 g Kapstachelbeeren*

*Guß:*
*3 Eigelb*
*75 g Zucker*
*⅛ l süße Sahne*

Den Mürbteig mit dem Semmelmehl bestreuen, mit den Kapstachelbeeren belegen und dann backen. Für den Guß das Eigelb mit dem Zucker und der süßen Sahne in einer feststehenden Küchenmaschine 5 Minuten schlagen. Den Mürbteig mit dem Guß übergießen. Den Kapstachelbeerkuchen bei Stufe 3–4 (190–210° C) insgesamt 45–60 Minuten backen.

## Kapstachelbeer-Weintrauben-Kuchen

ist nach dem Muster der Meringe Pawlowa »komponiert«, er schmeckt sehr gut.

*Boden: Mandeleiweißboden (Rezept im Anhang)*
*Karamelcreme:*
*¼ l Milch*
*2 gestrichene EL Stärkemehl*

*3 Eigelb (von dem Eiweiß im Teig)*
*80 g Zucker*

2–3 EL Milch von dem Viertelliter Milch abnehmen, Stärkemehl und Eigelb damit verquirlen. Die Milch zum Kochen bringen, das Eigelb zugeben, unter Rühren einmal bis kurz vors Kochen kommen lassen und beiseitestellen.
80 g Zucker in einem Pfännchen schmelzen lassen, dabei darauf achten, daß der Zucker gleichmäßig schmilzt und nicht schwarz wird. Deshalb mit einem Holzlöffel hin- und herwenden. Ist alles leicht gebräunt, 2 EL Wasser zugeben, so daß eine Lösung entsteht. Den Inhalt der Pfanne sofort in die heiße Milch geben. Gut schlagen und noch einmal aufkochen lassen.

Diese Creme löffelweise auf dem Teig verteilen und glattstreichen.

*Belag:*
*Hat man eine kleinere Springform,*
*so benötigt man:*
*300 g blaue Weintrauben (Alphonse*
*Lavallée) 300 g Kapstachelbeeren*

*Für eine große Springform:*
*375 g blaue Weintrauben*
*375 g Kapstachelbeeren*

Von außen nach innen je eine Reihe Kapstachelbeeren und blaue Weintrauben abwechselnd in die Karamelcreme drücken, bis der Boden bedeckt ist.
Da sich die Beeren gut halten und schön aussehen, benötigt man nicht unbedingt einen Tortenguß, obwohl ein Tortenguß der ganzen Angelegenheit noch zusätzlichen Glanz gibt:
Eventuell also ¼ l Apfelsaft, 2 EL Zucker und ein Päckchen Tortenguß nach Vorschrift kochen, die Früchte mit einem Pinsel überglänzen, den Guß nochmals erhitzen und mit einem Löffelchen auf die Zwischenräume verteilen.
Dieser Kuchen, nur mit Kapstachelbeeren belegt, ist weniger schmackhaft, als wenn beide Obstsorten gemischt verwendet werden.

### Marmelade

500 g Kapstachelbeeren mit ganz wenig Wasser zum Kochen bringen, mit einem Mixstab zerkleinern. Die gleiche Menge Zucker zugeben, unter Rühren zum Kochen bringen. Da die Beeren sehr gut gelieren, sollte man keinen Gelierzucker verwenden, denn die Marmelade wird dadurch zu fest. 10 Minuten kochen lassen, dann in saubere Gläser füllen und verschließen.

Zu dieser Marmelade können Beeren verwendet werden, die noch mehr grün als gelb und zum Rohessen daher zu unreif sind. Die Marmelade ist sehr apart im Aroma, sie setzt sich nach einiger Zeit aber kristallisiert an den Glaswänden ab.

### Eingelegte Kapstachelbeeren *(Kenia)*

Die Beeren lassen sich gut einfrieren, aber auch einkochen. Entweder, wie üblich, mit Wasser und Zucker in ein Einmachglas geben und sterilisieren oder ¼ l Weißwein mit 250 g Zucker, 1 Prise Ingwer und gemahlenen Nelken 10 Minuten kochen. Die heiße Flüssigkeit über 500 g Beeren gießen. Eine Nacht stehenlassen. Am nächsten Tag den Sirup abgießen, aufkochen und über die Beeren geben. Am darauffolgenden Tag wiederholen. Am dritten Tag Beeren und Sirup zusammen aufkochen, in Gläser füllen und zubinden.

## Lulo *(Solanum quitoense)*

Span.: Naranjilla (kleine Orange), Quito-Orange (Quito ist eine Stadt in Ekuador), Kolumbien: Toronja in valle, Nariño, Franz.: Morelle de Quito.

HERKUNFT   Sie stammt aus dem Hochland Kolumbiens, Ekuadors und Perus zwischen 1300 und 1800 Meter.

Brücher berichtet, daß die erste Nachricht über diese Frucht von dem Mönch Juan de Santa Cruz herrührt. 1760 reichten ihm Indios am Zusammenfluß des Rio Caqueta und des Putumayo einen Erfrischungstrank aus Lulosaft, und das sei für ihn das Köstlichste gewesen, was er jemals in dieser Welt genossen habe. Auch Lamarck und Humboldt lernten die Naranjilla kennen.

*Lulo*

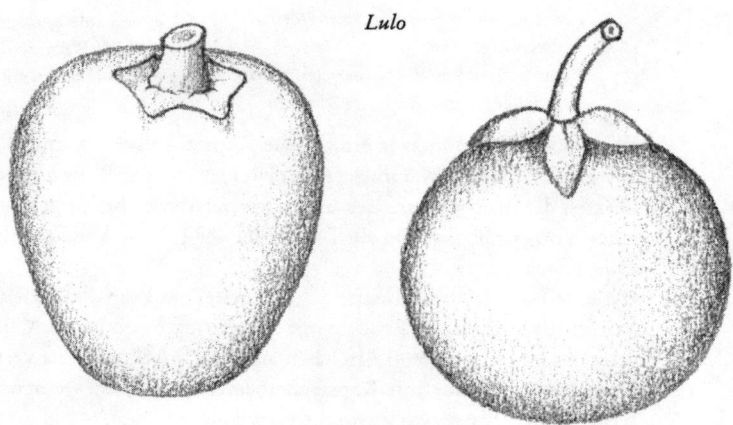

Cocona

Kapstachelbeere

Pepino

Lulo

Baumtomate

Tafel 25

Lavallée

Rambai

Barlinka

Dan ben Hannah

Gandaria

Malay-Apf.

Tafel 26

1939 hat Ekuador auf der Weltausstellung in New York erstmals diese Frucht vorgeführt.

KLIMAANSPRÜCHE Am besten gedeiht sie in 2000 m Höhe und bei Niederschlägen von 2500 mm. Sie verträgt keine Temperaturen über 29° C, aber auch keine Kälte. Sie liebt fruchtbaren Boden und gute Drainage. Im tropischen Tiefland und in Trockengebieten trägt sie nicht.

VERBREITUNG Seit dem Ende des Zweiten Weltkriegs hat man die Naranjilla in anderen tropischen und subtropischen Ländern angepflanzt. Sie wächst z. B. ausgezeichnet in Florida, setzt dort aber keine Früchte an.

Im April 1980 wurde sie (in Kirschgröße) in Gießen verkauft. Diese winzigen Lulos kamen aus Thailand; man bezeichnete sie als Auberginen, meint damit in Südostasien aber sicherlich, daß sie Nachtschattengewächse sind wie die Auberginen auch. Die Lulos waren noch behaart und hatten außer Säure kein Aroma. (Es gibt gelbe, kirschgroße Auberginen in Asien, aber die schmecken gewiß weder sauer noch sind sie innen geleeartig.)

INDUSTRIELLER ANBAU In größerem Umfang genutzt wird die Lulo heute in Peru (Vertrieb durch B Internacional in Lima), Ekuador (Pastazatal), Kolumbien, Panama, Costa Rica und Guatemala, das wie Peru seine Fruchtkonzentrate auf dem Weltmarkt anbietet.

ERSCHEINUNGS-FORM Die Naranjilla wächst an einem immergrünen, stark verzweigten Strauch von 1,80–3 m Höhe. Die unteren Blätter sind sehr groß, sie erinnern an riesige Rhabarberblätter von mindestens 35 cm Breite und 45 cm Länge. Die fleischigen Blätter, die an den behaarten, verholzten Stielen, die dicht mit runden oder kegelstumpfförmigen Früchten besetzt sind, entspringen, sind kleiner – nur etwa 5–15 cm lang. Die im Ganzen herzförmig-ovalen Blätter sind zwischen den markanten Blattrippen nach innen bogenförmig ausgeschnitten, wodurch ein Eindruck entsteht, der an einen aufgespannten Regenschirm erinnert: die Ränder wirken gewellt. Die wolligen Blütenknospen sind eingehüllt in ein dichtes Haarkleid. Die Blüten ähneln Paprikablüten. Sie sind aber fünfteilig, mit spitzen lila Blättern.

SCHNELLER ERTRAG In günstigem Klima beginnen die Pflanzen nach 6 bis 12 Monaten Frucht zu tragen. Sie tun das zwei bis drei Jahre lang, dann werden sie durch neue Naranjillas ersetzt. Man kann aber nicht ununterbrochen ernten, sondern nur acht Wochen lang. Dann erscheinen neue Blüten. Pro ha kann man 250 Lulos setzen. Eine Pflanze bringt ungefähr 30 kg Früchte im Jahr.

AUSSEHEN DER FRÜCHTE Die Schale der Früchte ist mit kurzen, harten Härchen besetzt, sie wirken wie ganz dünne Stacheln. Es macht viel Arbeit, ihnen durch Schütteln auf siebartigen Metallkörben die Härchen zu entfernen. Danach muß jede Frucht mit einem trockenen Tuch poliert werden. Es sind Versuche im Gang, erstens die Haare mechanisch zu entfernen und zweitens in einer Forschungsstation der Stadt Medellin in Kolumbien, der Lulo die Haare wegzuzüchten.

Die Früchte sind je nach Sorte rund oder paprikaförmig mit einem Durchmesser von 2–6 cm und von goldgelber Farbe. Die Haut ist dick und ledrig, das Fruchtfleisch hellgrün, duftend und geleeartig, mit 1000–1200 kleinen Kernchen, die aber insgesamt nur 3,5 g wiegen.

| | |
|---|---|
| HALTBARKEIT | Die Naranjilla ist leicht verderblich und empfindlich. Sie muß daher geerntet werden, wenn sie halbreif ist. Dann hält sie sich acht Tage, bei Kühlung einen Monat. |
| GESCHMACK | In Kolumbien heißt der Lulosaft: das königliche Getränk. Man nimmt ihn dort schon zum Frühstück zu sich wie anderswo Orangensaft. In Ekuador liebt man besonders Lulosorbet. Der Geschmack der Naranjillas, die mein Mann von dort mitbrachte, war zwar sehr sauer, er enthielt aber zusätzlich ein eigenartiges Aroma, das schmeckte, wie Jasmin- oder Orangenblüten riechen; die Früchte waren sehr apart, köstlich und erfrischend. Bei eingefrorenen Früchten oder konzentrierter Fruchtpulpe verliert sich dieser Eindruck etwas, obwohl Fabrikate von B Internacional, Lima, Peru, hervorragend sind. Guatemala bietet ebenfalls dieses Konzentrat auf dem Weltmarkt an. Im Land wird das Konzentrat gefroren gehandelt. Auch in Costa Rica und Panama werden Lulos kommerziell angebaut. |
| ERNTEZEIT | Die Erntezeit in Peru reicht von Januar bis Mai und von Oktober bis Dezember. |
| VITAMINGEHALT | Die Naranjillas enthalten pro Liter Saft 33,5 g Säure, vor allem Zitronensäure. 100 g Fruchtfleisch weisen 8 g Kalzium, 12 mg Phosphor, 0,6 mg Eisen, 600 I.E. Vitamin A, 0,04 mg $B_1$, 0,04 mg $B_2$, 1,5 mg $B_{12}$ und 25 mg Vitamin C auf. |
| VERWENDUNG | Außer Sorbet und Saft bereitet man Eis, Gelee, Pie, Marmelade und Kompott aus ihnen zu. In Quito wird der Saft wie Limonade getrunken. Man füllt die Lulo-schalen auch mit Eis oder Früchten, bedeckt sie mit Eischnee und überbäckt sie. Da die Früchte, die ich bisher gesehen habe, recht klein waren – wie kleine Tomaten –, ist das eine mühsame Angelegenheit. Der Saft wird leider an der Luft durch Oxidation nach kurzer Zeit braun. |

---

## REZEPTE

---

Mit Naranjillanektar, den es bei uns zu kaufen gibt, kann man die folgenden Gerichte nicht herstellen. Man benötigt dazu Fruchtpulpe oder Konzentrat. Während man in Kolumbien die Curuba vorzieht, schätzen die Peruaner, besonders in Quito, die Naranjilla zu Fruchtsaftgetränken.

| | |
|---|---|
| GETRÄNKE | **Naranjillalimonade** |

*1 Teil Fruchtmark*      *1 Glas Wasser oder*
*1 Teil Zucker*          *Mineralwasser, etwas Eis*

Den Saft zuckern, mit Wasser verdünnen und über Eis auftragen. Sehr gut ist es, dieses Getränk heiß zu sich zu nehmen, wie man bei uns heißen Zitronensaft trinkt. Das ist in Kolumbien üblich.

**Naranjillamilchshake** *(1 Portion)*

*2 EL konzentrierte Fruchtpulpe*      *1 Glas Milch*
*1 EL Zucker*                          *etwas Eis*

Den Saft in einen Mixbecher geben, nach Geschmack süßen, mit Milch auffüllen und gut mischen. Auf Wunsch mit einem Eiswürfel auftragen. Wenn man zuerst Saft und Milch zusammengießt und danach zuckert, zersetzt der Saft die Milch.

## Cocktail Primavera

| | |
|---|---|
| *1 Likörglas Gin* | *Lulosaft* |
| *1 Likörglas süßer Sherry* | *1 Cocktailkirsche* |
| *2 Eiswürfel* | *1 Blatt Pfefferminze* |

Gin, Sherry und Eiswürfel in ein Glas geben, mit Lulosaft auffüllen. Mit Cocktail-kirsche und Pfefferminzblatt verzieren. Lulo eignet sich auch für andere Cocktails mit Gin oder Wodka.

NACHSPEISEN   Das Fruchtfleisch der Lulo (Naranjilla) würzt vorzüglich Quark und Joghurt.

## Joghurt

| | |
|---|---|
| *1½ EL Lulomark* | *1 Becher Joghurt* |
| *1½ EL Zucker* | |

Alles mischen.

## Naranjillaquark *(2 Portionen)*                    *Zubereitung 5 Minuten*

| | |
|---|---|
| *250 g Sahnequark* | *3 EL Zucker* |
| *2 EL Lulomark* | |

Alle Zutaten gut verquirlen. Eventuell ein wenig Milch hinzufügen, sollte das Dessert zu fest sein. Sehr gut ist die Kombination mit Erdbeeren:

## Quarkcreme mit Erdbeeren

Eine Quarkspeise zubereiten, wie im vorhergehenden Rezept beschrieben, und einige Erdbeeren hinzufügen. Sorbet und Eis habe ich ausprobiert. Es hat mir von dieser Frucht nicht geschmeckt.

## Naranjillacreme I                    *Zubereitung 15 Minuten*

| | |
|---|---|
| *4 Blatt Gelatine* | *4 EL kochendes Wasser* |
| *4 Eiweiß* | *6 EL konzentriertes Fruchtmark* |
| *4 Eigelb* | *200 g Erdbeeren* |
| *125 g Zucker* | |

Die Gelatine in kaltem Wasser einweichen. Das Eiweiß steif schlagen. Eigelb und Zucker zusammen rühren, bis diese Masse schaumig ist. Die Gelatine ausdrücken, zu dem von der Kochstelle genommenen Wasser geben und auflösen. Durch ein Sieb zu der Creme geben und mit dem Schneebesen gut mischen. Eischnee und Fruchtmark unterziehen, die gewaschenen Erdbeeren – kleine im Ganzen, große halbiert – der Creme hinzufügen. Im Kühlschrank fest werden lassen.
*Variation:* Die Erdbeeren nicht in die Creme geben, sondern pürieren, nach Geschmack süßen und als Soße auftragen.

## Naranjillacreme II                    *Zubereitung 15 Minuten*

| | |
|---|---|
| *2 Blatt Gelatine* | *2 EL kochendes Wasser* |
| *250 g Sahne* | *1 Banane in Scheiben* |
| *4 EL Zucker* | *oder 2 EL Süßkirschen oder* |
| *8 EL Fruchtmark* | *Erdbeeren* |

Die Gelatine in kaltem Wasser einweichen. Die Sahne schlagen, Zucker und Fruchtmark zugeben. Das Wasser kochen lassen, vom Feuer nehmen und die Gelatine darin auflösen. Durch ein Sieb zur Sahne gießen. Die Fruchtstücke hinzufügen und kalt auftragen. Auch Würfel der Cherimoya oder der verschiedenen Sapoten passen sehr gut in diese säuerliche Creme.

## Pfirsiche mit Naranjillacreme

*Pro Person:*
*½ Pfirsich (möglichst weiß-*
*fleischig) aus dem Einmachglas*

*die Hälfte der »Naranjilla-*
*creme II«*
*(reicht für 8 halbe Früchte)*
*Krokant zum Bestreuen*

Eine sehr gute Nachspeise. Die halben Pfirsiche mit der Creme füllen und mit Krokant bestreuen.

*Zubereitung 40 Minuten*
*Backzeit 20 Minuten*

## Charlotte mit Lulocreme

Den Teig von Seite 308, wie dort beschrieben, zubereiten, backen und mit einem Küchentuch zusammenrollen. Wenn er abgekühlt ist, wieder auseinanderrollen, mit einem Glas Erdbeermarmelade bestreichen. Die Naranjillacreme II mit 4 Blatt Gelatine zubereiten. Da diese Creme weniger Platz einnimmt als die Weißweincreme in dem Aprikosenrezept, benötigt man diesmal eine kleinere Schüssel. Die Teigrolle in Scheiben schneiden, eine Schüssel mit den Stücken auslegen. Die Creme in die Schüssel gießen, die restlichen Scheiben auf die Creme legen. Mehrere Stunden im Kühlschrank fest werden lassen und dann stürzen.

## Naranjillamarmelade

Sie geliert sehr rasch und schmeckt ganz vorzüglich. Auf eine Tasse Fruchtmark eine Tasse Zucker abmessen. Unter Rühren 5 bis 10 Minuten sprudelnd kochen lassen und in Gläser füllen.

# Cocona *(Solanum topiro)*

Diese Frucht bereitet mir Probleme: Peru bietet den Coconasaft mit dem lateinischen Zusatz *Solanum topiro* an. Ochse nennt die Cocona *Solanum hyporhodium, peach tomato,*Pfirsichtomate, Rehm-Espig bezeichnen sie als Cocona (*Solanum topiro,* die Trennung von *S. hyporhodium* sei unsicher) und Orinoko-Apfel. Brücher gibt eine Beschreibung vom Orinoko-Apfel (*Solanum topiro*), die mit den Angaben Ochses im wesentlichen übereinstimmt; er schreibt aber, die Cocona sei *Solanum hirsutissimum* und käme aus Ekuador, was ich ganz beiseite lassen will. Ich gehe davon aus, daß die Cocona und der Orinoko-Apfel die gleiche Frucht sind.

HERKUNFT  Die Cocona stammt aus einem Gebiet, das das südliche Venezuela, Kolumbien, Peru und Brasilien umfaßt, und zwar deren Flußränder im Amazonastal.
Nach Brücher liegt der erste Bericht über diese Frucht aus dem März des Jahres 1760 vor, von dem Spanier Diez de la Fuente. Er sah sie am Rio Padamo, der in den Orinoko mündet, wo sie mit Mais und Bohnen angebaut wurde.

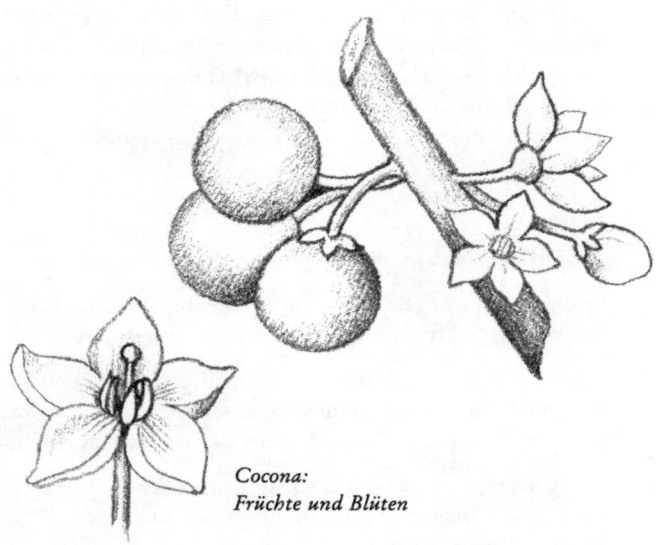

*Cocona:*
*Früchte und Blüten*

Humboldt und sein Zeichner Bonpland sahen sie 1800 bei San Fernando de Atabapo in Venezuela.

Die Indianer am oberen Amazonas sollen sie Tupiro und Bopo nennen, weiter flußabwärts hieße sie Soka.

Die Peruaner bezeichnen Lulo und Cocona als die köstlichsten Früchte Perus.

KLIMAANSPRÜCHE  Die Cocona wächst nicht in Bergwäldern oder im Urwald, sie ist eine reine Tropenpflanze, die offene Standorte, Sonne und Feuchtigkeit benötigt.

GESCHMACK  Ich habe alle Hebel in Bewegung gesetzt, um diesen Saft zu probieren: Er ist dünn und weißlich-hellgelb, schmeckt süß-säuerlich, sehr mild und gut und ist leicht adstringierend. Er erinnert etwas an süße Grapefruits und Pfirsiche. Ich habe versucht, aus beiden Säften diesen Geschmack zu mischen, aber das traf nicht das Coconaaroma. Für den Import ist diese Frucht sicher nicht interessant, sie ist nicht »exotisch« im Sinne von geheimnisvoll und fremdartig, sondern im Geschmack sehr vertraut.

Nach dem Zweiten Weltkrieg begann man in Peru mit der Kultur der Cocona. Nach Ochse soll sie noch delikatere Früchte tragen als die Lulo.

ERSCHEINUNGS-BILD  Beide Obstarten ähneln einander im Wuchs der Pflanzen und in der Form der Früchte. Die Cocona wird aber weniger hoch (1–1,50 m), ist unbehaart und trägt ovale, rote oder gelbe Früchte, die an Äpfel erinnern. Sie besitzt, wie die Lulo, sehr große 60 cm lange Blätter. Die Coconas hängen in dichten Trauben am Stamm oder Ast. Wildfrüchte sind von 2,5–10 cm im Durchmesser.

ERTRAG  Die Pflanzen werden in verschiedenen tropischen oder suptropischen Ländern züchterisch getestet. In Turrialba in Costa Rica waren sie reich mit Früchten beladen, im Gewicht von 20 und 30 kg und mehr. Die Sträucher standen in der vollen Sonne. Von der Aussaat bis zur ersten Ernte dauert es sieben Monate. Einige Monate lang reifen dann immer neue Früchte heran. In Peru werden sie von Januar bis Mai und von August bis Dezember mit dem Messer geerntet.

VERWENDUNG Diese interessante, vielversprechende Frucht eignet sich besonders für Gelee, Marmelade, Kuchen (eine Deutsche in Peru stellt Coconastrudel aus ihr her, der vorzüglich schmecken soll), für Erfrischungs- oder Mixgetränke, Sorbet und Eis. Das Fruchtfleisch ist cremefarben.

Peru bietet auf dem Weltmarkt Coconasaft und Fruchtmark an.

## Pepino *(Solanum muricatum)*

Span.: Pepino dulce, Pepino mango, Pepino morado, Peru: Pepo, Franz.: Poire-melon, Engl.: Melon pear, Mellow fruit, Tree melon.

HERKUNFT Die Pepino, die aus Neuseeland und Chile von März bis Mai in die Bundesrepublik importiert wird, stammt aus den warmen Gebirgstälern Perus aus einer Höhe von 1700 bis 2500 m. Nach Brücher ist ihre Heimat Kolumbien.

ERSCHEINUNGS-BILD Die Melonenbirne wächst aneinem Kraut oder Halbstrauch mit holziger Stammbasis. Diese Pflanze ist 30 cm bis über einen Meter hoch. Die oval-lanzettförmigen Blätter haben 3-7 lange Stiele und werden 8–16 cm lang, 3–6 cm breit und sind leicht gewellt. Da die Stengel der Pflanze nicht fest sind, legen sie sich leicht um. Die Blüten erscheinen in Trauben bis zu zwölf und sitzen auf 5–8 cm langen Stielen. Sie sind entweder purpurlila gefärbt, weiß mit purpurnen Punkten oder tiefblau. Sie haben einen Durchmesser von 4 cm und sind in fünf von außen behaarte Blütenblätter geteilt.

FRÜCHTE Die Melonenbirnen sind hellcreme-weiß mit zarten lila Streifen. Die Haut ist sehr dünn und enthält zahlreiche kleine Samen im gelben Fruchtfleisch. Die ähnlich einem Ei oder besser wie eine Eichel geformten Früchte können bei Wildformen 6–8 cm, bei Kulturformen 10–20 cm lang werden.

GESCHMACK UND VERWENDUNG Die sehr saftigen und wohlriechenden Pepinos sind im Geschmack eine Mischung aus Birne und Melone, nur leider viel fader. Man ißt sie am besten roh.

Möchte man sie aufheben, wo wähle man eine unreife Frucht, deren Haut noch nicht zitronengelb, sondern weiß oder blaßgelb ist und koche sie mit viel Zucker. Eine unreife Pepino mit wenig Zucker konserviert, schmeckt ganz ausdruckslos. Man kann auch Marmelade aus ihr bereiten, aber nach der Angabe von Mr. Turner aus Auckland ist das beste an der Pepino ihr guter, süßer Geschmack ohne hohen Zuckergehalt. Gerade dieser Vorteil geht verloren, wenn man sie kocht. Pepino serviert man daher am besten roh. Entweder man ißt sie wie einen Apfel oder man schält sie, entfernt die Kerne und kühlt sie gut, worauf man die Fruchtsegmente mit braunem Zucker aufträgt.

Anstatt des braunen Zuckers kann man auch Zitronensaft, eine Prise Ingwer und weißen Zucker verwenden, oder die Fruchtstücke werden mit Likör gewürzt. Die Pepino wird zu einer neuen Vorspeise, wenn man sie mit Krabben serviert. Alle diese Verwendungsvorschläge erhielt ich aus Neuseeland. Inzwischen konnte ich noch eine Kiste Pepinos ergattern und habe andere Möglichkeiten ausprobiert.

GESCHICHTE Brücher schreibt, daß die Pepino eine uralte indianische Pflanze sei, die durch Auslese verbessert worden ist. Der französische Gärtner Thonin habe sie schon 1785 nach Frankreich gebracht und ihren Anbau empfohlen. Heute findet sie sich

438

in Ekuador, Peru, Bolivien, Chile, Venezuela, seit 1882 in USA, in Neuseeland, Äthiopien, der UdSSR und seit 1971 im Mittelmeergebiet, Südspanien, auf der Versuchsstation Finca »La Mayora«. Um die Jahrhundertwende war sie auf den Kanarischen Inseln sehr populär.

VERMEHRUNG Die meisten Früchte sind laut Brücher samenlos. Sie werden durch Stecklinge vermehrt. Drei Monate nach dem Auspflanzen kann schon geerntet werden, in Spanien nach neun Monaten. Alle drei bis vier Monate sind dann neue Früchte reif. Die beste Lagertemperatur ist zwischen 2 und 5° C .

Die neuseeländischen Früchte, die ich bekommen habe, waren nicht samenlos (die spanischen sind es auch nicht), aber das hat nicht gestört. Sie waren – wie erwähnt – recht fade. Geschmeckt haben mir Zubereitungsarten mit einer kräftigen, würzigen Soße. Da sich die angeschnittenen Pepinos verfärben, darf man sie erst kurz vor dem Auftragen zerteilen.

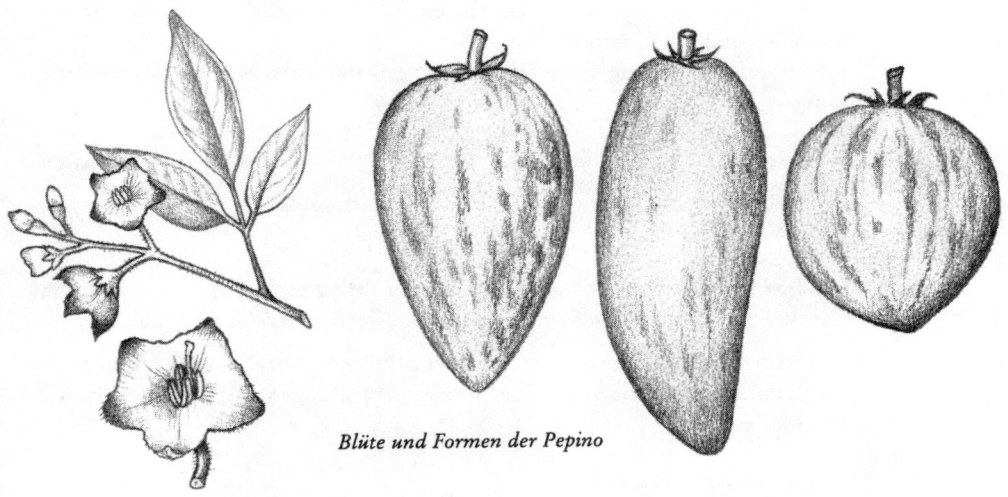

*Blüte und Formen der Pepino*

---

## REZEPTE

---

VORSPEISEN **Pepino mit Matjesfilets gefüllt** *Zubereitung 7 Minuten*

*Pro Person:*
*½ Pepino*
*1 Matjesfilet*
*1 TL gehackte Zwiebeln*
*1 gehäufter EL Apfelwürfel*

*1 knapper EL Öl*
*1 TL Essig*
*1 Prise Pfeffer*

Die kleingeschnittenen Zutaten mit der Salatmarinade aus Öl, Essig, Pfeffer mischen und kalt stellen. Für die Marinade kann man das Öl verwenden, mit dem die Matjesfilets eingelegt worden sind. Wenige Minuten vor dem Auftragen die Frucht halbieren, etwas aushöhlen, die Kerne wegwerfen, den Rest kleinschneiden und mit der Füllung mischen. Den Salat in die Fruchthälfte füllen und gleich servieren.

*Variation:* anstelle des Öls saure Sahne verwenden und ein wenig Salz.

### Pepino mit Schinkenwürfeln

*Zubereitung 25 Minuten*
*Kochzeit 45 Minuten*

*2 Pepinos*
*2 EL Öl*
*1 Zwiebel, gewürfelt*
*1 Zehe Knoblauch, zerdrückt*
*300 g Tomaten, gehäutet und*
*zerschnitten*

*½ TL Salz*
*Pfeffer, Basilikum*
*Oregano*
*evtl. 1 Prise Zucker*
*8 EL Schinkenwürfel*
*1 EL gehackte Petersilie*

Bei dem Schinken kann man sowohl roh geräucherten als auch gekochten verwenden. Da die Früchte kräftige Zutaten verlangen, ist roher Schinken aber besser. Die kleingeschnittene Zwiebel in dem Öl anbraten; ist sie goldgelb, Knoblauch und nach ein paar Sekunden die Tomaten hinzufügen. Salz, Pfeffer, Basilikum und Oregano zugeben und 40 Minuten kochen lassen. Eventuell etwas Zucker zufügen. Die Schinkenwürfel mit der Soße mischen und vom Herd nehmen. Kurz vor dem Auftragen die Pepinos längs halbieren, etwas aushöhlen, mit dem Schinken füllen und mit Petersilie bestreuen.
*Variation:* Der Füllung einen in Scheiben geschnittenen Stengel Bleichsellerie zufügen.

### Pepino mit Krabben gefüllt

*Zubereitung 7 Minuten*

*2 Pepinos*
*6 El Krabben*

*2 EL Mayonnaise*

Krabben und Mayonnaise mischen. Kurz vor dem Auftragen in die halbierten, ausgehöhlten Früchte füllen. Alle Zutaten vor der Verwendung gut kühlen.

NACHSPEISEN

Eine Reihe von Melonenrezepten, die ich mit Pepino ausprobiert habe, haben mir nicht geschmeckt (Weincreme, Fruchtsalat u.a. Füllungen). Das einzige, was ich gut fand, war

### Pepino mit Aprikosensoße

*Zubereitung 10 Minuten*

*2 Pepinos*
*4 EL Aprikosenmarmelade*

*1 EL Wasser*
*oder Aprikosensoße (Rezept S. 309)*

Die Marmelade mit dem Wasser erhitzen, bis sich die Marmelade aufgelöst hat. Die Pepinos halbieren, die Kerne herausnehmen, etwas aushöhlen. Das Fruchtfleisch würfeln, mit der Soße vermischen und wieder in die Frucht füllen. Die Ränder der Pepino mit der warmen Marmelade bepinseln und in den Kühlschrank stellen. Kalt auftragen.

### Pepino mit Manjar

*Zubereitung 10 Minuten,*
*Kochzeit 18 Minuten*

Manjar ist typisch chilenisch, man spricht es Manchar.

*2 Pepinos*
*200 g Zucker*

*1 Dose kondensierte*
*Kaffeesahne (165 g, 15% Fettgehalt)*

Sahne und Zucker in einen Topf geben. Unter Umrühren zum Kochen bringen und 15 Minuten leise brodeln lassen. Gelegentlich umrühren. Abkühlen lassen und prüfen, ob der Zucker auskristallisiert, was er nicht soll. Falls sich der Zucker absetzt, einen EL normale Milch zugeben und nochmals aufkochen, dabei umrühren. Mit der abgekühlten Creme weiter verfahren wie mit der Aprikosensoße im vorhergehenden Rezept. Pro Fruchthälfte einen Eßlöffel voll verwenden. Die Menge reicht für mehrmalige Verwendung. Sie ergibt 12 Eßlöffel. Man kann etwas davon über saures Obst gießen, pro Schälchen Johannis- oder Stachelbeeren einen Eßlöffel voll. Außerdem kann man schon während des Kochvorgangs ab und zu einen Tropfen auf eine Untertasse setzen, um die Festigkeit zu prüfen. Nach 20 Minuten ist Manjar entstanden – eine feste Creme zum Füllen einer Biskuitrolle, es ist aber sehr süß. Die angegebene Menge muß dafür verdoppelt werden.

## STERCULIACEAE *(Sterkuliengewächse)*

Diese Familie umfaßt ungefähr 700 Baum- und Straucharten der Tropen. Hierher gehört der Flaschenbaum *(Brachychiton acerifolium)*, der bis nach Süditalien verbreitet ist. Die Kolanuß *(Cola vera* und *acuminata)*, die von den armen Indios gekaut wird, um den Hunger zu vergessen, und die koffeinhaltiger ist als der Kaffee, ist ein Mitglied dieser Familie. Auch der Kakao, den die Spanier bei den Azteken vorfanden, eine der wichtigsten Pflanzen der Weltwirtschaft, gehört zu den Sterkuliengewächsen.

### Sapote chupachupa *(Matisia cordata)*

In der kolumbianischen Provinz Tolima heißt sie Chupachupa, in allen anderen Regionen Sapote. Diese Pflanze wurde nach dem Zeichner einer botanischen Expedition Matis benannt.

*Sapote chupachupa*

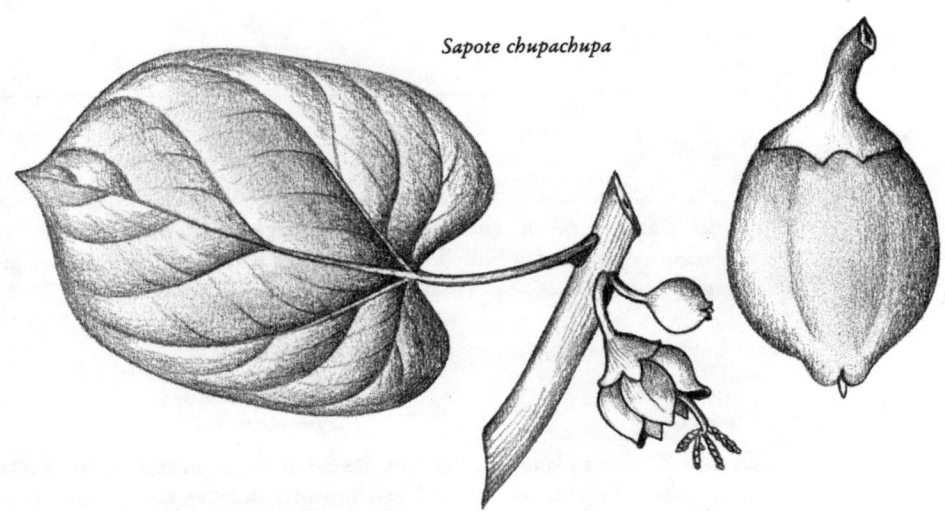

| HERKUNFT | Sie stammt aus den kolumbianischen Anden bis 1200 m sowie aus dem Gebiet von Venezuela bis Ekuador und Peru. Der erste Bericht über sie kam von Humboldt und Bonpland, die sie 1801 am Magdalena-Fluß in Kolumbien gesehen haben. |

ERSCHEINUNGS-
FORMEN

Die Pflanze wächst zu einem 4–5 Meter hohen Baum heran, der sich kurz über dem Boden verzweigt. Die rauhe Rinde des Stammes ist grau, die der Zweige grüngelb und glatt. Die herzförmigen Blätter, die 27 cm lang und 21 cm breit sind und eine abgerundete Spitze haben, stehen quirlförmig angeordnet am Ende der Zweige. Die weißen Blüten, die fünf ovale Blütenblätter aufweisen, erscheinen in Büscheln von drei bis sechs Stück. Die 12 cm lange, 8 cm breite Frucht ist eiförmig und von einer filzigen, grünbraunen, ins Kaffeefarbene gehenden Haut bedeckt. Am Blütenende hat sie einen busenförmigen Nippel, am anderen Ende sitzt der grüne, halb fleischige, in zwei bis fünf ungleiche Teile eingekerbte Kelch, den man vor dem Essen abreißen muß.

FRUCHTFLEISCH

In dem Fruchtfleisch befinden sich fünf große Samen in radialer Anordnung. Die den Kernen anhaftenden Fasern sind durch nach innen keilförmige Fäden miteinander verbunden. Die Frucht erinnert im Geschmack etwas an Mango, ist gelborange, etwas faserig, aber wohlschmeckend, besonders wenn sie saftig ist. Der Name Sapote deutet auf die Süße des Fleisches hin. Es wird von den Bewohnern der Regionen, in denen die Pflanze wächst, sehr geschätzt. Man mischt sie mit Milch, sonst ißt man sie vor allem roh.

WERT DER
FRÜCHTE

Castaneda weist darauf hin, daß diese Frucht es verdiente, exportiert zu werden. Besonders dafür geeignet seien Stadt und Region Tumaco, weil sie dort gut gedeiht, weit verbreitet ist, keine Krankheiten hat und wohlschmeckend ist. Humboldt empfahl diese Frucht zum Anbau in Asien und Afrika. Sie ist gut transportfähig, wird aber häufig von Insektenlarven befallen. Sie reift im Dezember.

Sie ist besonders reich an Vitamin A (1000 I.E.), Vitamin C 20 mg, Phosphor 32 mg, Kalzium 25 mg.

## REZEPTE

### Eis (Kolumbien)

Die Frucht waschen, schälen und entkernen, das Fruchtfleisch pürieren. Etwas Milch oder Wasser zugeben, damit das Püree weich genug ist, um durch ein Sieb gestrichen zu werden und eventuelle Klümpchen zu entfernen. Diese Masse gut süßen und gefrieren lassen. Etwas Sahne würde das Eis sicher verbessern.

### Marmelade (Kolumbien)

| 500 g Zucker | 200 g Milch (1 Tasse) |
| 0,4 l Wasser | 500 g Fruchtfleisch |

Zucker und Wasser so lange kochen, bis der Sirup etwas dickflüssig wird. Das kleingeschnittene Fruchtfleisch hinzufügen und unter Rühren noch einige Minuten kochen. Den Topf vom Feuer nehmen und die Milch hineinmischen.

# VITACEAE *(Weinrebengewächse)*

## Weintraube *(Vitis vinifera)*

Die Weintraube gehört in die Familie der Vitaceen, zusammen mit Jungfernrebe, Scheinrebe und Klimmen (*Cissus*). Alle Weinrebengewächse sind Kletterpflanzen, einige davon haben dekorativen Wert, vor allem die Klimmen (Antarktische Kl., Rautenblättrige Kl.), die meist aus den Tropen stammen. Von den Klimmen gibt es mehr als 200 Arten, eine davon ist die immergrüne kalifornische Weintraube *Vitis capensis*, mit großen, rotschwarzen runden Beeren, die vorzüglich für Gelee, Sirup und zum Kochen geeignet sind.

HERKUNFT

Die Wildform der Weintraube war schon im Tertiär in ganz Europa bis Island verbreitet. Durch die Eiszeit verschwand sie an die Ränder unseres Kontinents. In der Bronzezeit findet sie sich in den italienischen Pfahlbauten und in Griechenland.

Die Kulturrebe scheint in Kolchis, südlich vom Schwarzen Meer, aus der Wildform entstanden zu sein, denn sie wächst dort heute noch in großer Zahl. Das muß schon vor sehr langer Zeit geschehen sein. Es gibt Hinweise, daß man den Wein in Ur (4000 v. Chr.), Ägypten (3500 v. Chr.), Knossos (3000 v. Chr.), Troja (1200 v. Chr.), zur Zeit Homers (900 v. Chr.) und Noahs – er bepflanzte einen Weinberg – gekannt hat.

HERKUNFT

GESCHICHTE UND VERBREITUNG

Brot und Wein waren im Altertum die Hauptnahrungsmittel. Beides wird in der Bibel immer wieder erwähnt. In Griechenland setzte man dem Wein Harz zu, der besseren Haltbarkeit wegen; dieses Getränk existiert noch heute als Retsina. In Rom feierte man die *Vinalia,* ein Fest zu Ehren des Weines, das dem Jupiter geweiht war. Schon in der Römerzeit gelangte der Wein nach Gallien, England und dem übrigen Europa. Nach einem kolumbianischen Autor sollen die Phönizier für diese Verbreitung gesorgt haben. Sie hatten in Spanien Kolonien, von da aus sollen Reben nach Marseille gelangt sein, von wo aus sie mit Schiffen nach England, in die Bretagne, Normandie, Gallien, Belgien, an die Mosel, nach Frankonia, Pannonien (Ungarn), Serbien und Dacien (Rumänien) gebracht wurden. Daß der Weinstock den Umweg über Marseille in die Balkanstaaten nahm und nicht direkt über das Schwarze Meer nach Rumänien kam, klingt nicht gerade wahrscheinlich, sei aber der Kuriosität halber erwähnt. An die Mosel haben nicht die Phönizier den Wein gebracht, schon das Wort »Römer« für Weinglas spricht für sich (nach Dassler).

1421 erreichte die Weintraube durch die Portugiesen die Kanarischen Inseln, 1492 durch Kolumbus Haiti und Mexiko, 1524 verbreitete sie sich dann von Peru aus über Südamerika.

DER WEIN IN DEN USA

Die Einbürgerung des Rebstocks in Nordamerika war schwierig. 1619 kam er nach Virginia, aber Reblaus und Mehltau, in den USA heimisch, vernichteten die Bestände. Erst nachdem beide Schädlinge nach Europa eingeschleppt wurden und hier die Weinbauern ruinierten, erkannte man die Ursache.

WEINARTEN AUS ASIEN UND NORDAMERIKA

Obwohl es auch in den USA und Ostasien Weinarten gibt, die dort herstammen, ist der europäische Wein qualitativ am besten. Der ostasiatische Wein ist dekorativ in seinem Wuchs. Der amerikanische ist für die ganze Welt wichtig geworden, da er gegen seine eigenen Schädlinge resistent ist. Nur er hat den Weinbau in Europa wieder ermöglicht, denn er liefert noch heute die Unterlagen. Einige der amerikanischen Beeren werden erst genießbar, nachdem sie Frost bekommen haben (*V. cordifolia, V. cinerea*).

KLIMAANSPRÜCHE Der Wein ist eine Pflanze der Winterregengebiete. Es gibt von ihm ca. 30 Arten. Die Familie *Vitis* ist besonders reich in Nordamerika vertreten, was sowohl ihre Vielfalt als auch ihre Angepaßtheit an die verschiedenen Klimate betrifft. Aus den heimischen Arten sind Kulturarten entwickelt und mit europäischen gekreuzt worden (*Concord, Catawba, Delaware, Niagara, Worden*). In Kalifornien und im Südwesten herrschen allerdings die europäischen Sorten vor (*V. vinifera*). Das gleiche gilt für Südamerika, wo der Wein von 25–40° südlicher Breite gedeiht – in einem Gebiet über 2000 km Länge. Am wichtigsten sind dabei die Halbwüstengebiete, die beregnet werden müssen und 1855 mit neuen, modernen Sorten aus Frankreich bepflanzt wurden, die den alten Kreolenwein im südlichen Südamerika ablösten. Die wichtigsten Weinbaugebiete der Erde sind: Chile, Argentinien, Südafrika, Australien, die Mittelmeerländer und Kalifornien.
In den kühleren Ländern, in denen das Obst langsam reift, haben die Früchte ein besseres Aroma als im Süden. Das kommt besonders dem Wein als Getränk zugute.

WELTERZEUGUNG Die Traube ist die Obstart, die mit großem Abstand an erster Stelle in der Weltproduktion steht (50 Millionen Tonnen). 80% der Trauben werden zu Wein verarbeitet, 10% als Frischobst verzehrt, 5% getrocknet, der Rest zu Saft verarbeitet. Im Orient stellt man daraus Traubenhonig her.

WEINANBAU IN OSTAFRIKA Seit 1950 wird in Tansania Wein angebaut. Zunächst waren es italienische Missionare. Inzwischen hat eine deutsche Stiftung die Betreuung übernommen und ein Deutscher aus Geisenheim versucht, aus 160 Rebensorten eine ideal angepaßte Rebe zu züchten, die keine Stöcke und Spritzungen braucht und viel Säure besitzt, im Gegensatz zum bisher übersüßen, dort gezogenen italienischen Wein. Die Aussichten, daß das Projekt gelingt, sollen glänzend sein.

ROSINEN Rosinen werden auf Holzständern in der Sonne getrocknet. 11 kg Trauben ergeben 2½–3½ kg Trockenfrüchte. Sie brauchen zum Trocknen 9 bis 16 Tage und werden einmal gewendet. Ist die Luft feucht und die Trauben waren nicht sehr reif, kann das Trocknen einen Monat in Anspruch nehmen. Rosinen können nur in Gebieten bereitet werden, in denen es in der Trocknungsperiode nicht regnet. Muskatrosinen werden so getrocknet. Sultaninen müssen vorher geschwefelt werden, um ihre schöne Bernsteinfarbe zu erhalten.

GESUND-HEITLICHER WERT DER TRAUBEN Abgesehen vom Wein und Branntwein, den die Trauben liefern, sind sie ein Gesundbrunnen erster Güte. Traubenkuren reinigen und stärken den ganzen Körper und versorgen ihn reich mit Mineralstoffen: Phosphor für die Nerven, Kalk für Knochen und Zähne, Eisen für die Blutbildung. Fruchtsäuren regen die Nieren an, bauen Fett ab, Schalen und Kerne fördern die Darmtätigkeit, was den Stoffwechsel beschleunigt und den Körper entschlackt. Auch zum Schlankwerden eignet sich eine Traubenkur. Allerdings sollte man dann keine sehr süßen Trauben zu sich nehmen, sondern saure, 1–1½ kg an Anfang und Ende, 3–3½ kg in der Mitte der Kur täglich. Wenn man das zwei bis vier Wochen durchhält, wird man einiges Fett los. Auch ein bis zwei Traubentage in der Woche sind wirkungsvoll.

*Links: Muskattraube,*
*rechts: Datteltraube*

EINIGE
TRAUBEN-
SORTEN
(TAFEL-
TRAUBEN) **Grüne Frühsorten aus Italien:** *Primus,* die früheste Sorte, goldgelb, runde Beeren, leichter Muskatgeschmack. *Chasselas dorato,* Anfang Juli, weichschalig, Chasselas kommt auch aus Frankreich (Chasselas doré, Gutedel, Fondant genannt), Ungarn (grün und rotblau), Jugoslawien, Rumänien, Algerien, Israel. (In Kolumbien baut man sie versuchsweise an.) *Regine dei Vigneti,* hartschalige Muskattraube, mit runden Beeren, je nach Landessprache: Königin der Weinberge, *Reine de Vignes, Queen of the Vineyard* genannt, kommt auch aus Israel (ab Juli) und Südafrika (Dezember bis März). Mortensen und Bullard empfehlen diese Sorte für die Tropen.

### Normalreifende Sorten

Die wichtigsten Datteltraubensorten (längliche Beeren) sind in Italien *Regina* (hartschalig), die Ende August südlich von Bari reifen und dort besonders großbeerig geraten, in Bulgarien: *Bulgar* (dort 85% des Anbaus), in Griechenland, Portugal, Türkei und Ägypten: *Rozaki* (Rosetti in Italien und Spanien), *Müschküle* in der Türkei, *Dabouki* (oder *Malaga*) in den arabischen Ländern, *Dattier* in Frankreich, *Dattier de Beyrouth* in Argentinien.
*Italia* ist eine Kreuzung (1911) aus Bicane und Hamburger Muskat und hat ausgesprochenen Muskatgeschmack, ist großbeerig und bernsteingelb. Sie ist eine Hauptsorte in Italien (Mitte August), Frankreich (heißt hier *Idéal*), Venezuela und Kolumbien (hier *Cornichon* genannt, wird von Kolumbien nach Venezuela und Ekuador exportiert). Nach der Sorte Regina erhalten wir bis November diese zuckersüßen Trauben unter der Bezeichnung: *Uva Italia delle Puglie,* d. h. Sorte Italia aus Apulien. Die letzten Trauben dieser Gruppe sind die *Rosetti* aus Italien und die grünen und blauen *Aledo* aus Spanien.

BLAUE TRAUBEN Wichtige, in der ganzen Welt verbreitete Sorten sind ferner: die Frühsorte *Cardinal* (Kreuzung aus Ribier und Flaming Tokay), runde rötlichblaue Beeren, *Ohanes* oder *Almeria* aus Spanien (besonders gut lagerfähige Sorte), *Red Emperor,*

*Flaming Tokay.* Eine der wichtigsten Sorten der Welt ist *Alphonse Lavallée*, kugelrund und blau, in Kalifornien auch Ribier genannt. Sie kommt als Exportware aus Italien, Frankreich, Portugal, Südafrika, Argentinien, Chile, Kalifornien, Israel und wird in Venezuela angebaut.

Kernlos sind: *Perlette* und *Sultana* (frühreif) sowie *Thompson Seedless*. Die letzten beiden ergeben Rosinen, man baut sie in den Balkanländern und Kalifornien, aber auch Ägypten und Israel an. *Sultana* kommt Anfang Juli per Luftfracht aus Zypern, später per Schiff (insgesamt 6 Wochen). Die Trauben sind sehr süß und delikat. Israel hat eine besonders haltbare *Perlette* (ohne Kühlung 4 bis 5 Wochen, mit Kühlung 6 bis 7 Wochen) gezüchtet, die etwas größere Beeren aufweist und im Jordantal wächst. Sie reift von Ende Mai bis Juli. *Rozaki* und *Muscat* werden in Spanien, Griechenland und der Türkei ebenfalls getrocknet. Aus den Gewächshäusern Belgiens kommen im Frühjahr: *Royal* (April bis November) und *Colman* (Oktober bis Mai). Beide blau. *Muscat d'Alexandrie* ist weiß (April bis Januar). Aus Holland kommen *Alicante* (blau) und *Golden Champion* (weiß) ab Mitte Juli. Im Kühlhaus halten sich beide bis in den Winter. Vielleicht ist es noch interessant, daß in ausgesprochenen Tropenländern wie Brasilien und Guatemala eine Kreuzung aus der europäischen *V. vinifera* und der amerikanischen *V. labrusco* besonders gut gedeiht *(Isabella)*. In Haiti *(Lake Emerald)*, Guatemala *(Niagara)* und Honduras *(Niagara Lenor)* baut man als Tafeltrauben amerikanische Sorten (sie stehen jeweils in Klammern) an, die auch besonders zur Saftgewinnung geeignet sind. Alle die aufgeführten Traubennamen sind wichtige Tafelsorten. Zum Keltern verwendet man andere Trauben, obwohl Muskateller – also Muskat-Eßtrauben – die Grundlage vieler Südweine ist.

Da Weintrauben so köstlich und knackig sind, verzehrt man sie am besten roh, fügt sie grünem Salat oder Fruchtsalat hinzu oder benutzt sie für Käsespieße. Es gibt viele Kuchenrezepte für Weintrauben, die ich nur bedingt mag, auch Marmelade ist nicht zu empfehlen, da sie sehr schwach im Aroma ausfällt. Zur Saftgewinnung eignet sich besonders die Blaue Burgundertraube, Chasselas, aber auch Trauben für die Weinherstellung wie Riesling, Silvaner oder Müller-Thurgau. Die amerikanischen Weinreben haben starken Fox-Geruch und -Geschmack. In Amerika schätzt man das sehr. Ich habe fast sämtliche angeführten Sorten, die auf dem deutschen Markt im Jahr 1980 bis Sommer 1981 zu haben waren, durchprobiert. Besonders gut war *Alicante*, die ich am 24. August auf dem Markt fand, eine zwar teure, aber wunderbar süße, aromatische Traube aus Holland. Im Juli ist sie noch etwas herber. Die noch teurere *Royal* aus Belgien hat mich dagegen (im September) nicht beeindruckt. Die großbeerige, attraktive Hauptsorte *Alphonse Lavallée* kommt ab Ende August in die Bundesrepublik. Sie ist zunächst noch recht herb und wird zunehmend lieblicher. Für meinen Geschmack ist sie besonders aromatisch, weshalb ich empfehlen würde, die folgenden Rezepte, von Mitte Oktober an, mit *Alphonse Lavallée* zuzubereiten – schon wegen des attraktiven Farbkontrastes. Alle importierten Trauben, auch die grünen, sind zum Rohessen ausgezeichnet. Bäckt man mit ihnen, hinterlassen die grünen nur Süße, die blauen hingegen leichtes Pflaumenaroma. Ich finde, daß man dann gleich Pflaumen nehmen sollte.

Außer den Gewächshaustrauben aus Belgien (Oktober bis März) und Holland (Oktober bis Februar) ist die Bundesrepublik mit Trauben von der südlichen

Halbkugel bestens versorgt – vor allem mit blauen Trauben. Die Saison beginnt mit der frühreifen blauen israelischen Neuzüchtung, die per Luftfracht aus Südafrika kommt und deshalb teuer ist, der länglichen *Dan ben Hannah* (Dezember/Januar). Gleichzeitig ist die weiße Neuzüchtung *Bien donné* auf dem Markt. Danach folgt für Monate *Alphonse Lavallée*, die nach dem Auslaufen aus Südafrika unter der Bezeichnung *Ribiev* aus Südamerika (Argentinien und Chile) weitergeliefert wird (bis Ende Juni). Mit *Lavallée* aus Afrika kommen die weiße *Waltham Cross*, später *New Cross* und *Golden Hill*. Ab Mitte bis Ende Mai erhalten wir aus Südafrika die längliche rotblaue *Barlinka*, gleichzeitig die weiße *Almeria*. In den USA sind besonders beliebt *Red Emperor* (längliche, rötliche, zuckersüße Beeren, die in Gießen im Februar zu haben waren), *Almeria* und *Calmeria*. Sie werden im September/Oktober geerntet und kommen dann bis März ins Kaltlager. Diese genannten Importtrauben (außer der saureren *Dan ben Hannah*) zeichnen sich durch vorzügliche Qualität und eine Süße aus, die europäische Trauben erst im Spätherbst erreichen. Auf der südlichen Halbkugel gedeihen sie anscheinend besonders gut. Die ersten *Cardinal* im Juli aus Italien waren ein richtiger Schock. Frühtrauben sind immer saurer.

## REZEPTE

Bevor ich zu den Weintraubenrezepten komme, möchte ich wenigstens erwähnen, daß von der südlichen Sowjetunion (Tadschikistan) über Persien, die Türkei, Griechenland bis nach Rumänien, vom Libanon bis nach Ägypten ein Rezept sehr beliebt ist: gefüllte Weinblätter. Ich nehme an, daß es aus Persien stammt, denn es hat überall einen persischen Namen. Obwohl man es immer ein bißchen anders würzt und es die verschiedensten Füllungen gibt, möchte ich nur das persische Originalrezept angeben:

### Weinblätter mit Fleischfüllung

Päckchen mit Weinblättern gibt es in ausländischen Spezialitätengeschäften zu kaufen. Besser ist es, frische Weinblätter der Kulturtrauben zu verwenden. Man wähle kleine, zarte. Sie werden 10 Minuten in kochendes Wasser gelegt, damit sie weich werden.

| | |
|---|---|
| *50 Weinblätter* | *⅔ Tasse Minutenreis* |
| *450 g Rindfleisch, gehackt* | *1½ TL Salz* |
| *½ Tasse feingehackte* | *½ TL Pfeffer* |
| *Zwiebeln, möglichst* | *½ TL Zimt, falls gewünscht* |
| *mit Grün* | *2 EL Butter, geschmolzen* |
| *½ Tasse gehackte Petersilie* | *2½ Tassen Wasser* |
| *1 Tasse feingehackte Sellerieblätter* | *4 EL Zitronensaft* |
| *evtl. ½ Tasse gehackter Dill* | |

Den Reis 5 Minuten in kaltem Wasser einweichen. Das Fleisch mit den Zwiebeln, Kräutern und Gewürzen vermischen, zum Schluß mit dem abgetropften Reis. Mit den Händen gut durcheinandermengen. Ein Weinblatt nehmen, den Stiel abschneiden. Einen Eßlöffel der Fleischmischung in die Mitte legen, beide Blattenden zur Mitte hin falten, so daß die Füllung nicht herausquillt, und zusammenrollen wie eine Zigarre. Einen Faden darumwickeln.

Einen großen Topf, dessen Boden mit Weinblättern belegt wurde, dicht mit den Blattpäckchen vollpacken. Das Wasser und den Zitronensaft darübergießen. Einen Teller auf die Blätter legen, der das Gemüse unter Wasser hält. Einen Deckel darüberdecken und 1½ Stunden köcheln lassen. Man trägt diese delikate Vorspeise mit zwei Bechern Joghurt auf.
Im Dampftopf genügen 10 Minuten, doch entwickelt die langsame Kochart besser das Aroma des Gerichtes.

## Käse mit Weintrauben

Weintrauben mit Käse zusammen ist eine altbekannte köstliche Kombination. Entweder steckt man Käsewürfel abwechselnd mit Weintrauben auf Spießchen oder – was eleganter ist – man präsentiert eine reichhaltige Käseplatte mit einer oder zwei schön gewachsenen, großbeerigen Trauben anstelle eines Nachtisches. Diese Platte macht sich auch auf einem kalten Buffet sehr gut. Käse und Trauben kann man auch in einem Salat vereinen. Ich wollte gerne einen vegetarischen Salat kreieren, aber ohne Schinken schmeckt die ganze Sache leider fade.

## Käsesalat
*Zubereitung 30 Minuten*

*150 g grüne Nudeln*  
*2 EL Salz*  
*250 g Staudensellerie*  
*250 g Weintrauben*  
*(blaue sind dekorativer)*  
*2 Äpfel (250–300 g)*  
*50 g Gewürzgurke*  
*150 g Käse (Gouda oder Emmentaler)*

*150 g roher Schinken in Würfeln*  
*(gibt es oft billig als*  
*Schinkenwürfel zu kaufen)*  
*2 EL Estragonessig*  
*4 EL Öl*  
*1½ TL Salz, Pfeffer*  
*1 TL Zucker*

In einem großen Topf 2 l Wasser mit 2 EL Salz aufsetzen. Wenn es kocht, die Nudeln hineingeben und 12 Minuten sprudelnd garen lassen. Danach auf ein großes Sieb gießen, ab und zu mit einer Gabel lockern und abkühlen lassen.
Währenddessen Sellerie, Trauben und Äpfel waschen. Den Sellerie in Scheiben schneiden. Die Blättchen von den Stielen abzupfen und als Garnierung aufheben, ebenso einige Trauben. Äpfel und Gurke ungeschält würfeln.
Obst, Gemüse, Käse und Schinken in einer Schüssel mischen. Aus Essig, Öl, Salz, Pfeffer und Zucker eine Salatsoße rühren und über den Salat gießen. Die abgekühlten Nudeln darüber verteilen und alles gut durchmischen. Mit den Sellerieblättchen und den blauen Trauben verzieren. Gut gekühlt auftragen.
Bemerkung: Statt der grünen Nudeln kann man auch weiße verwenden. Die grünen sind aber aromatischer und cremiger.

## Chicorée-Trauben-Salat

Dieses Rezept ist für alle Blattsalate sowie Chinakohl geeignet.

*4 Stangen Chicorée*  
*¼–½ Pampelmuse*  
*150 g blaue Weintrauben*

*Essig, Öl,*  
*Salz Pfeffer*  
*25 g grobgehackte Haselnüsse*

Chicorée waschen und in Scheiben schneiden. Den unteren, bitteren Kegel aussteechen und wegwerfen. Die Pampelmuse zuerst in Segmente teilen, die Segmente durchschneiden. Den Saft auffangen und der Marinade beifügen, für die man so weniger Essig benötigt. Alles mischen und mit Nüssen bestreuen.

### Römischer Salat

*1–2 Stauden Romanosalat*  
*1 aromatischer Apfel*  
*150 g grüne Trauben*

*pikante Essig- und Ölmarinade*  
*mit 1 TL Knoblauchsaft*

Die großen zarten Salatblätter in Stücke zupfen, die Herzen zerpflücken. Den Apfel würfeln. Mit den Trauben und der Salatsoße mischen. Römischer Salat ist sehr herzhaft. Er paßt besonders gut zu gekochten oder gebratenen Eiern.

Eigentlich schwärme ich nicht so sehr für die nordamerikanische Gewohnheit, Fruchtsalat mit Fleisch oder Langusten aufzutragen, aber das folgende Rezept ist vorzüglich:

### Fruchtsalat                                                   *Zubereitung 20 Minuten*

*1 Apfel*  
*1 Birne*  
*1 Banane*  
*½ Pampelmuse*

*1 Orange*  
*150 g blaue Weintrauben*  
*1 Kopfsalat*  
*2 EL Mayonnaise*

Die Früchte, außer den Weintrauben, schälen und würfeln. Mit der Mayonnaise vermischen. Den Kopfsalat waschen, abtropfen lassen. Die großen Blätter in kleinere Teile zupfen, den Salat dekorativ auf einer Platte verteilen, mit dem Fruchtsalat in der Mitte bedecken, die Weintrauben darüberstreuen.
*Variation* 1: Der Apfel und die Birne können durch eine Avocado ersetzt werden sowie die Mayonnaise durch eine kräftig mit scharfem roten Pfeffer gewürzte Essig- und Ölmarinade.
*Variation* 2: Anstatt der oben angegebenen Zutaten kann man genausogut Äpfel, Melone, Ananas, Orangen und Weintrauben auf feingeschnittenem Salat mit Mayonnaise auftragen. Bitte beachten Sie bei den Melonenrezepten je einen Salat mit Weintrauben (Seite 91, Geflügelsalat und 93, Fruchtsalat).

### Traubensaft

Ich habe den Saft der bei uns erhältlichen Trauben ausgepreßt und damit Rezepte probiert. Der Saft war frisch ganz köstlich, für Rezepte aber nicht empfehlenswert, da zu schwach im Aroma. Auch andere gute Trinksäfte, die man fertig kaufen kann, sind für die folgenden Rezepte nicht geeignet. Ein preiswerter roter Traubensaft dagegen, zum Trinken etwas herb, ist vorzüglich zur Weiterverarbeitung geeignet. Die Traubensäfte sind überhaupt so unterschiedlich im Geschmack, von übersüß bis streng, je nach Sorte, daß man von Saft im allgemeinen überhaupt nicht sprechen kann.
Ungesüßter Quittensaft gewinnt durch Mischung im Verhältnis 1 : 1 mit einem süßen Traubensaft eine vorzügliche Trinkqualität. Diese Mischung ist besser als mit Zucker gesüßter Quittensaft.

**Suppe oder Kaltschale**                                   *Zubereitung 10 Minuten*

> *1 l herber roter Traubensaft*          *evtl. Zitronenschale*
> *30 g Mondamin*                         *Vanilleeis (je 3 Bällchen pro*
> *4 EL Zucker*                           *Teller)*

Von 1 l Saft soviel Flüssigkeit zum Anrühren des Mondamins verwenden, daß es dünnflüssig wird (4–6 EL). Den Saft erhitzen, 4 EL Zucker zugeben, eventuell die Zitronenschale. Wenn er kocht, Mondamin zugießen, gut schlagen, nochmals aufwallen lassen. Die Suppe kalt auftragen, das Eis hineingeben.
Eine schnelle, billige, schmackhafte Vorspeise oder sommerliche Erfrischung.

**Grießcreme** *(Brasilien)*                                 *Zubereitung 15 Minuten*

> *3 Tassen herber roter Traubensaft*     *200 g Schlagsahne*
> *3½ gehäufte EL Grieß*                  *evtl. 4 Weintrauben*
> *4 EL Zucker*

Traubensaft und Grieß unter Rühren zum Kochen bringen, 3 EL Zucker zugeben, Grieß mindestens 5 Minuten kochen lassen. Vom Feuer nehmen und zuerst außerhalb, später im Eisschrank abkühlen lassen. Nach zwei Stunden die Sahne schlagen, mit 1 EL Zucker süßen, etwas Sahne zum Verzieren übriglassen. Die restliche Sahne unter den Grieß heben, in Portionsschälchen geben, mit je einem Sahnetupfer verzieren. Eventuell in jedes Sahnenestchen eine rote Weintraube stecken oder als Farbkontrast ganz wenig roten Traubensaft auf die rosa Creme gießen.
In Brasilien preßt man 1 kg Trauben aus und kocht mit einer Tasse Tapioka diesen Pudding.

**Schaumspeise** *(Brasilien)*                               *Zubereitung 15 Minuten*

> *1½ Tassen herber roter Traubensaft*    *1 EL Zitronensaft*
> *4 Blatt Gelatine*                      *2 Eiweiß, 200 g Schlagsahne*
> *3 EL Zucker*                           *evtl. einige Weinbeeren zum Verzieren*

Die Gelatine in einer halben Tasse Saft einweichen, den restlichen Saft mit dem Zucker erhitzen, kurz bevor er kocht, vom Feuer nehmen und die Gelatine mit dem Saft unter Rühren darin auflösen. Den Zitronensaft zugeben und die Flüssigkeit abkühlen lassen. Nach einiger Zeit in den Kühlschrank stellen. Beginnt die Masse fest zu werden, das Eiweiß zu Schnee schlagen, danach die Sahne. Unterheben und auf vier Schälchen verteilen. Evtl. mit Weintrauben oder Sahne verzieren.

**Gelee**

Aus dem herben roten Traubensaft läßt sich in Minuten ein schönes rotes Gelee herstellen, das aromatisch ist, aber doch weniger würzig als z. B. Johannisbeergelee oder Aprikosenmarmelade. Man mißt die gleichen Mengen Saft und Gelierzucker ab, z. B. 0,1 l Saft und 100 g Zucker, läßt beides einige Minuten kochen und füllt das Gelee in Gläser.

KUCHEN   Als ich zu meiner schwäbischen Nachbarin sagte: »Eigentlich sind Weintrauben zum Kuchenbacken nicht geeignet«, entgegnete sie mir empört: »Das war immer unser Sonntagskuchen!«

Ich habe deshalb angefangen, eine Reihe von Rezepten auszuprobieren. Die süddeutsche Sitte, die süßen Trauben mit einem noch süßeren Baiserguß zu bedecken, behagt mir gar nicht. Einen gedeckten Traubenkuchen auf ungarische Art finde ich ganz lecker, mit Pflaumen wäre er aber sicher noch besser.

## Traubenkuchen

*Arbeitszeit 45 Minuten*
*Backzeit 45 Minuten*

| Teig: | Füllung: |
|---|---|
| 280 g Mehl | 60 g gemahlene Haselnüsse |
| 140 g Butter oder Margarine | 60 g Semmelmehl |
| 100 g Zucker | 60 g Zucker |
| 1 Ei | ½ TL Zimt |
| 3–4 EL Milch | 800 g blaue Weintrauben |
| Zum Bestreichen: | Zum Übersieben: |
| 1 Eigelb | 2 EL Puderzucker |

Aus den Zutaten einen Teig kneten und kalt stellen. ⅔ des Teiges zu einem Boden ausrollen, eine gefettete Springform (28 cm Durchmesser) damit auslegen.
Für die Füllung Nüsse, Semmelmehl, Zucker und Zimt mischen und auf den Boden streuen, mit 800 g Trauben dicht belegen. Aus dem restlichen Teig einen Deckel ausrollen und um die Trauben am Rand andrücken, mit dem Eigelb bepinseln. 45 Minuten bei Mittelhitze backen. Nach dem Abkühlen mit Puderzucker übersieben.

## Weintraubentorte

*Arbeitszeit 1 Stunde*

| Boden: | Belag: |
|---|---|
| 65 g Butter | 200 g Sahne |
| 125 g Zucker | 1 EL Zucker |
| 1 Messerspitze Zimt | 1 Päckchen Sahnefestiger |
| 65 g Haselnüsse | 750 g Weintrauben |
| 65 g Mehl | Guß: ¼ l Weißwein |
| 3–4 Eiweiß (insgesamt 100 g) | 1 Päckchen Tortenguß |
| | 1 gehäufter EL Zucker |

Diese Torte ist noch besser als der Traubenkuchen. Hier ist es gut, wenn man eine feststehende Rührmaschine hat, da man inzwischen etwas anderes tun kann.
Butter, Zucker und Zimt 5 Minuten rühren. Bei einem Handrührgerät genügt auch das Schaumigrühren. Haselnüsse und Mehl darübersieben und unterziehen. Das Eiweiß schlagen und den Schnee locker mit dem Teig vermischen. Den Boden in einer gefetteten Springform von 28 cm Durchmesser glattstreichen und bei Stufe 3 (190° C) 30 Minuten backen.
Ist er abgekühlt, für den Belag die Sahne schlagen, Zucker und Sahnefestiger zugeben. Diese Mischung auf den Boden verteilen, mit den Trauben vorsichtig von außen nach innen belegen.
Für den Guß aus dem Wein mit dem Inhalt einer Packung einen Tortenguß nach Vorschrift herstellen. Da der Boden sehr süß ist, mag ich es lieber, einen pikanten Gegensatz in Form eines sauren Gusses zu haben, deshalb nur einen EL Zucker verwenden.

In dieser Torte bleiben die köstlichen Weinbeeren roh erhalten, sie ist daher saftig und erfrischend.

Wichtiger als die Trauben sind für die Küche die verschiedensten Weine zum Würzen von Suppen, Soßen, zum Schmoren von Fleisch, Geflügel, Fisch und für Nachspeisen.

DESSERTS Aus der Fülle der Rezepte mit Wein seien hier drei Rezepte für Desserts angegeben.

Ein Geschenk der italienischen Küche an die Welt ist diese vorzügliche Weinschaumcreme:

### Zabaione
*Zubereitung 15 Minuten*

*Pro Person:*  
*1 Eigelb*  
*1 EL Zucker*  
*1 EL Marsala*  
*(auch Madeira oder Portwein,*  
*aber Marsala ist besser)*  
*auf 4 Eigelb noch ein ganzes Ei*

*auf je 2 Eigelb 1 TL*  
*abgeriebene Zitronenschale und*  
*1 TL Zitronensaft sowie*  
*1 TL Stärkemehl, falls*  
*die Creme nicht gleich oder*  
*kalt aufgetragen werden soll*

Bei Verwendung von Stärkemehl dieses mit dem Zucker gründlich vermischen. Einen hohen Topf in einen breiten Topf, der 3 cm hoch mit Wasser gefüllt ist, setzen und aufs Feuer stellen. Eigelb und Ei in dem Topf schlagen, Zucker, Zitronensaft und -schale zugeben, mit einem Handrührgerät schaumig rühren. Ist die Masse cremig-hellgelb, den Wein hinzufügen und weiterschlagen, bis sie dickflüssig wird. Sofort vom Feuer nehmen, in Stielgläser gießen und gleich auftragen.

Man muß sie leider zubereiten, während die Gäste schon um den Tisch sitzen, denn sie fällt schnell wieder zusammen. Man kann sie auch kalt servieren, aber die Gefahr, daß sich die Flüssigkeit unten absetzt und oben nur noch ein großporiger Schaum übrigbleibt, ist groß. Etwas Stärkemehl soll das verhindern. (Die Creme teilt sich trotzdem, der Schaum bleibt aber feinporiger.)

### Weißweincreme *(3 Portionen)*
*Zubereitung 40 Minuten*

*¼ l herber deutscher Weißwein*  
*1 Ei*  
*1 Eigelb*  
*50 g Zucker*  
*Saft und Schale einer halben Zitrone*

*3 Blatt Gelatine*  
*250 g süße Sahne*  
*1 EL Zucker*  
*einige Trauben zum Verzieren*

In einem hohen Topf Ei, Eigelb und 50 g Zucker schlagen, bis die Masse schaumig ist. Den Topf ins Wasserbad stellen, den Weißwein zugeben. Die Creme weiterschlagen, bis sie dick wird, sie darf aber nicht kochen. Zitronensaft und abgeriebene Schale zugeben sowie die eingeweichte, ausgedrückte Gelatine. Topf vom Feuer nehmen, ab und zu mit dem Handrührgerät durchrühren.

Ist die Creme abgekühlt, 250 g Schlagsahne, mit einem EL Zucker gesüßt, unterziehen, doch zuvor ein wenig Sahne zum Verzieren abnehmen.

Die Creme in 3 bis 4 Portionsschälchen füllen, mit Sahnetupfern verzieren und je eine Weintraube hineinsetzen.

**Weingelee**                                    *Zubereitung 10 Minuten*

   *½ l Weißwein*     *4 gestrichene TL Agar-Agar*
   *150 g Zucker*     *(gibt es gemahlen im Reformhaus)*
   *Saft und Schale einer Zitrone*

Wein (etwas davon für Agar-Agar abnehmen), Zucker und Zitronenschale aufkochen, die Schale herausnehmen. Das vorher in etwas Wein eingeweichte Agar-
Agar und den Zitronensaft zugeben, aufkochen lassen. Die Flüssigkeit in Portionsschälchen füllen. Nach Henriette Davidis ist dieses Gelee mit Agar-Agar
besser als mit Gelatine. Man kann statt dessen auch Blattgelatine verwenden.
Das noch sehr nach Alkohol schmeckende, aber aparte Weingelee sieht schöner
aus, wenn man süße, eingekochte Früchte hineinlegt. Ich habe es mit je 3 Litchis in
einem Glas probiert, die mit je einem Löffelchen Rosenmarmelade gefüllt waren,
das ist eine geschmacklich interessante Nachspeise. Nach dem Kiehnle-Kochbuch
eignen sich außerdem dazu besonders Aprikosen (je 3 Hälften pro Glas).
Wer mag, kann dazu Sahne auftragen.

ROSINEN  Fast genauso wichtig wie der Wein für den Koch sind Rosinen (Rosinenbrot,
-schnecken) für den Bäcker. Besonders in Kuchen (Quark und Rosinen sowie
Äpfel und Rosinen harmonieren hervorragend) und der Weihnachtsbäckerei
(Früchtebrot, Stollen) sind Rosinen unersetzlich. Sie würzen ausdrucksvoll das
morgendliche Müsli. Eine Sammlung von Rosinenrezepten ergäbe einen eigenen
Band.
Ich will mich deshalb zurückhalten, weder englische Rezepte von Früchtekuchen,
Christmascake oder -pudding aufschreiben noch spanischen oder deutschen Rosi-
nenpudding, sondern das beste Käsekuchenrezept, das sich unter meinen vielen
guten Rezepten befindet und das mir besser schmeckt als Lindy's Käsekuchen aus
New York oder ein russischer Quarkkuchen aus Leningrad. Es entstammt einer
alten pommerschen Adelsfamilie und ist auf vielen Umwegen bei mir ange-
kommen:

**Käsekuchen mit Rosinen**                       *Zubereitung 45 Minuten*

   *4 EL Semmelmehl*     *abgeriebene Schale einer*
   *4 Eier*         *halben Zitrone*
   *200 g Zucker*      *1 EL Zitronensaft*
   *2 Päckchen Vanillinzucker*  *1 000 g Magerquark*
   *250 g Butter (1 Stunde vor*  *1 Vanillepuddingpulver*
   *dem Backen aus dem*    *2 gehäufte EL Mondamin*
   *Kühlschrank nehmen)*   *½ Päckchen Backpulver*
              *125 g Rosinen*

Eine Springform von 26 cm Durchmesser einfetten und mit 4 EL Semmelmehl
ausstreuen. 4 Eigelb schaumig rühren, Zucker und Vanillinzucker zugeben,
danach die zimmerwarme Butter. Alles cremig schlagen, Zitronenschale und -saft
zugeben sowie Quark, Puddingpulver, Mondamin und Backpulver.
Die Rosinen waschen, entstielen und in ganz wenig Mehl wälzen, damit sie nicht
auf den Grund sinken. Auf den Teig geben. Die 4 Eiweiß zu Schnee schlagen und
unterheben.
Die Masse in der Springform glattstreichen und bei Mittelhitze 80 Minuten

backen. Dieser Kuchen darf ja nicht trocken werden, sonst ist sein ganzer Reiz dahin. Man muß den Moment abpassen, wenn er in der Mitte fest wird, aber noch leicht cremig ist.

In der Originalvorschrift wird der Kuchen nach 40 Minuten mit Butterflöckchen belegt und mit 50 g geriebenen Mandeln bestreut. Ich mache das nicht, denn er ist sowieso schon eine Kalorienbombe.

Unser altes Stollen-Familienrezept mit vielen Rosinen möchte ich hinzufügen, das ich vor allen anderen bevorzuge:

### Sächsische Stolle

*Arbeitszeit (für 10 Pfund Mehl): 1½ Tage*
*für 1 Pfund Mehl ca. 1 Stunde*

*10 Pfund Mehl*
*1 Pfund Hefe*
*2 Pfund Zucker*
*1¾ l Milch*
*3 Pfund Butter*
*½ Pfund ausgelassenes*
*Rinderfett (Talg)*
*5 Pfund Rosinen (waschen,*
*verlesen und in Rum*
*einweichen)*

*2 Pfund Mandeln, in*
*heißem Wasser gebrüht,*
*abgezogen,*
*getrocknet und gemahlen*
*4 Fläschchen Bitter-*
*mandelaroma*
*150 g Zitronat*
*50 g Orangeat*
*4 Zitronen (Schale abreiben)*
*10 Messerspitzen Kardamom*
*10 Messerspitzen Muskatblüte*

Außerdem: Mindestens 250 g zerlassene Butter zum Bestreichen und wenigstens 500 g Puderzucker, vermischt mit dem Inhalt von 2 Vanilleschoten zum Besieben der fertigen Stollen.

Da diese Menge bequem durch 10 teilbar ist, habe ich das Originalrezept wiedergegeben. Man kann ja die Stolle erst mit 500 g Mehl ausprobieren. Da sich jeder über eine Stolle freut, backe ich meistens von 10 Pfund Mehl (manchmal auch von 15 Pfund). 10 Pfund Mehl ergeben ungefähr 27 Pfund Stollen, die man als 4-, 3-, 2- oder 1,5-Pfünder backen kann.

Das Mehl in eine große Wanne sieben. 1 l Milch erwärmen, ist sie handwarm, vom Herd nehmen und die Hefe hineinbröckeln. In die Mitte des Mehls eine Vertiefung machen, die Hefe mit der Milch hineingießen, Zucker und Mehl darüberdecken. Nach einer halben Stunde Milch, Hefe, Mehl und Zucker gründlich vermischen. Das Fett in dem restlichen ¾ l ziemlich heißer Milch auflösen und vorsichtig – nach und nach – am Rand zugießen, dabei immer wieder kneten, damit die Hefe nicht abgetötet wird von der heißen Flüssigkeit.

Alle Zutaten zugeben und den Teig gründlichst durchwalken. Das ist eine Arbeit, die Kindern großen Spaß macht. Den Teig wenigstens drei Stunden gehen lassen. In Sachsen machte man das – an einem warmen Ort – die ganze Nacht über und fuhr am nächsten Tag damit auf einem Handwagen zum Bäcker. Hier bin ich dann einen Tag von früh bis spät mit dem Backen beschäftigt.

Die Teigmenge nach einer Liste – je nachdem, wem man wieviel schenken will – abwiegen und auf Alufolie legen, Laibe davon formen und jeweils 3 bis 4 auf einem Blech backen. Zuerst bei 250° C (Stufe 6), nach 10 Minuten herrunterschalten auf 200° C (Stufe 3–4).

Die Stollen beobachten – hinten verbrennen sie leider leicht – und eventuell nach einer halben Stunde das Blech umdrehen.

Von den heißen Stollen , die, je nach Gewicht, ungefähr eine Stunde brauchen, die verbrannten Rosinen entfernen, sie mit heißer Butter gut bestreichen, mit Puderzucker gründlich besieben, in Plastikfolie fest einpacken, mit Namensschildchen versehen und in einen kalten, feuchten Raum bringen. Sie halten sich in unserem Klima unbegrenzt. In den Tropen fangen sie leider an zu schimmeln. Bevor man sie anschneidet, sollte man nochmals das Gebäck mit Butter bestreichen und mit Puderzucker übersieben.

Ein sehr wohlschmeckendes *Früchtebrot* ist das Hutzelbrot (feine Art) aus dem Kiehnle-Kochbuch.

Einen ausgezeichneten Salat, den ich nicht erfunden habe, sondern den man in Gießen fertig kaufen kann, ist der:

### Weißkrautsalat mit Rosinen

| | |
|---|---|
| 400 g Weißkraut | 4 gehäufte EL Mayonnaise |
| 3 EL Rosinen | 4 EL süße, flüssige Sahne |
| 3 EL Ananaswürfel (Dose) | Salz, Pfeffer |

Die Rosinen am Abend vorher einweichen.

Am nächsten Tag den Kohlkopf waschen, vierteln, den Strunk herausschneiden und soviel davon reiben, wie man braucht (für 4 Personen 300–400 g). Mit etwas Salz bestreuen und stehenlassen. Nach einer halben Stunde den Kohl leicht ausdrücken und mit allen angegebenen Zutaten mischen. Mit jungem Wirsing schmeckt er auch gut, nur muß er dann länger durchziehen. Den Salat mit Ananaswürfeln verzieren.

# ANHANG

**Backzeiten:** Die Hitzegrade und Zeiten habe ich meist nach meinem Backofen angegeben, der langsam bäckt und hauptsächlich auf Stufe 4 (210° C) brauchbar ist. Die Backzeiten sind nicht in den angegebenen Zubereitungszeiten enthalten.

**Butter:** Meist verwende ich Butterschmalz, außer zu Streuseln und Cremes.

**Curryblätter:** Curry ist ein Gemisch aus vielen Gewürzen. Curryblätter stammen von dem Baum *Murraya koenigii*.

## Eis

*Schokoladeneis für 4 Personen (reichlich ½ l):*
Entweder wählt man Schokoladeneispulver, das im Handel erhältlich ist, oder man fügt Vanilleeispulver Schokolade hinzu. Dabei schmilzt man 1 EL geriebene Schokolade, gibt 2 EL Milch dazu sowie 2 EL Kakao. Danach mischt man das Vanilleeispulver mit dem Kakao und verfährt weiter nach Packungshinweis.
Sehr einfach ist auch die Zubereitung des Schokoladeneises ohne Pulver:

| | |
|---|---|
| *60 g Block-* | *2 Eigelb* |
| *oder Halbbitterschokolade* | *3–4 gehäufte EL Zucker* |
| *¼ l Milch* | *evtl. 1 EL Schwarzwälder* |
| *evtl. die Kernchen von* | *Kirschwasser* |
| *¼ Vanilleschote* | *250 g Sahne* |

Schokolade in einen Topf geben. Milch mit Vanillekernchen danebenstellen. Schokolade aufs Feuer setzen und mit einem Schneebesen ab und zu rühren, damit sie nicht anbrennt. Ist sie geschmolzen, vom Feuer nehmen, die Vanillekernchen und die Milch zugeben. Alles glattrühren und nochmals erhitzen, aber nicht kochen lassen. Eigelb und Zucker mit der Küchenmaschine schlagen, bis die Masse hellgelb geworden ist. Die etwas abgekühlte Milch langsam zugießen. In den Topf zurückschütten und erwärmen, bis die Creme zu steigen beginnt. Nach Belieben Kirschwasser hinzufügen. Die geschlagene Sahne unter die Creme ziehen, nachdem sie Zimmertemperatur erlangt hat, und gefrieren lassen.
Wenn man die Sahne am Anfang schlägt, braucht man die Schläger nicht abzuspülen.

*Vanilleeis* gibt es in guter Qualität tiefgefroren zu kaufen. Da es aber oft recht süß ist, benutze ich gern Vanilleeispulver. Man kann das Eis auch mit echter Vanilleschote selbst herstellen:

> ½ aufgeschnittene Vanilleschote    4 gehäufte EL Zucker
> ¼ l Milch                          200 g Schlagsahne
> 4 Eigelb

Die Kernchen der Vanilleschote sorgfältig herausschaben und in die Milch geben, die man in einen Topf gegossen hat. Die Schote hinzufügen und unter Rühren bis kurz vor das Aufkochen kommen lassen. Eigelb und Zucker schaumig schlagen, bis es hellgelb ist. Langsam die Milch hinzufügen, aus der die Schote herausgenommen wurde. Die Masse in den Topf zurückgießen und unter Schlagen erhitzen, bis sie steigt. Sofort vom Feuer nehmen und abkühlen lassen. Danach die Sahne steif schlagen und unterziehen.

**Fischsoße** (Nampla): Ein thailändisches Produkt, das aus fermentiertem Fisch hergestellt wird und vorzüglich würzt, der Sojasoße vergleichbar. In asiatischen Geschäften oder Restaurants erhältlich.

**Gelierprobe:** Ein Tropfen Marmelade auf eine Untertasse gesetzt, soll nach dem Erkalten fest bleiben. Ein Tropfen in kaltes Wasser gegeben, soll sich zu einem Kügelchen zusammenballen, dann sind Gelee oder Marmelade streichfähig.

**Hafergrütze** gibt es von der Firma Harries für das Bremer Grünkohlgericht Pinkel mit Grünkohl.

**Kokosnuß:** Diese Frucht hängt in einer dicken hellgrünen Schale am Baum. Wir bekommen sie ausgeschält und müssen die braune Schale aufsägen. Die Nuß soll noch Flüssigkeit enthalten, dann ist sie frisch, was man durch Schütteln feststellen kann. Vor dem Aufsägen treibt man einen Bohrer in eines der drei Augen und läßt die oft noch schmackhafte Flüssigkeit ablaufen. Hat sich eines der drei Augen nicht entwickelt, so kann man im Fruchtfleisch eine weiße Perle finden, die man nicht wegwerfen sollte – denn sie ist angeblich wertvoller als eine echte Perle.

**Kokosmilch oder -saft:**                    *(Zubereitung ungefähr 30 Minuten)*

Nach dem Aufsägen sticht man das Fruchtfleisch von der Holzwand mit einem Messerchen ab. Möchte man Kokosmilch oder -saft zubereiten, so kann die braune Haut am Fruchtfleisch dranbleiben. Die Milch wird davon aber leicht grau gefärbt. Um ganz weiße Milch zu erhalten, muß man die braune Haut abschälen, was eine mühsame, zeitraubende Arbeit ist.

Das feingeraspelte Fruchtfleisch (ich verwende zum Raspeln eine Mixette) mit ¼ l kochendem Wasser übergießen und 30 Minuten ziehen lassen, auf ein Sieb schütten und mit den Händen jeweils eine Handvoll davon auspressen. Das ist die Milch der ersten Extraktion. Man kann das noch zweimal mit je ¼ l kochendem Wasser wiederholen (2. und 3. Extraktion). Das ergibt jeweils schwächere Milch.

In Thailand rechnet man auf eine Tasse geriebene Kokosnuß 2 Tassen Wasser. Linda Wolfe gibt für 100 g Kokosnuß ¼ l Wasser an. Noch einfacher ist es, getrocknete Kokosraspeln zu kaufen und mit ¼ l kochendem Wasser weichen zu lassen. Öfter als zweimal kann man diese Nußflocken aber nicht ausdrücken. Auf diese Weise lassen sich preiswerte, wohlschmeckende, exotische Mixgetränke mit Mango, Cherimoya und Ananas herstellen, die es teuer aus Brasilien zu kaufen gibt.

In Peru, sicher auch anderswo, gibt es eine Sorte sehr kleiner Kokosnüsse. Die Milch von großen Früchten soll aber besser sein.

**Magroodblätter** stammen von *Citrus hystrix,* einer kleinen, rauhen Limone. Sie werden in Thailand getrocknet zum Kochen verwendet und im Katalog der Firma Pisitichai als *Combavas leaves* angeboten, die Früchte als *Citrons combavas.* Man kann statt dessen Limonenschale verwenden.

**Orangenblütenwasser** bekommt man in manchen deutschen Apotheken. Es entsteht, indem man einige Tropfen Neroliöl, das aus den Blüten der Sauerorange gewonnen wird, mit Wasser und Kalziumoxid immer wieder schüttelt. Das Kalziumoxid wird am Ende entzogen. Es duftet angenehm, hat aber nur einen sehr schwachen Geschmack.

**Rosenwasser** wird aus Rosenöl hergestellt. Es duftet wunderbar. Man schmeckt in Desserts aber nicht viel davon. Orangenblüten- und Rosenöl sind sehr stark und fast ätzend scharf.

**Sorbet:** Das Wort kommt aus dem Arabischen (Scherbet). In einem türkischen und einem ägyptischen Kochbuch ist es ein Fruchtsirup, der später mit Eiswasser verdünnt wird. In einem Lexikon der Küche steht, daß man dem Sorbet Sahne oder Eiweiß hinzufügen kann und es leicht gefrieren läßt. Ein Sorbet kann also ein Getränk sein oder ein sehr leichtes, duftiges Eis (durch das Eiweiß). So wird es in Lateinamerika aufgetragen. Manchmal schmeckt das Fruchtpüree besser nur mit Sahne gefroren oder mit Eigelb und Sahne, was ich beides als Eis bezeichne, im Gegensatz zum Sorbet. In der Hotelküche kann ein Sorbet auch aus halbgefrorenem Gemüsesaft bestehen und nach dem Fleisch als Erfrischung gereicht werden.

### Soße, weiße

Diese Soße ohne Mehl herzustellen, ist unmöglich. Auch Bocuse verwendet dafür Mehl.

| | |
|---|---|
| *2 El Butter* | *Salz, Pfeffer* |
| *2 EL Mehl* | *Gewürze nach Geschmack:* |
| *½ l Fleisch-, Fisch- oder* | *1 EL Zitronensaft, Sahne, 1 mit* |
| *Gemüsebrühe,* | *Milch verquirltes Eigelb, Muskat,* |
| *Wasser oder Milch* | *Kerbel usw.* |

Die Butter erhitzen, das Mehl hinzugeben und unter Rühren dämpfen lassen, bis sich Bläschen zeigen. Nach und nach die Flüssigkeit zugeben, mit den gewünschten Gewürzen abschmecken und noch 10 Minuten kochen lassen.

Einfacher, kalorienarmer, vorzüglicher, vor allem für Obst geeigneter

## Hefeteig I

| | |
|---|---|
| *200 g Mehl* | *30 g (1½ EL) weiches Fett (Öl,* |
| *⅛ l Milch* | *Butter usw.)* |
| *1 TL Zucker* | *evtl. 1 Prise Salz* |
| *10 g Hefe* | *1 TL abgeriebene Zitronenschale* |
| *30 g (2 knapp gestrichene EL) Zucker* | *1 Päckchen Vanillinzucker* |

Für ein Backblech die doppelte Menge der Zutaten verwenden (für einen dünnen Teig 400 g Mehl, für einen dicken 500 g). Die obige Mehlmenge kann auch auf 250 g erhöht werden. Dazu gibt man 8–9 EL Milch.

## Hefeteig II

| | |
|---|---|
| *250 g Mehl* | *1 Eigelb* |
| *4 EL Milch mindestens* | *60 g Butter* |
| *1 TL Zucker* | *evtl. 1 Prise Salz* |
| *10 g Hefe* | *1 TL abgeriebene Zitronenschale* |
| *3 EL Zucker* | *1 Päckchen Vanillinzucker* |

Dieser Teig schmeckt fast wie ein Mürbteig. Zum Ausrollen ist er zu weich, man kann ihn nur glattdrücken. Mit 3 EL Semmelmehl bei saftigem Obst bestreuen.

Um Hefetaschen zu backen, entweder den Piroggenteig von Seite 259 verwenden oder diesen feinen Teig, der für 500 g Früchte ausreicht und den man gut ausrollen kann:

| | |
|---|---|
| *500 g Mehl* | *30 g Hefe* |
| *¼ l Milch* | *80 g Zucker* |
| *1 TL Zucker* | *80 g weiches Fett (Öl, Butter)* |
| | *1 Prise Salz* |

Für jeden Hefeteig das Mehl in eine große Schüssel sieben, die Milch erwärmen, aber ja nicht zu heiß werden lassen, denn das tötet die Hefepilze ab. Etwas Milch in eine Tasse gießen, so daß diese zu ¼ gefüllt ist. 1 TL Zucker zugeben, die Hefe hineinbröckeln und so lange stehen lassen, bis sich an der Oberfläche Schaum bildet. Man kann die Milchmischung auch gleich in die Mitte des Mehls gießen und mit etwas Mehl verrühren – das ist dann ein Vorteig.

Den Vorteig läßt man eine Viertelstunde stehen. Hat man die Hefe in der Tasse belassen, so muß sie, nachdem Bläschen entstanden sind, nun mit dem Mehl und den anderen Zutaten, die weder zu heiß noch zu kalt sein dürfen, verrührt werden. Am besten geht das mit einem Holzlöffel. Der Teig soll nun geschlagen werden, bis er Blasen wirft. Anstelle des Holzlöffels kann man auch die Knethaken des Handrührgerätes verwenden. Man kann den Teig gleich ausrollen und mit Obst belegen oder man läßt ihn vor dem Ausrollen 30 Minuten im Warmen stehen.

Nach dem Belegen muß er nochmals so lange gehen, bis er die doppelte Höhe erreicht hat. In meinem Ofen muß er dann bei Stufe 4 (210° C) 45 Minuten backen.

## Mürbteig

Im Gegensatz zum elastischen Hefeteig ist Mürbteig, der vor allem aus Mehl und Fett besteht, bröckelig. Um den Teig weicher und elastischer zu machen, fügt man Wasser hinzu, man erhält dann den ungezuckerten Pieteig oder:

### Pâte brisée I

*125 g Mehl*
*60 g kalte Butter*
*2 EL Wasser*
*1 Prise Salz*

Diese Menge reicht aus, um einen flachen Tortenboden – ein Tortenblatt – auszurollen oder einen sehr dünnen Teig mit Rand oder einen Mürbteig für eine kleine Springform.
Dieser Teig wird mit einer Gabel eingestochen und, wenn er anschließend nochmals gebacken wird, vor dem Belegen 10 Minuten bei Stufe 3 (190° C) auf der untersten Schiene des Backofens vorgebacken.

Für eine Pâte brisée von 250 g Mehl die Zutatenmenge verdoppeln.

### Pâte brisée II

*200 g Mehl*
*90 g kalte Butter*
*3–4 EL Wasser*
*1 Prise Salz*

Diese Menge ergibt einen normalen Tortenboden. Er reicht für eine Springform von 28 cm Durchmesser. Er muß bei Stufe 3 (190° C) 30 Minuten backen.

### Pieteig

Auf Seite 216 befindet sich ein eingedeutschter Pieteig, er enthält ein Ei. Der richtige amerikanische Pieteig enthält folgende Zutaten:

*2 Tassen Mehl*
*⅔ Tasse kaltes Fett*
*4–5 EL kaltes Wasser*
*1 TL Salz*

Der Teig reicht aus, um eine Auflaufform auszukleiden und mit einem Deckel zu versehen. Dieser Pie muß 40–50 Minuten bei Stufe 4 (210° C) backen. Bei dieser Art von Teig hackt man das Fett in kleine Stücke, gibt das Mehl darüber und vermischt beides, ohne die Zutaten viel mit der Hand zu berühren, da dadurch das Fett zu weich wird. Ab und zu fügt man einen Eßlöffel kaltes gesalzenes Wasser hinzu und verknetet nun das Ganze. Es soll ein feuchter Teig entstehen. Nach einer anderen Methode macht man in die Mitte des mit Fett verhackten Mehles eine Vertiefung, in die das gesalzene Wasser gegossen wird. Das Mehl wird nun von den Seiten in die Mitte geschoben und mit dem Wasser verknetet. Eine Kugel formen und ausrollen. Ist der Teig klebrig, muß er im Kühlschrank in 1 bis 2 Stunden Ruhezeit wieder fest werden. Danach ausrollen.

## Deutscher Mürbteig

Für eine kleine Form oder ein flaches Teigblatt für die 28 cm Springform.

| | |
|---|---|
| *150 g Mehl* | *60 g Zucker* |
| *1 TL Backpulver* | *1 Eigelb* |
| *60 g Butter oder* | *evtl. 1–2 EL Wasser,* |
| *Margarine* | *Weißwein, Milch oder Sahne* |

Diese geringere Teigmenge eignet sich als Boden unter eine Joghurt- oder Sahnetorte. Man kann die Menge des Fettes auf 75 g erhöhen. Als Gewürz verwendet man 1 TL Vanillinzucker, abgeriebene Zitronenschale. Mindestens 30 Minuten bei Stufe 4 (210° C) backen.

## Mürbteig mit Rand

Diesen Teig kann man in einer Blindbackform backen, so daß ein Rand entsteht. Oder man rollt einen Boden aus und dreht aus dem restlichen Teig eine Wurst, die man innen um den Springformrand legt und mit den Händen etwas hochdrückt. Oder man rollt einen Teigstreifen extra aus und setzt ihn auf den Tortenboden.

| | |
|---|---|
| *200 g Mehl* | *1 Ei* |
| *100 g Butter* | *2–3 EL Wasser, Milch, Rahm* |
| *80 g Zucker* | *oder Weißwein* |

Als Gewürz kann man ebenfalls Vanillinzucker oder abgeriebene Zitronenschale verwenden.

Es gibt Teigrezepte, in denen der Butteranteil auf 140 g und der Zuckeranteil auf 100 g erhöht wird, dazu 3 Eidotter. Man kann auch 250 g oder 300 g Mehl verwenden und die anderen Zutaten entsprechend berechnen, aber das ist nicht nötig, es bringt nur zusätzliche Kalorien. Die Zubereitung gleicht der Pâte brisée. Soll der Boden ohne Belag gebacken werden, mehrmals mit einer Gabel einstechen, damit er glatt bleibt. Anstelle eines Mürbteiges kann man auch einen

**Rührteig** als Tortenboden verwenden:

| | |
|---|---|
| *75 g Butter* | *1 Prise Salz* |
| *75 g Zucker* | *150 g Mehl* |
| *1 Päckchen Vanillinzucker* | *1 gestrichener TL Backin* |
| *2 Eier* | *2 EL Milch* |

Die Zutaten langsam der Reihe nach in eine Schüssel geben, wo sie von einer Küchenmaschine mit Rührgerät bearbeitet werden. Es soll ein cremiger Teig entstehen. Eine gut gefettete Blindbackform damit bestreichen. Den Teig nach den Rändern zu etwas dicker auftragen. 20 Minuten bei Stufe 3–4 (190–210° C) backen lassen. Anschließend mit Obst, das nicht mehr gebacken werden soll, belegen und nach Wunsch mit einem Torteguß versehen.

Köstlich sind die folgenden Eiweißböden. Sie sind viel weniger süß als Baiser- und wesentlich aromatischer als ein Mürbteig, dem man Mandeln hinzugefügt hat.

461

## Eiweißtortenboden (Kokos-, Haselnuß- oder Mandelboden)

Für ein glattes Tortenblatt (in einer Springform von 28 cm zu backen) oder für eine kleinere Springform genügen folgende Mengen:

*100 g Eiweiß (ca. 3 Eier)*      *abgeriebene Schale*
*65 g Butter*      *einer halben Zitrone*
*125 g Zucker*      *65 g geriebene Nüsse*
*1 EL Zitronensaft*      *65 g Mehl*

Eine Form mit Trennpapier auslegen. Das Eiweiß steif schlagen und kalt stellen. Mit den unabgewaschenen Schlägern Butter und Zucker von einer Küchenmaschine schaumig rühren lassen, danach Zitronenschale und -saft, Nüsse und Mehl hinzufügen. Ist eine glatte Masse entstanden, das Eiweiß vorsichtig unterheben, den Teig schnell in einer Form glattstreichen und sofort backen.
Einen Rand kann man mit diesem weichen Teig nicht formen. Vielleicht könnte man ihn mit einem Keksautomaten (Sahnetülle verwenden) aufspritzen. Bei einem Spritzbeutel bleibt zuviel Teig im Beutel hängen. Die Nüsse können, je nach Rezept, aus trockenen, im Handel erhältlichen Kokosflocken, geriebenen Haselnüssen oder geriebenen Mandeln bestehen.

## Eiweißtortenboden mit Rand

Für einen normalen Tortenboden müssen die Zutaten erhöht werden:

*120 g Eiweiß (ca. 4 Eier)*      *Saft und Schale einer halben Zitrone*
*75 g Butter*      *75 g geriebene Nüsse*
*145 g Zucker*      *75 g Mehl*

Die Zubereitung erfolgt wie im vorhergehenden Rezept. Den glatten Teil einer Blindbackform mit Trennpapier belegen. Den gewellten Rand gründlich einfetten – es ist schwierig, den Rand später gut herauszubekommen, weil der Boden ziemlich klebrig ist.

Der Teig muß so lange gebacken werden, bis er so fest ist, daß er sich vom Blech lösen läßt. Bei mir dauert das 25–30 Minuten auf Stufe 4 (210° C). Man kann ihn im ausgeschalteten Backofen noch 10 Minuten oder etwas länger nachtrocknen lassen. Diese Böden ergeben in Verbindung mit saurem Obst vorzügliche neue Geschmackskombinationen.

## Baiserteig

6 Eiweiß steif schlagen und 375 g Zucker locker daruntergeben. Den Boden von der Mitte aus kreisförmig auf ein Pergamentpapier spritzen, auf das zwei Kreise von 26 cm Durchmesser aufgezeichnet sind. Für den Rand auf den zweiten Kreis eng aneinandersitzende Sterne spritzen.
Beide Papiere auf ein erhitztes Backblech setzen und bei 150° C hellgelb backen. Nach dem Backen das Papier anfeuchten und abziehen. Den Rand des Bodens mit Creme bestreichen (hier im Buch Lucumacreme) und den Baiserrand vorsichtig aufsetzen.

## Biskuitteig (Sandteig)

Anstelle des Biskuitteiges kann man auch den Tortenboden aus Rührteig verwenden. Zuerst den Backofen bei Stufe 4 (210° C) einschalten. Danach eine
Blindbackform gut einfetten und in der Mitte mit Trennpapier belegen.

| | |
|---|---|
| 60 g zerlassene Butter | 100 g Zucker |
| 3 Eier | 80 g Mehl |
| geriebene Schale einer | 80 g Maismehl |
| halben Zitrone | |

Die Butter zerlassen und wieder abkühlen, danach unter ständigem Schlagen
nach und nach Eier, Zitronenschale, Zucker und Mehl (darübersieben) hinzufügen. Den Teig in einer Blindbackform glattstreichen und ungefähr 30 Minuten
backen.

## Vanillezucker

kann man selbst herstellen, indem man zwei Vanilleschoten aufschneidet und mit
250 g Zucker oder Puderzucker mischt. Leider klumpt er. Ich habe deshalb oft
ein Päckchen Vanillinzucker angegeben. (Vanillin ist künstliches Aroma.) Man
kann jedoch jedesmal statt dessen 1 gehäuften Teelöffel selbstgemachten Vanillezucker verwenden.

# Bibliographie

## Fachbücher/Fachzeitschriften/Kataloge

Bailey, L. H., The Standard Cyclopedia of Horticulture, New York 1935
Barriga, H. G., Flora Medicinal de Colombia II, Bogota 1975
Bauckmann, M., Aufsätze aus: Obstbau 9/77 (Kiwianbau), Unser Garten, Saar-Pfalz 5/78, Unser Beerengarten 1979 (Erdbeersorten)
Bois, D., Les Plantes Alimentaires chez tous les peuples, 2. Bd, Paris 1928
Brücher, H., Tropische Nutzpflanzen, Stuttgart 1980
Buishand, T., Knaurs Obstbuch. Erdbeere
Burkill, L. H., A Dictionary of the Economic Products of the Malay Peninsula, Kuala Lumpur 1966
Castañeda, R. R., Frutas Silvestres de Colombia, 2 Bde, 1969
Chandler, W. H., Evergreen Orchards, Philadelphia 1958
Collins, J. L., The Pineapple, London 1968
Darrow, G., The Strawberry, San Franzisko 1966
Dassler, E., Warenkunde für den Fruchthandel, Berlin 1969
Duhan, K., Die wertvollsten Obstsorten, 3. Lfg. Steinobst, Wien 1959
Falch, J., 4. Lfg. Steinobst II, Wien 1963
Fouqué, A. E., Espèces fruitières d'Amérique tropicale. Versch. Aufsätze über Früchte. Zeitschrift Fruits, 1972–74
Friedrich, G., Der Obstbau, Leipzig 1980
Frutales, Nr. 91/92, Bogota 1974
Frutales, 2 Bde, Manual de Asistencia Técnica Nr. 4, Bogota 1977
Hoffmann, W., Kakteen als Nutzpflanzen, Geisenheim 1979
Humboldt, A. v./Bonpland, A., Plantes équinoxiales... Bd 2, Paris 1809
Koehler, H., Das praktische Gartenbuch, Gütersloh 1962
König, F., Obstbau heute, Graz/Stuttgart 1976
Legge, A. P., Notizen über die Geschichte, Kultur und den Gebrauch von Physalis peruviana L. (Übers.) Journal of the Royal Horticultural Society, 7/1974
Leon, J., Fundamentos Botánicos de los Cultivos Tropicales, 1968
Little/Elbert/Wadsworth/Marrero, Arboles comunes de Puerto Rico y las islas Virgenes, Puerto Rico 1967
Lucas Oberdieck, Illustriertes Handbuch der Obstkunde, Ravensburg 1974
Mitschurin, J. W., Itogi schestidesjatiletnich rabot, Moskau 1949
Molesworth-Allen, B., Malayan Fruits, Singapur 1967
Monselise, S. P., Citrusfrüchte als Rohware, Braunschweig 1973
Ochse/Soul/Dijkman/Wehlburg, Tropical and Subtropical Agriculture, Bd 1, New York 1961
Perez-Abelaez, E., Plantas Utiles de Colombia, Bogota 1959
Platt, B. S., Tables of Representative Values of Food. Special Rep. Series Nr. 302, London 1962
Purseglove, J. W., Tropical Crops, Dicotyledons, 2 Bde, London 1968
Rehm-Espig, Die Kulturpflanzen der Tropen und Subtropen, Stuttgart 1976
Ro ro ro Pflanzenlexikon, 5 Bde, Gütersloh 1969
Samson, J. A., Tropical Fruits, London 1980
Scholz, H., Bemerkenswertes über Vitamin C
Seidel, H., Erfahrungen mit dem Anbau von Solanum muricatum. Tropenlandwirt 75, 1974
Seitzer, Farbtafeln der Steinobstsorten, Stuttgart 1967
Silbereisen, R., Apfelsorten, Stuttgart 1980
Simmonds, N. W., Bananas, London 1966
Strauß, E., Die wertvollsten Obstsorten, 5. Lfg. Beerenobst, Wien 1964
Stückrath, P., Erdbeeranbau (Tabelle Fragaria virginiana und Fragaria chiloensis), Stuttgart 1972
Udupa, Tripathi, Natürliche Heilkräfte, Eltville 1980
Valmayr/Valmayr/Gonzales, Rambutan, Varieties and Culture, Los Banos, Philippinen 1976
Whitaker, D., Cucurbits, London 1962
Zykla, D., Actinidia, Lonicera und Schisandra. Erwerbsobstbau 10/1969

1x1, Juli/Aug. 1981
Eurofruit, 3/81
Export News aus Südafrika
Fruchthandel 1980/Jan.–Juli 81
Frutticultura 1980. Edagricole, Bologna
Rheinische Monatsschrift 2/1981
Pisitichai, Bangkok, Turner und Grower, Auckland, Neuseeland

## Kochbücher

Baylon, F., Comidas criollas Peruanas, Lima
Bocuse, P., Die neue Küche, Düsseldorf 1977
Buen Provecho, Caracas 1967
Ceylon Daily News Cookery Book, Colombo 1964
Cuisine de famille, Editions Difimage
Daepp, H. U., Häusliche Fruchtsaftbereitung, Stuttgart 1966
Dalda Cook Book, Bombay
Das große Kiehnle Kochbuch, Hamburg 1969
Davidis, H., Praktisches Kochbuch, München 1977
David-Perez (Hrsg.), Recipes of the Philippines, 1973
Dayrit, P. L., Favorite filipino Recipes, San Juan, Rizal 1979
Doze meses de cozinha, Lisboa 1979
Exner, E., Braten und Schmoren im Römertopf, Ransbach 1970
Griffin, S., Japanese Food and Cooking, London 1975

Handbuch für die Früchtezeit, Köln
Hering, R., Lexikon der Küche, Gießen 1966
Hobsons choice Mangoes, Letaba, Transvaal
Hundert Köstlichkeiten aus der Pommerschen Küche, Heilbronn 1953
Islam, N., Persian Cookery
Junqueira, L., Receitas Tradicionais da Cozinha Brasileira, Rio 1976
Kranz, B., Exotische Früchte und Gemüse, München 1969
Kulinarische Gerichte, Moskau
La cuisine au pays du soleil, Issy-les-Moulineaux
Lamb, V., The Home Book of Turkish Cookery, London 1969
Leuenberger, Ch., Die mexikanische Küche, Stuttgart 1960
Mealtime in Mesopotamia, Bagdad 1965
Mexican Cook Book, Des Moines, Iowa 1977
Papino Papaws Please, Pretoria/Cape Town 1972
Roden, C., A Book of Middle Eastern Food, London 1968
Roman de Zurek, T., Cartagena de Indias en la olla, Bogota 1971
Royle, S., A Gringas Guide to Mexican Cookery, Mexiko 1976
Stubbs, J., The Home Book of Greek Cookery, London 1963
Toupin, E. A., Hawaii Cookbook, New York 1967
Typical Japanese Cooking, Tokio 1970
Venesz, J., Ungarische Kochkunst, Budapest 1960
Wolfe, L., Die Karibische Küche, Hamburg 1979